U0799110

蕲春罗州城

——2001年发掘报告

黄冈市博物馆
湖北省文物总店 编著

主　编　吴晓松
副主编　洪　刚

科学出版社
北京

内 容 简 介

本书是《罗州城与汉墓》的姊妹篇。《罗州城与汉墓》收录的是京九铁路建设期间在湖北蕲春罗州城内外所获的城址及汉墓资料，本书收录的则是2001年蕲春国家粮库建设期间，在罗州城内所获的城址堆积发掘资料。

本书全面报道了2001年的发掘收获，展示了蕲春罗州古城战国两汉、隋唐五代、宋代等各个历史时期的地层、遗迹及遗物的基本面貌。通过对遗迹、遗物资料的系统整理与研究，理清了罗州城内考古学文化发展的基本脉络，对湖北乃至长江中游地区两汉及唐宋时代的考古研究具有一定意义。

本书可供考古学、历史学专业人员、工艺美术人员、陶瓷收藏者及相关学科的人员阅读、参考。

图书在版编目(CIP)数据

蕲春罗州城：2001年发掘报告／吴晓松主编；黄冈市博物馆，湖北省文物总店编著.—北京：科学出版社，2007

ISBN 978-7-03-019081-9

Ⅰ.蕲…　Ⅱ.①吴…②黄…③湖…　Ⅲ.古城遗址（考古）－考古发掘－发掘报告－蕲春县－2001　Ⅳ.K878.04

中国版本图书馆CIP数据核字（2007）第085041号

责任编辑：张亚娜　王光明／责任校对：刘小梅

责任印制：赵德静／封面设计：黄华斌

科学出版社 出版

北京东黄城根北街16号

邮政编码:100717

http://www.sciencep.com

中国科学院印刷厂 印刷

科学出版社发行　各地新华书店经销

*

2007年7月第 一 版　　开本：787×1092 1/16

2007年7月第一次印刷　　印张：24 1/4　插页：24

印数：1—1500　　字数：575 000

定价：198.00元

（如有印装质量问题，我社负责调换〈科印〉）

《蕲春罗州城——2001年发掘报告》

编　委　会

主　　任：王红星

副主任：吴晓松　陈幼林　肖德梅

成　　员：洪　刚　刘　瑜　刘松山

主　　编：吴晓松

副主编：洪　刚

序

从事田野考古的同志都有一个深刻的体会，由于受到各种因素的制约，编写出一部考古报告是一件十分不容易的事。当吴晓松同志将考古报告《蕲春罗州城》的文稿放在我的案头时，一种欣慰、振奋之情油然而生。

蕲春罗州城是一座州府、县级古城，同性质的古城在我省据初步统计有20余座，但规模相近、性质相同、又做过具有一定规模发掘与全面调查、勘探的古城，在湖北乃至四川地区除了巴东旧县坪古城外，再就是蕲春罗州城。

《蕲春罗州城》是2001年在罗州城原址新修粮库时，文物工作者通过科学发掘而取得的城址发掘资料。这次发掘面积虽然只有900余平方米，但所获资料却非常丰富，这部报告也是我几年前见到的吴晓松同志主编的《罗州城与汉墓》的姊妹篇。通读完报告的全文字，我认为报告较为完整地、科学地报道了发掘资料，系统地对发掘资料进行了整理、消化与研究，表现了明确的课题意识与学术目的，具体来说，在如下几方面取得了收获：

（1）判明了城址的年代。2001年前的田野发掘与研究工作认为，罗州城城墙的年代为隋唐时期，对于城址的始建年代只是做了一个推测，缺乏有力的考古材料进行支撑。而此次发掘，不仅找到了明确的汉代地层堆积，还发现了早于汉代的战国时期的遗迹，虽然对于汉代的城垣没有进行考古发掘，但报告的整理者从发掘到整理的全过程，在这一问题上投入了相当的精力给予了关注，为确定罗州城的年代做出了有说服力的推论。

（2）论定了城址的性质。罗州城是唐宋蕲州府所在地，这在有关文献中已有明确记载。说它是汉蕲春县城所在地，则是20世纪90年代在《罗州城与汉墓》中提出的观点，但因当时还没有发现汉代的地层堆积资料，这一观点显得有些依据不充分。本次发掘发现了战国、两汉的文化堆积，为汉蕲春县治的地望在今罗州城内的观点提供了有力的依据，本报告对罗州城城址的性质问题做了充分的讨论。

（3）通过对发掘遗迹、遗物的考古学分期，为建立湖北乃至长江中游地区两汉、唐宋的考古年代学打下了基础。这批发掘材料的时代起于战国，止于两宋时期。报告的整理者以战国两汉、隋唐、宋代三个大的部分为单元，分别对发掘的遗物、遗迹进行了详细的考古学分期。这种以地层学为依据、以类型学为手段的考古学分期，尽管在考古报告中早已运用，但本报告的分期研究工作做得十分详细，依据又较为充分，并且年代发展链环上又环环相扣，这种严谨的治学态度是值得提倡的。所以，可以有理由认为，本报告的分期研究基本理清了罗州古城考古学文化发展的脉络，为湖北乃至长江中游地区两汉、隋唐至宋代考古学分期与年代学的建立做出了扎实的基础性工作。

（4）多角度地对考古学材料所反映的信息进行了发掘与研究。这主要表现在以下几方面：一是对两汉文化因素进行了分析。文化因素分析的手段，往往运用于史前至先秦时代的考古研究当中，两汉以后的考古学研究在这方面的工作做得较少，但本报告改变了这种做法，指出了在汉文化大一统共性的背景下，还存在着楚、吴越等其他文化因素，这种对封建时代的统一背景下的文化遗存进行较为详细的文化因素的分析与考察，应该说是考古学研究当中的一个有益尝试。二是对唐宋瓷器窑系进行了研究，本报告唐宋瓷器窑系专题的研究是非常耐读的一节，报告将考古学的观察、判断与自然科学的检测与分析有机地结合起来，改变了以往对一个问题的多学科参与研究时，往往形成各个学科间互不贯通融合，使读者不得其解的局面。三是对地层成因进行了讨论，整理者运用文献资料与考古材料相结合的方法，对富有特点的发掘区第③层地层的成因进行了推论，指出第③层红烧土的堆积土与蕲州史上的两次战乱有着直接关系，这为地方史的研究提供了直接依据。此外，编者对罗州城的城市开发过程、演变轨迹以及内在的形成机理、遗址中出土的茶具与唐宋茶文化的关系等问题进行了研究与讨论。这种做法显示出编者有明确的课题意识和勇于探索的治学态度。当然，报告如果能在标本的年代测定、罗州城与长江流域同性质古城的综合比较研究方面再做些工作，读者将会获得更多的知识和启迪。

总之，该报告资料报道翔实具体，虽然是有限的发掘，但以点带面地进行了综合研究，这对于配合基本建设开展的考古工作来说，是一种负责任的科学态度。

田野考古发掘结束了，应及时地对发掘资料进行整理，将田野考古信息转化成科学研究资料。我虽然长期从事文物行政管理工作，但经常奔赴考古工地和各地的室内资料整理间。多年与同志们在一道工作的经历，使我深知一部考古报告的诞生十分不易，从田野发掘到室内资料整理、编写报告，需要做大量艰苦细致的工作，需要整理人员为此付出难以诉说的辛劳和汗水，在基层工作的文博工作者更是如此。在阅读本报告的过程中，我心中不时掀起一阵阵的冲动，在我省的文博队伍中，有许多同志克服重重困难，默默耕耘，苦苦追求，奋战在田野第一线，在商品大潮冲击的今天，他们忍受清贫，耐住寂寞，为祖国的文博事业默默无闻地工作着，这是需要有强烈的事业心与责任感来支撑的。在此，我谨向我省奋战在田野考古与资料整理第一线的同志们致以真诚的问候和崇高的敬意。是为序。

沈海宁

2006年9月于武昌东湖

目　录

插图目录

插 表 目 录

彩版目录

图版目录

第一章 绪 论

第一节 地理位置与环境

一、地 理 位 置

罗州城位于湖北省蕲春县，在蕲春县城关（漕河镇）西北 2. 5 公里处。蕲春县属鄂东地区，隶属湖北省黄冈市，地处长江中下游北岸，大别山南麓，东南与武穴、黄梅两县接壤；西北与浠水、英山县相邻；东北与安徽省之宿松、太湖两县交界；西南与黄石市的大冶、阳新县隔江相望。今县境呈东北至西南分布的狭长形，南北最大纵距 76 公里，东西最宽横距 38 公里。地跨东经 155°12′～115°55′、北纬 29°59′～30°41′，总面积 2398 平方公里（图一）。

罗州城址紧靠长江支流蕲水河的东南岸，京九铁路自西北到东南从罗州城址的西南角通过，柳（子冈）界（岭）公路也自西北至东南从罗州城址的西南部通过。罗州城介于西河驿、枫树林、宋家堰村之间，归辖于漕河镇。城址东约 1 公里岗陵逶迤相接，西去 2 公里低山矮丘毗邻，整个城址就坐落在这一冲积平原上（图二）。

二、人 文 环 境

据有关文献记载，蕲春境域在夏商周时期为扬州地域，春秋战国时属楚。秦代，先隶九江郡，后属衡山郡、衡山国[1]。西汉高祖时期始置蕲春县[2]。光武帝建武二十三年（公元 47 年）立蕲春侯国，以封陈浮，传三世国除，恢复蕲春县。自建县至东汉末，属荆州江夏郡所辖。建安十三年（公元 208 年）赤壁之战后，孙权分江夏郡置蕲春郡，治所蕲春，辖蕲春、邾、寻阳县。旋又被曹操属部占领。三国魏黄初二年（公元 221 年），孙权都鄂（今鄂州市），置武昌郡，寻阳县划属武昌郡。吴黄武二年（公元 223 年），孙权令部下收复蕲春，复置蕲春郡，上隶扬州，寻阳还属蕲春。西陵县属魏弋阳郡，上隶豫州，后亦属吴。晋太康元年（公元 280 年）灭吴，撤销蕲春郡，原

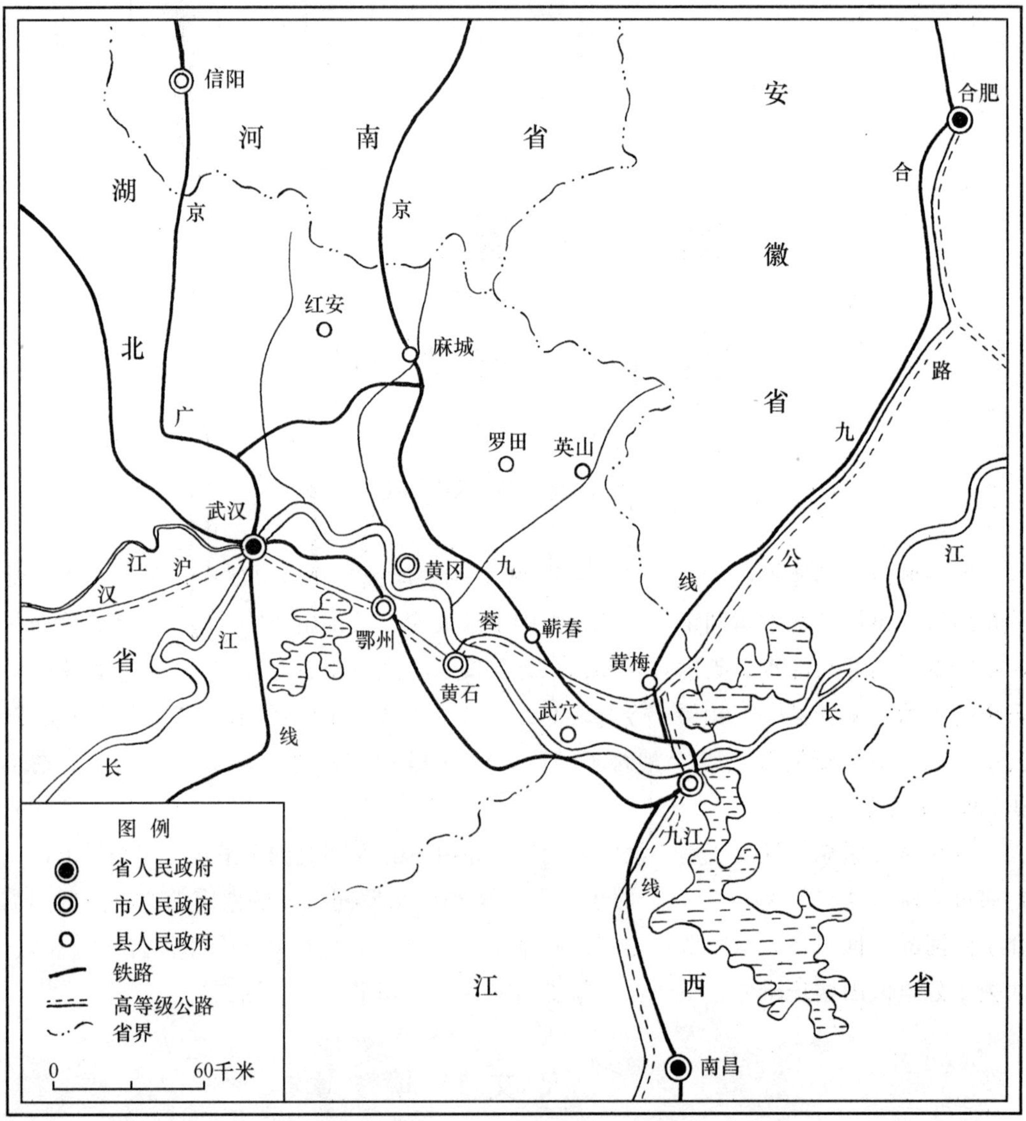

图一　蕲春县地理位置图

属县划属荆州武昌郡。太康二年，寻阳县划属扬州庐江郡，西陵、邾、蕲春县划属豫州弋阳郡。永兴元年（公元304年），分庐江郡的寻阳和武昌郡的柴桑县置寻阳郡，迁治江南柴桑，寻阳之名从此遂迁江南。江北寻阳县废，其地并入蕲春。西晋永兴年间（公元305年前后），浔阳县治迁往江南，其江北属地（今黄梅、武穴东部）并入蕲春县。东晋咸和年初，西阳王国除，设西阳郡，转隶之。东晋太元三年（公元378年），孝武帝避母“阿春”讳，改蕲春县为蕲阳县，隶属南豫州南新蔡郡。南北朝时期，先

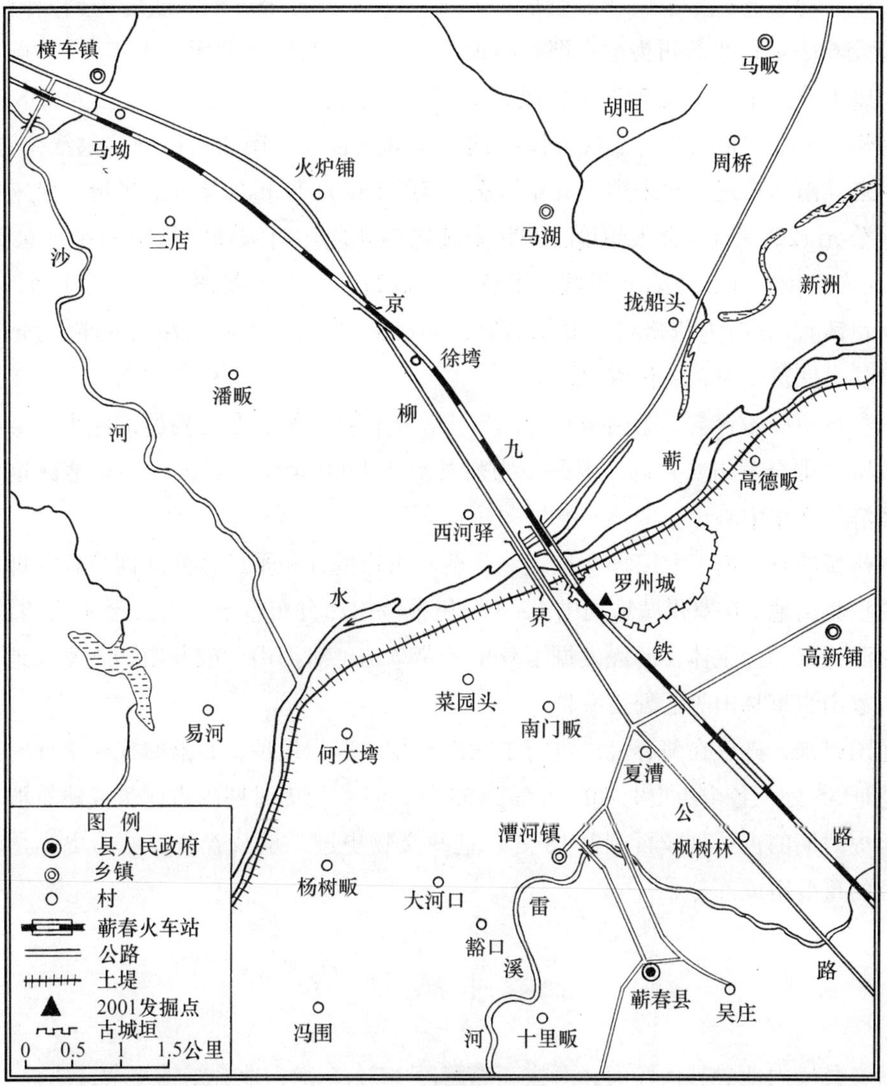

图二　罗州城地理位置图

隶属刘宋。元嘉二十五年（公元448年），在县境西部希河之西，置“希水县”（即今浠水县），希河东至蕲河置“蕲水县”，时县境包括今黄梅、武穴两县及蕲春东部、英山和罗田两县大部。刘宋孝武帝大明八年（公元464年），隶郢州西阳郡。刘宋亡后，属南齐，隶属如旧。南齐永明四年（公元486年），隶豫州齐昌郡。南齐亡后属南梁，隶北江州齐昌郡，其后，先后归隶北齐罗州齐昌郡、南梁西江州齐昌郡、南陈罗州齐昌郡，罗州之名始于此。南梁时蕲春县的县境，包括今蕲春东部、英山东南部及武穴西北部，今罗田县部分并入新设的罗田县；北周占领蕲春后，改隶蕲州齐昌郡。隋开皇三年

(公元583年),齐昌郡隶蕲州总管府。开皇九年(公元589年)改府为州。隋大业三年(公元607年)改蕲州为蕲春郡,归隶之。唐武德四年(公元621年),改蕲春郡为蕲州。唐天宝元年(公元742年)改州为郡,归隶之。唐乾元元年(公元758年)复改郡为州,隶淮南道蕲州。五代十国时期,相继属杨吴、南唐、后周,隶淮南道蕲州。宋初,隶淮南路蕲州。北宋熙宁五年(公元1072年)改隶淮南西路蕲州。南宋嘉定十四年(公元1221年),金人犯境,知州李诚之等死之。南宋理宗景定四年(公元1263年),元人犯境,元兵攻陷罗州城,安抚使王益始迁所至今蕲州(今蕲春县东南25公里的蕲州镇)。元时为蕲州路,设总管府,明洪武九年(公元1376年)降为州,并以所辖诸县隶属黄州府,清代因之[3]。

蕲春自西汉始置县,至南宋景定四年止,历代郡、州、县之治所的绝大多数时间在蕲春故城(即今罗州城)内。罗州城为州县治所1300余年,是古代鄂东地区重要的政治、经济、文化中心。

罗州城的东、南、北三面所在地,为蕲水古道的冲积平原,西北面越蕲河即为连绵起伏的丘陵岗地。在罗州城址周围1~3公里范围内,分布着十几处汉至明代的墓葬群,其中以汉代墓葬为主体,已经发掘了其中的茅草山、对面山、鼓儿山、陈家大地、鳅鱼咀、付家山、草林山等七处古墓群。

建国以来,先后在蕲春境内进行了三次文物普查,发现新石器时代至宋元时期的古文化遗址55处,各个历史时期的古墓群68处,各个历史时期的古建筑或建筑群19处,各个历史时期的古石刻或石刻群18处。这些文物史迹,承载着蕲春的历史,是蕲春人文资源的重要组成部分。

三、自然环境

蕲春县境内地势起伏较大,海拔高差跨度1233.6米;地貌结构复杂,山地、丘陵、平原兼具,且呈多层次立体分布。整个地势由东北向西南渐次倾斜,形成向西南敞口的不完整盆地。东北部为丘陵地带,西南部为平坦的沿江平原;蕲河自东北到西南贯通县境,注入长江;地形起伏大,呈梯次结构,最高点海拔1244.1米(云丹山主峰),最低点海拔10.5米(赤东湖泵站厂房底部)。山地主要分布在县境东北和西北部,主要为大别山南部余脉,属中山区和低山区类型,海拔600米以上的山峰59座,山地总面积885平方公里,占县境面积的36.9%;丘陵主要分布在县境中部,是山地到平原的过渡地带,总面积1232平方公里,占县境面积的51.4%;南部及西南部为平原、湖区,这里地势低平,湖泊星罗棋布,总面积281平方公里,占县境面积的11.7%。

县境的地质构造,位于秦岭东西向构造带、淮阳山字型构造以及中国东部新华夏系构造第二隆起带等三大构造体系的部位，在构造变动、岩浆活动、变质作用以及混合岩化作用诸方面，都表现得比较强烈。据湖北地质科学研究院1973年的调查，县境内存在近东西向、北西向、北西西向、北东向、北东东向、北北西向及南北向等7种方位的构造线，属于正弦状构造、北西向构造、淮阳山字型构造及新华夏构造等4大构造体系。

据1980～1982年的土壤普查资料，蕲春县境内土壤共有红壤、黄棕壤、石灰（岩）性土、潮土、水稻土等五个土类，还可以将其细分为11个亚土类43个土属、254个土种，土壤酸碱度以酸性为主。由于县境南北地势和气候的差异，导致植物群落有明显的立体分布特点，海拔500米以上的中低山区，以温大别山松和台湾松为其特有的针叶林，农作物有红薯、土豆、小麦等；海拔200～500米丘陵区，原生植物被破坏，人工栽培植物有马尾松、杉松，灌木有化香、山胡椒，农作物有水稻、棉花、花生等；海拔200米以下的平原区残存有水杉、法桐、意杨，农作物有水稻、麦、油菜、棉花等。

县境内河流全部属长江水系，具体可分为长江干流、蕲河水系、赤东湖水系、赤西湖水系、策湖水系、安庆水系。其中蕲水河为县内主要河流，自东北向西南流贯全县，注入长江，流域面积1973平方公里[4]。

蕲春县境属亚热带大陆季风区，气候温和，光照充足，雨量充沛，四季交替分明。据1955～1985年的观测，年均降雨量1360.7毫米，年均气温16.8℃。

四、交通状况

据蕲春县志记载，早在唐代，境内就有连接兰西（今浠水县）到永宁（今武穴市）的过境驿道，以及从州治罗州城通往茅山（今蕲春县彭思镇的茅山村）的驿站。到宋、明、清时期，发展了驿道，如连接州治蕲州到邻近县域的驿道有六条，还在蕲州创建了以长江水运为依托的“蕲水驿站”，完善拓展了水上交通[5]。现今，已形成了京九铁路、沪蓉高速公路、数条省级、县乡公路及长江水运结合的交通网络。

第二节 调查勘探发掘经过

一、以往的工作

罗州城遗址在1958年全国第一次文物普查过程中发现，以后黄冈市及蕲春县文物部门多次做了地面调查，1983年被列为县级重点文物保护单位。1985年罗州城内修建精米厂，黄冈市文物部门又做过一次专项调查。1986年9～11月，为配合柳界公路建设，黄冈市博物馆组织专业力量对罗州城外西北方向约4公里鳜鱼咀路段的汉代墓葬进行了发掘。

1993年9~11月，为配合京九铁路建设，由湖北省文物考古研究所领队，黄冈市博物馆组织专业力量对京九铁路通过的罗州城第二重城垣的西、南部分进行了发掘。

为了进一步弄清罗州城的性质，1994年9~11月，黄冈市博物馆组织考古专业力量对罗州城遗址进行了全面调查与勘探，特别是对第一重城垣进行了重点勘探，初步找到了罗州城早期城垣的分布情况；与此同时，对罗州城遗址周围1~3公里范围内，京九铁路工程建设所涉及的鳜鱼咀、付家山、草林山、茅草山、鼓儿山、陈家大地、对面山等七处古墓群进行了发掘。这些墓群中，以汉代墓葬为主体，另有少数唐代~明代的墓葬。通过发掘与对资料的整理，了解到罗州城与周围的墓群是相互关联的整体[6]。

二、发掘经过

2001年，蕲春国家粮食储备库的建设项目选址在罗州城内进行。为配合这一工程建设，做好工程范围内的文物保护工作，由湖北省文物考古研究所领队，黄冈市博物馆及黄冈市所属县市博物馆专业人员组成考古队，对蕲春国家粮食储备库建设工程范围进行了发掘，发掘工作于2001年9月15日~11月16日进行，历时61天。

2001年罗州城遗址田野考古发掘工作的领队是湖北省文物考古研究所王红星博士，执行领队是吴晓松。参加发掘的人员除了黄冈市博物馆的专业人员外，还抽调了本市所辖的蕲春、黄州等县（区）博物馆的专业人员。参加发掘的人员有：吴晓松、洪刚、刘松山、刘瑜、张寿来、汪宗耀、张雪斌、张宏泉、田广生、吕建国、黄志强、孙建敏、曾早萍、刘红等。

2001年罗州城遗址的田野考古发掘工作，得到了湖北省文物局、湖北省文物考古研究所、蕲春县政府、蕲春县粮食局、黄冈市文化局、蕲春县文化局等部门和单位的支持。蕲春县博物馆、黄州区博物馆对田野发掘工作进行了积极的配合与协助。

三、田野工作方法

（一）布方规划

蕲春国家粮食储备库建设的选址范围，位于罗州城遗址内的西南部，考古发掘布方在蕲春国家粮库范围的中部偏西，这里距京九铁路罗州城段北约120米（图三）。

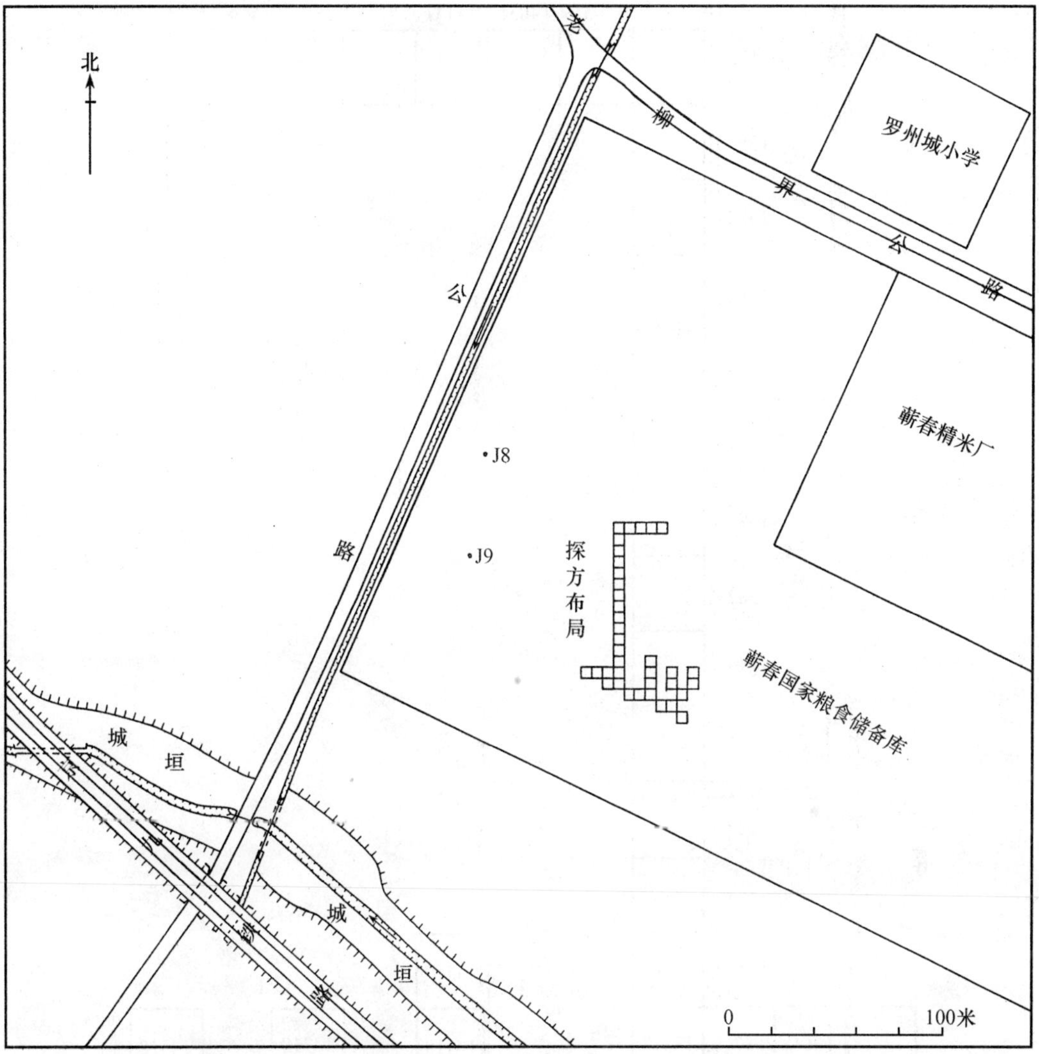

图三 探方位置分布图

2001年的发掘共布设5×5米探方37个，加上扩方部分，发掘面积共计928平方米。工作之前，在京九铁路罗州城址地段的人行涵道的中心部位上，设置了坐标基点，以发掘基点为起始点进行布方，将遗址划分为4个象限，本次发掘区在发掘基点的东北部，属第一象限，如靠近基点的第一个探方编号为T0101，01、01分别为第一个探方的横坐标和纵坐标，以此为探方编号的方法，编列出发掘区的探方号（图四；图版三）。

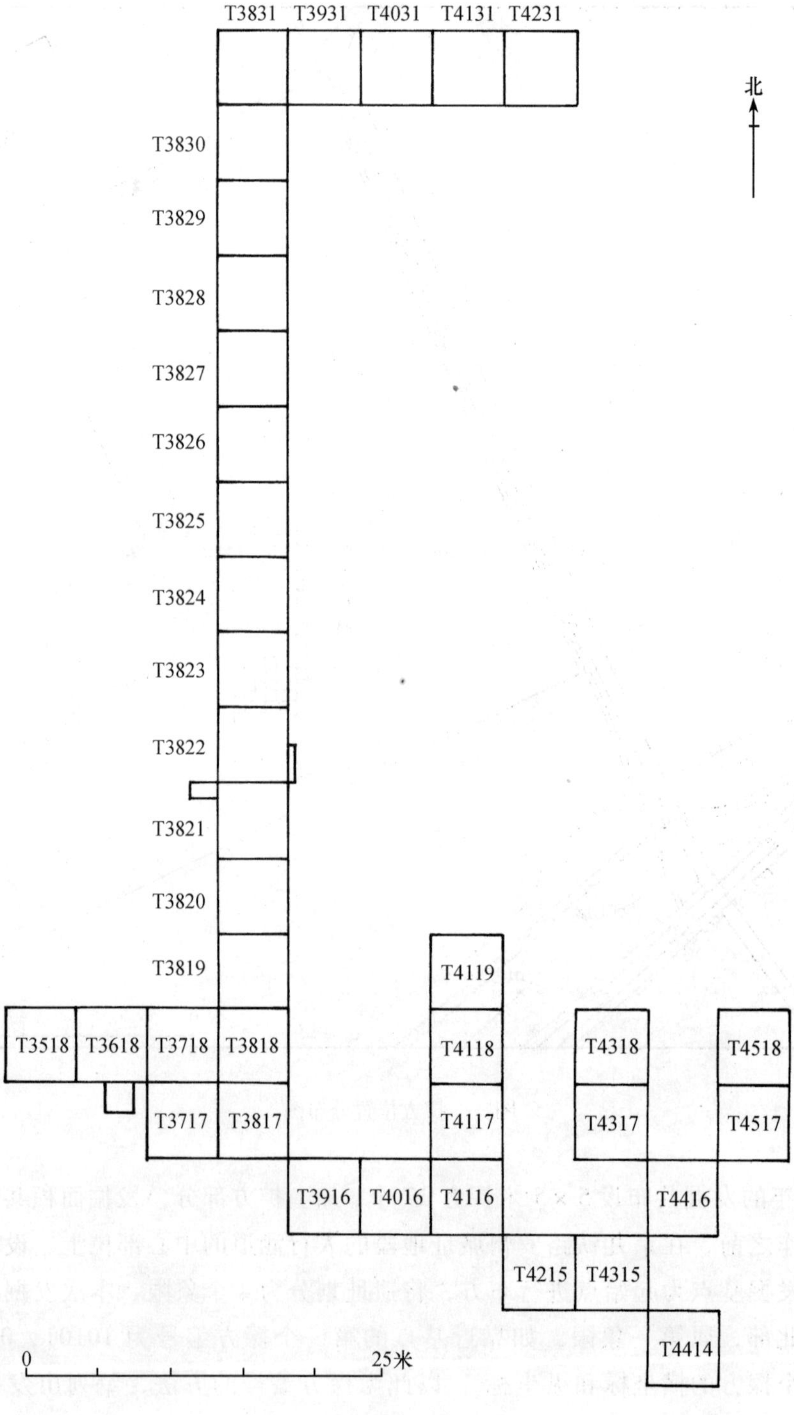
T3831
T3931
T4031
T4131
T4231
北
T3830
T3829
T3828
T3827
T3826
T3825
T3824
T3823
T3822
T3821
T3820
T3819
T4119
T3518
T3618
T3718
T3818
T4118
T4318
T4518
T3717
T3817
T4117
T4317
T4517
T3916
T4016
T4116
T4416
T4215
T4315
T4414
0
25米

图四　探方分布示意图

（二）操作方法

在田野发掘的具体操作过程中，对地层与遗迹的处理方法，主要是根据土质、土色的变化来区别遗迹和地层单位，按照《田野考古操作工作规程》，对遗迹先确定其开口、叠压与打破关系，后进行清理；对地层，本着先挖晚期再挖早期的原则，逐层发掘。

（三）堆积单位的记录

发掘过程中，对地层等堆积单位的编号记录进行了统一编列。按统一地层的要求，地层由上至下依次编号：第①层、第②层、第③层、……，在一个大层内分有亚层的，其编号为大层号加亚层号，如第⑤层分为五个亚层，编号为⑤A、⑤B、⑤C……；遗迹编号，发掘过程中，遗迹由工地统一编号，遵循传统习惯，遗迹单位以遗迹本身的汉语拼音缩写来记录。H 表示灰坑，J 表示水井，L 表示道路，G 为沟。

（四）田野绘图技术

田野绘图具体注意了如下几方面：

（1）探方总平面分布图只画各遗迹单位的开口线（被叠压部分用虚线表示）比例统一为 1:100。

（2）分别绘制各层下开口遗迹平面分布图，比例统一为 1:50。

（3）各类单项遗迹绘制单位平、剖面图，简单的画 1:20 平、剖面图，视复杂程度再增绘局部大比例尺平、剖图，特殊现象绘有多角度剖面侧视图，以表现坑壁等部位的特征。

（4）图号按照单位号编，如同一单位需要绘制多张图，按照图纸数量顺序编号。右下角标示图例说明，左下角标示图注。

（5）按照绘图原则与要求，原始记录保留了田野工作过程中的判断和认识，任何情况下都不能更改丢弃原始图纸，因此在后期订正时均另附图加以说明。

（五）文字记录要求

田野发掘阶段的文字记录包括如下的内容：

（1）各类堆积单位均填写发掘记录表。

（2）遗迹单位写有发掘总记录，以记录遗迹的完整发掘过程，概括遗迹单位内各堆积之间的相互关系，以及对遗迹单位形成过程进行整体判断。

（3）每天的探方日记分别按上午、下午记录发掘经过，重点记录发掘表内没有涉及的重要信息。

(4) 除填写发掘记录表之外，根据采集遗物和采样的情况，田野工作中必须填写采集遗物标签（一式三份）、照相登记表、绘图登记表等。

第三节　资料整理与报告的编排

一、资料整理经过

2001 年 11 月发掘工作结束后，到 2002 年 8 月开始进入资料整理阶段。至 2006 年 10 月资料整理全部结束，期间因单位其他工作，间歇性地停顿了一年有余，前后历时四年。其中 2002 年 8 月 ~2004 年 12 月先后完成了室内清理、器物修复、遗物标本统计、绘图制卡、文物摄影工作，2005 年 11 月完成了对出土遗物的分期排序、各类表格的制作与填写；2006 年 1 月完成了线图与图版样图的编排；2006 年 2 月整理小组成员按照分工开始进行编写，2006 年 5 月完成初稿。2006 年 10 月由吴晓松、洪刚完成修改稿。

在报告整理的过程中，湖北省文物考古研究所所长、湖北省博物馆馆长王红星博士给予了指导；黄义军博士就唐宋瓷器窑系的辨析问题给予了帮助；中国科学技术大学科技史与科技考古系、中国科学院研究生院科技史与科技考古系承担了唐宋瓷器的化学检测与研究工作。

二、报告的体例与结构

2001 年的发掘是自罗州城遗址发现以来，在罗州城址内第一次进行的有规模的考古发掘工作，为了完整、全面地反映本次发掘收获，特别是为了准确、客观地反映地层与遗迹的全部面貌，本报告采用这样的结构：以战国两汉、隋唐、宋代三个大的时代为单元，对能参与型式分析的绝大多数遗物进行型式划定，对少数不能进行型式划定的器物，在如实介绍标本之后，列入相应的期别或划入大的时代范围，所以本报告整理的基本原则是，尽可能地避免传统体例的考古报告中人为删弃资料的嫌疑，尽可能地做到保留发掘资料的全面性与客观性内容，同时又保留作为考古报告的整理者必须对发掘遗迹、遗物进行分期排序、分型定式的这些“主观性”的内容。

对遗物的型式编列，遵循了以下原则：先对大多数遗物进行遗物型式的编列划定，还有部分遗物在以下三种情况下没有划定型式：①只能辨别出器类，无法修复或虽部分修复但不具备绘图意义的；②虽然绘了图，但只是口沿局部的复原图，器物颈、肩以下的特征不明的；③器物个体完整、或局部修复且已绘了图，或器物虽不完整但器物口沿、肩部清楚，已具备参加型式分析条件，但在器物排序中无法列入型式链环，只能编作“异型”的。

三、遗迹、遗物编号原则

报告中遗迹的编号，一般沿用发掘时的原始编号，道路遗迹在整理中进行了重新编号。地层中的编号以每一个探方的每一个层位为单位进行，如T3717探方中第③层出土的8号釉陶壶，编号为2001QLLT3717③:8，又如T4315探方中第④层出土的12号釉陶罐，编号为2001QLLT4315④:12，这也就是说每个探方不同地层的出土遗物各编一套号，其中，2001代表发掘年份，Q为蕲春，第一个L为罗州城，第二个L为粮库，T为探方。为了叙述上的简洁，本报告中省略了田野记录的这一冠符，只记作T×××⊗:×。

对于遗物是否进行编号，遵循了以下原则：一是遗物编号只针对器物形态清楚且已绘了图的进行；二是对于只能辨认出器类，但不能辨别具体清楚的器形或不具备绘图条件的标本，只在陶瓷标本统计表内做统计资料，器形不清的标本除送检标本外一般不予编号。第二种情况的数量占大多数。

遗迹中的遗物编号，以每一个遗迹单位为单元进行编列，如18号灰坑出土的5号瓷碗，记作H18:5；3号水井的第②层堆积出土的10号陶罐，记作J3②:10；道路遗迹第①层路体出土的2号瓷碗，记作L1①:2；水井井圈作为遗迹附属物，与水井内的遗物有区别，其编号方法是在号前带“0”字，如3号水井自上而下的第一节井圈记作J3:01；水井外围填土遗物的编号冠以“外填土”三字，如2号水井井圈外围与井坑间的填土中出的1号陶罐，编号为J2（外填土）:1；采集的遗物单独编一套号，前面冠以“罗采”字，如采集的12号瓷碗，记作罗采:12；唐宋瓷器进行化学检测的标本有两套编号，一是出土单位一栏内遗物的编号，它们与地层堆积中的遗物或遗迹中的遗物编号有区别，其号前带“0”字，一是送检标本的顺序编号，两套号对应的列入相关登记表中；隋唐五代的送检标本顺序号为自然号，宋代送检标本顺序号在自然号前冠以HG等字母（HG等字母的含义相关章节中有介绍）。

四、出土遗物统计方法

报告中对出土器物的文字介绍部分，无论是否标明了型式号的器物，其器名后面所注明的器物件数，均是指该类器物不仅器类可辨、而且形态也清楚的、已经绘了图或已具备绘图条件和意义的标本件数，这些数据与各类遗迹登记表内出土遗物一栏中的数据是一个体系，但与各层位陶瓷器统计表内的数据不是一个体系，前者的数据少于后者；各个时期的各类遗迹登记表出土遗物一栏中，同类器已参加型式划定而脚码数前无型式号者，为形制不清、但器类可辨的器物件数；其他没有标明型式号的器物，其脚码数为该器物的件数，未注明数目的为一件。

报告中各个时期的陶瓷器统计表内的数据，均指某类器物的件数，而不是指某器物的残片数。对于陶器是遵循了这样的统计标准进行统计的：在衡定陶质、陶色的基础上，根据对三足器、圈足器与平底器等的不同，以口沿、器足和能够清楚地反映器物个体特征的部位为标准进行统计，计算1件器类个体的陶片，必须占该器1/3，三足器如鬲足，3件陶质、陶色、形状相同者只算1件，陶质、陶色、形状不同者就另算1件；对于瓷器的统计标准是：根据胎质、釉色、花纹与造型的共性，再运用上述原则来判定出不同的器物个体进行统计。

瓷器窑系统计表内的数据，均为某窑系的瓷器件数，它包括已绘图制卡的标本，也包括没有绘图制卡但可辨别出器形、也可辨识出窑系的标本。凡有彩图的瓷器标本，就在彩图中注明了该标本的窑系或窑口；如只有黑白图或线图的标本，在报告正文的相关章节中，对该标本的窑系或窑口均不做说明。由于对瓷器所属窑系的判断，在相当程度上是编者个人的认识，难免有一些主观认识的局限性，故瓷器窑系统计表内的数据只供参考。

报告中的正文、表格及线图、图版等说明文字所称的陶器，均指软陶器，即火候不很高的也未施釉的普通陶器；硬陶器指陶胎火候很高、扣之有金属声，但器外未施釉的陶器；釉陶器指硬陶器上施了釉的陶器。

在器物描述中，所述的通高是指器底至器口（含器盖）的总体尺寸距离，口径是指器口的最大外径，有器口沿的就包括器口沿在内的最大外径；足径、底径，是指足径或器底的最大外径，腹径是指最大腹径。

报告中，介绍出土遗物的英文字母A、B、C、D……表示型，英文小写字母a、b、c、d……表示亚型，罗马数字Ⅰ、Ⅱ、Ⅲ、Ⅳ……表示式，罗马数字后带的英文小写字母为亚式，如Ⅰa、Ⅱb、Ⅲd等。

注　释

[1]　明嘉靖《蕲州志》。

[2]　清光绪《黄州府志》。

[3][4][5]　湖北地方志委员会：《蕲春县志》，湖北科技出版社，1997年。

[6]　黄冈市博物馆、湖北省文物考古研究所、湖北省京九铁路考古队：《罗州城与汉墓》，科学出版社，2000年。

第二章　罗州城概况与地层堆积

第一节　罗州城概况

罗州城整体呈一不规则圆角长方形，城址的中轴线走向约20°，为东北—西南走向。据当地村民传言，该城共由五重城垣相套组成，自内而外，依次为第一重城（即当地村民称作的王城）、第二重城（即当地村民称作的内城）、第三、四、五重城。

调查、钻探结果表明，罗州城实为两重城垣组成：第一重城垣，即当地村民称作的内城城垣，而当地村民所称作的王城实际是第一重城内西北部位较高台地的分布范围，不是相对独立的一重城垣；第二重城垣，即原来传称的第三重城（即京九铁路、柳界公路从其西南角通过的城垣），是唐宋时代的城垣；而原传称的所谓第四、五重城垣实为断续相连的矮丘岗地（图五）。

为了便于了解罗州城的概况，现以历年来对罗州城遗址所做的考古调查、勘探资料为依据，对罗州城的基本情况进行介绍[1]。

一、第一重城垣的布局

罗州城第一重城，平面呈不规则方形，总面积15万平方米，不少地段至今仍有城垣耸立在地面上，尤其是西、北两面，最高处达5米左右；但所有的城垣之上都覆盖着宋代的加工堆积（图六）。

东垣　东垣较直短，长263米，总方向（东城垣南北两角的连接线走向，下同）近南北向。垣宽7～8米，高4～5米；东垣与南垣东段的交角120°（指两条城垣的中线交角度，下同）。

南垣　由三段组成，全长450米，宽7米，高1～1.5米。东、西两段分别向外斜向拐折，中段较直但毁坏严重。东段长139米，与东垣的夹角119°；中段长206米，与东段的夹角152°；西段长105米，与中段的夹角162°。

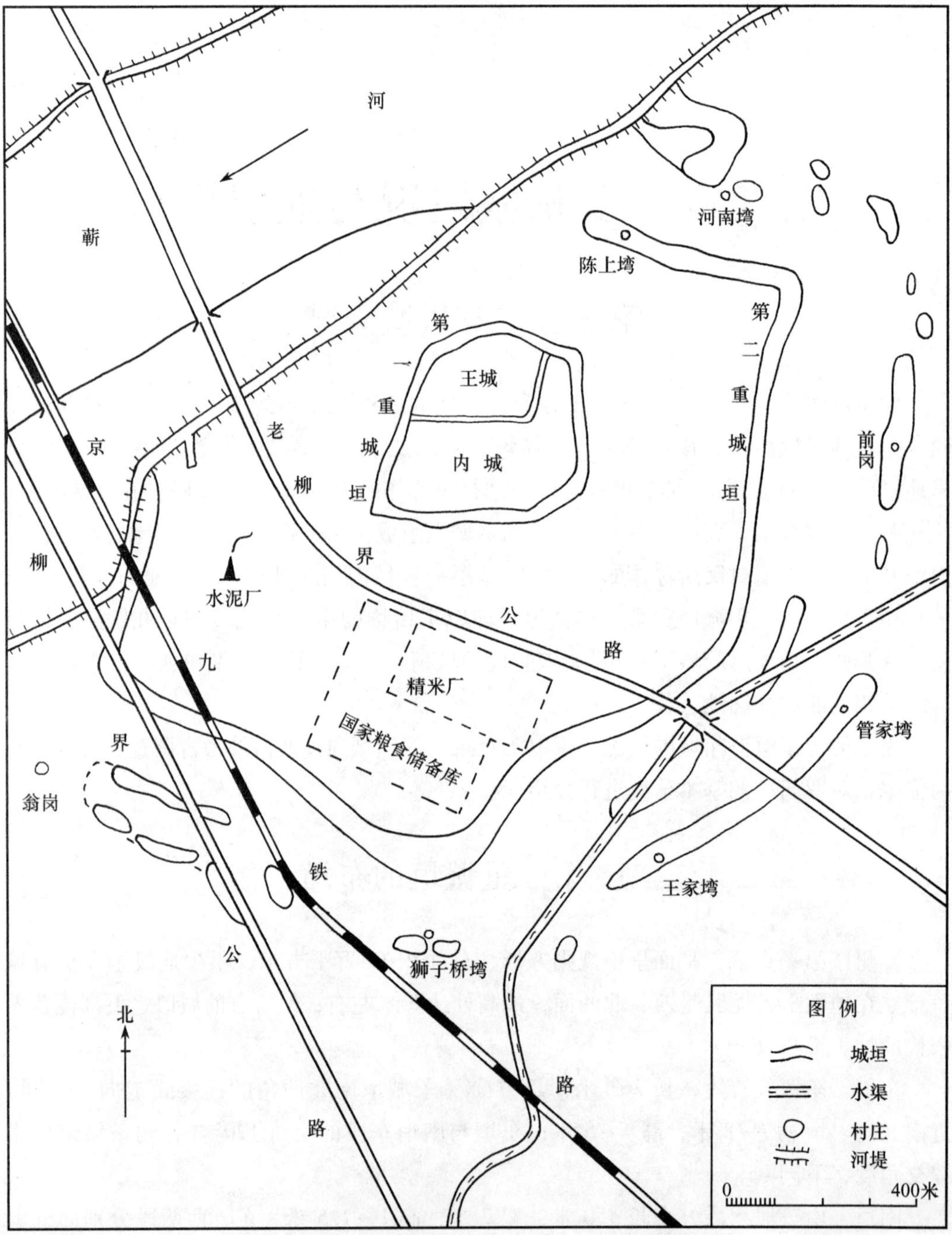
河
蕲
京
柳
九
界
公
路
老
柳
界
公
路
第一重城垣
第二重城垣
王城
内城
河南塆
陈上塆
前岗
水泥厂
精米厂
国家粮食储备库
管家塆
翁岗
铁
路
王家塆
狮子桥塆
北
图例
城垣
水渠
村庄
河堤
0
400米

图五　罗州城城垣平面图

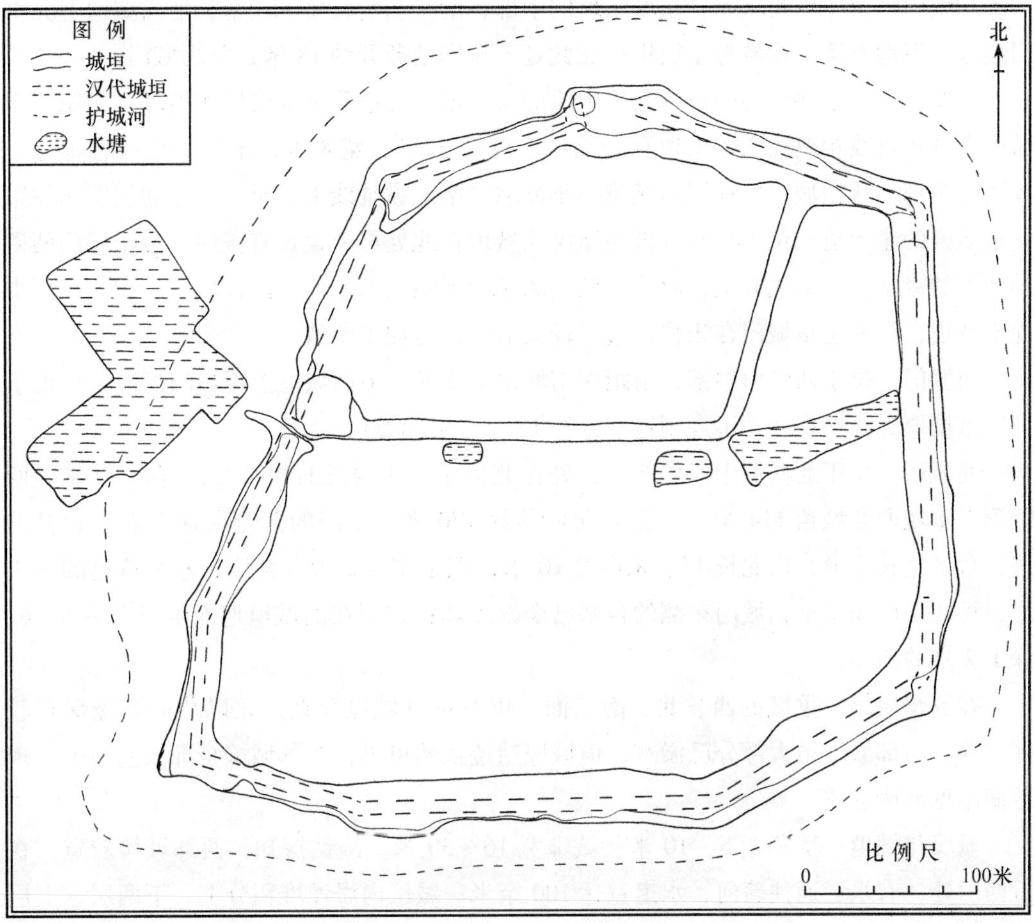

图六　罗州城第一重城垣分布图

西垣　西垣通长349米，分南、北两段，北段长135米，高3～4.5米，方向34°；西垣南、北两段交界处有一长18米的豁口，疑为城门。整个西垣南、北两段在此错开。西垣南段又分为南、北两节，北节长114米，方向34°，南节长82米；两节相交处略往外折凸，两节的交角159°；西垣与北垣的交角130°。

北垣　全长314米，由东、西两段组成，东段残长170米，与东垣的夹角为111°；西段长114米，与西垣北段的夹角为130°。两段相交处有约30米宽的豁口，两段城垣分别自东北、西北城角向外凸，在北城门处的交角为138°。垣宽7～8米，高4～5.4米（图版一，1）。

在对第一重城的钻探中分别发现了城门与城壕。城门共发现四座，东、南、西、北四面城垣各有一座城门，其中以北面城垣的城门保存较好，余三门毁坏严重。

东城门　位于罗州城第一重城东垣的中部，南距东南城角113米。地面城垣上无城门痕迹，但地下第一重城夯土层堆积在此处不规则地断开约18米，疑为城门。

南城门　位于南垣的中段，南垣中段的汉代城垣几乎都被宋代堆积毁坏，距第一重城东南城角直线距离约235米留存一豁口，豁口长11、宽8米，正位于今蕲春师范学校大门南部，这一城门恰在罗州城第一重城垣的南北纵轴线上，至今仍是通往罗州城第一重城内的主干道，位置特殊。推测原汉代城垣在此处可能设置有城门。位于城门两侧及地下的夯土均为宋代夯土，故这一城门的年代下限当属宋代。汉代城门堆积在勘探中尚未发现，可能是该城门在宋代经过了较大的改造与加工所致。

西城门　位于西城垣中部，南距西南城角192米。地面城垣上无城门痕迹，但地下第一重城垣夯土层在此处不规则地断开约18米，疑为城门。

北城门　位于北城垣中段偏西，正处在北垣东、西两段的相交处，宽约30米，西距第一重城西北城角114米，东距东北城角约170米。城门的西侧保存有夯土台基遗迹，台基呈长方形，南北长15、东西宽10米，夯土厚3.2米，直接筑在灰黄色的生土上，可能是门阙基址；城门东侧的台基已全部毁坏；在现在的城垣地面上只存有宽16、深1.2米的凹口。

在罗州城第一重城的西、北、南三面，仍有部分城壕存在，尤以北面城壕保存较好。西、南部城壕虽大部分已淤塞，但城壕遗迹依然可见，东部城壕全部淤塞填平，现地面不见河床遗迹。

城壕与城垣一般相距5～10米，城壕宽16～30米。经钻探知，西部城壕较宽，在近西门处，有水道通往蕲河，水道宽达100余米。城壕内淤泥堆积分上、下两层，上层厚0.5米，为灰色或青灰色淤泥，含宋及近现代陶片；下层厚1.5米，为黑色或灰黑色淤泥，含沙量较大，因只进行了钻探，其包含物不清。

罗州城第一重城内的地势地貌是，北部较高，南部较低。北部的高程（以高出城外地面计）为3～4米，南部为0.5米。除东南部为低洼地带以外，其余地面均较平稳。

在城内的地面调查与考古勘探中，发现建筑台基两处、水井一口，城内布局情况尚不明了。

城内普遍有文化堆积，通过勘探获知，其堆积情况大致相同，第一重城垣的年代上限为战国，下限为汉代[2]。

二、第二重城垣的布局

第二重城垣围套在第一重城之外，平面呈不规则长方形，东西宽约950米，南北长约1350米，总面积约1.3平方公里。西、北部被蕲水河切去一角，东、南垣及北垣东段保存尚好（图五）。

东垣　位于罗州城第一重城垣东300米，整个全长1420米，宽6～13、高1～2米。东垣北起漕河链条厂，南至罗州城狮子桥塆（自然村），在原蕲（春）汉（口）公路与东垣相交处的北部150米处开始向西弧拐，曲缓延伸至狮子桥处的东南城角。东垣北段较直，长820余米，走向约8°；南段长约600米，南段与南垣东段的交角约89°（图版二，1）。

南垣　南垣通长780米，南垣宽8～15、高1.5～2.5米，整体近直，总方向230°。中间部分向内稍弧，东部与东垣南端弧接成圆状城角（图版一，2）。

西垣　仅存南段，北段被蕲水主河道的东大堤切断。西垣残长400米，宽18～36、高1.2～1.8米，总走向约10°。西垣北部连接蕲水东大堤，南接南垣西端，西垣与南垣的交角98°（图版二，2）。

北垣　北垣仅存东段的一部分，残长430米，宽18～22、高2～2.5米。西段大部分毁坏，其东端与东垣北端相接，两垣的交角约86°。

京九铁路自西北而东南通过第二重城的西南部，分别跨西垣南段及南垣的西段，柳界公路通过西南城角。

城壕　第二重城垣外的护城河（即城壕）绝大部分已淤塞、填平或改建成耕地，在京九铁路罗州城段的施工过程中，分别在西垣和南垣外发现有城壕遗迹。据施工所掘断面知，城壕距离城垣的外坡脚下一般为1～2米，城壕宽30～35、深5～6.5米。城壕内的堆积大致可分两层：第①层，为灰黑淤泥土，厚3.4～4.3米，含现代遗物及少量古代遗物；第②层，为灰黑细砂泥土，深3.4～4.3、厚1.6～2.2米，含少量的古代陶片、铜钱、城砖及瓦片等。

城门　现存第二重城的东、南城垣上已改作渠沟，因不同程度地进行过加工，耸立于地面的城垣各段无断裂和豁口，不见城门遗迹现象，但推测原来的第二重城垣应该设有城门。

勘探发掘结果表明，第二重城垣的始建年代为隋唐，下限为宋代[3]。

第二节　层位关系与遗址分期

一、层位关系

2001年在罗州城内进行的发掘，对各个探方的地层按统一地层的要求进行了编列，分为第①层、第②层、第③层、第④层、第⑤层五个大层，其中，第②层分为②A、②B两个亚层，第⑤层分为⑤A、⑤B、⑤C、⑤D、⑤E五个亚层。

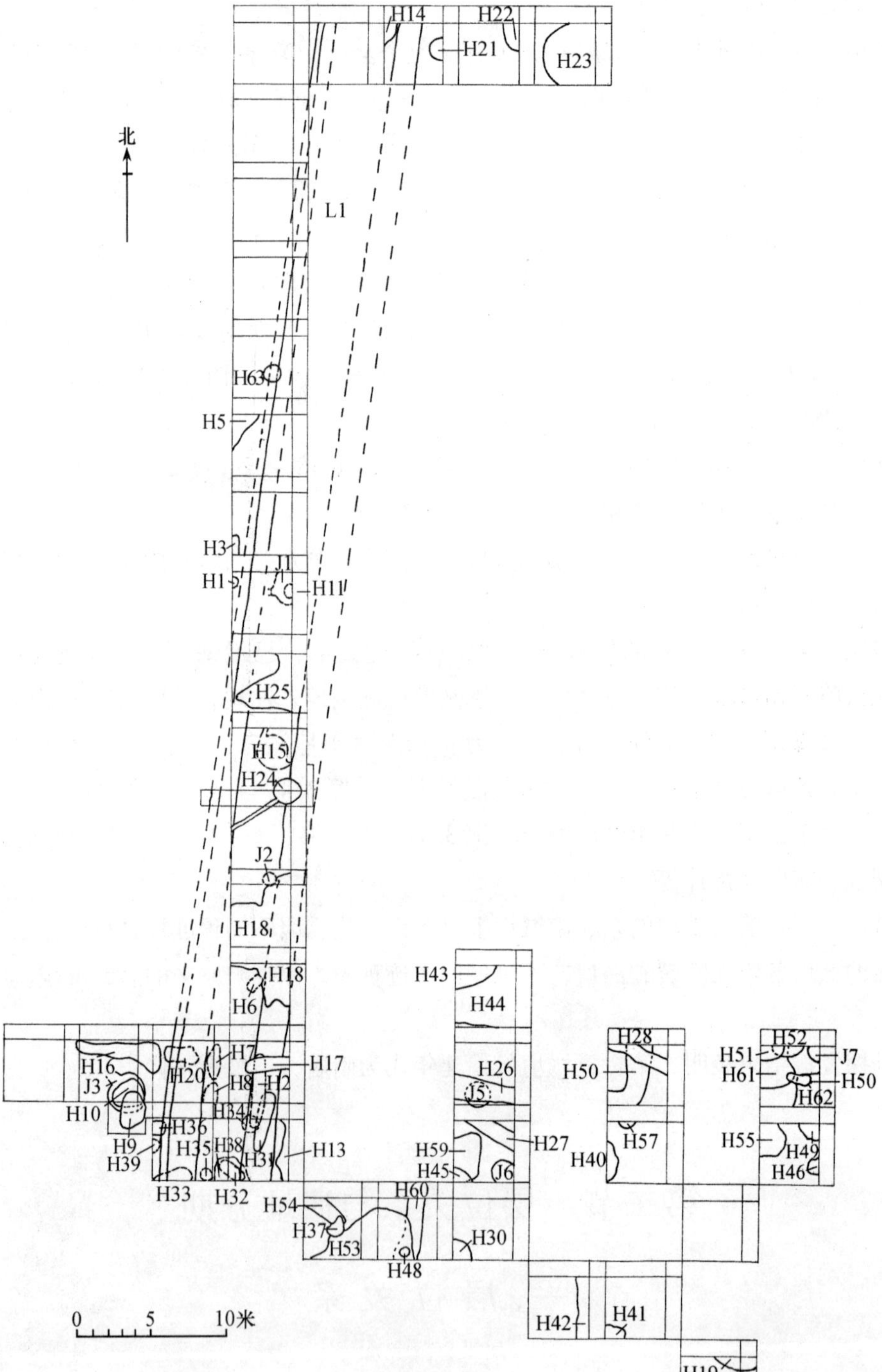
北
L1
H14
H22
H21
H23
H63
H5
H3
H1
J1
H11
H25
H15
H24
J2
H18
H18
H6
H7
H17
H16
H20
H8
H2
J3
H10
H34
H36
H9
H35
H38
H39
H31
H13
H33
H32
H43
H44
H26
J5
H27
H59
H45
J6
H28
H50
H57
H40
H52
H51
J7
H61
H50
H62
H55
H49
H46
H54
H60
H37
H53
H30
H48
H42
H41
H19
H47
0
5
10米

图七　罗州城遗迹分布图

与地层有叠压和打破关系的各个时期的遗迹68处，其中，灰坑59个，水井8口，道路遗迹1处（图七）。现以有代表性探方的剖面为例，介绍地层堆积情况。

1. T3821北壁剖面

该探方地表较平，但地层与遗迹之间的堆积关系较复杂。T3821北壁剖面包含了三个大层次，即第①层、第②层、第③层（图八）。

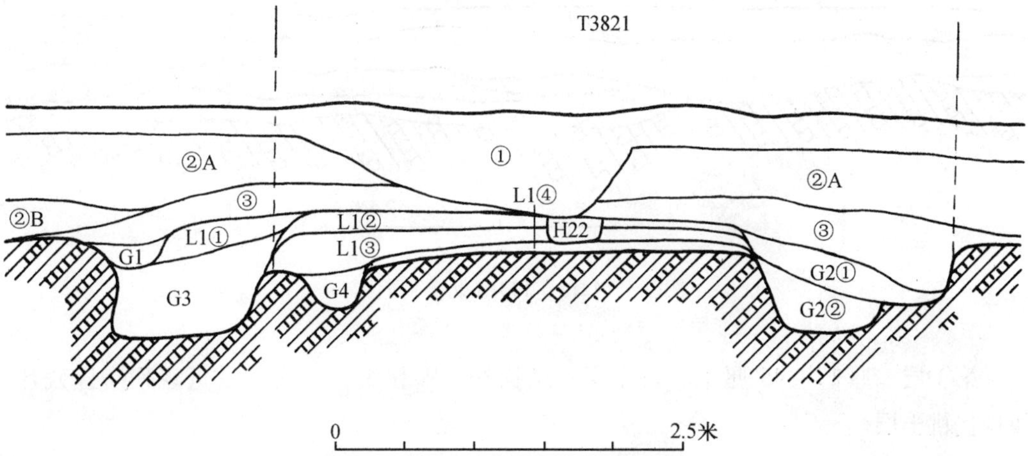

图八　T3821北壁剖面图

第①层　厚20～72厘米。耕土层。灰黑色，结构较松，颗粒较细，含一定量碎石及大量植物根茎。分布于全方。含一定量的古代及近现代陶瓷残片。属现代耕土层。

第②层　分为②A、②B两个亚层。

第②A层　深20～72、厚0～55厘米。黑灰土，土色单纯，土较板结，呈块状，结构较紧，硬度明显大于第①层，局部土质特别板结，含沙量少。分布于全方。出土遗物较多，以瓷器为主，还有釉陶器及陶器等，器类有瓷碗、瓷盏、瓷盘，釉陶碟、釉陶壶、釉陶钵及陶罐、陶钵等。属宋代堆积层。

第②B层　深67.5～72、厚0～26厘米。含褐黄斑点的灰土，较第②A层疏松，含沙量明显多于第②A层。分布于全方。出有少量的陶瓷残片，器类有瓷碗及板瓦等。属宋代堆积层。

第③层　深53～95、厚0～50厘米。红烧土层和碎砖末粒，局部夹黑灰土。分布于探方的西北大部。出土遗物均为陶瓷器残片，器类有青瓷碗、釉陶罐、釉陶瓮及大量的瓦片等。属五代堆积层。

L1叠压于第③层下，分4层，左右累计有G1、G2、G3、G4等4条排水沟；H24

开口于第③层下，打破L1。

2. T4215、T4315 北壁剖面

这两个探方呈东西排列，地层堆积虽然不复杂，但它展示了第②B层与第③层、第④层的关系，是确定第②B层与第③层、第④层关系的代表性剖面（图九）。

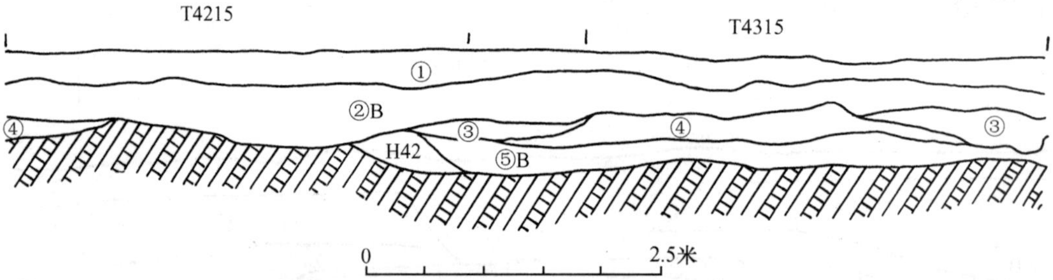

图九　T4215、T4315 北壁剖面图

第①层　厚17~45厘米。耕土层。结构松，颗粒细，含古代及近现代陶瓷残片。属现代耕土层。

第②层　分为②A、②B两个亚层，本探方只有②B层。

第②B层　深17~45、厚4~32.5厘米。含褐黄斑点的灰土，含沙量多于第②A层。分布于全方。本层出土陶瓷残片较多，分瓷器、釉陶器、硬陶器及陶器四类，瓷器有碗、盏、执壶，釉陶器有执壶、钵、罐、缸，硬陶器有钵，陶器有盆、瓦片等。属宋代堆积层。

第③层　深40~65、厚0~30厘米。红烧土层。本层只分布于探方的东北角，面积不足探方的1/4。本层出土物很少，可辨器形有青瓷碗及板瓦等。属五代堆积层。

第④层　深32~70、厚0~45厘米。豆绿色土。结构较紧，颗粒细，含一定量细沙和少量铁锈色斑点。分布于探方的西、南部。出土一定量的青瓷、釉陶和陶器残片，青瓷器有碗、盏、高足盘，釉陶器有碟、瓮，陶器有盆、罐等。属隋唐堆积层。

第⑤层　分为五个亚层，本探方只有其中的⑤B层。

第⑤B层　深60~75、厚0~40厘米。黑灰色细泥土与铁锈色相含夹的泥土。几乎不含沙，只分布于探方的东北角。本层出少量的陶片，器形有陶盆、罐等。属汉代堆积层。H42开口于第⑤B层下，打破生土。

3. T4416 东壁剖面

这个探方剖面包括了五个大层位，主要反映了第③层、第④层与第⑤层中亚层的关

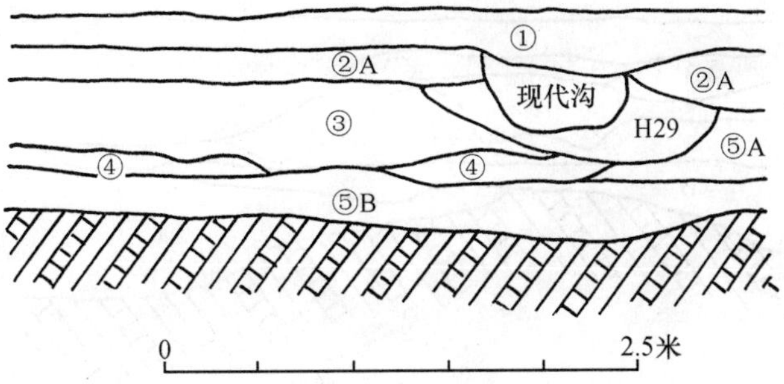

图一〇　T4416 东壁剖面图

系，是确定第③层、第④层与第⑤A、⑤B 层关系的代表剖面（图一〇）。

第①层　厚 12～35 厘米。耕土层。灰黑土、结构松，颗粒细，含一定量碎石及大量植物根，含古代及近现代陶瓷残片。属现代耕土层。

第②层　分为②A、②B 两个亚层。

第②A 层　深 12～35、厚 0～32 厘米。黑灰土，结构较紧，颗粒细，局部特别板结，含沙量少。本层除探方中部被现代沟打破外，余布满全探方。本层出有大量的陶瓷残片，瓷器有碗、盏、执壶，釉陶器有碟、瓶、罐，陶器有盆、罐等。属宋代堆积层。

第②B 层　深 6～40、厚 0～41 厘米。含褐黄斑点的灰黄土。本层只分布于探方南部，面积约 2 平方米。包含物有少量的陶瓷残片，器类有瓷碗、釉陶执壶、陶瓦片等。属宋代堆积层。

第③层　深 33～70、厚 0～58 厘米。红烧土层。本层分布于探方的东、北大部。出有极少量的陶瓷残片，器类有青瓷碗等。属五代堆积层。

第④层　深 43～88、厚 0～28 厘米。结构较紧的豆绿色土，含少量铁锈色斑点。分布于探方的西南、东北及东部偏南处。出有一定量的青瓷器、釉陶器及陶器，器类有青瓷高足盘，釉陶碟及陶罐、瓦等。属隋唐堆积层。

第⑤层　分为五个亚层，本探方只有其中的⑤A、⑤B 层。

第⑤A 层　深 50～85、厚 0～35 厘米。黄土与褐色泥斑相混合的黄褐土。本层分布于探方南半部。只出少量的陶片，器类有盆、罐等。属汉代堆积层。

第⑤B 层　深 75～80、厚 13～31 厘米。灰黑色细泥土与铁锈色泥土相混合或相夹。分布于全探方。包含物有陶盆、甑、罐等。属汉代堆积层。

4. T4317 南壁剖面

这个探方剖面包括了四个大层位，不仅反映了第①层、第②层、第③层的堆积关系，更重要的是反映了第⑤层中的亚层⑤A、⑤B、⑤C 层堆积顺序关系（图一一）。

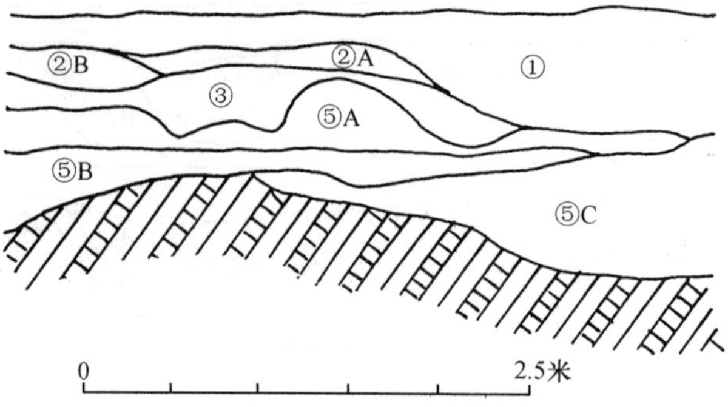

图一一　T4317 南壁剖面图

第①层　厚 13～70 厘米。耕土层。灰黑色，结构较松，颗粒较细，含一定量碎石及大量植物根。本层分布全方。含古代及近现代陶瓷残片。属现代耕土层。

第②层　分为②A、②B 两个亚层，本探方只有其中的②A 、②B 层。

第②A 层　深 10～35、厚 0～20 厘米。黑灰土，结构较紧，颗粒细，硬度明显大于第①层，局部土质比较板结，含沙量少。分布于本方的大部。本层出有大量陶瓷片，器类有瓷碗、盏，釉陶壶、缸及陶盆、板瓦等。属宋代堆积层。

第②B 层　深 15～35、厚 0～25 厘米。含褐黄斑点的灰黄土，较第②A 层略疏松，局部含沙量明显多于第②A 层。本层分布 T4317 东南、东北角局部。包含物有瓷碗、盏、碟，釉陶钵，硬陶钵及陶盆、筒瓦、板瓦等。属宋代堆积层。

第③层　深 20～65、厚 0～57 厘米。红烧土层，局部含大量板瓦残片和碎砖块。分布于 T4317 的大部。出少量的陶瓷片，器类有青瓷碗及陶罐、板瓦等。属五代堆积层。

第⑤层　分为五个亚层，本探方只有其中的⑤A、⑤B、⑤C 层。

第⑤A 层　深 35～75、厚 0～40 厘米。黄褐土，黄土混夹褐色泥斑土，颗粒较第④层细，泥性强，含沙量极少，局部有红色细斑点，结构较第④层紧密。本层分布于 T4317 的大部，出少量陶片，器类有罐等。属汉代堆积层。

第⑤B 层　深 55～80、厚 0～45 厘米。黑灰色细泥土，颗粒极细，泥性很强，几乎不含沙，局部区域含水量较大而显得松软。本层布满全探方。包含物均为陶片，可辨器形有盆、甑、壶、板瓦等。属汉代堆积层。

第⑤C 层　深 65～105、厚 0～75 厘米。含大量褐色斑点的灰土，颗粒极细，含沙量很小，局部区域含水量较大。本层分布于探方的西部。出有少量陶片，器类有盆、甑、豆等。属汉代堆积层。

5. T4116 东壁剖面

这个探方剖面包括了三个大层位，主要反映了第⑤层中的亚层⑤C、⑤D、⑤E 层堆积顺序关系（图一二）。

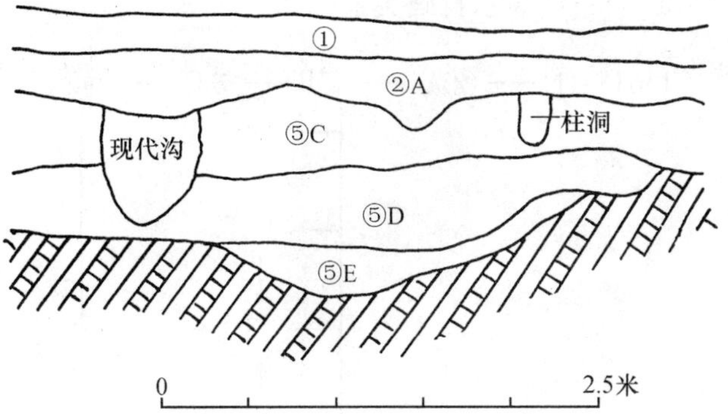

图一二　T4116 东壁剖面图

第①层　厚 10～50 厘米。耕土层。灰黑色，颗粒细，较坚硬，含大量植物根。本层布满全方。包含少量近现代陶片。属现代耕土层。

第②层　分为②A、②B 两个亚层，本探方只有其中的②A 层。

第②A 层　深 10～50、厚 5～50 厘米。黑灰土，颗粒小，土较板结，呈块状，含沙量较大。除北部被一条现代沟打破外，余布满全方。包含一定数量的陶瓷片，器类有瓷碗、盏，釉陶碟、罐及陶盆等。属宋代堆积层。在第②A 层下叠压柱洞一个，柱洞打破第⑤C 层。

第③层　深 35～85、厚 0～25 厘米。红烧土层，夹少量红、黄相间斑点，颗粒较大，含沙量较小，成小块状。呈带状地分布于西北部。出土少量的陶瓷片，器类有青瓷碗、釉陶瓮及陶罐等。属五代堆积层。

第⑤层　分为五个亚层，本探方只有其中的⑤C、⑤D、⑤E 层。

第⑤C 层　深 35～100、厚 15～50 厘米。含大量褐色斑点的灰土，土质松散，颗粒小，呈块状，硬度小。本层分布全方。包含物均为陶器残片，器类有盆、罐、豆、缸、盂及筒瓦等。属汉代堆积层。

第⑤D 层　深 70～90、厚 0～45 厘米。含褐红斑点的黄褐土，土质细腻，泥性强。分布于探方的东部。包含物均为陶器残片，器类主要有盆、瓮、盘、器座等。属汉代堆积层。

第⑤E 层　深 80～130、厚 0～35 厘米。含少量褐斑的黄土，颗粒极细，结构紧，含沙小，夹浅灰泥层。分布于探方的东部、北部少量范围。含很少的陶片，器类有盆、豆、鬲等。属战国堆积层。

为了全面地反映2001年在罗州城遗址发掘的地层堆积情况，现将在罗州城内发掘的37个探方中，有代表性的25个探方的地层关系图介绍如下（以下关系中“—”表示叠压关系或开口层位，“→”表示打破关系）。

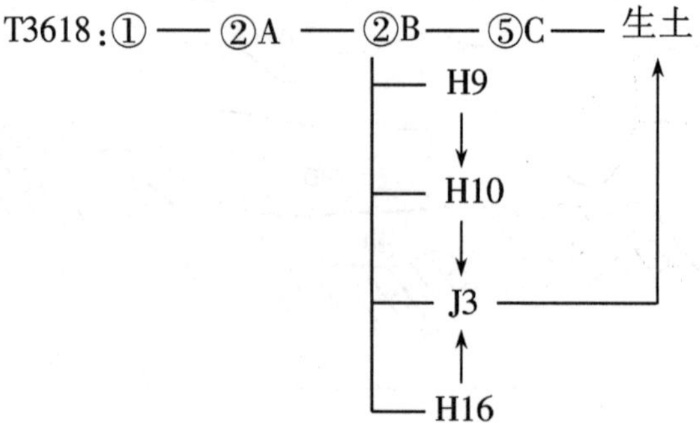

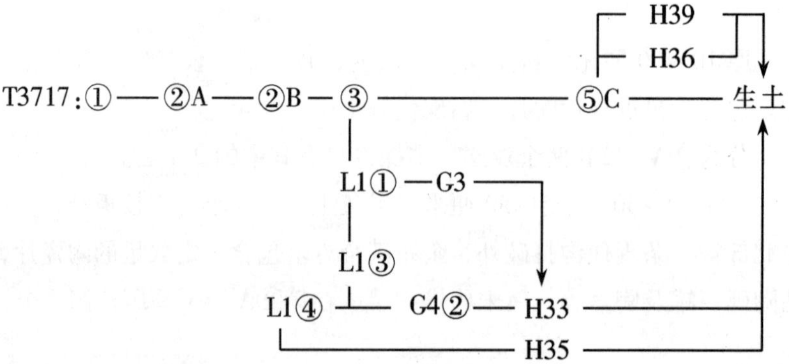

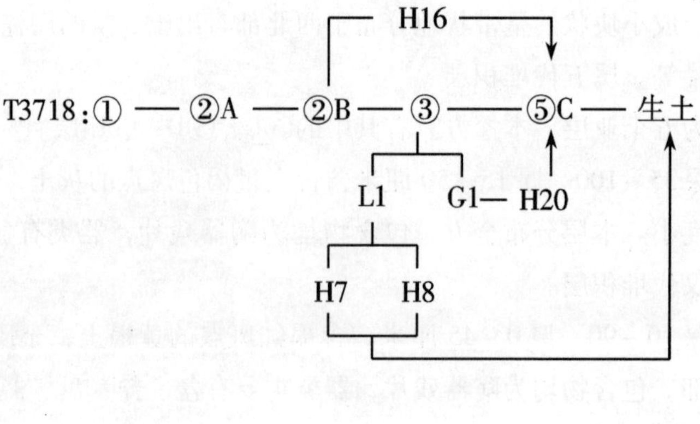

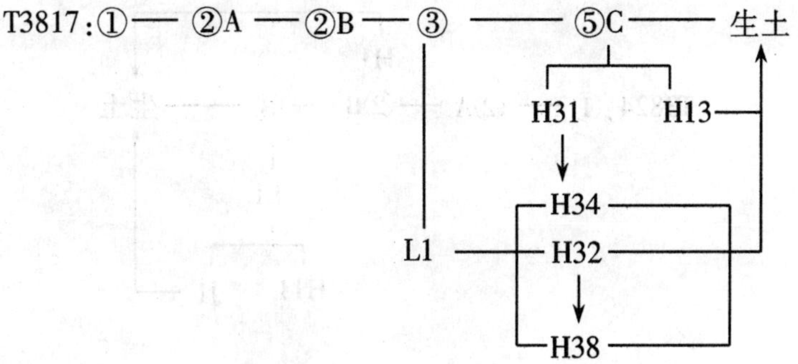
T3817:①— ②A —②B —③ — ⑤C — 生土
H31
H13
H34
L1
H32
H38

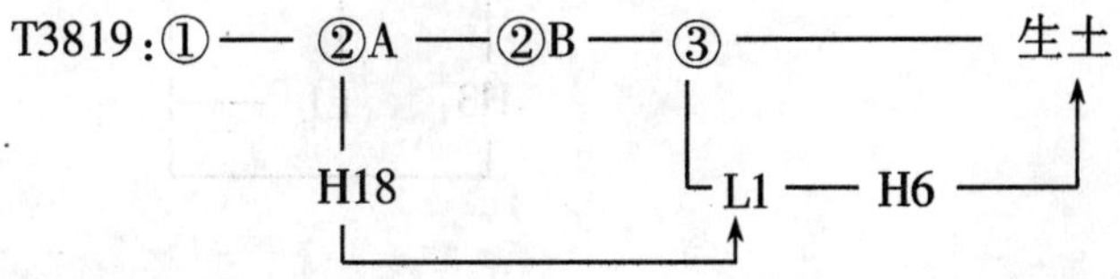
T3819:① — ②A —②B —③ — 生土
H18
L1 — H6

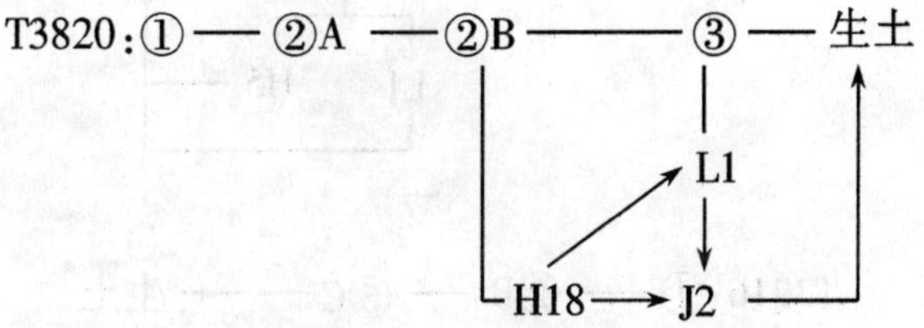
T3820:① — ②A —②B — ③ — 生土
L1
H18
J2

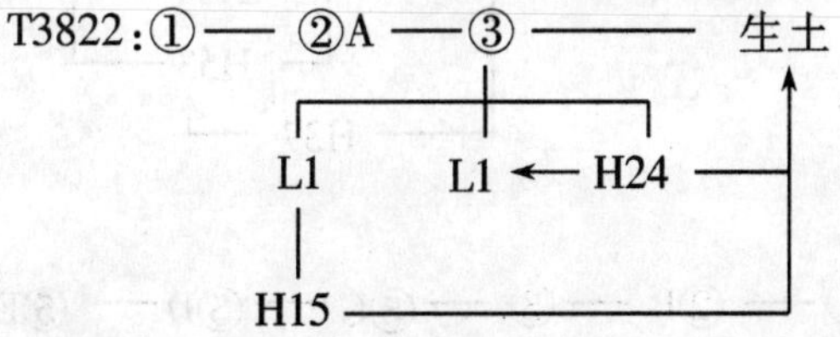
T3822:① — ②A —③ — 生土
L1
L1
H24
H15

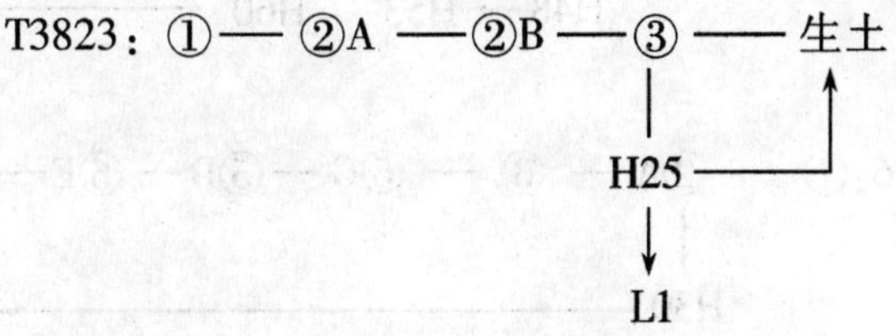
T3823: ① — ②A —②B —③ — 生土
H25
L1

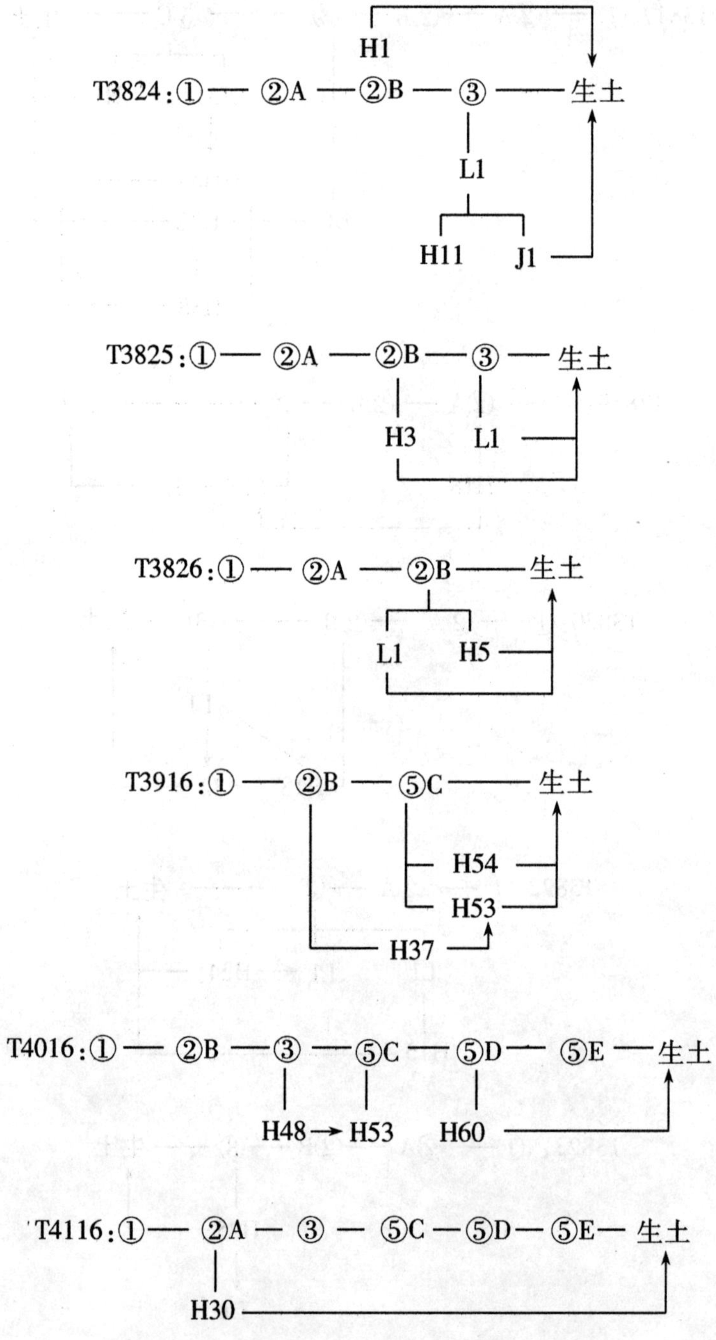
T3824：①— ②A —②B — ③ — 生土
H1
L1
H11 J1
T3825：①— ②A —②B —③ — 生土
H3 L1
T3826：①— ②A —②B —生土
L1 H5
T3916：①— ②B —⑤C —生土
H54
H53
H37
T4016：①— ②B —③ —⑤C —⑤D — ⑤E —生土
H48→H53 H60
T4116：①— ②A — ③ — ⑤C —⑤D—⑤E— 生土
H30

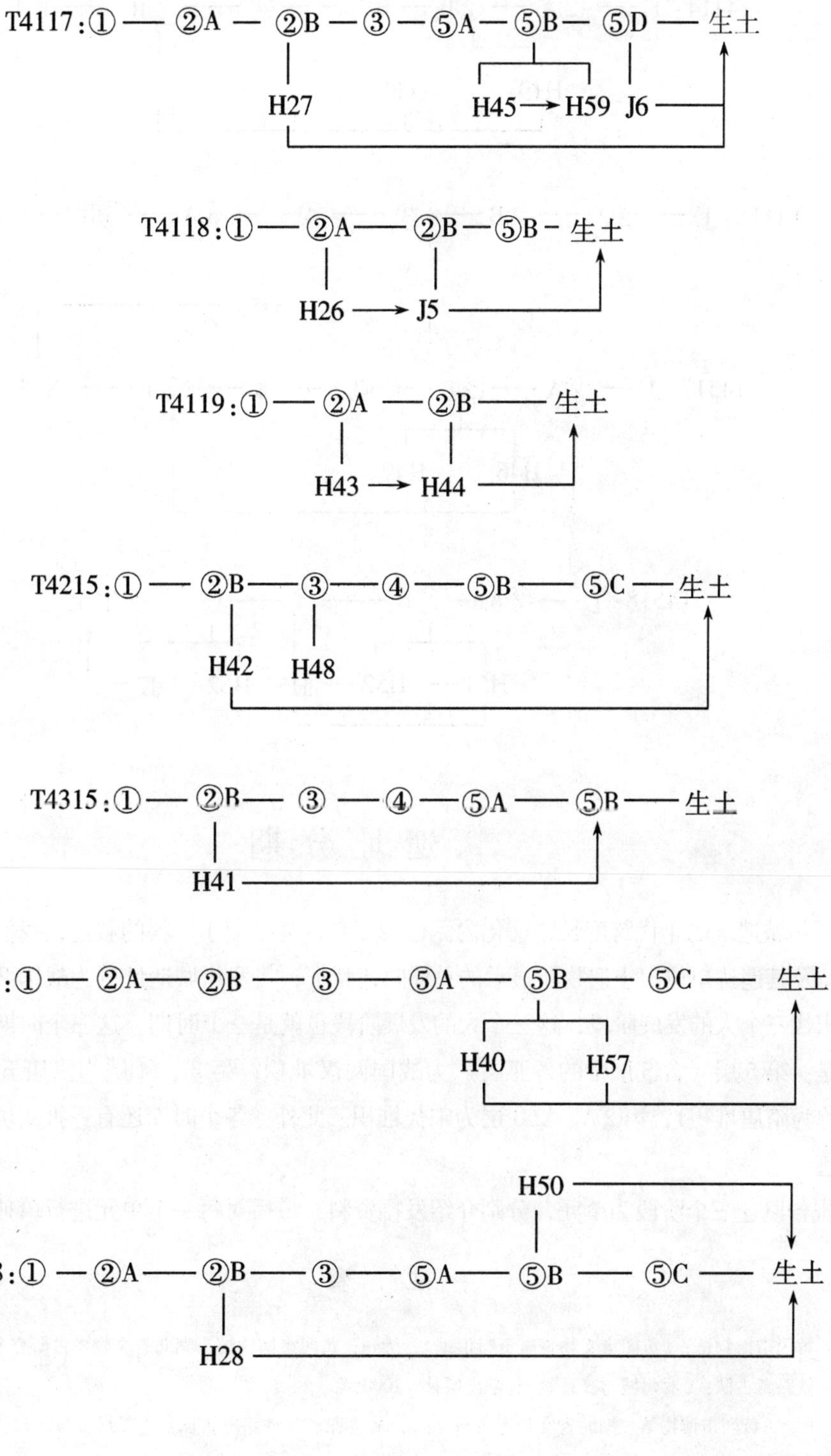
T4117:①—②A—②B—③—⑤A—⑤B—⑤D—生土
H27
H45→H59
J6
T4118:①—②A—②B—⑤B—生土
H26→J5
T4119:①—②A—②B—生土
H43→H44
T4215:①—②B—③—④—⑤B—⑤C—生土
H42
H48
T4315:①—②B—③—④—⑤A—⑤B—生土
H41
T4317:①—②A—②B—③—⑤A—⑤B—⑤C—生土
H40
H57
H50
T4318:①—②A—②B—③—⑤A—⑤B—⑤C—生土
H28

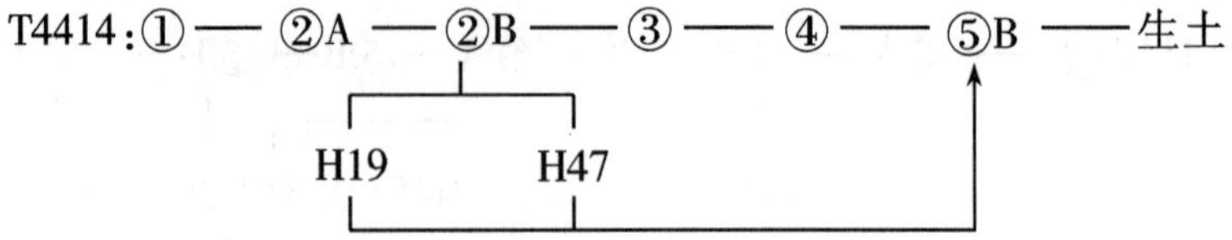

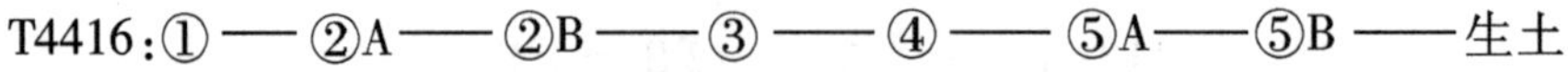

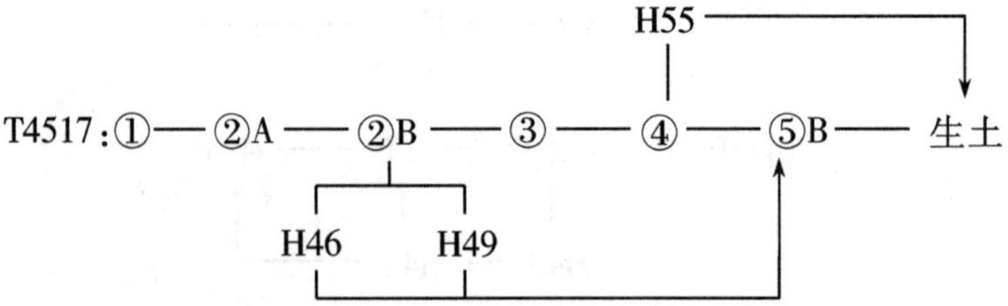

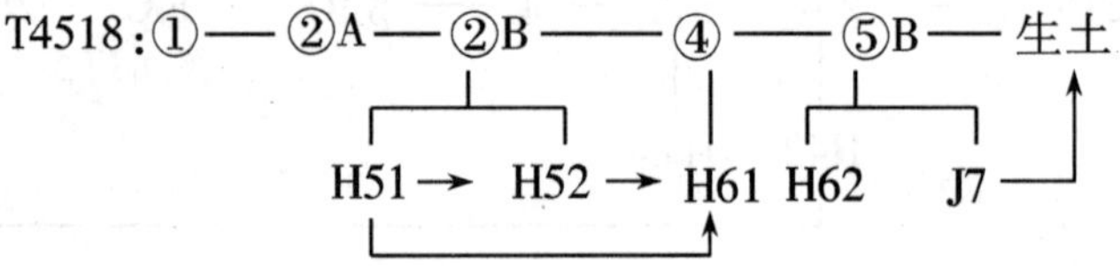

二、遗 址 分 期

罗州城遗址的年代跨度长，文化内涵也较复杂，为了便于资料的叙述，我们根据遗址各个层位及其遗迹单位出土遗物所显示的总体时代特征，将罗州城遗址分为战国两汉、隋唐五代、宋代三个大的发展阶段，这三个大的发展阶段也就是三个时期，这三个时期的代表地层分别是：第⑤层（含⑤层中的各亚层）为战国两汉堆积；第③、④层为隋唐五代堆积（下文简称为隋唐堆积）；第②A、②B 层为宋代堆积。此外，各个时期还有一批灰坑、水井及其他遗迹。

报告以这三个阶段为单元，分别介绍发掘资料，最后对每一个单元进行单独的分期。

注　释

[1] 黄冈市博物馆：《黄冈市文物普查资料汇编》，待刊；黄冈市博物馆、湖北省文物考古研究所、湖北省京九铁路考古队：《罗州城与汉墓》，科学出版社，2000 年。

[2][3] 黄冈市博物馆、湖北省文物考古研究所、湖北省京九铁路考古队：《罗州城与汉墓》，科学出版社，2000 年。

第三章　城址的发掘

2001年在罗州城内的发掘，除了揭露了城内的地层堆积外，还发现了各个时期的遗迹68处，其中，灰坑59个，水井8口，道路遗迹1处（参见图七）。通过对遗迹现象与出土器物形态的分析，明确了罗州城战国两汉、隋唐、宋代等几个时期的地层、遗迹及遗物的基本面貌。下面分战国两汉、隋唐、宋代三个部分对发掘收获进行介绍。

第一节　战国两汉遗存

战国两汉遗存主要分布于发掘区南部的一批探方内，探方的第⑤A、⑤B、⑤C、⑤D、⑤E层及一批灰坑中均有战国或两汉遗存，其中主要是两汉时期的遗存，战国遗存数量较少。

因战国两汉遗存，在遗迹，特别是遗物方面有着很强的延续性与共性，为了全面反映器类及器物形态发展、演化的轨迹，下面将战国、两汉遗存并为一个单元进行介绍。

一、遗　　迹

战国两汉时期的遗迹包括灰坑和水井两类（图一三）。

（一）灰坑

灰坑　26个，分别是H3、H6、H10、H11、H13、H15、H20、H27、H31～H34、H36、H38～H40、H42、H45、H50、H53、H54、H57、H59～H62。

灰坑的平面形状一般为圆形，还有椭圆形、不规则椭圆形、不规则圆角长方形及不规则长条沟状等几种形式。举例说明。

H10　位于T3618东南角及东南角的扩方范围，在H9的北部，开口于②B层下，打破J3，被H9打破。坑口形状呈不规则椭圆形，坑壁作弧状，坑底为圜底。坑口长径2.48、短径1.64、坑深1.05米。坑内填土为黄泥花土夹褐红斑，在坑底及边缘部位有很薄的一层灰泥沙土。出土遗物均为陶器，以泥质浅灰陶为多数，可辨器形有盆、罐、

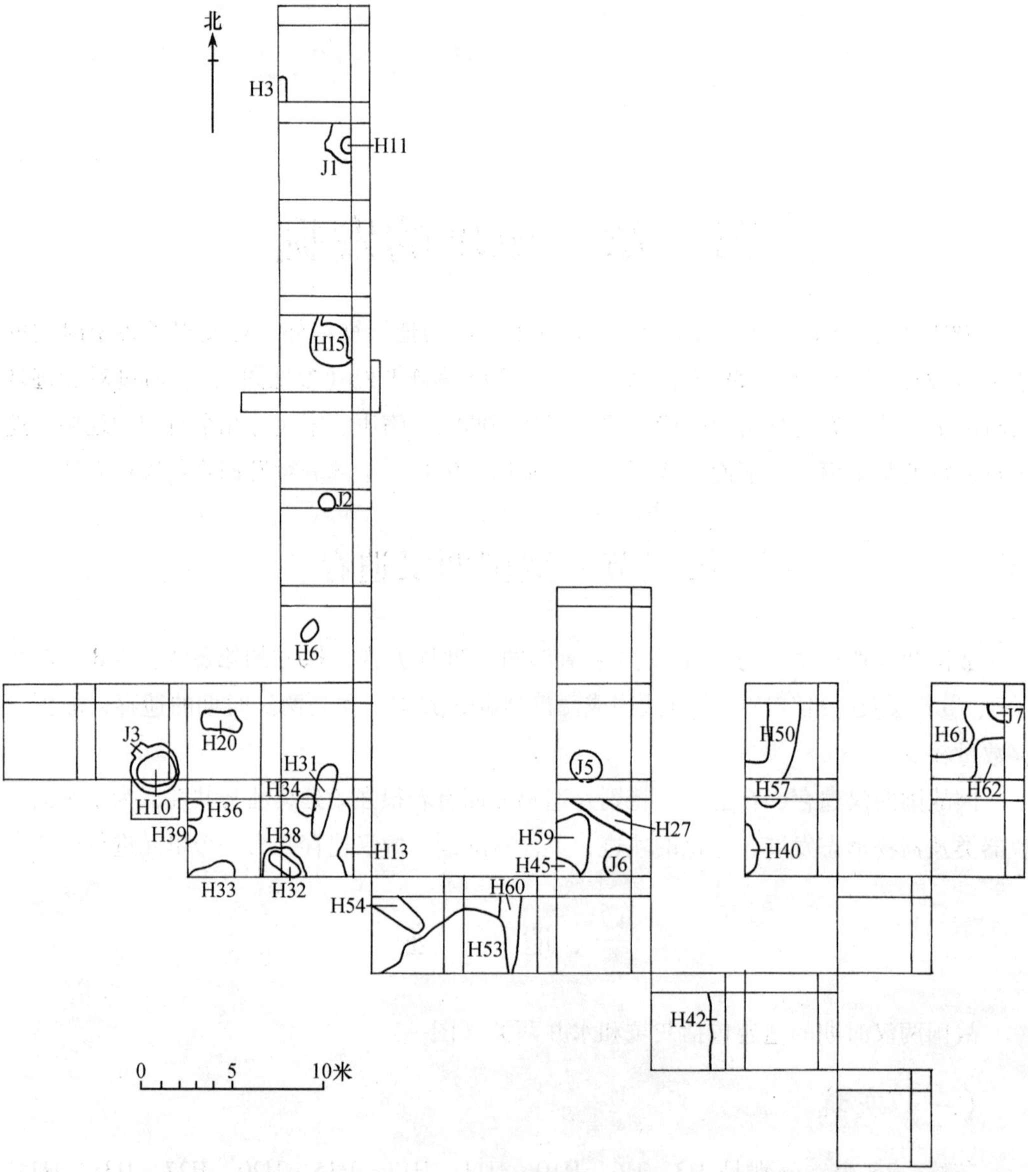

图一三　战国两汉遗迹分布图

甑、豆、釜、壶等（图一四）。

H20　位于 T3718 北部偏中，在 H7 的正西方向 0.26 米处，开口于道路 L1 的排水沟 G1 下，打破⑤C 层。坑口形状为不规则圆角长方形，坑壁一端为缓斜坡，一端较陡，坑底高低不平，坑壁下部及底坑表面有灰黄色积水面，局部较平滑。坑口长 1.6 ~ 1.85、宽 0.9 ~1 米，坑底长 1.6、宽 0.72 米，坑深 0.52 米。坑内填土为灰土夹褐红、

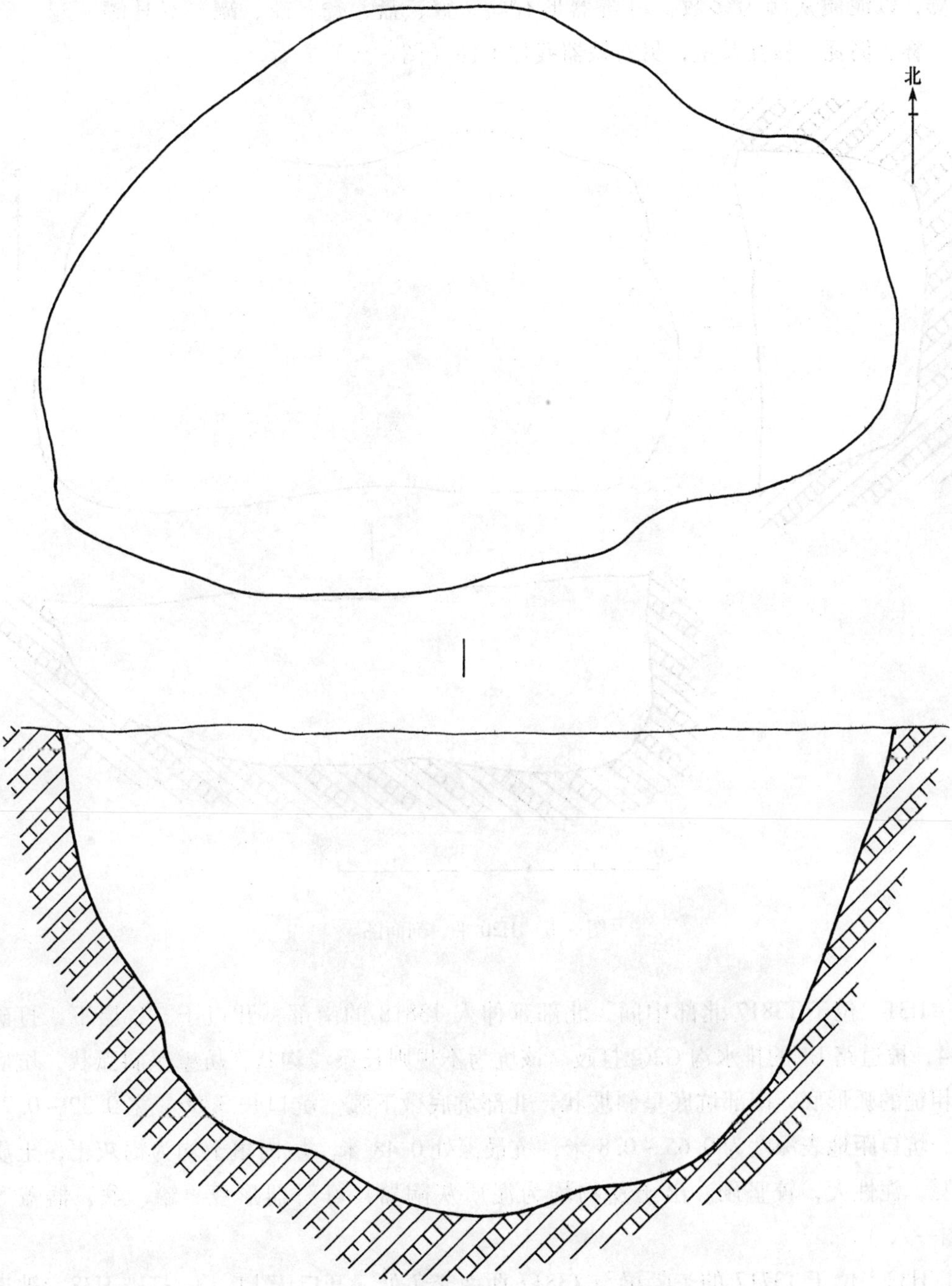

图一四　H10 平、剖面图

黄斑土，结构紧密，含沙量极小，坑底含水量比坑中、上部略大。出土遗物绝大多数为陶器，以泥质灰陶为多数，可辨器形有盆、豆、盘、瓮、甑、罐、双耳罐、壶、釜、量、杯、筒瓦、板瓦及垫，另有铁器残片 1 件（图一五）。

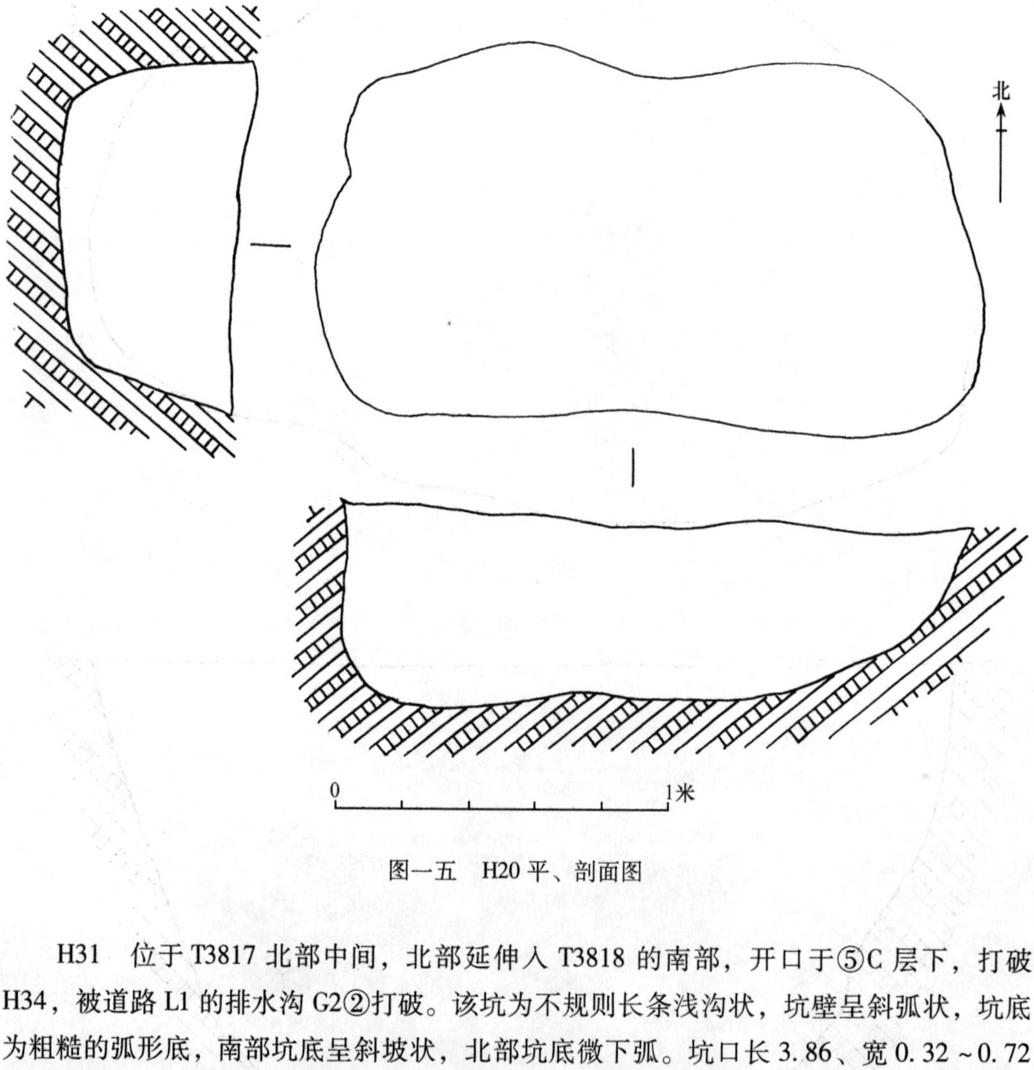

图一五　H20 平、剖面图

H31　位于 T3817 北部中间，北部延伸入 T3818 的南部，开口于⑤C 层下，打破 H34，被道路 L1 的排水沟 G2②打破。该坑为不规则长条浅沟状，坑壁呈斜弧状，坑底为粗糙的弧形底，南部坑底呈斜坡状，北部坑底微下弧。坑口长 3.86、宽 0.32 ~ 0.72 米，坑口距地表深度为 0.65 ~ 0.8 米，坑最深处 0.48 米。坑内填土均为褐灰土，土质细腻，泥性大，较坚硬。出土遗物均为泥质灰陶器，可辨器形豆、罐、盆、器盖等（图一六）。

H32　位于 T3717 的东隔梁与 T3817 西南交角处，开口于 L1 下，打破 H38，被道路 L1 的排水沟 G2②打破。坑口为弧边圆角长方形，东、北两面坑壁斜缓，西、南两面坑壁较陡直，坑底由北向南作缓坡状。坑口长 2、宽 0.74 ~ 0.96 米，坑深 0.36 米。坑

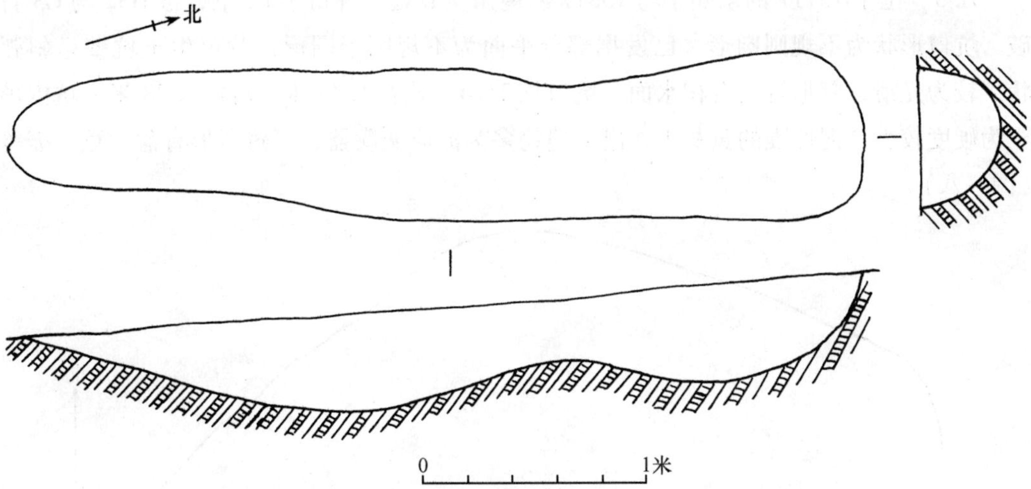

图一六　H31 平、剖面图

内填土大部分为黑土，底部有一薄层灰泥土，黑土较软，夹少许灰烬，底部为细腻的灰泥土，可能是盛污水后形成的沉淀。出土遗物多为泥质灰陶器，器形有盆、罐、豆、壶、缸等（图一七）。

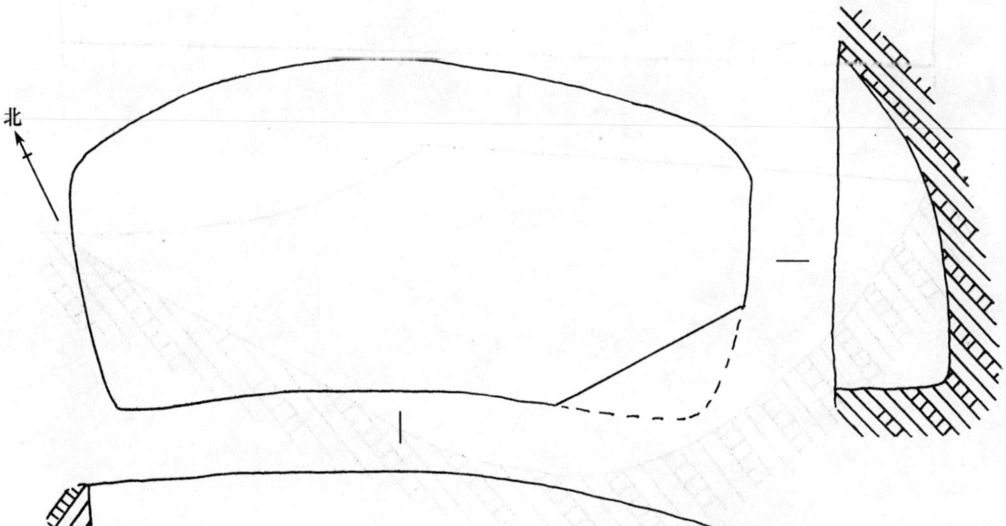

图一七　H32 平、剖面图

H38　位于T3717的东隔梁与T3817西南角交界处，开口于L1下，被H32与G3打破。坑口形状为不规则圆形，已发掘部分平面为不规则半圆形，黄色生土坑壁呈斜弧状，较为光滑，圜形坑底有积水面。坑口长2.24、残宽1.43米，坑深0.78米。坑内填土为硬度较大且泥性强的黄灰土。出土遗物多为泥质灰陶器，可辨器形有盆、豆、壶等（图一八）。

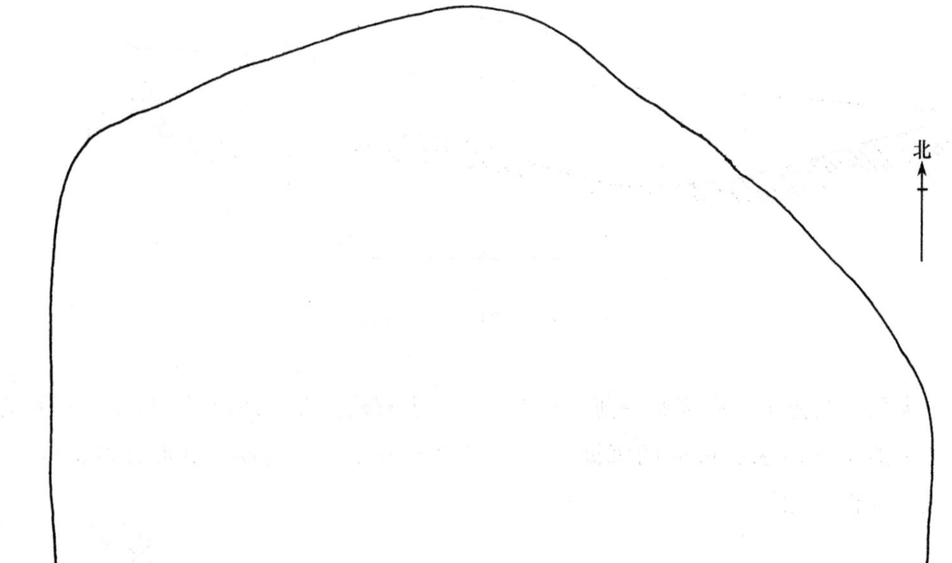

图一八　H38平、剖面图

（二）水井

水井　8口，编号分别为J1～J3、J5～J8、J9。其中J8、J9位于发掘区西部约35米，其余均位于发掘区内。由于工程原因，只对其中的J1～J3、J5进行了发掘。

J1　位于T3824东部偏北，开口于L1下，打破生土，被H11打破。井口距地表深1.2～1.35米，井深1.3米。井坑口部的形状为圆形，已掘的部分为大半圆形，井口已发掘的部分残长1.88、宽1.14米；井底已发掘的部分长0.88、宽0.7米；井坑的西部有一长0.14、宽0.54米的入口。井坑的东部、北部压于T3824东隔梁和北隔梁未发掘。井壁的上部呈喇叭形，坑底为圆形，井坑壁加工情况不明。井坑内置放有陶井圈，只残存底层一节，陶井圈下垫有四根长方形的木条。陶井圈直径0.72、高4、胎厚0.03米，井圈下的四根垫木长0.38～0.48、宽0.03、厚0.04米。井内堆积土层均为褐黄土，土质较结。井内出土遗物均为陶器，多为泥质灰陶，器形有罐、盆、豆、筒瓦、缸等（图一九）。

J2　位于T3820北隔梁偏东，开口于L1下，被H18打破。井坑口距地表深度为1.1～1.45米，井坑深6.12～6.2米。井坑形状为正圆形，井口部位外撇呈喇叭形，中壁垂直，下壁内收卡住底层井圈，底层井圈以下的井壁小于井圈，井坑底为卵形。井坑口径为2.82米，井坑中部直径1.48米。井坑壁经简单加工修整，呈凸凹不平状。井坑内放置陶井圈，遗存有12节，井圈的直径0.64～0.66、高0.44～0.46、胎厚0.03～0.04米，为夹砂厚胎灰陶（图版六，2）。

井内堆积分为六个单位：

第一个单位是井圈外围与井坑之间填土层内的堆积层，以下简称J2（外填土），为灰土与黄土混合的花土，包含物有夹细砂灰陶盆、罐、豆等。

第二至五个单位是陶井圈内的堆积层。井圈内的堆积层自上而下依次分为五层：第①层，厚0.42～0.53米，灰黄硬泥土，包含物有陶豆柄等；第②层，距井口深0.42～0.53、厚1.28～1.36米，黄灰色的泥土，包含物有陶盆、罐、筒瓦等；第③层，距井口深1.68～1.84、厚0.9～0.92米，深灰色泥土，含水量多于第②层，不见陶器及其他包含物；第④层，距井口深2.6～2.73、厚0.44～0.48米，包含物以竹、木质物的腐烂堆积为主，此外还出有陶盆等；第⑤层，距井口深3.1～3.19、厚3～3.03米，灰黑色细腻淤泥层，含水量极大，包含物有陶罐、板瓦等（图二○）。这六个单位由早而晚的相对顺序依次是：J2（外填土）、第⑤层、第④层、第③层、第②层、第①层。

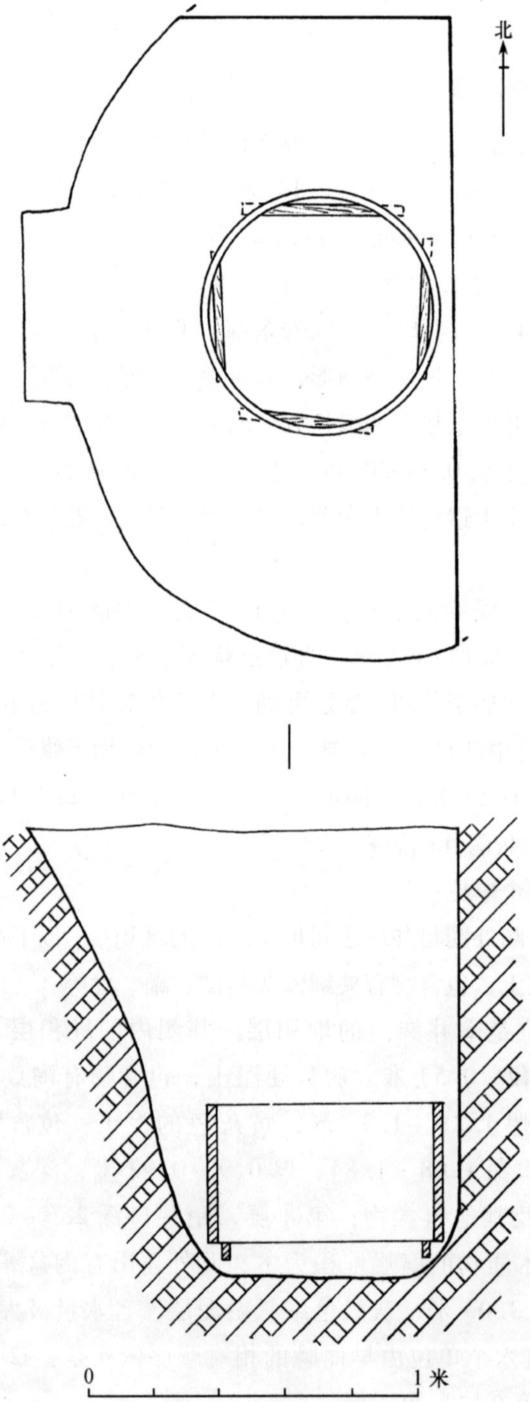

图一九　J1 平、剖面图

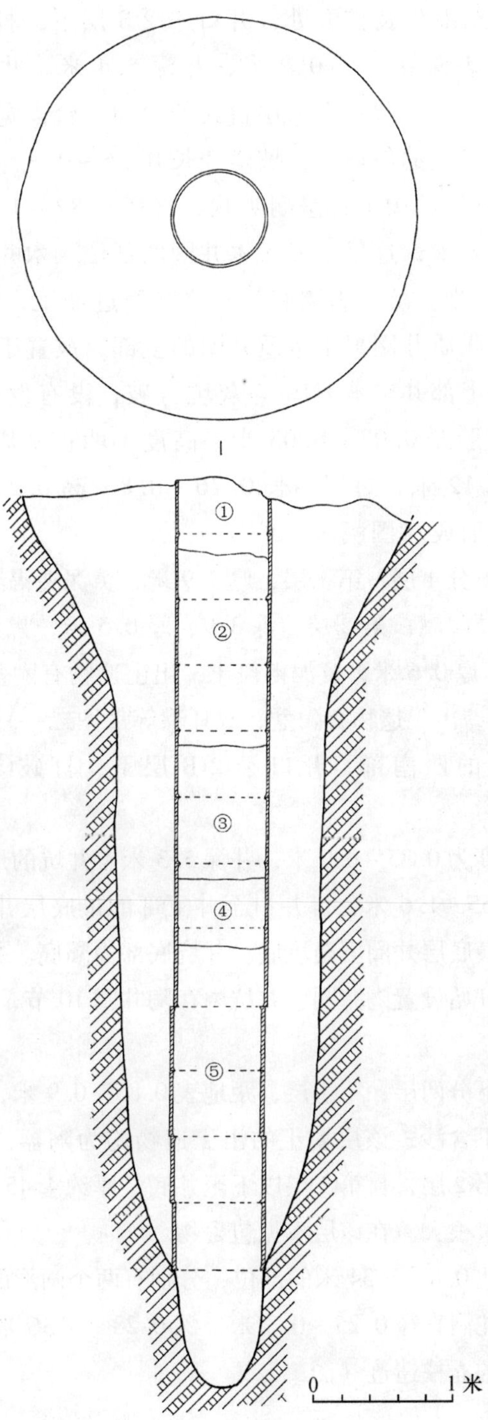

图二〇　J2平、剖面图
（①～⑤为井内堆积层位）

J3　位于 T3618 东南角及扩方处，开口于②B 层下，打破生土，被 H9、H10、H16 打破。井口距地表深 0.55～0.8 米，井深 5.4 米。井坑上部为浅圆直筒形，自井口至深度为 1.1 米处折起一个二层台式的台面，台面宽 0.4 米，在井口上部的西北部位，有一进入井坑的斜坡道，坡道残长 0.56～0.8 米，坡度 42°；井坑上部直径 2.4～2.6 米。井坑的中上部呈喇叭状，直径 0.82～1.6 米。井坑中下部的井坑呈直筒状，直径 0.8 米，这里是嵌入木井圈的部位。木井圈以下的井坑，呈直筒形岩坑壁，直径 0.67 米。坑底为圜底。井坑壁经过加工，坑壁平整而光滑。井圈有陶质、木质两种。陶质井圈置于木质井圈的上部，放置于井坑的中上部，即呈喇叭状的井坑部位，因上部井坑被 H10 等灰坑打破，没有发现完整的陶井圈，残存的井圈为夹砂灰陶，胎厚 0.02～0.03 米，高度不明；木质井圈为方形，共 6 层，顶层距现存的井口 2.12 米，每层用长 0.76～0.8、高 0.23～0.32、厚 0.07 米的木板，由子母榫扣接而成（图版六，3）。

井内堆积自上而下分 4 层：第①层，厚 3.9 米，黄泥夹褐红斑点土，出土遗物有陶盆、盂、瓮、筒瓦、硬陶罐；第②层，深 3.9、厚 0.5 米，黑泥土，出土遗物有陶罐、甑；第③层，深 4.4、厚 0.6 米，黄泥褐斑土，出土遗物有陶盆、罐、瓮；第④层，深 5、厚 0.4 米，黄泥土，出土遗物有陶盆、双耳罐等（图二一）。

J5　位于 T4118 的西南部，开口于②B 层下，打破⑤B 层至生土，被 H26 打破。

井坑口距地表深度为 0.85～0.9 米，井深 5.3 米。井坑的形状分上下两部分。上部分呈截锥状，直径 0.65～1.6 米，自井口至井下部的最底层井圈部位；下部分为直筒状，直径 0.6 米，自最底层井圈下至坑底。井坑底部为圜底。井坑壁经过简单加工。在井坑底向上 1 米处，开始设置陶井圈，井坑内存陶井圈 10 节，井圈直径 0.64 米，每节高 0.36 米。

井内堆积自上而下分两层：第①层，距地表 0.85～0.9 米，厚 0.66～0.7 米，黄泥土，结构紧密，基本不含沙，该层填土的出土遗物均为陶器，器形有盆、盘、釜、筒瓦、板瓦、井圈等；第②层，自第①层以下至井底，厚约 4.45 米，为细腻的黄灰泥土，土质结构松散，含水量很大，在该层不见包含物。

在井坑的北与东北 0.8～1.34 米的部位，分别有两个圆形的柱洞，两柱洞呈东西向分布，间距 1.4 米，柱洞直径 0.25～0.3 米，深 0.28～0.36 米。这两个柱洞可能是井上地面搭建井棚建筑的立柱遗迹（图二二）。

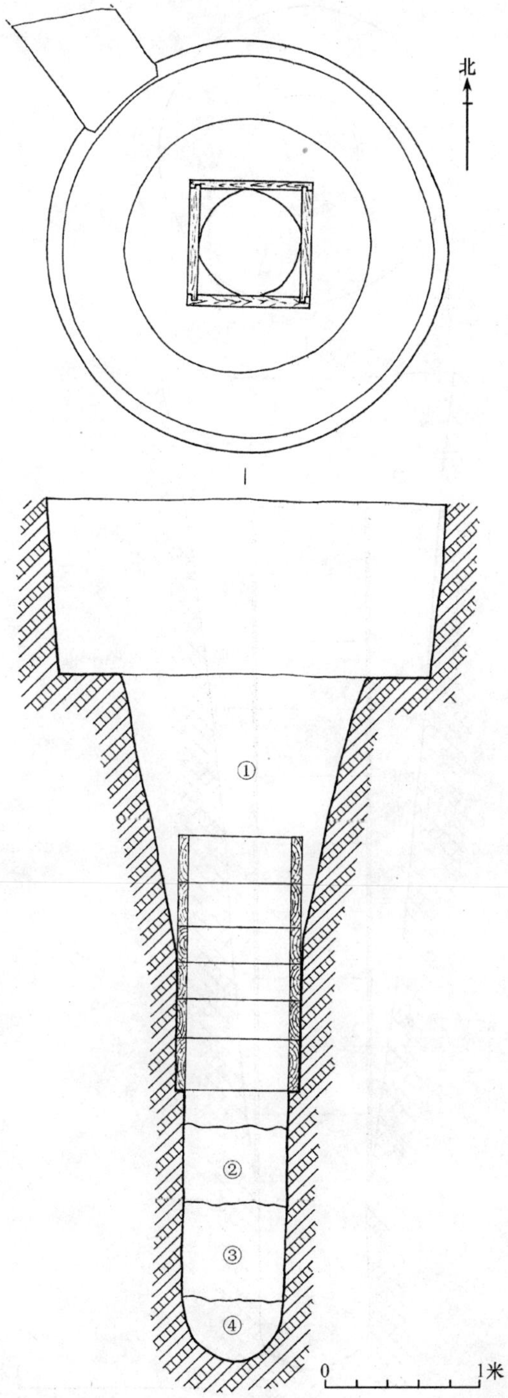

图二一 J3 平、剖面图
（①～④为井内堆积层位）

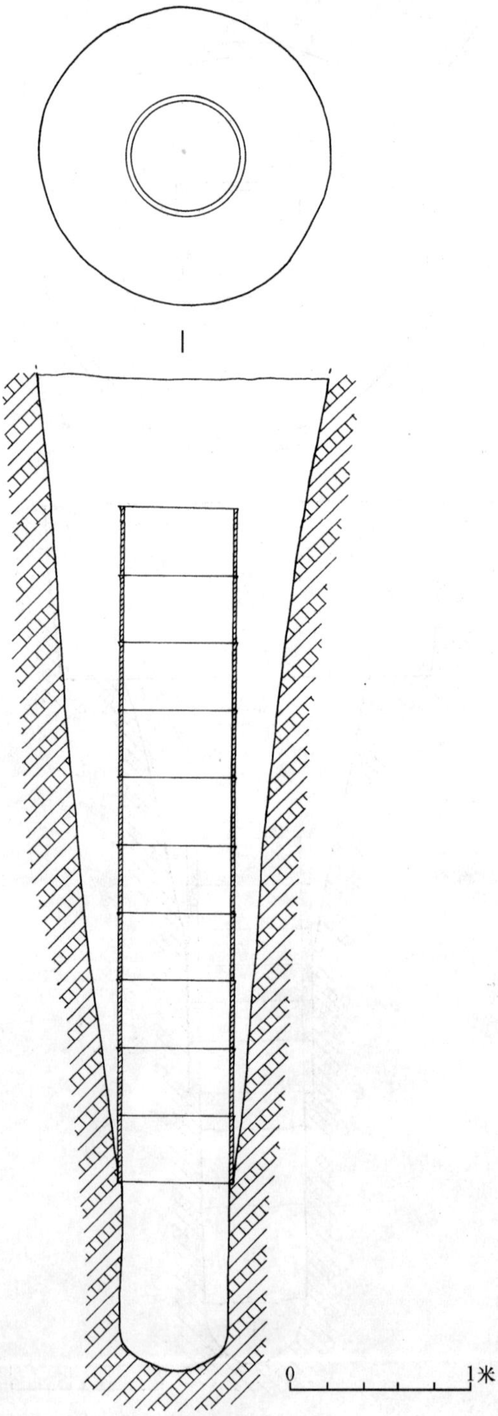

图二二　J5 平、剖面图

二、遗　物

战国两汉时期的遗物主要出土于发掘区南部的一批探方内，第⑤层中的各亚层及这个时期的一批灰坑遗迹中，均出有战国或两汉的遗物，其中战国遗物的数量较少。

战国两汉遗物按质地分类有陶器、铜器和铁器三类。下面按质地介绍器类型式如下：

（一）陶器

陶器分软陶器、硬陶器、釉陶器三类。软陶器，指陶胎火候不高或火候一般的陶器；硬陶器，指陶胎火候很高的陶器，这种陶器的陶胎，扣之有金属声；釉陶器，指硬陶器器表外或器内外施了釉的陶器。

1. 软陶器

软陶器（在遗物登记表及线图中简称为陶器）占出土遗物的绝大多数，比例约在95%以上。

陶质陶色　陶质分泥质和夹砂两种。泥质陶为细泥陶，陶土经过淘洗，多为灰陶系，火候高低不一，多数陶质较软，泥质陶所占比例较小；夹砂陶以夹石英砂细颗粒为主，也有少量的含粗砂粒，还有的夹页岩颗粒。陶色分为灰、黄、红、黑衣等多种，以灰陶为主。灰陶以浅灰为主，少量为深青灰；黄陶以米黄为主，少量为橙黄，还有灰黄；红陶以褐红为主，砖红次之；黑衣陶，是灰陶和灰黄陶器在烧制过程中氧化还原未透到胎骨，在器表形成了似乎涂抹了灰黑颜料的效果（表一～表五）。

表一　⑤A层陶器胎质统计表

项目/名称	夹砂				泥质			
	灰胎	灰黑胎	米黄胎	红胎	灰胎	米黄胎	红胎	黄胎
合计	46	2	1	2	4	2	1	1
百分比（%）	90.2	3.9	2.0	3.9	50.0	25.0	12.5	12.5

注：⑤A层陶器各类统计表中的数据为陶器件数，它包括T4117、T4315、T4317、T4416、T4318五个探方⑤A层的资料。

表二 ⑤B层陶器胎质统计表

项目 名称	夹砂						泥质				
	灰胎	灰黑胎	红胎	黄胎	褐胎	浅黄胎	灰胎	灰黑胎	黄胎	红胎	米黄胎
合计	193	12	53	36	46	25	34	6	10	2	3
百分比（%）	52.9	3.3	14.5	9.9	12.6	6.8	61.8	10.9	18.2	3.6	5.5

注：⑤B层陶器各类统计表中的数据为陶器件数，它包括了T4117、T4315、T4317、T4318、T4414、T4517、T4518七个探方⑤B层的资料。

表三 ⑤C层陶器胎质统计表

项目 名称	夹砂									泥质	
	灰胎	橙胎	灰黑胎	红胎	褐胎	褐红胎	黑胎	橙黄胎	黄胎	灰胎	黄胎
合计	315	123	55	2	21	2	2	15	21	39	1
百分比（%）	56.7	22.1	9.9	0.4	3.8	0.4	0.4	2.7	3.8	97.5	2.5

注：⑤C层陶器各类统计表中的数据为陶器件数，它包括了T3518、T3618、T3817、T3916、T4016、T4116、T4117、T4118、T4317T九个探方⑤C层的资料。

表四 ⑤D层陶器胎质统计表

项目 名称	夹砂						泥质	
	灰黄胎	灰胎	灰黑胎	黄胎	红胎	褐胎	黄胎	灰胎
合计	2	48	8	8	5	1	12	6
百分比（%）	2.8	66.7	11.1	11.1	6.9	1.4	66.7	33.3

注：⑤D层陶器各类统计表中的数据为陶器件数，它包括了T4016、T4416、T4117三个探方⑤D层的资料。

表五 ⑤E层陶器胎质、纹饰统计表

项目 名称	夹砂				纹饰			
	灰胎	灰黑胎	橙黄胎	褐胎	素纹	绳纹	间断弦绳纹	弦纹
合计	9	7	4	1	4	7	3	7
百分比（%）	42.9	33.3	19.0	4.8	19.0	33．3	14.3	33.3

注：本表中的数据为陶器件数，它包括T4016、T4116两个探方⑤E层的资料。

制法与工艺　器物以轮制为主，少数部位和饰件辅以手制，如双耳罐的耳和瓮肩部的附加堆纹都有手制痕迹。

纹饰　陶器纹饰以绳纹为主，凹弦纹、瓦棱纹次之，还有少量的附加堆纹、方格纹（表六～表九）。绳纹按粗细分细绳纹、中粗绳纹、粗绳纹，按分布形态分交错细绳纹、间断绳纹、抹平绳纹，按与其他纹饰的组合关系有细绳纹与弦纹、细绳纹与压印竖条纹、竖绳纹与瓦棱纹、瓦棱纹上压印斜绳纹、细窄间断绳纹与竖条纹、细绳纹与凸弦纹、粗绳纹与压印竖条纹、间断弦纹与横绳纹、横绳纹与凸弦纹、抹平绳纹与附加堆纹、间断绳纹与附加堆纹、并列窄附加堆纹与浅间断绳纹、瓦棱纹夹绳纹、瓦棱纹上压印粗绳纹等；除此之外还有附加堆纹、竖条压印纹、间断宽条压印纹、压印竖条纹与附加堆纹、压印方格纹、压印方框交叉纹、水波纹、席纹、粗布纹、交叉划纹（图二三～图二八）。

表六　⑤A层陶器纹饰统计表

名称＼项目	纹饰				
	素面	绳纹	布纹	瓦纹	弦纹
合计	12	9	2	1	35
百分比（%）	20.3	15.3	3.4	1.7	59.3

表七　⑤B层陶器纹饰统计表

名称＼项目	纹饰								
	素面	粗弦纹	绳纹	粗绳纹	间断绳纹	交叉绳纹	弦纹	附加堆纹	方格纹
合计	69	30	67	195	2	3	51	1	2
百分比（%）	16.4	7.1	16.0	46.4	0.5	0.7	12.1	0.2	0.5

表八　⑤C层陶器纹饰统计表

名称＼项目	纹饰									
	素面	绳纹	间断绳纹	粗绳纹	细绳纹	弦纹	粗弦纹	刻划纹	附加堆纹	压印纹
合计	212	266	5	21	3	69	11	1	4	4
百分比（%）	35.6	44.6	0.8	3.5	0.5	11.6	1.8	0.2	0.7	0.7

表九　⑤D层陶器纹饰统计表

名称＼项目	纹饰					
	素面	绳纹	粗绳纹	间断绳纹	弦纹	弦粗纹
合计	15	54	4	5	8	4
百分比（%）	16.7	60.0	4.4	5.6	8.9	4.4

绳纹多饰在器腹外表，一部分在下腹部，瓦棱纹饰在器腹外表上半部，凹弦纹多饰在器物的口沿和唇部或器腹外表上腹部，附加堆纹一般饰在器物肩部，方格纹饰在器物肩以下的腹部。相当一部分器物表面饰两种纹饰，如盆、甑、罐上腹饰瓦棱纹，下腹饰交错绳纹。

器类　有盆、罐、瓮、缸、甑、鬲、豆、盘、盂、鼎、器座、匜、壶、量、釜、钵等。

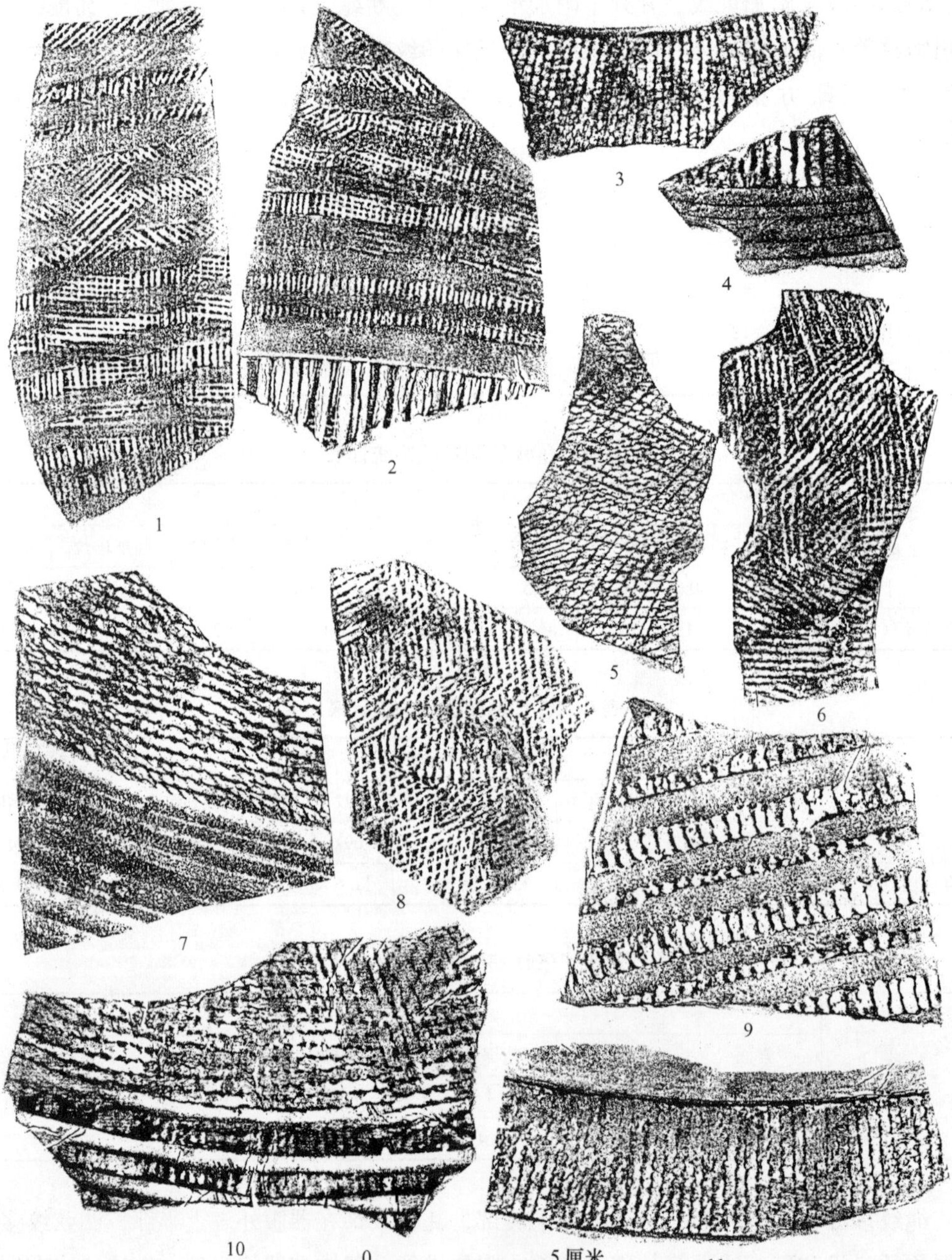

图二三　陶器纹饰

1. 间断绳纹（J5:6）　2. 细窄间断绳纹与竖条纹（J5:5）　3. 弦纹与细绳纹（T3518⑤C:10）　4. 横弦纹与竖绳纹（T4315⑤A:4）　5. 交错细绳纹（T4518⑤B:1）　6. 交叉细绳纹（T3718⑤C:8）　7. 横绳纹与凸弦纹（T3518⑤C:10）　8. 交叉细绳纹（T4016⑤B:1）　9. 间断短粗绳纹（J1:7）　10. 间断弦纹与横绳纹［J2（外填土）:1］　11. 中粗绳纹（H53:13）

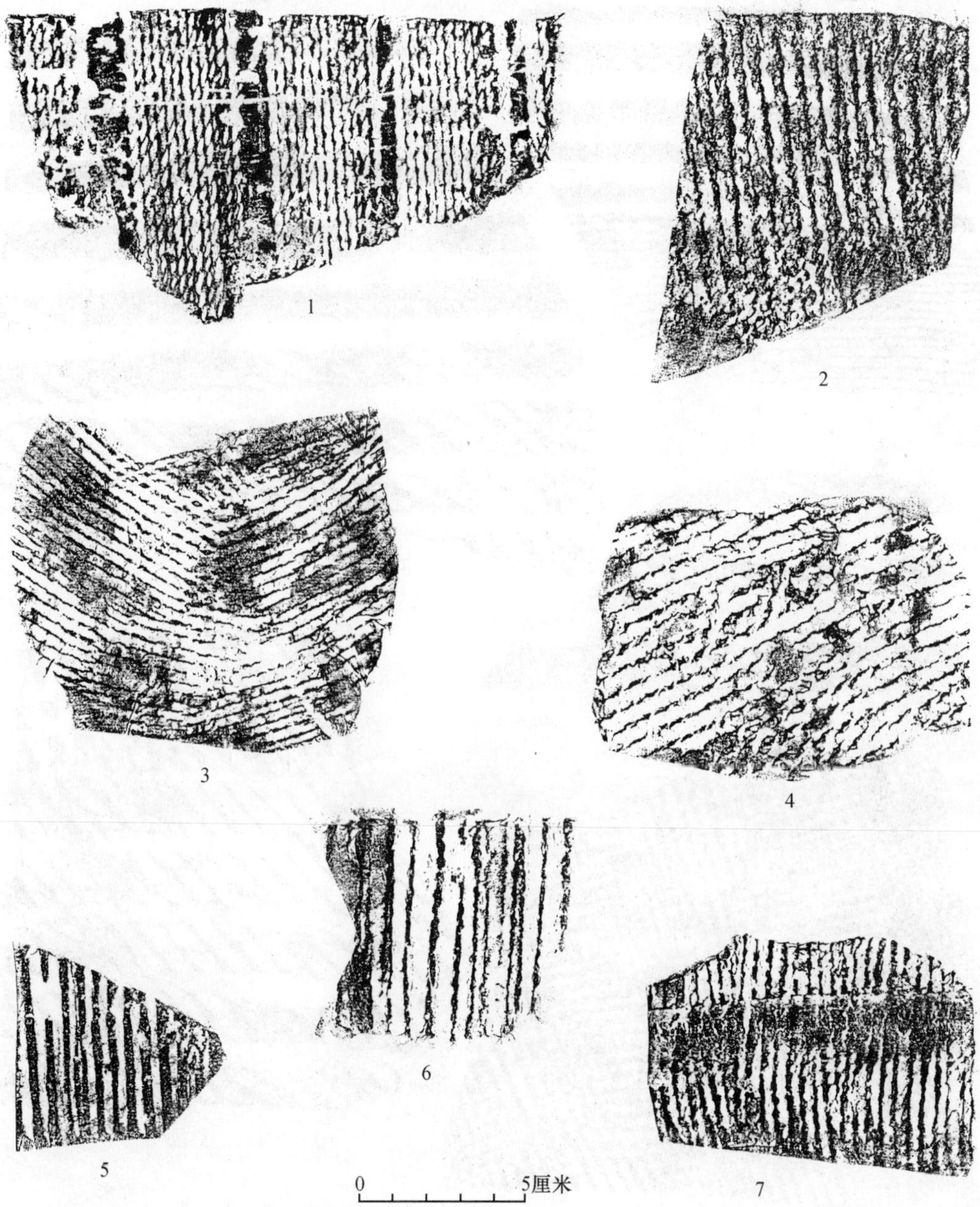

图二四　陶器纹饰

1. 瓦棱纹夹绳纹（T4317⑤A:1）　2. 粗绳纹（T4117⑤B:3）　3. 交叉绳纹（J2⑤:6）　4. 粗绳纹（T4117⑤B:1）　5. 压印竖条纹（T4317⑤A:4）　6. 筒瓦上的大粗绳纹（T4117⑤B:1）　7. 粗绳纹（J3③:3）

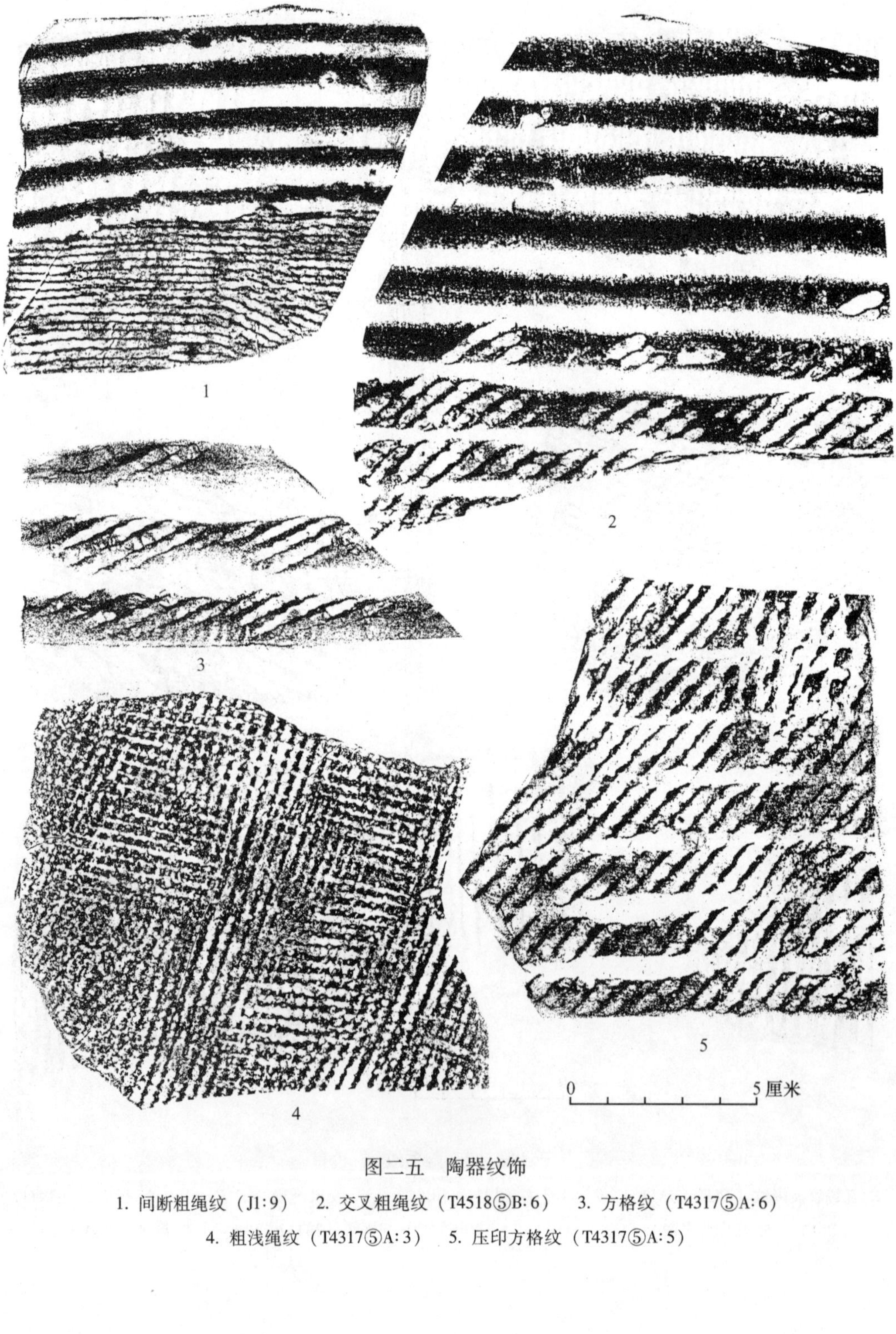

图二五　陶器纹饰

1. 间断粗绳纹（J1∶9）　2. 交叉粗绳纹（T4518⑤B∶6）　3. 方格纹（T4317⑤A∶6）
4. 粗浅绳纹（T4317⑤A∶3）　5. 压印方格纹（T4317⑤A∶5）

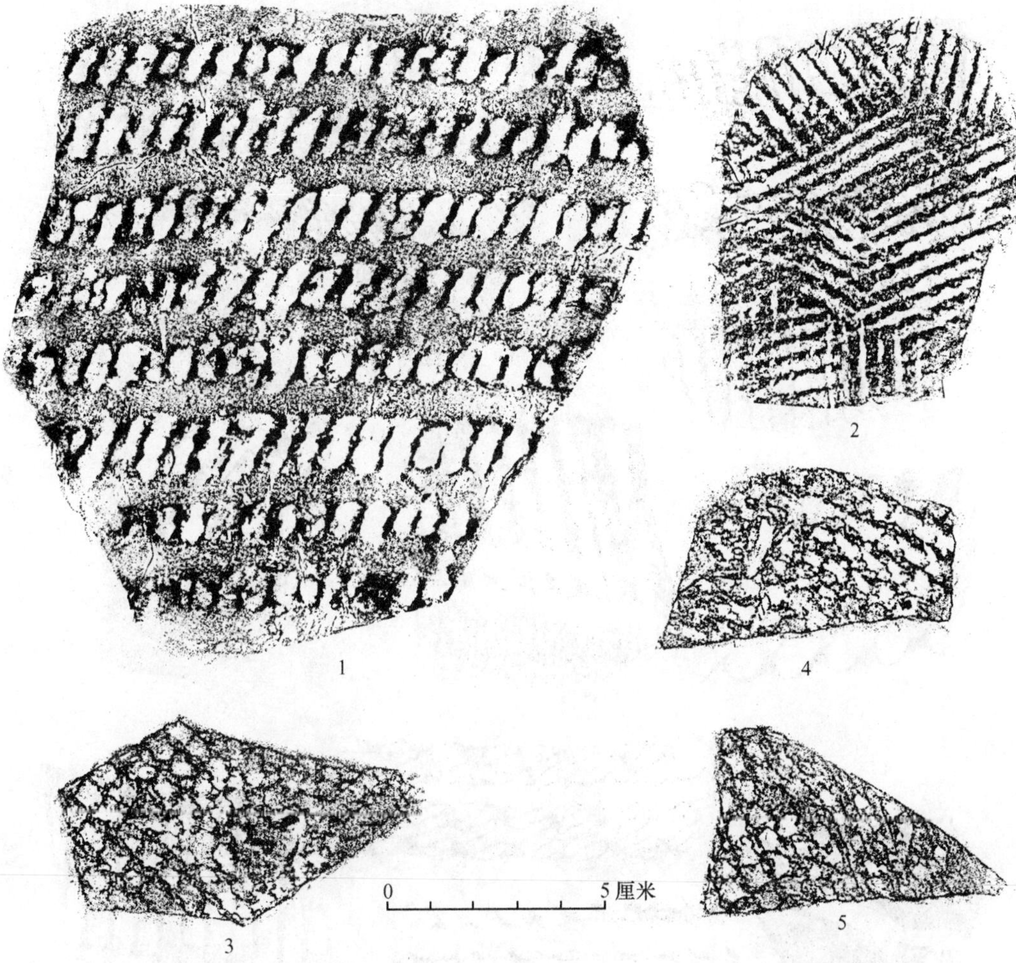

图二六　陶器纹饰

1. 细绳纹与凸弦纹［J2（外填土）:11］　2. 瓦棱纹上压印粗绳纹（H10:8）　3. 瓦棱纹上压印斜绳纹（J1:11）　4. 交叉绳纹（J1 填土:1）　5. 粗间断绳纹与弦纹（J1 填土:2）

盆　113 件。分三型。

A 型　63 件。方唇，宽沿，深腹。分四亚型。

Aa 型　12 件。平折宽沿，沿缘略垂。分五式。

Ⅰ式　2 件。口微敛，弧腹，下腹残。H54:1，腹饰凹弦纹。泥质浅灰陶。口径 44.8、残高 7.6 厘米（图二九，1）。

Ⅱ式　3 件。沿较Ⅰ式略下垂，口微敛，下腹残。H59:7，腹饰凹弦纹。夹砂灰陶。口径 34.8、残高 4 厘米（图二九，2）。J3③:2，泥质夹细砂浅灰陶。口径 42、残高 7.2

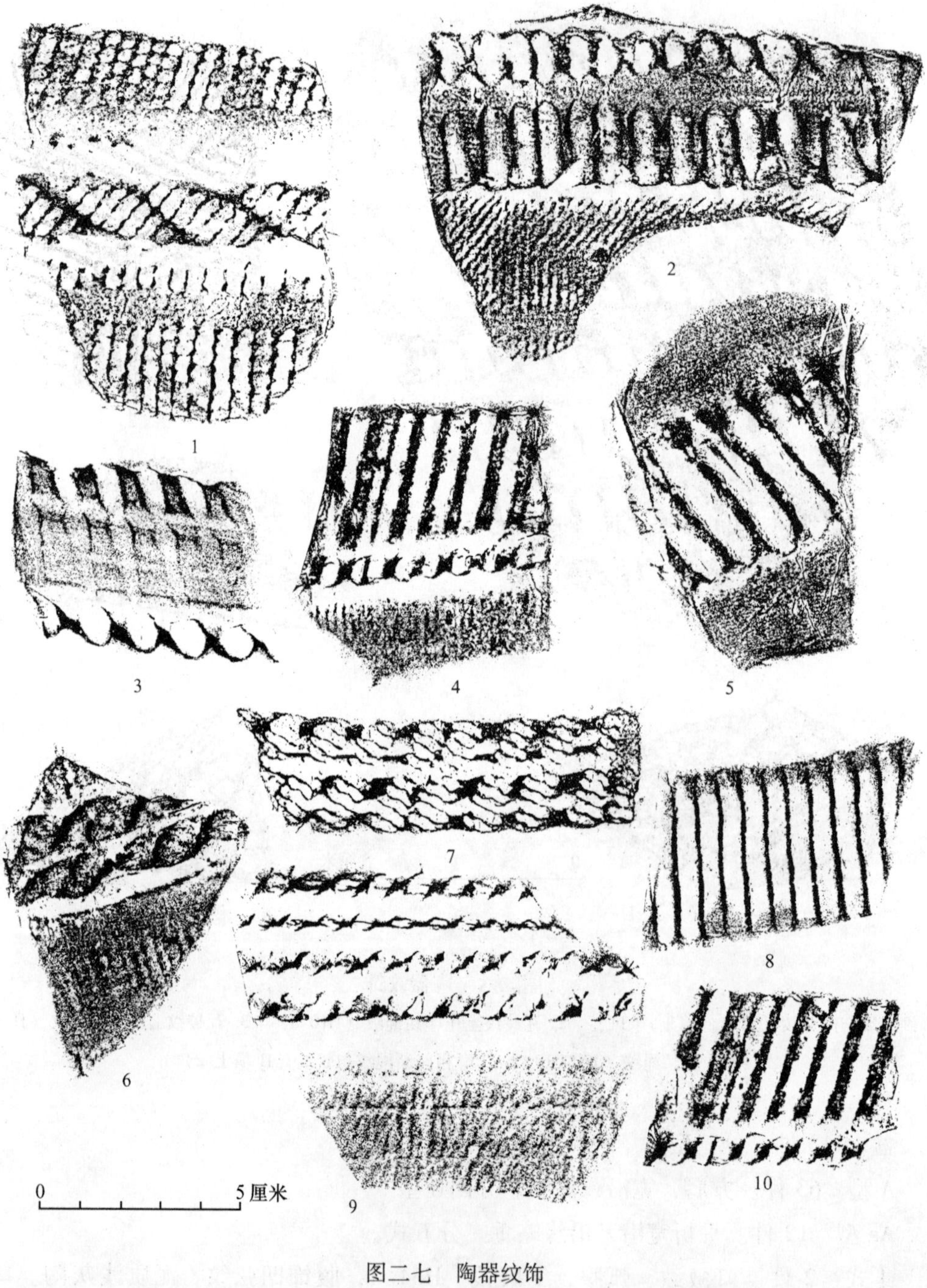

图二七　陶器纹饰

1. 间断绳纹与附加堆纹（T3618⑤C∶1）　2. 压印竖条纹与细绳纹（T3518⑤C∶11）　3. 压印竖条纹与附加堆纹（H11∶5）　4. 间断粗篮纹、窄附加堆纹、细绳纹（T4317⑤B∶8）　5. 间断宽条压印纹（H27∶1）　6. 抹平绳纹与附加堆纹（H36∶1）　7. 附加堆纹（J3②∶1）　8. 竖条压印纹（T4016⑤D∶8）　9. 并列窄附加堆纹与浅间断绳纹（H39∶2）　10. 压印竖条纹（T4317⑤B∶4）

图二八　瓦当及陶器纹饰

1. 瓦当（J5:3）　2. 兽面与弦纹（T4317⑤B:9）　3. 压印方格纹（T4518⑤B:2）　4. 水波纹（T4315⑤A:5）　5. 席纹（H59:32）　6. 粗布纹（T4419⑤B:1）　7. 压印方框交叉纹（T3916⑤C:4）　8. 陶拍上的交叉划纹（T4016⑤C:1）　9. 硬陶上的方格纹（T4317⑤B:59）

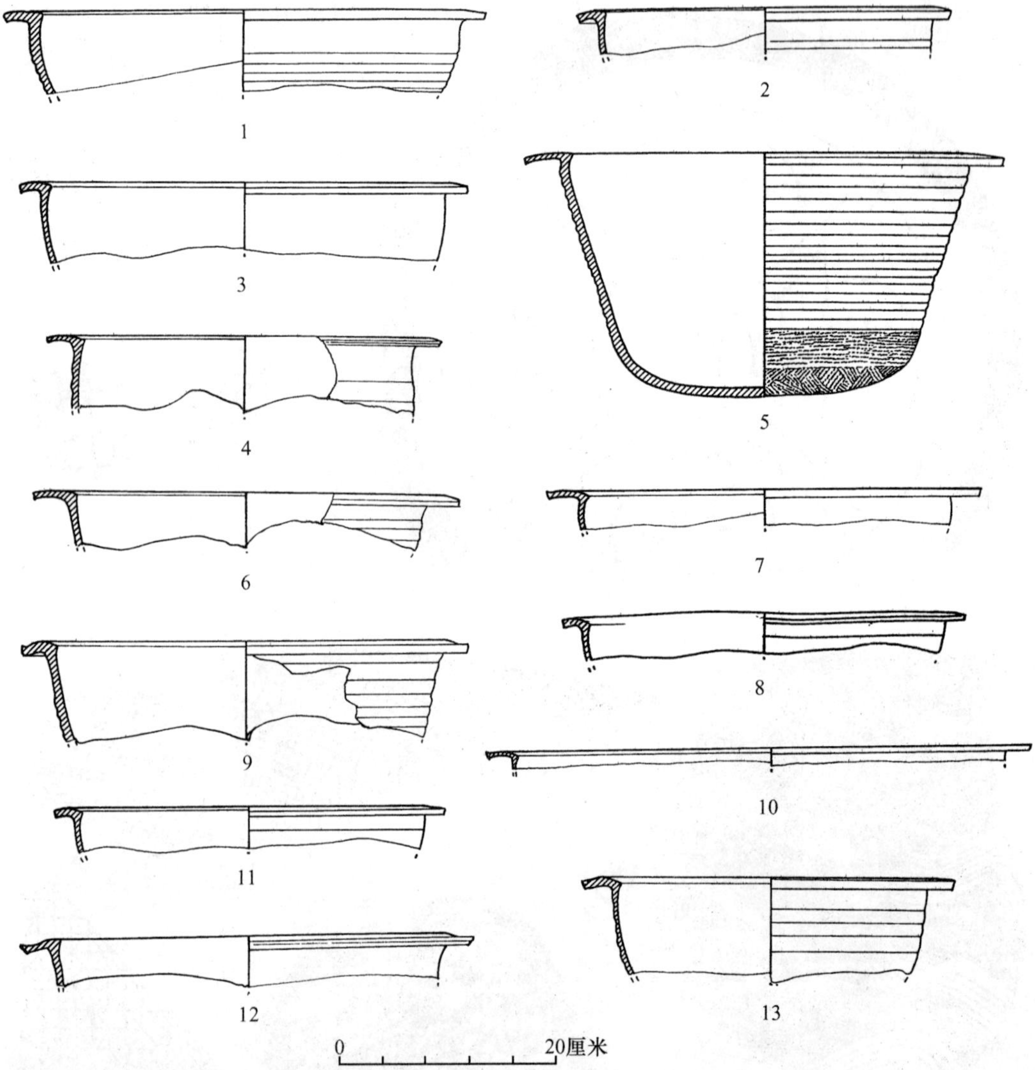

图二九　陶盆

1. Aa 型 Ⅰ 式（H54∶1）　2、3. Aa 型 Ⅱ 式（H59∶7、J3③∶2）　4、6. Aa 型 Ⅳ 式（T4318⑤C∶1、T4116⑤C∶2）　5、7. Aa 型 Ⅲ 式（H53∶1、H59∶2）　8. Aa 型 Ⅴ 式（J3①∶1）　9. Ab 型 Ⅰ 式（J1∶1）　10. Ab 型 Ⅱ 式（H27∶5）　11、13. Ab 型 Ⅲ 式（H62∶3、J3①∶2）　12. Ab 型 Ⅳ 式（T4016⑤B∶39）

厘米（图二九，3）。

Ⅲ式　3 件。平沿比Ⅱ式稍宽，口稍敛，腹斜直，圜平底。H53∶1，上腹饰弦纹，下腹饰横绳纹，底饰交错绳纹。夹砂灰陶。口径 44.4、高 22 厘米（图二九，5，图版八，3）。H59∶2，夹砂深灰陶。口径 40、残高 3.6 厘米（图二九，7）。

Ⅳ式　2件。口微敛，腹较Ⅲ直，下腹残。T4318⑤C∶1，沿面及腹饰凹弦纹。泥质灰陶。口径37.2、残高7厘米（图二九，4）。T4116⑤C∶2，腹稍斜，腹饰弦纹。泥质灰陶。口径40、残高5厘米（图二九，6）。

Ⅴ式　2件。沿比Ⅳ式窄，口微敛，弧腹，下腹残。J3①∶1，夹砂灰陶。口径36.8、残高4厘米（图二九，8）。

Ab型　11件。平折沿，沿缘略上翘或沿面略上弧。分四式。

Ⅰ式　3件。沿面略上弧，斜直腹，下腹残。J1∶1，腹饰凹弦纹。夹砂灰陶。口径42、残高8.8厘米（图二九，9）。

Ⅱ式　2件。口沿唇缘明显厚于沿面中部，沿面微弧，下腹残。H27∶5，夹细砂灰陶。口径50、残高0.8厘米（图二九，10）。

Ⅲ式　4件。沿面上弧，口微敛。H62∶3，素面。夹砂灰黑陶。口径37、残高3.2厘米（图二九，11）。J3①∶2，斜弧腹，腹饰凹弦纹。夹砂灰陶。口径34.4、残高8.6厘米（图二九，13）。

Ⅳ式　2件。方唇缘呈斜面，唇缘略上向弧翘，沿面较Ⅲ式宽，斜直腹，下腹残。T4016⑤B∶39，泥质灰陶。口径36、残高4厘米（图二九，12）。

Ac型　24件。宽折沿，沿部向上略仰，沿面稍弧。分六式。

Ⅰ式　2件。沿面微弧，直腹，下腹残。H60∶1，腹饰宽凹弦纹。泥质灰陶。口径44、残高9.6厘米（图三〇，1）。

Ⅱ式　3件。弧沿面，直腹微弧，下腹残。H53∶7，腹饰凹弦纹。夹砂灰黑陶。口径44、残高8.8厘米（图三〇，2）。

Ⅲ式　11件。折沿微弧，斜直腹。T4317⑤C∶2，腹饰凹弧纹。夹砂红胎黑衣陶。口径38.6、残高10.4厘米（图三〇，3）。T3718⑤C∶3，唇缘下勾，沿面微弧，口略内敛，斜直腹。唇缘及腹部饰凹弦纹。夹细砂深灰陶。口径42、残高7.6厘米（图三〇，4）。T3518⑤C∶2，腹饰凹弦纹。夹砂灰陶。口径47、残高5.6厘米（图三〇，5）。J5∶2，方唇稍厚，沿面近仰折状。腹饰凹弦纹。夹砂灰陶。口径38、残高5.6厘米（图三〇，6）。

Ⅳ式　2件。沿面弧起，斜直腹。H20∶4，上腹饰弦纹，下腹为交叉绳纹。夹砂灰陶。口径46、残高22厘米（图三〇，7）。H20∶3，底残。上腹弦纹，下腹横绳纹。夹砂灰陶。口径40、残高18.4厘米（图三〇，8）。

Ⅴ式　4件。沿面稍仰折，口略敛。H32∶2，腹饰凹弦纹。夹砂灰陶。口径36、残高4.8厘米（图三〇，9）。

Ⅵ式　2件。方唇，宽折沿，沿面比Ⅴ式宽，沿面微弧，斜直腹。T4117⑤B∶9，腹饰凹弦纹。泥质深灰陶。口径44.4、残高6.2厘米（图三〇，10）。T4517⑤B∶1，泥质灰陶。口径50.4、残高4.2厘米（图三〇，11）。

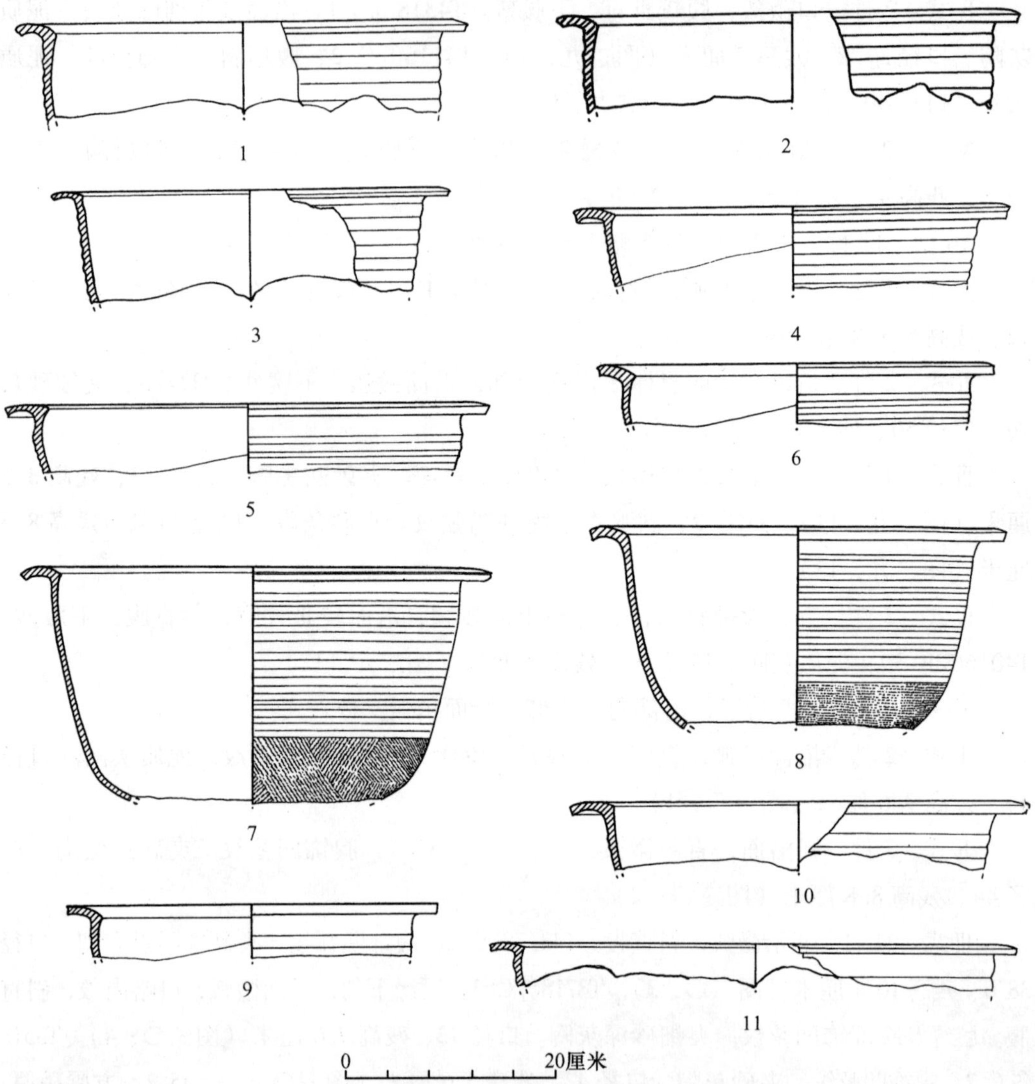

图三〇　陶盆

1. Ac型Ⅰ式（H60:1）　2. Ac型Ⅱ式（H53:7）　3～6. Ac型Ⅲ式（T4317⑤C:2、T3718⑤C:3、T3518⑤C:2、J5:2）　7、8. Ac型Ⅳ式（H20:4、H20:3）　9. Ac型Ⅴ式（H32:2）　10、11. Ac型Ⅵ式（T4117⑤B:9、T4517⑤B:1）

Ad型　16件。方唇，折沿，沿面平直。分四式。

Ⅰ式　3件。平沿，腹微外鼓，下腹残。H11:1，唇缘饰凹弦纹。泥质灰陶。口径40.4、残高4.4厘米（图三一，1）。J2⑤:4，窄沿敛口，矮领，腹外鼓，沿缘饰凹弦纹一周。夹砂灰陶，火候较高。口径21.8、残高3厘米（图三一，4）。

Ⅱ式　4件。平沿，斜腹壁。T4016⑤D:7，下缘微下勾，唇面及唇缘均饰凹弦纹。

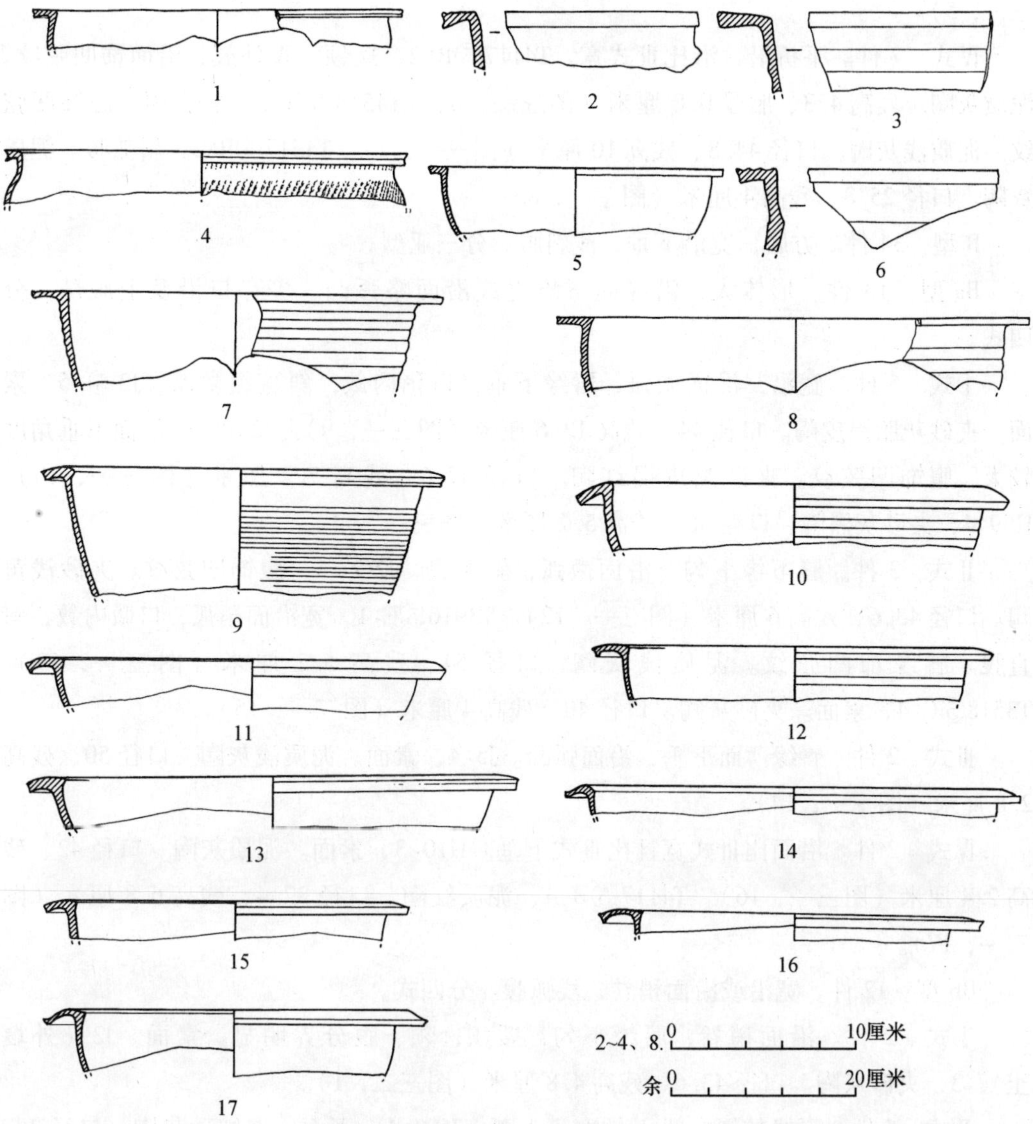

图三一　陶盆

1、4. Ad 型Ⅰ式（H11∶1、J2⑤∶4）　2、3. Ad 型Ⅱ式（T4016⑤D∶7、T4116⑤D∶5）　5. Ad 型Ⅲ式（J3③∶16）　6 ~ 8. Ad 型Ⅳ式（T4117⑤B∶2、T4518⑤B∶3、T4517⑤B∶2）　9 ~ 11. Ba 型Ⅰ式（J2⑤∶5、J2⑤∶1、H59∶4）　12、13、15. Ba 型Ⅱ式（J2②∶1、T3916⑤C∶1、T3518⑤C∶4）　14. Ba 型Ⅲ式（J5∶4）　16、17. Ba 型Ⅳ式（H10∶3、T4117⑤B∶4）

泥质灰陶。残高 3.2、胎厚 0.5 厘米（图三一，2）。T4116⑤D∶5，平沿微仰。腹饰宽弦纹。泥质红陶。残高 4.4、胎厚 0.4 厘米（图三一，3）。

Ⅲ式　2 件。平沿，斜弧腹。J3③∶16，夹砂灰陶。口径 32.4、残高 7.2 厘米（图三一，5）。

Ⅳ式　7件。平折沿，沿比Ⅲ式宽。T4117⑤B∶2，矮领，腹外鼓，沿面饰凹弦纹。泥质灰陶。残高4.3、胎厚0.8厘米（图三一，6）。T4518⑤B∶3，斜直腹。腹饰凹弦纹。泥质浅灰陶。口径44.8、残高10厘米（图三一，7）。T4517⑤B∶2，斜弧腹。泥质灰陶。口径25.8、残高4厘米（图三一，8）。

B型　34件。方唇，宽沿下垂，浅斜腹。分三亚型。

Ba型　13件。形体大，沿缘向下略垂或沿面略弧凸。多存口沿及上腹部。分四式。

Ⅰ式　6件。宽沿，沿面微弧，唇缘下垂，口稍内敛，斜直腹微弧。J2⑤∶5，素面。夹砂灰胎黑皮陶。口径44、残高13.6厘米（图三一，9）。J2⑤∶1，沿面下垂角度较大，腹饰凹弦纹。夹砂黑皮褐红陶。口径47.6、残高7.2厘米（图三一，10）。H59∶4，夹砂灰黑陶。口径46、残高5.2厘米（图三一，11）。

Ⅱ式　3件。唇下缘下勾，沿面微弧，斜弧腹。J2②∶1，腹饰凹弦纹。夹砂浅黄陶。口径43.6、残高6厘米（图三一，12）。T3916⑤C∶1，宽沿面稍弧，口微内敛，斜直腹。唇缘饰凹弦纹。泥质浅灰陶。口径54、残高5.2厘米（图三一，13）。T3518⑤C∶4，素面。夹砂灰陶。口径40、残高4厘米（图三一，15）。

Ⅲ式　2件。唇缘薄而下垂，沿面弧凸。J5∶4，素面。泥质浅灰陶。口径50、残高2.8厘米（图三一，14）。

Ⅳ式　2件。沿面比Ⅲ式宽且比Ⅲ式下垂。H10∶3，素面。泥质灰陶。口径42、残高2.4厘米（图三一，16）。T4117⑤B∶4，泥质红陶。口径32.4、残高6.8厘米（图三一，17）。

Bb型　12件。宽沿或沿面稍卷，浅弧腹。分四式。

Ⅰ式　2件。沿面稍卷，唇缘下勾，矮领，领、腹分界明显。素面。J2（外填土）∶3，夹砂灰陶。口径43.6、残高4.8厘米（图三二，1）。

Ⅱ式　5件。唇缘较厚，沿面较宽且上弧。H59∶1，素面。夹细砂灰陶。口径38、残高4厘米（图三二，2）。H59∶15，夹砂浅灰陶。口径39、残高5.2厘米（图三二，5）。H54∶3，颈部有附加堆压印纹。夹砂褐陶。口径54、残高3.6厘米（图三二，3）。

Ⅲ式　3件。沿面上弧，上腹较直。H59∶6，素面。夹砂灰陶。口径28、残高2.8厘米（图三二，6）。H36∶9，唇下缘下勾，口微敛。腹饰附加堆纹、压印纹及凹弦纹。泥质灰陶。口径51.6、残高8.8厘米（图三二，8）。

Ⅳ式　2件。唇缘较厚，宽沿面上弧，口内敛，弧腹。T3618⑤C∶6，下腹饰凹弦纹。夹砂灰陶。口径38.8、残高6.6厘米（图三二，4）。T4118⑤C∶2，素面。泥质灰陶。口径42、残高7.2厘米（图三二，7）。

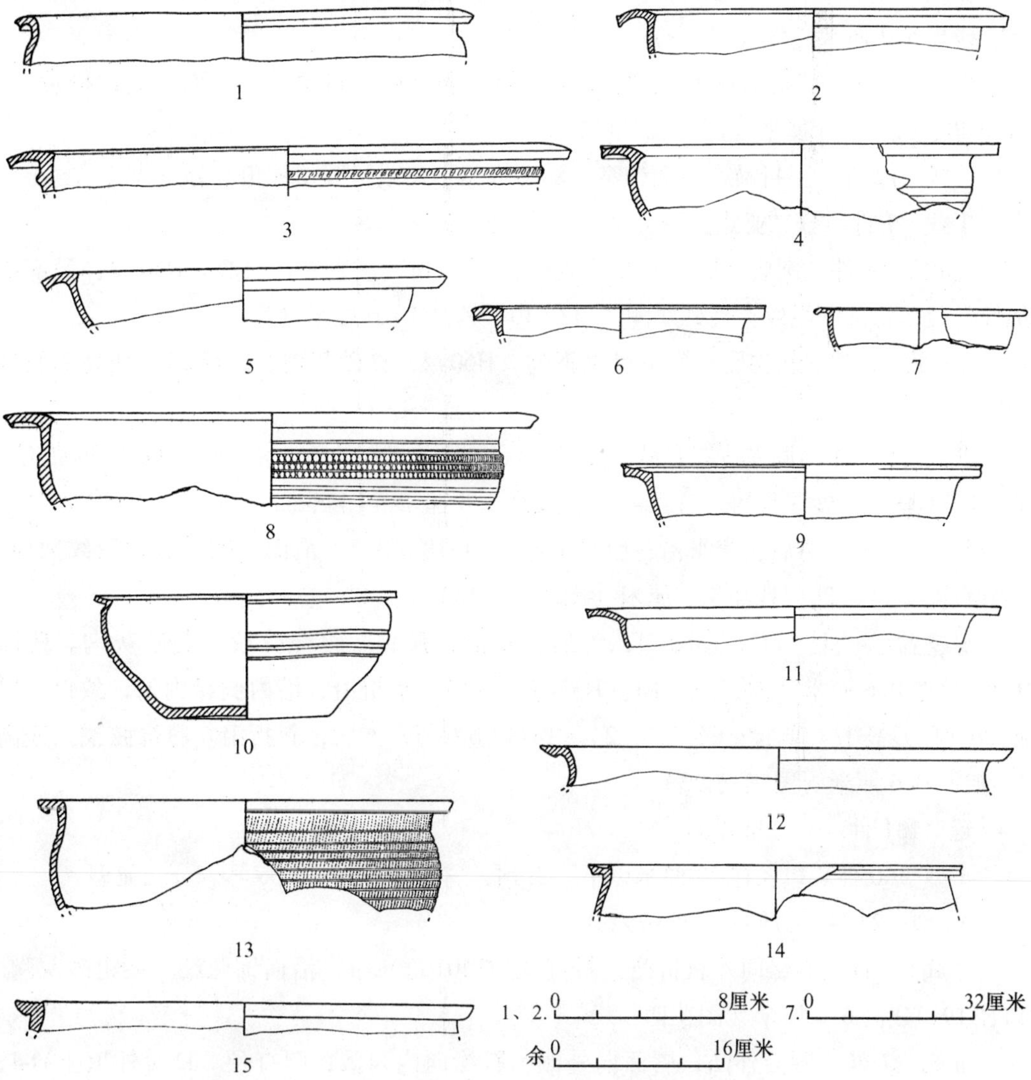

图三二　陶盆

1. Bb 型Ⅰ式［J2（外填土）:3］　2、3、5. Bb 型Ⅱ式（H59:1、H54:3、H59:15）　4、7. Bb 型Ⅳ式（T3618⑤C:6、T4118⑤C:2）　6、8. Bb 型Ⅲ式（H59:6、H36:9）　9. Bc 型Ⅱ式（H54:4）　10. Bc 型Ⅰ式（J3④:3）　11. Bc 型Ⅲ式（H59:5）　12. C 型Ⅰb 式（H60:4）　13. C 型Ⅰa 式（H60:2）　14. C 型Ⅲ式（T4318⑤B:5）　15. C 型Ⅱ式（T3518⑤C:8）

Bc 型　9 件。型体小，仰折沿。分三式。

Ⅰ式　2 件。沿面下凹，敛口，斜弧腹，平底微上凹。J3④:3，腹饰凹弦纹三周。泥质灰陶。口径 29.4、底径 15.6、高 11.8 厘米（图三二，10；图版八，2）。

Ⅱ式　5件。宽折沿略斜仰。H54∶4，沿面及唇面饰凸弦纹。夹细砂灰陶。口径35、残高5.2厘米（图三二，9）。

Ⅲ式　2件。仰折沿比Ⅱ式宽。H59∶5，沿面微弧，口微敛，素面。夹砂橙黄陶。口径40、残高3.6厘米（图三二，11）。

C型　12件。平折沿，沿面较窄，沿下缘略下勾或呈圆弧钝角。分三式。

Ⅰ式　7件。分二亚式。

Ⅰa式　4件。圆唇，唇下缘略下勾呈圆弧钝角，矮直领，鼓腹。H60∶2，颈部饰绳纹，腹部饰间断绳纹。夹砂灰陶。口径40、残高10.6厘米（图三二，13）。

Ⅰb式　3件。斜尖唇，唇下缘微下勾。H60∶4，夹砂灰陶。口径23、残高2厘米（图三二，12）。

Ⅱ式　2件。圆唇较Ⅰ式厚，唇下缘呈圆弧钝角。沿面有四周凹弦纹。T3518⑤C∶8，夹砂深灰陶。口径44.4、残高2.8厘米（图三二，15）。

Ⅲ式　3件。方唇，窄平沿，唇缘上翘。T4318⑤B∶5，沿面下凹且有宽弦纹数周。夹砂黄陶。口径36、残高4.8厘米（图三二，14）。

异型盆　4件。T4317⑤C∶4，方唇，卷沿，弧腹。腹饰弦纹。夹砂灰陶。残高9.4、胎厚0.6厘米（图三三，1）。H37∶1，方唇，平折沿，沿内侧缘内勾，敛口。口径26.8、残高1.4厘米（图三三，2）。T4117⑤C∶6，方唇，斜折沿。腹饰弦纹。残高4、胎厚0.6厘米（图三三，3）。

罐　131件。分三型。

A型　60件。口径在20厘米以下，有颈，肩部多有牛鼻状双耳。分二亚型。

Aa型　24件。方唇外凸。分六式。

Ⅰ式　3件。唇缘向外斜折凸，斜直颈。T4016⑤E∶1，沿面饰弦纹。夹粗砂灰陶。口径19、残高6.6厘米（图三四，1）。

Ⅱ式　7件。唇沿外凸，唇面向外倾，唇缘向内勾敛，圆直颈。J2（外填土）∶4，唇缘内勾，素面。夹砂黑皮褐红陶。口径17.8、残高5.2厘米（图三四，2）。J1∶6，唇缘向上竖起，唇外起凸沿，素面。泥质灰陶。口径13、残高6.2厘米（图三四，3）。

Ⅲ式　2件。唇外起凸沿，侈口，圆斜颈较Ⅱ式略长。T4117⑤D∶2，颈部饰绳纹。泥质黄陶。口径16、残高9.6厘米（图三四，4）。

Ⅳ式　8件。方唇近倒钩状，侈口，颈略弧束。T4016⑤C∶3，颈部饰绳纹。泥质灰陶。口径18、残高5.2厘米（图三四，5）。罗采∶26，侈口，短圆颈，肩有双牛鼻耳，鼓腹，底上凹。颈部饰绳纹，上中腹饰间断绳纹，下腹饰交叉绳纹。泥质灰黑陶。底径7.6、最大腹径22、残高22厘米（图三四，6）。H33∶4，肩有对称牛鼻耳，颈部饰绳纹，腹饰凹弦纹。泥质灰陶。口径13.2、残高11.2厘米（图三四，7）。J2②∶2，夹细

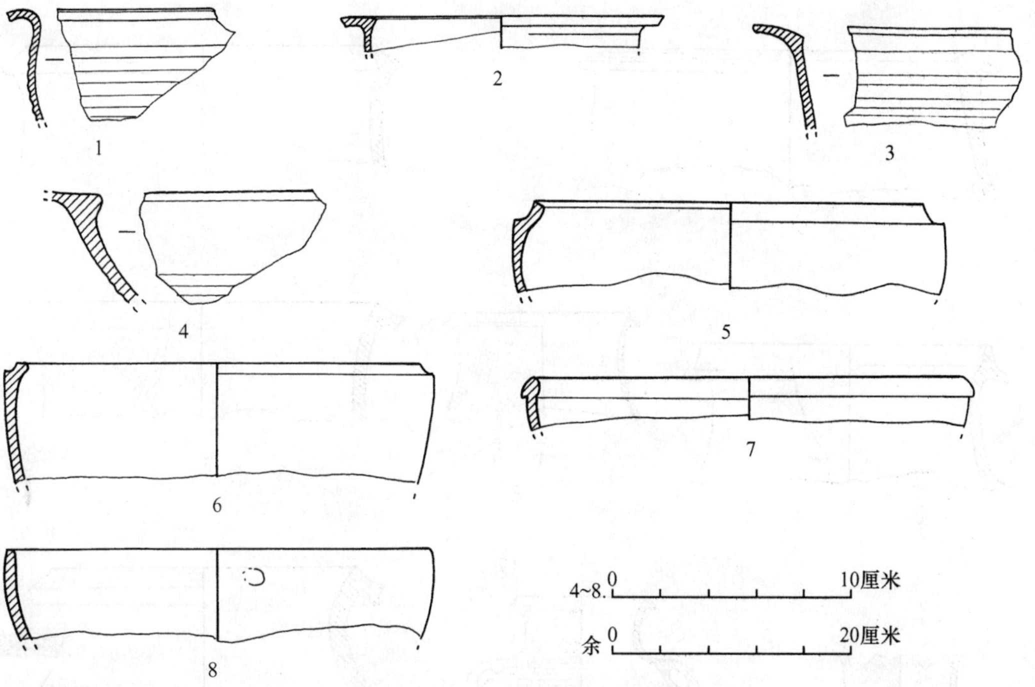

图三三　陶盆、甑、盒、钵

1～3. 异型盆（T4317⑤C:4、H37:1、T4117⑤C:6）　4. 异型甑（H57:4）

5、6. 盒（J2①:2、J2②:3）　7、8. 钵（J2①:8、J2⑤:8）

砂灰陶。口径16、残高6厘米（图三四，8）。H33:3，双耳残失。夹细砂灰陶。口径14.8、残高9.2厘米（图三四，9）。

Ⅴ式　2件。唇较Ⅳ式厚，侈口。H6:2，内缘略内敛，外缘下勾，素面。夹砂浅黄陶。口径13.8、残高5.6厘米（图三四，10）。H10:6，沿面宽平，素面。夹砂灰黑陶。口径16、残高6.4厘米（图三四，11）。

Ⅵ式　2件。厚方唇较Ⅴ式厚，唇面及沿面均微内凹，侈口。T4315⑤B:7，素面。泥质灰陶。口径12.8、残高5.1厘米（图三四，12）。

Ab型　10件。口部作侈口状，唇部外凸或略作倒钩状。分四式。

Ⅰ式　3件。圆唇略外凸，口沿内侧微下凹。J2⑤:3，颈部饰稀疏的间断绳纹。夹砂红胎黑皮陶。口径16.8、残高6.2厘米（图三五，1）。

Ⅱ式　3件。方唇外凸，唇下缘略勾，侈口。H59:12，残存口、颈部，素面。夹细砂黄陶。口径16、残高4.6厘米（图三五，2）。H33:2，唇向外高凸，矮圆领，丰肩。颈饰绳纹。夹细砂浅黄陶。口径13.6、残高8.8厘米（图三五，3）。H59:16，素面。夹砂浅黄陶。口径15.2、残高4.8厘米（图三五，4）。

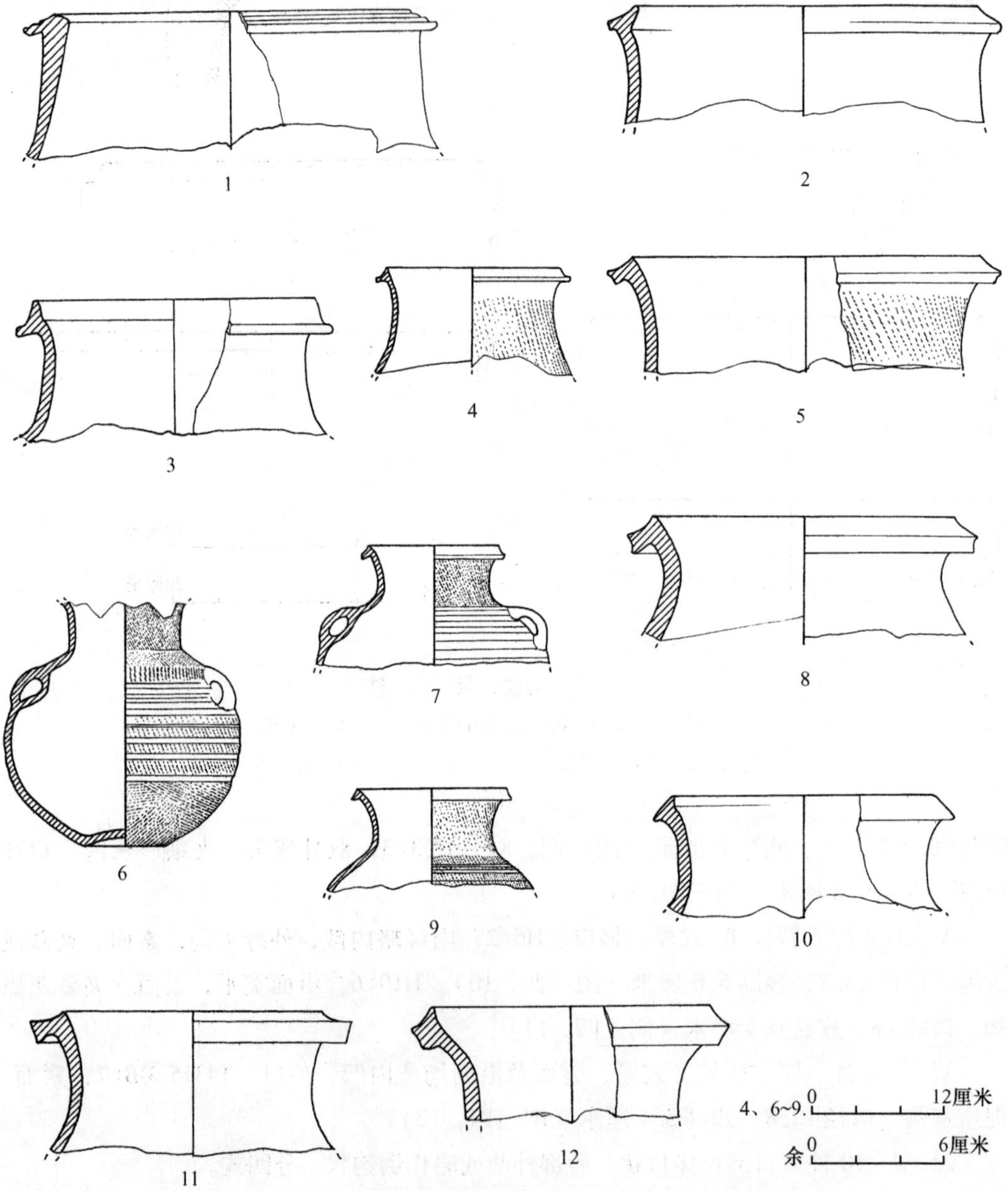

图三四　陶罐

1. Aa型 Ⅰ式（T4016⑤E:1）　2、3. Aa型Ⅱ式［J2（外填土）:4、J1:6］　4. Aa型Ⅲ式（T4117⑤D:2）
5～9. Aa型Ⅳ式（T4016⑤C:3、罗采:26、H33:4、J2②:2、H33:3）　10、11. Aa型Ⅴ式（H6:2、H10:6）
12. Aa型Ⅵ式（T4315⑤B:7）

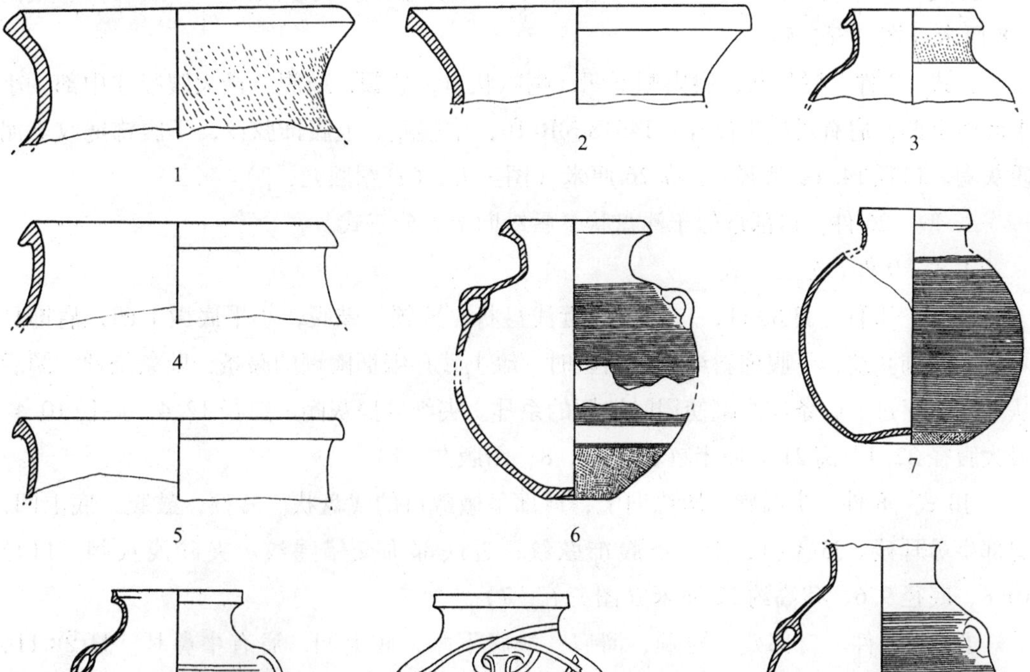

图三五　陶罐、甗

1. Ab型Ⅰ式罐（J2⑤:3）　2～4. Ab型Ⅱ式罐（H59:12、H33:2、H59:16）　5. Ab型Ⅲ式罐（H27:2）　6. Ab型Ⅳ式罐（T4518⑤B:10）　7. Ac型Ⅰb式罐（J3③:1）　8. Ac型Ⅰa式罐（J3③:11）　9. Ac型Ⅱ式罐（J3②:11）　10、11. Ac型Ⅲ式罐（H27:1、T4117⑤B:6）　12. Ba型Ⅰ式罐（H54:6）　13. Ba型Ⅱ式罐（H53:5）　14. Ba型Ⅲ式罐（H59:9）　15. 甗腰（J2①:5）

Ⅲ式　2件。唇缘下勾，侈口，直颈。H27∶2，素面。夹砂灰陶。口径15.8、残高3.8厘米（图三五，5）。

Ⅳ式　2件。唇外凸，唇内侧下凹，喇叭状口，矮领，鼓腹，最大腹径在中部，小平底微上凹，肩有对称牛鼻耳。T4518⑤B∶10，中腹残。上腹饰弦纹，下腹饰绳纹。泥质灰陶。口径14.4、底径6、高26厘米（图三五，6；图版九，2）。

Ac型　26件。口部近似于浅盘状，唇缘向上。分三式。

Ⅰ式　9件。分二亚式。

Ⅰa式　1件。J3③∶11，口部整体近浅盘状，矮领，鼓腹，小平底微上凹，肩饰鼻耳。上腹饰弦纹，下腹饰斜绳纹。出土时，罐上残存编捆陶罐的藤条，藤条绕颈一圈后从一耳部穿过。藤条应为罐使用时编捆的系耳。夹细砂黑灰陶。口径12.4、底径10.4、最大腹径22.4、高21.2厘米（图三五，8；图版九，1）。

Ⅰb式　8件。尖圆唇，唇缘向上，口部呈微敛口的浅盘状。矮领，鼓腹，底上凹，肩部牛鼻耳残。J3③∶1，上、下腹饰弦纹，近底部饰交错绳纹。夹砂浅灰陶。口径10.8、底径9.6、残高约22厘米（图三五，7）。

Ⅱ式　5件。口部残。矮颈，溜肩，鼓腹下垂，底上凹，肩有牛鼻耳。J3②∶11，上腹饰弦纹，下腹饰交错绳纹。泥质灰黑陶。口残径10.6、底径8.8、最大腹径23.2、残高22.4厘米（图三五，9）。

Ⅲ式　12件。厚方唇，口内侧微内凹。H27∶1，颈部隐约见稀疏的绳纹。夹砂灰陶。口径15.2、残高4.4厘米（图三五，10）。T4117⑤B∶6，颈肩处饰稀疏的绳纹。泥质灰陶。口径15、残高5厘米（图三五，11）。

B型　46件。形体较大，口径均在20厘米以上。无颈或特短领。分三亚型。

Ba型　8件。方唇，窄折沿，无颈。分三式。

Ⅰ式　2件。平折沿，敛口，矮领，肩微折。H54∶6，沿面有四周弦纹，上腹饰稀疏的斜绳纹。夹砂浅灰陶。口径28、残高5.2厘米（图三五，12）。

Ⅱ式　4件。折沿上仰，沿面下凹，无领，直腹略外斜。H53∶5，上腹饰竖向粗绳纹。夹粗砂浅黄陶。口径28、残高4.8厘米（图三五，13）。

Ⅲ式　2件。口沿上缘微上翘，敛口。H59∶9，沿面有四周弦纹，余素面。夹砂灰陶。口径30、残高2.7厘米（图三五，14）。

Bb型　13件。方唇较厚，平窄折沿，短直颈。分四式。

Ⅰ式　3件。平折沿。T4016⑤E∶23，沿面饰四周凹弦纹，颈部素面。夹砂灰陶。口径32.8、残高3.2厘米（图三六，1）。

Ⅱ式　2件。唇缘向上略翘，沿面下凹，直颈。T4016⑤E∶2，颈部素面。夹粗砂黑陶。口径26、残高4.8厘米（图三六，2）。T4016⑤E∶24，沿较窄。颈部素面。夹砂黑

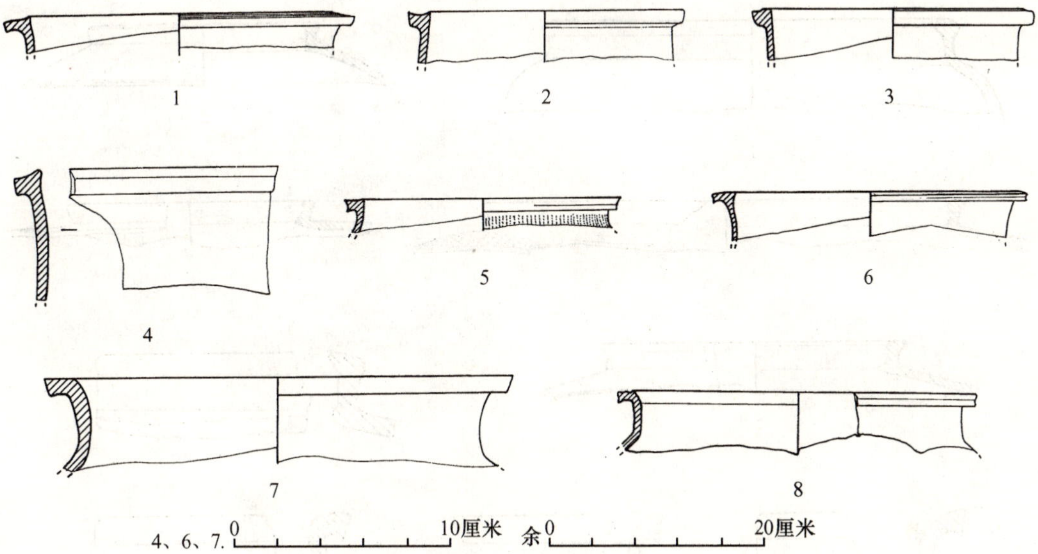

图三六　陶罐

1. Bb 型Ⅰ式（T4016⑤E:23）　2、3. Bb 型Ⅱ式（T4016⑤E:2、T4016⑤E:24）　4. Bb 型Ⅲ式（T4116⑤D:1）　5～8. Bb 型Ⅳ式（T3518⑤C:7、H38:2、T3817⑤C:7、T3916⑤C:5）

皮褐陶。口径 26.8、残高 4.8 厘米（图三六，3）。

Ⅲ式　4 件。窄折沿，沿面向下略斜，斜直颈。T4116⑤D:1，颈部素面。泥质浅灰陶。胎厚 0.6、残高 6 厘米（图三六，4）。

Ⅳ式　4 件。方唇较Ⅲ式厚，窄平沿。T3518⑤C:7，沿缘有凹弦纹四周，颈部绳纹。夹砂灰陶。口径 26、残高 2.8 厘米（图三六，5）。H38:2，唇面饰凹弦纹，颈部素面。夹砂浅灰陶。口径 15、残高 2.2 厘米（图三六，6）。T3817⑤C:7，沿面有凹弦纹两周，颈部素面。夹砂浅灰陶。口径 22、残高 4 厘米（图三六，7）。T3916⑤C:5，矮领，溜肩。颈部素面。夹砂浅黄陶。口径 34、残高 4.8 厘米（图三六，8）。

Bc 型　25 件。圆唇，矮领，广肩或溜肩。分四式。

Ⅰ式　4 件。大圆唇，内侧向内勾，外侧向外凸，矮直领，斜弧肩。H59:17，素面。夹砂黑皮灰褐陶。口径 20.8、残高 5.7 厘米（图三七，1）。

Ⅱ式　6 件。厚圆唇，唇面朝上，短直口微侈，大溜肩。J3②:1，肩部饰稀疏的竖向间断绳纹。夹细砂灰陶。口径 23.2、残高 6.4 厘米（图三七，2）。

Ⅲ式　3 件。圆唇，斜侈的短直口，口内下沿凹成窄台面，大广肩。T4317⑤B:13，圆唇，唇缘向外凸，口内下沿向内伸凸。肩部饰方格纹。泥质灰陶。口径 48.2、残高 5.2 厘米（图三七，3）。T4318⑤B:3，肩部素面。夹粗砂灰陶，肩部以下残。口径

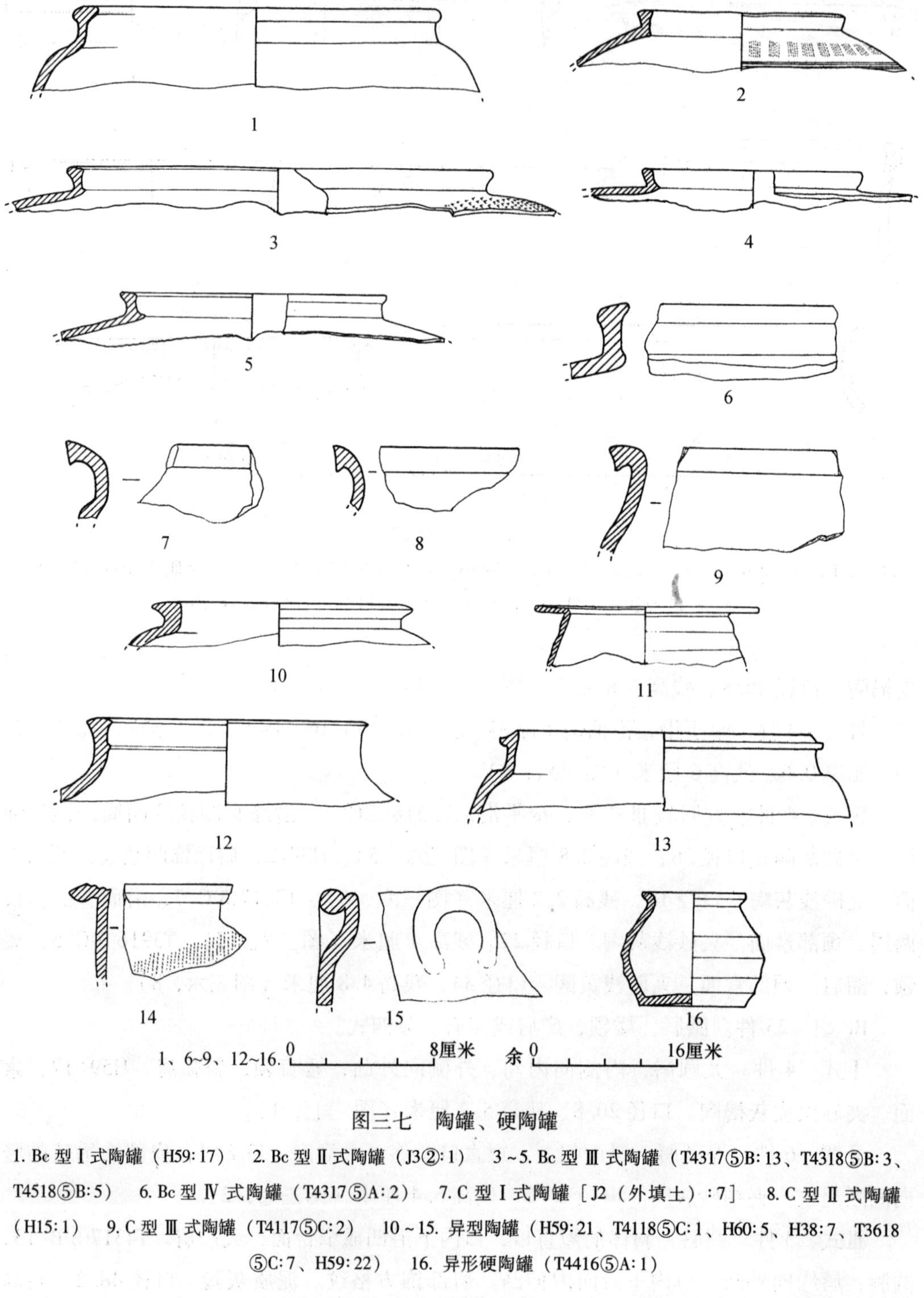

图三七　陶罐、硬陶罐

1. Bc 型Ⅰ式陶罐（H59:17）　2. Bc 型Ⅱ式陶罐（J3②:1）　3～5. Bc 型 Ⅲ 式陶罐（T4317⑤B:13、T4318⑤B:3、T4518⑤B:5）　6. Bc 型 Ⅳ 式陶罐（T4317⑤A:2）　7. C 型Ⅰ式陶罐［J2（外填土）:7］　8. C 型 Ⅱ 式陶罐（H15:1）　9. C 型 Ⅲ 式陶罐（T4117⑤C:2）　10～15. 异型陶罐（H59:21、T4118⑤C:1、H60:5、H38:7、T3618⑤C:7、H59:22）　16. 异形硬陶罐（T4416⑤A:1）

24.6、残高3.2厘米（图三七，4）。T4518⑤B:5，肩部素面。泥质灰陶，肩部以下残。口径30、残高4.6厘米（图三七，5）。

Ⅳ式　12件。厚圆唇，短直口稍敛，广肩。T4317⑤A:2，素面。泥质灰陶。胎厚0.9、残高4.2厘米（图三七，6）。

C型　15件。方唇，卷沿，矮颈。分三式。

Ⅰ式　9件。方唇外卷，侈口，矮领，肩微弧折。J2（外填土）:7，素面。夹砂灰陶。胎厚0.6～0.9厘米（图三七，7）。

Ⅱ式　4件。方唇外卷，下缘呈下钩状，侈口。H15:1，素面。夹细砂黄褐陶。胎厚0.6厘米（图三七，8）。

Ⅲ式　2件。方唇向外作近90°的卷曲，下缘略下勾，斜颈。T4117⑤C:2，素面。夹砂灰陶。胎厚0.35、残高5.8厘米（图三七，9）。

异型罐　10件。H59:21，尖圆唇外凸，直口，短领，肩以下残。素面。泥质灰陶。口径29.6、残高4.8厘米（图三七，10）。T4118⑤C:1，宽平折沿，斜腹。腹饰宽凹弦纹。夹粗砂灰陶。口径25.6、残高6.4厘米（图三七，11）。H60:5，大圆唇，唇缘外缘外凸，内缘向内勾。器内近口部有一周宽凹槽。夹砂灰陶。口径16、残高4.6厘米（图三七，12）。H38:7，方唇外凸，窄沿，沿面微下凹，直口微敛，矮领，耸肩。肩素面。夹砂黄褐陶。口径18.2、残高2.3厘米（图三七，13）。T3618⑤C:7，圆尖唇，平折沿。沿面饰凹弦纹，腹饰中粗绳纹。夹细砂灰陶。口沿50.2、残高11厘米（图三七，14）。H59：22，圆唇直口，口外半环形𬺰紧贴唇部。夹细砂黄陶（图三七，15）。

瓮　89件。口径小于腹径。分二型。

A型　42件。有领，多数领部略高。分二亚型。

Aa型　27件。口略敛，唇面作斜面状。分三式。

Ⅰ式　5件。口沿面部外斜，矮领，短直口微敛，溜肩。H54:7，唇面饰弦纹。夹砂灰陶。口径30、残高5.6厘米（图三八，1）。H54:5，斜矮领，溜肩，肩部向上略弧折。颈、肩饰绳纹。夹砂灰陶。口径23.6、残高5.2厘米（图三八，2）。

Ⅱ式　13件。宽斜折沿，斜直口微敛，矮领比Ⅰ式略高，丰肩。T3817⑤C:3，颈饰绳纹。夹砂褐黑衣陶。胎厚0.6、残高5.6厘米（图三八，3）。T3718⑤C:2，肩饰绳纹。夹砂浅黄陶。口径23.2、残高4.4厘米（图三八，4）。

Ⅲ式　9件。斜沿面比Ⅱ式窄，领比Ⅱ式矮短，短口微敛，圆溜肩，大鼓腹。H20:5，腹饰间断绳纹。夹砂浅黄陶。口径24、残高14.4厘米（图三八，5）。H20:2，上腹间断绳纹，下腹交错绳纹。夹砂浅黄陶。口径25.6、最大腹径45.3、残高25.6厘米（图三八，6）。

Ab 型　15 件。方唇，折沿，短直口，多数唇缘呈钩状，唇面比 Aa 型厚而宽平。多残存口、肩部。分四式。

Ⅰ式　2 件。厚方唇，平折沿，下唇缘略下勾，矮领。H59∶25，颈素面。泥质灰陶。口径 20、残高 6 厘米（图三八，7）。

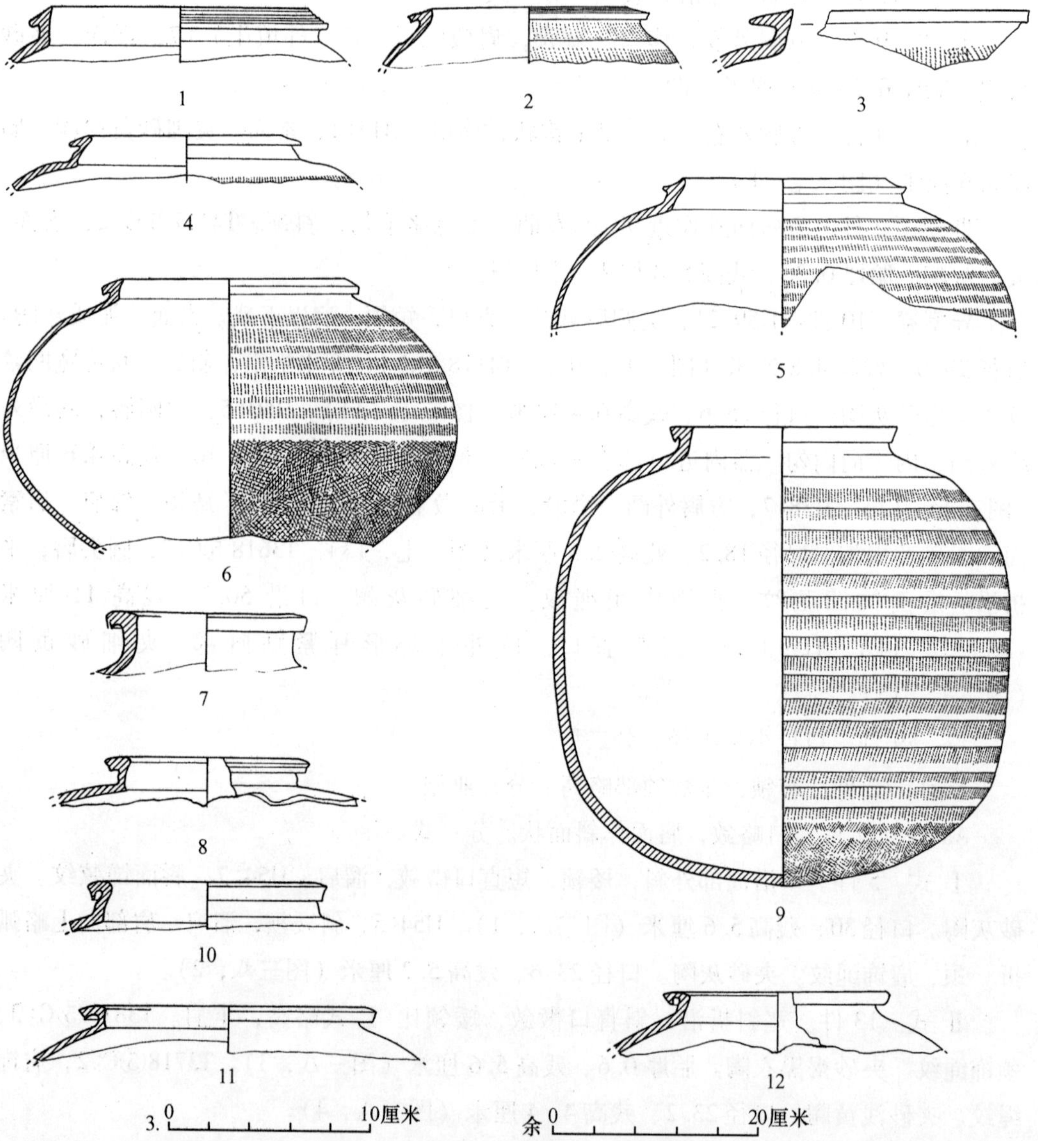

图三八　陶瓮

1、2. Aa 型Ⅰ式（H54∶7、H54∶5）　3、4. Aa 型Ⅱ式（T3817⑤∶3、T3718⑤C∶2）　5、6. Aa 型Ⅲ式（H20∶5、H20∶2）　7. Ab 型Ⅰ式（H59∶25）　8、10、11. Ab 型Ⅲ式（T4116⑤C∶5、T3518⑤C∶6、T3916⑤C∶3）　9. Ab 型Ⅱ式（H39∶1）　12. Ab 型Ⅳ式（H36∶3）

Ⅱ式 4件。方唇，平折沿，唇缘下勾，口微敛，颈比Ⅰ式短，圆溜肩，弧腹较直，圜底。H39:1，身饰间断绳纹，底饰交错绳纹。夹砂灰陶。口径22.4、高44.2、最大腹径45.4厘米（图三八，9；图版八，1）。

Ⅲ式 8件。唇缘多呈卷曲的倒钩状，沿面微弧，直口微敛，矮领，颈部比Ⅱ式略高，溜肩。T4116⑤C:5，唇缘微向下垂。素面。夹砂灰陶。口径24、残高4.6厘米（图三八，8）。T3518⑤C:6，沿面微弧，唇缘下勾。素面。泥质灰陶。口径24.2、残高4.4厘米（图三八，10）。T3916⑤C:3，唇缘微下垂勾，沿面微弧。素面。夹砂灰陶。口径30、残高5.2厘米（图三八，11）。

Ⅳ式 1件。H36:3，唇缘向下且向内勾，沿面微弧，口微敛，肩部斜溜度比Ⅲ式大。素面。泥质灰陶。口径22.6、残高6厘米（图三八，12）。

B型 47件。无领或特矮领。分二亚型。

Ba型 24件。方唇，唇面向上或作卷侈口。分五式。

Ⅰ式 1件。J3③:24，宽唇，唇面朝上，唇外缘外凸，口微敛，特短的束颈，溜斜肩。素面。夹砂灰陶。口径22、残高3.8厘米（图三九，1）。

Ⅱ式 11件。外唇缘上翘，矮直口向内微弧，束颈。T4116⑤C:7，颈饰细绳纹。泥质灰陶。口径20、残高4.6厘米（图三九，2）。H53:4，尖圆唇，溜肩，颈、肩饰绳纹。夹砂灰陶。口径23.2、残高4.2厘米（图三九，3）。

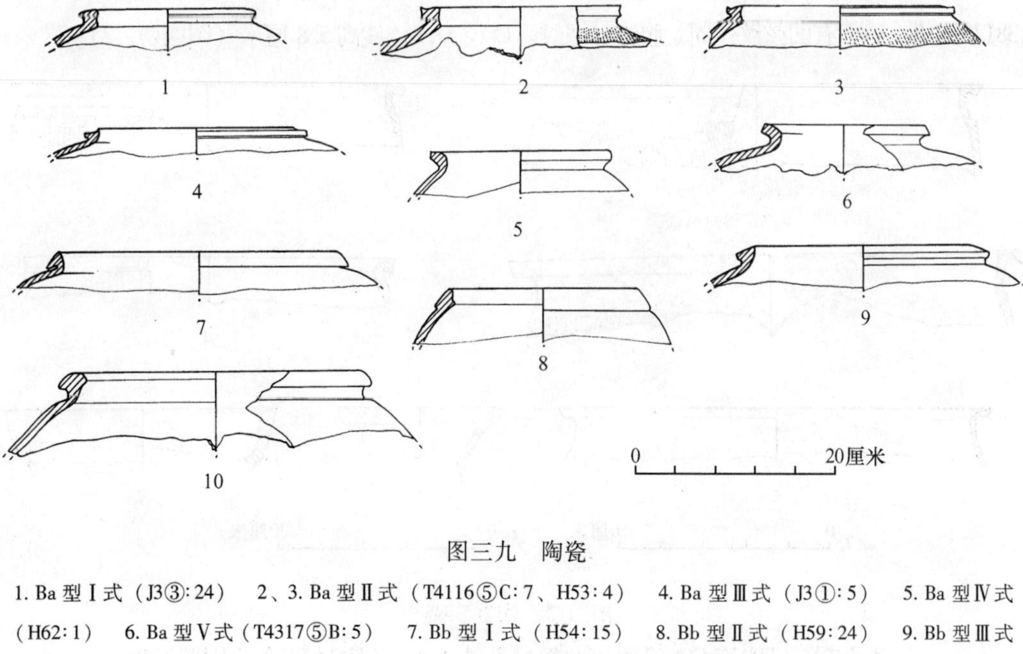

图三九 陶瓮

1. Ba型Ⅰ式（J3③:24） 2、3. Ba型Ⅱ式（T4116⑤C:7、H53:4） 4. Ba型Ⅲ式（J3①:5） 5. Ba型Ⅳ式（H62:1） 6. Ba型Ⅴ式（T4317⑤B:5） 7. Bb型Ⅰ式（H54:15） 8. Bb型Ⅱ式（H59:24） 9. Bb型Ⅲ式（J3①:3） 10. Bb型Ⅳ式（T4317⑤B:6）

Ⅲ式　3件。唇缘紧贴肩部，且外唇缘略凸，唇面微弧，广肩。J3①:5，素面。夹砂灰陶。口径22.4、残高3.6厘米（图三九，4）。

Ⅳ式　6件。唇口作卷侈状，束颈，溜肩。H62:1，素面。夹砂灰陶。口径18、残高4厘米（图三九，5）。

Ⅴ式　3件。方唇，作侈口状的斜折沿，束颈比Ⅳ式稍高，广肩。T4317⑤B:5，素面。泥质灰陶。口径17、残高4.4厘米（图三九，6）。

Bb型　23件。无领或特矮领。分四式。

Ⅰ式　3件。尖圆唇勾卷贴近肩部，唇面向外斜，短侈口，特短的束颈，溜肩，肩以下残。H54:15，素面。夹砂浅黄陶。口径30.4、残高3.6厘米（图三九，7）。

Ⅱ式　4件。圆尖唇，唇面斜弧，短直口，无颈，溜肩，肩以下残。H59:24，素面。夹砂灰陶。口径22、残高5.2厘米（图三九，8）。

Ⅲ式　3件。唇面稍斜，敛口，特短的束颈，肩以下残。J3①:3，夹砂浅黄陶。口径26、残高4厘米（图三九，9）。

Ⅳ式　13件。肥厚圆唇，唇外缘外凸，内缘内凸，敛口，矮领，大溜肩，肩以下残。T4317⑤B:6，素面。泥质红胎黑皮陶。口径31.4、残高7.6厘米（图三九，10）。

缸　8件。分三式。

Ⅰ式　3件。方唇，平折窄沿，短直口，矮领，窄折肩，直腹微弧。腹以下残。T3817⑤C:4，沿面饰弦纹，腹饰绳纹。夹砂浅灰陶。口径44、残高8、胎厚0.8厘米（图四〇，1）。T3817⑤C:8，唇面有凹弦纹一周。腹饰竖绳纹。口径37.8、残高5.8厘米（图四〇，2）。

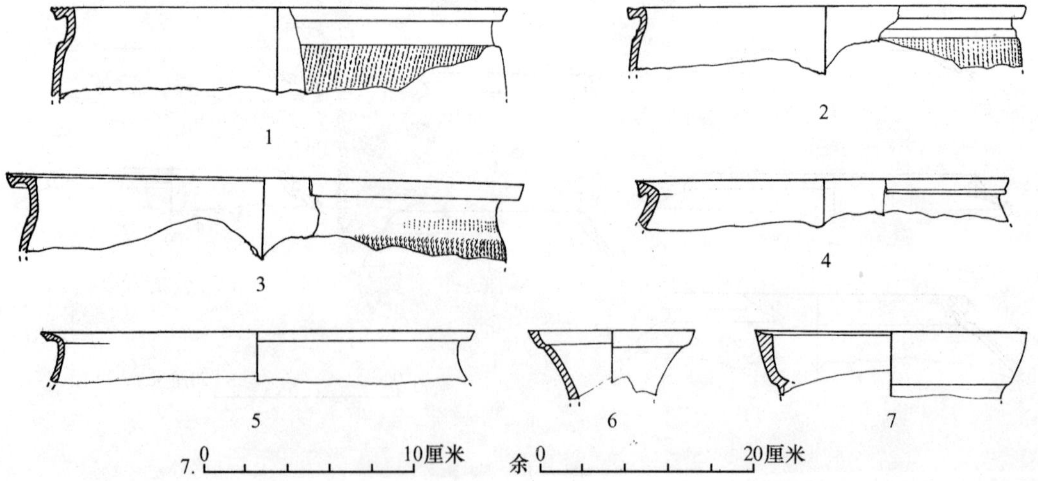

图四〇　陶缸、壶

1、2. Ⅰ式缸（T3817⑤C:4、T3817⑤C:8）　3、4. Ⅱ式缸（T3618⑤C:3、T4118⑤C:9）
5. Ⅲ式缸（H32:1）　6. Ⅰ式壶（H60:12）　7. Ⅱ式壶（T3916⑤B:26）

Ⅱ式　3件。方唇，宽平折沿，唇下缘向下勾，矮领，窄弧溜肩，腹以下残。T3618⑤C:3，腹微弧。颈、腹饰粗绳纹。夹砂灰陶。口径50、残高7.2厘米（图四〇，3）。T4118⑤C:9，斜卷折沿，敛口束颈。沿面饰凹弦纹一周。夹砂褐黄陶。口径35.6、残高4.4厘米（图四〇，4）。

Ⅲ式　2件。斜方唇，折卷沿，口微敛，矮领。腹以下残。H32:1，素面。夹砂灰陶。口径42、残高4.8厘米（图四〇，5）。

壶　3件。分二式。均为口、颈部。

Ⅰ式　1件。H60:12，浅盘口，喇叭状圆颈。素面。夹砂灰陶。口径16、残高6厘米（图四〇，6）。

Ⅱ式　2件。方唇，盘口比Ⅰ式深。T3916⑤B:26，素面。夹砂灰黑陶。口径13、残高3厘米（图四〇，7）。

甑　32件。大敞口，斜腹，平底。多残存口、肩部。分七式。

Ⅰ式　2件。尖圆唇，平折沿，矮领。T4016⑤E:4，沿面微上弧，唇部饰细弦纹。夹砂灰黑陶。口径41.4、残高4厘米（图四一，1）。

Ⅱ式　4件。唇缘略卷垂，沿面上弧，斜直腹。T4016⑤D:3，上腹饰粗弦纹。泥质灰陶。口径48、残高8厘米（图四一，2）。T3618⑤D:1，唇面外侧略下凹，口微敛，斜直腹。腹饰粗弦纹。泥质灰陶。口径48、残高5.2厘米（图四一，3）。

Ⅲ式　3件。折沿向下垂，斜直腹。H54:12，腹饰粗弦纹。夹砂红陶。口径45.6、残高4.8厘米（图四一，4）。

Ⅳ式　7件。宽平折沿微垂，斜直腹微弧，平底。H33:1，上腹饰粗凹弦纹，下腹及底饰交错绳纹，底部有5个直径为3.2～3.4厘米的圆形箅孔。夹砂灰陶。口径49.2、底径20.8、高22.4厘米（图四一，5；图版八，4）。H20:6，折沿，沿面微弧，口微敛，斜腹略弧。腹饰粗弦纹。夹砂灰陶。口径44、残高13.4厘米（图四一，6）。

Ⅴ式　2件。平折沿，沿面微上弧，斜弧腹。J3②:2，腹饰凹弦纹。夹砂灰黑陶。口径34、残高11.2厘米（图四一，7）。

Ⅵ式　6件。平折沿，沿面向上弧度比Ⅴ式大，斜腹略弧。H10:1，腹饰弦纹。泥质浅灰陶。口径41、残高5厘米（图四一，8）。H10:2，口沿外缘向上微翘，口沿内侧向内凸。腹饰凹弦纹。夹砂灰陶。口径44、残高8.4厘米（图四一，9）。T4518⑤B:8，腹饰弦纹。泥质黄陶。口径36、残高7.2厘米（图四一，10）。

Ⅶ式　7件。宽平折沿，沿面比Ⅵ式宽，斜直腹。T4318⑤B:2，腹饰粗弦纹。泥质浅灰陶。口径44、残高6.4厘米（图四一，11）。

异型甑　1件。H57:4，平折沿，口沿内缘向内尖凸，斜直腹。下腹饰弦纹。夹砂灰陶。残高4.6，最宽处7.6厘米（图三三，4）。

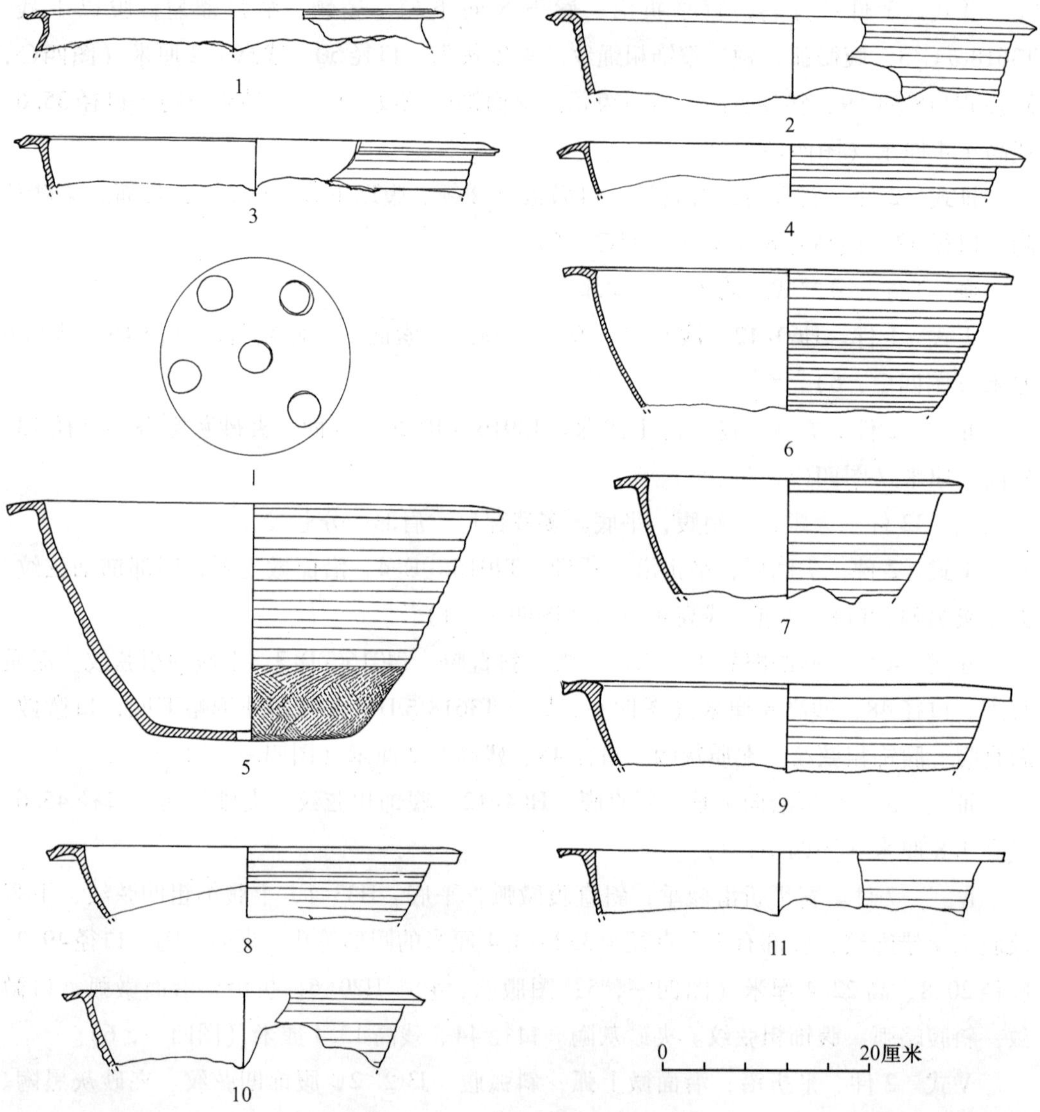

图四一　陶甑

1. Ⅰ式（T4016⑤E:4）　2、3. Ⅱ式（T4016⑤D:3、T3618⑤D:1）　4. Ⅲ式（H54:12）　5、6. Ⅳ式（H33:1、H20:6）7. Ⅴ式（J3②:2）　8～10. Ⅵ式（H10:1、H10:2、T4518⑤B:8）　11. Ⅶ式（T4318⑤B:2）

鬲　17件。分别对鬲口沿、鬲足分式。

鬲口沿　8件。分四式。

Ⅰ式　2件。宽平折沿，尖圆唇，敛口，斜颈。腹以下残。H11:3，沿面及颈部饰弦纹。泥质灰陶。口径28.8、残高3.6厘米（图四二，1）。

Ⅱ式　2件。圆尖唇，侈口，矮束颈。腹以下残。T4016⑤E:5，沿面饰凹弦纹。夹砂灰陶。口径22、残高4厘米（图四二，2）。T4016⑤E:7，短直口，矮领，沿面有两周弦纹。夹砂灰陶。口径26、残高2.8厘米（图四二，3）。

Ⅲ式　3件。圆唇，平折沿，直口，矮领，溜肩。腹以下残。T4118⑤D:4，颈及上腹均饰绳纹。夹砂灰陶。口径27.6、残高5.2厘米（图四二，5）。

Ⅳ式　1件。H54:9，平折沿，沿面略斜，敛口，斜颈。器口小于肩、腹部。圆溜肩，肩部有一折棱，腹以下残。腹饰粗绳纹。夹砂灰黑陶。口径16、残高6厘米（图四二，4）。

鬲足　9件。分三式。

Ⅰ式　3件。较短的圆柱状。H34:1，足根部残。饰稀疏的绳纹。夹砂褐陶。残长5.8厘米（图四二，6）。H11:2，足窝较深。通体饰绳纹。夹砂褐陶。残高10.4厘米（图四二，7）。H60:11，圆柱状，足端平。饰粗绳纹。夹砂灰褐陶。残高6厘米（图四二，8）。

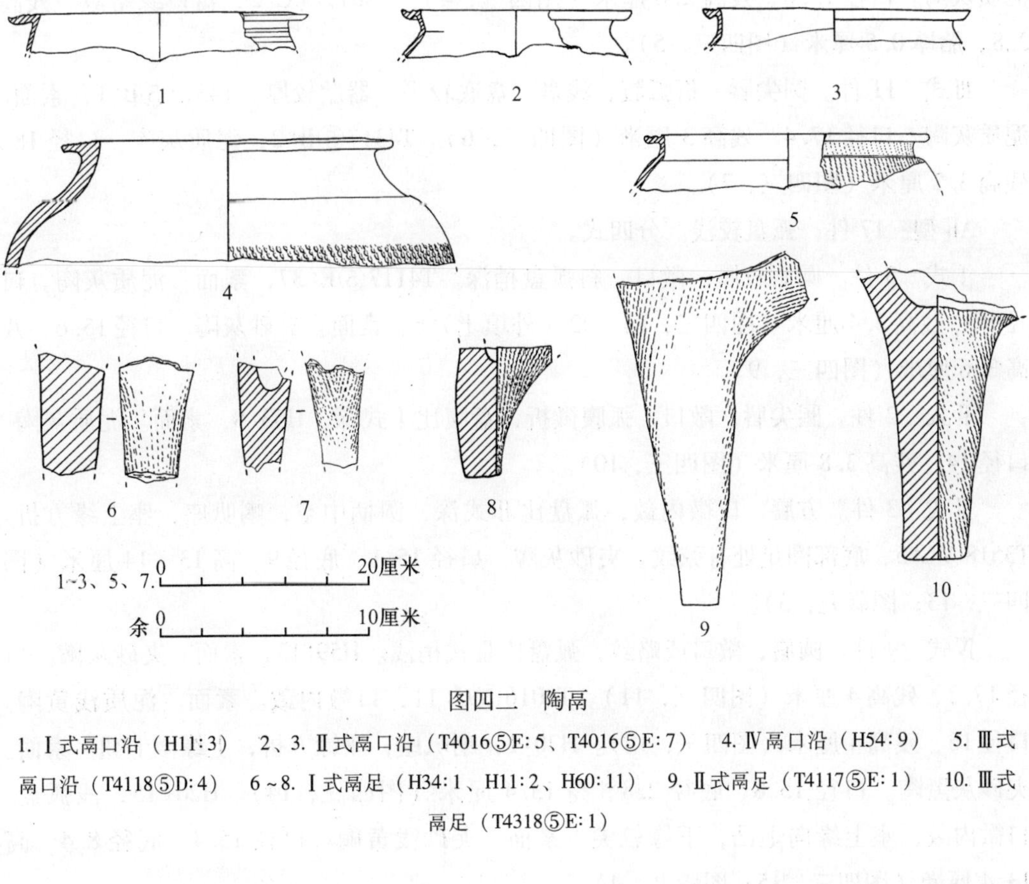

图四二　陶鬲

1. Ⅰ式鬲口沿（H11:3）　2、3. Ⅱ式鬲口沿（T4016⑤E:5、T4016⑤E:7）　4. Ⅳ鬲口沿（H54:9）　5. Ⅲ式鬲口沿（T4118⑤D:4）　6~8. Ⅰ式鬲足（H34:1、H11:2、H60:11）　9. Ⅱ式鬲足（T4117⑤E:1）　10. Ⅲ式鬲足（T4318⑤E:1）

Ⅱ式　2 件。较长的圆柱状足略呈截锥状，足窝浅，平根。T4117⑤E∶1，裆及足上均饰中粗绳纹。夹砂灰陶。残高 16. 1 厘米（图四二，9）。

Ⅲ式　4 件。圆粗柱状，足窝较浅。T4318⑤E∶1，裆及足均饰粗绳纹。夹粗砂褐陶。残高 13. 6 厘米（图四二，10）。

豆　73 件。对形制清楚的豆及豆盘合并分型，对豆柄单独进行分型。

形制清楚的豆及豆盘，分二型。

A 型　49 件。弧盘。分二亚型。

Aa 型　32 件。均为豆盘，弧盘较深。分三式。

Ⅰ式　5 件。圆尖唇，敞口，斜弧壁，浅盘。T4016⑤E∶3，素面。泥质灰褐陶。口径 16、残高 2. 6 厘米（图四三，1）。H54∶11，盘内有 10 周暗弦纹。夹砂灰陶。口径 16、残高 2. 8 厘米（图四三，2）。H54∶13，素面。夹砂浅灰陶。口径 15. 8、残高 2. 8 厘米（图四三，3）。

Ⅱ式　16 件。圆唇，沿面向上且略向内斜，敞口，折弧腹。T3916⑤C∶6，素面。泥质灰陶。口径 15. 8、残高 2. 6 厘米（图四三，4）。T3817⑤C∶2，盘口缘略敛。残高 2. 8、胎厚 0. 5 厘米（图四三，5）。

Ⅲ式　11 件。圆尖唇，折弧腹，浅盘，盘底较平，器胎较厚。T4317⑤B∶1，素面。泥质灰陶。口径 17. 4、残高 3 厘米（图四三，6）。T4317⑤B∶2，泥质灰陶。口径 18、残高 3. 2 厘米（图四三，7）。

Ab 型　17 件。弧盘较浅。分四式。

Ⅰ式　3 件。圆唇较厚，敞口，斜弧盘稍深。T4117⑤E∶37，素面。泥质灰陶。口径 17、残高 3. 4 厘米（图四三，8）。J2（外填土）∶6，素面。夹砂灰陶。口径 15. 6、残高 3. 6 厘米（图四三，9）。

Ⅱ式　2 件。圆尖唇，敞口，弧腹微折，盘腹比Ⅰ式深。H53∶8，素面。泥质灰陶。口径 14、残高 3. 8 厘米（图四三，10）。

Ⅲ式　3 件。方唇，口微内敛，弧盘比Ⅱ式深，圆柄中空，喇叭座，座上缘方折。T3518⑤C∶5，底部圈足处有弦纹。夹砂灰陶。口径 15. 1、底径 9、高 13 ~ 14 厘米（图四三，13；图版九，3）。

Ⅳ式　9 件。圆唇，敞口或略敛，弧盘比Ⅲ式稍浅。H59∶13，素面。夹砂灰陶。口径 17. 2、残高 4 厘米（图四三，11）。T4016⑤C∶11，口微内敛。素面。泥质浅黄陶。口径 16、残高 4 厘米（图四三，12）。H20∶1，喇叭座，座缘方折，上缘微上翘。素面。夹砂灰黑陶。口径 15. 8、底径 2. 8、高 13. 4 厘米（图四三，14）。H20∶15，浅弧盘，口微内敛，座上缘向上凸，下缘较尖。素面。夹砂浅黄陶。口径 15. 4、底径 8. 4、高 13. 4 厘米（图四三，15；图版九，4）。

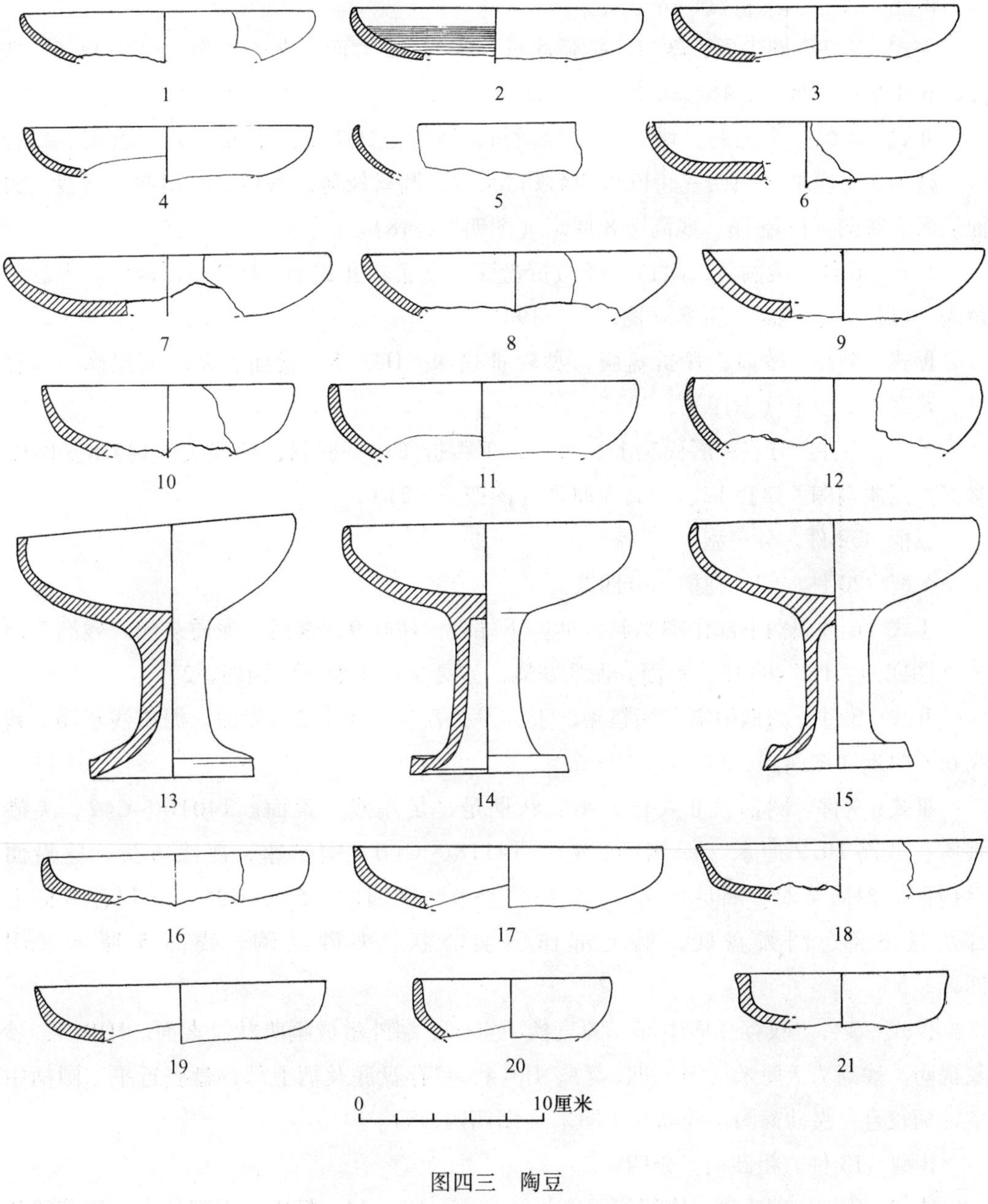

图四三　陶豆

1～3. Aa型Ⅰ式（T4016⑤E:3、H54:11、H54:13）　4、5. Aa型Ⅱ式（T3916⑤C:6、T3817⑤C:2）6、7. Aa型Ⅲ式（T4317⑤B:11、T4317⑤B:2）　8、9. Ab型Ⅰ式［T4117⑤E:37、J2（外填土）:6］　10. Ab型Ⅱ式（H53:8）　11、12、14、15. Ab型Ⅳ式（H59:13、T4016⑤C:11、H20:1、H20:15）　13. Ab型Ⅲ式（T3518⑤C:5）　16. B型Ⅰ式（H11:4）　17、18. B型Ⅱ式（H57:2、T4118⑤C:7）　19. B型Ⅲ式（H42:3）20. B型Ⅳ式（H32:5）　21. B型Ⅴ式（T4518⑤B:9）

B型　24件。弧折盘。分五式。

Ⅰ式　8件。圆尖唇，敞口，折弧浅盘。H11∶4，素面。夹砂红陶。口径14.6、残高2.6厘米（图四三，16）。

Ⅱ式　3件。尖圆唇，敞口，弧腹微折，浅盘。H57∶2，素面。夹砂黄陶。口径17、残高3.1厘米（图四三，17）。T4118⑤C∶7，圆唇较薄，敞口，折斜腹，浅盘。素面。泥质灰陶。口径16、残高2.8厘米（图四三，18）。

Ⅲ式　6件。尖圆唇，敞口，弧微折盘腹，盘底较Ⅱ式平。H42∶3，素面。夹砂浅黄陶。口径16、残高3厘米（图四三，19）。

Ⅳ式　4件。敞口，弧折盘腹，盘较Ⅲ式深。H32∶5，素面。夹砂灰黑陶。口径11、残高3.2厘米（图四三，20）。

Ⅴ式　3件。方唇，唇面朝上，直口，下腹折弧成平底状，柄残失。T4518⑤B∶9，素面。泥质灰陶。口径12、残高3厘米（图四三，21）。

豆柄　39件。分三型。

A型　20件。细长圆柄。分四式。

Ⅰ式　6件。柄下部作喇叭状，柄座下端残。H60∶9，素面。泥质灰陶。残高9厘米（图四四，1）。J1∶12，素面。泥质灰陶。残高9.6厘米（图四四，2）。

Ⅱ式　3件。圆柄中空，柄较粗，上存平弧盘底。H61∶2，素面。泥质浅灰陶。残高6.8厘米（图四四，3）。

Ⅲ式　9件。圆柄较Ⅱ式长，喇叭状柄足，足端残。素面。T4016⑤C∶2，夹砂褐陶。残高10.2厘米（图四四，4）。T4118⑤C∶6，喇叭座，座缘方折，座沿面微内凹。泥质黄陶。圈足径9.2、残高7厘米（图四四，5）。H36∶4，仅存豆柄上部及盘下部，圆弧盘底，柄上部作圆实心状。夹砂红陶。残高5厘米（图四四，6）。

Ⅳ式　2件。仅存豆柄中部。圆直柄中空，下端外敞成喇叭状。素面。H10∶4，砂灰褐陶。残高7.7厘米（图四四，7）。H6∶4，仅存盘底及柄上部，盘底近平，圆柄中空，柄较直。夹砂褐陶。残高6.4厘米（图四四，8）。

B型　13件。粗圆柄。分四式。

Ⅰ式　2件。喇叭座，座缘厚而方折。素面。H54∶14，柄中、下部各有一周节状凸弦纹。夹砂浅黄陶。底径9.2、残高8.4厘米（图四四，9）。H54∶10，座缘方折，下缘较尖。夹砂灰黑。底径9、残高7.2厘米（图四四，10）。

Ⅱ式　5件。圆柄中空，柄端外敞。T3718⑤C∶7，座底残。柄中饰六周凹弦纹。夹砂黄陶。残高7.6厘米（图四四，11）。

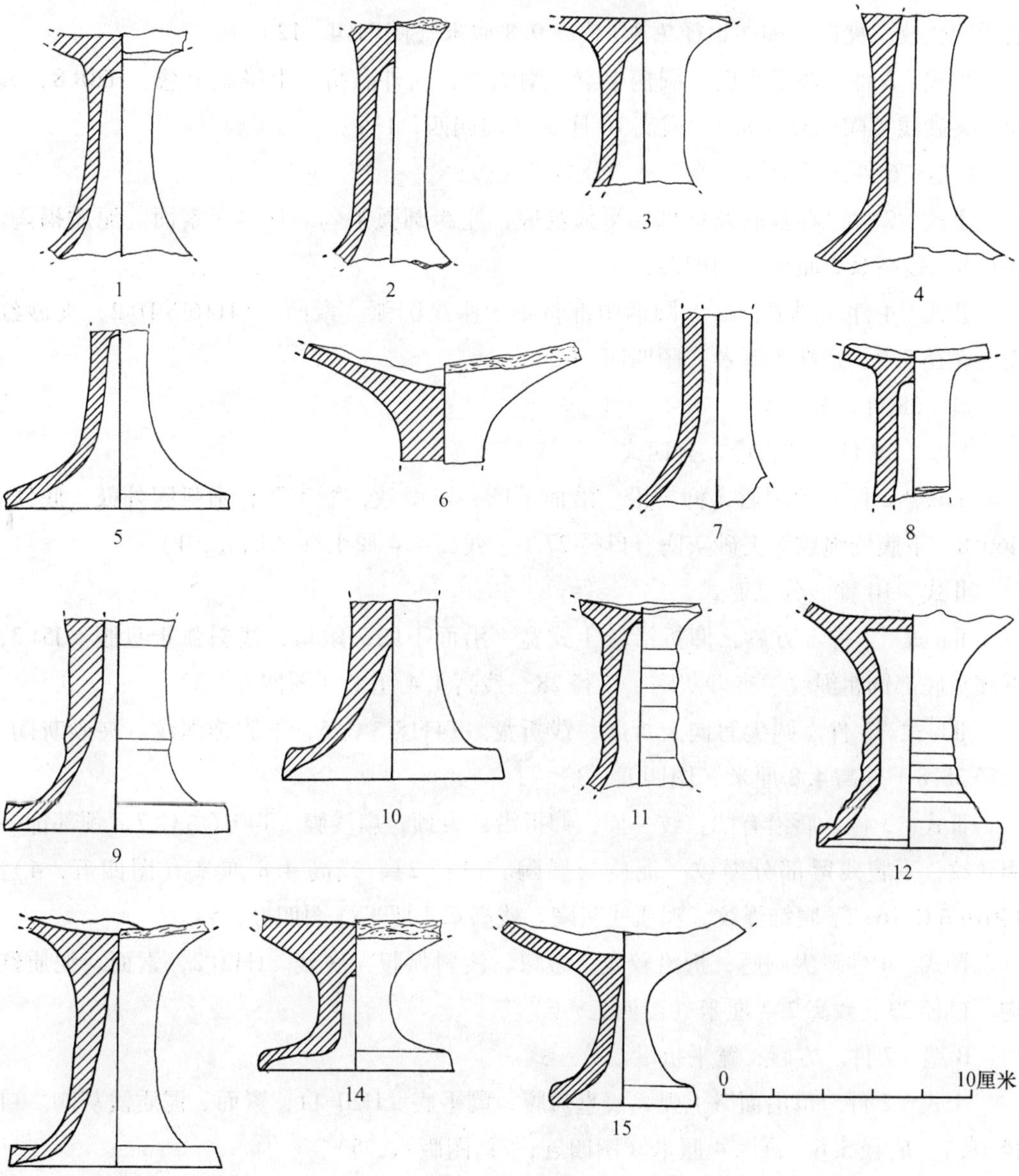

图四四　陶豆柄

1、2. A型Ⅰ式（H60：9、J1：12）　3. A型Ⅱ式（H61：2）　4～6. A型Ⅲ式（T4016⑤C：2、T4118⑤C：6、H36：4）　7、8. A型Ⅵ式（H10：4、H6：4）　9、10. B型Ⅰ式（H54：14、H54：10）　11. B型Ⅱ式（T3718⑤C：7）　12. B型Ⅲ式（H31：22）　13. B型Ⅳ式（H20：8）　14. C型Ⅰ式（J1：4）　15. C型Ⅱ式（T4116⑤D：2）

Ⅲ式　3件。残存平弧盘底，粗圆柄中空，喇叭座，下缘较尖。H31∶22，柄下部饰七周凹弦纹。夹砂灰陶。足径7.8、残高9.8厘米（图四四，12）。

Ⅳ式　3件。圆弧盘底，圆柄中空，喇叭座，向外撇折，上缘微上翘。H20∶8，素面。夹砂浅黄陶。底径8.8、残高10厘米（图四四，13）。

C型　6件。矮圆柄，喇叭座。分二式。

Ⅰ式　2件。存盘底及柄部。平弧盘底，座缘圆弧下勾。J1∶4，素面。泥质褐陶。底径8、残高6.2厘米（图四四，14）。

Ⅱ式　4件。圆弧盘底，圆柄中部特细，座缘圆弧。素面。T4116⑤D∶2，夹砂红陶。底径5.9、残高7厘米（图四四，15）。

盘　28件。分二型。

A型　19件。仰折沿。分四式。

Ⅰ式　2件。尖圆唇，仰折沿，沿面下凹，口微敛，短束颈，扁弧腹外鼓，底残。H60∶8，下腹饰绳纹。夹砂灰陶。口径27.6、残高4.4厘米（图四五，1）。

Ⅱ式　10件。分二亚式。

Ⅱa式　7件。方唇，仰折沿较Ⅰ式宽，沿面下凹，敞口，浅斜弧折盘腹。J5∶3，下腹至底部饰粗绳纹。夹砂灰陶。口径28、残高4.4厘米（图四五，2）。

Ⅱb式　3件。圆尖唇向上折起，浅折盘。T4118⑤C∶5，下腹饰绳纹。夹砂灰陶。口径35.8、残高4.8厘米（图四五，3）。

Ⅲ式　3件。唇沿有凹弦纹一周，仰折沿，束颈，扁浅腹。T4016⑤C∶7，颈部饰一周弦纹，下腹残留部分绳纹。泥质灰黑陶。口径24、残高4.8厘米（图四五，4）。T4016⑤C∶16，下腹饰绳纹。泥质浅灰陶。残高6.4厘米（图四五，5）。

Ⅳ式　4件。尖圆唇，折沿较宽，敞口，浅斜弧腹，底残。H42∶2，素面。泥质红陶。口径23、残高2.4厘米（图四五，6）。

B型　7件。方唇，宽平折沿。分三式。

Ⅰ式　2件。口沿面微上弧，浅直弧腹，圜平底。H20∶11，素面。泥质浅灰陶。口径18.7、底径5.6、高4.4厘米（图四五，7；图版八，5）。

Ⅱ式　3件。口沿内缘向内勾，浅弧腹，底残。H27∶4，素面。夹砂灰陶。口径24、残高2.5厘米（图四五，8）。

Ⅲ式　2件。唇缘下勾，沿面微弧，口略敛，浅弧腹，底残。H62∶2，素面。夹砂浅灰陶。口径28、残高2.8厘米（图四五，9）。

异型盘　2件。尖圆唇，敞口，器内壁斜直，外上腹折弧，下腹向内凹，小平底。T4016⑤D∶6，素面。盘内黑衣，盘外灰衣，褐胎。口径15.2、底径7.8、高2.4厘米（图四六，6）。

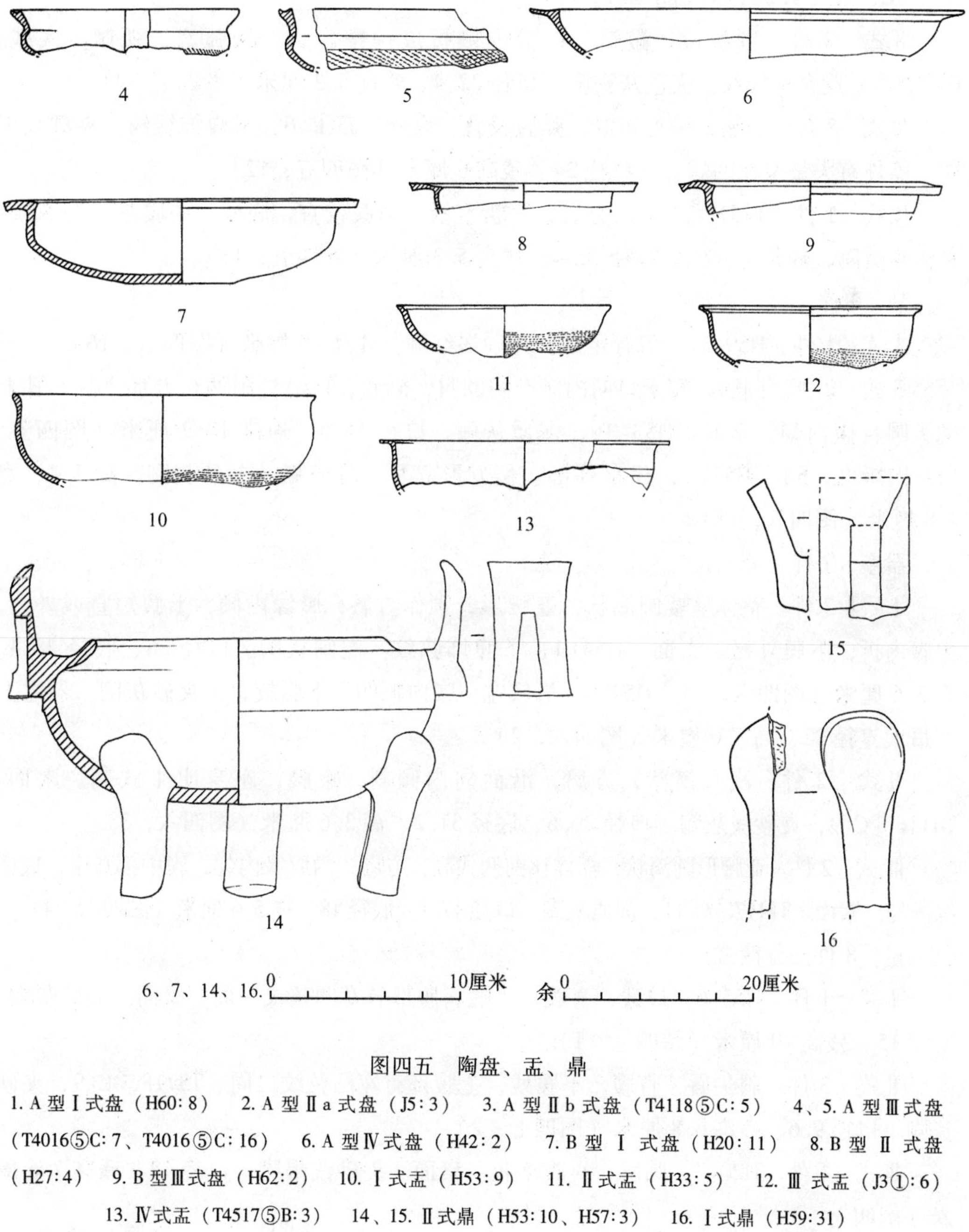

图四五　陶盘、盂、鼎

1. A型Ⅰ式盘（H60:8）　2. A型Ⅱa式盘（J5:3）　3. A型Ⅱb式盘（T4118⑤C:5）　4、5. A型Ⅲ式盘（T4016⑤C:7、T4016⑤C:16）　6. A型Ⅳ式盘（H42:2）　7. B型Ⅰ式盘（H20:11）　8. B型Ⅱ式盘（H27:4）　9. B型Ⅲ式盘（H62:2）　10. Ⅰ式盂（H53:9）　11. Ⅱ式盂（H33:5）　12. Ⅲ式盂（J3①:6）　13. Ⅳ式盂（T4517⑤B:3）　14、15. Ⅱ式鼎（H53:10、H57:3）　16. Ⅰ式鼎（H59:31）

匜 1件。H61∶3，仅存口部，圆唇，敞口，斜弧腹。素面。夹砂橙黄陶。残长4.3、残宽5.8、残高3.5厘米（图四六，5）。

盂 11件。分四式。

Ⅰ式 4件。圆唇略侈，弧腹外鼓，底残。H53∶9，下腹饰绳纹。夹粗砂褐红陶。口径32、残高9.2厘米（图四五，10）。

Ⅱ式 3件。圆尖唇，敞口，口沿内侧折成一窄台面，浅弧盘，弧腹，底残。H33∶5，下腹饰横绳纹。夹砂灰褐陶。口径22.4、残高5.2厘米（图四五，11）。

Ⅲ式 3件。方唇，窄仰折沿，弧腹较直，底残。J3①∶6，下腹饰绳纹。夹砂灰黑陶。器外有大量黑色的烟炱，口径24、残高6厘米（图四五，12）。

Ⅳ式 1件。T4517⑤B∶3，方唇，平折窄沿，弧腹较直，底残。中腹饰二周弦纹。夹粗砂黄陶，局部呈灰色。口径30.4、残高5.3厘米（图四五，13）。

鼎 3件。分二式。

Ⅰ式 1件。H59∶31，仅存足部。夹砂褐红陶。残高10厘米（图四五，16）。

Ⅱ式 2件。圆唇，宽子口向内倾，扁圆腹，圜底，口沿外附两长方形立耳，耳上端尖圆且微内勾。素面。H53∶10，泥质灰陶。口径15.5、通高17.2厘米（图四五，14；图版九，5）。H57∶3，仅存耳部，长方形立耳，耳外撇。夹砂灰陶。高7.4、宽4.8厘米（图四五，15）。

器座 7件。分三式。

Ⅰ式 3件。整体呈矮圆圈状，亚腰形，顶作方唇，唇缘内倾，上腹短直或外凸，中腹内折，下腹外撇。素面。H54∶1，下腹饰弦纹。泥细灰陶。口径26、底径28.4、高5.6厘米（图四六，1）。H54∶8，沿较宽，腰内弧凹，下腹较直。夹砂灰陶。器之上下最大直径22、高5.6厘米（图四六，2）。

Ⅱ式 2件。浅圆筒状，方唇，沿面向内倾斜，束腰，座身比Ⅰ式高。素面。T4116⑤C∶9，夹砂浅灰陶。口径29.6、底径31.2、高3.6厘米（图四六，3）。

Ⅲ式 2件。亚腰形圆筒状，器体比前两式高，方唇，内唇缘内勾，腹中部弧束，底座缘内勾。素面。T4117⑤C∶11，泥质灰陶。口径17.1、底径18、高5.6厘米（图四六，4）。

量 8件。分四式。

Ⅰ式 1件。H53∶6，口残，直腹，平底，腹部有宽凹弦纹一周。素面。夹砂灰陶。底径15、残高10厘米（图四七，1）。

Ⅱ式 3件。斜尖唇，直腹，下腹残。上腹部有宽凸弦纹二周。T3718⑤C∶9，夹砂黄陶。口径9.6、残高6.8厘米（图四七，2）。

Ⅲ式 1件。H20∶7，圆唇，直腹略收。素面。夹砂浅褐陶。口径12、残高7.6厘米（图四七，3）。

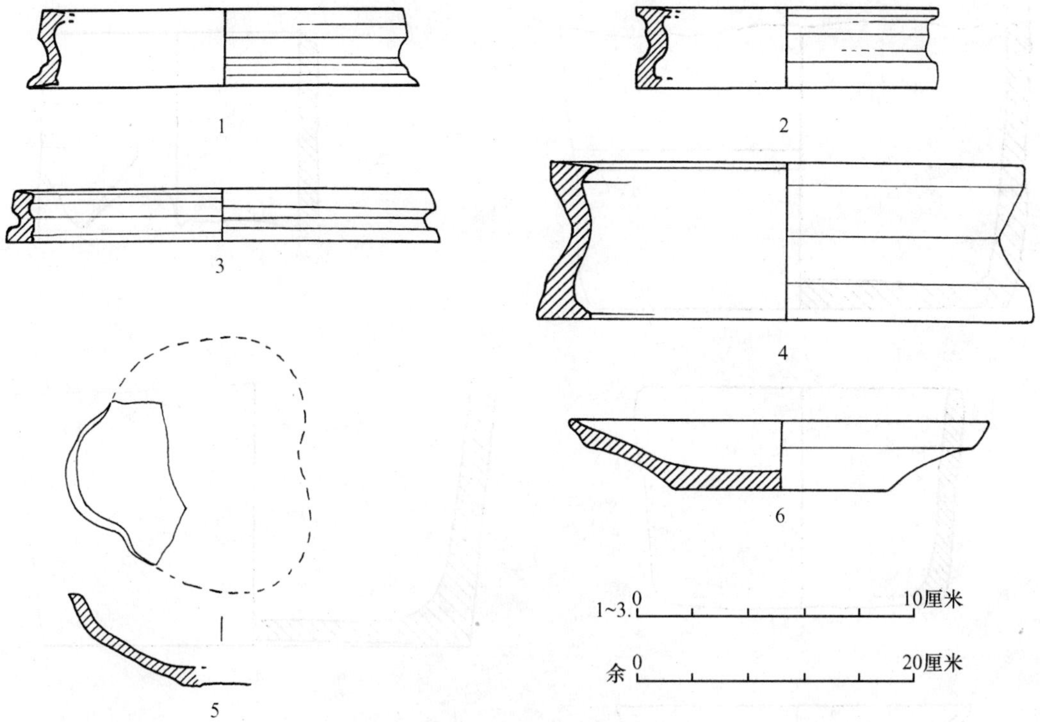

图四六　陶器座、盘、匜

1、2. Ⅰ式器座（H54:1、H54:8）　3. Ⅱ式器座（T4116⑤C:9）　4. Ⅲ式器座（T4117⑤C:11）　5. 匜（H61:3）　6. 异型盘（T4016⑤D:6）

Ⅳ式　3件。口残，直腹略收，平底微上凹。T3829⑤B:26，素面。夹砂细灰陶。底径15.2、残高8.8厘米（图四七，4）。

釜　11件。分二式。

Ⅰ式　8件。斜方唇，宽仰折沿，沿面向下微凹，敛口，束颈，颈以下残。J5:5，口、颈部素面。夹砂灰陶。口径24、残高3.6厘米（图四七，6）。

Ⅱ式　3件。尖圆唇，仰折沿较Ⅰ式窄，沿面微下凹，敛口，束颈，圆鼓腹，下腹残。H10:7，下腹饰横绳纹。夹粗砂灰陶。口径26、残高20.8厘米（图四七，5）。

瓦　225件。分筒、板瓦两种。

筒瓦　98件。分二型。

A型　30件。瓦舌略长，瓦肩较窄。分五式。

Ⅰ式　13件。平舌向内略弧倾，较窄的斜折瓦肩。J1:10，瓦面近肩处有一周凹弦纹，余为粗间断粗绳纹。夹砂黄陶。残长8.2、胎厚0.7~1厘米（图四八，1）。H60:6，平舌

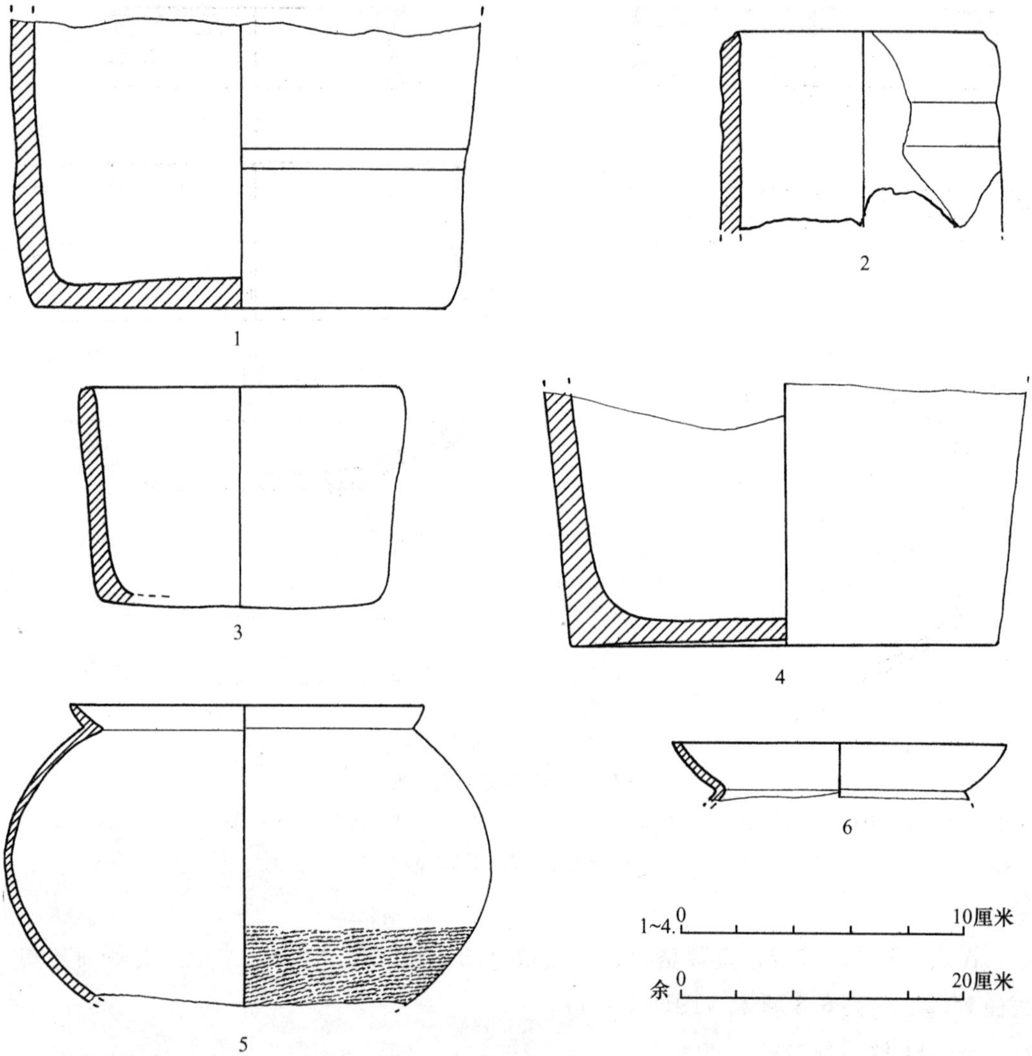

图四七　陶量、釜

1. Ⅰ式量（H53:6）　2. Ⅱ式量（T3718⑤C:9）　3. Ⅲ式量（H20:7）　4. Ⅳ式量（T3829⑤B:26）　5. Ⅱ式釜（H10:7）　6. Ⅰ式釜（J5:5）

微下斜。瓦面饰粗绳纹。夹砂灰陶。残长5.8、胎厚0.9厘米（图四八，2）。

Ⅱ式　2件。瓦舌较Ⅰ式略长且平，舌中部微下凹，圆唇，平窄折肩微内凹。J2②:4，舌面饰稀疏的绳纹，瓦面间断粗绳纹。泥质灰陶，火候较高。残长5.6、胎厚0.8~0.9厘米（图四八，3）。

Ⅲ式　4件。瓦舌较Ⅱ式长，平折肩较Ⅱ式宽。T4517⑤B:8，素面。夹砂灰陶。残

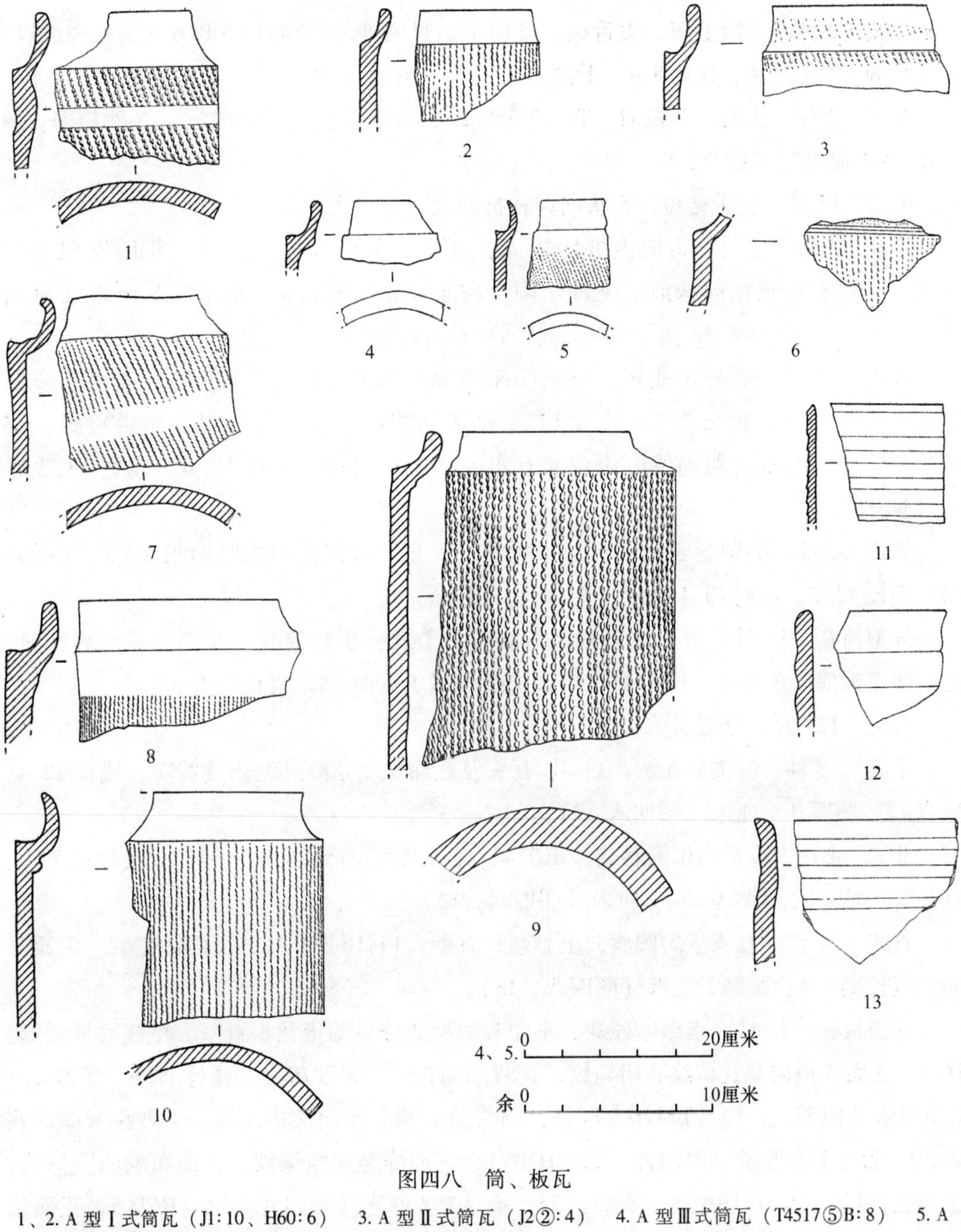

图四八　筒、板瓦

1、2. A型Ⅰ式筒瓦（J1:10、H60:6）　3. A型Ⅱ式筒瓦（J2②:4）　4. A型Ⅲ式筒瓦（T4517⑤B:8）　5. A型Ⅳ式筒瓦（T4517⑤B:6）　6. A型Ⅴ式筒瓦（T4117⑤A:21）　7. B型Ⅰ式筒瓦（J1:3）　8、9. B型Ⅱ式筒瓦（H59:14、J5:1）　10. B型Ⅲ式筒瓦（J3①:7）　11. Ⅰ式板瓦（J5:8）　12. Ⅱ式板瓦（H62:4）13. Ⅲ式板瓦（T4416⑤B:16）

长7.2、残宽10.4、胎厚1.2厘米（图四八，4）。

Ⅳ式　9件。舌微上翘，尖舌缘，瓦肩平折且向外侈。T4517⑤B:6，瓦面饰绳纹。夹砂灰陶。残长9.6、残宽8.4、胎厚1.2厘米（图四八，5）。

Ⅴ式　2件。舌残，斜弧肩。T4117⑤A:21，舌面及瓦面均饰绳纹。夹砂灰陶。胎厚0.9～1厘米（图四八，6）。

B型　17件。瓦舌略短，舌头向内拐折度大。分三式。

Ⅰ式　3件。卷舌，舌向内折度较大，圆唇，折肩较宽。J1:3，瓦面饰粗间断绳纹，瓦面有一道横向抹痕。夹砂灰陶，陶胎较硬。残长9、胎厚0.8厘米（图四八，7）。

Ⅱ式　12件。舌较Ⅰ式短，圆唇，平折肩。H59:14，瓦面近肩处素面，余饰绳纹。夹砂灰陶。残长7.4、残宽11.8厘米（图四八，8）。J5:1，短舌略弧，圆缘，斜折肩。瓦面饰粗绳纹，内背面有布纹。夹砂灰陶。残长17.6、残宽13.2厘米（图四八，9）。

Ⅲ式　2件。尖圆唇舌向外翘，平方折肩。J3①:7，瓦面饰竖向粗绳纹。夹砂灰陶。残长12.2、残宽10.4厘米（图四八，10）。

异型筒瓦　51件。指形体残缺，不能参加型式分析的筒瓦。瓦面饰纵向粗绳纹，瓦之凹面饰横向粗绳纹。H11:11，夹砂灰陶，厚0.9～1厘米（图四九，7）。

板瓦　127件。分三式。

Ⅰ式　18件。斜尖唇瓦头。J5:8，瓦头及瓦面饰宽弦纹。泥质浅黄陶。残长12.4、残宽12、胎厚0.5厘米（图四八，11）。

Ⅱ式　4件。直瓦头作圆唇状。H62:4，瓦头及瓦面饰横向宽瓦棱纹。夹砂橙黄陶。残长6、宽5.8、胎厚0.8～1厘米（图四八，12）。

Ⅲ式　34件。瓦头呈尖圆唇向上微翘，直壁，T4416⑤B:16，瓦面饰弦纹。泥质灰陶。残长高7.6、胎厚1厘米（图四八，13）。

异型板瓦　71件。指形体残缺，不能参加型式分析的板瓦。直壁，横截面呈弧形。J1:2，瓦面饰横向宽瓦棱纹和粗绳纹，瓦背面饰布纹。夹砂灰陶。残长19.8、胎厚1～1.2厘米（图四九，1）。T4416⑤B:18，圆唇微上翘。瓦面饰粗绳纹。夹砂深灰陶。残长30、胎厚1.6厘米（图四九，2）。H40:1，正面饰竖向粗绳纹，凹面布满凸圆钉纹，应为瓦背托衬物的压印痕迹。夹砂红陶。胎厚1.2厘米（图四九，3）。H61:5，正面饰稀疏的绳纹。夹砂浅黄陶。残长13、残宽9.6、胎厚1厘米（图四九，4）。J2（外填土）:8，瓦的一侧有切痕。瓦面饰粗绳纹，凹面局部饰布纹。泥质夹细砂浅黄陶。残长6.6、宽10.3、胎厚1厘米（图四九，5）。T4315⑤A:8，凸面饰粗绳纹，凹面饰篮纹。夹砂灰陶。残长6.2、残宽6.1、胎厚1厘米（图四九，6）。H41:3，圆唇上翘，

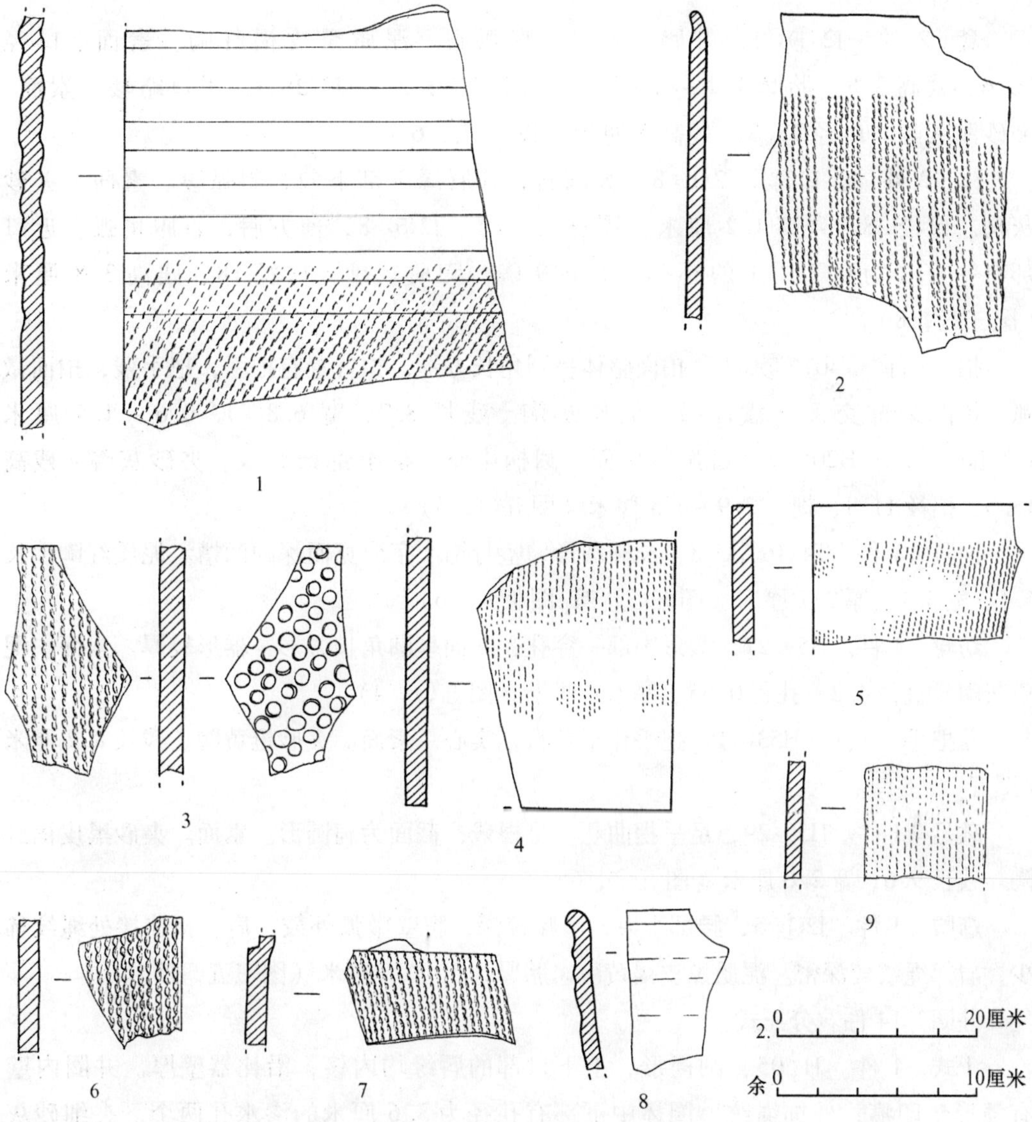

图四九　筒、板瓦

1～6、8、9. 异型板瓦［J1:2、T4416⑤B:18、H40:1、H61:5、J2（外填土）:8、T4315⑤A:8、H41:3、H41:5］
7. 异型筒瓦（H11:11）

瓦面饰凸弦纹。夹砂灰陶。胎厚0.8厘米（图四九，8）。H41:5，瓦面饰绳纹。夹砂橙黄陶。胎厚0.8厘米（图四九，9）。

瓦当　1件。J5:3，瓦当芯部一大圆纽，纽外有凸弦同心圆两周，与之相连的凸弦纹将瓦当面分隔成四个等分的扇面状单元。每个单元内有凸弦卷云纹。夹细砂灰陶

（图二八，1）。

盒　2件。J2①:2，方唇，子口，直弧腹。泥质黑皮褐红陶。素面。口径16.6、残高3.8、胎厚0.4～0.5厘米（图三三，5）。J2②:3，子口略矮。素面。夹砂浅灰陶。口径17.2、残高5厘米（图三三，6）。

钵　2件。存口部。J2①:8，大圆唇，外唇缘下部下勾，斜弧腹。素面。夹砂灰陶。口径38、残高4.2厘米（图三三，7）。J2⑤:8，薄方唇，直腹稍弧。近口部有一直径为0.7厘米的小孔。夹砂灰陶，陶质较硬。口径18、残高3.8厘米（图三三，8）。

拍　2件。T4016⑤C:6，拍面整体呈圆角长方形，拍背置有把手，把手残，拍面微弧。拍面刻饰交叉状戳印纹。泥质灰陶。残长8.7、宽6.8、厚0.6～1.5厘米（图五〇，1）。H20:12，圆弧形拍面，圆柄中空。柄上部饰弦纹。夹砂灰陶。残高13.5、拍径11.8、把径2.9～4.5厘米（图五〇，3）。

网坠　1件。T4116⑤C:8，长椭圆形，坠身饰十字形宽而深的凹槽。泥质红陶。长6.1、宽3.1、厚2.7厘米（图五〇，2；图版九，6）。

纺轮　1件。H59:27，圆形中部一穿孔，断面呈圆角长方形，器形较厚。素面。泥质灰陶。直径4.2、孔径0.65、厚1.8厘米（图五〇，4）。

器把手　1件。H53:11，把手作羊角状，实心。素面。夹砂橙黄陶。残长8.2厘米（图五〇，5）。

敦足　1件。H59:29，足呈拐曲状，足根残，截面为扁圆形。素面。夹砂黑皮褐红陶。残长9.6、宽2.6厘米（图五〇，6）。

甗腰　1件。J2①:5，腰部细束，下腹较深，腹壁微弧外鼓。肩、腰连接处绳纹稀少，肩部绳纹较深密。泥质黑皮褐黄陶。胎厚0.5～0.6厘米（图三五，15）。

井圈　14件。分三式。

Ⅰ式　1件。J1:05，圆筒形，上下口部的唇缘均内侈，沿比器壁厚。井圈内壁有菱形垫印痕，外饰绳纹。圈体中下部有孔径为3.6厘米的渗水孔两个。夹细砂灰陶，局部泛淡黄色。井圈直径73.6、高40、胎厚1.6～2.8厘米（图五一，1）。

Ⅱ式　6件。圆筒形比Ⅰ式高，圈径较Ⅰ式略小，圈内可见凹凸不平的垫饼痕。井圈外壁饰绳纹，圈中部有孔径为4厘米的两圆形渗水孔。J2:01，夹细砂灰黑陶，火候较高。直径64、高44.8、胎厚1.6～2.7厘米（图五一，2；图版七，1）。

Ⅲ式　7件。圆筒比Ⅱ式矮，圈径较Ⅱ式大，器壁较Ⅱ式薄，井圈之上下口沿略宽，不见渗水孔。井圈内壁有不明显的圆形陶垫痕，显得凹凸不平。井圈外满饰绳纹。J5:08，夹细砂浅灰陶。直径72、高36、上口厚3.2、下沿厚3厘米（图五一，3，图版七，2）。

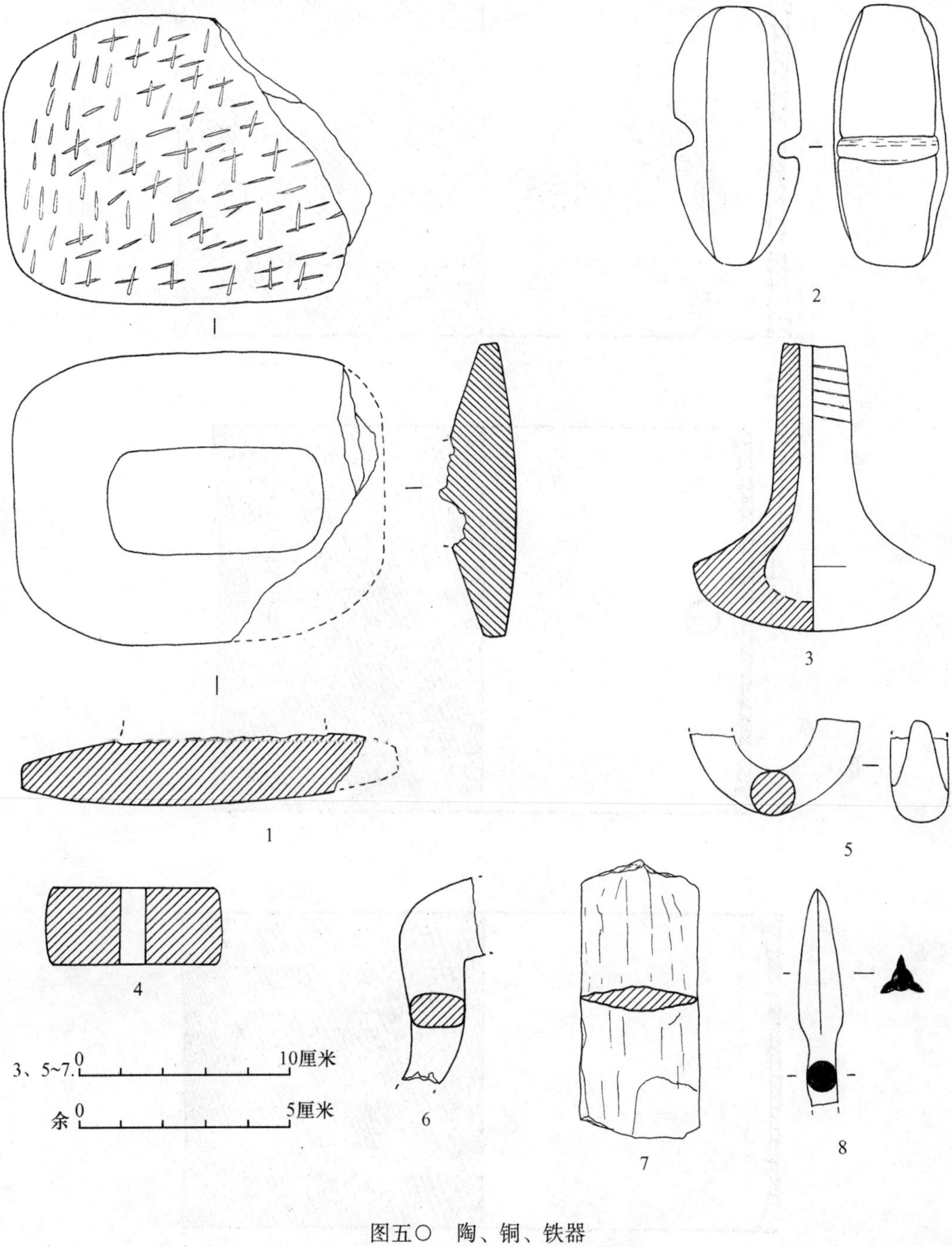

图五〇　陶、铜、铁器

1、3. 陶拍（T4016⑤C:6、H20:12）　2. 陶网坠（T4116⑤C:8）　4. 陶纺轮（H59:27）　5. 陶器把手（H53:11）　6. 陶敦足（H59:29）　7. 铁剑（H59:30）　8. 铜镞［J2（外填土）:9］

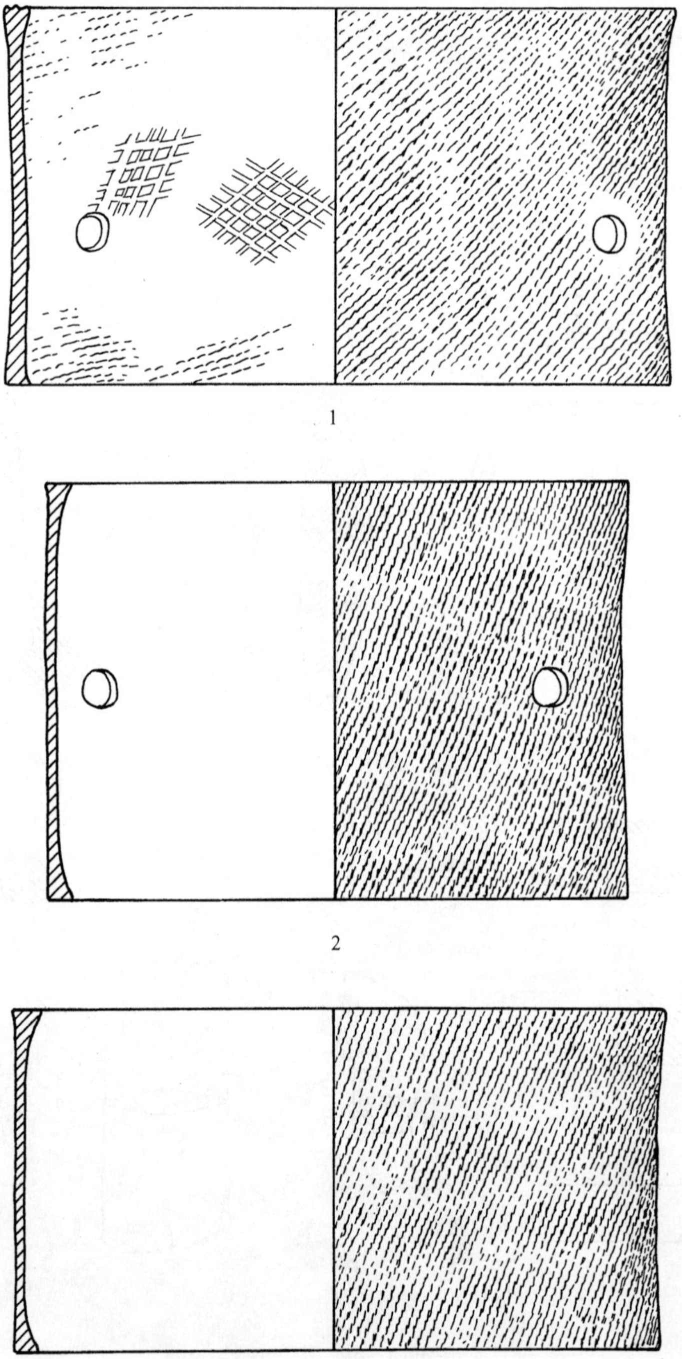

图五一　陶井圈

1. Ⅰ式（J1∶05）　2. Ⅱ式（J2∶01）　3. Ⅲ式（J5∶08）

2. 硬陶器与釉陶器

硬陶器与釉陶器数量很少。硬陶器的器类有硬陶罐，釉陶器的器类有釉陶壶等。

硬陶罐　8件。分三式。

Ⅰ式　2件。圆唇，矮直口，广肩，肩以下残。H59:19，肩部拍印席纹，泥质硬灰褐陶。口径18、残高3.6厘米（图五二，4）。

Ⅱ式　4件。方唇，矮斜直口，唇缘内勾，束颈，大溜肩，上腹弧鼓，下腹残。J3①:4，肩拍印方格纹。夹砂灰陶。口径12.4、残高8.4厘米（图五二，3）。

Ⅲ式　2件。分二亚式。

Ⅲa式　1件。T4317⑤B:21，短直口，口微弧敛，鼓溜肩，最大径在肩部，深斜直腹。器内口面及外肩部饰弦纹，上腹饰细方格纹，下腹拍印方格纹，肩部有铺首。夹砂灰陶。口径26、底径21.6、残高约44厘米（图五二，1）。

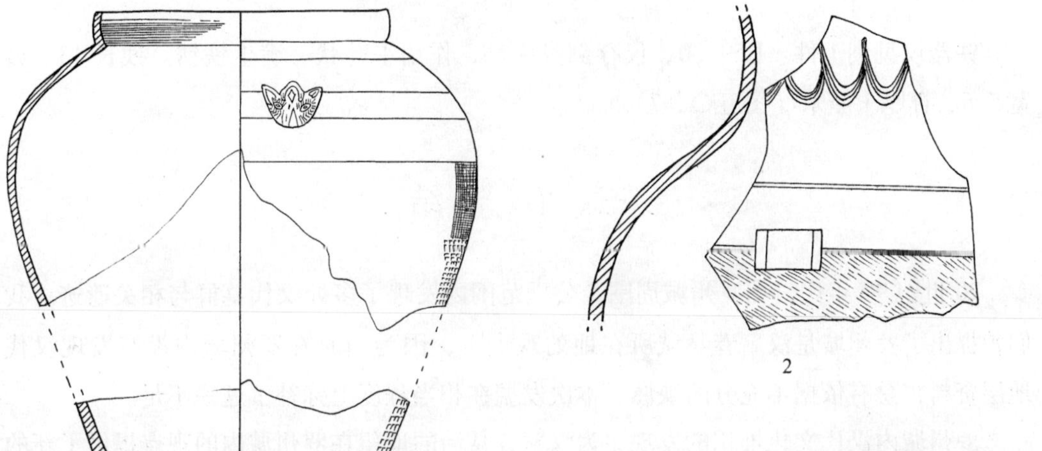

图五二　硬陶罐、釉陶壶

1. Ⅲa式硬陶罐（T4317⑤B:21）　2. 釉陶壶（H59:13）　3. Ⅱ式硬陶罐（J3①:4）
4. Ⅰ式硬陶罐（H59:19）　5. Ⅲb式硬陶罐（T4518⑤B:7）

Ⅲb 式　1 件。T4518⑤B: 7，方唇，短矮口，大广肩，肩以下残。肩饰方格纹。硬灰陶。口径 26.8、残高 4.1 厘米（图五二，5）。

异型硬陶罐　2 件。方唇，侈口，溜肩，弧腹，平底微上凹。T4416⑤A: 1，腹饰凸弦纹。浅黄胎，胎质很硬。口径 5.9、底径 6、高 6.2 厘米（图三七，16）。

釉陶壶　1 件。H59: 13，口残，圆颈，溜肩，鼓腹，肩部一横向桥形耳。颈部釉下刻水波纹，肩部饰弦纹，肩以下的腹部釉下有斜向的细绳纹。灰色陶胎，酱色釉。最宽处 12.2、残高 13.4 厘米（图五二，2）。

（二）铜器

铜器仅见镞 1 件。J2（外填土）: 9，作三棱形锋，刃口锋利，圆柱形铤。残长 5.1、铤径 3 厘米（图五〇，8）。

（三）铁器

铁器仅见剑 1 件。H59: 30，仅存剑身中部，作扁平叶状。满生铁锈。残长 13、残宽 5.6、脊厚 1 厘米（图五〇，7）。

三、小　　结

20 世纪 90 年代，在罗州城周围 5 公里范围内发现了多处汉代墓群与相关遗迹。我们曾提出了罗州城是汉蕲春县城所在地的观点[1]，因为当时在罗州城内没有发现汉代地层资料，总有依据不充分的缺憾。本次发掘在相当程度上弥补了这一不足。

罗州城内汉代文化堆积的发现，为汉蕲春县治的地望在罗州城内的观点提供了新的依据，这不仅使长期以来这一悬而未决的问题有了比较明确的头绪，而且罗州城内地层堆积的整体特征，为了解蕲春县治历史演变轨迹提供了重要信息。

根据对历年来罗州城内外遗址与墓葬出土遗物的考察，我们发现罗州城内外的汉代文化因素与湖北汉水以东，包括整个鄂东及鄂东南地区与湘北洞庭湖地区一起，似乎形成了一个区域性的汉代文化圈，虽然我们对这一区域性文化圈已有了一些初步认识，但要深入地了解它的文化结构与性质，还有待今后新的田野资料的积累和做更深入的工作。

[1] 黄冈市博物馆、湖北省文物考古研究所、湖北省京九铁路考古队：《罗州城与汉墓》，科学出版社，2000 年。

第二节　隋唐遗存

隋唐遗存分布于发掘区的大多数探方，地层堆积的代表层位是第③层和第④层，此外还有一批遗迹。

一、遗　　迹

隋唐时期的遗迹分灰坑、道路两类。

灰坑有 21 个，分别是 H2、H7～H9、H16、H19、H24、H25、H28、H35、H37、H41、H46～H49、H51、H52、H55、H56、H63（图五三）；道路 1 处，编号 L1。

（一）灰坑

灰坑主要分布于发掘区的南部，中部也有少量发现，平面形状有圆形、椭圆形、圆角长方形、不规则圆形、不规则长方形等数种。举例说明。

H2　位于 T3817 和 T3818 两个探方内，大部分在探方 T3818 内，开口于道路 L1 的排水沟 G2②层下，打破 H12、H31 至生土，被 H17 打破。坑口平面形状为圆角长条形，坑内南、北两端壁较缓，东、西壁较陡，坑底呈缓圜底状。坑口距地表深 1.02～1.08 米，长 3.93、宽 0.92 米，坑深 1.14 米。坑壁上有厚 0.04～0.05 米的红烧土层。填土为红烧土夹黄土、黑泥土，并含有大量的炭末、灰烬，较为松软，含水量较大。坑内出土遗物较为丰富，分瓷器、陶器、石器三类。瓷器以灰胎居多，次为褐色胎，釉色以淡青釉为主，器形有碗、高足盘、盘口壶、执壶等；陶器的陶胎多为夹砂灰陶，器形有盆、双耳罐、无耳罐、板瓦等，还有少量的褐色硬陶双耳罐；石器仅见石碾轮（图五四）。

H7　位于 T3718 东部偏北，南与 H8 相距 10 厘米，开口于 L1 下，打破生土。坑口形状为不规则椭圆形，南、北两端的坑壁较缓，东、西壁较陡，灰坑的横截面呈“U”字形，坑壁略现凹凸不平，加工痕迹不明显，坑底呈尖圜底。坑壁局部有明显的灰色积水面。坑口距地表深 0.8～0.85 米，长径 2.1、短径 0.9 米，坑深 0.78 米。填土为灰黑土，含有大量的灰烬、炭末，局部夹有粗沙颗粒，底部为泥性较强的灰淤泥，含水量较大。坑内出土遗物有瓷器、釉陶器、陶器等。瓷器以浅灰色胎为主，次为棕色胎，釉色以淡青色为主，器形有碗、高足盘、盘、盏、四系小壶、钵等；釉陶器以棕褐色胎为主，釉色主要是酱色，器形有盅等；陶器中夹砂灰陶和泥质灰陶各半，器形有双耳罐、无耳罐、盆、缸、瓮、瓦、饼等（图五五）。

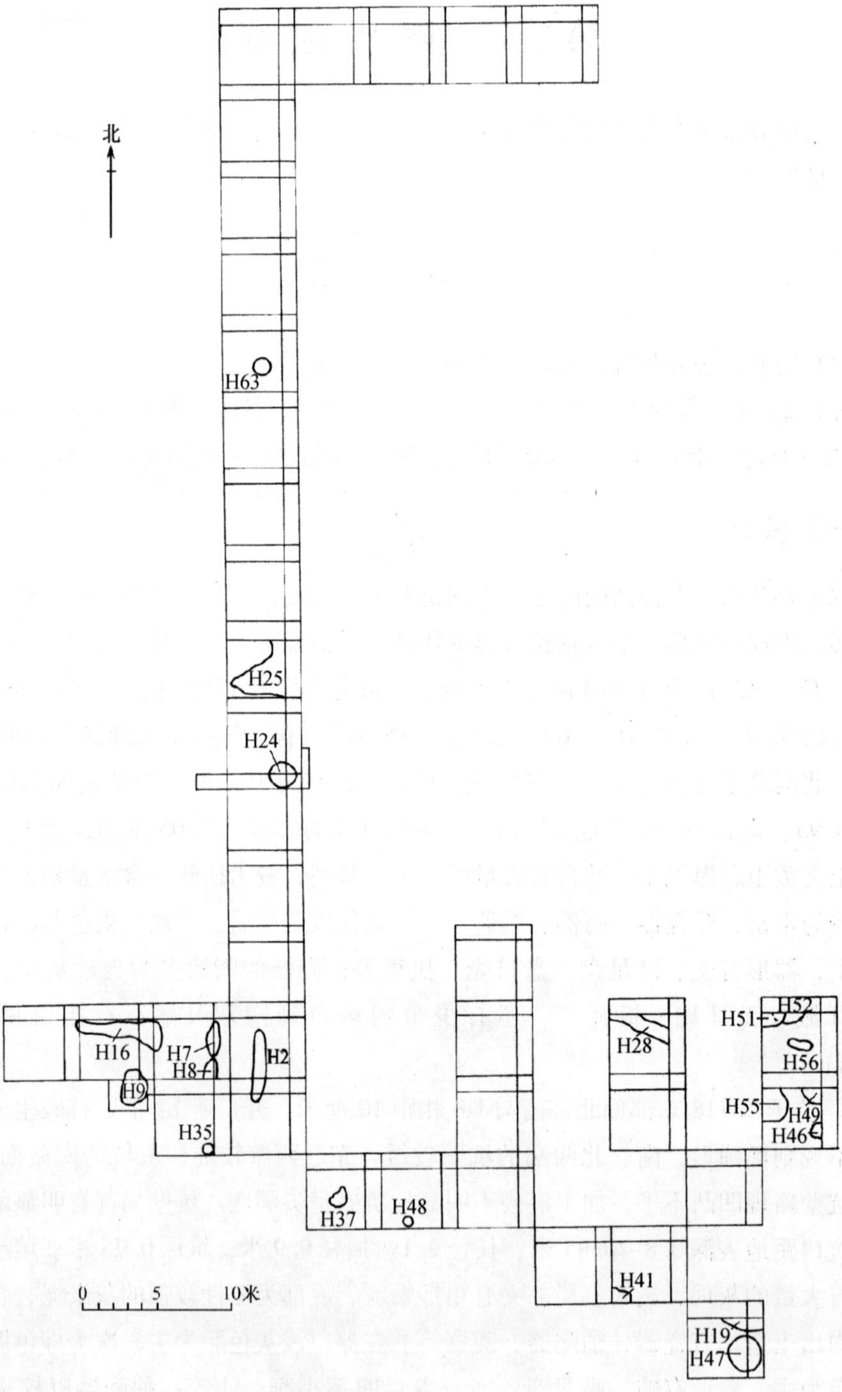
北
H63
H25
H24
H16
H7
H8
H2
H9
H35
H37
H48
H28
H51
H52
H56
H55
H49
H46
H41
H19
H47
0 5 10米

图五三　隋唐灰坑分布图

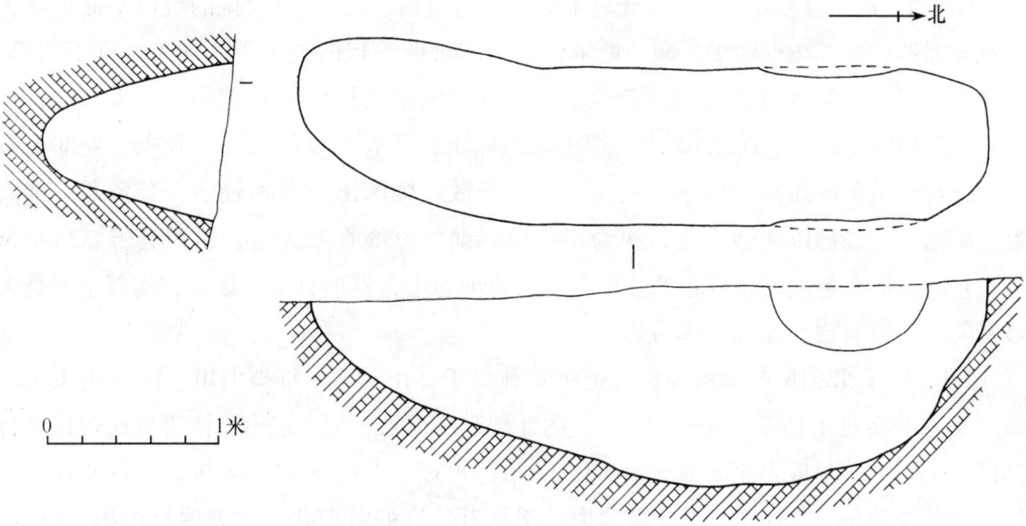

图五四　H2 平、剖面图

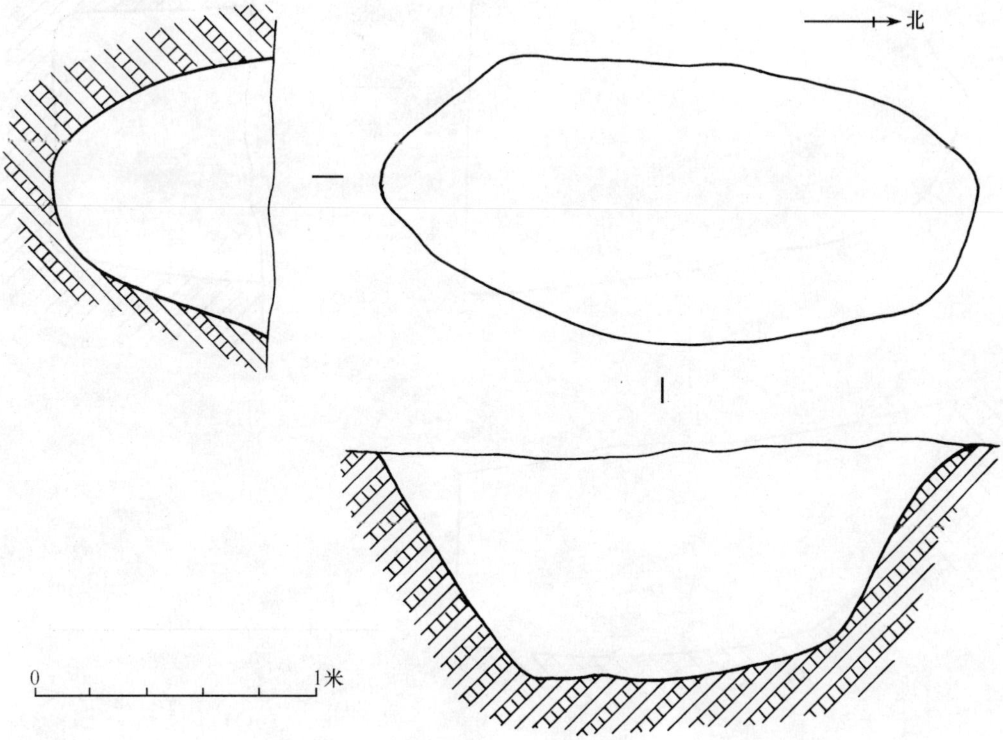

图五五　H7 平、剖面图

H8　位于 T3718 东部南角，开口于 L1 层下，打破生土。已发掘的坑口平面形状为半截椭圆形，北部坑壁弧缓，东、西坑壁较直，坑壁略现凹凸不平，加工痕迹不明显，坑底为平底，局部有明显的灰黄色积水面。坑口距地表深度为 0.85～1.1 米，残长径 1.5、短径 0.84 米，坑深 0.65 米。填土为灰黑土，含有大量的灰烬、炭末，局部夹有粗沙颗粒，呈黄褐斑点，含水量较大，结构松散。坑内出土遗物较多，有瓷器、釉陶器、陶器等。瓷器以灰胎为主，次为褐色胎，釉色以淡青釉为主，器形有碗、高足盘等；釉陶器的胎色主要是棕色胎，釉色以酱色釉为主，器形有瓮、罐等；陶器主要是夹砂灰陶，器形有罐、盆等（图五六）。

H9　位于 T3618 东南角及扩方范围，开口于②B 层下，打破 H10、J3 至生土。坑口形状为不规则椭圆形，坑壁较直，坑的北部起一道坎，似二层台，南部坑底较粗糙且凸凹不平。坑口距地表深度为 0.55～0.57 米，长径 2.56、短径 1.8 米，坑深 0.62 米。填土为黄泥花土夹灰沙土，结构较紧密，南部近坑底的黄泥花土中有明显的积水痕迹。坑内出土遗物有瓷器、釉陶器、陶器等。瓷器的胎色以浅灰色为主，次为浅粉红色，釉

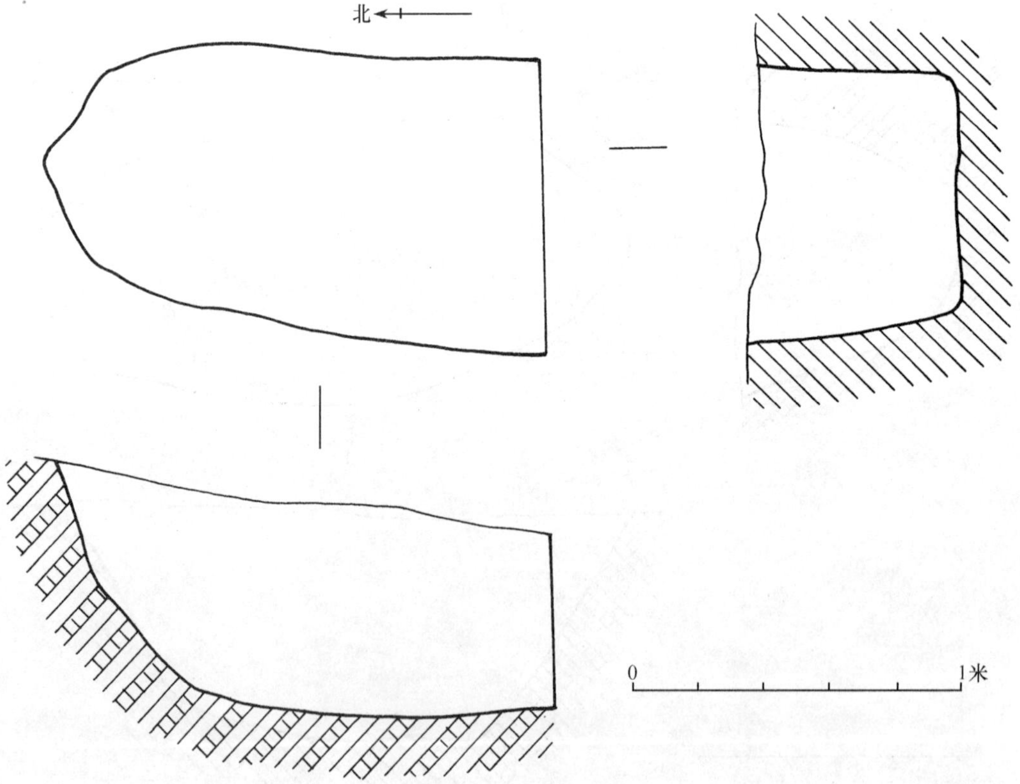

图五六　H8 平、剖面图

色以淡青色为主，器形有碗、盘、盏、壶、缸等；釉陶器的胎色主要是深褐色，釉色以酱色为主，器形有碟等；陶器主要是夹砂灰陶，器形有双耳罐、罐、盆、盘、瓮、釜、瓦、砖等（图五七）。

H24 位于T3821东北和T3822东南交界处，开口于③层下，打破L1至生土。坑口平面呈椭圆形，坑上部作喇叭状圆形，坑中下部呈直桶状，平底，底中部向下窝凹。坑口距地表0.8米，坑顶口长径1.74、短径1.42米，坑上部喇叭圆形部位的直径1.1~1.23米，中下部垂直处的直径为0.86米，坑底中部凹窝径0.6米，坑深1.82米。灰坑上半部的坑壁不规整，显得凸凹而粗糙，可能是局部垮塌造成的；下部坑壁平滑规整，经过了有意识的修整加工；上部坑壁有一层铁锈色土，厚度约1厘米，布满了上部

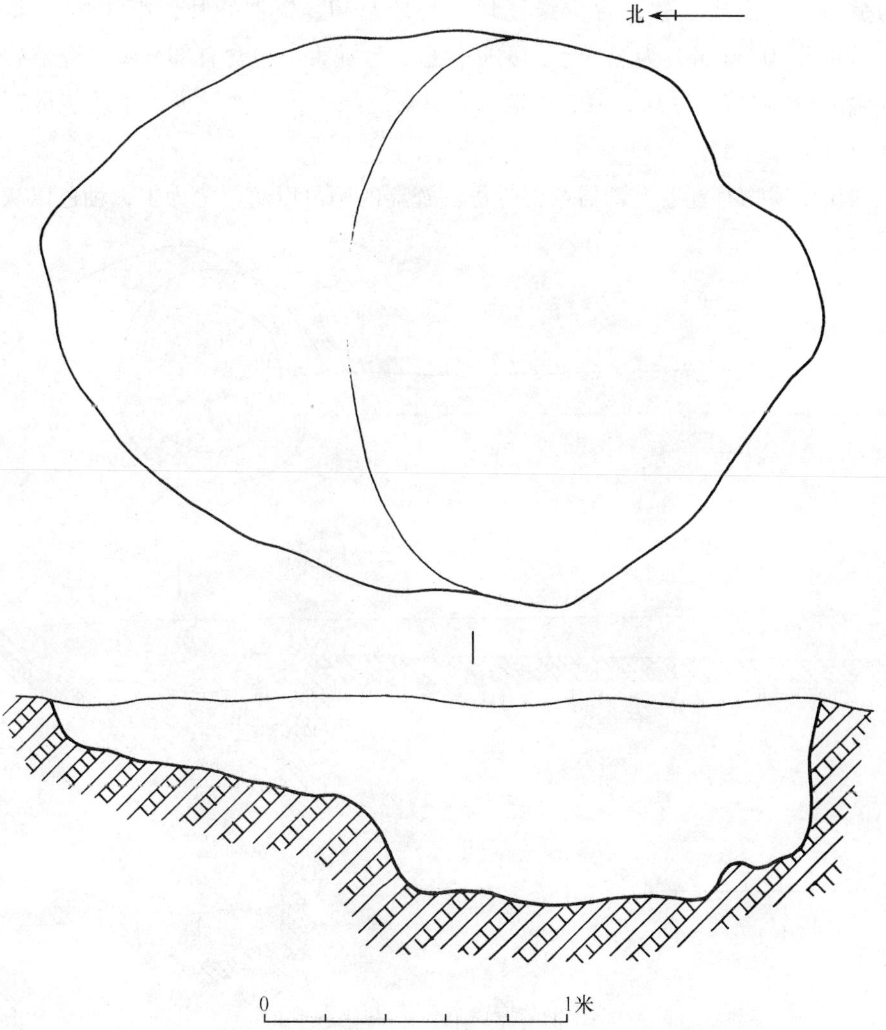

图五七 H9平、剖面图

坑壁的四周；下部坑壁土及坑底部的土呈灰绿色，厚约 3 厘米。结合坑内出有兽骨分析，坑壁各部位的土色明显不同于其他灰坑，可能是灰坑内曾盛放过动、植物等不同的污染物所形成的，极可能是动物脂肪腐烂后感染所致。

在坑的西南有一条小沟与灰坑相连，小沟大致为西南走向，沟长 3.36、宽 0.2～0.23 米，坑深 0.2～0.23 米，沟壁粗糙，壁较直，沟底部有一薄层沙土。沟底东北端略高于西南端，高差 0.03 米。沟内填土为黑灰土夹红烧土，土较松软，含部分瓦块。

坑内填土自上而下分五层：第①层，厚 0.2～0.32 米，为黑灰土夹红烧土，土质松软，含大量瓦块；第②层，深 0.2～0.32、厚 0.24～0.5 米，为黄土夹黑灰土，土质松软，泥性强，可能是灰坑的生土壁垮塌形成的；第③层，深 0.66～0.72、厚 0.6～0.72 米，为黑灰土，土质松软，含少量瓦块、青砖及陶、瓷器残片；第④层，深 1.32～1.38、厚 0.3～0.36 米，为黑沙土，土质松散，沙粒大，包含有部分陶、瓷器残片；第⑤层，深 1.66～1.7、厚 0.2～0.32 米，为黑灰泛绿土，含沙量少，土质疏散，包含物主要为兽骨。

坑内出土遗物有瓷器、陶器及兽骨等。瓷器的胎色以灰白色为主，釉色以灰色釉为

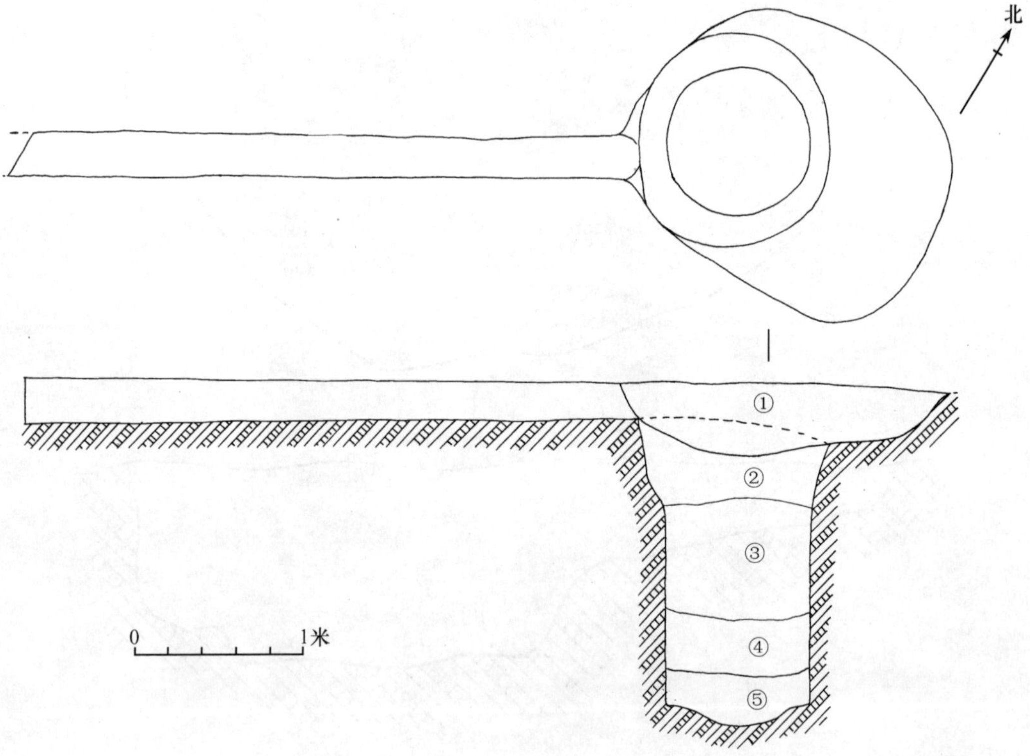

图五八　H24 平、剖面图

（①～⑤为灰坑内堆积层位）

主，器形有碗、罐、壶等；陶器主要是夹砂灰陶与泥质陶，比例几乎各半，器形有盆、瓦、硬陶缸；此外还有兽牙、兽骨等（图五八）。

根据坑壁的土色特点、填土的特征及坑底包含中有一定量的兽骨等因素分析，该灰坑可能是一个动物屠宰场废弃物的丢弃坑。

H37　位于T3916中部，开口于②B层下，打破⑤C层和H53。坑口形状为不规则椭圆形，坑壁作弧状，圜形坑底，坑壁、坑底无明显的加工痕迹。坑口距地表深1～1.2米，坑口长径1.45、短径1.21米，坑深0.32米。坑内填土为黄灰褐斑土，含有一定量的细沙，土质较坚硬。坑内出土遗物有釉陶器、陶器等。釉陶器的胎色以褐色为主，釉色以酱色釉为主，器形有瓮、罐等；陶器以夹细砂灰陶为主，器形有盆、甑、瓦等（图五九）。

H47　位于T4414的中部，东半部深入T4414的东隔梁，在H19南部，开口于②B层下，打破④层和⑤B层。坑口形状为椭圆形，弧形坑壁，坑壁上有一层淤泥，局部较光滑，圜形坑底。坑口距地表深0.5～0.75米，坑口长径2.5、短径2.2米，坑深0.8～1.05米。坑内填土为黑沙土、黑泥沙土、红烧土块及大量的灰烬相夹的混合土层，土质松散，坑底渗水较快，含水量大。坑内出土遗物较多，有瓷器、釉陶器、陶器等。

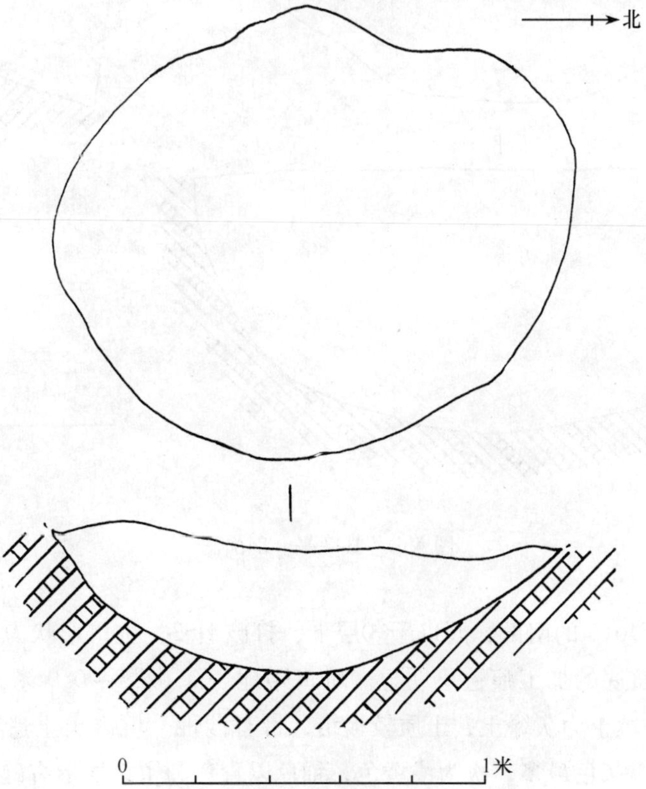

图五九　H37平、剖面图

瓷器的胎色以浅灰色为主，次为褐色胎，釉色以淡色为主，可辨器形有碗、高足盘、罐等；釉陶器的胎色以灰色为主，釉色主要是浅酱色，器形有双耳罐、盘、瓮等；陶器主要是夹砂灰陶，器形有双耳罐、无耳罐、盆、缸、瓦、井圈等（图六〇）。

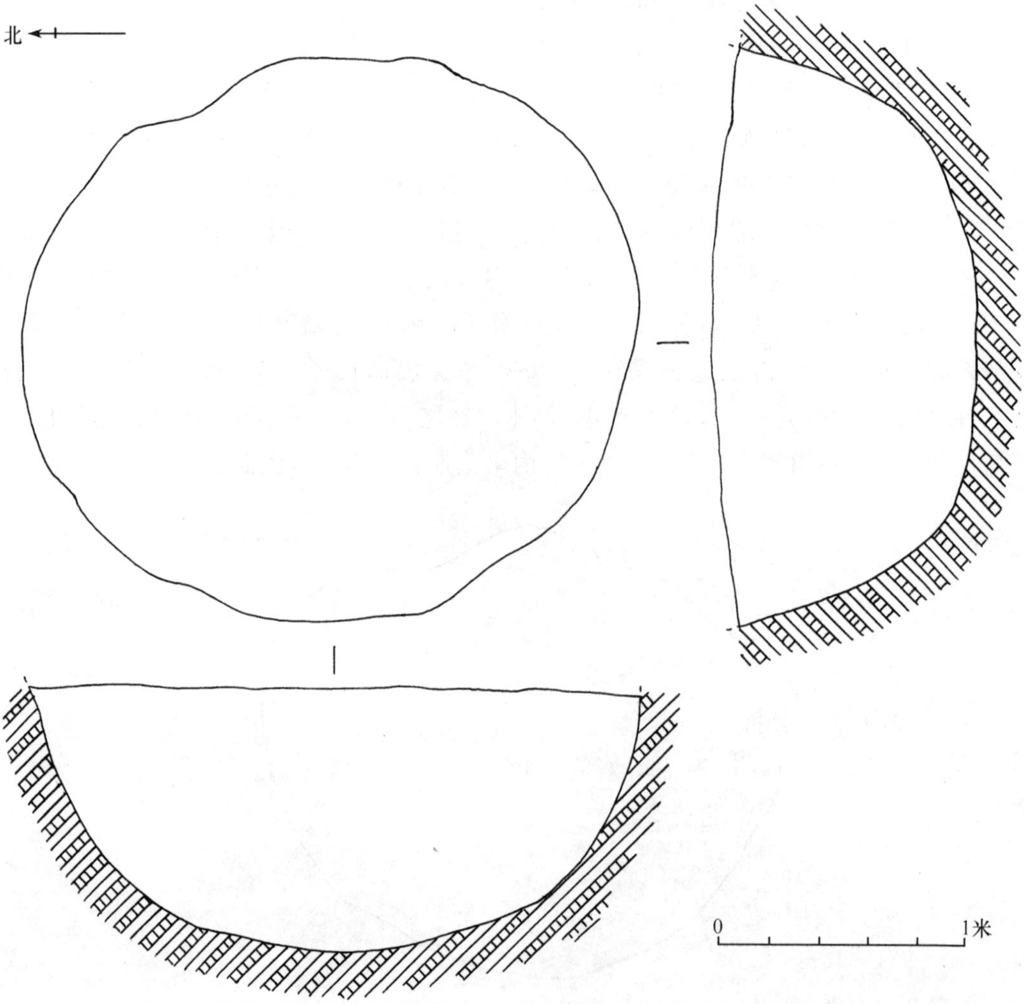

图六〇 H47平、剖面图

H48 位于T4016的南部，开口于③层下，打破H53。坑口形状为圆形，弧壁，圜形坑底，坑壁、坑底的加工痕迹不明显。坑口距地表深0.85～0.9米，口径0.65、坑深0.38米。坑内填土为灰绿土，土质较板结，带有沙性。坑内出土遗物有瓷器、陶器等。瓷器的胎色以灰色最多，次为浅黄色，釉色以青色为主，器形有碗等；陶器主要是夹砂灰陶，器形有双耳罐、无耳罐、瓦等（图六一）。

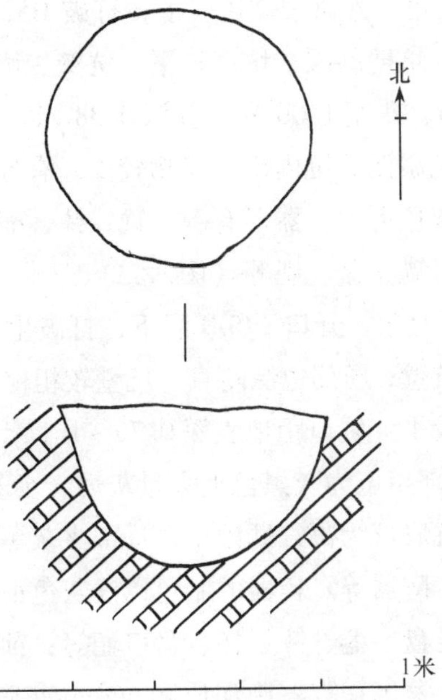

图六一　H48 平、剖面图

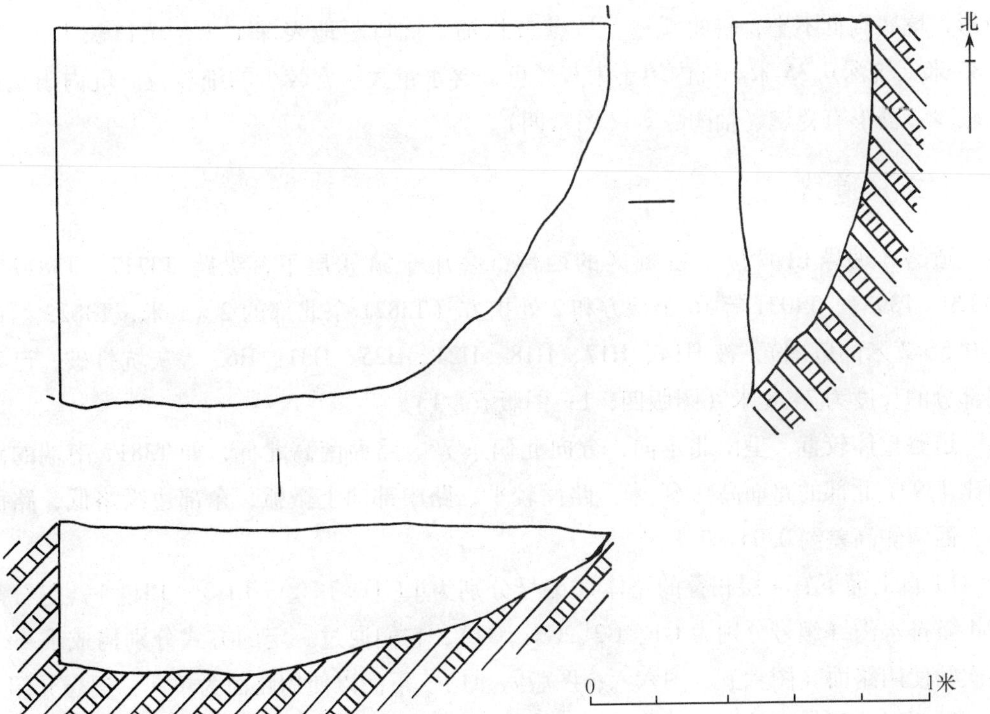

图六二　H51 平、剖面图

H51　位于 T4518 西北角，开口于②B 层下，打破 H52、H61 及第④层。已发掘部分的平面形状近 1/4 圆形，坑壁斜缓，坑底较平，坑壁、坑底加工情况不明。坑口距地表深 0.4 米，坑口残长 1.6、残宽 1.06 米，坑深 0.38 米。坑内填土为灰黑土，含沙量较大，坑边缘处有部分灰色淤泥。坑内出土遗物较少，有釉陶器、陶器等。釉陶器的胎色以浅灰为主，釉色以酱灰色为主，器形有碗、罐、钵、壶等；陶器中泥质灰陶、夹砂灰陶各占一定比例，器形有罐、盆、砚等（图六二）。

H55　位于 T4517 的西北角，开口于⑤B 层下，打破生土。坑口已发掘部分的平面形状为不规则扇形，斜弧坑壁，局部边缘陡直，坑壁较粗糙，未见加工痕迹，局部有明显的灰黄色积水面，坑底较平。坑口距地表深 0.75～1.1 米，坑口残长 2.15、残宽 2.2 米，坑深 1.36 米。坑内上部填土为灰黑色夹大量灰烬、炭末块，含有细沙，颗粒较细，结构松散，含沙量较大；坑底部为褐红锈沙土，局部夹灰黑褐斑淤泥。坑内出土遗物非常丰富，有瓷器、釉陶器、陶器等。瓷器的胎色以浅灰色最多，次为浅黄色，釉色以淡青色为主，器形有碗、高足盘、盏、钵、杯、盘口壶等；釉陶器的胎色以棕色为主，釉色以酱色为主，器形有瓮、盆等；陶器中泥质陶与夹砂灰陶各半，器形有罐、盆、钵、缸、板瓦等（图六三）。

H56　位于 T4518 的东部中间，开口于④层下，打破⑤B 层。坑口形状为不规则葫芦形，坑底高低不平，斜曲弧壁，坑壁较粗糙。坑口距地表深 1 米，坑口长 1.4、宽 0.85 米，坑深 0.35 米。坑内填土为灰黑色，含水量大，含较少的细沙粒。坑内出土遗物较少，器形有瓷碗、釉陶罐等（图六四）。

（二）道路

道路（编号 L1）位于发掘区的西部，叠压于第③层下，纵跨 T3717、T3817～T3829、T3931、T4031 等 16 个探方和 2 处扩方（T3821 东北部的 2×1 米，T3822 西南部 0.5×2 米的范围），被 H14、H17、H18、H24、H25、H31、H63 等灰坑打破，已发掘部分的长度为 74.8 米（图版四，1；图版五，1）。

道路整体较直，呈南北走向，方向北偏东 7°。路面南高北低，如 T3817 南端的路面比 T3931 北部的路面高 0.68 米。路面较平，路中部向上微弧，东部边缘略低，路面东、西两侧高差约 0.04～0.1 米。

L1 自上而下有 4 层相叠的路体（编号分别为 L1①、L1②、L1③、L1④），左右共有 4 条排水沟（编号分别为 G1、G2、G3、G4），它们通过一定的方式分别构成了 4 个层次的使用路面（图六五、图六六；图版六，1）。下面以使用路面为单元，逐层介绍。

第一层路面　路体通宽 4.1～4.98、厚 0.4～0.42 米。由路体 L1①层、路体 L1②层的东部和排水沟 G1、G2 组成，G1 位于道路的西侧，G2 位于道路东侧（图六七）。

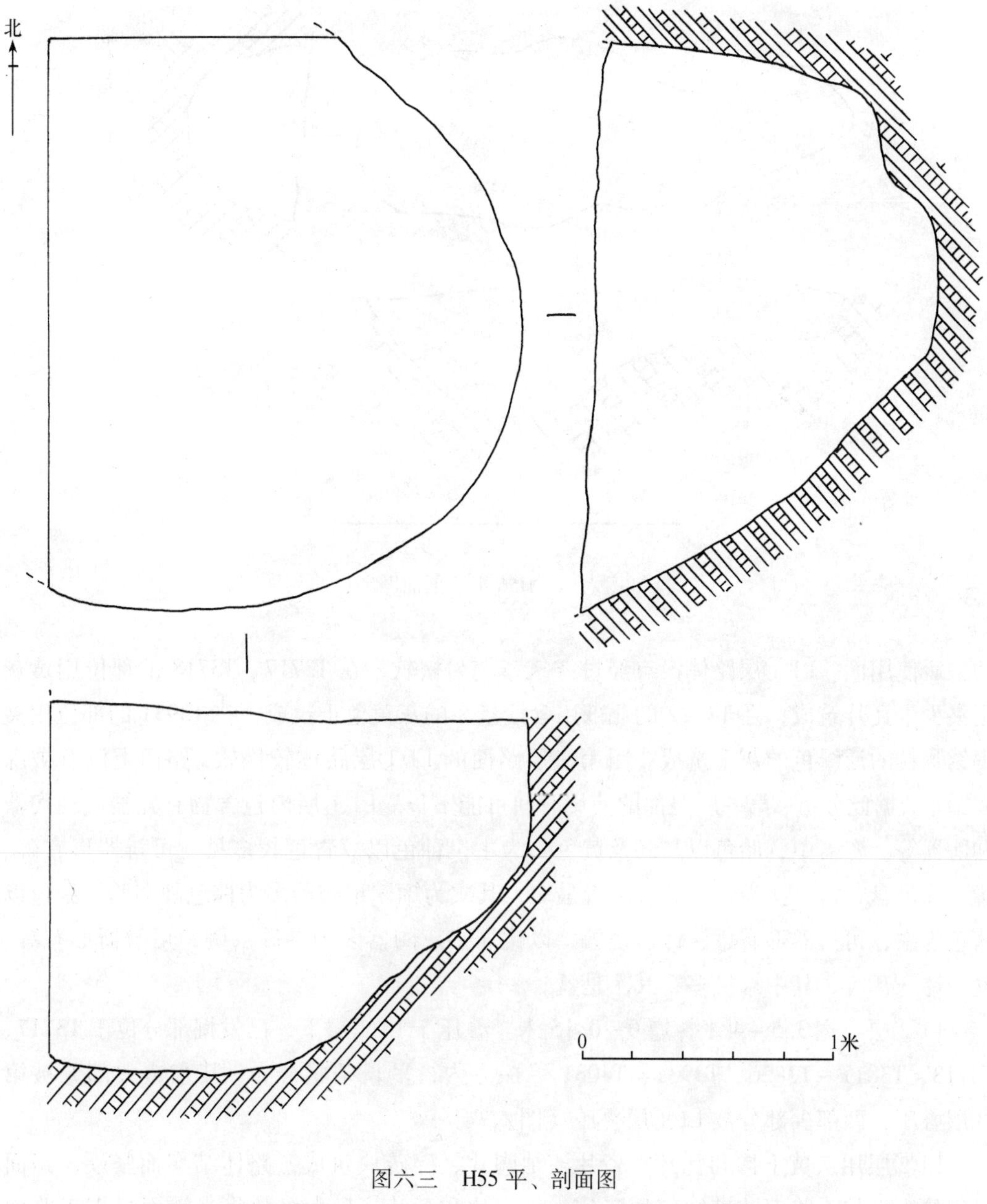

图六三　H55 平、剖面图

L1①层　宽 1.1 ~ 1.7 米、厚 0 ~ 0.42 米。叠压于西部发掘区探方的第③层下，位于 L1②层的西边，叠压在 L1②层之上，已发掘部分位于 T3717、T3718、T3822 ~ T3829、T3931 等探方内，呈长条状分布，构成了道路的西半部分。实际上 L1①层只是在 L1②层的西侧加宽了L1②，是 L1②层的一次加工路面，也是道路 L1 已发掘路段的最后一次加工路面，所以L1①、L1②两层路体处于一个路面，它们共同构成了道路 L1

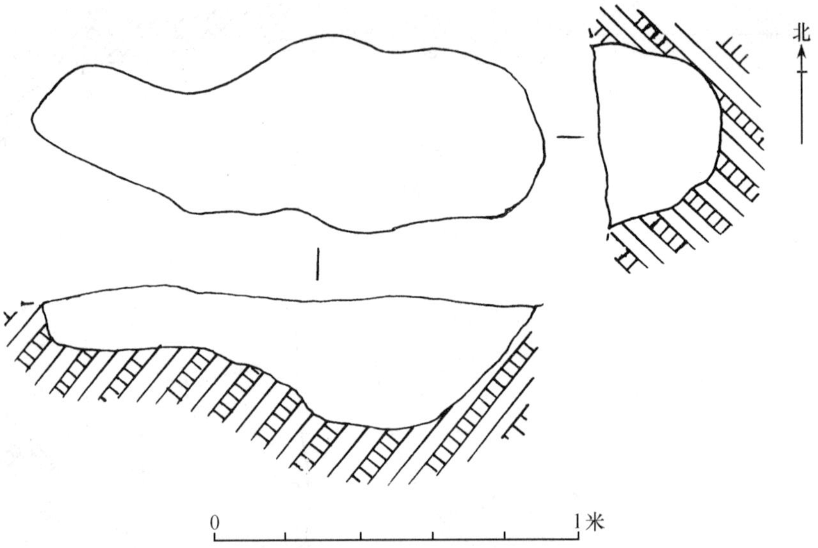

图六四　H56 平、剖面图

的最后使用面。L1①层路体没有经过夯筑，较为松软，在 T3717、T3718 的部位用黄灰土夹少量瓦片筑成；在 T3822 的北部用含沙量大的灰黄色土筑成；在 T3931 的部位用夹褐锈颗粒的泛绿色的灰土筑成。因第一层路面的 L1①层路体较松软，路面上没有被踩实踏平，据此分析，第一层路面的使用时间可能不长。L1①层内包含物有瓷器、釉陶器和陶器等。瓷器中，胎色以灰陶及黄色陶为主，釉色以豆青色较多见，可辨器形有碗、罐、高足盘、盂、执壶、灯等，以碗最多，其次为罐。釉陶器多为棕色硬陶胎，釉色以酱色为主，可辨器形有罐、钵、瓮等，以罐居多。陶器多为夹砂灰陶，可辨器形有罐、盆、钵、瓦等，其中罐最多，其次是盆。

L1②层　宽 3.5 ~ 4 米，厚 0 ~ 0.15 米。叠压于 L1①层下，已发掘部分位于 T3717、T3718、T3817 ~ T3826、T3931、T4031 等探方内，呈长条状分布，其东边大部分被第③层叠压，西部少部分被 L1①层叠压（图六八）。

L1②层用灰黄土掺和瓦片、瓷片、釉陶片、碎砖块筑成，路体结实而坚硬，路面显得较为平整。路面铺满细碎的瓷片、釉陶片和瓦片，且大多数将光滑面显露于路面（图版五，2）；有的同一器物个体的碎片聚集在一起，且碴口相对，很显然是大块的碎片铺在路面被击碎形成的，因此路体很可能经过了夯打拍实。在 T3717、T3718 内的路面上，清晰可见两道浅浅的碾压沟槽，每条碾槽宽 0.08 ~ 0.12 米，深 0.03 米，两道碾槽的间距 0.28 ~ 0.3 米，它们极有可能是车辙。南部的路面上有一层厚约 0.02 米的灰黑色沙性土，比较板结，应为路面使用过程中踩踏形成的堆积。在 T3822 北部及T3823 ~ T3825

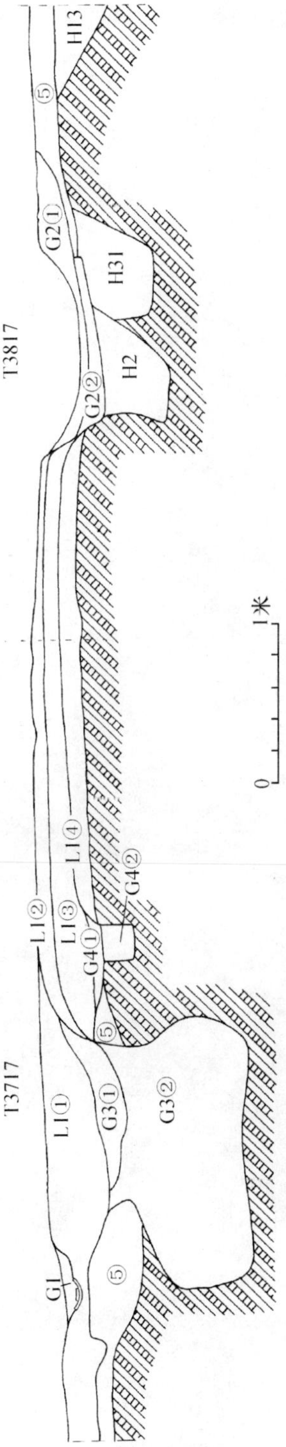

图六五　L1（T3717、T3817北壁部位）剖面图

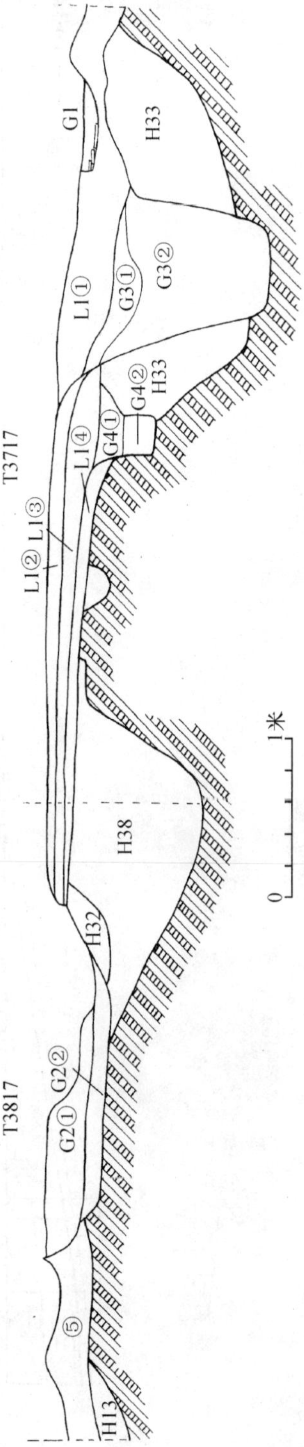

图六六　L1（T3817、T3717南壁部位）剖面图

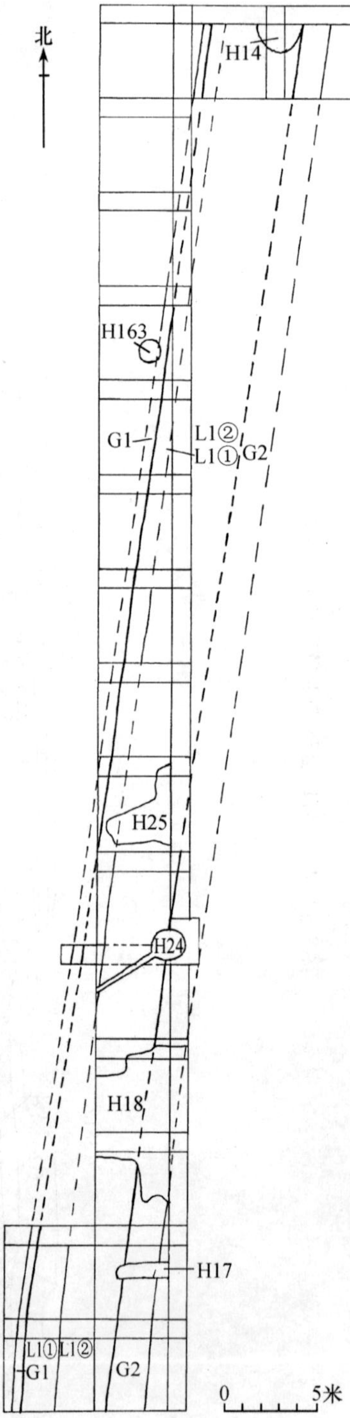

图六七　L1①层路面分布图

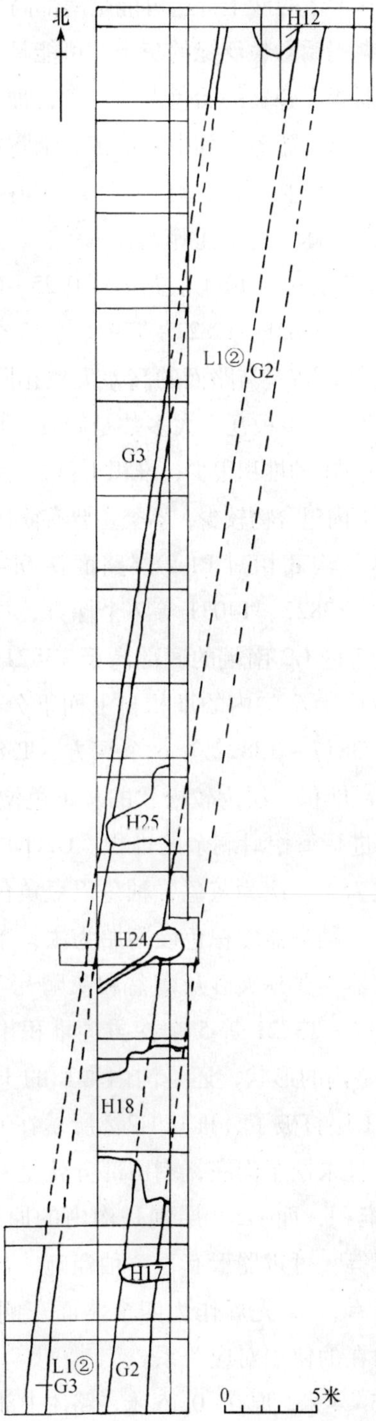

图六八　L1②层路面分布图

等探方的路面上有一层厚约0.1米的沙土，这可能是南部高处的沙土随雨水流至此沉积形成的。北部的路面上有一层夹褐锈颗粒泛绿的灰土，可能是雨水浸泡的缘故。L1②层内的包含物有瓷器、釉陶器、陶器等。瓷器的胎色多为灰色，釉色以豆青、淡青色为主，可辨器形有碗、罐、盂、钵、高足盘、瓶等，其中碗最多。釉陶器多为棕色硬陶胎，釉色以酱色为主，可辨器形有罐、瓮、缸、杯、钵、灯等器形，其中罐最多。陶器多为夹砂灰陶，少量泥质灰陶，可辨器形有罐、钵、盆、瓦等。

G1　沟宽0.4~0.54米，沟底相对L1①层路面深0.25~0.35米。G1开口于第③层下，已发掘部分长跨T3717、T3718、T3821、T3822~T3931等13个探方，位于第一层路体的西侧，紧连L1①层。G1南高北低，高差与路面的高差大致相同，沟的横截面呈“U”字形。T3717、T3718内的G1底部铺了一层板瓦，大多数是碎片，用以加固沟底（图六九；图版五，3）。T3717、T3718探方内G1的堆积很少，堆积土色为一薄层浅黄色灰土，其他处为黏性较强而又松软的灰黑土。G1内包含物较少，器类主要有筒瓦、板瓦等。

G2　沟宽0.22~0.7米，沟底相对L1②层路面深0.4~0.75米。G2开口于③层下，已发掘部分长跨T3817~T3822、T4031等7个探方，位于第一层路体的东侧，紧连L1②层。G2南高北低，T3817内G2南端的底部高于T3821内G2北端底部0.52米。沟的横截面呈不规整“U”字形。G2沟内的堆积自上而下分为两层：G2①层，宽0~2.2米，厚0~0.25米，分布于T3817~T3822等6个探方，T3821内G2①层的堆积偏于沟内侧及底部（参见图六五），堆积土层为较松软的灰黄色淤泥土，从保存的形状可以看出，G2①层是对G2的上部进行清挖后剩余的堆积。G2①层的包含物有瓷器、釉陶器和陶器等。瓷器胎色以浅黄色为主，次为灰色，釉色以豆黄色较多见，可辨器形有碗、高足盘、罐等，碗的数量最多；釉陶器以棕色硬陶胎为主，釉色以酱色为主，可辨器形有罐、瓮、缸、盘、碗等；陶器主要是夹砂灰陶盆和灰陶瓦等。G2②层，宽0~1.32米，厚0~0.42米，分布于T3817~T3821等5个探方，堆积土层为褐灰色沙土。从T3817探方内G2的剖面看，无论是沟的形状，还是沟内堆积的土质土色都有明显的差异。从沟的形状看，G2②层被G2①层打破了，推知G2②层是在G2的使用时期清挖沟内的第①层堆积，将沟向东扩宽，且未挖至沟底，剩留部分就是G2②层。从沟内土质土色看，G2①层是典型的淤泥沉积堆积，而G2②层则是沟内的原生堆积。G2②层的包含物较少，有瓷器、釉陶器和陶器等，可辨器形有豆黄釉瓷碗、灰陶盆等。

从堆积层次与叠压关系看，G2先后作为四个路面东侧的公共排水沟，沟内两层堆积与四个层次的路体有着内在的使用对应关系。

第二层路面　路体宽3.5~4米，厚0~0.15米，路体中部厚0.08~0.1米。第二层路面就是L1②层的整体，是在L1①层未形成之前，L1②层完整、独立地使用时期的路面，它由路体L1②层和东侧排水沟G2（L1②层和G2前文已做介绍）及西侧排水沟G3组成。

G3　宽0.55～1.72米，沟底相对L1②层路面深0.65～1.46米。开口于L1①层下，已发掘部分长跨T3717、T3718、T3821、T3822～T3829、T3931等12个探方。沟底北高南低，如T3717南端G3的底部比T3825南端G3的底部低0.35米，比T3931北端G3底低0.42米。沟的横截面呈“U”字形，在T3717、T3718部位的横截面呈袋状，究其成因，是因这一部位沟体较深，路沟使用过程中雨水积于沟的下部，受水的浸泡和冲刷的作用，沟边的生土剥落使沟壁下部呈凹形，沟的横截面即形成袋状（参见图六五），而在T3717靠南壁处G3打破了H37，两侧的沟壁是灰坑H37内的熟土堆积，其剥落现象不明显，沟的横截面仍是“U”字形，这是因为此处是黏性较强的熟土堆积，故不易散离。G3沟内的堆积自上而下分两层：G3①层，0.55～1.1米，厚0～0.7米，松软的黑灰土，分布于T3717、T3718、T3821、T3822～T3829、T3931等12个探方。G3①层大部分堆积土层位于路体的一侧，其包含物分瓷器、釉陶器和陶器三类。瓷器的胎色以灰色为主，釉色以豆青色居多，次为淡青色，器形有碗、高足盘等，碗的数量最多；釉陶器的胎色以棕色为主，釉色以酱色居多，器形有罐、碟、瓮、缸等。陶器多为夹砂灰陶，器形有盆、罐、钵、瓦等。G3②层，0～1.72米，厚0～0.96米，为灰黑土夹黄土块，土质松软，其黄土块分布于沟的下部，夹于灰黑土间，它是从沟壁上脱落下的生土。G3②层内包含物有瓷器、釉陶器和陶器等。瓷器的胎色以灰色为主，釉色以豆青色为主，器形有碗、高足盘、执壶、罐等，碗的数量最多。釉陶器胎色以棕色居多，釉色多为酱色，器形有罐、碟、缸等。陶器多为夹砂灰陶，器形有盆、罐等。

从位于T3717内的道路与排水沟的堆积关系可知，G3是L1②层、L1③层两层路面的公共排水沟，其中G3①层似L1②层使用时期形成的堆积，而G3②层的堆积在L1②层、L1③层的使用时期都可能形成，其沟内堆积与哪一层路面有着使用的对应关系，还要依据两者包含物的年代关系来推定。

第三层路面　路体宽3.38～3.8米，厚0～0.1米，路体中部厚0.05～0.06米。由路体L1③层和东、西部两条排水沟G2、G3组成。G2位于路体的东侧，G3位于路体的西侧（图七〇）。G2、G3前文已做介绍。

L1③层　宽3.38～3.8米，厚0～0.1米。叠压于L1②层下，已发掘部分位于T3717、T3718、T3817～T3826、T3931、T4031等14个探方内，呈长条状分布。路体用灰黄土掺和瓦片、瓷片、陶片、碎砖块及碎石铺成，经过了夯实拍打，路面东侧大部分地方铺设的陶瓷碎片及瓦片比L1②层密集，路面平整，其西部边缘铺垫的瓦片和陶瓷碎片少些，路体相对要软些。L1③层内的包含物有瓷器、釉陶器、陶器等，瓷器的胎色以灰色多，釉色以豆青色和淡青色为主，可辨识器形有碗、罐、杯等。釉陶器胎色多为棕色，釉色为酱色，可识器形有罐、碟、盅等。陶器多为夹砂灰陶，器形有罐、盆、钵、板瓦、瓦当等。

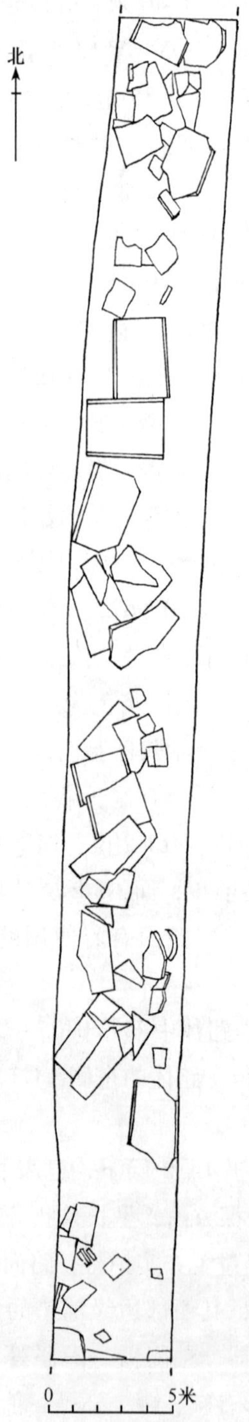

图六九　L1①层排水沟 G1 内铺置的板瓦

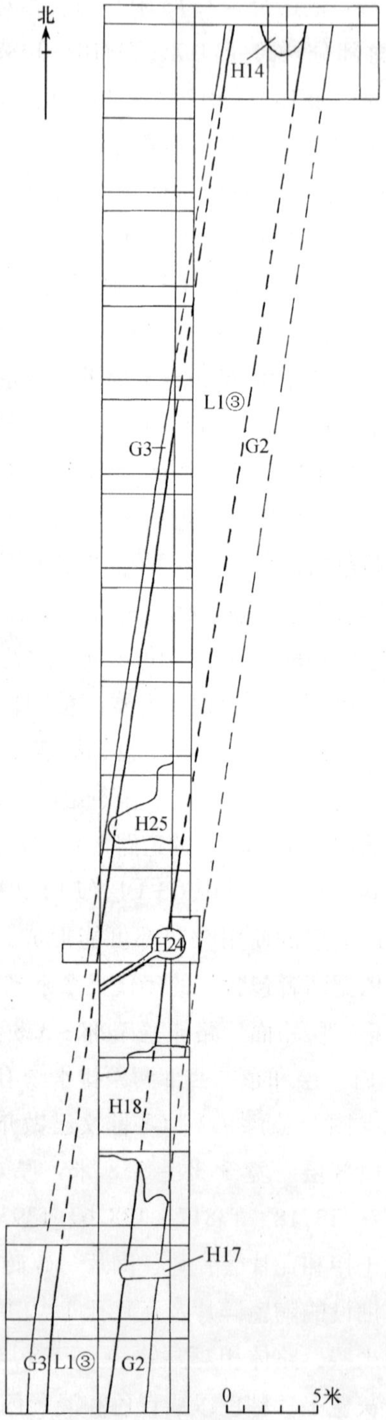

图七〇　L1③层路面分布图

第四层路面　路体宽2.8～3.1米，厚0～0.12米，路体中部厚0.12～0.15米。由路体L1④层和东部排水沟G2②层（上文已做介绍）、西部排水沟G4构成，G2②层位于路体的东侧，G4位于西侧（图七一）。

L1④层　宽2.8～3.1米，厚0～0.12米。叠压于L1③层下，已发掘部分位于T3717、T3718、T3817～T3827、T3931、T4041等15个探方内，呈长条状分布。绝大部分建于生土上，路面较平，路面上有一层厚约0.02米的灰黄沙土，其下是一层黄色的次生黄土，其内嵌入较多的碎瓷、陶、瓦片。该层路体应是在平整好了的生土路体上铺上瓷、陶、瓦片形成，在道路的使用过程中，经过踩踏、碾压，碎瓷、陶、瓦片就嵌入了土中，从而形成了L1④层的路体。L1④层的包含物有瓷器、釉陶器、陶器等。瓷器胎色以灰色居多，淡青色釉和豆黄色釉几乎各占一半，可辨器形有碗、钵、高足盘、罐等。釉陶器胎色多为棕色，釉色为酱色，器形有罐、碟、盂、盅等。陶器多为夹砂灰陶，器形有罐、盆、钵等。

G2②层　该沟是L1④层东侧的排水沟，是从使用对应关系上进行界定的，因为L1④层在使用时，其东侧必须有一条排水沟，而无论从层位关系，还是从位置关系看，只能是G2②层。前文已经介绍，发掘迹象表明，G2在使用时期是经过了几次掏挖清理的，加上受到发掘面积的影响，G2②层内堆积物的年代与L1④层使用年代可能并不一定相同（这将在对G2年代分析的章节中进行具体讨论）。

G4　宽0.22～0.8米，沟底相对L1④层路面深0.3～0.58米。开口于L1③层路体下，已发掘部分长跨T3717、T3718、T3821～T3828、T3931等11个探方。位于T3717、T3718的G4，上宽下窄，横

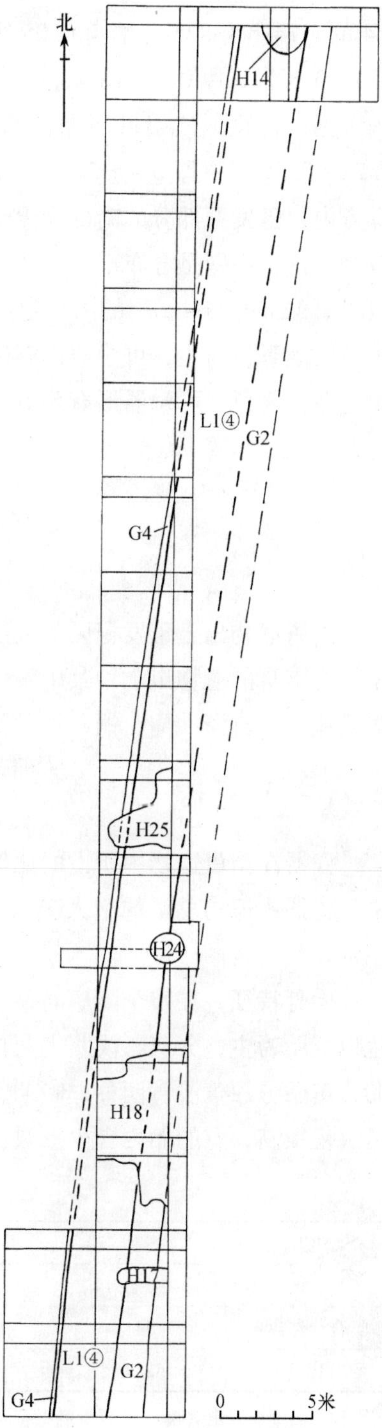

图七一　L1④层路面分布图

截面呈喇叭状，沟底较平，其他处沟的横截面呈“U”字形。沟底南高北低，T3717内G4的南端比T3825北端高0.05米。沟内的使用堆积从上而下分为两层。G4①层：宽0.5~0.8米，厚0~0.16米，分布于T3717、T3718内，为夹沙灰褐土，土质松软，沟内不见包含物，该层可能是沟两边高处泥土被雨水冲下来形成的堆积；G4②层，宽0.22~0.26米，厚0~0.22米，分布于T3717、T3718、T3821~T3828、T3931等11个探方内，已发掘部分的南部为黑土，北部逐渐变为黑灰土，均较松软。该层的出土遗物较为丰富，特别是分布于T3717的沟内，遗物较集中，破块较大，似有意倒放于沟内的(图版四，2)。G4②层的出土遗物有瓷器、釉器陶、陶器等。瓷器的胎色以灰色为主，釉色以淡青色为主，可辨器形有碗、壶、盂、高足盘、杯等；釉陶器胎色多为灰褐色，釉色多为酱色，可辨器形有罐等；陶器中泥质灰陶和夹砂灰陶大致各居半数，可辨器形有盆、罐、钵等。

二、遗　　物

隋唐遗物出土于发掘区的大部，特别是在探方的第③层、第④层及一批灰坑等遗迹中均有丰富的遗物出土，其中隋代遗物的数量较少，主要是唐代和五代遗物。隋唐遗物按质地分，有瓷、陶、铜、铁、石器及铜钱和其他。下面按质地选标本介绍器类型式。

（一）瓷器

瓷器在隋唐遗物中所占的比例很大，统计资料显示，在隋代至唐代晚期以前的遗物中，瓷器占遗物总量的绝大多数；在唐代晚期的遗物中，瓷器只占遗物总量的三分之一强。

胎骨特征　在整个隋唐时期的遗物中，瓷器胎骨特征变化不很大。早期，瓷器的胎色以灰胎为主，分灰、浅灰、灰白几种；棕胎、棕红胎次之，还有一定量的黄胎、红胎，黄胎分深黄浅黄两种；晚期，瓷器的胎色仍以灰胎为主，有一定比例的黄胎。瓷胎的火候很高，有的胎内含少量黑色末粒，有的显得较为粗糙（表一〇、表一一）。

表一〇　第③层瓷器胎色统计表

项目 / 名称	胎色				
	灰胎	棕胎	白胎	黄胎	灰白胎
合计件数	54	7	3	13	25
百分比（%）	52.9	6.9	2.9	12.7	24.5

注：第③层瓷器各类统计表中的数据为瓷器件数，它包括了T3817、T3818、T3821、T3822、T3823、T3829、T4116、T4117、T4231、T4317、T4318十一个探方第③层的统计资料。

表一一　第④层瓷器胎色、釉色统计表

项目 名称	胎色				釉色						
	灰胎	黄胎	红胎	棕胎	豆青	淡青	豆黄	灰白无光	淡黄	酱釉	灰白
合计	104	17	4	35	38	72	22	11	6	10	1
百分比（%）	65.0	10.6	2.5	21.9	23.8	45.0	13.8	6.9	3.8	6.3	0.6

注：第④层瓷器各类统计表中的数据为陶器件数，它包括了 T3829、T4414、T4416、T4517、T4518 五个探方第④层的统计资料。

施釉特点　釉色以青釉居大宗，分淡青釉、青灰釉、豆青釉等几种，还有少量的豆黄釉（表一二）；釉层一般较薄，有玻璃质感，多数釉光较暗，少数器物釉面有细碎开片，还有少数碗类器在施釉前先施一层白灰色的化妆土，再在其上施釉；有的釉面很薄，暗淡无光；盏、小罐、钵等类器多采用蘸釉法，即器内外均施釉至中腹，下腹及底部无釉；一部分器物有积釉、滴釉与釉泪现象；淡青釉多施于灰胎、灰白胎的器物上，青灰釉多施于灰胎器物上，豆黄釉多施于浅黄胎器物上。

表一二　第③层瓷器釉色统计表

项目 名称	釉色										
	淡青釉	灰白釉	豆黄釉	白釉	青灰釉	酱釉	豆青釉	黑釉	灰白无光釉	牙黄釉	酱底紫斑釉
合计件数	23	16	19	16	10	6	5	2	3	1	1
百分比（%）	22.5	15.7	18.6	15.7	9.8	5.9	4.9	2.0	2.9	1.0	1.0

装饰手法　在装饰方面以素面为主，有少量的印花、堆贴、弦纹等技法（表一三、表一四），其中印花多在碗、盏、高足盘的内底压印花纹，有朵花纹（即圈形花蕊，花蕊周围有花瓣）、重圈纹、重圈夹水波纹、柏树、蔷薇、宝相花纹等唐代盛行的图案；在碗类器的外壁印莲瓣纹，莲瓣纹分单莲和重莲两种。

表一三　第③层瓷器纹饰统计表

项目 名称	纹饰				
	素面	弦纹	印花	釉下刻花	褐彩
合计件数	94	2	3	1	2
百分比（%）	92.2	2.0	2.9	1.0	2.0

表一四　第④层瓷器纹饰统计表

项目 名称	纹饰					
	素面	釉下弦纹	印花	莲瓣	凤羽纹	刻划
合计	109	30	16	3	1	1
百分比（%）	68.1	18.8	10.0	1.9	0.6	0.6

装烧方法　有部分碗、罐类器的底部有5个不规则形的呈五角形分布的细砂粒点块，在圈足盘的圈足内底见有圆形垫具痕，可见其装烧方法应该是使用匣钵烧制；还有部分碗、罐类器的足底有5～11个不等的支钉痕，在碗内底、外底的同一个部位往往有同形状、同数量的支钉痕，由此可见，用支钉叠烧也是罗州城隋唐瓷器的装烧方法之一。

器类　有碗、盏、高足盘、盂、钵、盘口壶、执壶、罐、杯，还有瓷塑等。

碗　233件。数量很大，约占隋唐遗物总量的三分之一。依口、腹部特征的区别分六型。

A型　108件。敞口，弧腹。分二亚型。

Aa　79件。下腹弧收。分九式。

Ⅰ式　2件。直口微敞，圆唇，上腹壁较直，腹较深而稍垂，饼形实足底部向上凹陷。口外釉下饰凹弦纹两周。H8∶2，棕胎，淡青釉，器内满釉，器外釉及圈足部，足底露胎。口径11.8、圈足径5.2、高7厘米（图七二，1；图版一〇，1）。

Ⅱ式　22件。微敞口，圆唇或尖圆唇，腹壁上部较直或微鼓，腹较Ⅰ式略浅，饼形实足底部向上微凹陷。H7∶4，口外釉下饰凹弦纹一周。下腹及底部露浅棕色胎，淡青釉，器内满釉，器外釉及下腹，多数蘸釉。口径12、圈足径4.8、高6.9厘米（图七二，2）。T4517④∶2，口外釉下饰凹弦纹一周。底露浅黄胎，青釉，器内外釉不及底。口径11.5、圈足径4.8、高7.4厘米（图七二，3）。T4416④∶7，腹略浅。棕胎，淡青釉，器内外釉不及底。口径10.6、圈足径4、高6.4厘米（图七二，4）。T4518④∶2，方唇，腹壁上部微鼓，粉红胎，淡青釉泛黄，器内满釉，器外釉及下腹。口径10.7、圈足径4.9、高6.2厘米（图七二，5）。H49∶2，尖圆唇，腹壁上部较直，腹略浅。口外饰弦纹一周。棕胎，豆绿釉泛黄，器内外釉不及底。口径10.6、圈足径4、高6.2厘米（图七二，6；图版一〇，2）。

Ⅲ式　18件。敞口，圆唇，腹壁上部略外斜，器腹明显比Ⅱ式浅，饼形实足底部向上凹陷或微陷，少数为平底实足，器之内外大部施淡青釉，蘸釉。H7∶3，下腹及内外底露红胎。口径14、圈足径5.2、高6.3厘米（图七二，7；图版一〇，4）。H2∶2，口外釉下饰凹弦纹一周。浅灰胎，器内外上部施淡青釉。口径13.6、圈足径5.2、高6.2厘米（图七二，8；图版一〇，3）。T3931④∶1，腹壁上部略外斜，饼形实足底部向上微陷。浅棕胎，器内外上半部施淡青釉。口径12.8、圈足径4.8、高5.6厘米（图七二，9）。H7∶17，腹壁上部略外斜，饼形实足。口外釉下饰凹弦纹一周。棕胎，器内外上半部施淡青釉。口径14、圈足径5.7、高6.7厘米（图七二，10）。H2∶3，唇内侧一道凹槽，饼形实足。棕胎，器内外上半部施淡青釉。口径12.6、圈足径5.4、高6厘米（图七二，11）。

Ⅳ式　8件。圆唇，敞口，缓斜腹壁，器腹比Ⅲ式浅。L1④∶13，璧形圈足。棕胎，

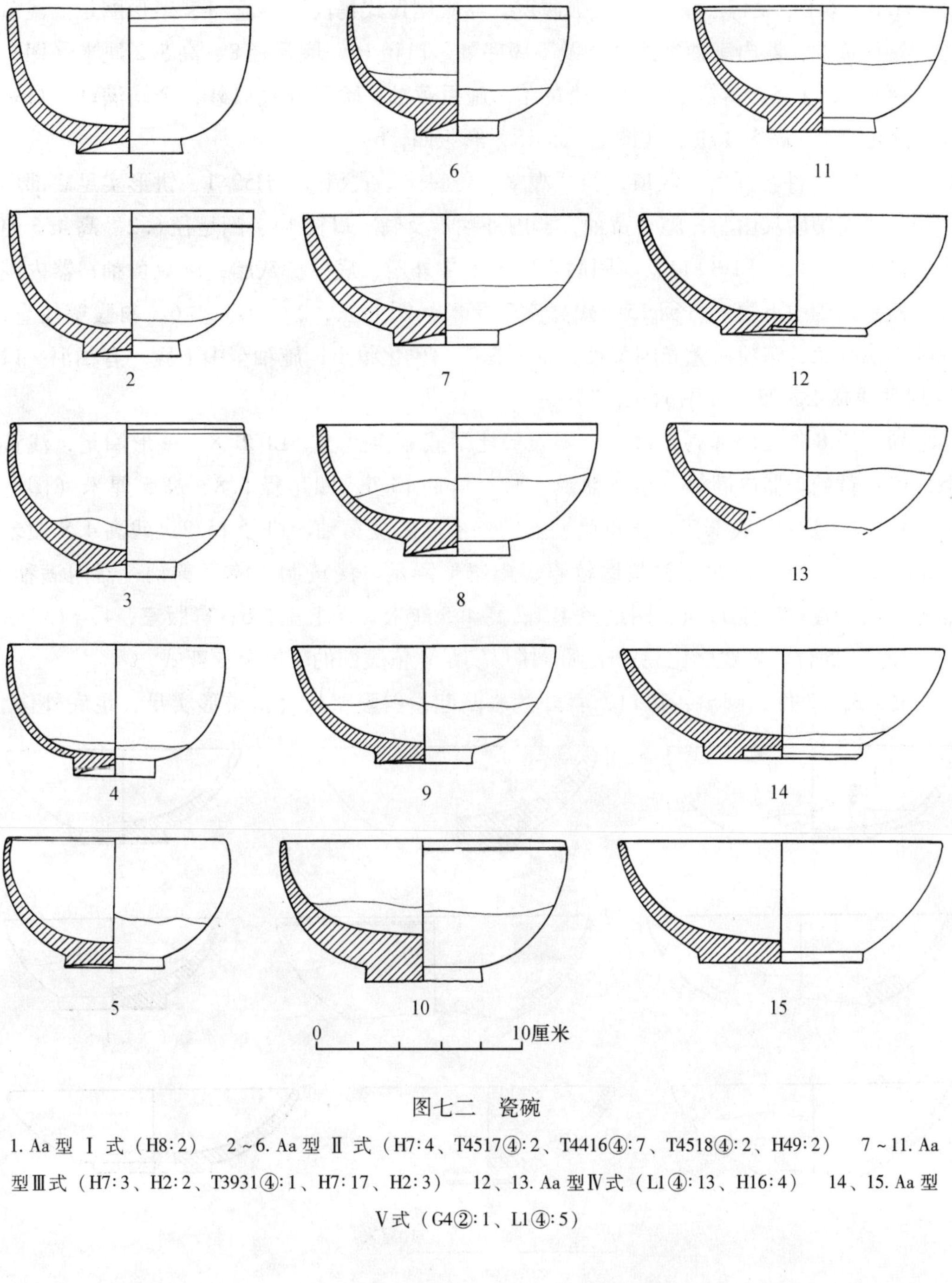

图七二　瓷碗

1. Aa型Ⅰ式（H8∶2）　2～6. Aa型Ⅱ式（H7∶4、T4517④∶2、T4416④∶7、T4518④∶2、H49∶2）　7～11. Aa型Ⅲ式（H7∶3、H2∶2、T3931④∶1、H7∶17、H2∶3）　12、13. Aa型Ⅳ式（L1④∶13、H16∶4）　14、15. Aa型Ⅴ式（G4②∶1、L1④∶5）

青灰釉，外底部有灰白色化妆土，余满釉。口径15.4、圈足径7.3、高5.8厘米（图七二，12；图版一〇，5）。H16∶4，弧腹壁外斜，下部残。棕胎，蘸釉，器内外上部施酱黄釉。口径14、残高5厘米（图七二，13）。

Ⅴ式　6件。圆唇，敞口，缓弧腹壁，器腹比Ⅳ式稍浅。G4②:1，璧形圈足。浅黄胎，施豆黄釉，器内满釉，器外釉及下腹底处。口径16、圈足径8、高5.2厘米（图七二，14）。L1④:5，薄饼形实足。淡黄胎，施豆黄釉，除足外底以外，余均满釉。口径16、圈足径8、高5.8厘米（图七二，15；彩版四，6）。

Ⅵ式　7件。圆唇，敞口，斜弧腹壁，器腹比Ⅴ式稍浅。H52:1，饼形实足底部向上微陷。夹细砂灰白胎，施青黄釉，器内外釉不及底。口径14、圈足径6.2、高4.6厘米（图七三，1）。L1③:14，厚圆唇，腹壁上部外斜，底残。灰胎，施豆黄釉，器内满釉，器外釉到中下腹。口径15、残高4.3厘米（图七三，2）。G3②:6，斜腹壁较直，底残。浅红胎，施粉白无光闪黄釉，釉下先施白色化妆土，施釉至中下腹，有釉泪。口径14、残高4.3厘米（图七三，3）。

Ⅶ式　8件。厚圆唇，敞口，斜腹壁比Ⅵ式稍直且浅。L1②:8，璧形圈足，浅黄胎，施豆黄釉。器内满釉，器外釉及下腹。口径13.6、圈足径5.8、高5厘米（图七三，4）。G3①:4，底部残。浅黄胎，器内外上部施豆黄釉。口径15.2、残高4.8厘米（图七三，5）。L1②:77，斜腹壁较直，矮璧形圈足。浅黄胎，施豆黄釉，器内满釉，器外釉及下腹。口径12.4、圈足径4.4、高4.5厘米（图七三，6；彩版三，4）。

Ⅷ式　5件。斜腹壁比Ⅶ式略弧，饼形实足。依腹部的不同分二亚式。

Ⅷa式　2件。圆唇，敞口，唇外侧略凸起，斜腹壁较直，饼形实足，足底外侈。

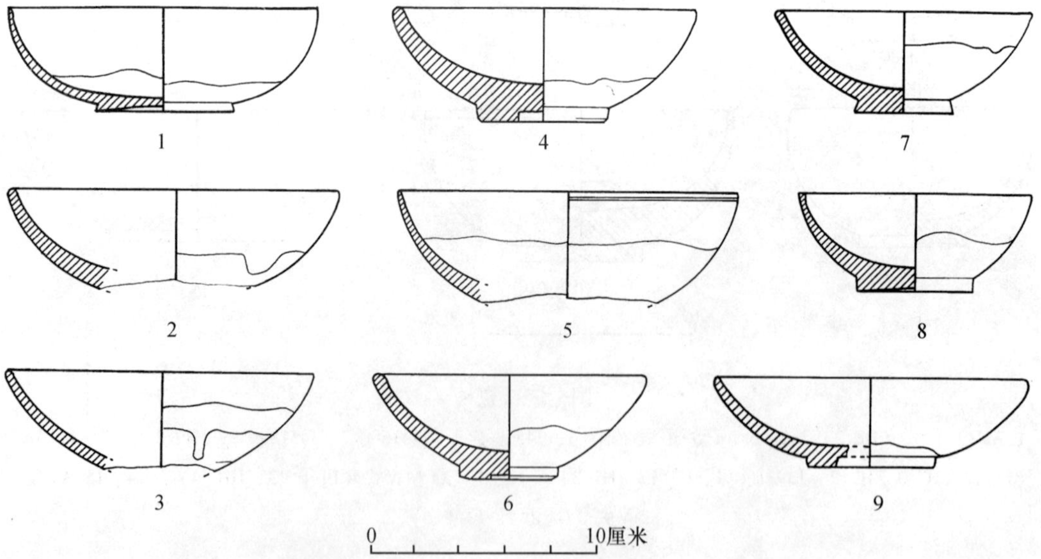

图七三　瓷碗

1～3. Aa型Ⅵ式（H52:1、L1③:14、G3②:6）　4～6. Aa型Ⅶ式（L1②:8、G3①:4，L1②:77）
7. Aa型Ⅷa式（G2①:1）　8. Aa型Ⅷb式（H24④:2）　9. Aa型Ⅸ式（T3822③:7）

G2①:1，浅红胎，施酱黑釉，器内满釉，器外釉至上腹。口径11.6、圈足径4.4、高4.4厘米（图七三，7）。

Ⅷb式 3件。薄方唇，斜腹壁较Ⅷa式略弧且深，饼形实足底部近平。H24④:2浅黄胎，施蜡黄釉，器内满釉，器外釉至中腹。口径10.4、圈足径5.2、高4.3厘米（图七三，8）。

Ⅸ式 3件。敞口，圆唇，腹壁明显比Ⅷ式浅，薄壁形圈足。T3822③:7，灰褐胎，施酱釉，器内满釉，器外施釉及下腹。口径14、圈足径5.6、高3.9厘米（图七三，9）。

Ab型 29件。下腹斜弧收。分七式。

Ⅰ式 8件。口微敛，薄圆唇，碗腹较深，上腹微外鼓，T4416④:13，饼形实足底部向上深陷。灰胎，施淡青釉，器内满釉，器外施釉至下腹，在下腹的露胎处有粉白色的化妆土。口径10.2、圈足径3.7、高7厘米（图七四，1；彩版四，1）。T3829④:1，器形稍大，足底部向上稍凹。口外釉下饰弦纹一周。夹细砂灰胎，施淡青釉泛灰斑，器内满釉，器外施釉及下腹。口径12.8、圈足径5.6、高8厘米（图七四，2；图版一〇，6）。

Ⅱ式 5件。腹上部微外鼓，下腹斜弧收，蘸釉。H55:5，饼形实足底部向上微凹陷，腹较深。灰胎，器内外上部施青釉。口径10.8、圈足径4.4、高6.7厘米（图七四，3；彩版五，1；图版一一，1）。H55:3，微敛口，上腹微外鼓。口外釉下饰凹弦纹一周。夹细砂褐胎，器内外上部施青釉。口径12.4、圈足径4.8、高7厘米（图七四，4；彩版四，2）。H47:3，腹壁上部较直，足底部向上凹陷较深。口外釉下饰凹弦纹一周。灰褐胎，施酱釉，器内外施釉及下腹。口径12、圈足径5、高7厘米（图七四，5；彩版五，2）。

Ⅲ式 4件。敞口或直口，圆唇或圆尖唇，腹较Ⅱ式浅，矮饼形实足，蘸釉。H7:2，棕胎，施淡青釉。口径13.2、圈足径5.8、高6.4厘米（图七四，6）。H7:16，口外釉下饰凹弦纹一周。棕胎，施淡青釉。口径14、圈足径6.2、高6.6厘米（图七四，7）。H7:12，饼形实足。口外釉下饰弦纹一周。浅棕胎，施淡青釉。口径12.8、圈足径5.8、高5.7厘米（图七四，8）。

Ⅳ式 2件。敞口，唇部略外侈，腹壁略曲弧，器腹比Ⅲ式浅，饼形实足底部向内凹。G3②:11，实足下缘向外张。浅褐红胎，施酱绿釉，器内满釉，器外施釉及下腹，器内及足底边缘处均有不规则形支烧点五个。口径15.2、圈足径6.8、高5.1厘米（图七四，9）。

Ⅴ式 3件。厚圆唇，斜弧腹。L1②:4，唇外侧略凸起，饼形实足向上斜削且中心挖一较深的窝。浅黄泛灰胎，酱黄釉，蘸釉，器内外施釉均不及底。口径18.4、圈足径6.6、高7.2厘米（图七四，10）。L1②:10，唇略向内侧凸起，下部残。浅黄胎，施豆黄釉，器内满釉，器外上腹为豆黄釉，下腹为窑变形成的深豆黄泛灰釉。口径18、残高4厘米（图七四，11）。

Ⅵ式　6件。大敞口，圆唇，唇部略外侈，斜腹壁。G3①:3，斜腹壁较直，下部残。灰胎，施青灰釉泛黄，器内外上腹施釉。口径18.8、残高4厘米（图七四，12）。G2①:14，斜腹壁略弧，靠足根处的下腹向内削呈平切状，饼形实足，外足缘削成斜面，底微上凹。棕黄胎，施豆黄釉，器内外釉均至下腹部，器内釉下满施浅黄色化妆土。口径19.6、圈足径6.8、高5.9厘米（图七四，13）。

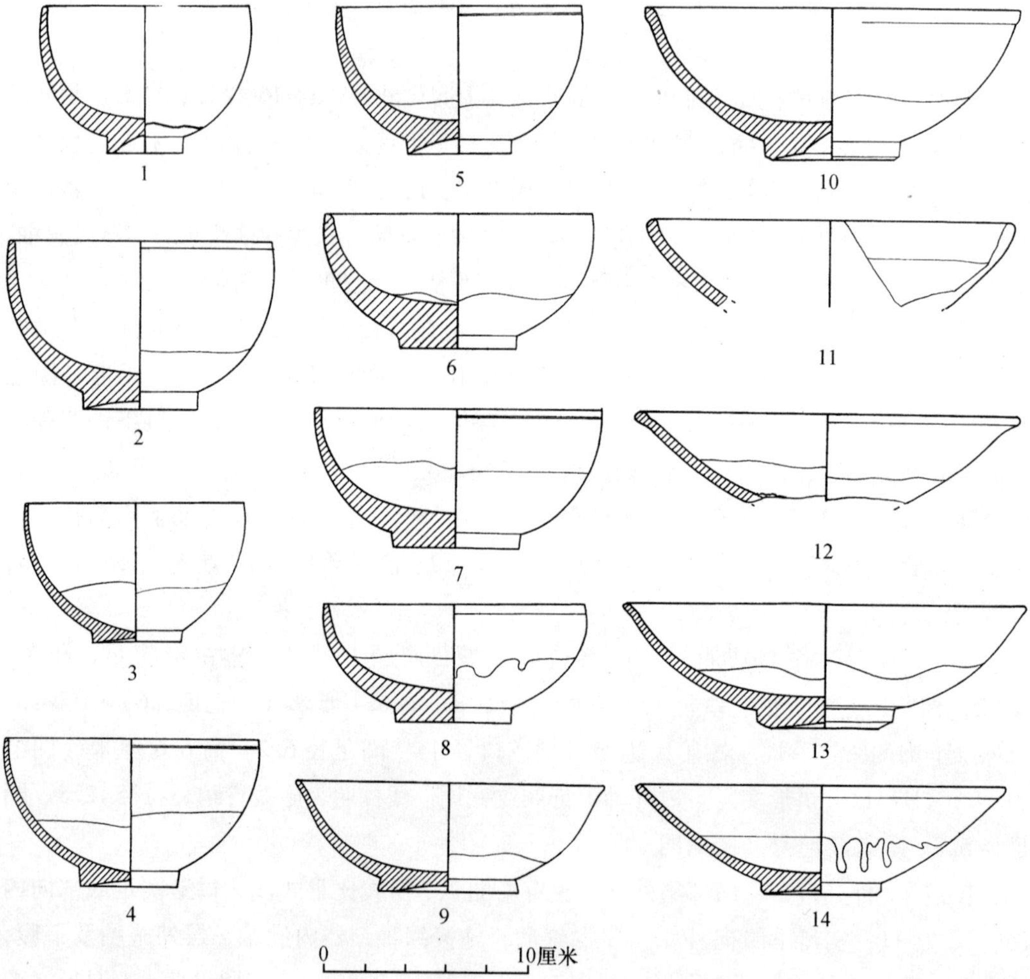

图七四　瓷碗

1、2. Ab型Ⅰ式（T4416④:13、T3829④:1）　3～5. Ab型Ⅱ式（H55:5、H55:3、H47:3）　6～8. Ab型Ⅲ式（H7:2、H7:16、H7:12）　9. Ab型Ⅳ式（G3②:11）　10、11. Ab型Ⅴ式（L1②:4、L1②:10）　12、13. Ab型Ⅵ式（G3①:3、G2①:14）　14. Ab型Ⅶ式（T3822③:1）

Ⅶ式　1件。T3822③:1，大敞口，圆唇，唇外侧略凸起，斜腹壁微弧，饼形实足底。灰胎，施豆黄釉，器内外釉均至下腹部，下腹流釉严重。口径18、圈足径5.8、高5.2厘米（图七四，14）。

B型　11件。弧腹，器身饰莲瓣纹。分三式。

Ⅰ式　1件。H47:2，直口，方唇，深腹，上腹壁较直，饼形实足底部向上微凹，口外釉下饰弦纹一周，腹外壁上部釉下刻莲瓣纹。灰胎，施豆青釉，器内外施釉均及下腹。口径16.4、圈足径7.4、高9.7厘米（图七五，1；彩版四，4）。

Ⅱ式　2件。敞口，圆尖唇，圆弧腹壁，腹明显比Ⅰ式浅。T4416④:6，饼形实足底部向上凹陷。口外釉下饰弦纹一周，腹外壁上部釉下刻饰简易的尖叶莲瓣纹。棕胎，施豆青釉，蘸釉，器内外施釉不及底。口径14.8、圈足径5.4、高7.4厘米（图七五，2）。

Ⅲ式　8件。微敞口或直口，圆唇，腹比Ⅱ式浅。H2:1，口外釉下饰凹弦纹一周，腹外壁上部釉下刻莲瓣纹。灰胎，器内外均施无光青灰釉，蘸釉，釉及下腹。口径14、圈足径6.2、高6.7厘米（图七五，3；图版一一，3）。T4416④:14，灰胎，施淡青釉，蘸釉，器内外施釉至腹中部。口径13.4、圈足径4.6、高6.2厘米（图七五，4）。

C型　15件。形体较前两型小，口径大多是前两型的一半。分三式。

Ⅰ式　6件。敞口，尖唇，下腹弧收，饼形实足底部向上凹陷。H46:4，棕胎，施青灰釉，器内外施釉不及底。口径10、圈足径4.3、高5.6厘米（图七五，5）。T4414④:2，腹壁上部微外鼓，腹稍深。褐黑胎，施青釉，器内满釉，器外施釉至下腹。口径9、圈足径3.4、高5.8厘米（图七五，6；图版一一，4）。

Ⅱ式　5件。敞口，圆唇，腹壁上部较直，腹较Ⅰ式稍浅，饼形实足较Ⅰ式稍高。H55:14，棕胎，施浅酱釉，器内满釉，器外施釉及下腹。口径8.6、圈足径3.8、高4.8厘米（图七五，7）。罗采:5，腹壁下部近足处微凸起。深灰胎，施淡青釉，器内满釉，器外施釉不及底。口径8.8、圈足径3.6、高4.6厘米（图七五，8；图版一一，5）；T4416④:12，腹壁上部较直，饼形实足。灰褐胎，施青灰釉，器外底露胎，余满釉。口径8、圈足径3.6、高4.2厘米（图七五，9）。

Ⅲ式　4件。腹比Ⅱ式浅，器内底较宽平，饼形实足。H19:2，棕胎，施淡青釉，器内满釉，器外釉及中腹。口径7.2、圈足径3.8、高3.3厘米（图七五，10）。H7:7，敞口，腹壁上部微外鼓。灰白胎，施淡青釉，器内满施，器外釉及下腹。口径8.4、圈足径3.6、高4.2厘米（图七五，11；图版一一，6）。

D型　24件。大敞口，斜腹壁，璧形圈足。分三式。

Ⅰ式　7件。圆尖唇，斜直壁。L1④:1，灰白胎，施浅豆黄釉，器内外满釉，釉水肥厚，光亮润泽，足底釉层稀薄。足底有不规则形的褐色支烧点。口径14.6、圈足径5.8、高4厘米（图七五，12）。L1③:4，下部残，碗内壁釉下刻四道并排弧线。浅灰

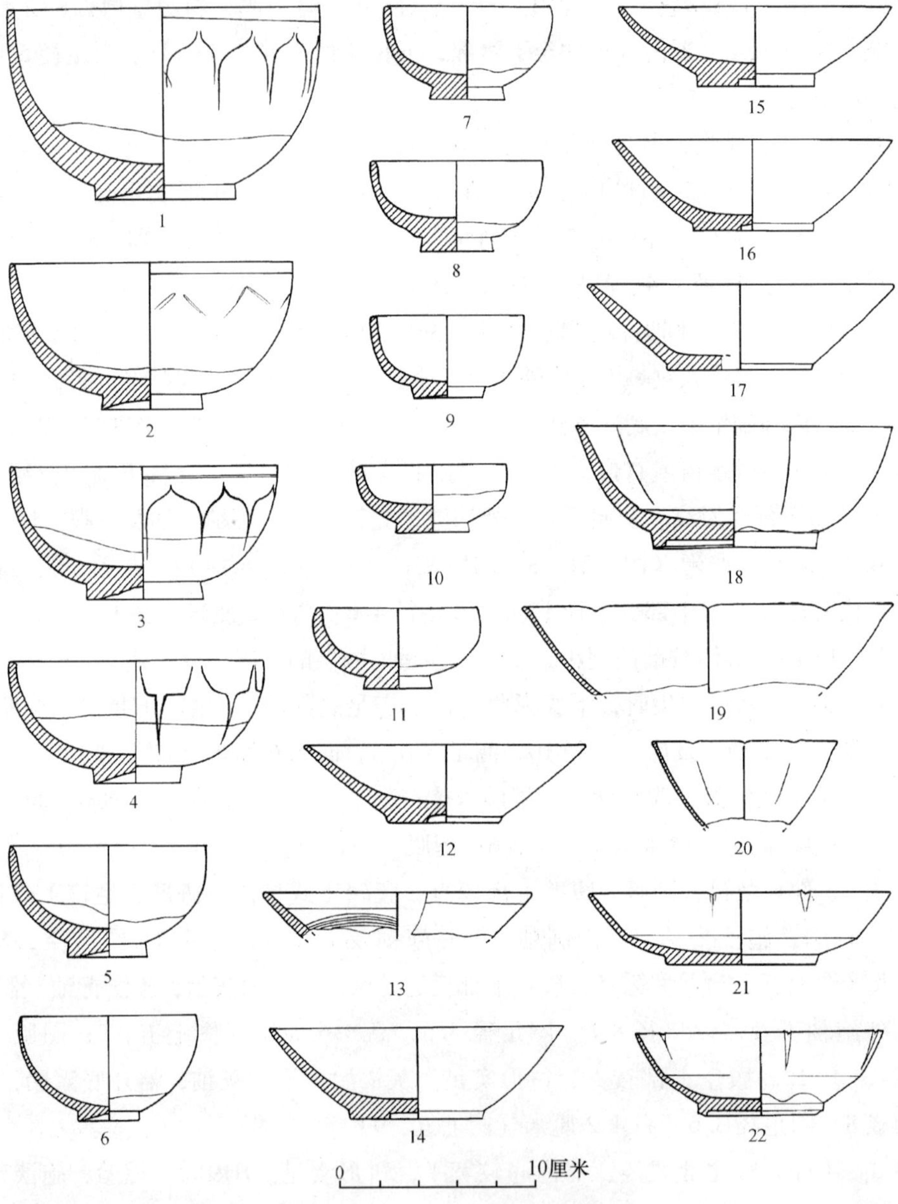

图七五　瓷碗

1. B型Ⅰ式（H47:2）　2. B型Ⅱ式（T4416④:6）　3、4. B型Ⅲ式（H2:1、T4416④:14）　5、6. C型Ⅰ式（H46:4、T4414④:2）　7~9. C型Ⅱ式（H55:14、罗采:5、T4416④:12）　10、11. C型Ⅲ式（H19:2、H7:7）　12、13. D型Ⅰ式（L1④:1、L1③:4）　14、15. D型Ⅱ式（L1②:1、H25:1）　16、17. D型Ⅲ式（L1②:3、L1②:16）　18. E型Ⅰ式（H24③:1）　19. E型Ⅱa式（T3825③:1）　20. E型Ⅱb式（T3825③:2）　21. E型Ⅳ式（T4416③:2）　22. E型Ⅲ式（T4318③:4）

胎，施豆青釉，仅唇内、外侧有釉，余露胎。口径14、残高2.2厘米（图七五，13）。

Ⅱ式　9件。尖圆唇，斜直腹壁微弧，器腹比Ⅰ式稍深。L1②:1，浅黄胎，泛灰的淡青釉，外底无釉，余满釉。口径15.4、圈足径6.8、高4.6厘米（图七五，14；彩版六，3）。H25:1，棕胎，器内施豆黄釉，器外上部施豆黄釉，下部施酱绿釉，足底无釉。口径14.2、圈足径6、高4.1厘米（图七五，15；图版一三，3）。

Ⅲ式　8件。尖圆唇，器腹比Ⅱ式稍深。L1②:3，浅黄胎，器内外施豆黄釉，釉面光亮，足底无釉，余满釉。口径14.6、圈足径6.2、高4.6厘米（图七五，16）。L1②:16，底残。黄胎，施浅豆黄釉，器内外满釉，釉水较厚，足底釉层稀薄。口径15.7、圈足径7.3、高4.4厘米（图七五，17）。

E型　15件。葵口或器腹内起筋，器外呈瓜棱状。分四式。

Ⅰ式　5件。敞口，尖唇，腹部压印呈五瓣瓜棱状，碗下腹弧收，方缘矮圈足。H24③:1，浅灰胎，施灰釉，釉层稀薄，釉面干涩暗淡，器内满釉，器外釉及足根部，足底共11个支钉痕。口径16.4、圈足径8.4、高6.2厘米（图七五，18；彩版三，3、5；图版一三，1）。H24③:21，深灰胎，施灰釉，足沿存11个支钉痕。口径16.4、圈足径8.4、高6.2厘米（彩版三，6）。

Ⅱ式　5件。葵口。分二亚式。

Ⅱa式　1件。T3825③:1，六出葵口，直腹壁微弧，下腹残。灰胎，灰绿釉，釉下有冰裂开片。口径19.2、残高4.6厘米（图七五，19）。

Ⅱb式　4件。六出葵口，圆唇，腹壁较Ⅱa式陡直。T3825③:2，下部残，腹部呈瓜棱状。深灰胎，口沿内外施黄灰釉，器腹施紫白釉。口径9.6、残高4.2厘米（图七五，20）。

Ⅲ式　2件。六出葵口，尖圆唇，弧折腹，腹较前两式浅，矮圈足。T4318③:4，白胎，施白灰釉，釉层干涩，暗淡无光，器内满釉，器外釉及足根。口径12.8、圈足径6.4、高4.2厘米（图七五，22；图版一三，2）。

Ⅳ式　3件。六出葵口，折腹，腹较Ⅲ式浅，饼形实足。T4416③:2，灰胎，灰釉，釉层干涩稀薄，除足底外，余满釉。口径15.6、圈足径7.7、高3.6厘米（图七五，21）。

F型　53件。敞口，微弧腹，圈足。分二亚型。

Fa型　31件。斜弧腹。分六式。

Ⅰ式　6件。圆角方唇，方唇往外凸起宽棱，斜弧腹，厚胎圈足。L1③:3，棕胎，酱釉，器内满釉，器外釉及下腹，器外下腹釉面下显灰白色的化妆土，器内底及圈足沿处，各有不规则的褐红色支钉痕六处。口径16.8、圈足径8.6、高7.8厘米（图七六，1；图版一二，1）。L1③:13，唇微外凸，腹下部残。灰胎，施酱釉，蘸釉。口径18、残高 7.5 厘米（图七六，2）。

Ⅱ式　6 件。圆唇向外略撇，唇缘外凸，腹比Ⅰ式稍浅，圈足。H63∶1，棕褐胎，施酱绿釉，器内满釉，器外釉至下腹。口径 17.1、圈足径 8.2、高 7.2 厘米（图七六，3；图版一二，3）。H63∶13，灰胎，施酱绿釉，碗内底、圈足沿对应地有六个不规则的支钉痕。口径 17.4、圈足径 8.4、高 6.8 厘米（图七六，4）。H63∶8，褐红胎，器内外上腹为豆黄釉，器内外下腹为牙黄釉，器内满釉，器外釉及下腹。口径 17、圈足径 9.2、高 7.4 厘米（图七六，5；图版一二，2）。H63∶6，浅棕胎，施酱绿釉，蘸釉，器内满釉，器外釉近及足根，足沿及器内有椭圆形支钉痕六个。口径 15.7、圈足径 8.8、高 5.7 厘米（图七六，6）。

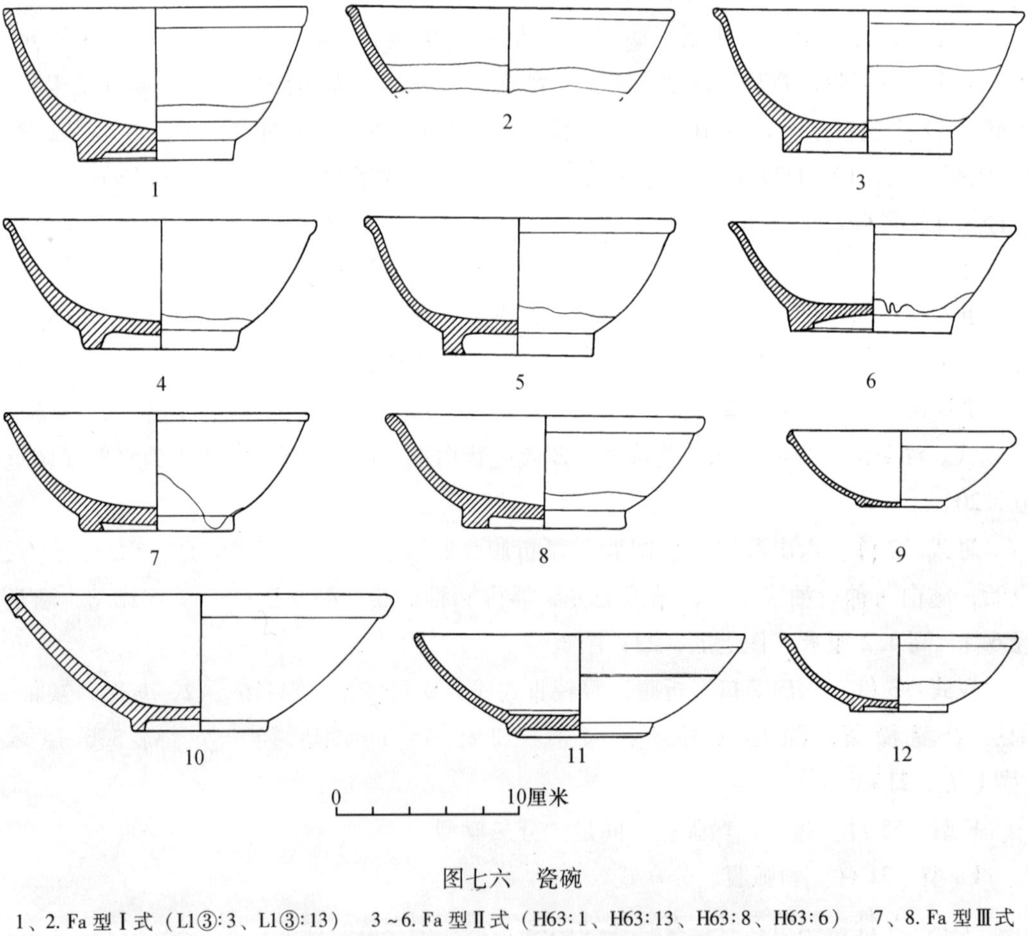

图七六　瓷碗

1、2. Fa 型Ⅰ式（L1③∶3、L1③∶13）　3～6. Fa 型Ⅱ式（H63∶1、H63∶13、H63∶8、H63∶6）　7、8. Fa 型Ⅲ式（G2①∶2、G2①∶9）　9、12. Fa 型Ⅵ式（T4318③∶1、T3822③∶15）　10. Fa 型Ⅳ式（T3817③∶1）　11. Fa 型Ⅴ式（T4215③∶1）

Ⅲ式　6件。圆唇，唇外凸，器腹上壁较直，下腹弧收，腹比Ⅱ式稍浅。G2①:2，浅红胎，施酱绿釉，器内满釉，器外施釉至下腹足处。器内及圈足沿有六个不规则椭圆形支钉痕，支钉痕呈白色。口径16.8、圈足径8.4、高6.2厘米（图七六，7；图版一二，4）。G2①:9，圆唇向外凸出，斜弧腹壁，圈足。浅褐胎，施酱绿釉，器内满釉，器外釉及下腹，器内底、足沿有六个长方形灰白色支钉痕。口径17.4、圈足径8.8、高5.9厘米（图七六，8）。

Ⅳ式　3件。大敞口，唇外起宽凸缘，斜腹壁较直，矮圈足明显较前几式小。T3817③:1，白胎，施白釉，除足底外，器内外满釉。口径21.4、圈足径7.4、高7.2厘米（图七六，10）。

Ⅴ式　2件。圆唇外微起薄凸缘，斜腹略弧，腹明显较Ⅳ式矮，圈足。T4215③:1，唇外侧起凸棱，碗内底部起一道坎，似二层台，圈足底外缘斜削。白胎泛灰色，白釉，器内满釉，器外釉至足沿处，器内底有长条形支钉痕九处。口径18、圈足径7.6、高5.4厘米（图七六，11）。

Ⅵ式　8件。敞口，尖圆唇，缘唇凸起宽圆弦纹，斜弧腹，矮弦状圈足。T4318③:1，白胎，施白釉，圈足底内无釉，余满釉。口径12.4、圈足径4.8、高4厘米（图七六，9）。T3822③:15，白胎，施白釉，器内满釉，器外釉及中下腹。口径13、圈足径5.4、高4厘米（图七六，12）。

Fb型　22件。斜直腹。分五式。

Ⅰ式　3件。敞口，圆唇稍撇，斜直腹壁。L1②:49，下部残，浅黄胎，施豆青釉，釉面光亮，器内外满釉。口径15.5、残高4.2厘米（图七七，1）。

Ⅱ式　9件。大敞口，斜腹壁较直且较Ⅰ式深，矮圈足。G2①:24，口沿外侧起凸宽唇弦纹。浅黄胎，施泛浅奶黄的白釉，器内外满釉，圈足沿施釉较薄，近口沿部位有三处不规则形翠绿色斑点。口径19.7、圈足径7、高8.5厘米（图七七，2；图版一二，5）。G2①:23，圆唇向外略撇，斜腹壁较直。白胎，施白泛浅黄色釉，足底露胎，余满釉。口径19.2、圈足径7.4、高7.2厘米（图七七，3）。L1①:1，圆唇，近实心圈足。浅黄胎，施豆黄泛绿釉，器内满釉，器外釉至中腹。口径18、圈足径8.4、高6.8厘米（图七七，4）。

Ⅲ式　5件。近口部略外弧，微弧的斜腹，圈足外张。G2①:10，黄棕胎，施豆黄釉，釉面光亮，器内满釉，器外釉至圈足。口径19、圈足径7.2、高6.4厘米（图七七，5）。G2①:21，碗内底部呈圆形的平台面状。灰胎，施灰釉，釉层较厚，器内外满釉，足沿无釉，圈足沾有五个灰褐色支钉痕。口径16.4、底8、高6.4厘米（图七七，6）。G2①:20，下腹部残。灰褐胎，施灰釉，釉色暗淡，器内外满釉。口径17.6、残高5.8厘米（图七七，7）。

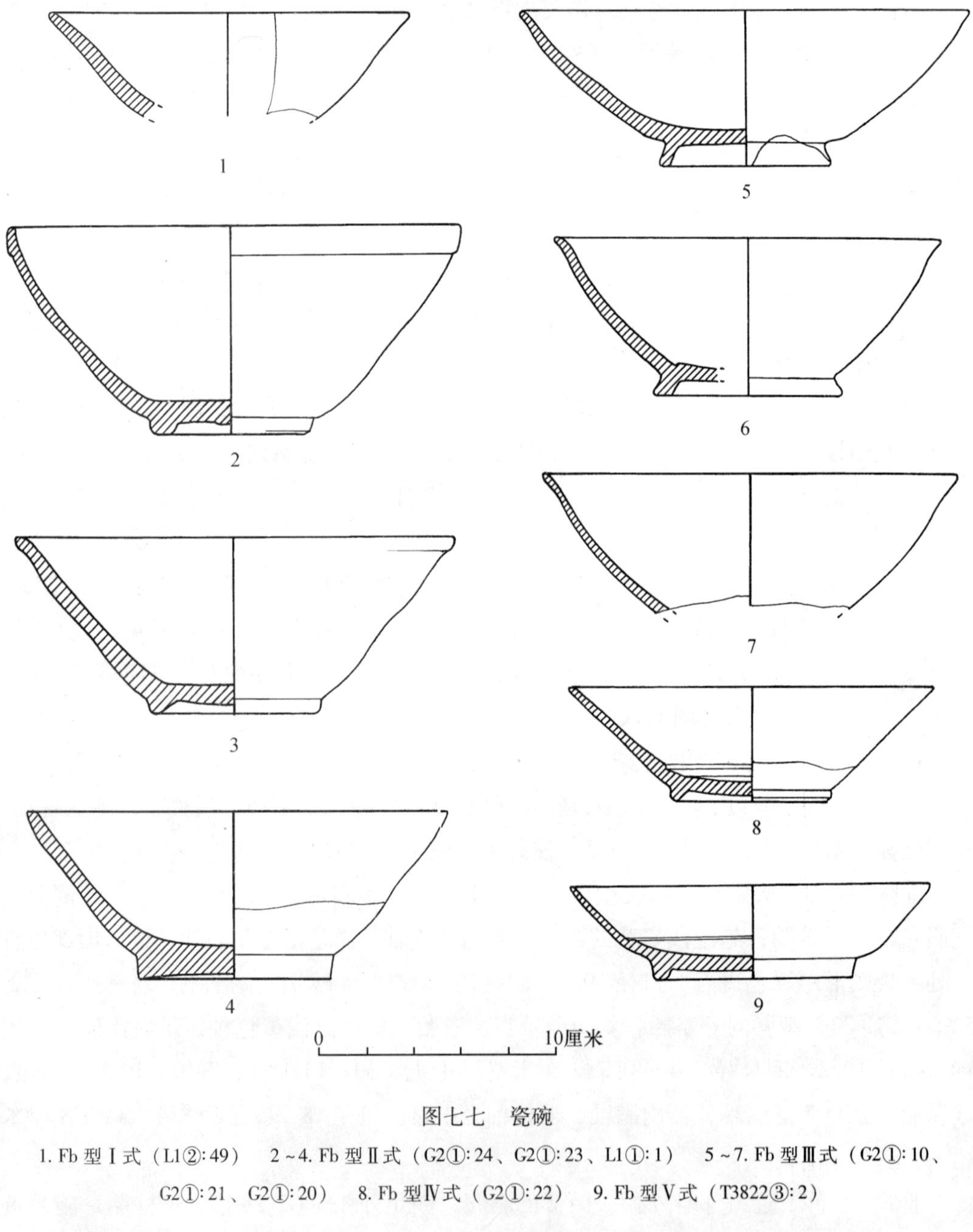

图七七　瓷碗

1. Fb 型Ⅰ式（L1②: 49）　2 ~4. Fb 型Ⅱ式（G2①: 24、G2①: 23、L1①: 1）　5 ~7. Fb 型Ⅲ式（G2①: 10、G2①: 21、G2①: 20）　8. Fb 型Ⅳ式（G2①: 22）　9. Fb 型Ⅴ式（T3822③: 2）

Ⅳ式　1 件。G2①: 22，圆尖唇，斜直腹壁，器腹比Ⅲ式矮，圈足外缘削成斜面，碗内底部起一道坎。灰白胎，施青灰釉，釉层含细末状褐黑杂质，器内底中心部位无釉，露胎处呈圆形，外底无釉，余满釉，即为涩圈足烧制法。口径 15.4、圈足径 6.3、高 4.7 厘米（图七七，8）。

Ⅴ式　4件。敞口，浅折腹，器腹比Ⅳ式矮，上腹壁斜直，下腹弧折收，矮圈足。T3822③:2，棕胎，施灰釉，釉光暗淡，显得干涩，底外局部露胎，余满釉，器内底部及足沿各有九个支钉痕。口径15.2、圈足径8.4、高3.8厘米（图七七，9；图版一二，6）。

异型碗　7件。L1④:2，尖唇外侈，饼形实足底部向内凹。棕胎，施酱釉，器内满釉，器外釉及中腹。口径10、圈足径3.6、高4.9厘米（图七八，1）。H7:11，敞口，方唇，弧腹较浅，小饼形实足较高。灰白胎，施酱釉，蘸釉，器内施釉于口部，器外釉及上腹部。口径13.4、足径4.6、高6.4厘米（图七八，2；彩版五，5；图版一一，2）。罗采:2，尖方唇，斜弧腹较深，厚胎圈足，足沿内缘斜削。棕胎，酱釉，器内满

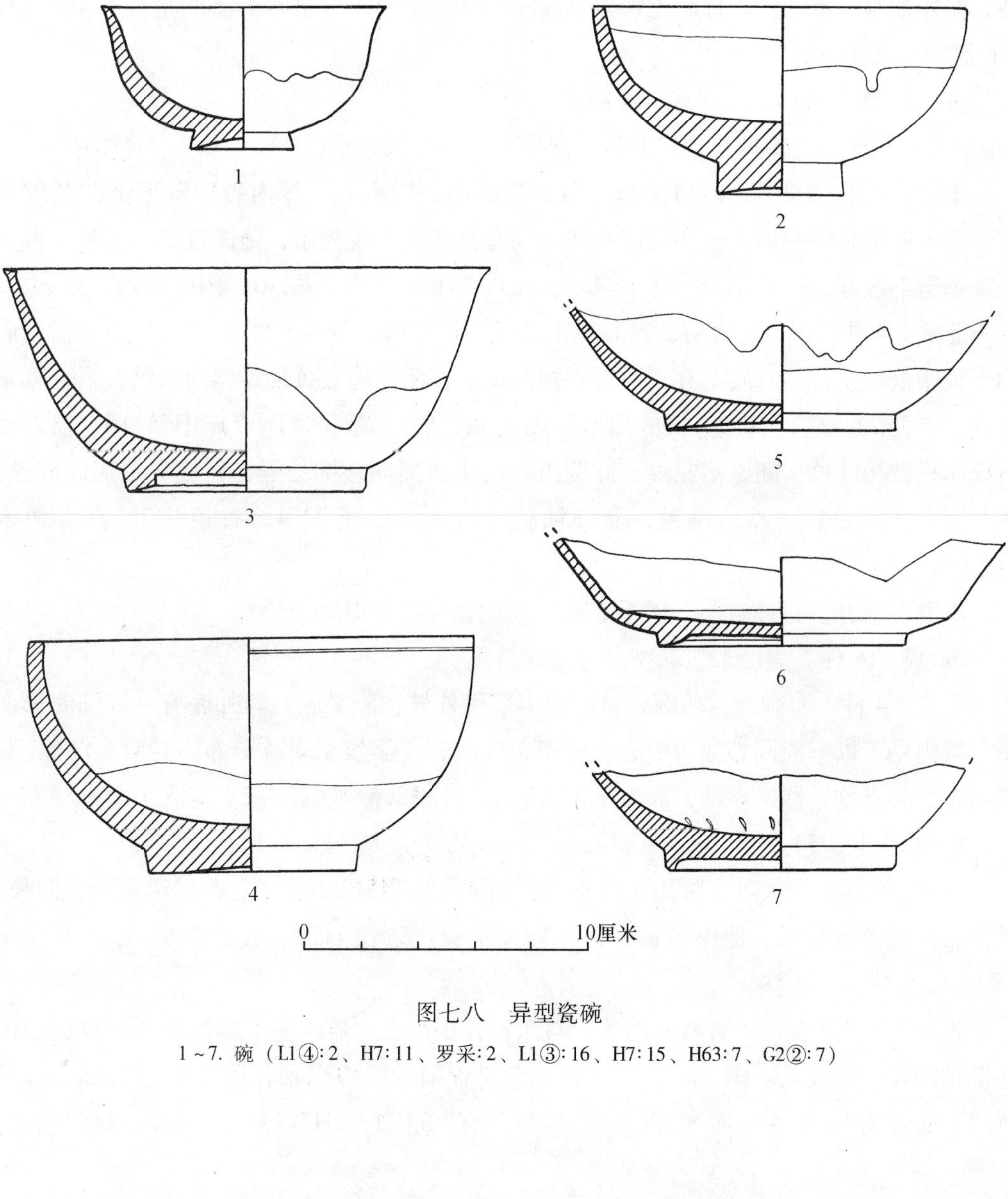

图七八　异型瓷碗

1～7. 碗（L1④:2、H7:11、罗采:2、L1③:16、H7:15、H63:7、G2②:7）

釉，器外施釉及下腹。口径 17.4、圈足径 8.4、高 7.6 厘米（图七八，3；图版一三，6）。L1③:16，口部残，矮饼形实足。灰白细砂胎，青灰釉，器内满釉，器外釉及下腹，器底内外均有七个长条形支钉痕。圈足径 8.2、残高 4.1 厘米（图七八，4）。H7:15，口微敛，方唇，弧腹较深，饼形实足。口外釉下饰凹弦纹一周。棕胎，施淡青釉，蘸釉，器内外釉不及底。口径 16、足径 7.2、高 8 厘米（图七八，5）。H63:7，口部残，折腹，矮圈足，足内缘削成斜面。灰胎，施浅灰釉，器内底、外底施局部泛灰白色的釉，釉较薄，釉光暗淡，足沿呈棕色。器内底有八个椭圆支钉痕。圈足径 8.8、残高 3.8 厘米（图七八，6）。G2②:7，口部残，斜弧腹，圈足。青灰釉泛白灰胎，内满釉，器外釉及圈足外侧，足底无釉，器内底部有长条形支钉痕六处。圈足径 8.4、残高 3.6 厘米（图七八，7）。

盏　31 件。敞口，圜平底，无圈足。分二型。

A 型　5 件。形体较大。浅弧腹，圜平底。分二式。

Ⅰ式　1 件。H7:1，敞口，薄方唇，浅弧壁，圜平底。器内腹壁釉下饰凹弦纹三周，器外壁饰弦纹一周，器外底部有两周同心圆凹槽。浅灰胎，施淡青釉，蘸釉，器内外施釉至下腹部。口径 21.6、底径 9.5、高 8.2 厘米（图七九，3；图版一六，3）。

Ⅱ式　4 件。直口，方唇，器腹比Ⅰ式浅，圜平底，器内底宽平。H55:13，器内底釉下模印松枝纹，器外底上有三周同心圆凹槽。棕胎，施豆黄釉，器内满釉，器外釉不及底。口径 23、底径 10.2、高 8 厘米（图七九，1；彩版一，1、2）。H55:10，器内釉下模印松枝柏叶纹，间以菊花纹，此两组花纹由两周同心圆分隔，器底有一周凹弦纹。浅灰胎，浅豆黄釉，器内满釉，器外釉施近底部。口径 22.4、底径 9.2、高 8 厘米（图七九，2）。

B 型　26 件。形体较小。圜平底或小平底，分二亚型。

Ba 型　18 件。盏内未塑动物。分四式。

Ⅰ式　4 件。口微敛，薄圆唇，腹壁上部微外鼓，圜平底。器外底有一周圆圈形凹槽，器内釉下以三周同心圆为中心，模印花瓣纹，花瓣纹呈对称分布。T4518④:8，灰褐胎，施淡青釉，器内满釉，器外釉不及底。口径 12.6、底径 4.2、高 5.1 厘米（图八〇，1；彩版五，3）。

Ⅱ式　5 件。微敛口，腹比Ⅰ式略浅，圜平底。T4518④:1，器内模印蔷薇花四枝。棕灰胎，施淡青绿釉，器内满釉，器外釉及下腹。口径 11.4、底径 3.8、高 4.6 厘米（图八〇，2）。

Ⅲ式　7 件。直口，唇略向内敛，斜弧腹，小平底。器内壁上部饰三周弦纹，器内底部饰印花、水波纹。H7:19，灰白胎，施淡青釉，器内满釉，器外釉近底部。口径 11.2、底径 4.4、高 4.4 厘米（图八〇，3；彩版五，4）。H7:14，上口直，斜腹稍浅。

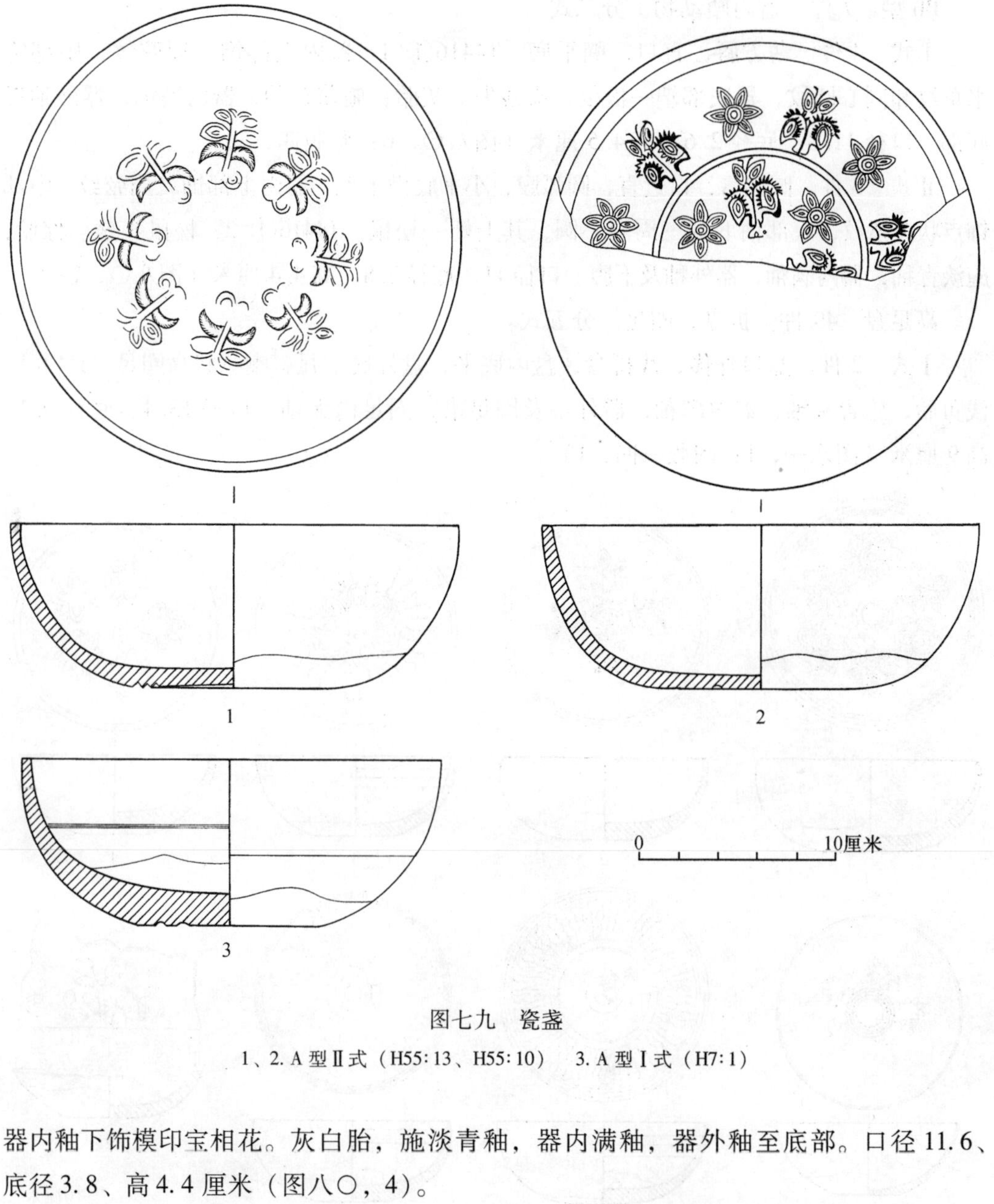

图七九　瓷盏

1、2. A型Ⅱ式（H55∶13、H55∶10）　3. A型Ⅰ式（H7∶1）

器内釉下饰模印宝相花。灰白胎，施淡青釉，器内满釉，器外釉至底部。口径11.6、底径3.8、高4.4厘米（图八○，4）。

Ⅳ式　2件。敞口，薄方唇，小平底，薄胎。器内下半部釉下以四周同心圆弦纹为中心，模印五朵草叶纹。H55∶9，棕胎，施青釉，器内满釉，器外釉及下腹。口径10.8、底径3.6、高4厘米（图八○，5）。

Ba型盏　1件。H19∶3，式别不清。口部残，弧腹，平底。釉下有草叶花瓣。豆青釉，器内满釉，器外釉至中下腹。残高3.6厘米（图八○，8）。

Bb 型　7 件。盏内塑动物。分二式。

Ⅰ式　4 件。薄方唇，直口，圜平底。T4416④: 1，器内上部饰三周弦纹，中部饰水草纹和同心圆纹，器底部塑一松鼠，头残失。灰胎，施酱黄釉，器内满釉，器外釉近底部。口径 11. 8、底径 2. 6、高 4. 5 厘米（图八〇，6；彩版四，5）。

Ⅱ式　3 件。圆尖唇，口近直，圆弧腹，小平底微上凹。器内上部饰二周弦纹，中部饰点状莲弧纹，底部釉下刻三周同心圆，其上塑一松鼠。T4416④: 2，松鼠头残。棕胎，施淡青釉，器内满釉，器外釉及下腹。口径 11、底径 3. 8、高 4. 4 厘米（图八〇，7）。

高足盘　49 件。折盘，圈足。分五式。

Ⅰ式　2 件。盘口外侈，浅折盘，盘内底平，盘外底下弧，喇叭状高圈足。H49: 1，浅黄胎，施青灰釉，器内满釉，器外釉及圈足沿，圈足内无釉。口径 13. 4、底径 9. 1、高 9 厘米（图八一，1；图版一四，1）。

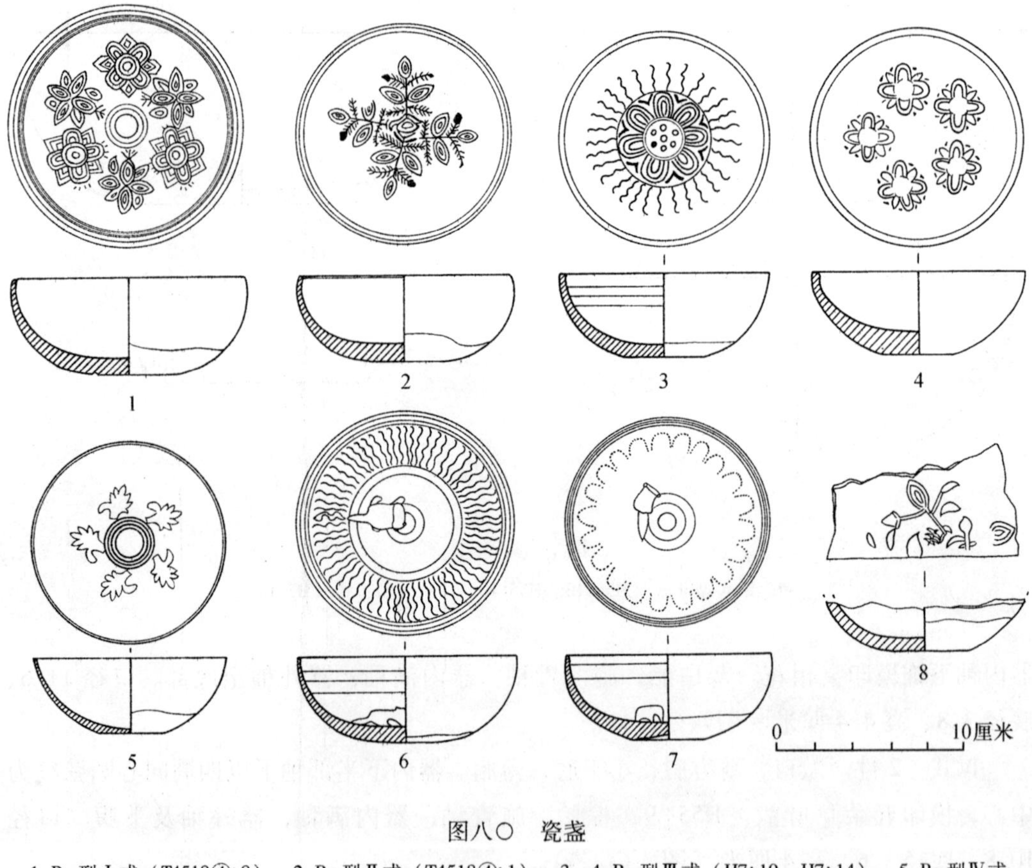

图八〇　瓷盏

1. Ba 型Ⅰ式（T4518④: 8）　2. Ba 型Ⅱ式（T4518④: 1）　3、4. Ba 型Ⅲ式（H7: 19、H7: 14）　5. Ba 型Ⅳ式（H55: 9）　6. Bb 型Ⅰ式（T4416④: 1）　7. Bb 型Ⅱ式（T4416④: 2）　8. Ba 型（H19: 3）

Ⅱ式　16件。浅折盘，盘内底及外底近平，喇叭状圈足明显比Ⅰ式矮。T4016④:1，浅黄胎，施豆青釉，器内满釉，器外施釉近圈足底，圈足内无釉。口径13、底径9、高5.4厘米（图八一，2）。T4517④:3，灰胎，施青釉，盘内满釉，盘外釉及圈足中部，圈足内无釉。口径12.4、底径8.8、高5.3厘米（图八一，3；图版一四，2）。

Ⅲ式　18件。折盘，盘内底向下弧，喇叭状圈足较Ⅱ式稍矮。T4414④:6，粉红胎，施青釉，圈足内无釉，余均施釉。口径12.2、圈足径7.8、高5.2厘米（图八一，4；彩版四，3；图版一四，3）。T4318④:1，盘内底中部饰弦纹两周，圈足内边缘处向下挖凿一周台面。灰胎，施淡青釉，盘内满釉，盘外釉近圈足缘，圈足内无釉。口径12.4、底径7.8、高5.2厘米（图八一，5）。

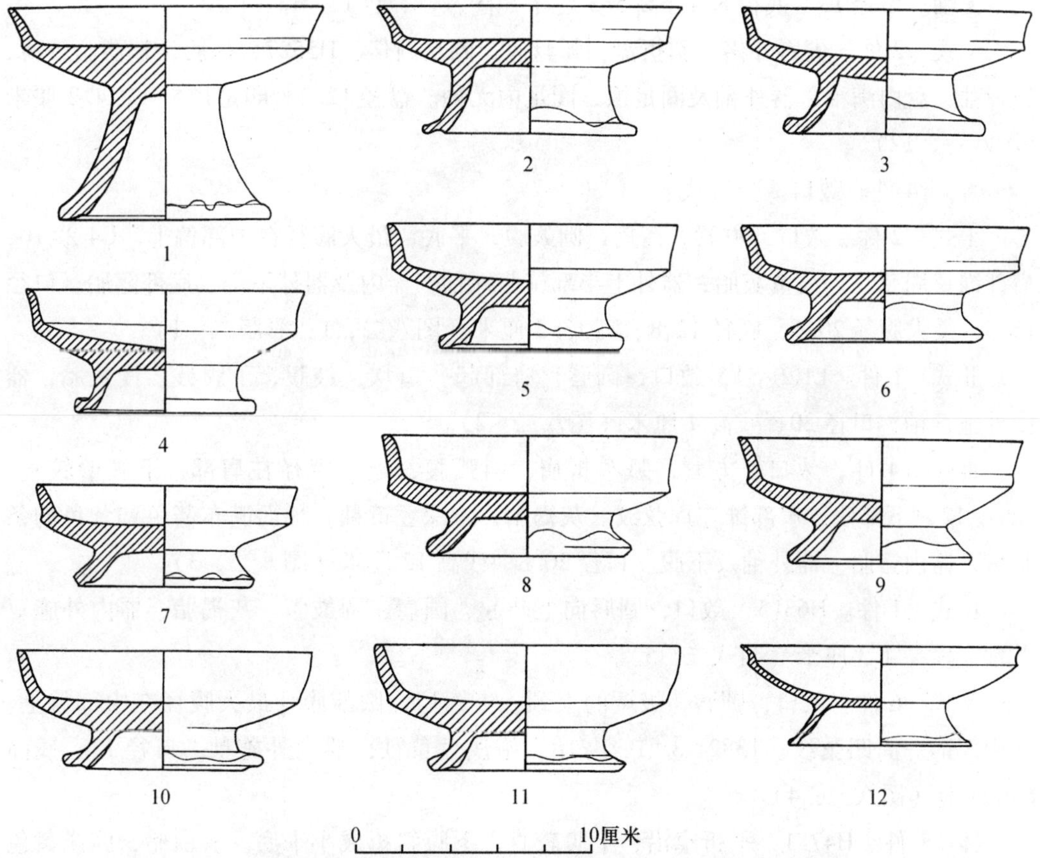

图八一　瓷高足盘

1. Ⅰ式（H49:1）　2、3. Ⅱ式（T4016④:1、T4517④:3）　4、5. Ⅲ式（T4414④:6、T4318④:1）6～11. Ⅳ式（罗采:3、T3829④:2、H47:4、H8:1、H2:8、H2:7）　12. Ⅴ式（H55:7）

Ⅳ式　11件。浅折盘腹比Ⅲ式稍深，圈足较Ⅲ式稍矮，器胎比Ⅲ式稍厚。罗采∶3，盘内饰弦纹。灰胎，施淡青釉，局部泛灰，盘内满釉，盘外釉及足中部。口径12.4、底径8.4、高4.8厘米（图八一，6；图版一四，4）。T3829④∶2，浅灰胎，施豆青釉，盘内满釉，盘外釉及圈足缘。口径11.2、底径7.2、高4.2厘米（图八一，7）。H47∶4，棕胎，豆黄釉泛细末白斑，釉面弱光，盘内满釉，器外釉及圈足外缘。口径12.4、底径8.8、高5厘米（图八一，8）。H8∶1，浅棕胎，施淡青釉，盘内满釉，盘外釉及圈足中部，圈足内无釉。口径12.4、底径8、高5.2厘米（图八一，9）。H2∶8，盘内釉下刻圆圈纹一周，圈足下内侧边缘留凸弦纹一周。棕胎，施青灰釉，盘内满釉，盘外釉及圈足底，圈足内无釉。口径12.6、底径8.4、高5厘米（图八一，10）。H2∶7，盘内釉下有同心凹弦纹两周。棕胎，施豆青釉，器内满釉，器外釉及圈缘，圈足内无釉。口径13、底径8.4、高5.3厘米（图八一，11）。

Ⅴ式　2件。尖唇外侈，斜折盘，弧盘底，圈足斜侈。H55∶7，棕胎，整器胎较薄，施青釉，盘内满釉，器外釉及圈足缘，圈足内无釉。盘径12.2、圈足径8、高4.2厘米（图八一，12）。

盂　14件。敛口。分五式。

Ⅰ式　2件。敛口，方唇，溜肩，圆鼓腹，平底，最大腹径在中部偏上。G4②∶10，肩部饰三周弦纹。浅黄灰胎，器外上半部施酱绿釉，器内及器外下部、底部露胎。口径15.6、最大腹径20.6、底径12.8、高13.2厘米（图八二，1；彩版二，1）。

Ⅱ式　1件。L1②∶54，敛口，圆唇，肩部起一道坎，鼓腹，下腹残。浅灰胎，器内外施青釉。口径20、残高4厘米（图八二，2）。

Ⅲ式　4件。敛口，方唇，弧窄折肩，斜弧腹，最大腹径在肩部，下腹壁较直。G2①∶12，下部残，肩部饰二周弦纹。灰褐胎，施深豆黄釉，釉面满布酱色和紫色的条状斑，器内露胎，器外釉及下腹。口径20.8、残高12厘米（图八二，3）。

Ⅳ式　1件。H63∶5，敛口，圆唇向上凸起，圆肩，圆鼓腹。灰褐胎，器内外施豆黄釉。残高4.3厘米（图八二，5）。

Ⅴ式　6件。敛口，圆唇，极矮的束颈，丰圆肩，圆鼓腹，最大腹径在中部偏上。腹中部饰一周凹弦纹。T3821③∶1，灰胎，施浅豆黄釉，器内外施釉。口径17、残高6.6厘米（图八二，4）。

钵　1件。H47∶1，平折窄沿，上腹较直，下腹斜折成小平底。灰白胎，施浅黄色的月白釉，器内满釉，器外釉及下腹，器底无釉。口径20、底径6.6、高8厘米（图八二，6）。

盆　1件。L1④∶9，尖唇，唇外附宽凸棱一周，微敛口，斜腹壁，下部残。黄胎，内外施豆黄釉。口径20、残高4厘米（图八二，7）。

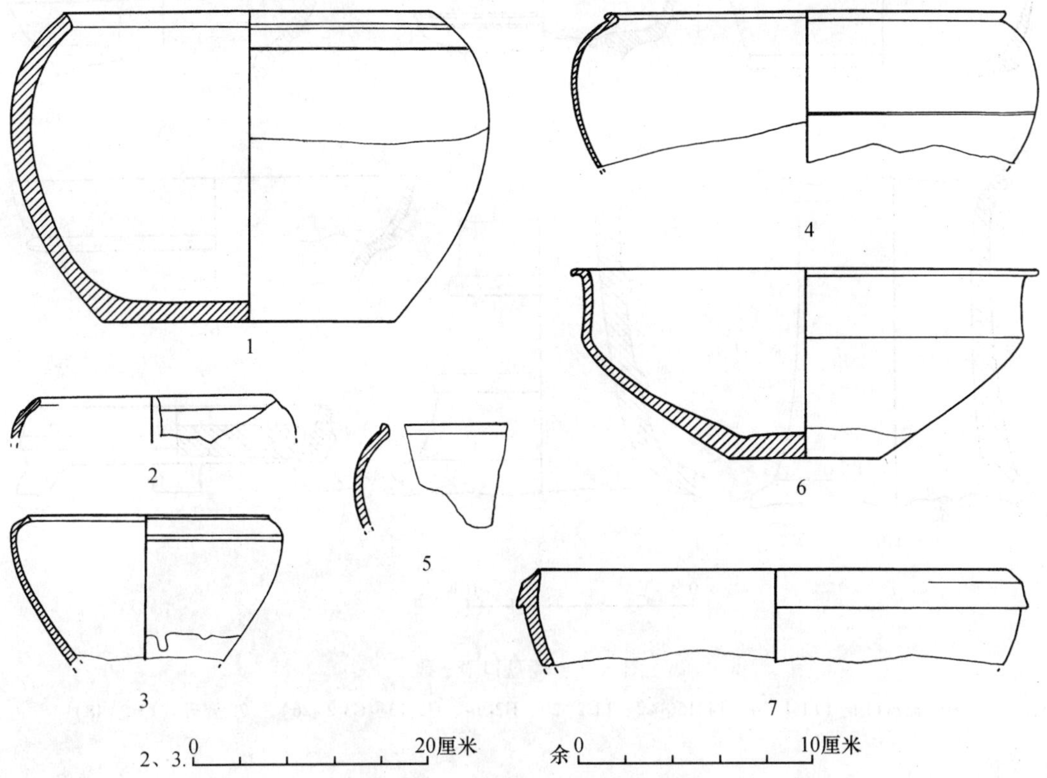

图八二　瓷盂、钵、盆

1. Ⅰ式瓷盂（G4②:10）　2. Ⅱ式瓷盂（L1②:54）　3. Ⅲ式瓷盂（G2①:12）　4. Ⅴ式瓷盂（T3821③:1）　5. Ⅳ式瓷盂（H63:5）　6. 瓷钵（H47:1）　7. 瓷盆（L1④:9）

盘口壶　9件。L1④:14，仅存盘口，尖圆唇，折盘，盘口下部折棱明显，盘口较深。灰胎，内外施豆黄釉。口径14、残高4厘米（图八三，1）。T4215③:2，圆方唇，浅盘口，盘口下部弧折明显，盘口壁外饰二周凸弦纹。灰胎，施淡青釉。口径12、残高2.6厘米（图八三，2）。L1②:20，斜方唇，斜盘壁，盘口下部与颈口接合处折棱略显。灰胎，口内外均施灰白釉，颈口以下残。口径14、残高1.6厘米（图八三，3）。H2:14，残剩颈部，长圆颈。灰胎，施豆绿釉，内外满釉。残高14.8厘米（图八三，4）。H2:13，残剩颈部，颈部呈圆截锥体。中部饰二周竹节状凸棱。灰胎，外施豆绿釉，残高12厘米（图八三，5）。G3②:26，尖唇，盘口，盘口下部与颈口接合处起高凸棱一周。灰胎，施豆青釉，器内施釉于上口部，口外满施，颈口以下残。口径18、残高4.6厘米（图八三，6）。

砚　1件。L1②:48，浅圆盘形，砚面作平面，砚面周围一周凹槽，三只矮蹄形足。

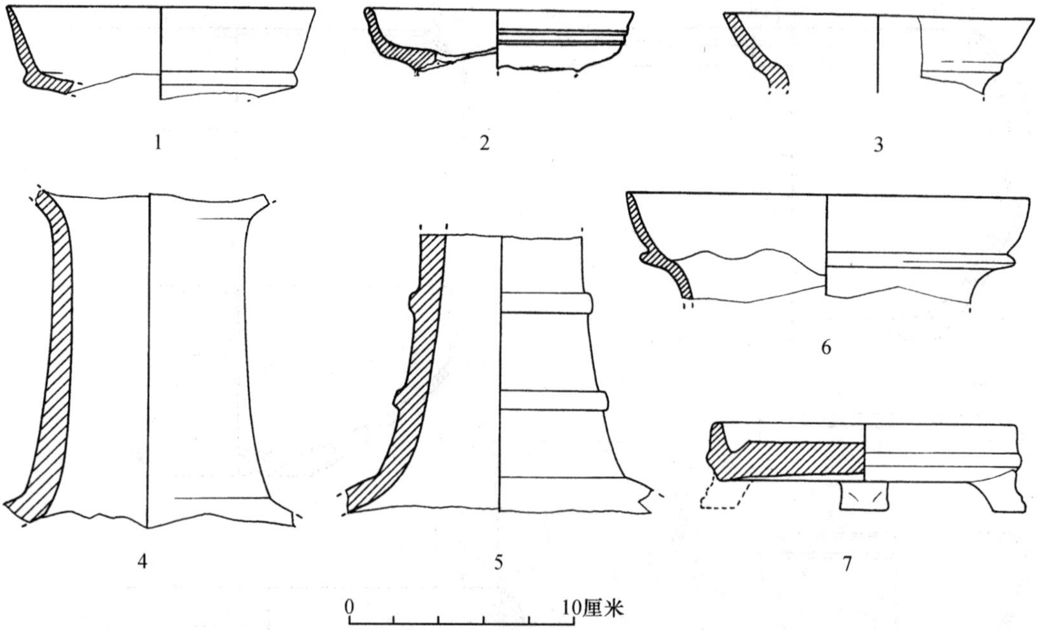

图八三　瓷盘口壶、砚

1～6. 瓷盘口壶（L1④:14、T4215③:2、L1②:20、H2:14、H2:13、G3②:26）　7. 瓷砚（L1②:48）

棕色胎，施浅酱釉，薄釉处呈浅酱黄色，砚面部露胎，砚外底局部露胎，余施釉。直径14、高3.8厘米（图八三，7）。

执壶　9件。T4315③:6，细长束颈，广肩，深鼓腹，平底，矮圈足，肩部置一长曲流，器口部及把手残。浅灰胎，器外满施豆黄釉，局部釉色泛灰，釉水肥厚，釉面光亮度高。口径18.4、底径7.1、残高18.4厘米（图八四，1；彩版二，2）。H2:10，侈口，长圆颈较粗，溜肩，颈、肩间置一弓形把手，唇、腹部及流残。浅黄胎，器外满施豆黄釉，器腹部釉下饰紫褐色釉花草图案，为长沙窑作风。残高11、颈直径7.2厘米（图八四，5；彩版六，2）。T3827③:26，喇叭口残，短圆颈，丰肩，肩部置十二棱形流，对应一侧置曲柄。浅黄胎，褐黄色釉。残高13.5厘米（彩版五，6）。H16:7，残存流部，曲形长流，截面呈圆形。白胎，白釉。残长6厘米（图八四，2）。L1①:7，残存短流，截面呈十棱状。黄泛红胎，豆黄釉。流长3.6、直径1.8～3.8厘米（图八四，4）。G3②:9，存短流，截面呈十棱状。灰泛黄胎，深酱色釉。流长1.6～3.4厘米（图八四，3）。

罐　8件。分二型。

A型　3件。圆唇，侈口，短领，束颈，广肩。G3①:2，硬灰黄胎，含细砂，内外施豆黄釉。口径10.8、残高3.2厘米（图八四，6）。

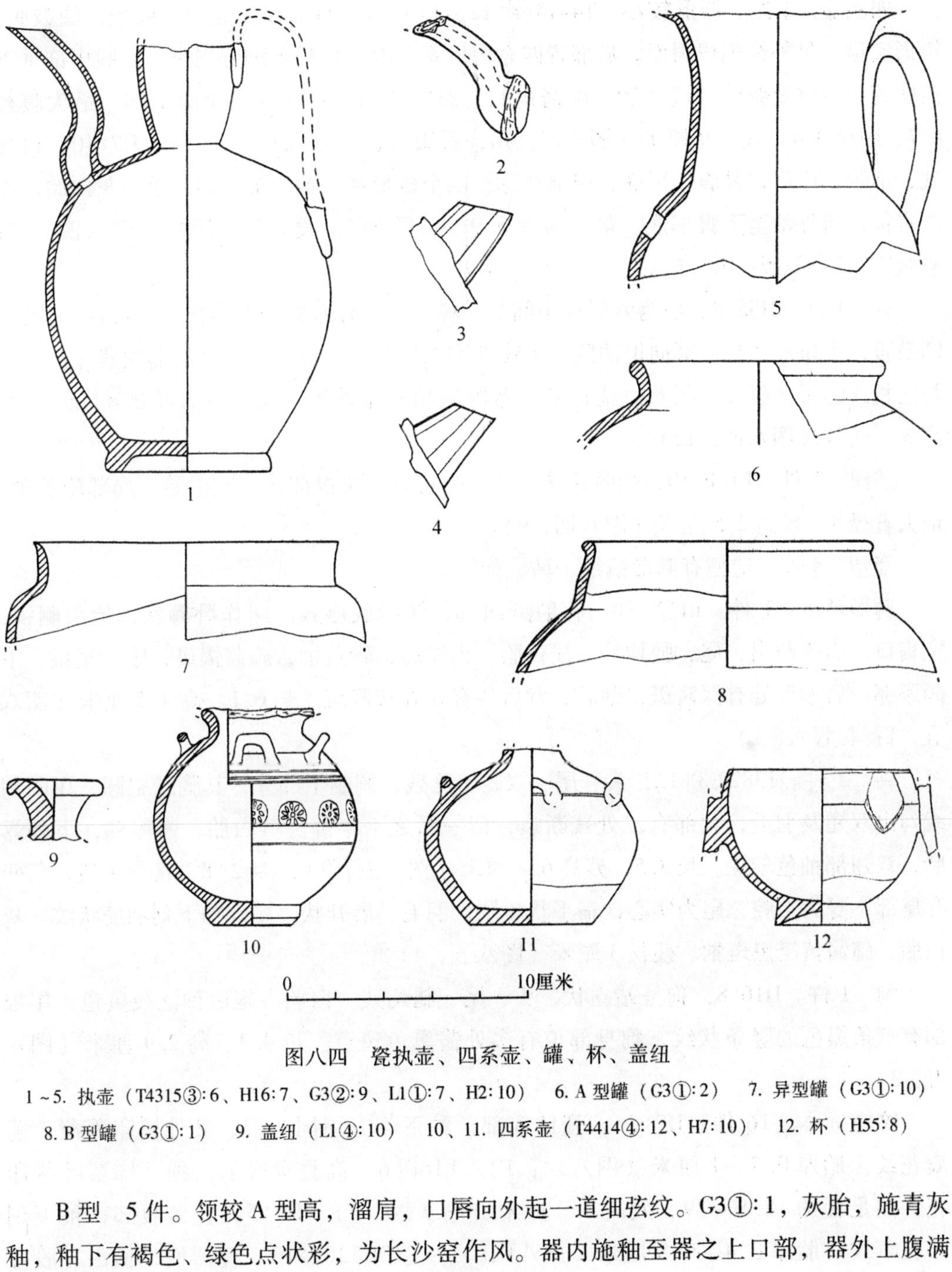

图八四　瓷执壶、四系壶、罐、杯、盖纽

1～5. 执壶（T4315③:6、H16:7、G3②:9、L1①:7、H2:10）　6. A型罐（G3①:2）　7. 异型罐（G3①:10）　8. B型罐（G3①:1）　9. 盖纽（L1④:10）　10、11. 四系壶（T4414④:12、H7:10）　12. 杯（H55:8）

B型　5件。领较A型高，溜肩，口唇向外起一道细弦纹。G3①:1，灰胎，施青灰釉，釉下有褐色、绿色点状彩，为长沙窑作风。器内施釉至器之上口部，器外上腹满釉。口径12.4、残高5.2厘米（图八四，8；彩版六，5）。

异型罐　2件。侈口，尖唇，短领较直。G3①:10，弧窄肩。灰胎，内外施豆青釉。口径13、残高4.2厘米（图八四，7）。

四系壶　2件。器形较小。T4414④:12，喇叭口，唇部残，短领，束颈，圆鼓腹，饼形实足，足外缘削成斜面，肩部置四个桥形系。腹上部釉下饰五周弦纹，腹中部釉下压印菊花瓣纹及弦纹。浅灰胎，施酱褐釉，器内露胎，器外施釉至腹上部。最大腹径8.7、底径3.4、残高9厘米（图八四，10；彩版三，1；图版一四，6）。H7:10，口部残，细颈，广肩，鼓腹，平底，肩部对称置四个桥形系。釉下饰二周弦纹。灰白胎，施淡青釉，器外釉至下腹部底。最大腹径8.9、底径5.2、残高7.3厘米（图八四，11；彩版三，2；图版一五，6）。

杯　1件。H55:8，应为六联杯中间的一杯，余子杯残失，形体很小。敞口，圆唇，圆鼓腹，小饼形实足底部向上凹陷。上腹部饰二周弦纹，腹外粘附六块器腹残片，应为与之相连的子杯腹片。灰胎，施青釉，器内满釉，器外釉不及底。口径3.8、底径2、高3.2厘米（图八四，12）。

盖纽　1件。L1④:10，喇叭状纽，下部为实心，纽根部残。灰白胎，局部施黄釉。最大直径4、残高2.5厘米（图八四，9）。

瓷塑　4件。造型有狮形镇纸、鸟、狗等。

狮形镇纸　1件。L1②:36，存镇纸纽部，镇纸底座残。纽作卧狮状，抬头侧视，宽扁口，眉骨凸出，尾、腿均残。浅黄胎，火候高，青黄釉，施酱褐斑，眼、尾根、下颌颈部、后颈等处有深酱斑，颈后、背后各有几处灰酱斑。长6.1、高4.2厘米（图八五，1；彩版六，1）。

鸟　2件。T3822③:12，头、尾、双腿等已残，剩躯干部分，其胸脯肥圆，用阴刻线勾出双翅及羽毛，背部有二处残断痕，似一系之下半部。黄白胎，酱黑釉，下脯露胎，双翅部釉色较深。长3.5、残高6.4厘米（图八五，2）。G4②:8，鸟身已残，只残存尾部，身为空腔，尾为实心，扁平状短尾，羽毛呈展开状，尾部釉下刻羽筋状纹。灰白胎，施酱黄泛黑斑釉。残长3厘米（图八五，4）。

狗　1件。H16:8，狗呈站立状，头、尾、腿均残。白胎。施白釉泛浅黄色，尾根部有三条黑色的竖条状纹，狗身部位有多处酱黑色斑点。长4.3、高2.9厘米（图八五，3）。

纹饰标本　16件。H2:15，瓷钵底部，釉下刻五周同心圆，其外模印蔷薇、菊瓣花纹。胎厚0.7～1厘米（图八六，1）。L1④:6，高足盘底部，釉下饰草叶状印花。圈足径约18.8～19、残高3.2厘米（图八六，2）。H2:5，瓷盏腹部，釉下刻印花草纹。胎厚0.4～0.8厘米（图八六，3）。T3822③:13，瓷器柄，柄由三股拧成绹索状。柄径2.4、残长5厘米（图八六，4）。G3①:7，桥形耳，两耳根下各饰一同心圆圈与辐射纹，其间饰植物花卉状纹。残高5.3、胎厚0.7、耳高2、宽4.2厘米（图八六，5）。L1③:23，高足盘底部残片，二周一组的同心圆两组，同

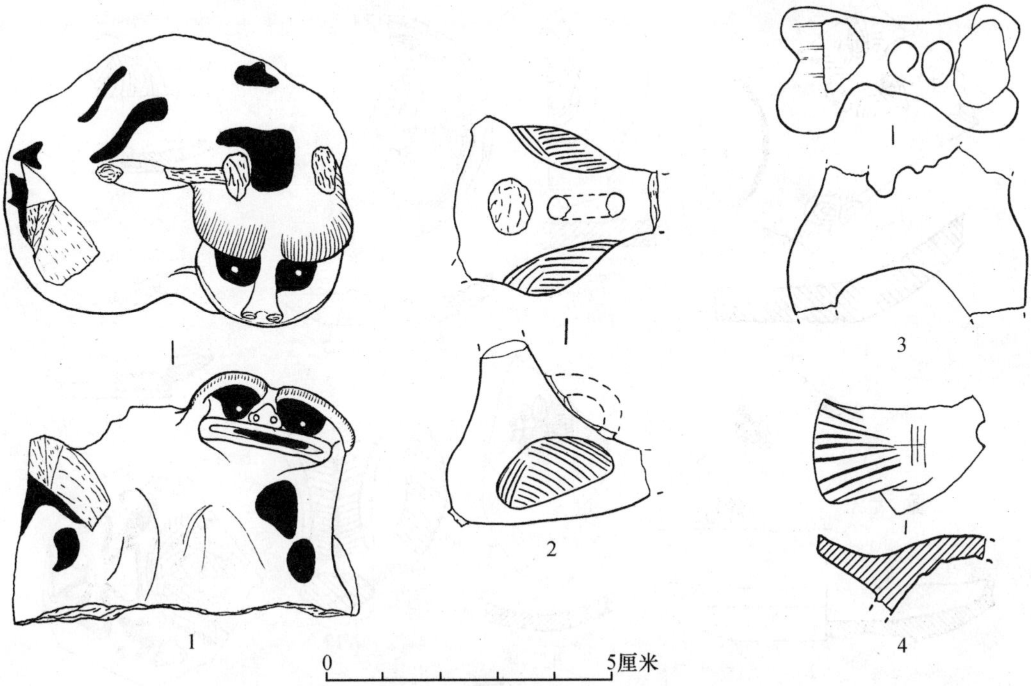

图八五　瓷塑

1. 狮形镇纸（L1②:36）　2、4. 鸟（T3822③:12、G4②:8）　3. 狗（H16:8）

心圆内釉下饰压印多叶花瓣纹。残高2.2厘米（图八六，6）。H9:5，釉下饰紫褐色及灰白色线状花卉纹。（图八六，7）。H25:2，高足盘底部残片，四周同心圆，同心圆内饰花瓣纹。残高4厘米（图八六，8）。L1②:34，瓷碗底部残片，釉下饰褐色弧线纹。底径5.6、残高1.8厘米（图八六，9）。L1③:17，瓷碗底部残片，器内底部釉下饰灰黑色凤尾状花卉纹。底径6、残高2.3厘米（图八六，10；彩版六，6）。L1①:5，釉下压印阔叶树木纹及弦纹，胎厚0.8厘米（图八六，11）。T3822③:9，瓷耳残片，器耳面釉下饰褐色麦穗纹。宽4、厚2、残高7.2厘米（图八六，12）。L1②:59，瓷器底部残片，釉下饰模印花瓣短线纹及由阳线、点、面组成的贴塑堆花。胎厚0.5、残宽6.3厘米（图八六，13）。L1②:25，瓷器底部残片，釉下用褐彩及紫灰彩绘植物叶纹，叶脉部位为褐彩。胎厚0.6厘米（图八六，14；彩版六，4）。G2②:1，釉下饰刻划漩涡纹。宽4.8、残长5.2厘米（图八六，16）。H26:9，瓷盏底部残片，釉下刻划植物茎及叶片纹。底径4.4、胎厚0.8厘米（图八六，15）。

图八六　瓷器花纹

1. 蔷薇、菊瓣花纹（H2∶15）　2. 草叶状印花（L1④∶6）　3. 花草纹（H2∶5）　4. 绚索纹（T3822③∶13）5. 同心圆圈与辐射纹（G3①∶7）　6. 多叶花瓣纹（L1③∶23）　7. 线状花卉纹（H9∶5）　8. 花瓣纹（H25∶2）9. 弧线纹（L1②∶34）　10. 凤尾状花卉纹（L1③∶17）　11. 阔叶树木纹及弦纹（L1①∶5）　12. 麦穗纹（T3822③∶9）　13. 贴塑堆花（L1②∶59）　14. 植物叶纹（L1②∶25）　15. 植物茎及叶片纹（H26∶9）　16. 漩涡纹（G2②∶1）

（二）陶器

陶器分釉陶器、硬陶器、软陶器三类。釉陶器，指硬陶器上施了釉的陶器；硬陶器，指陶胎火候很高的陶器；软陶器，指陶胎火候一般或火候不高的陶器。

1. 釉陶器

根据统计，釉陶器和硬陶器不同阶段所占的比重区别很大，在唐晚期以前的遗物中，釉陶器，所占的比例约为6%，在唐晚期以后，釉陶器约为遗物总量的40%。

陶胎特征　釉陶器和硬陶器的陶胎相同，陶质均为夹细砂陶，硬度大，火候非常高，渗水率与瓷器接近，扣之有金属声。陶色方面，釉陶器和硬陶器在隋唐的不同阶段虽有不同的特点，但大致风格相同。在唐晚期以前的遗物中，以棕色陶为主，灰陶胎、红陶胎各占一定比例；在唐晚期以后的遗物中，仍以棕色陶为主，次为灰陶，有一定量的褐色陶，还有少量的红陶、黄陶等（表一五、表一六）。

表一五　第③层釉陶器胎色统计表

项目／名称	胎色					
	灰色	灰白色	褐色	棕色	黄色	红色
合计件数	18	1	10	70	4	3
百分比（%）	17.0	0.9	9.4	66.0	3.8	2.8

注：第③层釉陶器各类统计表中的数据为釉陶器件数，它包括了T3817、T3818、T3821、T3822、T3823、T3829、T4116、T4117、T4231、T4318十个探方第③层的统计资料。

表一六　第④层釉陶器胎质、釉色统计表

项目／器类	胎色			釉色			
	棕胎	灰胎	红胎	酱釉	灰白无光釉	灰釉	棕釉
合计	9	2	2	9	1	1	2
百分比（%）	69.2	15.4	15.4	69.2	7.7	7.7	15.4

注：第④层釉陶器各类统计表中的数据为釉陶器件数，它包括了T4414、T4416、T4517、T4518四个探方第④层的统计资料。

釉层特点　在隋唐的不同阶段都以酱釉为主，还有少量的棕釉、灰釉、无光灰白釉（表一七）。在唐晚期以后的釉陶器中，酱釉分浅酱、酱黄、酱黑等多种颜色，另外新出现了豆黄釉、灰黄釉、牙黄釉和黑釉，釉色比前期显得丰富多彩。酱釉多施于棕色胎的器物上，灰釉、灰白釉多施于灰色胎的器物上，无光灰白釉多施于红色胎的器物上。

表一七　第③层釉陶器釉色统计表

项目 / 名称	釉色								
	酱釉	酱黄釉	无光灰白釉	牙黄釉	酱黑釉	豆黄釉	豆青釉	灰黄釉	黑釉
合计件数	61	17	13	4	4	2	2	2	1
百分比（%）	57.5	16	12.3	3.8	3.8	1.9	1.9	1.9	0.9

纹饰　釉陶器以素面为绝大多数，少数器物上很有时代个性的是釉下绳纹和釉下弦纹，还有少量的方格纹（表一八、表一九）。

表一八　第③层釉陶器纹饰统计表

项目 / 名称	纹饰					
	素面	细绳纹	绳纹	交叉绳纹	凸弦纹	方格纹
合计件数	92	4	6	2	1	1
百分比（%）	86.8	3.8	5.7	1.9	0.9	0.9

表一九　第④层釉陶器纹饰统计表

项目 / 器类	纹饰					
	素面	釉下绳纹	弦纹	绳纹	酱釉弦纹	酱釉绳纹
合计	6	3	1	1	1	1
百分比（%）	46.2	23.1	7.7	7.7	7.7	7.7

器类　有碗、罐、钵、碟、盂、盆、瓮、盅、执壶、杯、小瓶等。

碗　25件。分二型。

A型　10件。弧腹壁略曲。分四式。

Ⅰ式　2件。敞口，圆唇略外侈，腹壁上部较直，下部圆弧，腹壁靠足处平削。L1③:28，饼形实足底部向上稍凹陷。棕胎，酱釉，蘸釉，器内外均不及底。口径15.8、底径6.7、高7.5厘米（图八七，1；图版一三，4）。

Ⅱ式　1件。G3②:7，敞口，圆唇外侈，弧腹，圈足胎较厚。棕褐硬陶胎，施酱釉，器内满釉，器外釉不及底，碗内底及圈足底各有七个不规则形支钉痕，足沿支钉痕周围呈褐红色。口径16.6、底径7.6、高6.6厘米（图八七，2）。

Ⅲ式　3件。圆唇外侈较甚，腹壁弧收，饼形实足底部向上凹陷。G3①:6，棕胎，施酱绿釉，器内满釉，器外釉及下腹，器内底有四个支钉痕。口径13.6、底径5.4、高5.6厘米（图八七，3）。

Ⅳ式　4件。圆唇，弧折腹。T3822③:17，底残。浅黄胎，施浅酱色泛豆绿釉，器内满釉，器外釉及下腹。口径13、残高3.7厘米（图八七，4）。

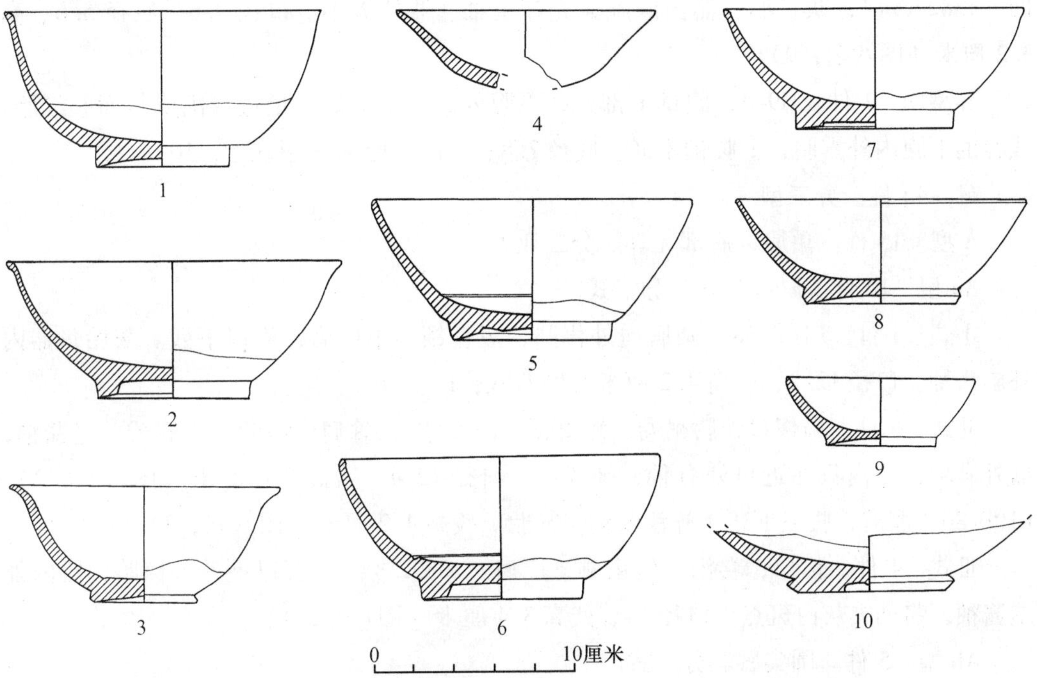

图八七　釉陶碗

1. A型Ⅰ式（L1③:28）　2. A型Ⅱ式（G3②:7）　3. A型Ⅲ式（G3①:6）　4. A型Ⅳ式（T3822③:17）　5、6. B型Ⅰ式（L1③:50、L1③:51）　7. B型Ⅱ式（L1②:15）　8. B型Ⅲ式（T3823③:2）　9. B型Ⅳ式（T3827③:1）　10. 异型碗（H9:4）

B型　14件。斜腹壁略弧。分四式。

Ⅰ式　6件。圆唇，敞口，斜腹壁，圈足胎较厚，圈足内缘削成斜面。L1③:50，器内近底处饰一周凹弦纹。灰褐硬陶胎，施酱釉，器内满釉，器外釉至下腹。口径16.2、底径8、高6.8厘米（图八七，5；图版一三，5）。L1③:51，腹微弧，厚胎圈足。器内近底处有一周凹弦纹。灰胎，施酱绿釉，器内满釉，器外釉及下腹，器内底及足沿有六个支钉痕。口径16、底径8、高6.8厘米（图八七，6）。

Ⅱ式　3件。圆唇略外侈，斜腹壁微弧，器腹比Ⅰ式浅，厚胎圈足Ⅰ式稍矮。L1②:15，灰胎，施酱釉，器内满釉，器外釉至下腹近足根部。器内底部及圈足沿处有不规则的长条疤状支钉痕迹。口径15.2、底径8、高5.8厘米（图八七，7）。

Ⅲ式　2件。敞口，圆尖唇，斜腹壁较直，器腹比Ⅱ式浅，矮饼形实足，足底部向上凹陷。T3823③:2，圈足沿削边，灰黄硬胎，施酱釉，除器外底部以外，余满釉。口径15、底径7.8、高5厘米（图八七，8）。

Ⅳ式　3件。敞口，浅斜腹，器腹比Ⅲ式浅，薄饼形足比Ⅲ式矮，足底部向上弧凹。T3827③:1，灰黄胎，器内满施无光牙黄釉，器外无釉。口径9.6、底径5.6、高3.2厘米（图八七，9）。

异型碗　1件。H9:4，腹壁上部残，下腹外斜，璧形足，足边缘削成斜面。红胎，残存的下腹内外露胎，上腹釉不详。底径7.8、残高3厘米（图八七，10）。

罐　45件。分三型。

A型　15件。单唇，肩部无耳。分二亚型。

Aa型　10件。唇部凸起。分三式。

Ⅰ式　1件。L1③:38，圆唇向外侈凸，短直领，丰广肩，肩以下残。灰胎，器内外施酱釉。口径12.2、残高4.2厘米（图八八，1）。

Ⅱ式　5件。微侈口，唇稍卷，短直领。L1②:85，耸肩，鼓腹，下腹残。施酱釉，器外满釉，器内只在近口处有釉，硬棕胎。口径12.4、残高2.4厘米（图八八，2）。L1②:86，溜肩，腹以下残。施浅酱釉，灰胎。残高4.2厘米（图八八，3）。

Ⅲ式　4件。侈口，卷沿，短束领，广肩。T3822③:3，腹以下残。棕胎，器内外施酱釉，酱釉夹灰白斑点。口径14、残高3.4厘米（图八八，4）。

Ab型　5件。圆尖唇。分二式。

Ⅰ式　2件。短直口微侈，窄溜肩，腹以下残。L1④:11，器外施灰白釉泛黄，棕胎。口径15.2、残高2.5厘米（图八八，5）。

Ⅱ式　3件。圆唇口略侈，短领，领比Ⅰ式稍高，圆溜肩，腹以下残。L1②:51，棕胎，器内外施酱釉。口径11.6、残高5厘米（图八八，6）。

B型　12件。双唇罐。分二亚型。

Ba型　11件。外唇部凸起较高。分三式。

Ⅰ式　6件。双唇口，内唇为侈口，外唇斜伸，低于内唇。L1④:3，溜肩，鼓腹，肩部对称置椭圆形双耳。棕胎，器内外施酱釉。口径12.3、残高9厘米（图八八，7）。L1④:19，内口近直口，外唇明显低于内唇，溜肩，鼓腹，肩部对置双耳，下腹残。棕胎，施酱釉，器内釉及口沿下，器外釉及上腹，下腹残。口径11.4、残高7.4厘米（图八八，8）。

Ⅱ式　4件。L1②:17，内唇为敛口，外唇较短矮明显低于Ⅰ式，斜溜肩，肩部对称置四半环形耳，腹以下残。棕胎，器内外施酱釉。口径12、残高6.3厘米（图八八，9）。L1②:52，棕胎，器内外施酱釉。口径19.2、残高5.6厘米（图八八，10）。

Ⅲ式　1件。G3①:18，内唇为侈口，外唇作平地向外伸出，肩以下残。棕胎，器内外施酱釉。胎厚0.4、残高3厘米（图八八，11）。

Bb型　1件。L1③:2，内唇为敛口，外唇部凸起明显矮于Ba型。棕胎，器内外施无光牙黄釉。口径17.4、残高15.4厘米（图八八，12）。

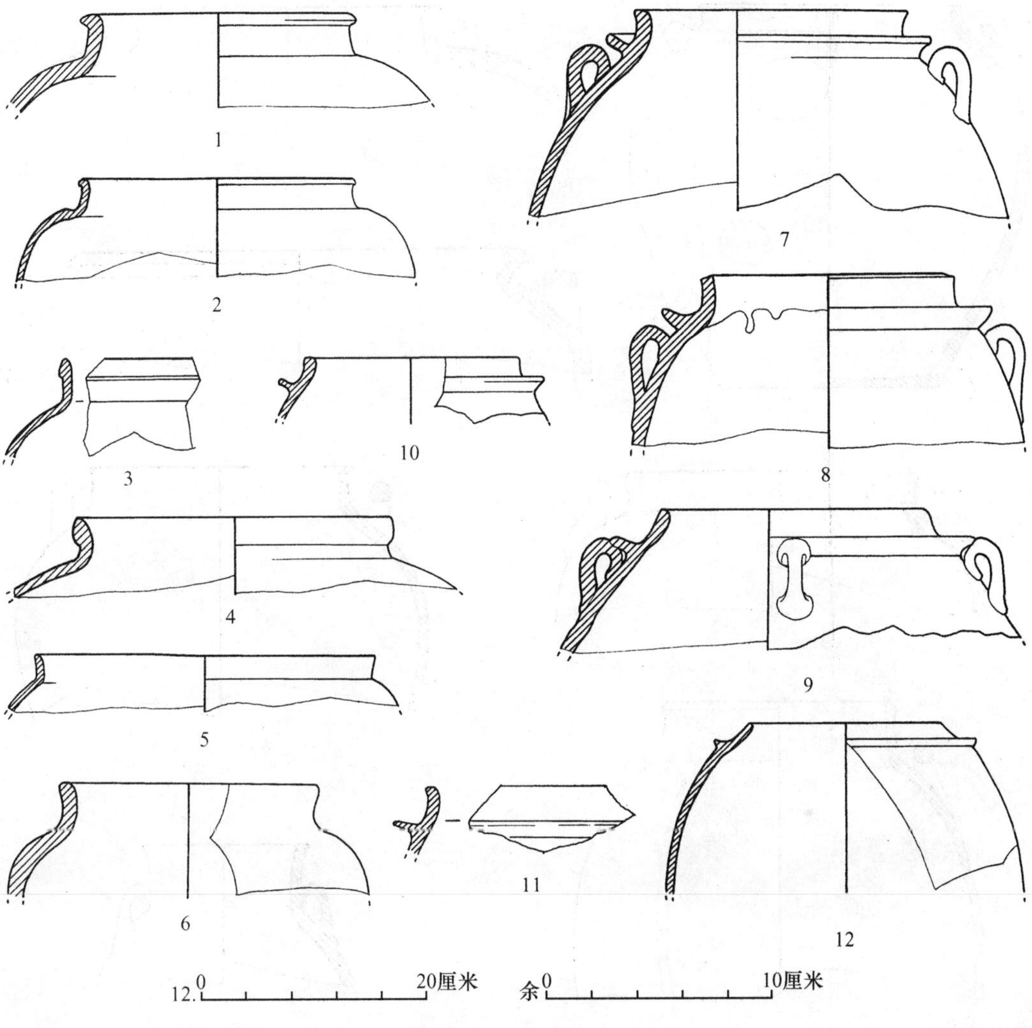

图八八　釉陶罐

1. Aa型Ⅰ式（L1③:38）　2、3. Aa型Ⅱ式（L1②:85、L1②:86）　4. Aa型Ⅲ式（T3822③:3）　5. Ab型Ⅰ式（L1④:11）　6. Ab型Ⅱ式（L1②:51）　7、8. Ba型Ⅰ式（L1④:3、L1④:19）　9、10. Ba型Ⅱ式（L1②:17、L1②:52）　11. Ba型Ⅲ式（G3①:18）　12. Bb型（L1③:2）

C型　12件。双耳罐。分七式。

Ⅰ式　1件。L1③:39，圆尖唇，矮领微束，溜肩，上腹鼓，下腹斜直收，平底，肩部对称置横向半环形耳。棕胎，施酱绿釉至器中腹，釉下胎面存留烧制时形成的气泡。口径11.2、最大腹径6.8、底径9.2、高15.6厘米（图八九，1；图版一五，5）。

Ⅱ式　1件。L1③:47，圆唇，短直口，矮领稍束，广肩，肩部对置横拱桥耳，肩以下残。棕胎，内外施黄釉。口径12.8、残高4厘米（图八九，2）。

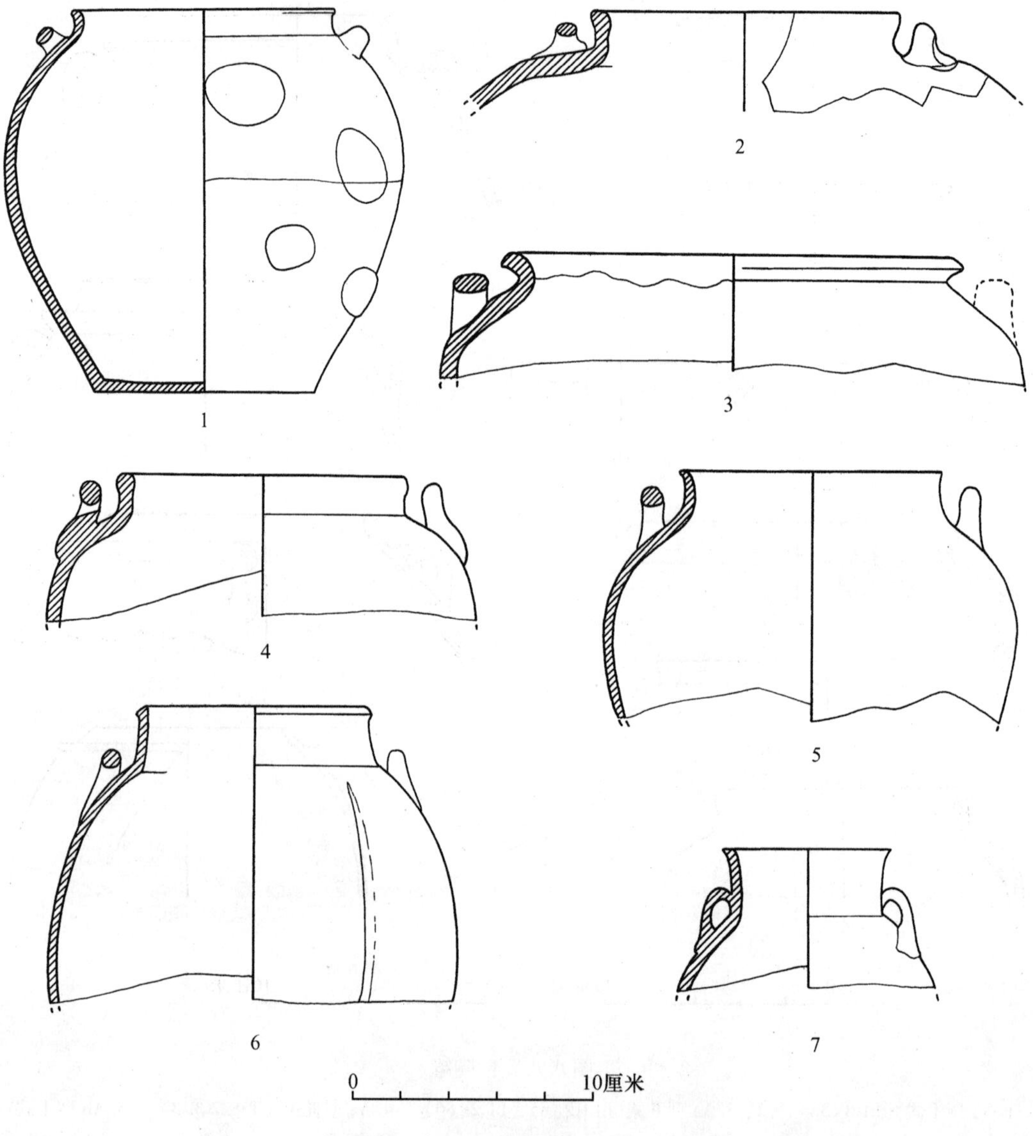

图八九　釉陶罐

1. C型Ⅰ式（L1③:39）　2. C型Ⅱ式（L1③:47）　3. C型Ⅲ式（L1③:19）　4. C型Ⅳ式（G3①:5）
5. C型Ⅴ式（G3①:6）　6. C型Ⅵ式（H63:10）　7. C型Ⅶ式（H63:3）

Ⅲ式　2件。侈口，卷沿，矮束领，溜肩，肩部对置横桥耳。L1③:19，腹以下残。棕胎，黑釉，器内只口部施釉，器外上腹满釉，下腹施釉不详。口径19.2、残高5厘米（图八九，3）。

Ⅳ式　3件。圆唇，短直口较前几式高，矮直领，溜肩比Ⅲ式窄，肩部对称贴附横桥耳，腹以下残。G3①:5，黄褐胎，器内施酱黑釉，器外施酱釉，颈、肩及耳的衔接处积釉严重，积釉处的釉色呈紫蓝、紫白等花色状。口径12、残高6厘米（图八九，4）。

Ⅴ式　1件。G3①:6，尖圆唇，侈口，领略弧束，领部明显比Ⅳ式高，溜肩，上腹鼓，下腹斜收，肩部对称置桥形横耳。灰褐胎，内外施酱釉。口径10.8、残高10.2厘米（图八九，5）。

Ⅵ式　2件。圆唇外凸，直口，直领较Ⅴ式高。H63:10，溜肩，瓜棱状圆腹，下腹残，肩部对称置半环形横耳。灰褐胎，内外施豆绿釉。口径9.2、残高12厘米（图八九，6）。

Ⅶ式　2件。尖唇，侈口，高领，溜肩。H63:3，腹以下残，领、肩结合处置竖向的半椭环形耳。灰胎，内外施酱釉。口径7、残高5.6厘米（图八九，7）。

异型罐　6件。H52:4，敛口，斜直领，广肩，圆鼓腹，下腹残，肩部置四个桥形横耳，肩以下的腹部釉下饰细绳纹。棕胎，酱灰釉。口径12、残高12.6、胎厚0.5~0.6厘米（图九〇，1）。H37:2，圆唇，短束领，溜肩，圆腹，下腹残。棕胎，酱黄釉，内外施釉。口径9、残高4.8厘米（图九〇，4）。H25:4，宽折沿，圆方唇，短束领。夹砂红陶胎，无光灰白釉，釉面局部有黄釉层。胎厚0.8厘米（图九〇，6）。H24③:12，残存器下腹和底部，斜直腹，平底。夹细砂灰胎，器内酱灰黄釉，器外残存釉泪（图九〇，8）。T3822③:8，斜壁较直，平底内凹。夹细砂浅红陶，无光牙黄釉，器内满釉，器外釉至足外沿。底径8.3、残高2.3厘米（图九〇，9）。

小瓶　1件。L1②:26，侈口，圆唇，直领，溜肩，深直腹，平底，领、肩结合处对称置竖耳。灰胎，酱釉，内满釉，外不及底。口径4.2、底径4.4、高8.4厘米（图九〇，3）。

杯　2件。H9:3，口部残，上腹直，下腹急收，撇圈足底削边。橙黄胎，灰白无光釉。底径5.6、残高6厘米（图九〇，5）。G3①:27，敞口，尖唇，上腹较直，下腹弧收，底残。灰胎，内外施浅酱釉，器内满釉，器外及中腹。口径8、残高4厘米（图九〇，7）。

执壶　1件。H25:8。颈及腹中部残，溜肩，圆腹，平底，肩部残存带状柄的下部，下腹内壁呈瓦棱状。浅粉红胎，奶黄釉有光润，足底、器内露胎。圈足径6.4、残高13厘米（图九〇，2）。

钵　5件。分三式。

Ⅰ式　1件。L1②:19，圆唇，短直口，弧折腹，下腹斜直，底部残。浅黄胎，豆黄釉，内外满釉。口径20.6、残高6厘米（图九一，1）。

Ⅱ式　2件。方圆唇，敛稍口，唇缘向外微撇，弧折腹，下腹斜直。L1①:3，底部残。棕胎，灰白釉泛黄，上腹内外满釉，下腹内外均无釉。口径18、残高5.4厘米

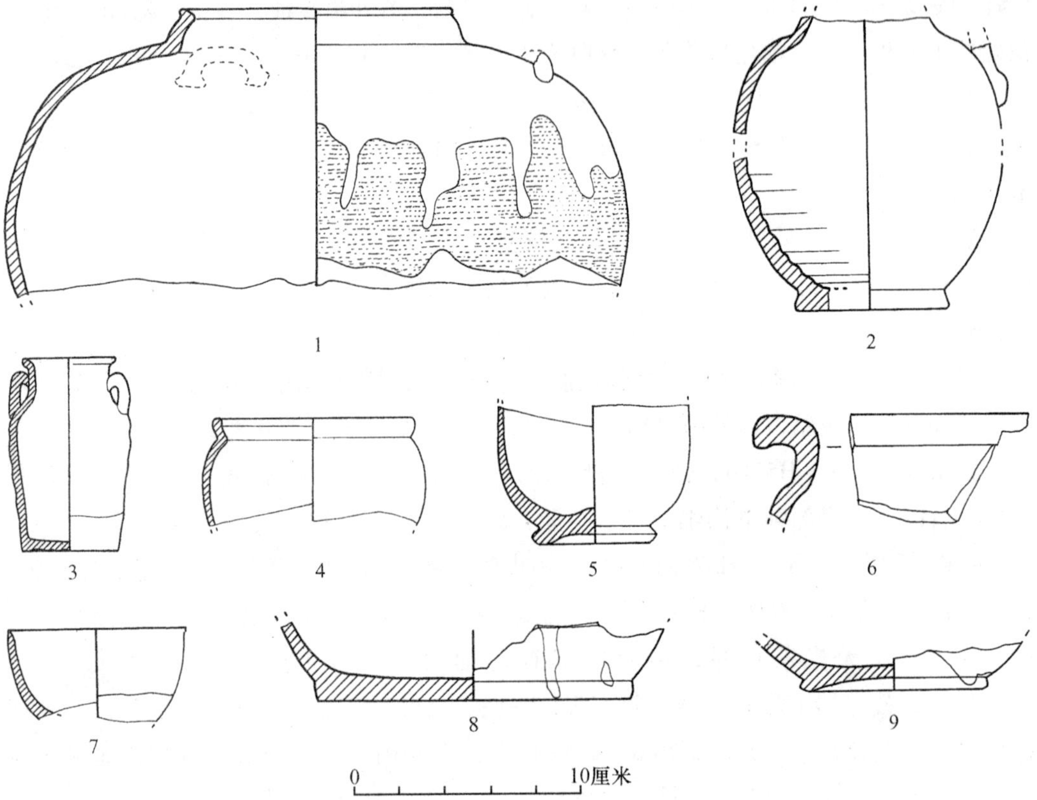

图九○　釉陶罐、小瓶、执壶、杯

1、4、6、8、9. 异型罐（H52∶4、H37∶2、H25∶4、H24③∶12、T3822③∶8）　2. 执壶（H25∶8）

3. 小瓶（L1②∶26）　5、7. 杯（H9∶3、G3①∶27）

（图九一，2）。

Ⅲ式　2件。圆唇外凸，微敛口，圆腹微鼓，下腹弧收。L1①∶2，小平底。棕胎，酱釉泛白，器内施釉至中腹，器外施釉至上腹。口径12.8、底径5.2、高5.2厘米（图九一，3）。

盂　4件。分三式。

Ⅰ式　1件。H16∶1，方唇，敛口，圆肩，腹残。棕胎，器内外施酱灰釉。残高4.6、胎厚1～1.2厘米（图九一，4）。

Ⅱ式　1件。L1④∶7，方唇，敛口，口部弧起较Ⅰ式稍高，圆肩，腹残。棕胎，内外施无光牙黄釉。残高4、胎厚0.8～1.4厘米（图九一，5）。

Ⅲ式　2件。敛口，圆角方唇，唇面内凹，斜溜肩。G3②∶30，腹残。红胎，器内露胎，器外施无光牙黄釉。残高5、胎厚1～1.2厘米（图九一，6）。

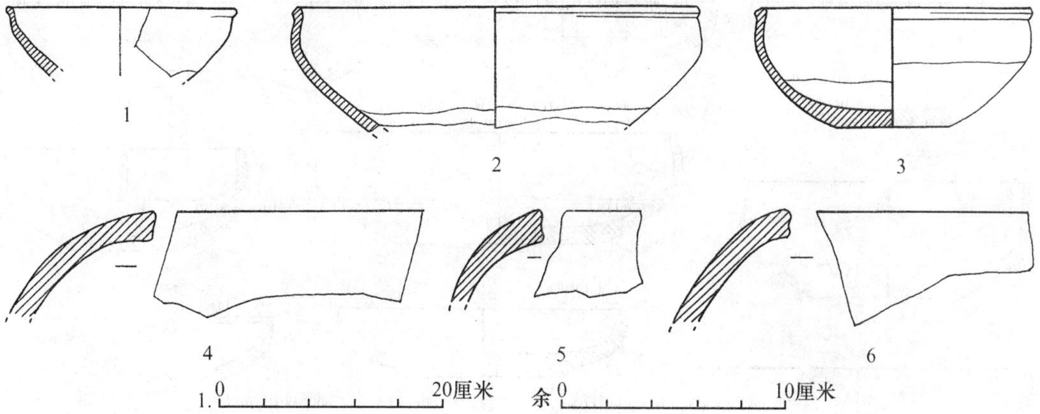

图九一　釉陶钵、盂

1. Ⅰ式钵（L1②:19）　2. Ⅱ式钵（L1①:3）　3. Ⅲ式钵（L1①:2）　4. Ⅰ式盂（H16:1）
5. Ⅱ式盂（L1④:7）　6. Ⅲ式盂（G3②:30）

碟　33 件。分二型。

A 型　18 件。碟盘较深。分四式。

Ⅰ式　5 件。直口，圆唇，弧折腹，腹较深，小平底。L1④:15，无光牙黄釉，器内满釉，器外釉至底部，器底局部露红胎。口径 15、底 6.6、高 6 厘米（图九二，1；图版一六，1）。L1④:16，底残。棕胎，无光酱黄釉，蘸釉，内外施釉至下腹处。口径 15.8、残高 5.8 厘米（图九二，2）。

Ⅱ式　7 件。直口较Ⅰ式短。L1③:41，弧折腹，底残。棕胎，酱釉，器内满釉，外至下腹。口径 18、残高 5.2 厘米（图九二，3）。G3②:25，圆弧折腹，平底，底芯残。棕红胎，酱釉，器内外施釉至下腹，器内有不规则形支钉痕五个。口径 16.8、底径 7.6、高 5.6 厘米（图九二，4；图版一六，2）。G3②:15，微敞口，尖唇，折腹明显，腹较浅，底残。棕胎，酱釉含白斑，器内外施釉均及折腹处。口径 16.4、残高 4.8 厘米（图九二，5）。

Ⅲ式　5 件。口稍敛，圆唇，弧折腹略外鼓。L1③:52，底残。棕色硬陶胎，酱釉，内外均及中下腹。口径 18、残高 4.6 厘米（图九二，6）。L1③:42，宽平底。酱釉内外均及中腹。棕红胎，釉上有灰白斑。口径 18、底径 10.4、高 5.6 厘米（图九二，7）。G3②:24，平底向上微凹。下腹近底处饰一周凸弦纹。棕胎，酱釉，内外均及中下腹。口径 12、底径 5.6、高 5 厘米（图九二，8）。

Ⅳ式　1 件。L1②:40，敞口，弧折腹，浅腹下部向下弧曲成小平底。棕胎，酱釉，内满釉，外及下腹。口径 9.6、底径 4.4、高 3.4 厘米（图九二，11）。

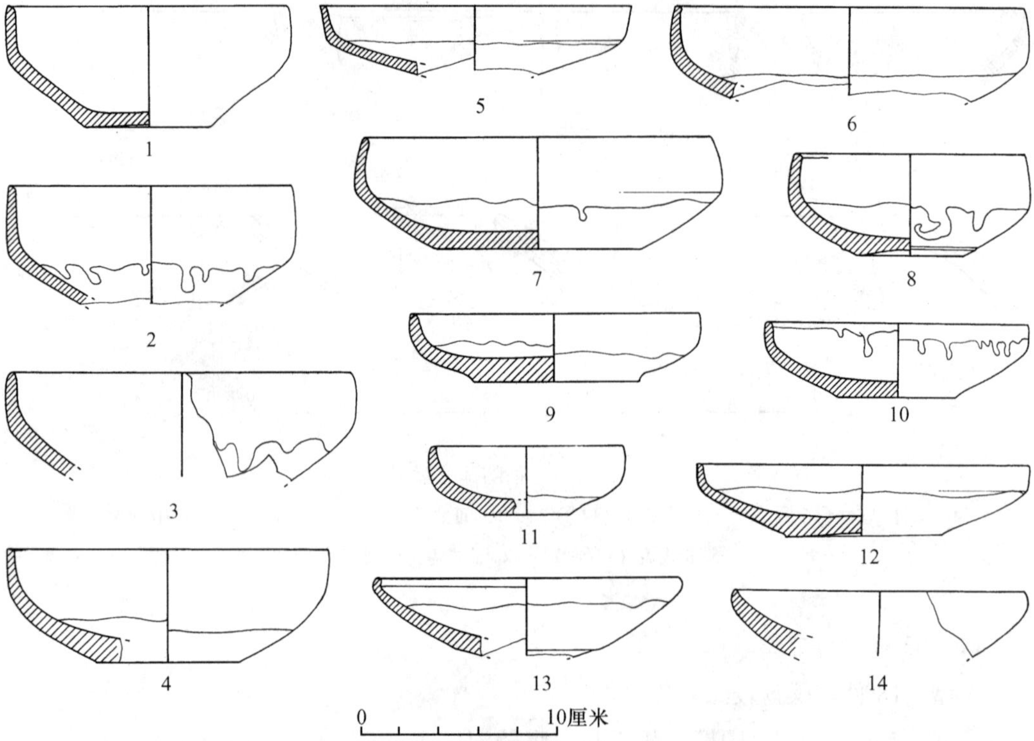

图九二　釉陶碟

1、2. A型Ⅰ式（L1④:15、L1④:16）　3～5. A型Ⅱ式（L1③:41、G3②:25、G3②:15）　6～8. A型Ⅲ式（L1③:52、L1③:42、G3②:24）　9. B型Ⅱ式（H9:2）　10. B型Ⅰ式（T4517④:4）　11. A型Ⅳ式（L1②:40）　12. B型Ⅲ式（G3②:3）　13. B型Ⅳ式（G3①:66）　14. B型Ⅴ式（L1②:23）

B型　15件。碟盘浅。分六式。

Ⅰ式　3件。T4517④:4，敞口，上腹短直，弧折浅腹，平底。褐釉，内外只施于口部，有流釉，下露棕胎。口径13.6、底径6、高3.7厘米（图九二，10）。

Ⅱ式　1件。H9:2，浅弧折腹，下腹曲成小平底。棕胎，酱釉，蘸釉。口径14.8、高3.4厘米（图九二，9）。

Ⅲ式　1件。G3②:3，方唇，浅弧折腹，下腹斜收，平底。棕胎，灰白釉，蘸釉。口径17.2、高3.6厘米（图九二，12）。

Ⅳ式　7件。圆唇，敛口，浅斜腹微弧。G3①:66，底残。灰褐胎，浅酱釉，器内外施釉至中腹。口径16、残高3.9厘米（图九二，13）。

Ⅴ式　3件。尖圆唇，敞口，近口部外壁略显弧凸，内壁斜直，下腹残。L1②:23，胎厚实。灰胎，酱釉。口径15、残高3.2厘米（图九二，14）。

盅 9件。分五式。

Ⅰ式 2件。圆尖唇，近直口，弧折腹，矮饼形实足。H7∶6，棕胎，青灰釉，蘸釉，器之内外施釉均近底。口径9.6、底径5、高4.2厘米（图九三，1）。

Ⅱ式 1件。L1④∶8，尖圆唇，敞口，弧腹，腹比Ⅰ式稍深，饼形实足。泛红色的黄胎，内满施酱釉，外及下腹。口径10、底径5.2、高4.4厘米（图九三，2；图版一四，5）。

Ⅲ式 3件。圆方唇，直口稍敛，弧折腹，腹比Ⅱ式浅，宽饼形实足。G3②∶18，浅棕胎，灰白色的无光釉，蘸釉，器之内外施釉均仅至上腹部。口径10、底径6.4、高4.4厘米（图九三，3）。

Ⅳ式 1件。L1③∶25，圆唇，敞口，斜弧腹较深，腹比Ⅲ式深，饼形实足削边，足底微上凹。灰胎，酱釉，内满釉，外及下腹，底部有三个不规则圆形支钉痕。口径9.2、底径4、高4.5厘米（图九三，4）。

Ⅴ式 2件。圆唇，敞口，斜弧腹，腹明显比Ⅳ式浅。L1③∶26，底残。棕胎，酱釉，器内施满釉，器外施釉及中腹。口径13.2、残高3.6厘米（图九三，5）。

盆 7件。分三式。

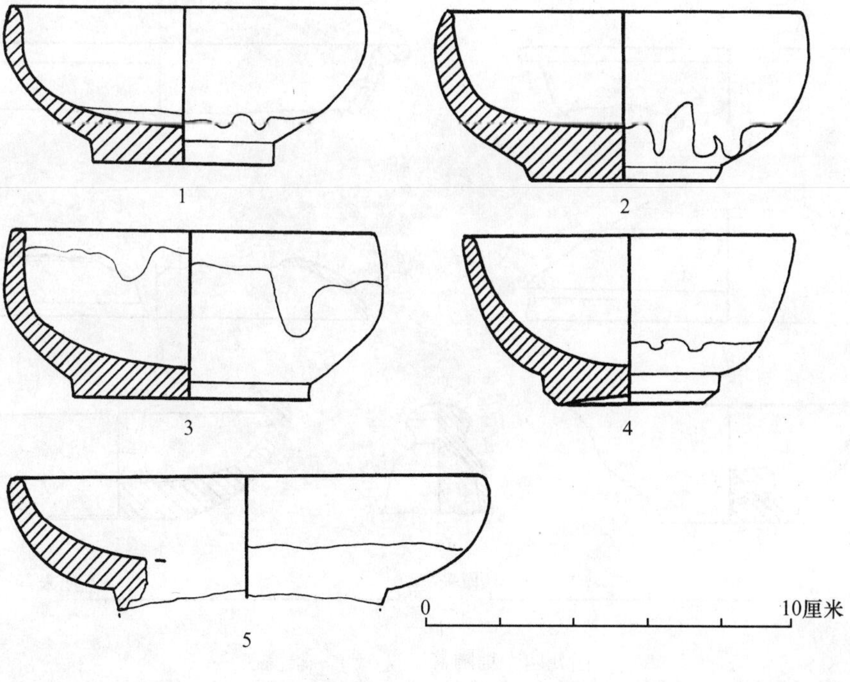

图九三 釉陶盅

1. Ⅰ式（H7∶6） 2. Ⅱ式（L1④∶8） 3. Ⅲ式（G3②∶18） 4. Ⅳ式（L1③∶25） 5. Ⅴ式（L1③∶26）

Ⅰ式　2件。微敛口，厚圆唇沿外凸，斜弧壁。L1④∶12，深棕胎，酱釉，内外施釉，在唇部有紫酱釉泛白斑。残高3.6厘米（图九四，1）。

Ⅱ式　4件。敛口，圆唇沿内侧略内勾，斜壁稍弧。L1③∶5，下部残，唇下有细凹弦纹一周。夹粗砂棕胎，内外施酱釉。口径44、残高6厘米（图九四，2）。L1③∶43，圆唇沿略外凸，内侧略内勾，下腹残。夹粗砂灰胎，酱釉，内外满釉。口径30.8、残高6.2厘米（图九四，3）。

Ⅲ式　1件。G3②∶21，近敞口，腹较深，弧壁，下半部残。棕胎，酱釉，釉上有大量的灰白斑，内外施釉。口径24.8、残高4.6厘米（图九四，4）。

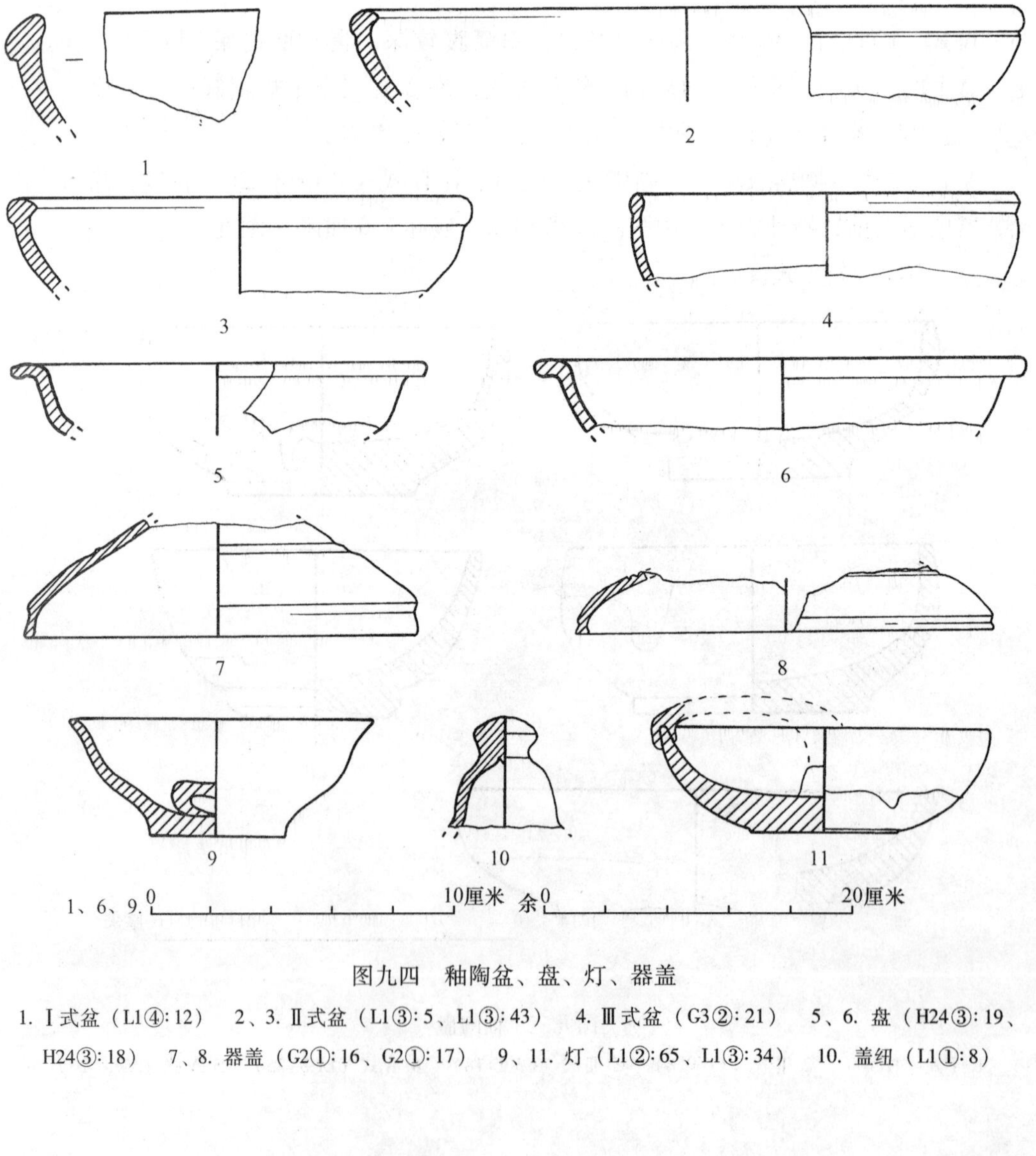

图九四　釉陶盆、盘、灯、器盖

1. Ⅰ式盆（L1④∶12）　2、3. Ⅱ式盆（L1③∶5、L1③∶43）　4. Ⅲ式盆（G3②∶21）　5、6. 盘（H24③∶19、H24③∶18）　7、8. 器盖（G2①∶16、G2①∶17）　9、11. 灯（L1②∶65、L1③∶34）　10. 盖纽（L1①∶8）

盘　4件。宽平沿，浅折腹。H24③:19，下半部残。白胎，内外施翠绿釉，釉层光亮。口径28、残高4.4厘米（图九四，5）。H24③:18，白胎略泛粉红色，内外均施绿釉。口径32、残高4.4、胎厚0.8厘米（图九四，6）。

器盖　2件。G2①:16，盖纽残，整器作覆扣的折盘斜壁状。灰胎，酱黑釉，器内无釉。口径13.2、残高3.6厘米（图九四，7）。G2①:17，残存下半部，呈倒浅弧盘状。棕胎，酱釉，器内无釉，器外满釉。口径13.8、残高2厘米（图九四，8）。

盖纽　1件。L1①:8，扁圆珠纽顶，圆塔状纽身。灰胎，酱黑釉。残高3.4厘米（图九四，10）。

灯　2件。L1②:65，侈口，曲腹，平底，器内底置一椭环形纽，用以固定灯芯。褐黄胎，酱绿釉，底露胎，余内外满釉，外底有三个支钉痕。盘径10.3、底径4.6、盘高3.8厘米（图九四，9）。L1③:34，敞口，浅弧壁，器内为圜底平，器外为小平底，口沿一侧至器内底间置一桥形把手，把手残失。棕胎，酱釉，器内满釉，外及中下腹。盘径10.8、底径4.8、盘高3.3厘米（图九四，11）。

瓮　12件。分四式。

Ⅰ式　6件。敛口，圆唇略凸起，广肩。H37:1，肩部釉下压印细绳纹及斜向划纹，绳纹局部抹平或依稀可见。划纹下露棕胎，酱釉。残高4.9厘米（图九五，1）。T4517④:7，局部釉下饰细密的浅绳纹。深棕胎，内外施酱釉。残高4.8厘米（图九五，3）。

Ⅱ式　1件。H8:10，敛口，唇凸起比Ⅰ式低，广溜肩，腹部残。器内可见棕胎，内外施酱釉。口径36、残高4.4厘米（图九五，2）。

Ⅲ式　3件。敛口，唇呈弦状凸起，唇面仰斜，广肩。G3①:5，肩部置横耳，腹部

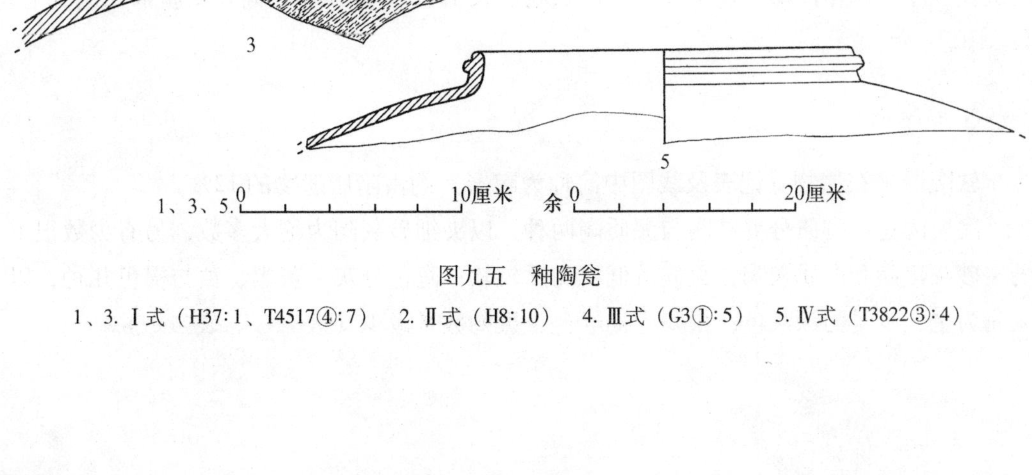

图九五　釉陶瓮

1、3. Ⅰ式（H37:1、T4517④:7）　2. Ⅱ式（H8:10）　4. Ⅲ式（G3①:5）　5. Ⅳ式（T3822③:4）

残。釉下有浅横斜向绳纹，绳纹稀疏而浅显。含沙棕胎，酱绿黑釉，器内无釉，口沿釉层稀薄，露绳纹处釉层呈灰白色。口径32.4、残高4、胎厚1～1.6厘米（图九五，4）。

Ⅳ式　2件。短直口，口唇外侧偏中部有凸棱一周，大广肩。T3822③：4，棕胎，器内外施夹灰白斑的酱釉。口径17.2、残高4.2厘米（图九五，5）。

2. 硬陶器

硬陶器数量很少，其胎质特点与釉陶器完全相同，陶胎火候非常高，只是器表未施釉。器类有盆、碾轮、砚、插座等。

盆　11件。分五式。

Ⅰ式　5件。口微敛，圆唇外凸，斜弧壁。L1③：22，下半部残，夹砂棕胎。口径34.4、残高4.8厘米（图九六，1）。

Ⅱ式　3件。敞口，厚圆唇，斜壁。G3②：22，夹砂棕胎。残高4.5厘米（图九六，2）。

Ⅲ式　1件。G3①：13，圆唇，上腹较直，弧折腹，底部残。夹砂橙红硬陶。口径34.4、残高8.6厘米（图九六，3）。

Ⅳ式　2件。敛口，圆唇向内、外鼓凸，弧壁。G3①：11，下半部残，夹砂棕褐胎。口径30.4、残高8厘米（图九六，4）。

碾轮　6件。圆饼形，中间厚，边缘薄，中心一圆孔。T4318③：5，浅灰色硬陶，火候高。直径12.5、孔径2、最厚处3.3厘米（图九六，5）。T3828③：2，灰褐色硬陶。直径12.6、孔径2.2、厚1.5厘米（图九六，6）。

砚　2件。L1②：27，箕形，弧形口，圆尾，底部前端二长方形足。泥质硬灰陶，火候很高，表面细腻而光滑。高4、长13.6、口宽8.5厘米（图九七，1；图版一六，5）。L1②：53，口部、尾部均残，存一侧。细泥浅灰硬陶，火候较高，表面光滑。残长8.8～11.4、残宽5.8～9.8、胎厚0.6～1.2厘米（图九七，2）。

插座　1件。G4②：13，座面作球面状，座身为厚体正方形，座顶中心有一未穿透的圆孔。座面压印浮雕的莲瓣纹。夹砂灰陶。长15.6、宽15.6、高6.2厘米（图九七，4；图版一六，7）。

3. 软陶器

软陶器（在遗物登记表及线图中简称为陶器）约占隋唐遗物的12%。

陶质陶色　陶质分夹砂陶与泥质陶两种，以夹细砂灰陶为绝大多数，另有为数很少的夹砂灰黑陶和泥质灰陶，火候较低，陶质较软；陶色分灰、灰黑、黄与褐色几种，以灰陶为主，少量为深灰色；褐陶为褐红色，黑陶数量极少（表二〇、表二一）。

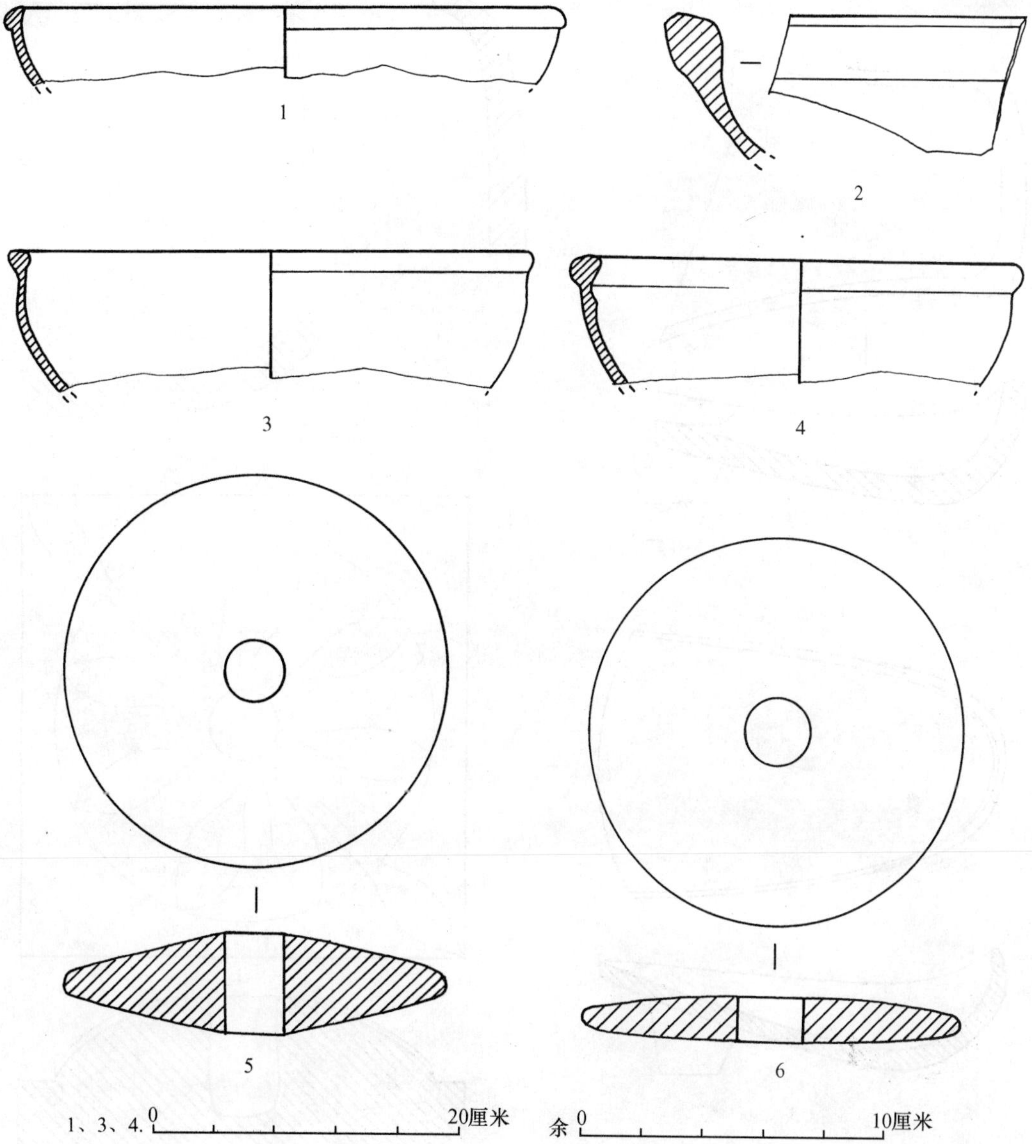

图九六　硬陶盆、碾轮

1. Ⅰ式盆（L1③：22）　2. Ⅱ式盆（G3②：22）　3. Ⅲ式盆（G3①：13）　4. Ⅳ式盆（G3①：11）
5、6. 碾轮（T4318③：5、T3828③：2）

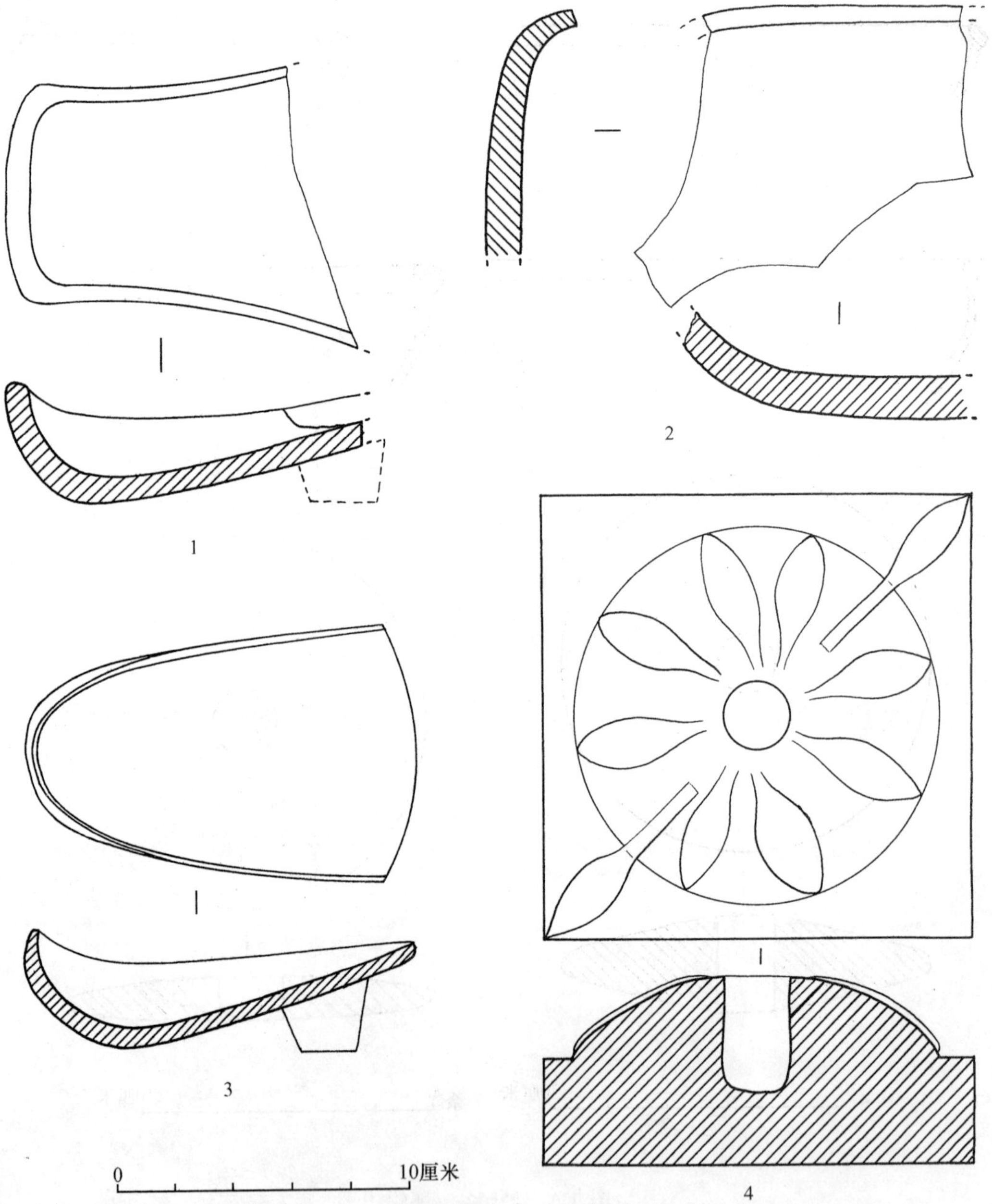

图九七 硬陶砚、陶砚、硬陶插座

1、2. 硬陶砚（L1②:27、L1②:53） 3. 陶砚 G3②:1） 4. 硬陶插座（G4②:13）

表二〇　第③层陶器胎质、纹饰统计表

名称＼项目	夹砂			泥质			纹饰			
	灰陶	灰黑陶	黄陶	灰黑陶	灰陶	红陶	素面	凸弦纹	绳纹	附加堆纹
合计件数	32	2	4	2	12	1	44	3	5	1
百分比（%）	84.2	5.3	10.5	13.3	80.0	6.7	83.0	5.7	9.4	1.9

注：本表中的数据为陶器件数，它包括了T3817、T3818、T3821、T3822、T3823、T3829、T4116、T4117、T4231、T4317、T4318十一个探方第③层的统计资料。

表二一　第④层陶器胎质、纹饰统计表

名称＼项目	夹砂			泥质	纹饰		
	灰陶	灰黑陶	褐陶	灰陶	素面	弦纹	绹索纹
合计	30	6	1	8	23	21	1
百分比（%）	81.1	16.2	2.7	100	51.1	46.7	2.2

注：本表中的数据为陶器件数，它包括了T4414、T4416、T4517、T4518四个探方第④层的统计资料。

纹饰　绝大多数陶器为素面，只有少量的陶器上有弦纹。

器类　有罐、盆、釜、瓮、钵、砚及筒瓦、板瓦等。

罐　21件。分三型。

A型　5件。凸唇或卷沿，肩部无耳。分二亚型。

Aa型　4件。无领。分三式。

Ⅰ式　1件。G4②:6，口微敛，厚平沿，唇沿外凸，溜肩，深腹稍斜，底部残。素面。夹砂灰陶。口径17、残高12.8厘米（图九八，1）。

Ⅱ式　2件。圆唇沿向外凸，口短稍敛。素面。L1④:16，肩部折凸，腹以下残。泥质灰陶。口径约21、残高4.2厘米（图九八，2）。

Ⅲ式　1件。L1④:20，翻卷沿，直溜肩，腹以下残。素面。夹细砂灰陶。残高4.4厘米（图九八，3）。

Ab型　1件。G4②:2，圆唇外凸，口近直，矮直领，溜肩，腹稍鼓，下腹斜直收，平底。素面。夹砂灰陶。口径18、底径9.6、高19.5厘米（图九八，4）。

B型　9件。肩部有耳。分二亚型。

Ba型　5件。宽沿。分三式。

Ⅰ式　3件。敛口，宽沿略外斜，沿面略凹，溜肩，肩部对称置两牛鼻状耳，鼓腹，下腹斜直，平底。T4414④:13，素面。泥质灰陶。口径27.2、底径17.6、高23.2厘米（图九八，5；图版一五，3）。

Ⅱ式　1件。H48:1，敛口，宽沿，沿面较平，溜肩，圆腹，平底。泥质灰陶。素面。口径26、底径15.8、高22.8厘米（图九八，6；图版一五，4）。

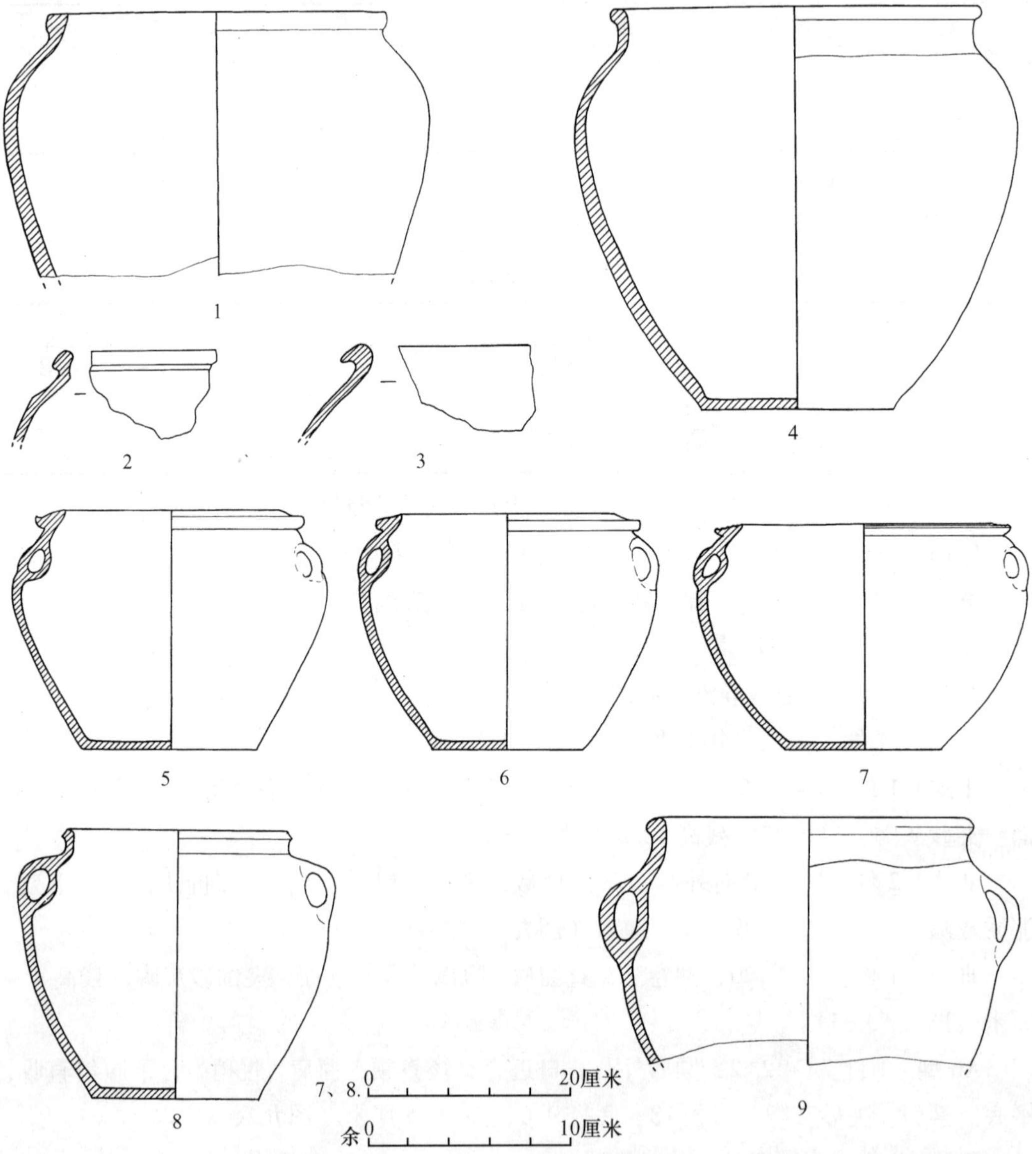

图九八　陶罐

1. Aa型Ⅰ式（G4②:6）　2. Aa型Ⅱ式（L1④:16）　3. Aa型Ⅲ式（L1④:20）　4. Ab型（G4②:2）　5. Ba型Ⅰ式（T4414④:13）　6. Ba型Ⅱ式（H48:1）　7. Ba型Ⅲ式（H7:21）　8. Bb型Ⅱ式（G4②:8）　9. Bb型Ⅰ式（G4②:5）

Ⅲ式　1件。H7∶21，敛口，宽沿较Ⅱ式平，沿外为尖缘，沿面有四周凹弦纹，溜肩，肩部对置两牛鼻状耳，圆鼓腹，腹部比Ⅱ式浅，平底。夹细砂灰陶。口径32.4、底径15.6、高22厘米（图九八，7）。

Bb型　4件。分二式。

Ⅰ式　2件。口较直，圆唇稍外凸，直领稍高，近竖直的溜肩，深腹微鼓。G4②∶5，上腹有对称的半环状耳，下腹残。颈部有小弧度的曲线划纹一周。泥质灰陶。口径16.2、残高12厘米（图九八，9）。

Ⅱ式　2件。G4②∶8，方唇，口微侈，矮直领，溜肩，腹稍鼓，平底。肩有对称的两个牛鼻状耳。素面。泥质灰黑陶。口径23.2、底径16.8、高26厘米（图九八，8）。

C型　7件。斜宽沿，肩部无耳。分四式。

Ⅰ式　3件。敛口，宽沿略外斜，沿面较平，圆鼓腹。H47∶8，下腹残。素面。夹细砂灰陶。口径25.2、残高7.2厘米（图九九，1）。

Ⅱ式　1件。H8∶9，敛口，沿部的斜度与宽度比Ⅰ式大，沿面中间微凸，鼓腹，下腹残。素面。泥质灰陶。口径29.8、残高7.2厘米（图九九，2）。

Ⅲ式　2件。口微敛，宽沿斜度比Ⅱ式大，凹形沿面饰四周凸弦纹。L1②∶18，直腹，腹大部残。夹细砂浅灰陶。口径42、残高4.8厘米（图九九，3）。

Ⅳ式　1件。H51∶1，敛口，宽平沿外缘翘起，鼓腹，下腹残。素面。夹细砂灰陶。胎厚0.3、残高4.2厘米（图九九，4）。

盆　54件。分五型。

A型　12件。斜沿，斜弧腹，形体较大。分二亚型。

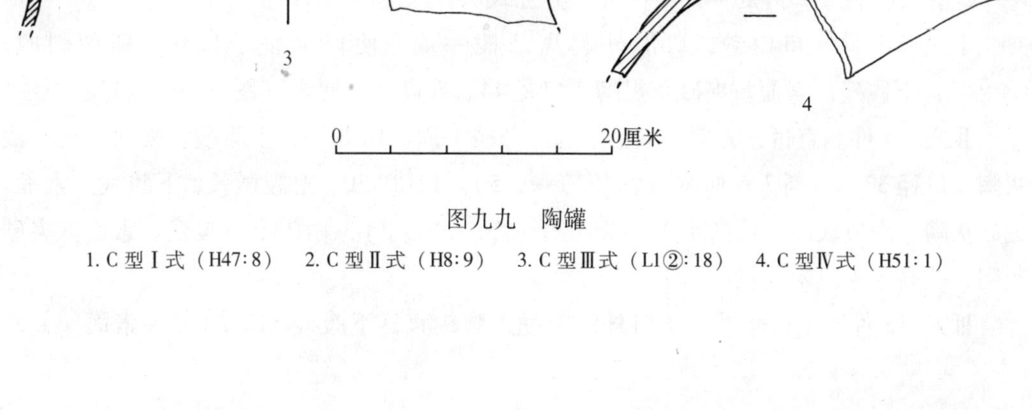

图九九　陶罐

1. C型Ⅰ式（H47∶8）　2. C型Ⅱ式（H8∶9）　3. C型Ⅲ式（L1②∶18）　4. C型Ⅳ式（H51∶1）

Aa 型　8 件。上腹较直。分三式。

Ⅰ式　5 件。口微敛，宽沿外斜，上腹较直，下腹斜弧收。H49∶3，沿面微凹，平底。素面。泥质夹细砂陶。口径 42.4、底径 19.2、高 23.6 厘米（图一〇〇，1；图版一五，1）。H46∶1，下腹残。沿面外侧饰一周凹弦纹。夹砂浅黄局部泛灰陶。口径 41.2、残高 12.8 厘米（图一〇〇，3）。T4414④∶15，宽平沿略外斜，下腹残。沿面饰三周凹弦纹。夹砂灰陶。口径 39.8、残高 12.2 厘米（图一〇〇，5）。

Ⅱ式　1 件。H55∶16，宽沿外斜度比Ⅰ式大，沿面微凹，上部圆弧，器腹比Ⅰ式浅，下腹残。素面。夹砂灰陶。口径 45、残高 12 厘米（图一〇〇，4）。

Ⅲ式　2 件。敛口，宽斜沿，沿面饰四周凹弦纹，腹弧较深。H7∶23，下腹残。沿面饰弦纹。泥质细砂灰陶。口径 39.4、残高 9.2 厘米（图一〇〇，2）。

Ab 型　4 件。斜腹。分三式。

Ⅰ式　1 件。H2∶11，敛口，唇稍内勾，沿面略外斜，斜腹壁，平底。素面。泥质夹细砂灰陶。口径 48.2、底径 22、高 22.8 厘米（图一〇〇，6；图版一五，2）。

Ⅱ式　1 件。G4②∶4，敛口，宽沿斜，沿面下凹较甚，斜腹壁略弧，腹比Ⅰ式浅，平底。素面。泥质灰陶。口径 49、底径 16、高 18.8 厘米（图一〇〇，7）。

Ⅲ式　2 件。敛口，宽沿较Ⅱ式略平，沿面微下凹，斜弧腹，腹比Ⅱ式浅，平底。G4②∶9，素面。泥质灰陶。口径 40.8、底径 20.8、高 15.8 厘米（图一〇〇，8）。

B 型　4 件。形体较小。分三式。

Ⅰ式　2 件。口微敛，宽斜沿，沿面微凹，弧腹。H47∶17，下腹残，沿面外侧饰一周凹弦纹。泥质灰陶。口径 26.8、残高 6.8 厘米（图一〇一，1）。

Ⅱ式　1 件。H7∶22，近直口，宽斜沿较Ⅰ式窄而厚，沿面微凹，上腹较直，下腹微弧斜收，平底。素面。泥质灰陶。口径 28、底径 13.6、高 11.6 厘米（图一〇一，2；图版一六，6）。

Ⅲ式　1 件。G4②∶3，敛口，厚缘式的宽沿外凸，沿面微凹，直斜腹，平底。素面。夹砂灰陶。口径 31.8、底径 16、高 13.6 厘米（图一〇一，3）。

C 型　12 件。口外起高凸棱一周。分五式。

Ⅰ式　3 件。口内敛，口沿外起高凸棱一周，使口部呈子口状，弧腹斜收。G4②∶7，下腹残。素面。夹砂灰黑陶。口径 44、残高 9.6 厘米（图一〇一，4）。

Ⅱ式　5 件。直口，方唇，口沿下起高凸棱一周。L1③∶6，下腹残。素面。夹砂浅灰陶。口径 32、残高 7.6 厘米（图一〇一，5）。L1③∶30，上腹微弧，下腹残。素面。夹砂灰陶，陶质较硬。残高 4.2 厘米（图一〇一，6）。G3①∶23，下腹残。素面。夹砂灰陶，残高 3.4 厘米（图一〇一，7）。

Ⅲ式　2 件。子口微敛，子口外沿上翘，腹较直，下腹残。L1②∶55，素面。夹砂

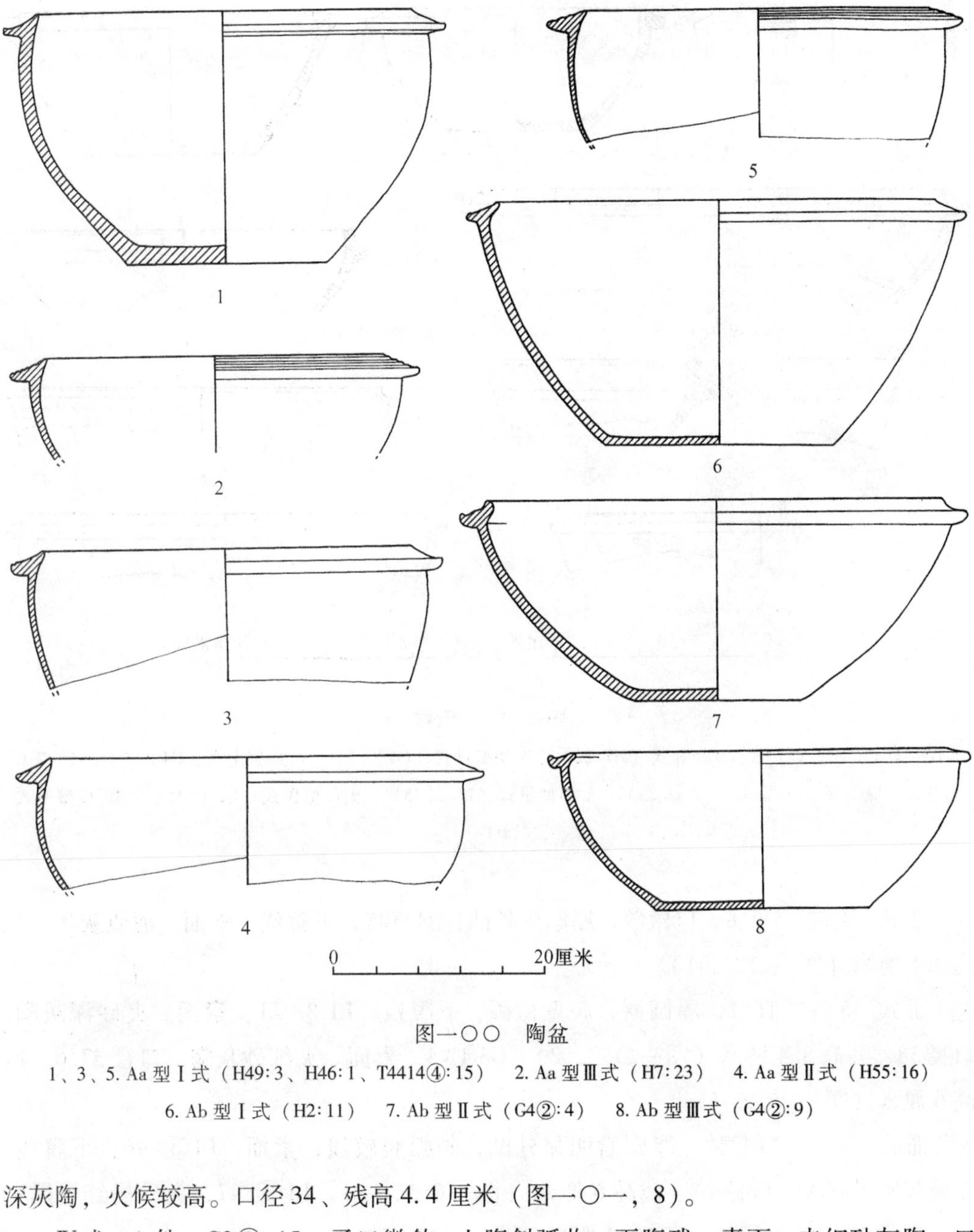

图一〇〇　陶盆

1、3、5. Aa型Ⅰ式（H49:3、H46:1、T4414④:15）　2. Aa型Ⅲ式（H7:23）　4. Aa型Ⅱ式（H55:16）
6. Ab型Ⅰ式（H2:11）　7. Ab型Ⅱ式（G4②:4）　8. Ab型Ⅲ式（G4②:9）

深灰陶，火候较高。口径34、残高4.4厘米（图一〇一，8）。

Ⅳ式　1件。G2①:15，子口微敛，上腹斜弧收，下腹残。素面。夹细砂灰陶。口径37.6、残高5.2厘米（图一〇一，9）。

Ⅴ式　1件。L1①:6，高子口内敛，上腹微弧斜收，下腹残。素面。夹砂灰陶。口径37.6、残高6厘米（图一〇一，10）。

D型　14件。厚圆唇外凸。分五式。

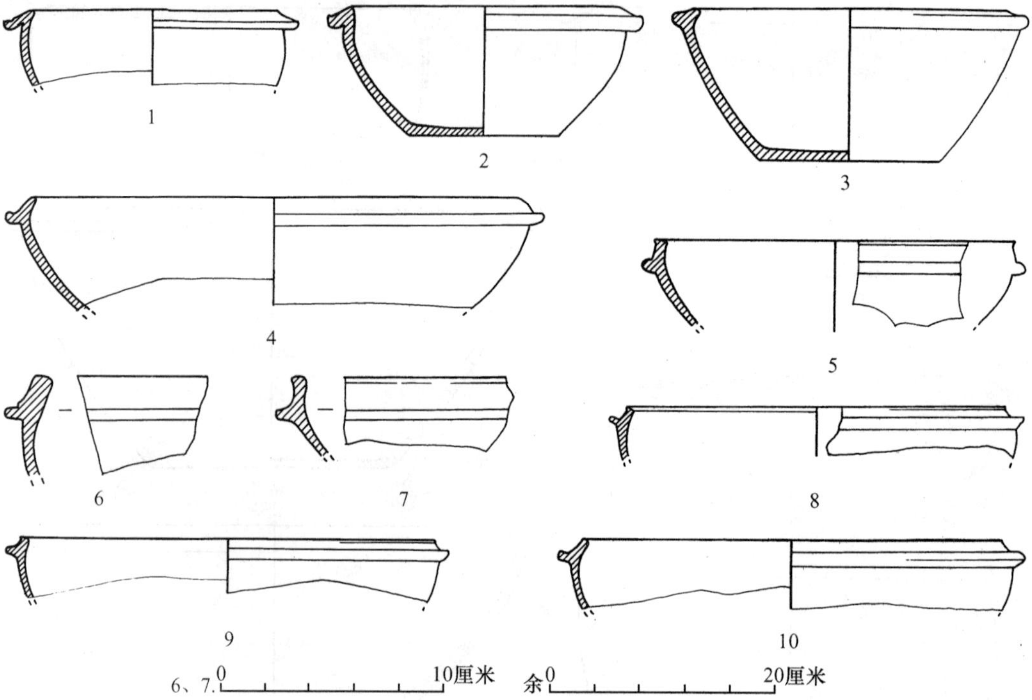

图一〇一　陶盆

1. B型Ⅰ式（H47∶17）　2. B型Ⅱ式（H7∶22）　3. B型Ⅲ式（G4②∶3）　4. C型Ⅰ式（G4②∶7）　5～7. C型Ⅱ式（L1③∶6、L1③∶30、G3①∶23）　8. C型Ⅲ式（L1②∶55）　9. C型Ⅳ式（G2①∶15）　10. C型Ⅴ式（L1①∶6）

Ⅰ式　1件。H9∶8，口微敛，厚圆唇外凸，斜直腹，下腹残。素面。泥质灰陶。残高8.1厘米（图一〇二，1）。

Ⅱ式　5件。直口，厚圆唇，腹壁微弧，下腹残。L1③∶21，素面。夹砂深灰陶。口径38、残高8.4厘米（图一〇二，2）。G3①∶4，素面。夹细砂灰陶。口径37.6、残高6厘米（图一〇二，4）。

Ⅲ式　4件。口微敛，厚圆唇明显外凸，斜弧腹较浅，素面。L1③∶46，下腹残。泥质灰胎黑衣陶。口径24、残高6厘米（图一〇二，3）。L1③∶47，夹砂褐红胎黑衣陶，口径27.6、底17.2、高10.4厘米（图一〇二，5）。

Ⅳ式　2件。圆唇，口唇外侧作宽凸弦纹状，上腹微弧，下腹残，器形较大，腹的弧度也较Ⅲ式大。素面。L1②∶56，夹砂褐红陶。口径54、残高7.2厘米（图一〇二，6）。

Ⅴ式　2件。敛口，钝厚的方唇沿，斜腹微弧。腹部饰二周凸弦纹。T4116③∶3，夹砂灰陶。口径34、残高8厘米（图一〇二，7）。

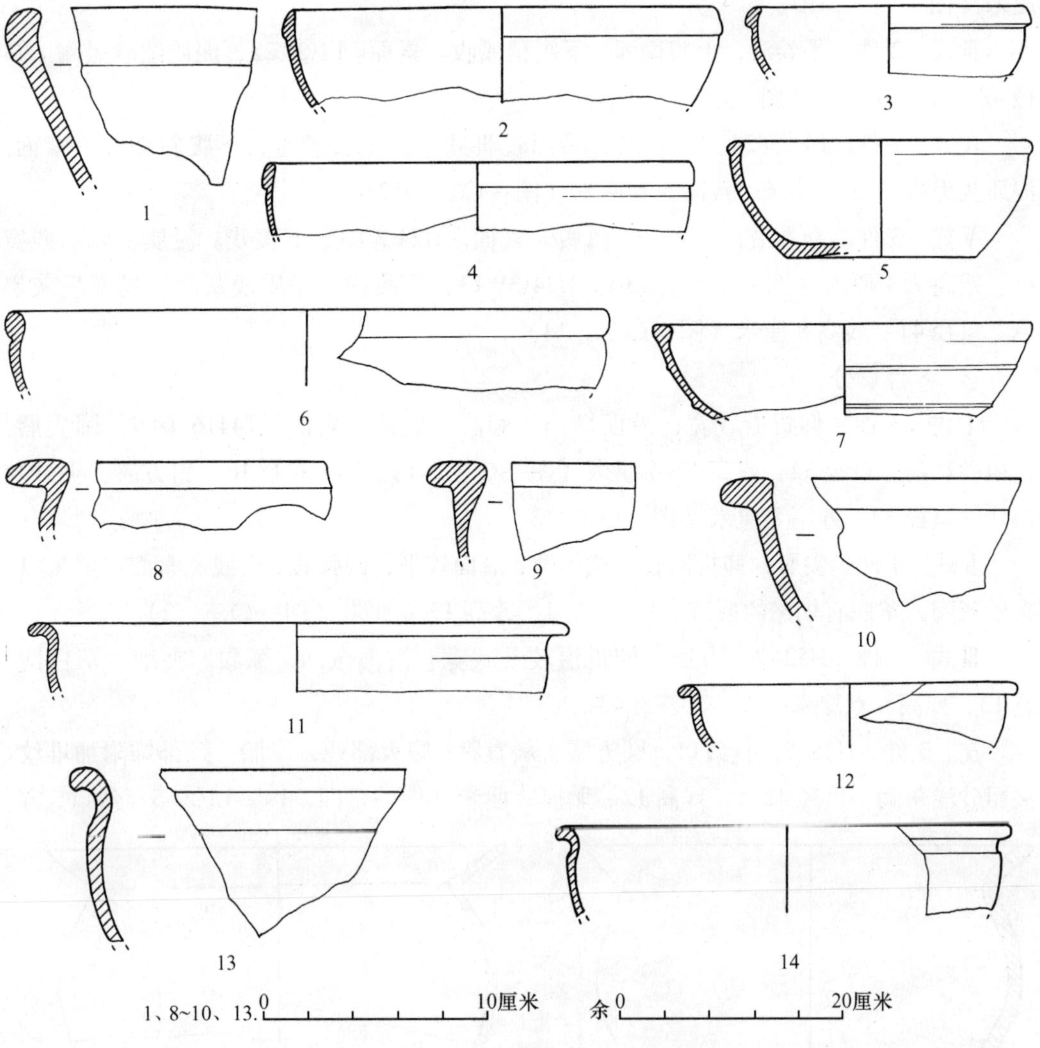

图一〇二　陶盆

1. D型Ⅰ式（H9:8）　2、4. D型Ⅱ式（L1③:21、G3①:4）　3、5. D型Ⅲ式（L1③:46、L1③:47）　6. D型Ⅳ式（L1②:56）　7. D型Ⅴ式（T4116③:3）　8. E型Ⅰ式（G2②:11）　9、10. E型Ⅱ式（H16:2、G2②:10）　11. E型Ⅲ式（L1②:22）　12. E型Ⅳ式（L1②:24）　13、14. E型Ⅴ式（H24③:3、H24③:13）

E型　12件。宽平折沿或卷沿。分五式。

Ⅰ式　1件。G2②:11，敛口，圆唇，宽平折沿，上腹弧，腹大部残。素面。夹细砂黑陶。残高3厘米（图一〇二，8）。

Ⅱ式　5件。宽平折沿较Ⅰ式厚钝，上腹较Ⅰ式斜弧。素面。H16:2，敛口，腹大部分残。夹砂灰陶。残高4.2厘米（图一〇二，9）。G2②:10，泥质灰黑陶。残高5.8

厘米（图一〇二，10）。

Ⅲ式　2件。平卷沿，上腹微弧，下腹稍弧收。素面。L1②:22，泥质细砂黑陶。口径48、残高6厘米（图一〇二，11）。

Ⅳ式　1件。L1②:24，平卷沿，沿面较Ⅲ式窄，上腹较直，下腹斜弧收。素面。泥质灰黑陶。口径30.6、残高5.6厘米（图一〇二，12）。

Ⅴ式　3件。翻卷沿，矮束领，弧腹。素面。H24③:3，下腹残。泥质灰陶。残宽11、残高7.4厘米（图一〇二，13）。H24③:13，下腹残。泥质浅灰陶，局部呈灰黑色。口径41、残高8厘米（图一〇二，14）。

釜　8件。分三式。

Ⅰ式　3件。仰折沿较宽，沿面微凸，圆腹，底残。素面。T4416④:9，圆尖唇。夹粗砂灰陶。口径32、残高17.4厘米（图一〇三，1）。T4416④:16，斜方唇。夹砂灰褐陶。口径32、残高8厘米（图一〇三，3）。

Ⅱ式　4件。尖唇，仰折沿较Ⅰ式稍宽，沿面较平，圆弧腹，底残。素面。罗采:1，夹砂灰陶，釜底有烟熏的痕迹。口径32.4、残高13.6厘米（图一〇三，2）。

Ⅲ式　1件。H52:2，方唇，仰折沿较Ⅱ式宽，沿面微凹，弧腹。夹细砂灰白陶。宽13、残高6.6厘米（图一〇三，4）。

瓮　3件。H25:5，直敛口，圆方唇，斜直腹，腹大部残，厚胎。颈部饰附加堆纹。夹粗砂浅灰陶。口径42.4、残高12、胎厚2厘米（图一〇四，1）。L1②:5，敛口，方

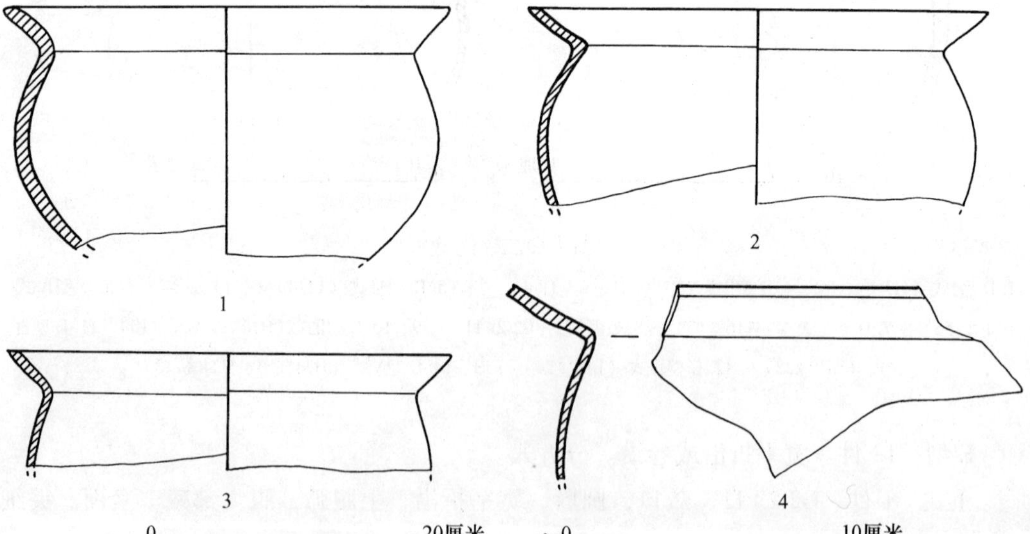

图一〇三　陶釜

1、3. Ⅰ式（T4416④:9、T4416④:16）　2. Ⅱ式（罗采:1）　4. Ⅲ式（H52:2）

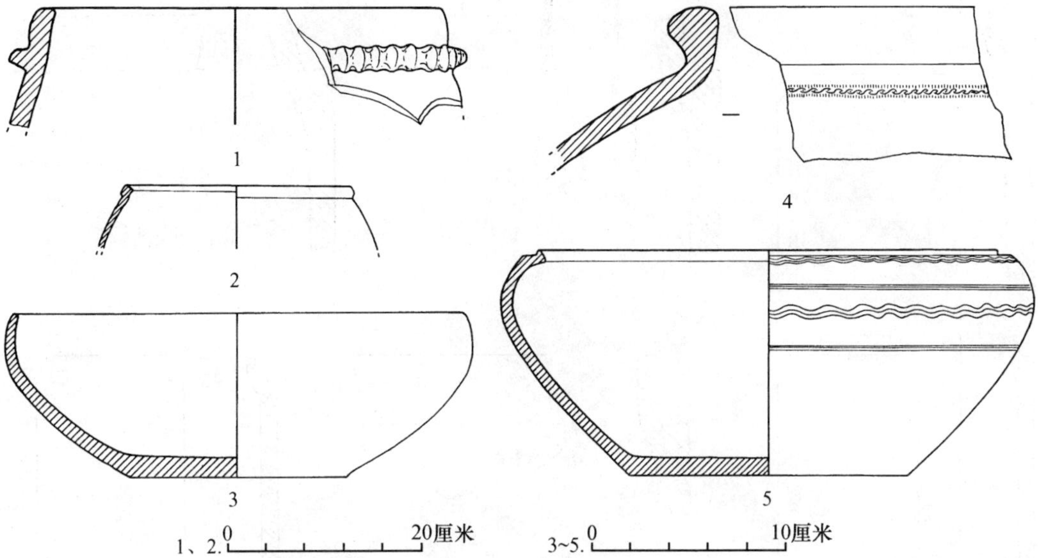

图一〇四　陶瓮、钵

1、2、4. 陶瓮（H25:5、L1②:5、T4414④:17）　3、5. 陶钵（H55:12、G4②:11）

唇，无领，斜腹较直，下腹残。素面。夹粗砂浅灰陶。口径23.6、残高6.4厘米（图一〇四，2）。T4414④:17，短口，厚钝的圆唇，矮领，广肩，腹残，胎较厚。肩部饰一周绹索纹。泥质灰黑陶。残高7.8、胎厚1厘米（图一〇四，4）。

钵　2件。H55:12，口微敛，尖圆唇，上腹较直，下腹斜收，平底。夹砂灰黑陶。口径23.5、底11.4、高8.4厘米（图一〇四，3）。G4②:11，敛口，方唇，平肩，鼓腹，下腹斜直收，平底。上腹饰弦纹及水波纹各二周。泥质灰黑陶。口径24、底径14.6、高11.4厘米（图一〇四，5；图版一六，8）。

砚　1件。G3②:1，斗箕形，弧口残，圆尾，底部前端附二长方形足。泥质深灰陶，火候较高，表面细腻光滑。残长12.4、宽9.4、高3.8厘米（图九七，3；彩版一六，3）。

瓦　123件。分筒瓦、板瓦两类。

筒瓦　76件。分六式。

Ⅰ式　6件。长直舌内倾，舌与瓦肩呈锐角拐折。瓦弧面饰稀疏的中粗绳纹，瓦凹面有中粗布纹。H16:6，泥质灰陶。残长15.2、残宽16.7、胎厚1.4厘米（图一〇五，1）。

Ⅱ式　9件。直舌较长，方唇，舌与瓦肩呈直角拐折。瓦弧面为素面。H9:7，瓦凹面有布纹。夹细砂灰胎黑衣陶。残长12.6、残宽12.6、胎厚1.6厘米（图一〇五，2）。

Ⅲ式　11件。直舌内倾度比Ⅱ式大，舌较Ⅱ式长，方唇。H25:6，瓦弧面隐约见稀

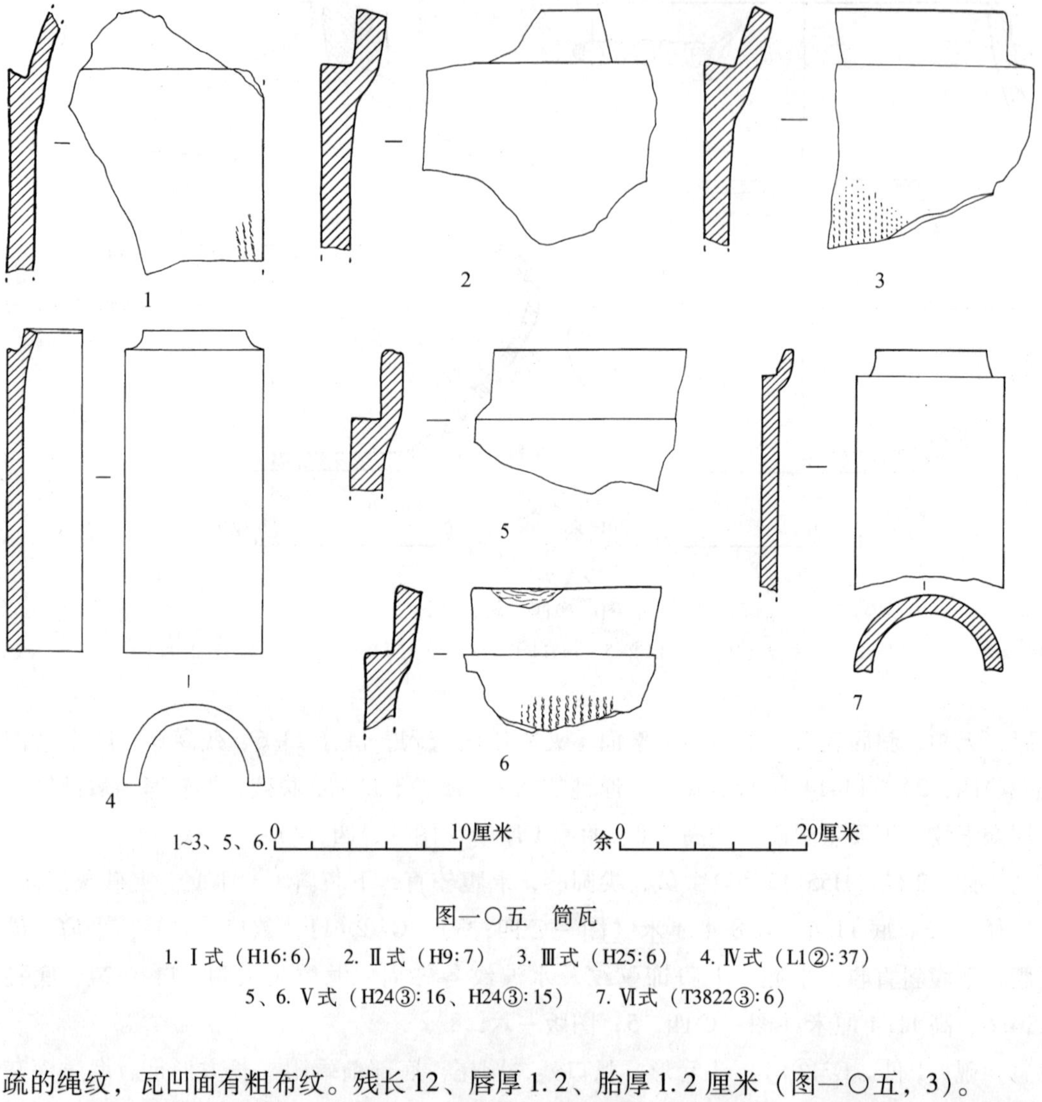

图一〇五　筒瓦

1. Ⅰ式（H16:6）　2. Ⅱ式（H9:7）　3. Ⅲ式（H25:6）　4. Ⅳ式（L1②:37）
5、6. Ⅴ式（H24③:16、H24③:15）　7. Ⅵ式（T3822③:6）

疏的绳纹，瓦凹面有粗布纹。残长12、唇厚1.2、胎厚1.2厘米（图一〇五，3）。

Ⅳ式　6件。直舌稍内敛，舌较短，方唇。瓦弧面素面，瓦凹面有中粗布纹。L1②:37，夹砂灰陶。长34、宽15.2、弧高8.4厘米（图一〇五，4）。

Ⅴ式　8件。直舌较Ⅳ式长，方唇。H24③:16，瓦弧面为素面，瓦凹面有中粗布纹。灰陶胎。残长7.5、残宽11、胎厚1.8厘米（图一〇五，5）。H24③:15，瓦凹面有中粗布纹。夹细砂浅黄陶。残长7.6、残宽6.4、胎厚1.6厘米（图一〇五，6）。

Ⅵ式　36件。短舌略内倾，舌与瓦肩呈钝角拐折，圆方唇。瓦弧面为素面，瓦凹面有中粗布纹。T3822③:6，夹砂灰陶。残长25.2、宽16、胎厚1.8厘米（图一〇五，7；图版一六，4）。

板瓦　47件。分二型。

A 型　36 件。平面梯形。瓦弧面饰稀疏的浅绳纹，瓦凹面有布纹。夹细砂灰陶。G3①:9，长 32、宽 18.8～22.4、胎厚 1.4 厘米（图一〇六，1）。T3822③:5，瓦凹面有布纹。夹砂灰陶。残长 26、宽 20.2～23、胎厚 1.4 厘米（图一〇六，4）。

B 型　11 件。平面为长方形。H24③:11，瓦弧面为素面，瓦凹面有布纹，一侧有切割痕。浅黄胎。残长 12.4、残宽 13.8、胎厚 1.4 厘米（图一〇六，2）。H24③:17，夹细砂浅黄陶。瓦弧面素面，凹面有布纹。残宽 15.8、残高 12 厘米（图一〇六，3）。T4315④:2，瓦一侧有切割痕，弧面下端饰粗斜绳纹，上端为纵向中粗绳纹，瓦凹面有布纹，凹面瓦头及中下部有篮纹，瓦一端的唇部呈斜面。夹砂灰陶。残宽 22、残高 32.4、胎厚 0.8 厘米（图一〇六，5）。

瓦当　4 件。分二型。

A 型　3 件。宝相莲花纹瓦当。瓦当纹饰浮雕，由二周同心圆凸棱将瓦当面分为三重，内重饰莲籽纹，中层饰宝相及单瓣莲花纹，外层饰联珠纹，宽边廓。L1②:85，无

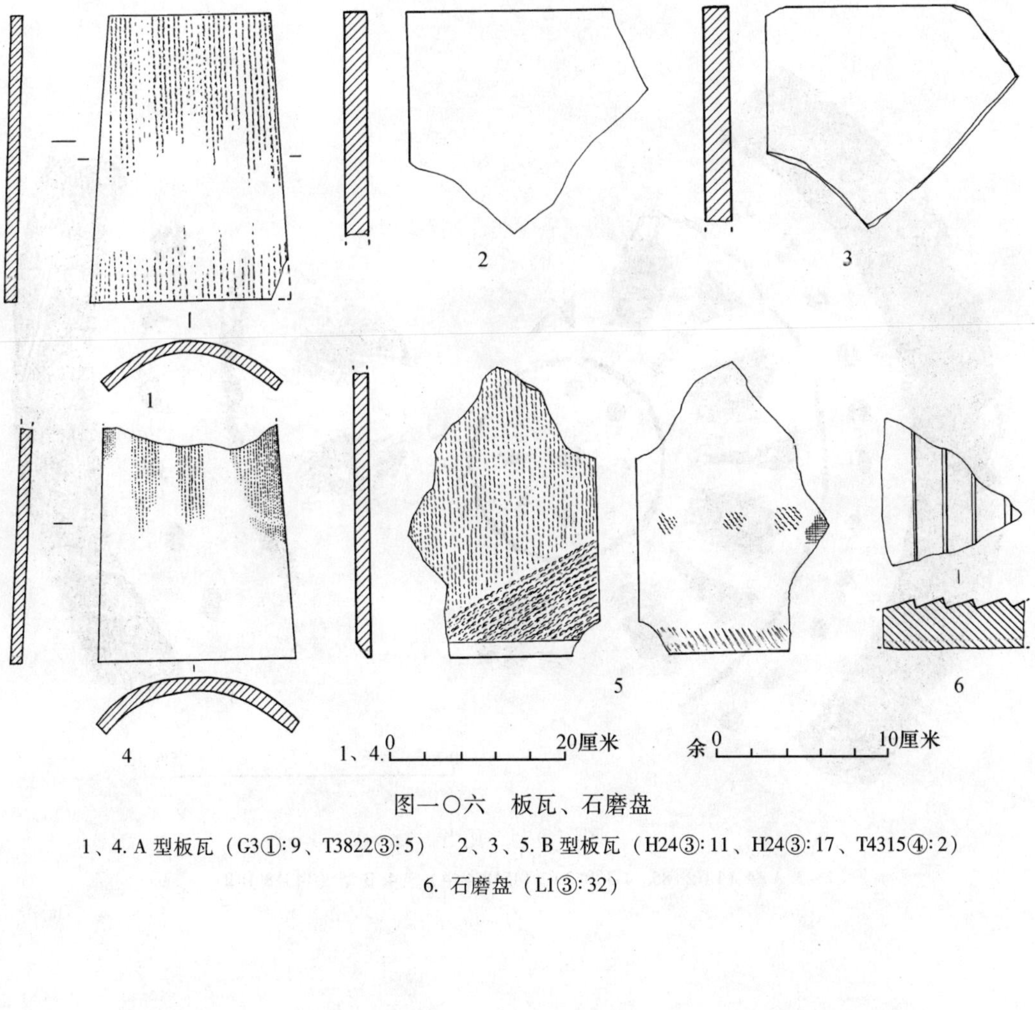

图一〇六　板瓦、石磨盘

1、4. A 型板瓦（G3①:9、T3822③:5）　2、3、5. B 型板瓦（H24③:11、H24③:17、T4315④:2）
6. 石磨盘（L1③:32）

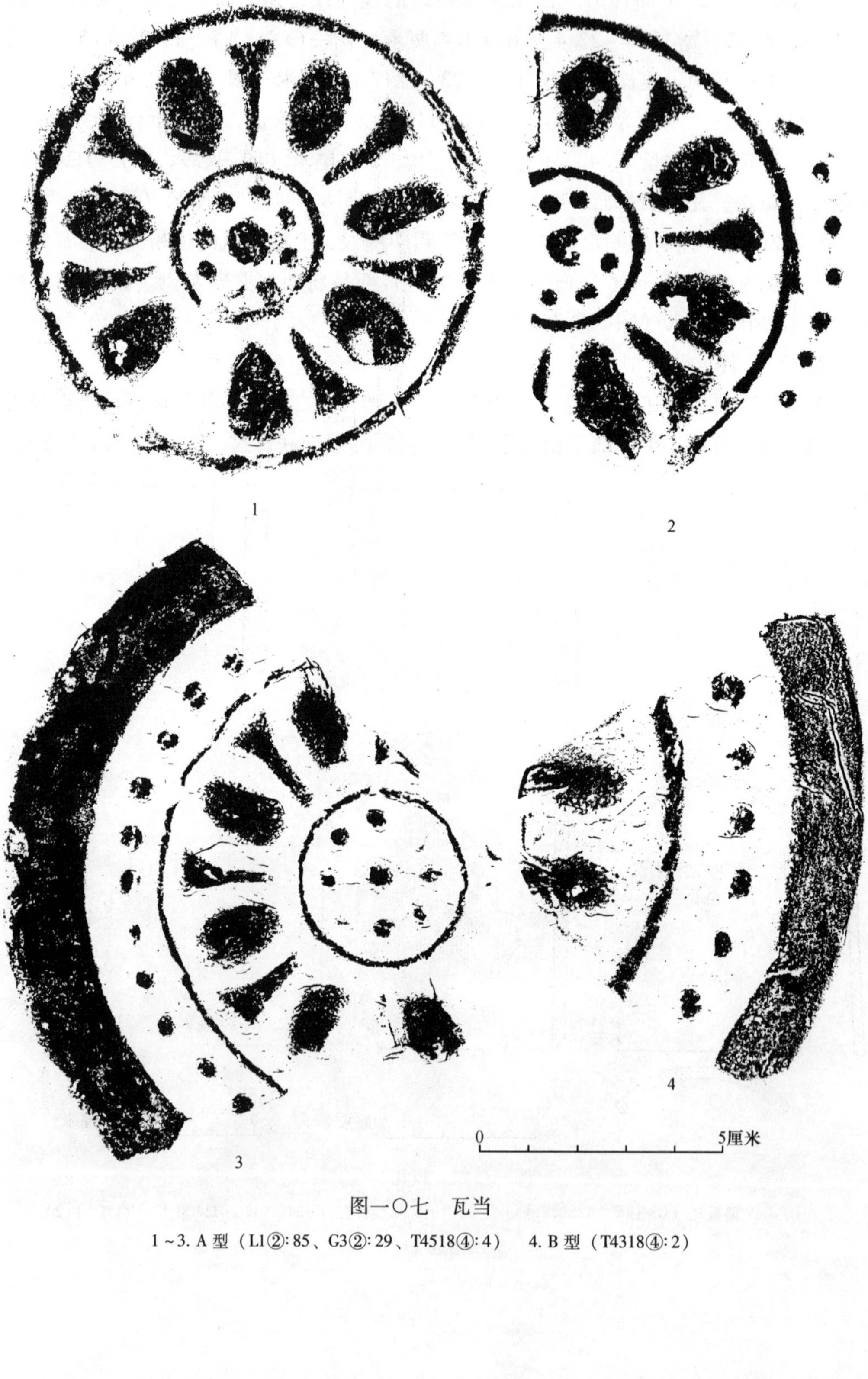

图一〇七　瓦当

1～3. A型（L1②:85、G3②:29、T4518④:4）　4. B型（T4318④:2）

外层联珠纹。夹细砂灰陶。直径9.6厘米（图一〇七，1）。G3②:29，残剩部分外边缘。夹细砂灰陶。最大直径12厘米（图一〇七，2）。T4518④:4，泥质浅灰硬陶。复原直径16、边廓宽1.7厘米（图一〇七，3）。

B型　1件。T4318④:2，莲花纹瓦当，残存一小部分，内重残，中层饰单瓣莲花纹，外层饰联珠纹，宽边廓。泥质灰陶。复原直径27、边廓宽1.5厘米（图一〇七，4）。

（三）铜器

铜器数量少。器形有罐、针、小铜人及钗形器等。

罐　1件。L1①:4，仅存口部，圆唇，直口，矮领，斜肩。灰绿色。胎厚0.3、残高2.8厘米（图一〇八，2）。

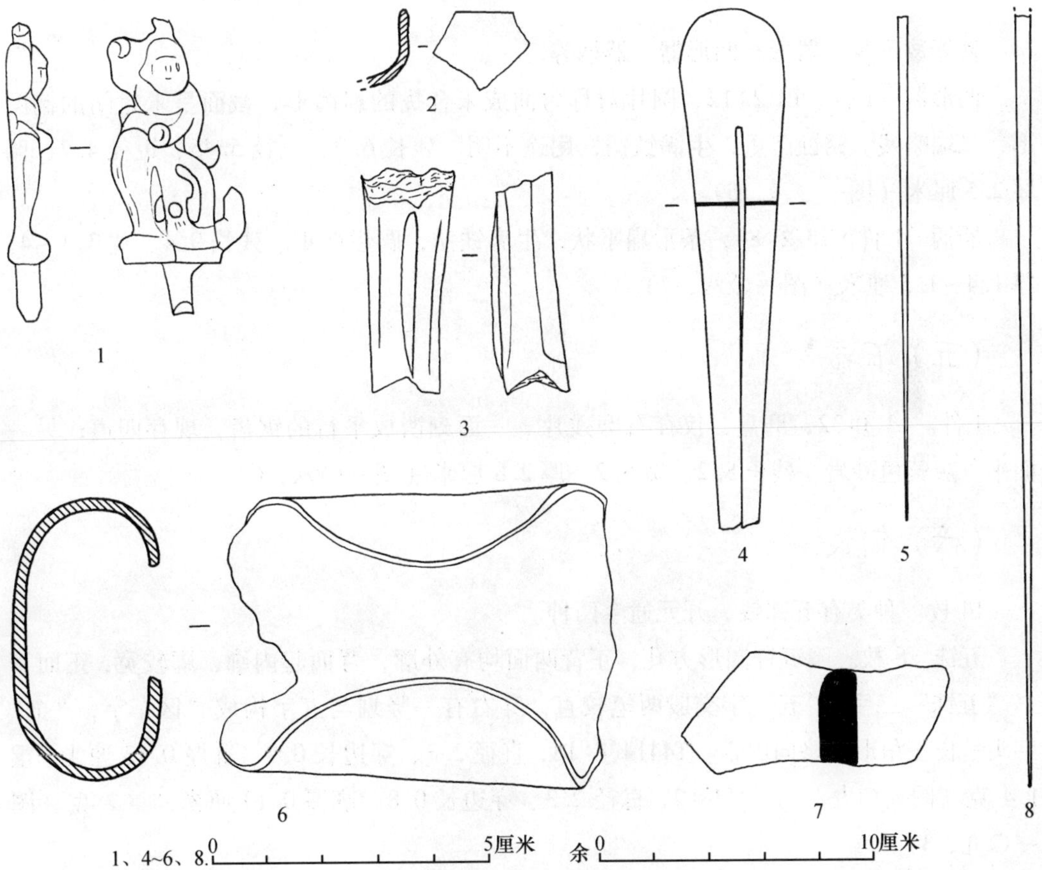

图一〇八　铜、铁、骨器

1. 小铜人（L1③:65）　2. 铜罐（L1①:4）　3. 牛门牙齿（L1③:24）　4. 铜钗形器（T3717③:5）
5、8. 铜针（T3817③:2、T3817③:3）　6. 铁凹形器（L1②:12）　7. 铁器柄（L1②:84）

针　2件。T3817③:2，细长圆锥形，尾残。生淡绿色铜锈。残长9、最大直径0.2厘米（图一〇八，5）。T3817③:3，细长圆锥形，尾残。生绿色铜锈。残长13.7、最大直径0.3厘米（图一〇八，8）。

小铜人　1件。L1③:65，似一堂式佛像组合件中的一件，为力士形象，右手举起，左手握贴于胸前，曲立状，下伸出一榫。生灰绿锈。长5.4、宽2.4厘米（图一〇八，1；彩版一四，4）。

钗形器　1件。T3717③:5，长条形片状，一端宽一端较窄，宽的一端平面作圆形，窄的一端开叉，叉较深。灰绿色。长9.4、宽0.75～1.95、厚0.08厘米（图一〇八，4）。

（四）铁器

铁器数量少。器形有凹形器、器柄等。

凹形器　1件。L1②:12，圆片对称弯曲成未合拢的扁筒形，截面呈未封闭的椭圆形，二端略残。锈蚀严重，生满铁锈，用途不明。残长6.9、长径5.45、短径4.7、胎厚2.5厘米（图一〇八，6）。

器柄　1件。L1②:84，条形扁平状，生满铁锈，腐烂严重。残长9.4、宽3.4～4、厚1.4～1.5厘米（图一〇八，7）。

（五）石器

1件。L1③:32，磨盘，仅存石磨残片。一面刻凿成平行的锯齿，现存四道；另一面平。灰黄色砂岩。残长8.2、宽8.2、厚2.8厘米（图一〇六，6）。

（六）铜钱

14枚。种类有五铢钱、开元通宝两种。

五铢　8枚。隋五铢圆形方孔，正背两面均有外廓，背面起内廓，廓较宽，正面篆书“五铢”二字，“五”字交股两笔较直，穿右有一竖划与五字构成“区”字，“金”字头呈长三角形且略向内歪。T4414④:18，直径2.3、穿边长0.9、廓厚0.13厘米，重1.4克（图一〇九，1）。H48:2，直径2.3、穿边长0.8、廓厚0.13厘米，重2克（图一〇九，3）。

（七）其他

其他类有兽骨牙齿，多残。形体稍完整、种类可辨的有1件牛门牙齿。L1③:24，牛门牙齿。残长8.1、宽2.4～3.3、侧宽2～2.6厘米（图一〇八，3）。

开元通宝　6 枚。圆形方孔，正背两面外廓较宽，内廓很窄，背面无“星”无“月”，正面楷书“开元通宝”阳文四字，钱文对读。L1②: 83，直径 2.3、穿边长 0.75、廓厚 0.12 厘米，重 2.1 克（图一〇九，2）。L1②: 88，直径 2.3、穿边长 0.65、廓厚 0.12 厘米，重 2.3 克（图一〇九，4）。

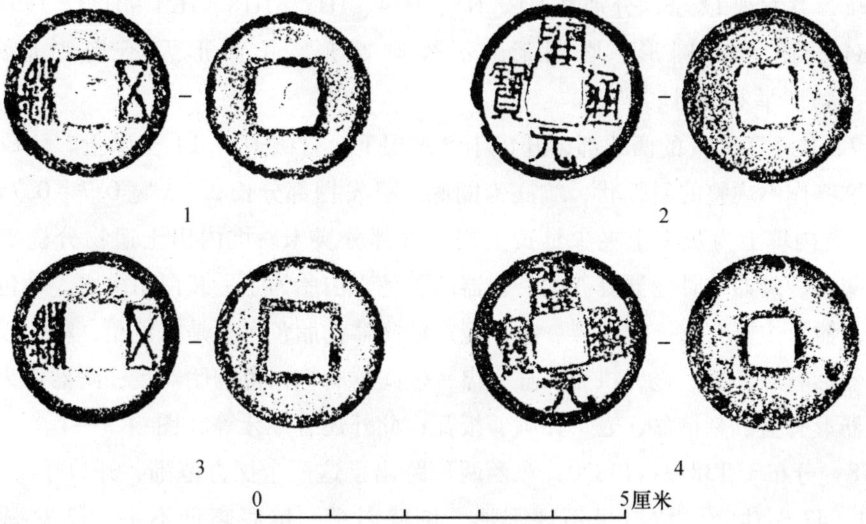

图一〇九　铜钱

1、3. 五铢（T4414④: 18、H48: 2）　2、4. 开元通宝（L1②: 83、L1②: 88）

三、小　结

隋唐时期的文化堆积较为丰富，出土遗物可分四期，起自隋代，止于五代末年。出土遗物主要是青瓷生活用器，青瓷器的窑系多样，产地多源。

L1 应该是贯通隋唐罗州城南北的一条主要街道。考古调查与勘探资料显示，隋唐罗州城的城市规格和城内布局与唐代较小的一类州府级城市的格局相合。

隋唐文化堆积中丰富的青瓷生活用具、大量的陶器生活用具，反映了罗州城作为蕲州府的治所已经有了相当的物质与文化基础。隋唐五代时期是罗州城的第一个繁荣时期。

第三节　宋代遗存

宋代文化堆积最为丰富，分布于发掘区的所有探方。地层堆积的代表层位是第②A 层和第②B 层，此外，还有一批灰坑遗迹。

一、遗　　迹

宋代的遗迹均为灰坑。

灰坑　共发现12个，分别是H1、H5、H14、H17、H18、H21～H23、H26、H30、H43、H44。平面有圆形、椭圆形、不规则圆形、长条形及不规则形等多种（图一一〇）。举例说明。

H17　位于T3818的西北部，开口于②A层下，打破H2、L1至生土。坑口为长条方形，坑壁作不规整的斜弧状，坑底为圜底。已发掘部分长2.7、宽0.7～0.74、坑深0.4米。坑内填土为灰黑土夹少量黄土斑，含部分炭末。坑内出土遗物分瓷器、釉陶器、硬陶器、陶器与骨牙器等五类。瓷器的胎色以白胎为主，灰白胎次之，釉色以白色釉为主，器形主要有碗、盏、碟、盘、壶；釉陶器的胎色主要是棕色胎，釉色以牙黄釉为主，器形有碗、罐、壶、执壶、缸、盅；硬陶器有棕褐色陶胎器盖；陶器均为夹细砂灰陶，器形有盆、刻槽盆、壶、扑满、板瓦；此外还有牛牙等（图一一一）。

H18　分布于T3819、T3820，东西两边跨出了这两个探方范围，开口于②A层下，打破L1、J2至生土。坑口呈不规则形，坑壁斜缓，坑底高低不平。已发掘部分长4.05～8.55、宽4、深0.99米。坑内填土为灰黑色泥土，较松散，近底部有一层厚5～10厘米的淤泥。坑内出土遗物非常丰富，遗物分瓷器、釉陶器、陶器三类。瓷器的胎色以白色、灰白色胎为主，次为浅黄色胎，釉色以白色釉为主，次为青白釉，还有部分黑釉，器形有碗、盏、碟、瓶、执壶、粉盒盖；釉陶器的胎色主要是浅棕色胎，釉色以酱色和酱黄色釉为主，器形有罐、壶、执壶、碟、盅、盘、缸、带系瓶、杯、炉；陶器均为泥质或夹细砂灰陶，器形有盆、钵、盘、扑满、筒瓦、板瓦等（图一一二）。

H21　位于T4031的东侧，开口于②A层下，打破L1至生土。该灰坑复原形状为圆形，已发掘部分平面为半圆形，坑壁粗糙，未见加工痕迹，坑底为平圜底。已发掘部分长1.42、宽0.96、深0.52米。坑内填土为含沙量较大的灰土。出土遗物分瓷器、釉陶器、陶器三类。瓷器的胎色以白色、灰白色胎为主，釉色以白色釉为主，器形有碗、器盖；釉陶器的胎色主要是棕胎，灰胎次之，釉色以酱黄色和酱色釉为主，器形有碗、罐、执壶、带流刻槽钵、缸、杯等；陶器有泥质灰陶盆等（图一一三）。

H23　大部位于T4231内，东部及其南部分布于T4231的东隔梁及T4230的北隔梁中，开口于②A层下，打破生土。复原形状为圆形，发掘部分平面近大半圆形，坑壁作斜弧状，坑壁做简单加工，显得不平整，坑底为圜平底。已发掘部分长3.68、宽3.3、深1.2米。坑内填土为灰黑色土，含大量的淤泥。坑内堆积物非常丰富，遗物分瓷器、釉陶器、硬陶器、陶器等四类。瓷器的胎色以白色胎为主，次为灰胎，釉色以白色釉为

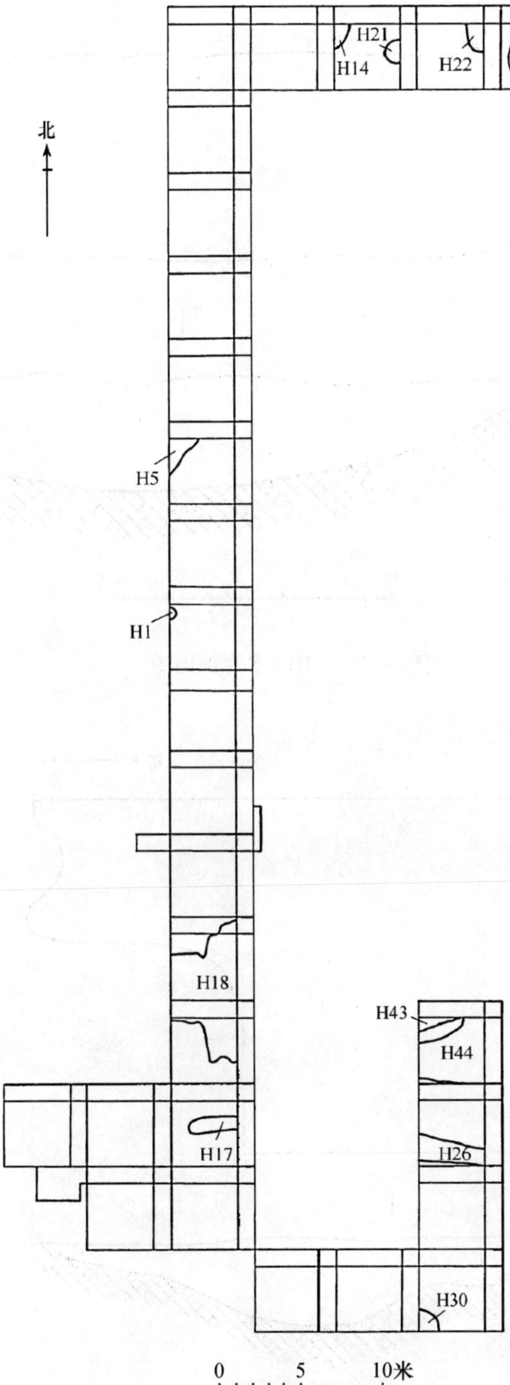

图一一〇　宋代灰坑分布图

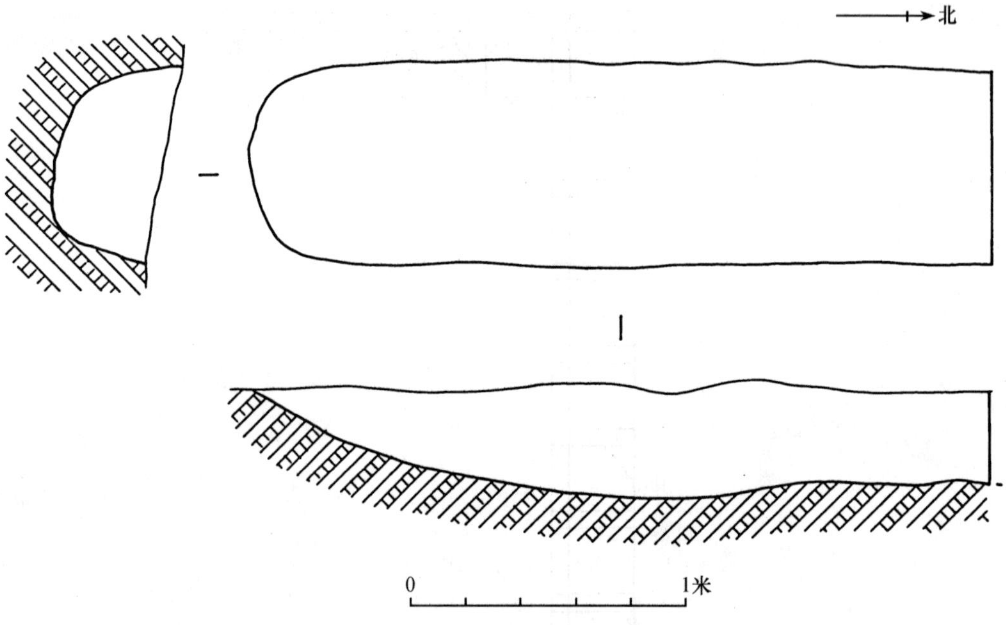

图一一一　H17 平、剖面图

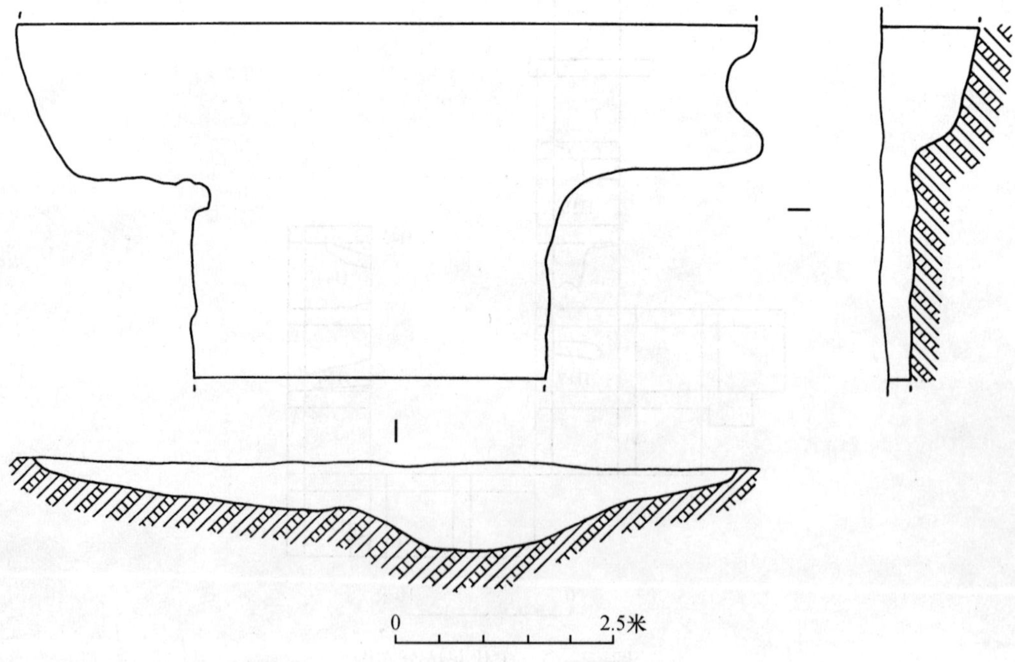

图一一二　H18 平、剖面图

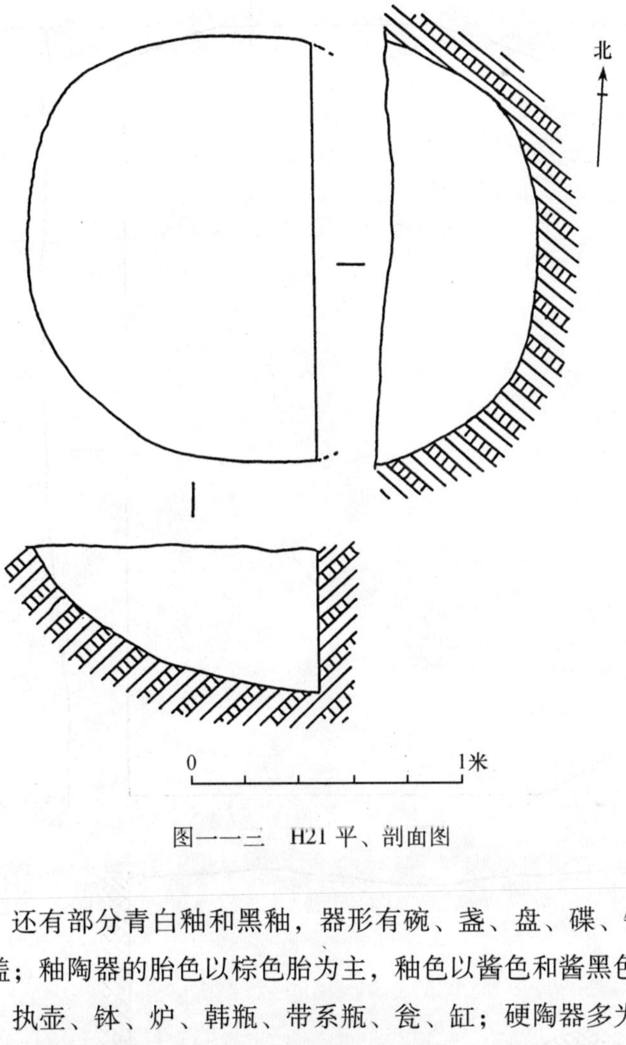

图一一三　H21 平、剖面图

主，次为灰白釉，还有部分青白釉和黑釉，器形有碗、盏、盘、碟、钵、执壶、器盖、托盏、杯、粉盒盖；釉陶器的胎色以棕色胎为主，釉色以酱色和酱黑色釉为主，器形有碗、罐、碟、壶、执壶、钵、炉、韩瓶、带系瓶、瓮、缸；硬陶器多为灰陶胎，器形有罐、壶、刻槽盆；陶器多为夹细砂灰陶，器形有盆、带流刻槽盆、无流刻槽盆、钵、刻槽钵、扑满等（图一一四）。

H26　位于 T4118 的南部，开口于②A 层下，打破②B 层、J5 至生土。坑壁作弧状，坑底为圜底。坑口为长方形沟状，坑口长 4、宽 1.03～1.58、深 0.52～0.68 米。坑内填土为泛黄的灰土，含沙量较少，结构较松散。出土遗物分瓷器、釉陶和陶器三类。瓷器有白胎白釉瓷碗；釉陶器主要为棕色胎，施酱色釉，器形有碗、壶、缸；陶器多为泥质灰陶，器形有钵、盆、瓮等（图一一五）。

H30　位于 T4116 西南角，开口于②A 层下，打破③层、⑤C 层至生土。坑口复原形状为椭圆形，已发掘部分近似 1/4 椭圆形，坑壁较陡直，坑底凸凹不平。已发掘部分长 1.3、宽 1.16、深 0.41～0.53 米。坑内填土为灰黑土，局部为浅黄色。

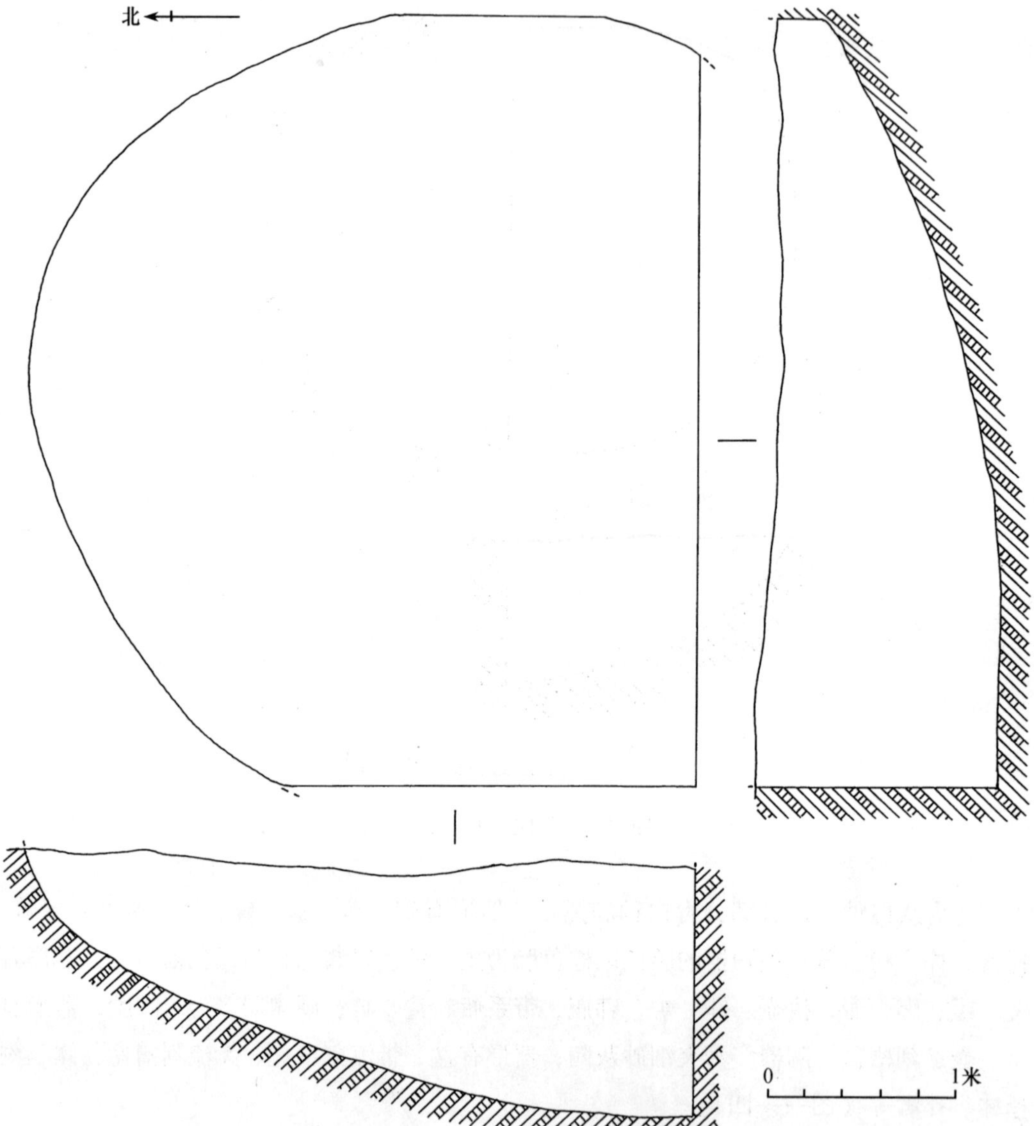

图一一四　H23 平、剖面图

坑内出土遗物较少，遗物分瓷器、釉陶和陶器三类。瓷器有白胎白釉碗；釉陶器的胎色主要是棕色胎，器形有瓮、罐、缸；陶器均为泥质灰陶，器形有盆、板瓦等（图一一六）。

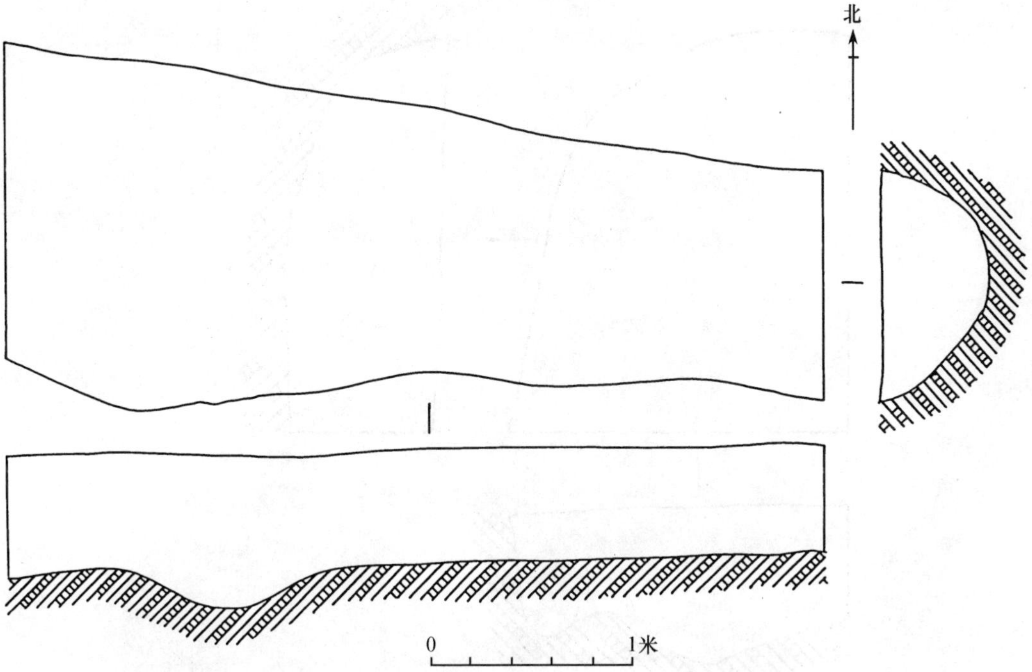

图一一五　H26平、剖面图

二、遗　物

宋代遗物最为丰富，按质地分瓷、陶、铜、石、玉、骨器几种。下面按质料分器类进行叙述。

（一）瓷器

瓷器在宋代遗物中所占的比例很大，统计资料显示，在两宋时期的遗物中，瓷器不仅约占遗物总量的一半，而且在两宋的不同阶段所占的比例基本无大的变化。

胎骨特征　在宋代，瓷器胎骨特征在不同的阶段变化不很大。瓷器的胎色以白胎为主，灰白胎次之，浅灰胎再次之，还有少量的黄胎、浅黄胎、棕胎及红胎。瓷胎的火候很高，浅灰胎与灰白胎的瓷器中，有少数的胎内含少量黑色末粒；棕、黄及红胎的瓷器胎骨显得稍微粗糙些（表二二、表二三）。

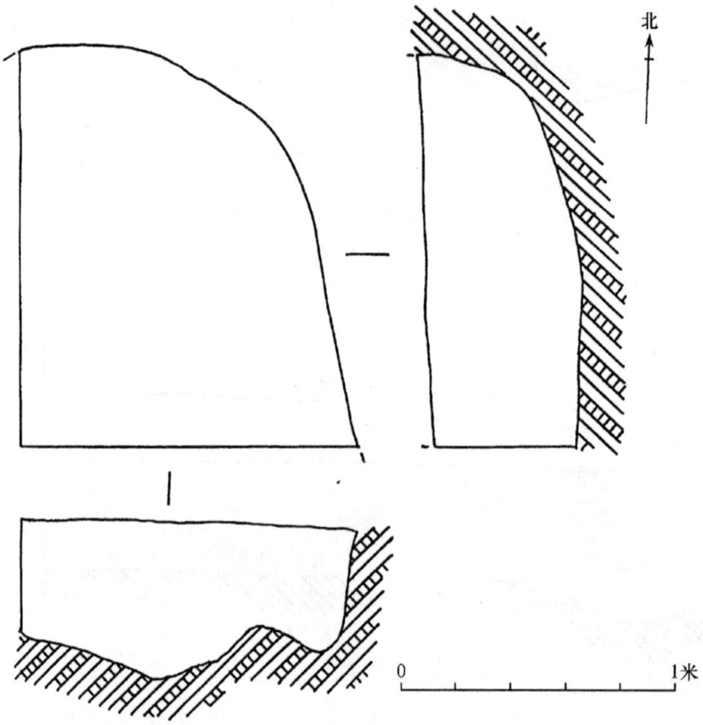

图一一六　H30平、剖面图

表二二　②A层瓷器胎色统计表

项目 名称	胎色									
	白胎	灰白胎	浅灰胎	灰黑胎	褐胎	棕褐胎	黄胎	浅黄胎	棕胎	红胎
合计	354	166	107	1	2	3	3	19	20	3
百分比（%）	52.2	24.5	15.8	0.1	0.3	0.4	0.4	2.8	2.9	0.4

注：②A层瓷器各类统计表中的数据为瓷器件数，它包括了T3518、T3618、T3718、T3818、T3819、T3820、T3821、T3822、T3823、T3824、T3825、T3826、T3827、T3828、T3829、T3830、T3831、T3832、T3833、T3931、T4031、T4116、T4119、T4120、T4131、T4215、T4231、T4317、T4318、T4319、T4414、T4416、T4517三十三个探方②A层的统计资料。

表二三　②B层瓷器胎色统计表

项目 名称	胎色								
	白胎	灰白胎	灰胎	棕胎	黄胎	浅黄胎	棕褐胎	褐胎	红胎
合计	312	57	83	14	25	5	5	2	3
百分比（%）	61.7	11.3	16.4	2.8	4.9	1.0	1.0	0.4	0.6

注：②B层瓷器各类统计表中的数据为瓷器件数，它包括了T3518、T3618、T3717、T3718、T3817、T3818、T3819、T3820、T3823、T3824、T3825、T3826、T3827、T3828、T3829、T3916、T4016、T4031、T4117、T4119、T4131、T4231、T4315、T4414、T4517、T4518二十六个探方②B层的统计资料。

施釉特点　在两宋，各阶段的瓷器施釉有些变化，北宋时期的釉色以白釉占绝大多数，次为浅灰釉，还有部分青白釉与黑釉；南宋时期的釉色仍然以白釉为大宗，但数量已减少，次为青白釉和黑釉，灰釉和灰白釉处于更次要的地位，新出现了酱釉、豆青釉和牙黄釉。青白釉、黑釉的釉层较厚，有很强的玻璃质感；灰釉和灰白釉多数釉光较暗，釉层较厚的器物釉面往往有细碎开片，还有少数碗、盏类器在施釉前先施一层白灰色的化妆土，再在其上施釉；牙黄釉的釉层很薄，多暗淡无光。碗、盏、碟、钵等类器多采用蘸釉法，一部分器物有积釉、滴釉与釉泪现象。白色釉、青白色釉多施于白胎或灰白胎上，黑釉、酱釉、牙黄釉多施于棕胎上（表二四、表二五）。

表二四　②A 层瓷器釉色统计表

项目 / 名称	釉色															
	白釉	灰白釉	灰白无光釉	灰釉	青白釉	豆青釉	黑釉	酱黑灰斑釉	酱釉	酱黑釉	酱褐釉	绿釉	牙黄釉	豆黄釉	黄釉	黑白相间釉
合计	285	23	3	41	133	17	112	7	27	5	4	5	7	5	3	1
百分比（%）	42.0	3.4	0.4	6.0	19.6	2.5	16.5	1.0	4.0	0.7	0.6	0.7	1.0	0.7	0.4	0.1

表二五　②B 层瓷器釉色、纹饰统计表

项目 / 名称	釉色														纹饰			
	白釉	灰釉	灰白釉	灰白无光釉	青白釉	黑釉	黑地白斑釉	豆黄釉	外黑内酱釉	牙黄釉	豆青釉	酱釉	酱釉花斑釉	绿釉	素面	印花	刻花	弦纹
合计	231	73	23	4	52	50	10	32	1	2	7	14	3	4	423	40	34	9
百分比（%）	45.7	14.4	4.6	0.8	10.3	9.9	2.0	6.3	0.2	0.4	1.4	2.8	0.6	0.8	83.5	7.9	6.7	1.8

装饰手法　瓷器的釉面多为素面，有 1/5 或 1/6 的瓷器上有装饰，装饰手法有釉下刻花、模印花、釉层窑变而形成的花纹等技法（表二六），其中刻花、模印花多在碗、盏、盘、碟的内底部刻制，兔毫纹、斑点纹多在黑釉瓷碗上。釉下刻花的花纹种类最多，有以篦纹为基调的，分篦点草叶纹、梳篦纹、篦划条幅纹、篦点菊花纹等；有以植物纹为基调的，分草叶纹、水草纹、卷草纹、荷花纹、莲花纹、缠枝纹；还有水波纹等（图一一七、图一一八）。

表二六　②A 层瓷器纹饰统计表

项目 / 名称	纹饰										
	素面	釉下刻花	釉下印花	兔毫纹	黑地褐斑	黑地白斑	酱斑	褐彩菊花	弦纹	镂孔	雕花
合计	543	80	27	10	5	5	2	1	3	2	1
百分比（%）	80.0	11.8	4.0	1.5	0.7	0.7	0.3	0.1	0.4	0.3	0.1

装烧方法　经过对瓷器口部及内、外底部的观察和分析，瓷器的装烧方法以用匣钵盛装为主，分匣钵仰烧、支钉支撑再用匣钵盛装两种，还有用支钉支撑的叠烧，有用支圈叠起或垫钵盛放的芒口瓷，有用叠涩法而形成的涩圈足瓷等。

器类　宋代瓷器的器类多样，品种非常丰富，可辨器形有碗、盏、盘、碟、钵、粉盒、盅、执壶、瓶、罐、杯、器盖，还有瓷塑等。

碗　125 件。分四型。

A 型　33 件。唇口碗，即碗口的唇部有一周向外凸起的圆棱。分六式。

Ⅰ式　4 件。敞口，腹较深。H44∶20，圆尖唇，圈足较高。灰白釉施及足根部，圈足底露灰白胎。口径 14.8、圈足径 5.8、高 8 厘米（图一一九，1）。H14∶19，唇口较宽，圈足残失。白胎，青白釉。口径 17.2、残高 6.3 厘米（图一一九，2）。

Ⅱ式　12 件。大敞口，腹较Ⅰ式浅，圈足较Ⅰ式矮。T3820②B∶30，深灰胎，灰白釉，除圈足底以外，器内外满施釉。口径 14.9、圈足径 5.6、高 5.8 厘米（图一一九，3；图版一七，1）。T3821②B∶63，器内外均施灰白釉，外底露灰胎，余满釉。口径 15、圈足径 6.7、高 6.4 厘米（图一一九，4）。H18∶40，棕胎，白釉泛灰色，器内满釉，器外施釉及下腹。口径 14.8、圈足径 6.4、高 6.2 厘米（图一一九，5）。H18∶2，浅棕色胎，灰白釉泛黄斑。口径 14.8、圈足径 6、高 6.4 厘米（图一一九，6）。H23∶19，灰胎，灰白釉，下腹处在釉下先施白色化妆土再施釉，圈足底露胎。口径 14.6、圈足径 5.5、高 5.3 厘米（图一一九，7）。

Ⅲ式　5 件。碗腹更浅，圈足比Ⅱ式矮。H43∶4，外腹部有斜向的旋削痕。棕胎，无光灰白釉。口径 13.3、圈足径 4.8、高 4.4 厘米（图一一九，8；图版一七，2）。

Ⅳ式　3 件。唇部的凸唇退化，腹部变深，下腹略垂，圈足更矮且足底向外侈。H22∶2，碗内釉下刻兰花、草叶纹。灰胎，豆青釉泛绿。口径 20.3、圈足径 6.8、高 8.9 厘米（图一二○，1；彩版九，1；图版一七，3）。

Ⅴ式　3 件。深弧腹，圈足更矮，口内唇部有凹槽一周。罗采∶35，釉下刻饰简约的草叶纹。浅黄胎，浅黄釉，口沿内外无釉，即芒口，余满釉。口径 18.8、圈足径 5.2、高 6.9 厘米（图一二○，2；图版一七，4）。

Ⅵ式　6 件。弧腹比Ⅴ式深，有的碗唇部的凸唇全部退化，多数圈足很矮，有的近似一周凸弦纹，多数碗内底釉下刻有花草纹。T3831②A∶10，灰胎，豆绿釉，釉色较浅。口径 18.4、残高 7.2 厘米（图一二○，3；彩版七，3）。T3831②A∶8，釉下刻划水草纹，口部内外有凹弦纹一周。灰白胎，芒口，足底无釉，余满釉。口径 15.2、圈足径 5.2、高 7 厘米（图一二○，4；彩版一○，1；图版一七，5）。T 4317②A∶1，白胎，

图一一七　瓷器纹饰

1～5. 篦点草叶纹（T4131②A∶1、T3819②A∶11、T3820②A∶19、T3618②B∶4、T3618②B∶2）　6. 缠枝纹（T3820②A∶1）　7. 篦点菊花纹（H26∶11）　8、9. 卷草纹（T4031②B∶11、T3618②B∶26）　10. 莲花纹（T3819②A∶7）　11～14. 梳篦纹（H44∶5、T4517②B∶16、T3827②A∶13、T4119②A∶6）

图一一八　瓷器纹饰

1、3～7. 草叶纹（T4119②A:4、T3828②A:15、T4119②A:3、T3832②A:4、T3827②A:5、T4119②A:5）2. 荷花纹（H18:578）　8、12. 水草纹（T3819②A:4、T4031②A:17）　9. 水波纹（H23:58）　10、11. 团菊“童”字铭（H18:33、T3931②A:22）　13. 篦划条幅纹（T3826②A:12）

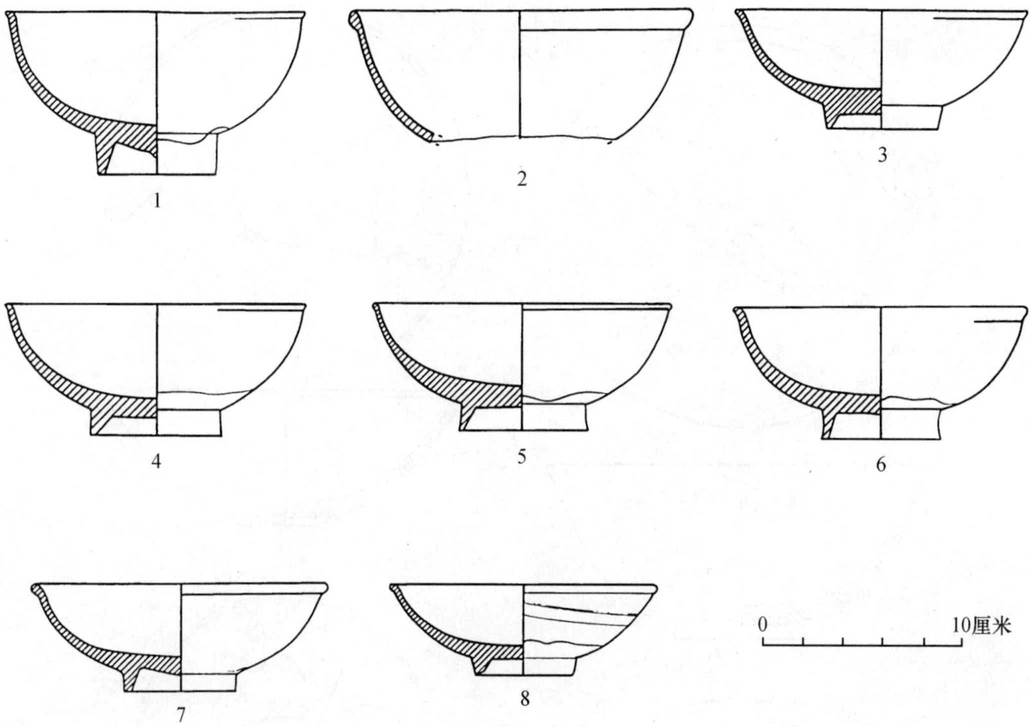

图一一九　瓷碗

1、2. A型Ⅰ式（H44:20、H14:19）　3～7. A型Ⅱ式（T3820②B:30、T3821②B:63、H18:40、H18:2、H23:19）　8. A型Ⅲ式（H43:4）

白釉，器外仅圈足底内无釉。口径15.9、圈足径7.3、高7.8厘米（图一二〇，5）。

B型　54件。敞口碗。分三亚型。

Ba型　22件。形体稍大。器腹斜直，腹之弧度小。分六式。

Ⅰ式　1件。H14:2，大敞口，斜腹，圈足残。浅黄胎，器内外施酱黄釉，碗内有五个小圆形的支钉痕。口径20、残高7.8厘米（图一二一，1）。

Ⅱ式　2件。器腹稍深。T3820②B:31，白胎，白釉，足底露胎，余满釉。口径13.8、圈足径4.8、高6.8厘米（图一二一，2）。

Ⅲ式　6件。器腹弧度比Ⅱ式稍大。T3826②B:1，圈足底部露棕胎，器内外施无光白釉。口径16.6、圈足径5.2、高6厘米（图一二一，3）。T3827②B:3，釉下有简略的梳篦纹。圈足露白胎，青白釉，足底无釉，余满釉。口径16.8、圈足径5.4、高6厘米（图一二一，4；图版一八，1）。T3828②B:2，釉下有篦划云气纹。圈足露白胎，白釉。口径17、圈足径5、高6厘米（图一二一，5）。

图一二〇　瓷碗

1. A型Ⅳ式（H22∶2）　2. A型Ⅴ式（罗采∶35）　3～5. A型Ⅵ式（T3831②A∶10、T3831②A∶8、T4317②A∶1）

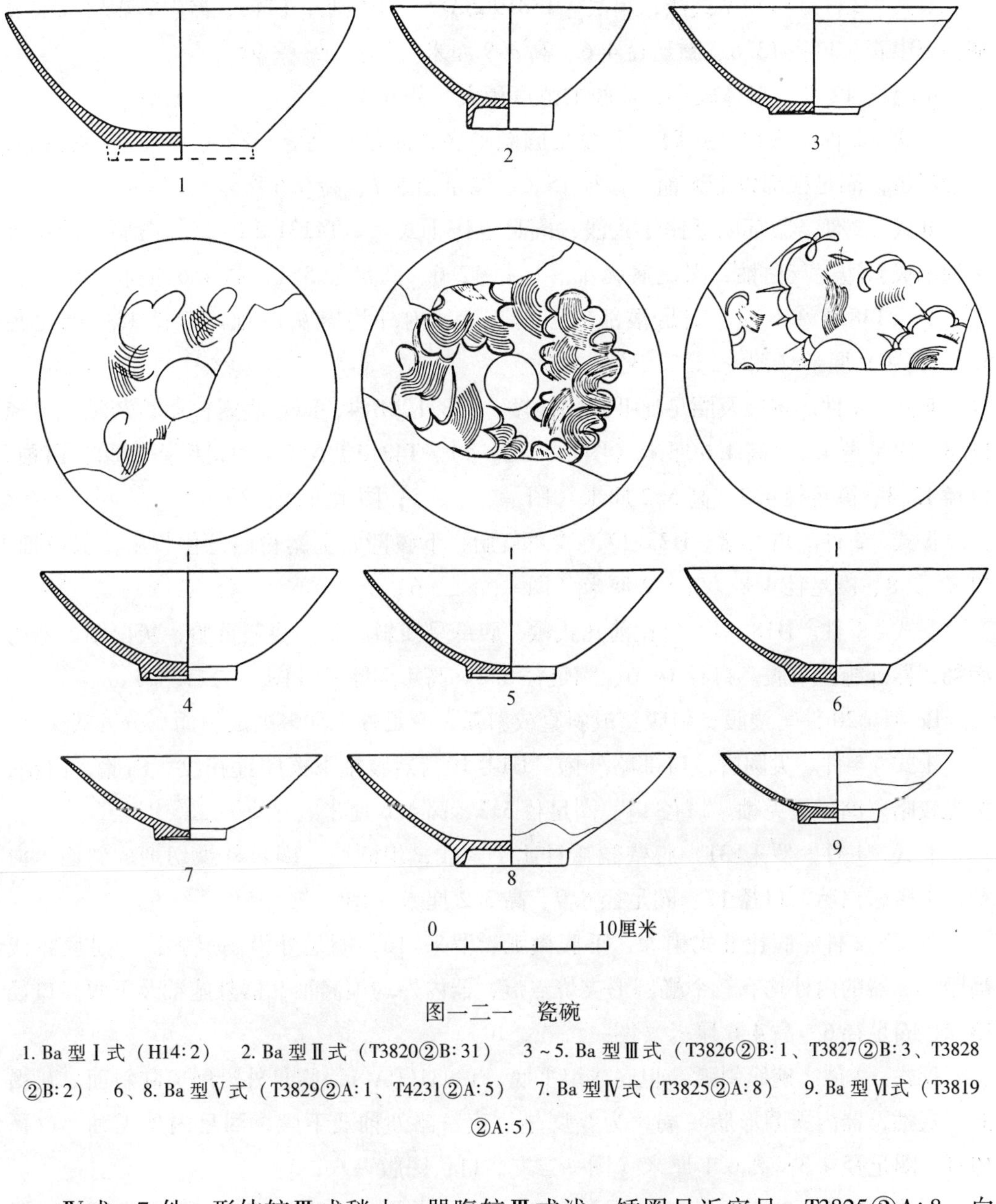

图一二一　瓷碗

1. Ba 型Ⅰ式（H14:2）　2. Ba 型Ⅱ式（T3820②B:31）　3～5. Ba 型Ⅲ式（T3826②B:1、T3827②B:3、T3828②B:2）　6、8. Ba 型Ⅴ式（T3829②A:1、T4231②A:5）　7. Ba 型Ⅳ式（T3825②A:8）　9. Ba 型Ⅵ式（T3819②A:5）

Ⅳ式　7 件。形体较Ⅲ式稍小，器腹较Ⅲ式浅，矮圈足近实足。T3825②A:8，白胎，白釉，足底无釉，余满釉。口径 14.8、圈足径 4、高 4.6 厘米（图一二一，7）。

Ⅴ式　4 件。器腹近斜直，坦底，有的圈足呈饼形实足状。T3829②A:1，釉下刻水草纹。白胎，白釉。口径 17.6、底 5.4、高 6.3 厘米（图一二一，6）。T4231②A:5，白胎，青白釉，器外釉及下腹。内底有一宽圈足压印痕，为涩圈足烧法。口径 18.6、圈足径 6.4、高 6.2 厘米（图一二一，8）。

Ⅵ式　2件。腹较Ⅴ式浅，坦底。T3819②A:5，灰白胎，白釉，器内满施釉，器外施釉至中腹。口径13.6、圈足径4.6、高3.9厘米（图一二一，9）。

Bb型　12件。形体较小，器腹的弧度稍大。分五式。

Ⅰ式　2件。敞口，弧腹，下腹收成圜平底，圈足较高。T3820②B:32，灰白胎，白釉泛黄，圈足根部以下无釉。口径15.6、圈足径5.7、高6.6厘米（图一二二，1）。

Ⅱ式　3件。腹部明显比Ⅰ式浅，圈足也比Ⅰ式矮。T4231②B:25，白胎，圈足外缘刮削成斜边，灰白釉，圈足底无釉。口径12.6、圈足径5.4、高4.6厘米（图一二二，2）。T3820②B:33，圈足根部以下露灰胎，内外均施灰白釉。口径13、圈足径5.4、高4.9厘米（图一二二，3）。

Ⅲ式　4件。碗腹及圈足比Ⅱ式稍浅矮。T3821②B:4，圈足底露棕胎，灰釉。口径11.8、圈足径4.2、高4.6厘米（图一二二，4）。T4215②B:2，圈足底露白胎，白釉。口径12.3、圈足径4.2、高5.2厘米（图一二二，5；图版一八，2）。

Ⅳ式　2件。口微撇。H23:17，浅灰黄胎，下腹部胎上露粉白色化妆土，灰白釉。口径12.8、圈足径4.8、高4.2厘米（图一二二，6）。

Ⅴ式　1件。H18:44，口比前几式敞，腹部呈浅斜腹状。浅灰黄胎，灰白釉，器内满釉，器外施至下腹。口径14.6、圈足径5.2、高4.7厘米（图一二二，7）。

Bc型　20件。浅腹，斜腹壁或斜直或斜弧，圈足外缘部多削成斜面。分五式。

Ⅰ式　5件。尖圆唇，口部略外撇。H14:10，器腹釉下模印莲花纹。白胎，白釉，釉光较暗，圈足底无釉。口径14、圈足径5.3、高4.6厘米（图一二二，8）。

Ⅱ式　1件。罗采:31，腹壁微弧且比Ⅰ式浅，坦圜底，圈足外缘切削成斜面。白釉，下腹露白胎。口径12、圈足径6.9、高3.2厘米（图一二二，9）。

Ⅲ式　2件。腹比Ⅱ式稍深，下腹微弧。罗采:16，圈足外沿削成斜面。足底露浅褐胎，在器的内外均有三个椭圆形支烧点痕，器内外均施酱釉，器外施釉及下腹。口径13.2、圈足径6、高4.6厘米（图一二二，10）。

Ⅳ式　4件。碗腹斜弧，坦底或坦平底。T3931②A:1，圈足外沿削成陡斜面。灰褐胎，灰釉，器内露圈形胎一周，为叠烧垫饼痕，器外釉及下腹，圈足内外无釉。口径19.1、圈足径6.3、高6.1厘米（图一二二，11；图版一八，3）。

Ⅴ式　8件。碗腹近斜直状，矮圈足，足缘斜削。器内底有圈足痕，即涩圈足，器内圈足痕部位及器外下腹均无釉。均为叠烧法烧制。T4031②A:3，灰胎，浅灰釉，器外下腹无釉。口径17、圈足径6.8、高5.4厘米（图一二二，12；彩版九，2；图版一八，4）。T3831②A:15，浅黄胎，黄白釉。口径17.2、圈足径7.6、高5厘米（图一二二，13；彩版一〇，2）。T3827②A:2，胎为浅棕色，施青灰釉，器外施釉至中腹。口径18.2、圈足径7.6、高5.5厘米（图一二二，14）。

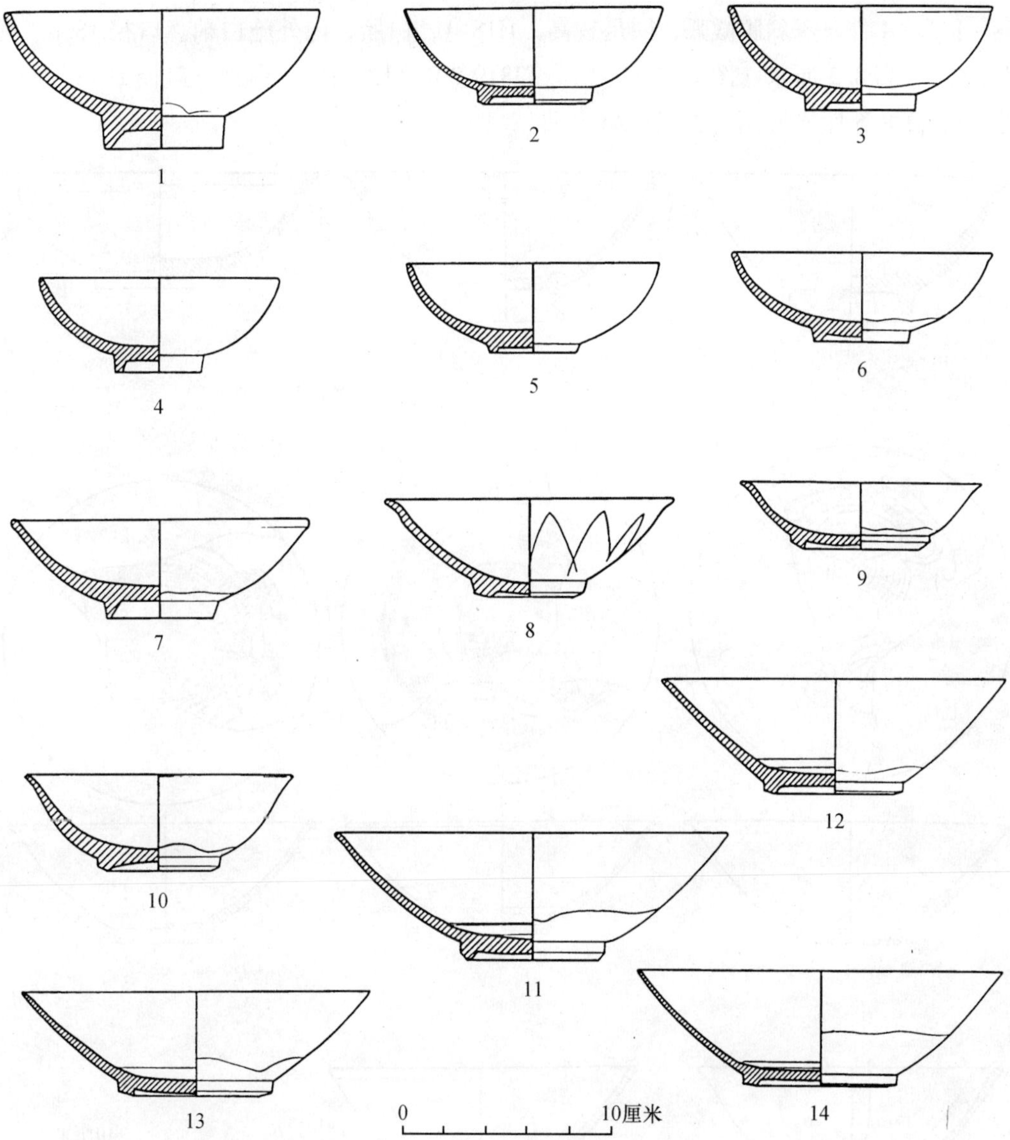

图一二二　瓷碗

1. Bb 型Ⅰ式（T3820②B∶32）　2、3. Bb 型Ⅱ式（T4231②B∶25、T3820②B∶33）　4、5. Bb 型Ⅲ式（T3821②B∶4、T4215②B∶2）　6. Bb 型Ⅳ式（H23∶17）　7. Bb 型Ⅴ式（H18∶44）　8. Bc 型Ⅰ式（H14∶10）　9. Bc 型Ⅱ式（罗采∶31）　10. Bc 型Ⅲ式（罗采∶16）　11. Bc 型Ⅳ式（T3931②A∶1）　12～14. Bc 型Ⅴ式（T4031②A∶3、T3831②A∶15、T3827②A∶2）

C型　19件。敞口碗。大敞口，唇部略侈。分五式。

Ⅰ式　4件。深斜腹微弧，圈足较高。H18:1，白胎，内外施白釉。口径18.8、圈足径6.8、高8.2厘米（图一二三，1）。T3819②B:29，白胎，白釉。口径18.2、圈足径6.5、高8.5厘米（图一二三，2）。

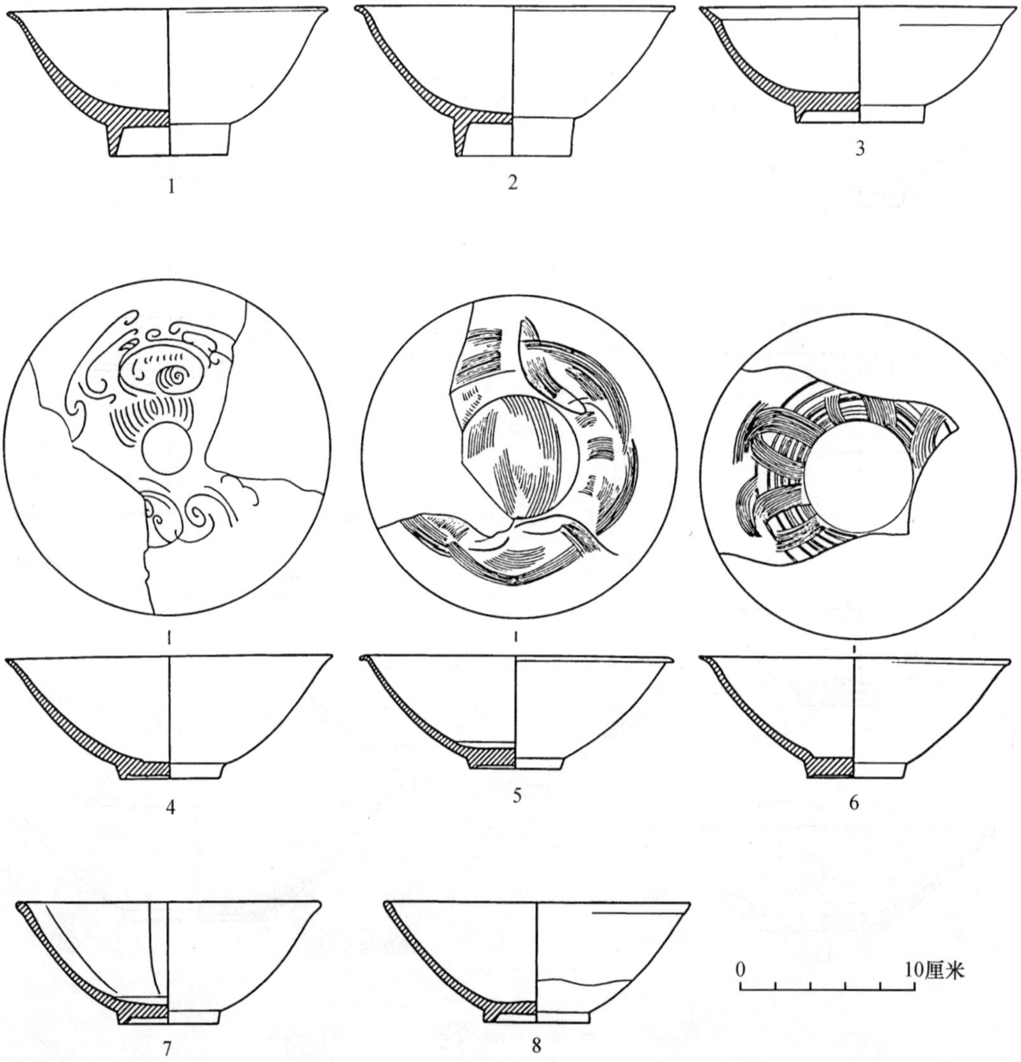

图一二三　瓷碗

1、2. C型Ⅰ式（H18:1、T3819②B:29）　3. C型Ⅱ式（T4215②B:11）　4. C型Ⅲ式（罗采:38）　5、6. C型Ⅳ式（T3827②A:1、T3827②A:14）　7、8. C型Ⅴ式（T3831②A:1、T3827②A:3）

Ⅱ式　1件。T4215②B:11，口唇部稍侈撇，碗腹部及圈足明显比Ⅰ式矮。器内底有五个支烧点痕，圈足底露灰黄胎，豆黄釉。口径18、圈足径7.2、高6.4厘米（图一二三，3；彩版一〇，3；图版一八，5）。

Ⅲ式　1件。罗采:38，斜腹微弧，碗腹比Ⅱ式稍高，器内为小坦底。釉下刻单线云气纹。灰胎，灰釉，器内外满釉，圈足底无釉。口径19、圈足径5.8、高6.8厘米（图一二三，4）。

Ⅳ式　8件。口唇侈撇严重，坦底，圈足接近饼形实足。T3827②A:1，釉下刻篦划纹。足底露白胎，器内外均施青白釉。口径18.2、圈足径5.2、高6.3厘米（图一二三，5；彩版九，3；图版一八，6）。T3827②A:14，釉下饰梳篦卷草纹。灰白胎，青白釉，器内外满釉，足底无釉。口径18、圈足径5.5、高6.9厘米（图一二三，6）。

Ⅴ式　5件。口唇部稍肥厚，斜腹比Ⅳ式稍弧，矮圈足。T3831②A:1，碗内起五条竖筋。白胎，灰白无光釉。口径17.8、圈足径5.8、高6.8厘米（图一二三，7）。T3827②A:3，灰白胎，灰釉，器外施釉及底器下腹，器内有五个圆圈支烧点痕。口径17.6、圈足径6、高6.7厘米（图一二三，8）。

D型　9件。葵口碗。分四式。

Ⅰ式　1件。H14:8，口作六出葵口状，腹较浅，圈足低矮。白胎，白釉，釉光较暗，圈足底露胎。口径15.6、圈足径6、高4.4厘米（图一二四，1）。

Ⅱ式　1件。T3916②B:6，口作五出葵口状，浅弧腹。白胎，器内外施白釉，圈足底无釉，余满釉。口径12、圈足径4、高4.2厘米（图一二四，5；彩版九，4；图版一九，1）。

Ⅲ式　5件。葵口。微弧的斜腹比Ⅱ式稍深。圈足近饼形实足状。H21:1，釉下刻篦点水草纹。白胎，器内外施白釉，足底无釉。口径16.6、圈足径5.4、高7厘米（图一二四，2）。H17:11，釉下刻篦点水草纹。白胎，白釉。口径18.1、残高2.9厘米（图一二四，4）。

Ⅳ式　2件。六出葵口，弧腹较浅。T3821②A:13，釉下刻篦点水草纹。白胎，白釉，除足底有直径为4.5厘米的圆形支烧痕露胎以外，余满釉。口径19.1、圈足径6.3、高5.7厘米（图一二四，3；彩版九，5；图版一九，2）。

异型碗　10件。H23:57，斜弧腹较深，圈足残。釉下刻水草纹。白胎泛灰，豆青釉泛黄。口径20.7、7.8厘米（图一二五，1）。H14:31，唇外有宽凸弦纹一周，圈足外缘斜削。足底露白胎，白釉，除近圈足处至足底以外，其余满釉。口径19.2、圈足径6.4、高6.4厘米（图一二五，2）。T3821②A:72，口外撇，斜弧腹较深，矮圈足。釉下模印莲瓣纹。足底露白胎，白釉。口径13.2、圈足径4.6、高5.7厘米（图一二五，3）。H18:58，唇沿稍厚且外撇，下腹及圈足残。釉下模印缠枝花纹。残破处可见灰胎，绿釉泛灰。口径24、残高6.8厘米（图一二五，4）。T3828②A:6，口唇向上折起近直，圈足外缘斜削。白胎，白釉。口径

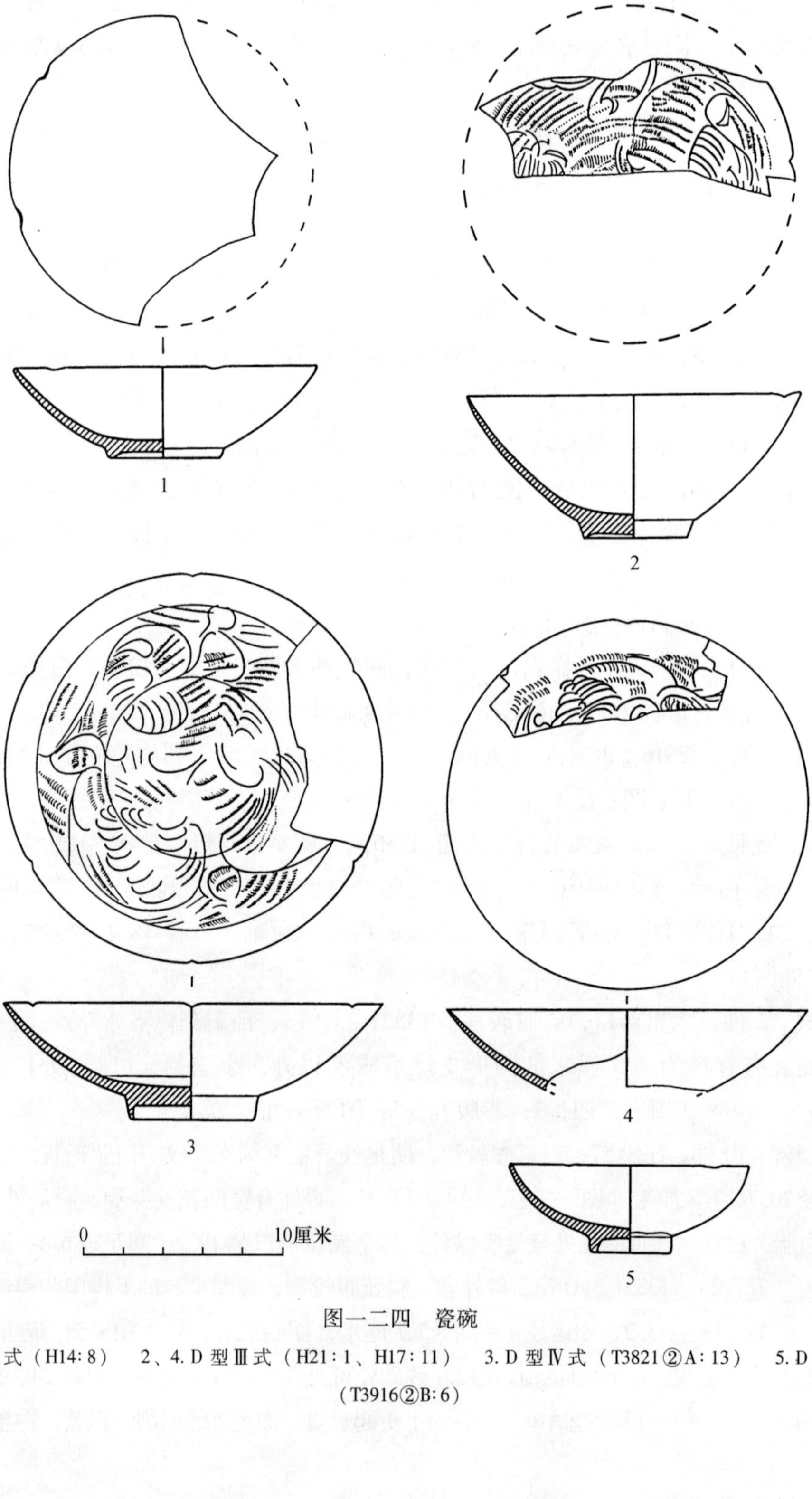

图一二四　瓷碗

1. D型Ⅰ式（H14∶8）　2、4. D型Ⅲ式（H21∶1、H17∶11）　3. D型Ⅳ式（T3821②A∶13）　5. D型Ⅱ式（T3916②B∶6）

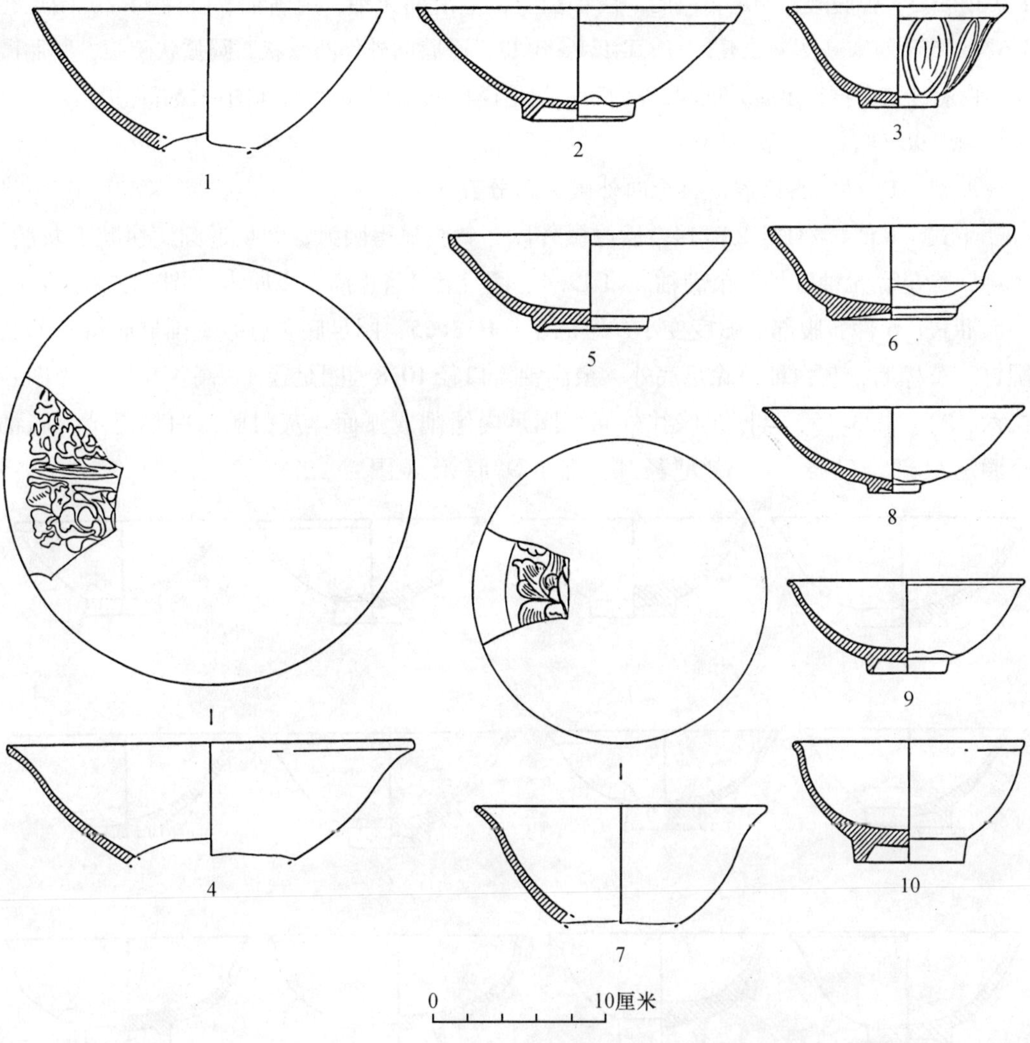

图一二五　瓷碗

1～10. 异型碗（H23∶57、H14∶31、T3821②A∶72、H18∶58、T3828②A∶6、T3826②B∶2、H18∶34、H43∶13、T4031②B∶3、T4131②B∶12）

16.5、圈足径6.6、高5.4厘米（图一二五，5）。T3826②B∶2，浅碗腹，中腹向外折凸，矮足，饼形实足底部向上凹陷。红胎，酱绿釉，器内满釉，器外釉及中下腹。口径14.6、圈足径7.6 、高5.1厘米（图一二五，6）。H18∶34，敞口外撇，斜弧腹较深，圈足残。釉下模印缠枝花纹。灰白胎，豆青釉，釉层肥厚。口径17.1、残高6.6厘米（图一二五，7）。H43∶13，口外撇，浅腹缓弧，矮小圈足。碗内有酱黑地子起紫色、浅黄色的兔毫纹。棕胎，酱黑釉，施釉前先施一层浅酱色化妆土。口径15.6、圈足径3、高4.9厘米（图一二五，8）。

T4031②B∶3，弧腹矮，圈足。白胎，白釉泛黄，足沿面无釉，余满釉。口径14.2、圈足径4.6、高5.2厘米（图一二五，9）。T4131②B∶12，圆唇向外作凸弦状，圆弧状碗腹，厚胎圈足。白胎，灰白釉，足底无釉。口径128、圈足径6.4、高6.8厘米（图一二五，10）。

盏　98件。分三型。

A型　18件。唇口盏，唇缘向外微凸。分五式。

Ⅰ式　1件。T4131②B∶14，唇缘微外撇，斜腹显得圆弧，圈足近圆实饼状。灰胎，黑釉，除足底无釉以外，余满釉。口12.4、圈足径4.4、高5.2厘米（图一二六，1）。

Ⅱ式　6件。腹部的弧度变小，矮圈足。H18∶65，圈足底芯有一旋削器底留下的凸圆钉。黄棕胎，灰白釉，除足底外，余满釉。口径10.8、圈足径4、高4.6厘米（图一二六，2）。H23∶15，矮圈足缘往外撇，圈足内缘削成弧面。灰白胎，白釉泛黄，施釉至圈足根部。口径11、圈足径4、高4.9厘米（图一二六，3；图版二一，2）。

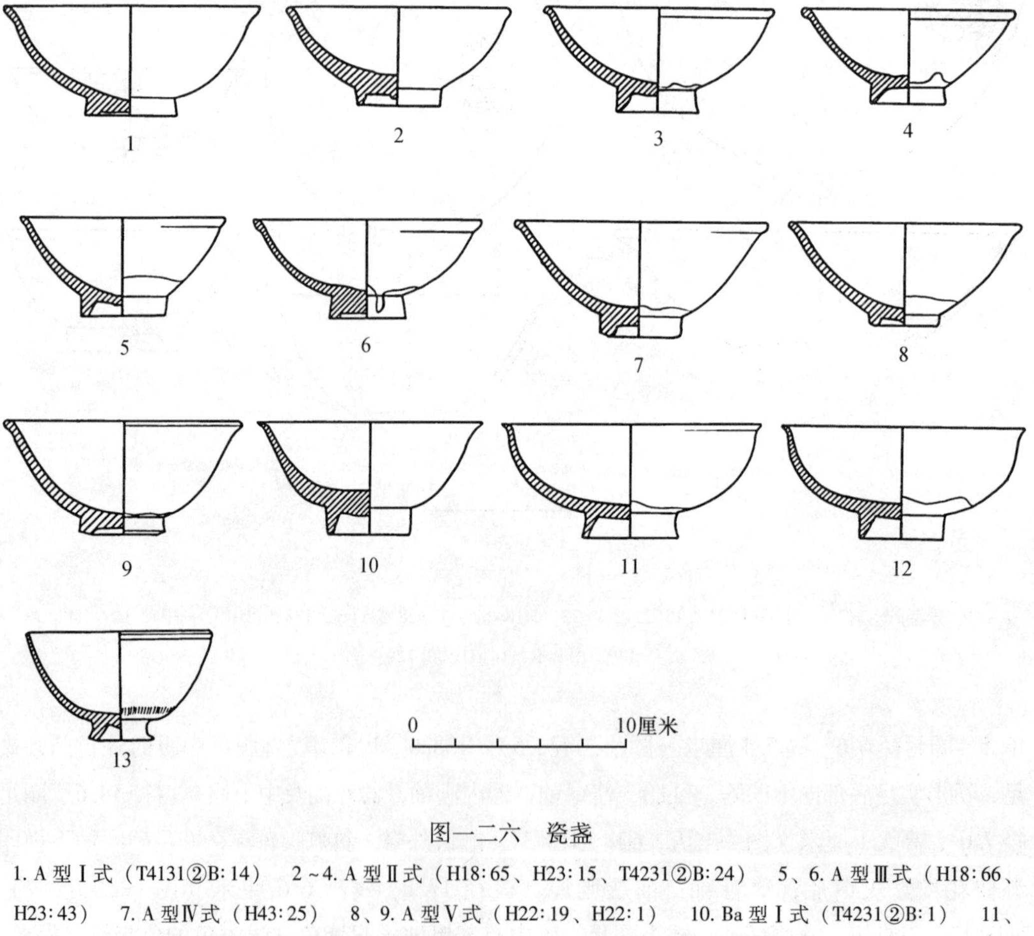

图一二六　瓷盏

1. A型Ⅰ式（T4131②B∶14）　2～4. A型Ⅱ式（H18∶65、H23∶15、T4231②B∶24）　5、6. A型Ⅲ式（H18∶66、H23∶43）　7. A型Ⅳ式（H43∶25）　8、9. A型Ⅴ式（H22∶19、H22∶1）　10. Ba型Ⅰ式（T4231②B∶1）　11、12. Ba型Ⅱ式（T4031②B∶6、T3821②B∶26）　13. Ba型Ⅲ式（T4031②A∶6）

T4231②B:24，灰胎，无光灰釉。口径10.2、圈足径3.6、高4.2厘米（图一二六，4；彩版一二，3；图版二一，1）。

Ⅲ式 7件。盏的下腹比Ⅱ式瘦小。H18:66，灰胎，灰白釉施至中下腹。口径9.8、径4、高4.6厘米（图一二六，5；图版二一，3）。H23:43，器足近实心状，足底向内挖凿成浅凹窝状。灰白胎，黑釉，器内外上口部施白釉，圈足根部露胎。口径11、圈足径3.6、高4.6厘米（图一二六，6；彩版一一，2）。

Ⅳ式 1件。H43:25，唇口略侈，盏腹比Ⅲ式稍深。灰白胎，黑釉，圈足无釉，余满釉。口径12、圈足径3.8、高5.4厘米（图一二六，7）。

Ⅴ式 3件。唇口比上几式稍侈，圈足缘斜削或呈圆沿状。H22:19，红胎，酱黑釉施至下腹。口径11.2、圈足径3.4、高4.8厘米（图一二六，8）。H22:1，下腹稍圆。白胎，黑釉，除圈足无釉外，余满釉。口径11.6、圈足径4.1、高5.3厘米（图一二六，9；彩版一一，1）。

B型 36件。撇口盏。分三亚型。

Ba型 11件。足稍高。分三式。

Ⅰ式 1件。T4231②B:1，尖唇向外撇侈，斜弧腹较深，圈足较高。灰胎，除足底外，通体施灰釉，釉层不厚，釉光较暗，器底胎体厚度是上腹部胎厚的两倍。口径11、圈足径4、高5.3厘米（图一二六，10）。

Ⅱ式 7件。尖唇近90°向外撇侈，圆圜腹比Ⅰ式浅。T4031②B:6，白胎，无光白釉，釉面干涩，釉层很薄，器内满釉，器外施釉到下腹，底部无釉，器内满釉。口径12.3、圈足径4.6、高5.3厘米（图一二六，11）。T3821②B:26，浅黄胎，暗淡的灰白釉，釉层较薄，器外施釉到下腹，足无釉，器内满釉。口径11.6、圈足径4、高5.2厘米（图一二六，12）。

Ⅲ式 3件。器口作芒口状，器下腹部比Ⅱ式内收严重，显得瘦斜，圈足细小且足缘外翘。T4031②A:6，白胎，胎色紧密坚致，青白釉，足底露胎，余满釉。口径9.1、圈足径3.2、高5.1厘米（图一二六，13）。

Bb型 12件。口唇的弧侈度大于以上亚型，足稍矮。分四式。

Ⅰ式 6件。圆唇，矮圈足，圈足剖面呈倒梯形状。T4131②B:13，灰胎，胎质坚固，施灰白釉，足底无釉，余满釉。口径11、圈足径4、高5.4厘米（图一二七，1）。H23:42，白釉，釉面光亮，有冰裂开片，圈足内侧无釉。细白胎骨，坚硬质密。口径11.3、圈足径3.2、高5.2厘米（图一二七，2）。T4231②A:13，器外模印缠枝花纹。灰胎，豆青釉。口径10.6、圈足径4.2、高5.2厘米（彩版一二，1）。

Ⅱ式 1件。H18:46，器腹比Ⅰ式浅，圈足比Ⅰ式矮小。足底露黄灰胎，黑釉，器内满釉，器外釉施及下腹底。口径12.4、圈足径2.8、高4.2厘米（图一二七，3；图版二一，4）。

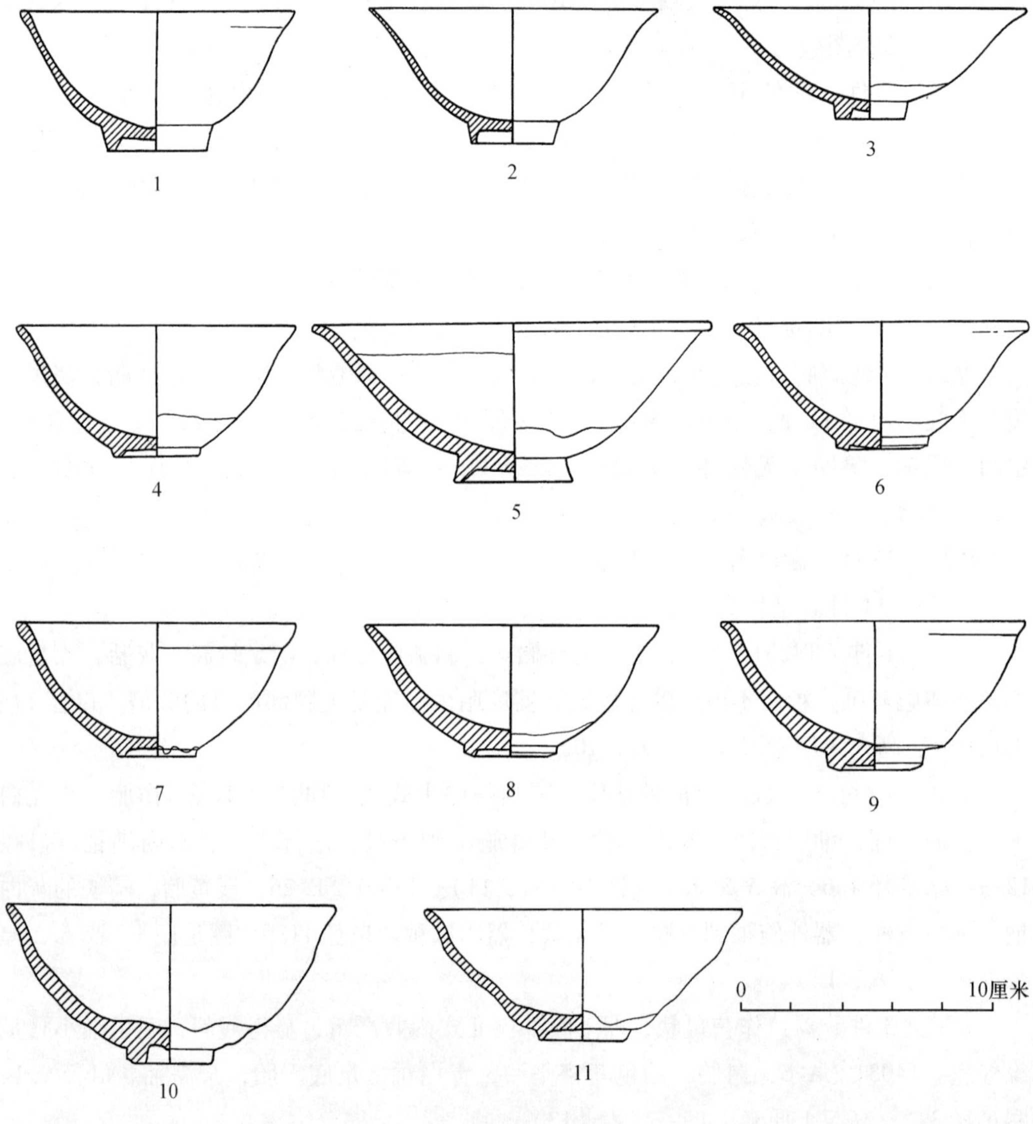

图一二七　瓷盏

1、2. Bb型Ⅰ式（T4131②B:13、H23:42）　3. Bb型Ⅱ式（H18:46）　4. Bb型Ⅲ式（H17:3）　5. Bb型Ⅳ式（T3823②A:2）　6、7. Bc型Ⅰ式（H18:47、H23:41）　8、9. Bc型Ⅱ式（H18:63、H18:3）　10. Bc型Ⅲ式（H43:17）　11. Bc型Ⅳ式（T3820②A:3）

Ⅲ式　4件。圆唇外侈，圈足明显比Ⅱ式矮，圈足缘末呈圆弧状。H17:3，灰胎，黑釉不及底。口径11.7、圈足径3.6、高4.9厘米（图一二七，4）。

Ⅳ式　1件。T3823②A:2，圆尖唇外侈，圈足外张。白胎，胎质较为粗糙，黑釉，口沿内外、下腹及足底无釉，余满釉。口径15.8、圈足径4.8、高6厘米（图一二七，5）。

Bc型　13件。矮圈足。分四式。

Ⅰ式　8件。圈足矮小。H18:47，灰白胎，黑釉，器外釉及下腹。高5、口径11.2、圈足径3.4厘米（图一二七，6）。H23:41，圈足处露黄胎，器内灰白釉，器外灰白釉泛黄。口径11.2、圈足径3.2、高5.1厘米（图一二七，7）。

Ⅱ式　3件。圆尖唇比Ⅰ式曲撇。H18:63，底露灰白胎，器内满施黑釉，器外上部为黑釉，下腹近底处为棕釉。口径11.6、圈足径3.6、高5厘米（图一二七，8）。H18:3，下腹至足根部呈横向内收，圈足稍厚，足缘斜削。器内外上腹釉下有棕色兔毫纹。棕胎，胎质较为细密、坚硬，口部施棕黑釉，釉层肥厚。为建窑系产品。高5.6、口径12.1、圈足径3.8厘米（图一二七，9；彩版一二，2）。

Ⅲ式　1件。H43:17，器腹部整体显得圆弧。灰褐胎，黑釉，釉层较厚，釉面光亮，器内满釉，足底无釉。口径13.3、圈足径3.5、高6厘米（图一二七，10）。

Ⅳ式　1件。T3820②A:3，器腹较浅，腹部不规整。白胎，器内满施黑釉，釉层较厚，器外酱褐釉施及下腹。口径12.5、圈足径3.5、高5厘米（图一二七，11）。

C型　44件。敞口盏。分三亚型。

Ca型　14件。足略高。分四式。

Ⅰ式　1件。T4414②B:7，口外缘抹薄，圈足薄而矮小。浅红胎，黑釉施及下腹。口径11.4、圈足径2.7、高5.4厘米（图一二八，1）。

Ⅱ式　1件。H23:3，敞口，斜腹弧收，足近饼形实足状，足底芯向上挖凹，使底呈浅圈足。灰胎，内口上部施白釉带一周，余内外施灰白釉，下腹及圈足露胎。口径10.8、圈足径3.4、高4.2厘米（图一二八，2）。

Ⅲ式　11件。腹部稍深，斜直腹，圈足稍大。H17:6，圈足内侧缘向内切成小斜面。棕胎，灰白釉，蘸釉。口径11.8、圈足径4.4、高5.2厘米（图一二八，3）。H18:4，圈足外侧缘削切成斜面。灰褐胎，内外为棕色兔毫釉，口部釉层稀薄，足无釉，余满釉。口径11.8、圈足径3.8、4.4、高5.1厘米（图一二八，4）。

Ⅳ式　1件。T3828②A:14，口微撇，下腹部显得圆弧。白胎，芒口，青白釉，釉面莹洁，足底无釉。口径10.4、圈足径3.3、高4.6厘米（图一二八，5）。

Cb型　28件。器底部旋削出矮圈足或假圈足。分五式。

Ⅰ式　1件。H14:20，口唇外侧抹薄近似敛口，平底显得稍大，底部旋削成矮圈足。褐红胎，器内外施酱黑釉，釉下有豹纹斑点，器外下腹无釉。口径11、圈足径4.53、高5厘米（图一二八，6；彩版八，1）。

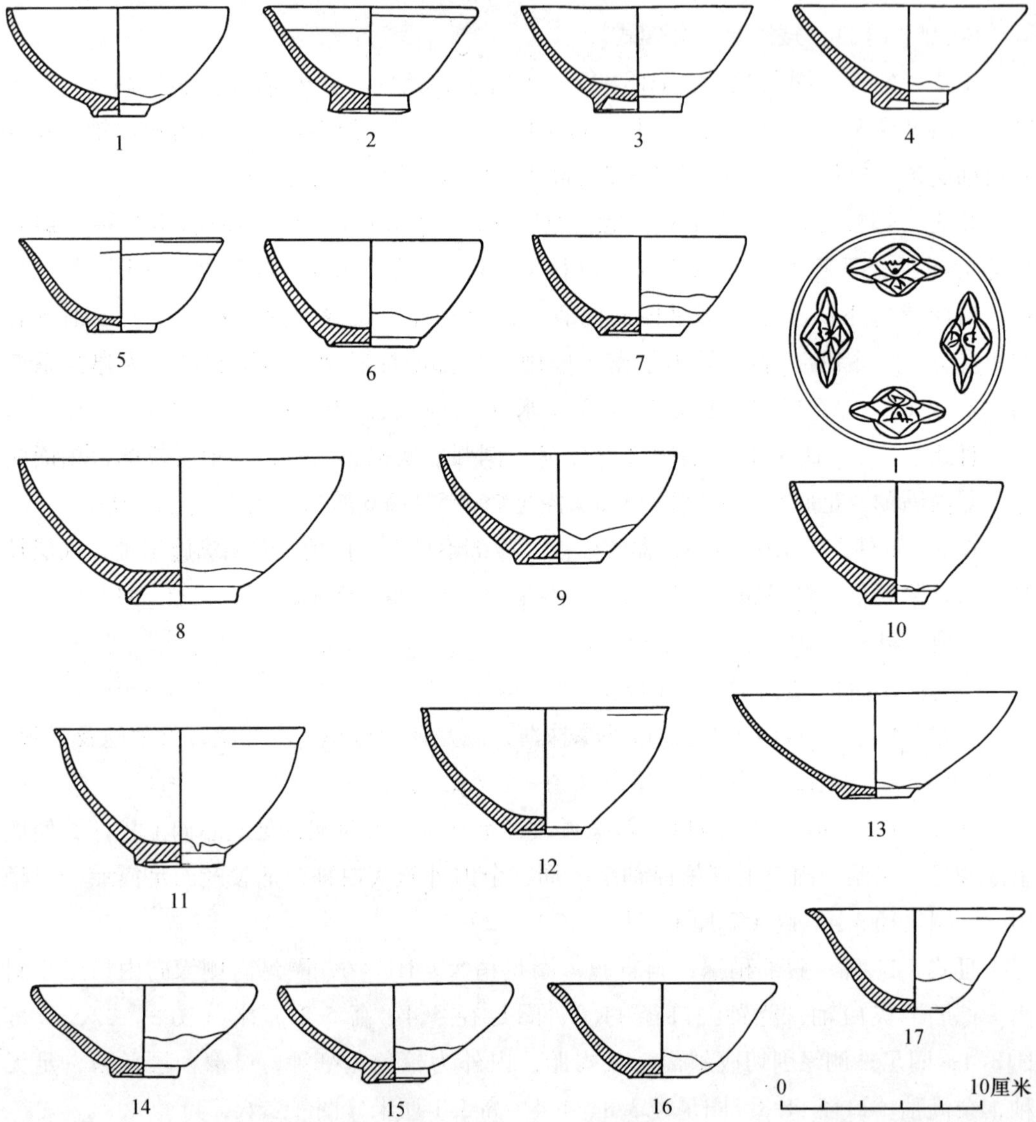

图一二八　瓷盏

1. Ca型Ⅰ式（T4414②B：7）　2. Ca型Ⅱ式（H23：3）　3、4. Ca型Ⅲ式（H17：6、H18：4）　5. Ca型Ⅳ式（T3828②A：14）　6. Cb型Ⅰ式（H14：20）　7、8. Cb型Ⅱ式（H23：53、H22：12）　9～12. Cb型Ⅲ式（T3823②A：2、T3820②A：20、T3828②A：5、T3827②A：4）　13. Cb型Ⅳ式（T3831②：13）　14、15. Cb型Ⅴ式（T4131②A：8、T4031②A：8）　16. Cc型Ⅰ式（T3821②A：19）　17. Cc型Ⅱ式（T3821②A：17）

Ⅱ式　5件。腹底处向内横切，再旋削出圈足。H23∶53，有兔毫及细小的褐色斑点。灰黄胎，酱黑釉，器内满釉，器外釉为两层，第一层为黑釉，施于上腹部，第二层为浅酱釉，施于下腹。口径10.7、圈足径4、高4.8厘米（图一二八，7）。H22∶12，口唇外侧抹薄，矮圈足缘往外卷。红胎，酱黑釉。口径16.7、圈足径5.7、高7.1厘米（图一二八，8）。

Ⅲ式　15件。旋削出的矮圈足较小，有的口唇部往外略侈，器腹变深。T3823②A∶2，足底露灰白胎，酱黑釉，釉面暗淡，器内有灰白斑点。口径11.8、圈足径4.2、高5.4厘米（图一二八，9；彩版一一，4；图版二一，5）。T3820②A∶20，棕褐胎，黑褐色的剪纸贴花装饰，即器内先施灰麻白色的底釉，再用剪纸贴花的手法装饰四个黑褐色花瓣纹，器外施有灰白斑的黑釉。口径10.8、圈足径3、高6厘米（图一二八，10；彩版一一，5）。T3828②A∶5，灰白胎，器内外施酱色斑点的黑釉。口径11.9、圈足径3.1、高5.9厘米（图一二八，11；图版二一，6）。T3827②A∶4，白胎，胎质较粗糙，器内口部及上腹为酱黄釉，腹、底施酱黑釉及灰白兔毫纹，器外施黑釉至圈足处。口径12.4、圈足径3.6、高6.2厘米（图一二八，12）。

Ⅳ式　1件。T3831②A∶13，敞口，腹比Ⅲ式浅，圈足比Ⅲ式矮。泛灰色的白胎，黑釉，器内外的黑釉釉面均有酱黄色的花斑。口径14.4、圈足径3.6、高5.1厘米（图一二八，13）。

Ⅴ式　6件。器口稍内敛，斜腹，矮饼形足，足底向上挖成浅圈足状。T4131②A∶8，含粗砂的褐黄胎，黑釉，器外中腹以下无釉。口径11.4、圈足径3.4、高4.5厘米（图一二八，14）。T4031②A∶8，浅黄胎，黑釉，内外有兔毫纹。口径12.1、圈足径3.6、高4.8厘米（图一二八，15）。

Cc型　2件。小平底，足底向上挖削成假浅圈足。分二式。

Ⅰ式　1件。T3821②A∶19，敞口略侈。灰胎，黑釉，器外施釉至下腹。口径11.5、圈足径3.5、高4.6厘米（图一二八，16；图版二二，1）。

Ⅱ式　1件。T3821②A∶17，腹稍深，器壁稍陡。灰胎，酱黑釉。口径11、圈足径2.4、高5.1厘米（图一二八，17；彩版一一，3）。

盘　75件。分四型。

A型　29件。敞口，圈足。分三亚型。

Aa型　11件。弧折腹。分四式。

Ⅰ式　2件。分二亚式。

Ⅰa式　1件。H14∶1，六出葵口，浅斜腹，近器底向内弧折成平底，圈足。

圈足底露白胎，青白釉，足底处有五个不规则形的支烧点痕。口径13.6、圈足径6.2、高3.3厘米（图一二九，1）。

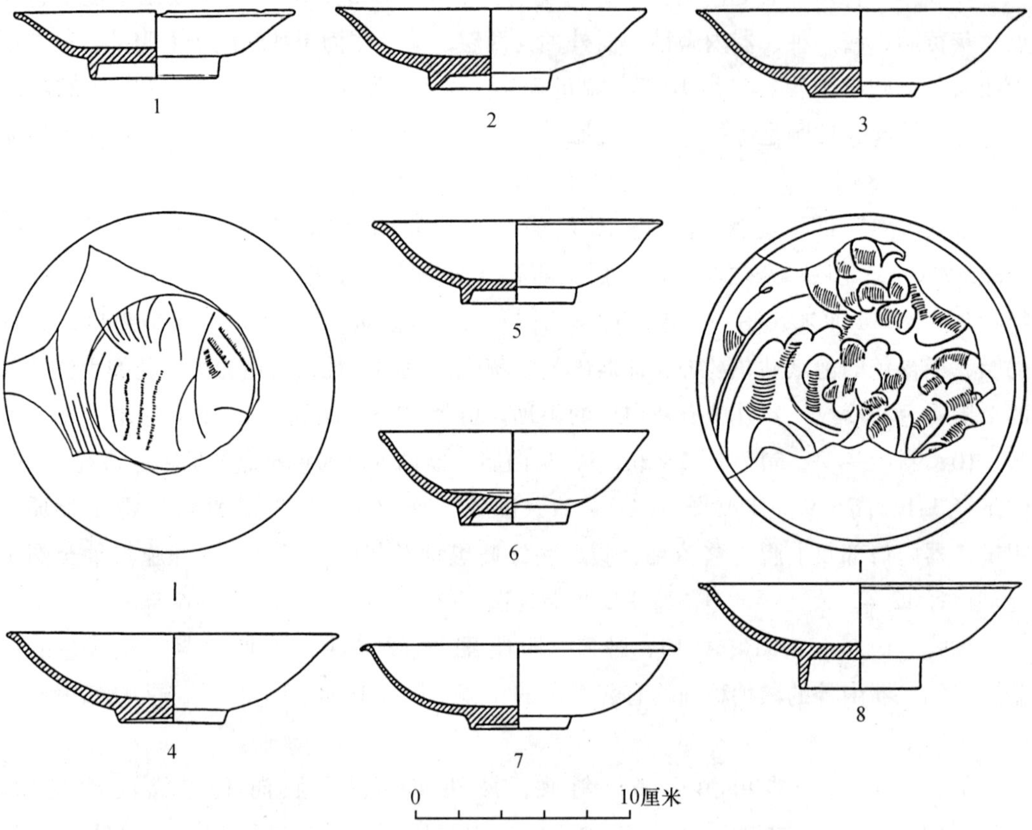

图一二九　瓷盘

1. Aa型Ⅰa式（H14:1）　2. Aa型Ⅰb式（T3828②B:7）　3. Aa型Ⅱ式（T4131②B:15）　4. Aa型Ⅲ式（H23:18）　5. Aa型Ⅳ式（T4517②A:2）　6. Ab型Ⅰ式（T3820②B:3）　7. Ab型Ⅱ式（T4131②B:22）　8. Ab型Ⅲ式（H23:73）

Ⅰb式　1件。T3828②B:7，盘口向外微曲撇，浅弧折腹。灰胎，内外施灰白釉，釉层较厚。口径14.9、圈足径7、高3.8厘米（图一二九，2）。

Ⅱ式　1件。T4131②B:15，盘口向外曲撇明显，盘腹稍深，下腹弧收，盘底厚，器足近饼形实足状。白胎，浅淡的青灰釉，釉面光泽较暗。口径16、圈足径5、高4.2厘米（图一二九，3）。

Ⅲ式　7件。盘腹弧收，器足接近饼形实足状，实足底部起一凸弦状的矮圈足。H23:18，半实心圈足。釉下刻稀疏的篦点、水藻纹。白胎，青白釉，足底无釉，余满釉，足底有圆形褐色的支烧垫饼痕。口径16.2、圈足径5.2、高4.2厘米（图一二九，4）。

Ⅳ式　1件。T4517②A:2，盘腹略深，圈足略高。红胎，酱黑釉。口径14、圈足径5.4、高3.9厘米（图一二九，5）。

Ab型　11件。撇唇，弧腹。分三式。

Ⅰ式　2件。盘腹较深，圈足稍高。T3820②B:3，灰褐胎，灰白釉，器内外下腹、足底无釉。口径13、圈足径5、高4.4厘米（图一二九，6）。

Ⅱ式　1件。T4131②B:22，盘唇向外翻卷，盘腹圆弧，矮圈足大部分为实心。白胎，胎质洁白坚致，青白釉，釉层明亮。口径15.2、圈足径4.6、高4厘米（图一二九，7）。

Ⅲ式　8件。盘唇向外平折，圈足比Ⅱ式高两倍。H23:73，盘内釉下满刻篦划水波纹。足底无釉露白胎，青白釉，釉质匀净莹亮，露胎处有不规则圆形支烧垫饼痕，垫饼痕呈黄褐色。口径15.8、圈足径5.9、高5厘米（图一二九，8；彩版一〇，5；图版一九，3）。

Ac型　7件。敞口，圆弧腹。分三式。

Ⅰ式　2件。盘腹较深，矮圈足，器胎较厚。T4215②B:4，圈足底部露白胎，白釉，釉层较薄，釉光较暗，器内有九个长条点状的支烧痕。口径18、圈足径7.7、高5.4厘米（图一三〇，1）。

Ⅱ式　4件。盘腹较深，圆弧腹。T4031②A:21，矮圈足呈凸弦状。白胎，胎质细腻，足沿泛火石红，白釉，釉层较厚，釉面光度较大，足底无釉。口径17.6、圈足径6.3、高4.3厘米（图一三〇，4）。T4517②A:5，饼形实足，釉下为篦划圆圈与曲线纹。白胎，白釉泛黄，釉面阴暗无光泽。口径16、圈足径6.4、高4.5厘米（图一三〇，2；图版一九，4）。

Ⅲ式　1件。罗采:1，浅盘腹弧收成坦平底，矮凸弦状圈足。盘内釉下刻圆圈套梳篦弧线纹。泛浅黄色的白胎，足底芯露胎并露火石红，白釉泛黄，除圈足底外，器内外满釉，圈足缘亦有釉，足底有不规则支烧垫饼痕。口径20.9、圈足径7.4、高3.5厘米（图一三〇，3；图版一九，5）。

B型　20件。大敞口，浅斜盘腹，矮圈足。分五式。

Ⅰ式　5件。斜腹，下腹收成坦底。T3826②B:5，白胎，白釉，釉层较厚，足底无釉，余满釉，盘内底有椭圆形支垫痕12个。口径15、圈足径7.4、高3.5厘米（图一三一，1）。T3825②B:13，白胎，白釉，圈足底无釉，余满釉。口径15.3、圈足径8.3、高3.8厘米（图一三一，2）。

Ⅱ式　4件。窄唇沿平折或略下勾，盘腹比Ⅰ式浅。T3829②B:10，足底露白胎，胎体较薄而匀称，白釉，釉面光洁，器内满釉，器外施釉及圈足处。口径15.6、圈足径7.6、高3.2厘米（图一三一，3）。T3821②B:5，白胎，白釉。口径14.1、圈足径7.1、高3.4厘米（图一三一，6；图版一九，6）。

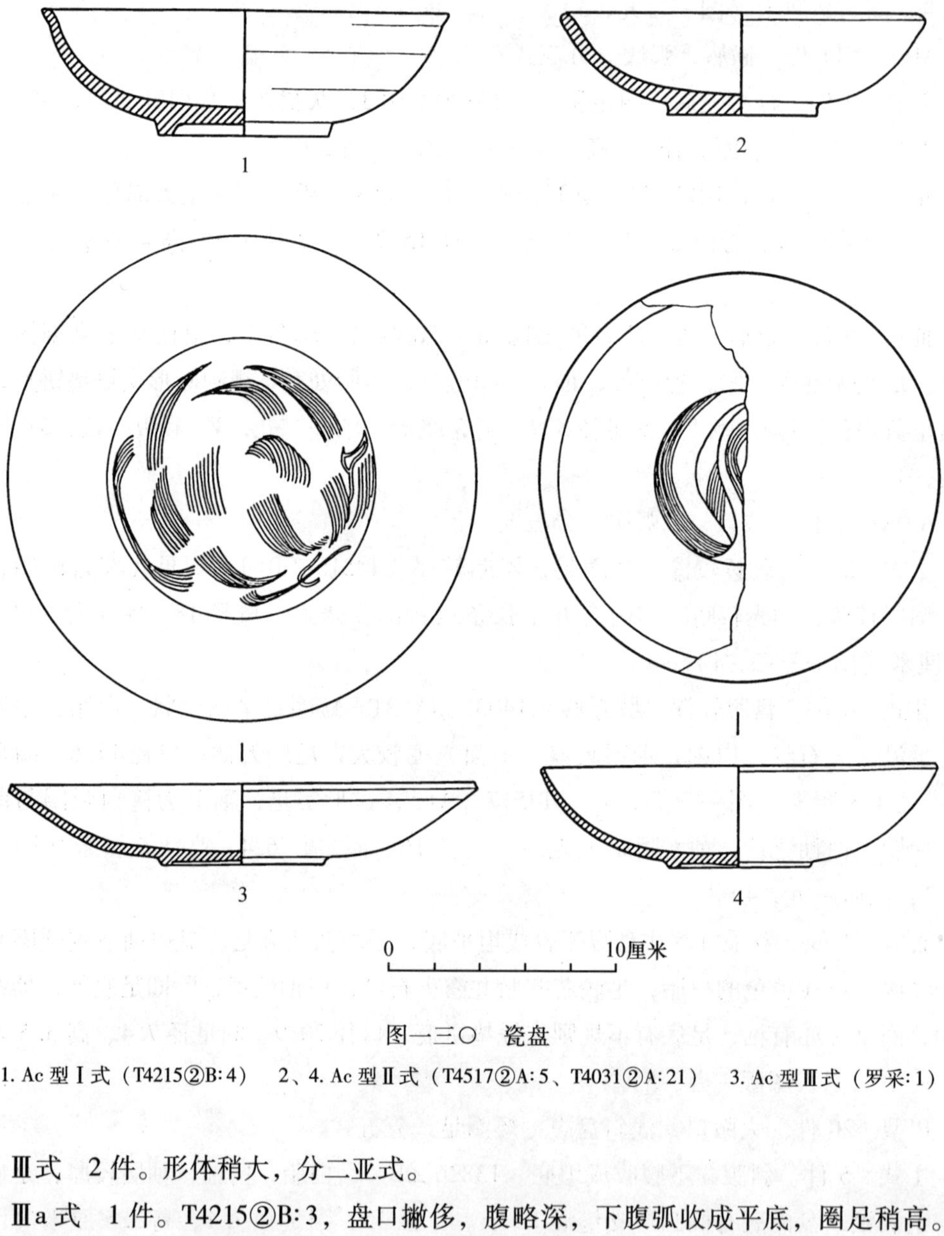

图一三〇　瓷盘

1. Ac 型Ⅰ式（T4215②B:4）　2、4. Ac 型Ⅱ式（T4517②A:5、T4031②A:21）　3. Ac 型Ⅲ式（罗采:1）

Ⅲ式　2 件。形体稍大，分二亚式。

Ⅲa 式　1 件。T4215②B:3，盘口撇侈，腹略深，下腹弧收成平底，圈足稍高。褐红胎，胎质坚固，豆青釉，釉层肥厚，釉面明润，除圈足底外，余满釉，器内有四个不规则形的支烧点痕。口径 20、圈足径 8、高 4.2 厘米（图一三一，4；图版二〇，1）。

Ⅲb 式　1 件。T4031②B:3，圆唇口略凸，盘腹略浅，斜腹微弧。灰胎，灰白釉，釉层较薄，釉面黯淡。口径 18.9、圈足径 9.6、高 3.3 厘米（图一三一，5）。

Ⅳ式　4 件。分二亚式。

Ⅳa 式　4 件。形体较小。侈口，斜弧腹，矮圈足。H43:24，白胎泛黄，灰白釉，

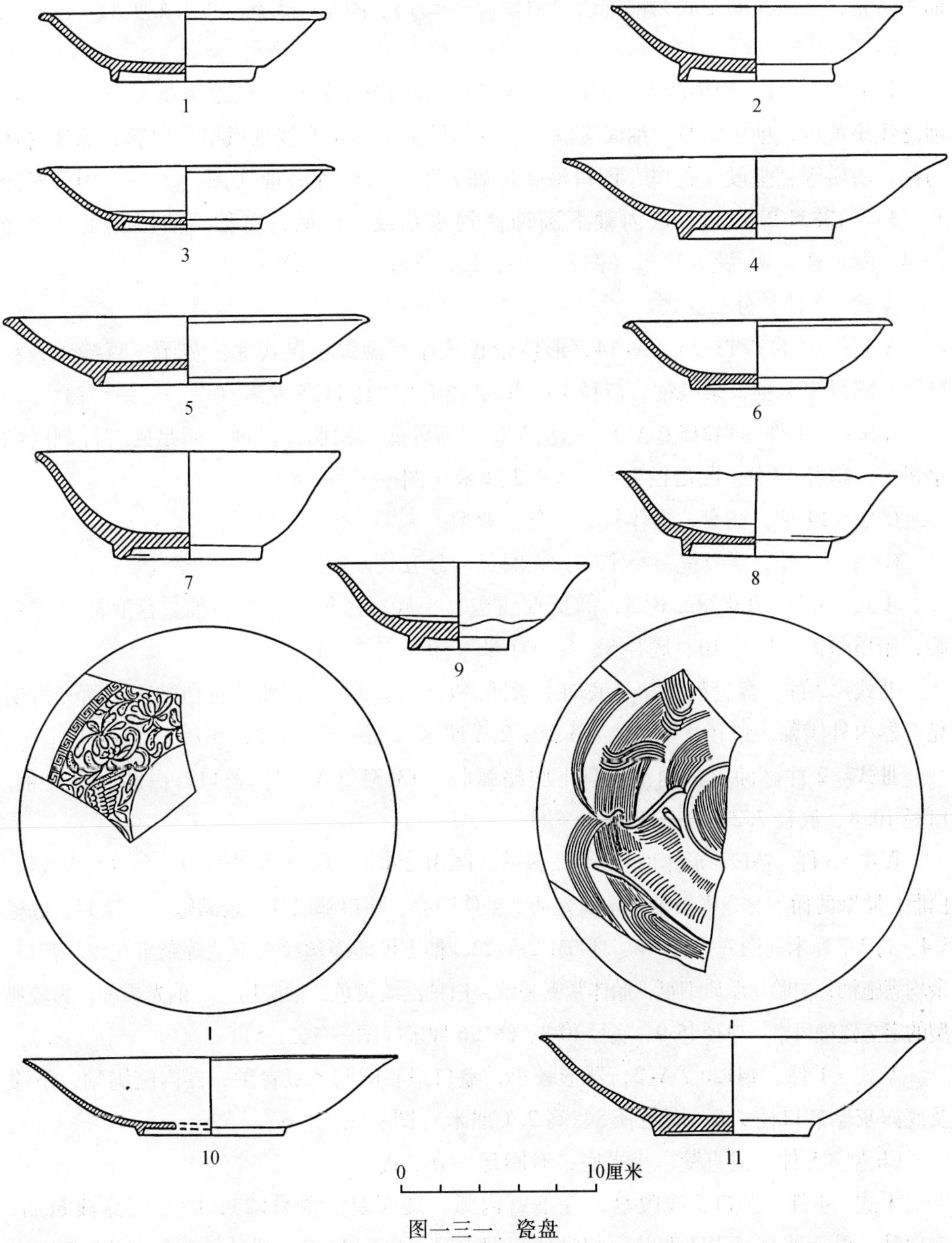

图一三一　瓷盘

1、2. B型Ⅰ式（T3826②B:5、T3825②B:13）　3、6. B型Ⅱ式（T3829②B:10、T3821②B:5）　4. B型Ⅲa式（T4215②B:3）　5. B型Ⅲb式（T4031②B:3）　7. B型Ⅴa式（T3826②A:14）　8. B型Ⅴb式（T4215②A:1）　9. B型Ⅳa式（H43:24）　10、11. B型Ⅳb式（T3828②A:23、T3831②A:11）

釉光明亮，下腹及圈足底无釉，余满釉。口径13.6、圈足径5.6、高4.4厘米（图一三一，9）。

Ⅳb式　4件。形体较大。T3828②A∶23，盘内釉下模印缂丝纹夹折枝玉兰纹。白釉泛浅淡黄色，釉层肥厚，釉面滋润透亮，为较典型的定窑瓷釉风格。白胎，胎体薄而匀称，胎质细腻坚硬，芒口，即口沿、足底无釉，余内外满釉（图一三一，10；彩版八，3）。T3831②A∶11，盘内釉下满饰篦划水草纹。白胎，白釉，釉层泛黄。口径20.4、圈足径8.4、高5厘米（图一三一，11；图版二〇，2）。

Ⅴ式　2件。分二亚式。

Ⅴa式　1件。T3826②A∶14，形体较Ⅳ式小，盘腹较Ⅳ式深。灰胎，豆绿釉，釉层厚，圈足底无釉，余满釉。口径16、圈足径7.8、高11.5厘米（图一三一，7）。

Ⅴb式　1件。T4215②A∶1，六出葵口。器外底露白胎，白釉，圈足底有烧制时的垫饼痕。口径14.8、圈足径7.8、高4.2厘米（图一三一，8）。

C型　14件。浅盘，形体较小。分二亚型。

Ca型　9件。浅直壁，小平底，无圈足。分五式。

Ⅰ式　1件。T3828②B∶3，仰折壁浅盘，平底。白釉，内外满釉。盘底局部露白胎，胎质坚固。口径10、底径8、高2厘米（图一三二，1）。

Ⅱ式　2件。盘壁稍弧，平底向上微凹。T3821②A∶6，白胎，青白釉，釉面光滑明亮，器内外满釉。口径9.7、底7.3、高2.2厘米（图一三二，2；图版二〇，4）。

Ⅲ式　2件。仰折盘稍深，盘下腹略弧收。T3831②A∶18，芒口。白胎，青白釉。口径10.8、底径7.2、高2.4厘米（图一三二，3）。

Ⅳ式　3件。芒口。形体稍大，斜直盘壁。T4231②A∶3，釉下模印缂丝纹、鱼纹及水波纹。白胎，胎壁薄而匀称，青白釉，釉面光洁、釉层明亮，除口部以外，余满施。口径14、底径5.4、高2.7厘米（图一三二，4）。T4031②A∶22，釉下模印缂丝纹夹玉兰等杂宝花纹。芒口，余均满施釉，白胎，胎质细腻，胎体紧密坚致，白釉泛淡黄色，釉层均匀，釉光柔和，为较典型的定窑瓷釉风格。口径15.9、底径10.8、高2.6厘米（图一三二，5）。

Ⅴ式　1件。T4120②A∶2，器形较小，盘口缘唇圆肥。豆青釉，器内施满釉，下腹及底露灰胎。口径9.8、圈足径5、高2.1厘米（图一三二，6）。

Cb型　5件。浅直壁，小平底，有圈足。分二式。

Ⅰ式　4件。芒口，浅腹盘，盘下壁内弧，矮圈足。罗采∶27，圈足底露浅黄胎，青白釉，釉面明亮呈半透明状，积釉处泛湖水绿。口径11.7、圈足径7.9、高2.7厘米（图一三三，1；彩版一三，3；图版二〇，3）。H43∶19，白胎，青白釉，足底露胎。口径11、圈足径7.8、高3.2厘米（图一三三，2）。

Ⅱ式　1件。T3828②A∶12，芒口，浅盘，盘壁弧收，盘底向上弧凸。盘内釉下模

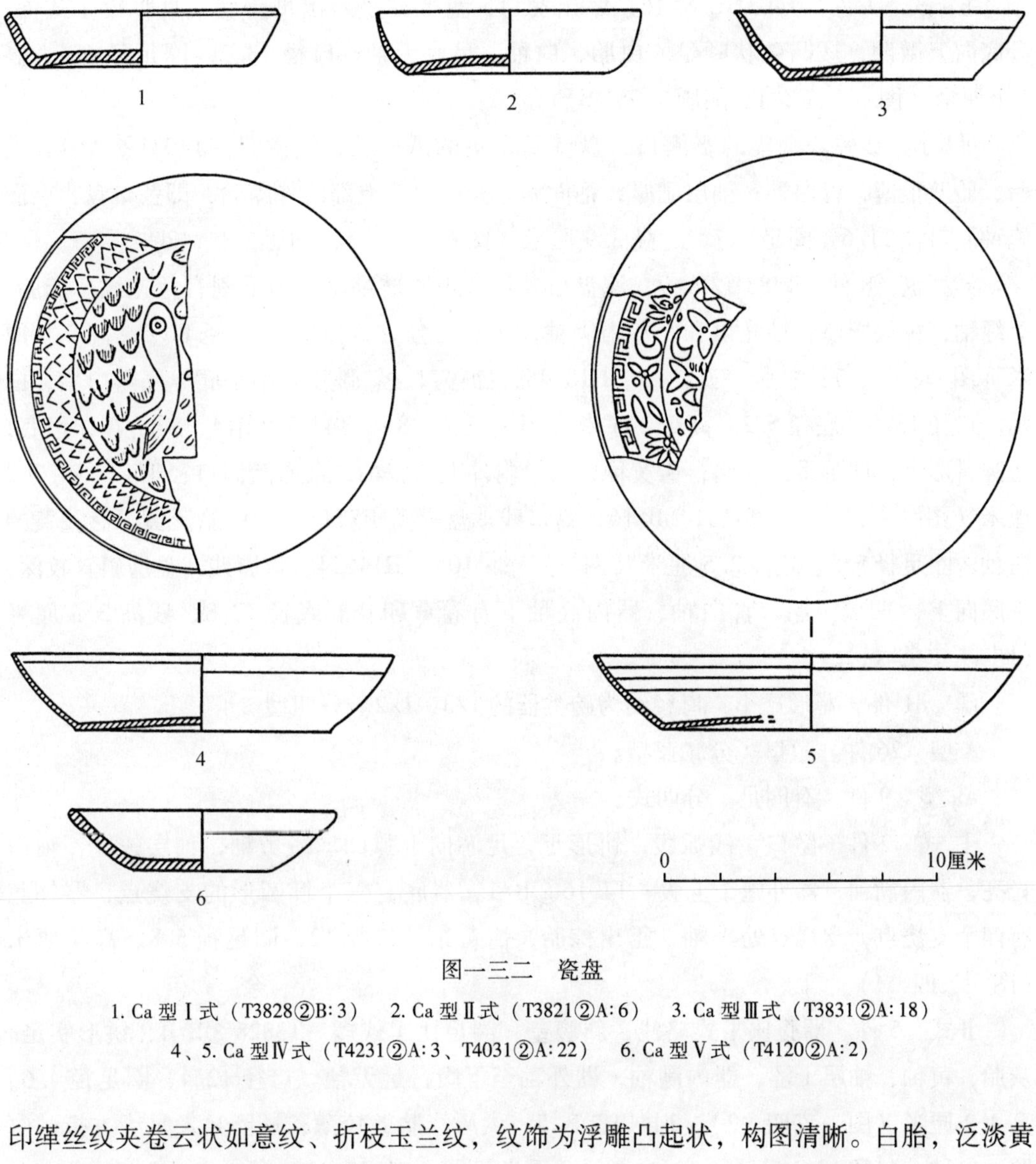

图一三二　瓷盘

1. Ca型Ⅰ式（T3828②B:3）　2. Ca型Ⅱ式（T3821②A:6）　3. Ca型Ⅲ式（T3831②A:18）
4、5. Ca型Ⅳ式（T4231②A:3、T4031②A:22）　6. Ca型Ⅴ式（T4120②A:2）

印缂丝纹夹卷云状如意纹、折枝玉兰纹，纹饰为浮雕凸起状，构图清晰。白胎，泛淡黄色的白釉，釉层肥厚，呈半透明状，器内外满釉。口径21.8、圈足径15、高3.8厘米（图一三三，6）。

D型　4件。葵口，矮圈足。分二式。

Ⅰ式　1件。H14:26，六出葵口。圆弧盘壁较深，器内自下腹横折成坦平底，器外下腹圆弧收，器底的厚度是器壁厚度的三倍，凸弦状矮圈足。白胎，器内外满施白釉，釉层较厚，透明度较差，釉光柔和，圈足内露胎。口径14.2、圈足径5.8、高3.9厘米（图一三三，3；彩版一〇，6；图版二〇，5）。

Ⅱ式　3件。分二亚式。

Ⅱa 式　1 件。T4031②A∶16，六出葵口，盘壁亦呈六出瓜瓣状，盘腹较Ⅰ式深，盘底向上微凹，矮凸弦状圈足。白胎，白釉，足底无釉。口径 13.2、圈足径 6.6、高 3.1 厘米（图一三三，4；图版二〇，6）。

Ⅱb 式　2 件。密集的葵瓣口，盘壁呈密集的瓜瓣状，矮圈足。T4031②A∶1，白胎，胎壁很薄，青白釉，釉层肥厚，釉面润泽光亮，口上部内外露胎，即芒口盘，余满施釉。口径 11.6、圈足径 7.2、高 2.9 厘米（图一三三，5；图版二二，2）。

异型盘　8 件。T3831②A∶9，浅盘口外侈，坦底矮卧足。釉下刻有兰花纹。灰胎，豆绿釉，釉层肥厚，釉光柔和，器内满釉，足底无釉。口径 17、底径 11.6、高 2.6 厘米（图一三三，7；彩版一三，4）。H18∶45，撇侈口，斜弧腹，小平底。底露白胎，白釉。口径 13.8、底径 5.2、高 3.2 厘米（图一三三，8）。T4317②B∶4，弧折盘，坦底，薄圆饼形足，即卧足。灰胎，酱黄釉，口沿内外上部施釉，余露胎。口径 15.2、高 3.2 厘米（图一三三，9）。T4131②B∶16，盘口残，盘内模印双鱼纹。白胎泛黄，泛浅黄的白釉。圈足径 5.5、残高 2.5 厘米（图一三三，10）。H14∶24，口唇残，盘壁斜直较深，平底向上内凹。白胎，青白釉，器内底釉下有卷草印花。底径 12.8、残高 3.3 厘米（图一三三，11）。

碟　81 件。器形矮小，口径约为碗类器的 1/3 ~ 1/2。分四型。

A 型　26 件。敞口。分二亚型。

Aa 型　9 件。有圈足。分四式。

Ⅰ式　2 件。敞口，浅弧腹，饼形足，足芯向上弧凹。酱黄釉，釉层较厚，釉面光亮，器内满釉，器外施于上腹。T4016②B∶1，器底有三个椭圆形的支烧点，器外底有四个支烧点，支烧点处破釉，露出棕胎，酱黄釉。口径 12、圈足径 5.8、高 4 厘米（图一三四，1）。

Ⅱ式　5 件。器腹比Ⅰ式略浅，斜腹壁，圈足比Ⅰ式矮。T3828②B∶4，饼形实足。灰胎，黄釉，釉层干涩，器内满釉，器外釉至下腹，足无釉。口径 12.4、圈足径 4.6、高 4.2 厘米（图一三四，2）。T4414②B∶5，尖唇，胎壁较薄，矮圈足，足缘方折。白胎，白釉。口径 12、圈足径 4.4、高 4.8 厘米（图一三四，3）。

Ⅲ式　1 件。T3823②A∶8，器腹比Ⅱ式略浅，唇缘及胎壁较厚。浅黄胎，灰白釉，釉面无光。口径 12、圈足径 6.1、高 3.2 厘米（图一三四，4）。

Ⅳ式　1 件。T3821②A∶18，器腹很浅，薄饼形实足。器内底部釉下有篦划纹。白胎，胎质坚致，白釉泛黄，釉层内有细黑点末粒渣质，足底无釉，余满釉。口径 10.8、圈足径 3.9、高 2.4 厘米（图一三四，7）。

Ab 型　17 件。无圈足，形体比 Aa 型小。分五式。

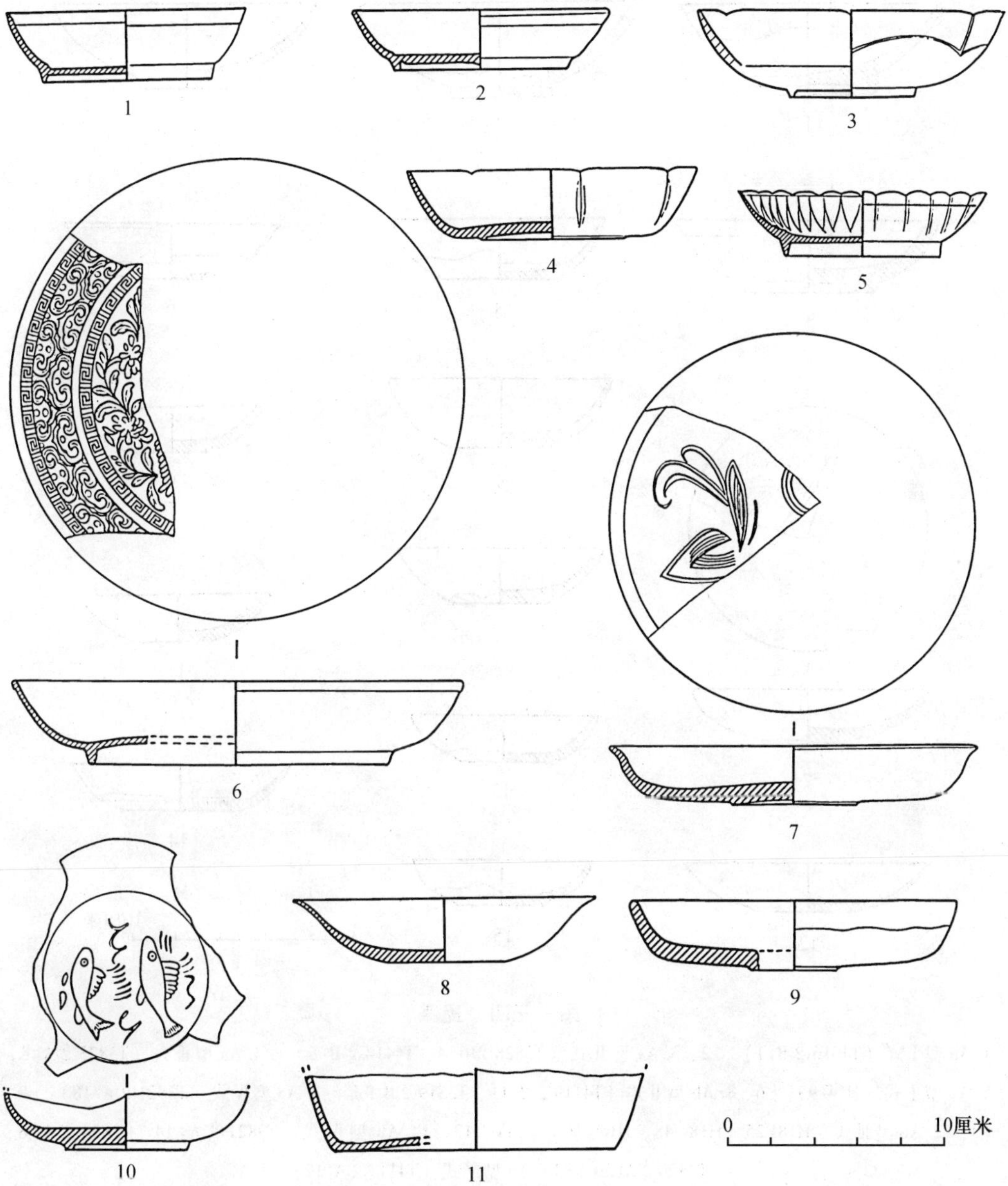

图一三三　瓷盘

1、2. Cb型Ⅰ式（罗采:27、H43:19）　3. D型Ⅰ式（H14:26）　4. D型Ⅱa式（T4031②A:16）　5. D型Ⅱb式（T4031②A:1）　6. Cb型Ⅱ式（T3828②A:12）　7～11. 异型瓷盘（T3831②A:9、H18:45、T4317②B:4、T4131②B:16、H14:24）

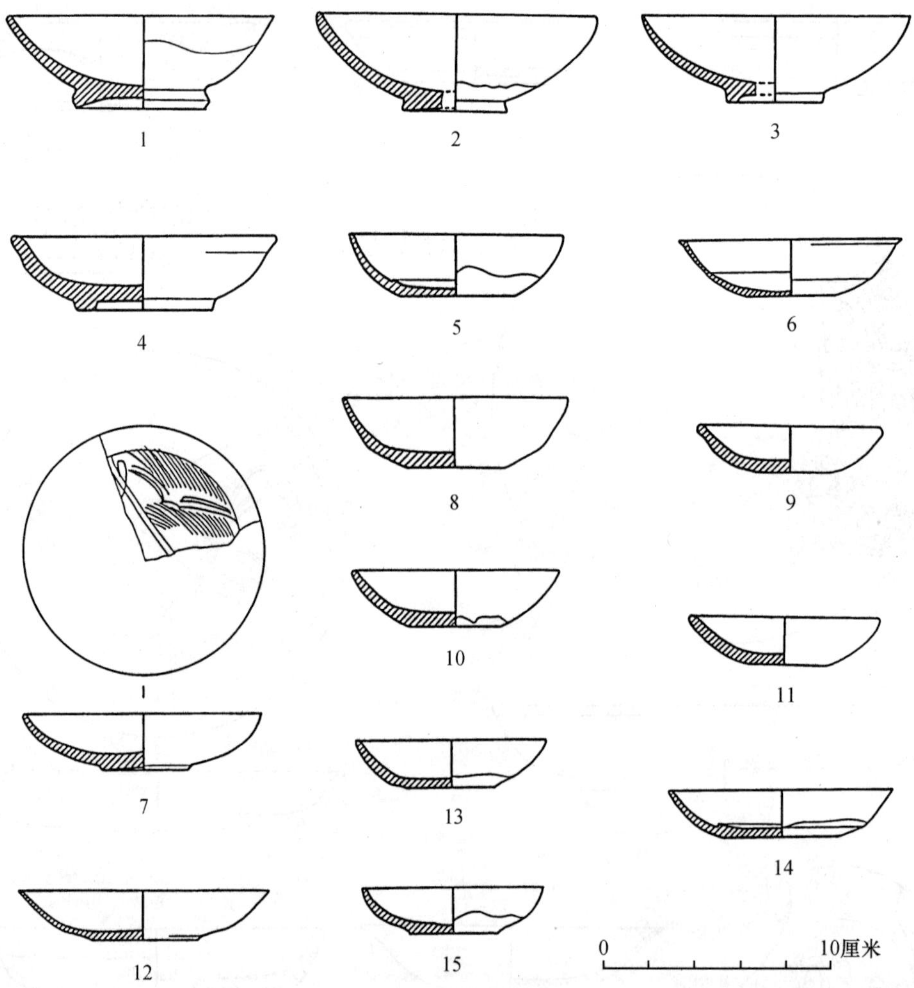

图一三四　瓷碟

1. Aa 型Ⅰ式（T4016②B:1）　2、3. Aa 型Ⅱ式（T3828②B:4、T4414②B:5）　4. Aa 型Ⅲ式（T3823②A:8）　5. Ab 型Ⅰ式（H14:9）　6、8. Ab 型Ⅱ式（T4119②B:11、T3819②B:3）　7. Aa 型Ⅳ式（T3821②A:18）　9、10、12. Ab 型Ⅲ式（H18:25、H18:48、H18:56）　11、13、14. Ab 型Ⅳ式（T3821②A:14、T3820②A:6、T3820②A:5）　15. Ab 型Ⅴ式（T4119②A:12）

Ⅰ式　1件。H14:9，浅斜弧腹，平底。白胎，青白釉施于器之中上腹。口径9.5、底径5、高2.7厘米（图一三四，5）。

Ⅱ式　3件。器腹稍深，下腹向内斜折收，平底略大。T4119②B:11，白釉，釉层稀薄，釉面暗淡，器外底无釉，白胎，局部呈褐黄色。口径9.8、底径3.8、高2.4厘米（图一三四，6）。T3819②B:3，白胎，白色釉。口径10、圈足径4、高3厘米（图一三四，8）。

Ⅲ式　7件。浅斜弧腹比Ⅱ式稍浅，平底略小。H18:25，褐胎，无光灰白釉，外底无釉，余满釉。口径8.2、底径2.8、高2厘米（图一三四，9）。H18:48，灰胎略泛黄，灰白釉不及底。口径9.2、底径2、高2.4厘米（图一三四，10）。H18:56，灰白胎，釉下刻花，灰白釉，器底无釉。口径11.2、底径4.8、高2.1厘米（图一三四，12）。

Ⅳ式　5件。器腹比Ⅲ式浅。T3821②A:14，灰白胎，灰白釉。口径8.6、底径5.4、高2厘米（图一三四，11；图版二二，5）。T3820②A:6，底露棕胎，灰白釉。口径8.4、底径3.8、高2.1厘米（图一三四，13）。T3820②A:5，底露灰白胎，内外施灰白釉。口径10、底径4.8、高2厘米（图一三四，14）。

Ⅴ式　1件。T4119②A:12，浅弧盘，小平底。棕胎，酱釉，器内满釉，器外施釉及下腹。口径8、底径4、高2厘米（图一三四，15）。

B型　33件。唇口。分二亚型。

Ba型　8件。碟底部有圈足。分四式。

Ⅰ式　3件。口唇外为圆凸弦状，斜弧壁，矮浅圈足，足缘呈斜切面。H14:27，白釉，釉面光洁明亮，器下腹及足底无釉，余满釉。白胎，胎质细腻而坚致。口径11.2、圈足径4.4、高3.8厘米（图一三五，1）。H14:7，白胎，白釉，釉面有棕眼多处，内外满釉，足底釉层稀薄。口径11.4、圈足径5.2、高3.6厘米（图一三五，2）。

Ⅱ式　1件。T3824②B:3，口唇外的凸弦纹隐约可见，圈足稍高，足缘平切。深灰胎，无光灰白釉，釉层较薄，釉面暗淡，器内满釉，器外釉及下腹。口径10、圈足径4.7、高3.2厘米（图一三五，3）。

Ⅲ式　2件。口唇外的凸弦纹明显变宽，圈足矮而薄，器胎比前几式厚。H23:48，器外下腹及底部露灰白胎，白釉，釉层较厚。口径9.2、圈足径4、高3厘米（图一三五，4）。

Ⅳ式　2件。唇缘宽凸，器腹明显变浅，矮圈足。T4414②B:4，白胎，白釉，釉层不厚，釉光柔和，除足底露胎以外，余满釉。口径8.6、圈足径4、高2.3厘米（图一三五，5）。

Bb型　25件。碟底部为无圈足的平底。分四式。

Ⅰ式　11件。厚口缘，斜腹中部向内微收凹，厚胎小平底。T3826②B:9，白胎，白釉，釉层肥厚，釉光滋润，器内外满釉，器底釉层稀薄。口径9.9、底径3.6、高2.9厘米（图一三五，6）。

Ⅱ式　6件。器腹比Ⅰ式稍深。H23:52，厚口缘，腹中部向内收凹，小平底，厚胎壁，厚底。白胎，白釉，器底为无光釉。口径10.8、底径4.4、高3.3厘米（图一三五，7）。H23:51，唇缘微圆凸，斜腹，平底稍大。灰胎略泛黄，白釉泛灰，器外底部无釉，余满釉。口径9.4、底径3.6、高2.8厘米（图一三五，8）。H18:19，灰胎，酱

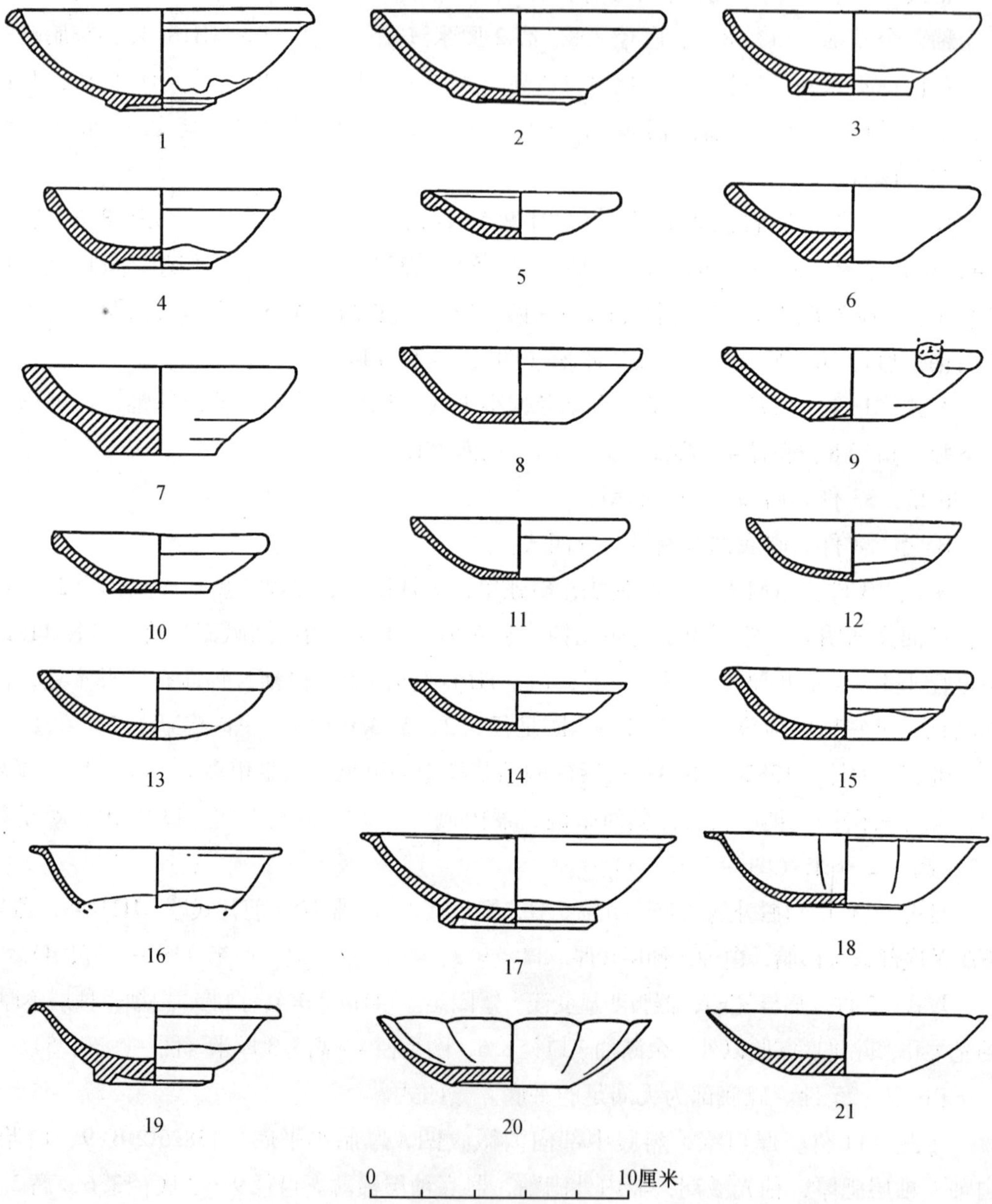

图一三五　瓷碟

1、2. Ba型Ⅰ式（H14:27、H14:7）　3. Ba型Ⅱ式（T3824②B:3）　4. Ba型Ⅲ式（H23:48）　5. Ba型Ⅳ式（T4414②B:4）　6. Bb型Ⅰ式（T3826②B:9）　7～9. Bb型Ⅱ式（H23:52、H23:51、H18:19）　10、11. Bb型Ⅲ式（H23:70、H23:50）　12～14. Bb型Ⅳ式（H17:4、H18:49、H23:46）　15、16. C型Ⅰ式（T3827②B:6、T3831②B:3）　17. C型Ⅱ式（T4031②B:8）　18. C型Ⅲ式（H23:49）　19. C型Ⅳ式（H17:8）　20. D型Ⅰ式（H23:47）　21. D型Ⅱ式（H23:45）

釉，内外满釉，器内底、外底分别有圆形支烧点四个。口径10、底径3.2、高2.8厘米（图一三五，9）。

Ⅲ式　3件。凸圆弦状口唇，器腹较浅，器体较小。H23∶70，无光浅黄釉，釉层干涩，蘸釉，器底内外无釉，余满釉。灰白胎。口径7.8、底径2.6、高1.8厘米（图一三五，10）。H23∶50，器下部露灰白胎，白釉泛黄，器内满釉，器外仅唇口处施釉。口径8.4、底径3.6、高2.8厘米（图一三五，11）。

Ⅳ式　5件。器腹浅，圜底。H17∶4，褐胎，灰白釉，器外底部无釉。口径8.4、底径、高2.2厘米（图一三五，12）。H18∶49，器外底部露灰胎，白釉。口径9.2、高2.6厘米（图一三五，13）。H23∶46，器外底露灰白胎，灰白釉。口径8.4、高1.8厘米（图一三五，14）。

C型　14件。平折口沿或卷沿。分四式。

Ⅰ式　4件。平折沿，斜弧腹。T3827②B∶6，平底下为矮凸弦状的圈足，盘腹内壁有纵向的六条筋。白胎，胎体很薄，胎质坚硬，青白釉，釉层晶莹，积釉处呈湖水绿。口径11、圈足径4.4、高2.7厘米（图一三五，15）。T3831②B∶3，中腹以下残。灰白胎，器内外施菜绿釉。口径10、残高2.2厘米（图一三五，16）。

Ⅱ式　2件。斜腹之弧度比Ⅰ式小，圈足较厚，足缘斜切。T4031②B∶8，灰白釉，器内满釉，器外施釉于足根部，灰白胎。口径12.4、圈足径6.2、高3.6厘米（图一三五，17）。

Ⅲ式　3件。口沿卷成圆凸唇状，矮饼形实足。H23∶49，器底为灰白胎，白釉泛黄，器内满釉，器外施釉到中腹。口径9.8、圈足径4.8、高2.6厘米（图一三五，18）。

Ⅳ式　5件。口沿卷成倒钩状，矮圈足，足沿斜切。H17∶8，自口沿到器底，胎体逐渐变厚，器底胎壁厚度是口沿的四倍。棕胎泛黄，棕釉，器内满釉，器外施釉到中腹。口径9.8、圈足径4.6、高3.2厘米（图一三五，19）。

D型　8件。葵口碟。分二式。

Ⅰ式　5件。口为九出葵口状，腹部作九瓣瓜棱状。H23∶47，口作十二出葵瓣，足底向内挖凿成假圈足。白胎，白釉，器内满釉，器外下腹至足底无釉，足底有黄褐色垫烧痕。口径10.7、圈足径4.6、高2.5厘米（图一三五，20）。

Ⅱ式　3件。尖唇，口为六出葵瓣状，平底，碟底的胎壁厚度是碟口部厚度的五倍。H23∶45，白胎，白釉，釉层有细密的冰裂开片，器外下腹及足底无釉，器底有褐色的支烧垫饼痕。口径11、底径4、高2.3厘米（图一三五，21）。

钵　9件。分五式。

Ⅰ式　3件。敛口，折沿，沿缘向上竖起，圆肩，圆斜腹。T4318②B∶1，下腹残。器外下腹露浅黄胎，青白釉。口径19.1、残高8.8厘米（图一三六，1）。

Ⅱ式　1件。T3821②B∶2，敛口，厚钝的仰折沿，沿缘向上弧起，圆折肩，斜直

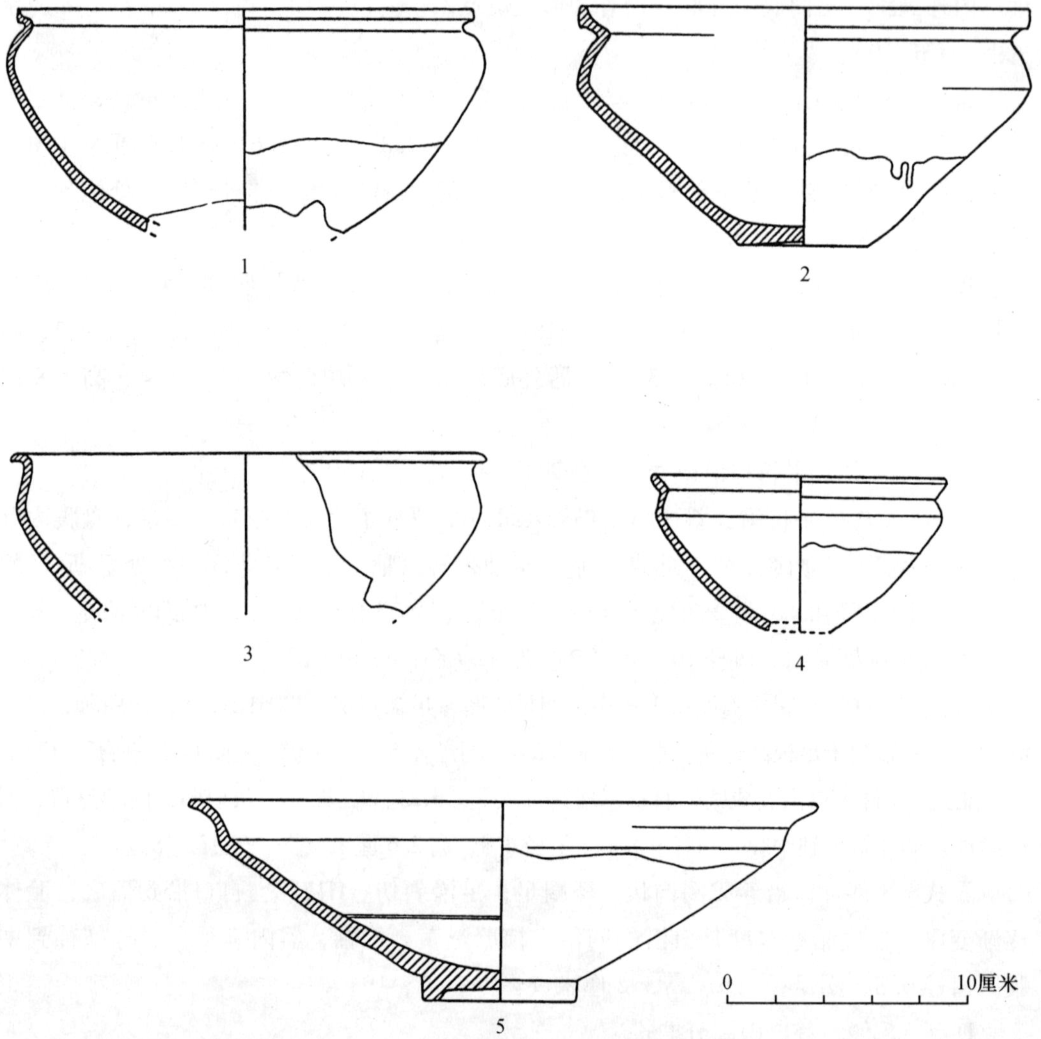

图一三六　瓷钵

1. Ⅰ式（T4318②B∶1）　2. Ⅱ式（T3821②B∶2）　3. Ⅲ式（H23∶21）　4. Ⅳ式（H22∶20）
5. Ⅴ式（T3821②A∶16）

腹，小平底。灰白胎，白釉泛浅灰色，器内满釉，器外釉及下腹。口径18.6、底径5.4、高9.5厘米（图一三六，2；彩版七，2；图版二二，3）。

Ⅲ式　2件。敛口，尖唇，卷沿，圆折肩，斜腹。H23∶21，灰胎，灰白釉。口径20、残高6.5厘米（图一三六，3）。

Ⅳ式　1件。H22∶20，仰折沿，弧折肩，斜腹微弧，腹部较深。灰胎，泛淡黄色的无光白釉，釉层较薄。口径24.4、底径5.2、高12.4厘米（图一三六，4）。

Ⅴ式　2件。大敞口，宽沿仰折，沿面弧鼓，斜壁内收，小矮圈足。T3821②A∶16，白胎，白釉，器内满施釉，器外施及上腹，下腹、足底无釉。口径26、圈足径6.3、高8厘米（图一三六，5；图版二二，4）。

执壶　41件。分四式。

Ⅰ式　14件。分二亚式。

Ⅰa式　8件。H14:6，喇叭口，长颈，圆肩，颈、肩部有一执柄残，肩以下残。颈部有凹弦纹四周。白胎，青白釉，釉层较厚，釉面光亮。口径9.5、残高7.2厘米（图一三七，1）。

Ⅰb式　6件。H14:28，杯状口残，束颈，广肩，肩有两半环状系耳，肩以下残。白胎，白釉泛浅黄色。胎厚0.4、残高4.5厘米（图一三七，2）。

Ⅱ式　6件。直口稍侈，长颈，颈、肩部执柄残，肩以下残。自口下至整个颈部的釉下有凹弦纹数周。T4131②B:18，白胎，白釉。口径6.8、残高6.6厘米（图一三七，3）。

Ⅲ式　20件。分二亚式。

Ⅲa式　9件。喇叭口残，长圆颈弧束，溜肩。器口内起五条凸筋。H18:55，口部起筋呈六出葵口。白胎，器外白釉，器内颈以下无釉。残口径7、残高6.4厘米（图一三七，4）。

Ⅲb式　11件。杯状口，溜肩，肩以下残，颈、肩部执柄残。H23:66，杯状口残，短直颈。灰白胎，白釉，釉层肥厚。残高6厘米（图一三七，5）。H18:54，束颈，圆溜肩。泛黄色的灰胎，器内外施黑釉，器内颈部以下无釉。口径4.4、残高6厘米（图一三七，7）。

Ⅳ式　1件。T3828②A:13，子口有盖，盖失，直颈，颈、肩部执柄残，颈以下残。白胎，白釉。口径6.1、残高5.2厘米（图一三七，6）。

罐　3件。罗采:7，形体较小。直口，矮领，溜肩，瓜棱状深腹，平底，足底向内挖成矮浅的假圈足。足底露白胎，青白釉，釉层肥厚，釉面光滑而明亮。口径5、圈足径4.6、高7厘米（图一三八，1；彩版一三，1；图版二四，4）。T4315②B:2，矮领，溜肩，瓜棱状鼓腹，腹以下残。领口外侧有凸弦纹一周，肩部有凹弦纹一周。白胎，白釉，釉层较厚，釉面光亮。口径10.6、残高6.2厘米（图一三八，2）。H14:5，直口，圆溜肩，圆腹，腹以下残。釉下刻竖排的划纹。白胎，青白釉，内外均满釉。口径12、残高6.9厘米（图一三八，3）。

盅　2件。T4031②B:4，口稍敛，腹微鼓，矮薄的实圈足。棕胎，酱釉局部泛灰白色。口径7.4、圈足径4.4、高4.4厘米（图一三八，4）。T3821②A:3，侈口，直腹，下腹内收，矮圈足。釉下模印缠枝花纹。灰白胎，器内外施豆青釉，釉层较厚，釉光柔和。口径14、残高6厘米（图一三八，5；彩版八，2）。

粉盒　5件。T3820②A:22，仅存盒盖，盒身已失。盒盖作覆盘状，平顶，盖周边压印成瓦棱状。盖口缘部露白胎，青白釉。口径4.4、高1.6厘米（图一三九，1）。

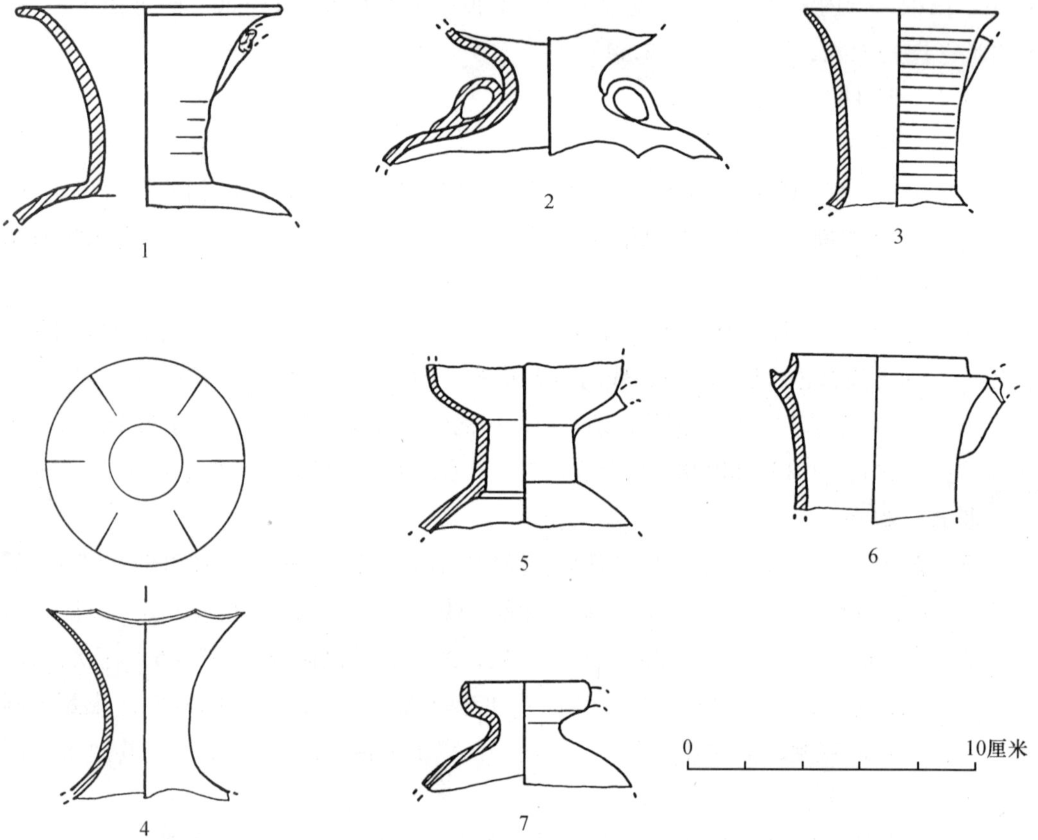

图一三七　瓷执壶

1. Ⅰa式（H14∶6）　2. Ⅰb式（H14∶28）　3. Ⅱ式（T4131②B∶18）　4. Ⅲa式（H18∶55）
5、7. Ⅲb式（H23∶66、H18∶54）　6. Ⅳ式（T3828②A∶13）

T3820②A∶21，仅存盒身，盒盖已失。子口，浅直腹，下腹内收，平底。盒腹身釉下刻褶皱纹。盒底露白胎，青白釉，器内外均施釉。口径4.2、底径4、高2厘米（图一三九，2）。T3819②A∶12，仅存盒身。矮子口，浅腹，下腹向内弧折收，小平底。器外底露白胎，白釉，器内满施釉。口径7.4、底径6、高2.2厘米（图一三九，3）。T3820②A∶8，仅存盒身。子口，平底向上微凹。盒腹身釉下刻褶皱纹。白胎，青白釉，底无釉。口径4.4、底径3.8、高2厘米（图一三九，4；图版二二，6）。H23∶61，仅存盒盖。圜盖顶隆起较高，盖身中部向外拐起一道凸折棱，盖身瓜棱状。白胎，白釉。口径7.2、残高4.4厘米（图一三九，5）。

瓶　5件。T3830②A∶5，仅存器下部。瓶身作深腹筒状，瓶底向内斜收，厚胎矮圈足，圈足微侈。釉下刻饰花草纹。白胎，青白釉，内底有垫饼支烧痕。圈足径23.6、残高5.5厘米（图一四〇，2）。T3819②A∶1，仅存器下部。瓶身作斜直腹筒状，瓶底

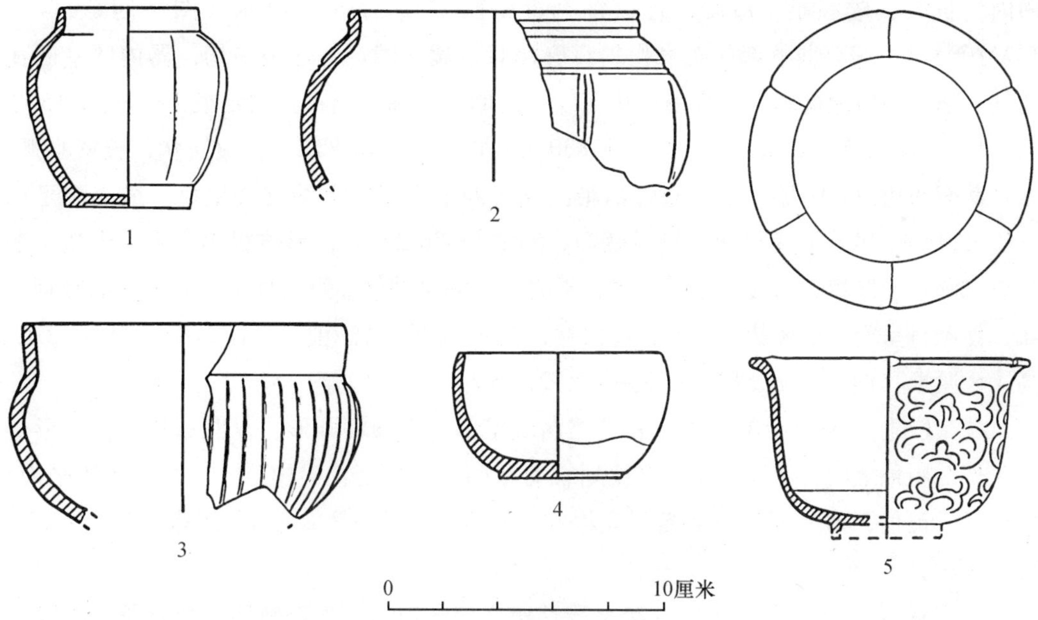

图一三八　瓷罐、盅

1～3. 罐（罗采:7、T4315②B:2、H14:5）　4、5. 盅（T4031②B:4、T3821②A:3）

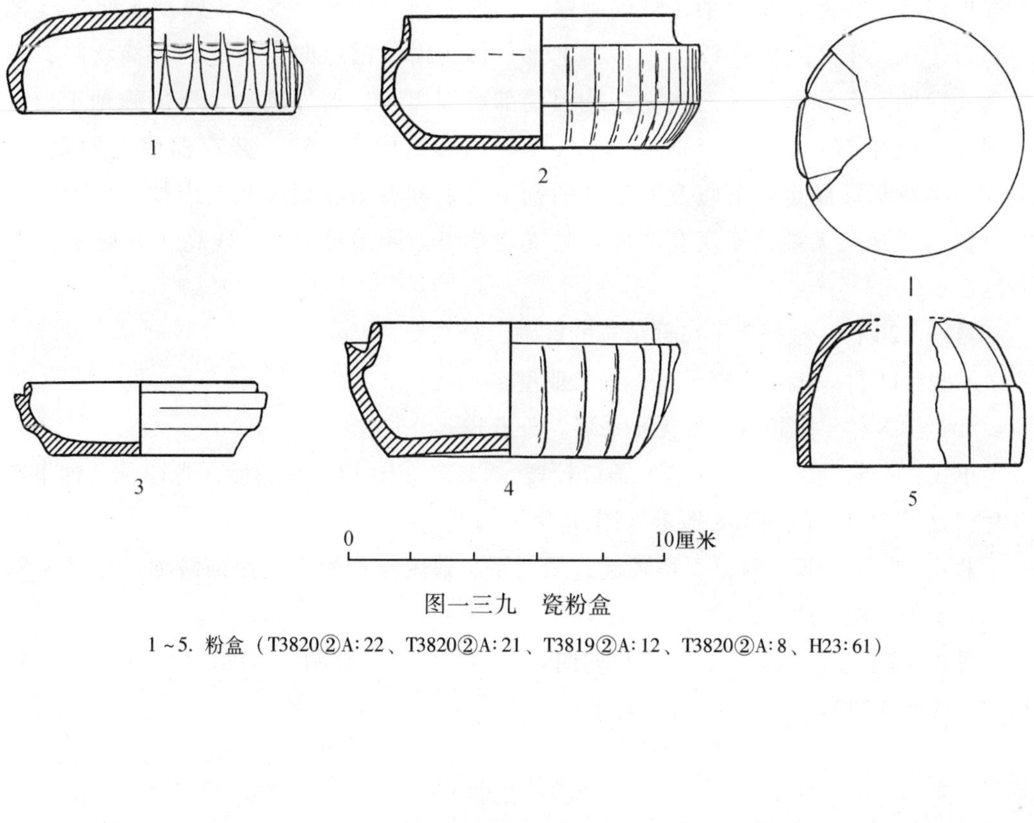

图一三九　瓷粉盒

1～5. 粉盒（T3820②A:22、T3820②A:21、T3819②A:12、T3820②A:8、H23:61）

向内斜折收，矮圈足。白胎，青白釉。圈足径8.4、残高3厘米（图一四○，4）。T4231②A:1，残存器下部。瓶身作斜直腹筒状，矮假圈足，足根平切，器内壁呈凹瓦棱状。釉下为白地褐彩，描绘喇叭状花纹。白胎，白釉略泛黄。圈足径13、残高15厘米（图一四○，5；彩版一五，1）。T3830②A:13，残存器下部。斜腹筒状，腹壁略弧，瓶身截面八边形。白胎，器外施青白釉。底有四个不规则形的支烧垫痕。最大圈足径7.5、边长3、残高6.4厘米（图一四○，6）。T3830②A:1，形体很小，为小瓷瓶。喇叭口，圆颈，溜肩，深腹，下腹略收，平底，矮圈足外侈。腹部釉下刻有细密的竖划沟状，使器身呈密瓣瓜棱状。白胎，青白釉，足底无釉，余满釉。口径2.6、圈足径2.6、高4.8厘米（图一四○，10；彩版一三，2；图版二七，1）。

枕　1件。T3831②A:12，残存枕之两端壁部。平面椭圆形，复原形状为椭圆形台状。枕四周釉下阴刻花纹，花纹以篦划纹为基础，勾画菊花、枝蔓。白胎，胎质坚固，白釉泛浅黄色，釉层很厚，釉光明亮滋润。宽7.6、残高7.2~8.3厘米（图一四○，1；彩版七，1）。

玉壶春瓶　1件。T3828②A:26，残存瓶之口、颈部。小口微侈，细长颈，腹以下残。白胎，酱黑釉，釉层不厚，釉光不亮，器内口有釉，器外壁满釉。口径3.4、残高9.6厘米（图一四○，3）。

杯　3件。H23:69，仅存器下腹。杯身作深腹筒状，喇叭形圈足，杯身、底呈八瓣瓜棱状。白胎，青白釉，釉层肥厚，釉面光洁。圈足径5.5、残高5厘米（图一四○，7）。T3820②A:12，仅存器上部。仰折沿，沿缘向上折起，直筒状腹，下腹残。白胎，菜绿釉，釉面光亮，釉层局部有细黑点，器外满釉，器内施釉于口至上腹部。口径14、残高4.5厘米（图一四○，8）。H23:63，残存器底及圈足部，圜底连喇叭形矮圈足。下腹及圈足处的釉下分别刻有短线划纹及锯齿纹。白胎，白釉，器内及足底无釉，器底有圆环状的支烧垫痕。圈足径7.6、残高2.6厘米（图一四○，9）。

器盖　20件。根据盖下口部结构的区别，分二型。

A型　11件。盖下有矮子口。分二亚型。

Aa型　8件。盖顶近边处无小系环。分五式。

Ⅰ式　2件。盖顶近平，盖下子口较矮。T4131②B:17，灰白胎，青白釉，釉下有开片。直径11.8、残高1.8厘米（图一四一，1）。

Ⅱ式　1件。H23:54，盖稍隆起，顶近平。盖内露灰胎，盖面饰酱釉。直径8.8、高1.8厘米（图一四一，2）。

Ⅲ式　2件。盖隆起，盖下子口向内勾。H18:52，白瓷胎，白釉，内外满釉。直径14.8、残高3厘米（图一四一，3）。

图一四〇　瓷枕、瓶、杯

1. 枕（T3831②A∶12）　2、4～6、10. 瓶（T3830②A∶5、T3819②A∶1、T4231②A∶1、T3830②A∶13、T3830②A∶1）　3. 玉壶春瓶（T3828②A∶26）　7～9. 杯（H23∶69、T3820②A∶12、H23∶63）

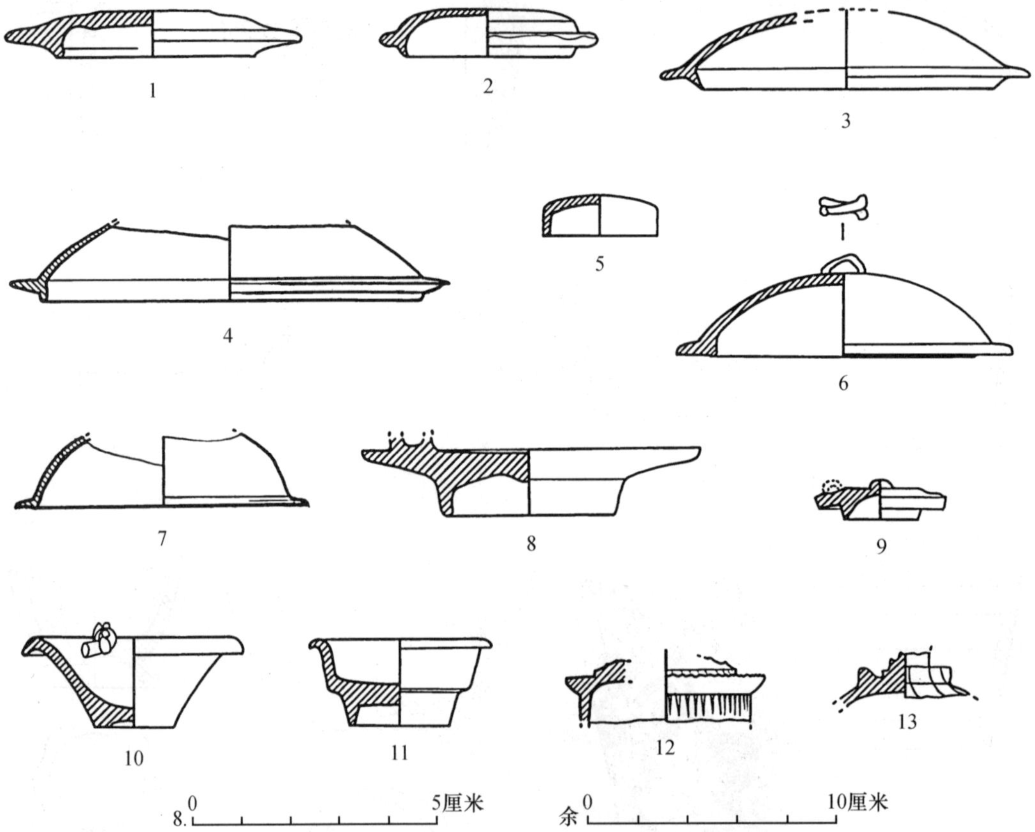

图一四一　瓷器盖

1. Aa型Ⅰ式（T4131②B:17）　2. Aa型Ⅱ式（H23:54）　3. Aa型Ⅲ式（H18:52）　4. Aa型Ⅳ式（T4119②A:2）　5. B型Ⅲa式（H18:51）　6、7. Aa型Ⅴ式（T4318②A:3、T4517②A:3）　8. Ab型Ⅰ式（H21:2）　9. Ab型Ⅱ式（T3827②A:6）　10. B型Ⅰa式（T4016②B:2）　11. B型Ⅰb式（T3817②B:2）　12. B型Ⅱ式（H23:62）　13. B型Ⅲb式（H18:62）

Ⅳ式　1件。T4119②A:2，盖隆起较高，盖下子口较高。白胎，白釉，子口沿部位无釉，余满釉。直径17.6、残高3厘米（图一四一，4）。

Ⅴ式　2件。盖隆起较高，盖下子口很矮。T4318②A:3，盖顶有半环形交叉状纽。白胎，青白釉，盖下沿面无釉，余满釉。直径13.6、高4厘米（图一四一，6；图版二六，2）。T4517②A:3，盖下子口几乎消失。白胎，盖内外施白釉。直径11.8、残高2.8厘米（图一四一，7）。

Ab型　3件。盖顶近边处有一小系环。分二式。

Ⅰ式　1件。H21:2，顶平，整器为一实心圆饼，其下连接高子口，盖顶近边缘部位有一小圆环，小圆环残。白胎，白釉，子口外边缘露胎，余满釉。直径6.8、高1.3厘米（图一四一，8）。

Ⅱ式　2件。器形小，盖顶近平，盖顶中部有一小圆纽，纽心横穿一小孔，盖顶近边缘部位有一小圆环，盖下矮子口。T3827②A:6，盖顶近边缘部位有一残小圆环。灰白胎，青灰釉，除子口边缘外，余满釉。直径5.2、高1.6厘米（图一四一，9）。

B型　9件。盖作仰杯或覆杯状。分三式。

Ⅰ式　3件。分二亚式。

Ⅰa式　1件。T4016②B:2，盖作仰喇叭杯状，小平底，盖下无子口。白胎，白釉，盖底无釉，余满釉。顶径9、底径3.2、高3.6厘米（图一四一，10）。

Ⅰb式　2件。盖身上部作卷沿浅杯状，盖下为高子口。T3817②B:2，白胎，白釉，子口内无釉，余满釉。顶径3.7、子口径2.1、高1.7厘米（图一四一，11）。

Ⅱ式　3件。盖顶稍隆起，盖面边缘作三角状，盖下呈直筒状。盖面边缘、盖下直筒状四周的釉下刻有锯齿纹，锯齿纹宽3厘米。H23:62，白胎，盖外施白釉，盖内无釉。最大直径8、高2.7厘米（图一四一，12）。

Ⅲ式　3件。分二亚式。

Ⅲa式　2件。盖身作倒喇叭状，盖顶有一矮圆柱形纽，盖下无子口。盖面釉下饰褶皱纹。H18:51，白釉，盖下局部露白胎，余满釉。口径4.6、高1.6厘米（图一四一，5）。

Ⅲb式　1件。H18:62，小覆盘状，顶微隆。白胎，白釉，盖外满釉，盖内无釉。残高1.8厘米（图一四一，13）。

瓷塑　3件。造型有人、兽等。

塑人　1件。H18:43，小人形，跪坐状，双掌合并于嘴前。白瓷胎，头顶、双眼施褐黑彩，通身施泛黄的白釉。高3.4厘米（图一四二，5；彩版一四，1）。

塑兽　2件。T3830②A:9，兽头残失，兽身作俯卧状，前双足之足掌交合于颈项下，腹肚贴地，后双足弓曲，后双足足掌压于腹下，尾部着地贴放于右胯下及右足掌上。白瓷胎，通身施青白釉。残长7.4、残高3.2厘米（图一四二，1；彩版一四，2）。T3826②A:10，造型似犬，兽头、四足残，颈部昂立，四足作站立状，双前足张开，胯以下残，兽尾贴向背部，尾头卷曲。白胎，通身施青白釉，尾部施褐黑斑釉。残长4.5、残高3厘米（图一四二，2）。

围棋子　1件。T3916②B:3，圆形扁平状，棋子两面刻有阴线菊花纹。灰瓷胎，未施釉。直径2、厚0.5厘米（图一四二，3；彩版一四，3）。

钉状器　1件。T4119②A:15，器身作钉状，半圆形钉帽，钉身呈截锥状。钉身刻螺旋纹，钉身残存少量褐黄釉。白胎泛黄，胎质坚硬。用途不明。帽径1.4、钉身直径6~8、身长4.45厘米（图一四二，4）。

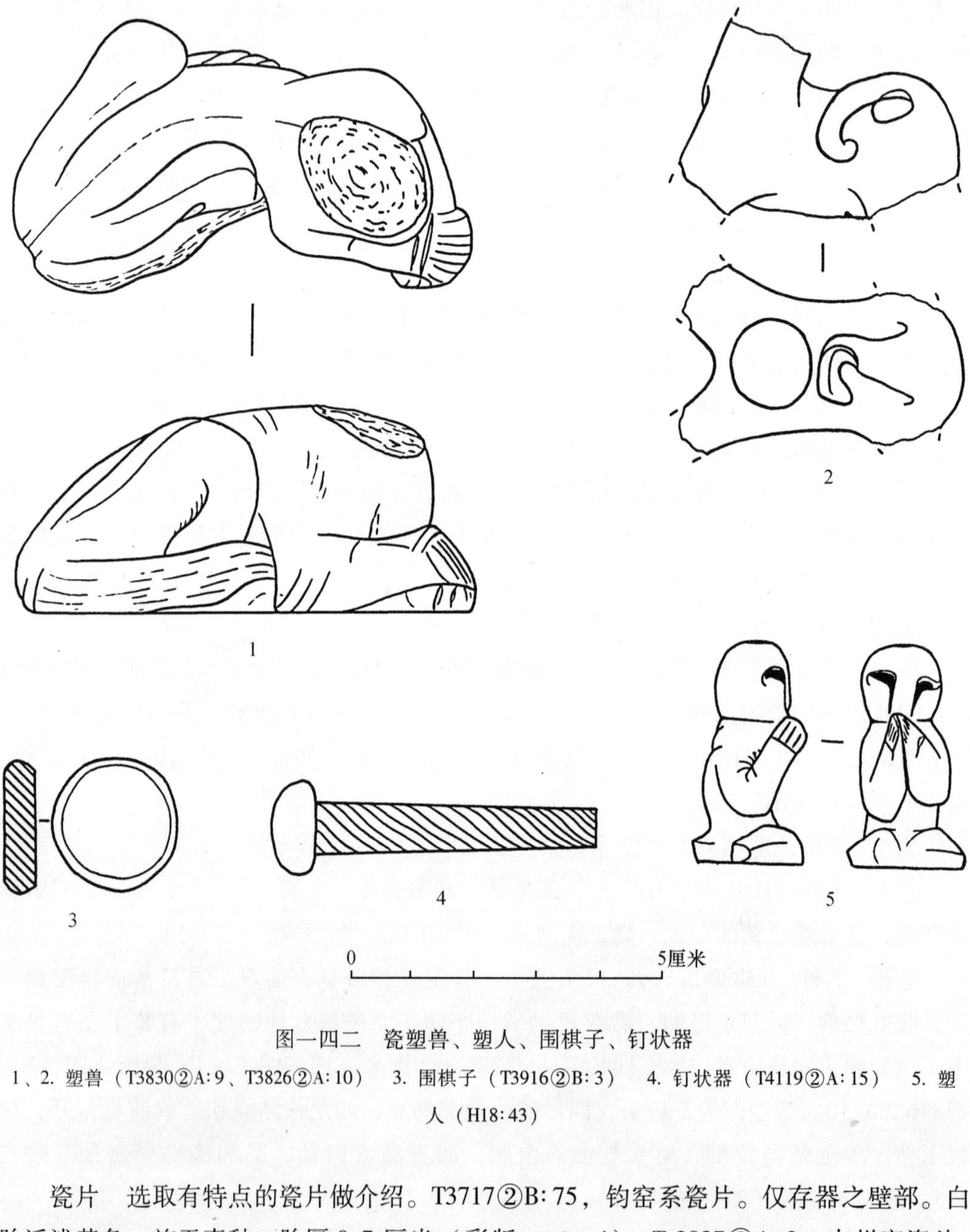

图一四二　瓷塑兽、塑人、围棋子、钉状器
1、2. 塑兽（T3830②A∶9、T3826②A∶10）　3. 围棋子（T3916②B∶3）　4. 钉状器（T4119②A∶15）　5. 塑人（H18∶43）

瓷片　选取有特点的瓷片做介绍。T3717②B∶75，钧窑系瓷片。仅存器之壁部。白胎泛浅黄色，施天青釉。胎厚0.7厘米（彩版一二，4）。T 3827②A∶3，吉州窑瓷片。为碗类器壁。白胎，绿青釉（彩版一四，6）。T4131②B∶23，碗底。碗内底上模印双鱼纹。灰白胎（图一四三，1）。T3831②B∶6，碗底。碗内底上阴刻楷书“记”字（图一四三，2）。

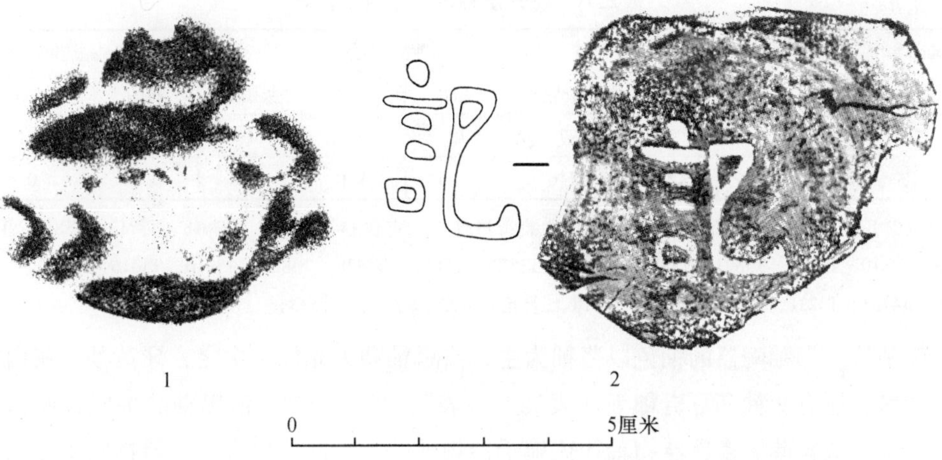

图一四三　鱼纹、铭记拓片
1. 鱼纹（T4131②B∶23）　2. "记" 字铭（T3831②B∶6）

（二）陶器

陶器分釉陶器、硬陶器、软陶器三类。

1. 釉陶器

釉陶器是指在硬陶器上施了釉的陶器，约占宋代遗物总量的30%。

胎骨特征　釉陶器的胎骨以棕胎为主，灰胎次之，红胎再次之，还有少数灰白胎、黄胎和灰黑胎。陶胎的火候非常高，扣之有金属声。釉陶器的胎内一般含有细砂，胎骨显得粗糙（表二七、表二八）。

表二七　②A 层釉陶器胎色统计表

项目 \ 名称	胎色						
	棕胎	红胎	灰胎	灰白胎	灰黑胎	褐胎	黄胎
合计	208	43	111	10	5	7	4
百分比（%）	53.6	11.1	28.6	2.6	1.3	1.8	1.0

注：②A 层釉陶器各类统计表中的数据为釉陶器件数，它包括了 T3518、T3618、T3718、T3818、T3819、T3820、T3821、T3822、T3823、T3824、T3825、T3826、T3827、T3828、T3829、T3830、T3831、T3832、T3833、T3931、T4031、T4116、T4119、T4120、T4131、T4215、T4231、T4317、T4318、T4319、T4414、T4416、T4517 三十三个探方②A 层的统计资料。

表二八　②B 层釉陶器胎色统计表

名称＼项目	胎色							
	棕胎	红胎	黄胎	灰胎	灰白胎	灰黑胎	褐胎	白胎
合计	134	32	7	79	11	1	2	1
百分比（%）	50.2	12.0	2.6	29.6	4.1	0.4	0.8	0.4

注：②B 层釉陶器各类统计表中的数据为釉陶器件数，它包括了 T3518、T3618、T3717、T3817、T3718、T3818、T3819、T3820、T3823、T3824、T3825、T3826、T3827、T3828、T3829、T3916、T4016、T4031、T4117、T4119、T4131、T4231、T4315、T4517、T4518 二十五个探方②B 层的统计资料。

施釉特点　釉陶器的釉色以酱釉为主，酱黑釉和无光棕釉次之，牙黄釉、灰白釉再次之，另外还有灰釉和豆青釉等（表二九、表三〇）。酱釉、酱黑釉的釉层较厚，其他釉的釉层一般较薄。多数器物釉往往施于器物外的上半部，也有部分器物施于器内外的上半部，少数器物器外为满釉。

表二九　②A 层釉陶器釉色统计表

名称＼项目	釉色											
	酱釉	牙黄釉	无光棕釉	灰白釉	灰白无光釉	灰釉	黑釉	酱黑釉	黄釉	无光牙黄釉	绿釉	白釉
合 计	187	54	54	16	13	6	12	35	6	2	2	1
百分比（%）	48.2	13.9	13.9	4.1	3.4	1.5	3.1	9.0	1.5	0.5	0.5	0.3

表三〇　②B 层釉陶器釉色统计表

名称＼项目	釉色												
	酱釉	酱黑釉	黑釉	酱黄釉	豆黄釉	牙黄釉	黄釉	内黑外黄釉	灰釉	灰白釉	豆青釉	淡青釉	绿釉
合计	156	47	12	1	3	34	1	1	3	2	5	1	1
百分比（%）	58.4	17.6	4.5	0.4	1.1	12.7	0.4	0.4	1.1	0.8	1.9	0.4	0.4

装饰手法　釉陶器中素面器为大多数，有少量器物饰有弦纹。少数施酱釉、黑釉的器物上有灰斑、白斑状釉，形成以酱釉、黑釉为底色釉的灰斑、白斑装饰效果，少数器物的釉下有细绳纹。部分器物器内满釉，器外施于上半部，积釉、滴釉现象较常见。（表三一、表三二）。

表三一　②A 层釉陶器纹饰统计表

名称＼项目	纹饰									
	素面	弦纹	凸弦纹	粗弦纹	釉下刻花	酱地白斑	酱地灰斑	绳纹	交叉绳纹	梭形纹
合 计	343	18	2	5	1	7	9	1	1	1
百分比（%）	88.4	4.6	0.5	1.3	0.3	1.8	2.3	0.5	0.3	0.3

表三二　②B层釉陶器纹饰统计表

项目 名称	纹饰									
	素面	弦纹	黑地灰斑	黑地白斑	酱地黑斑	印花	凸弦纹	交叉绳纹	刻花	方格纹
合计	251	3	3	3	1	2	1	1	1	1
百分比（%）	94.0	1.1	1.1	1.1	0.4	0.8	0.4	0.4	0.4	0.4

装烧方法　釉陶器的装烧方法与瓷器接近，以匣钵盛装为主，还有用支钉支撑的叠烧，但不见用支圈叠起或垫钵盛放的芒口器。

器类　有碗、碟、执壶、壶、韩瓶、炉、带系瓶、钵、小瓶、杯、盅、罐、瓮、缸等。

碗　8件。分三式。

Ⅰ式　2件。口微撇，斜弧腹，圜碗底着地，碗底下连圈足，圈足矮成粗弦状，足外缘抹成圆边。碗内釉下模印鱼纹、水藻。酱黄釉。T4215②B:10，碗内底和外底残留有两个不规则形的支点痕，根据支点分布的距离推之，碗内原支点共有五个，支点压破了釉面，显露出红胎。口径16.7、圈足径6.1、高6.2厘米（图一四四，1）。

Ⅱ式　2件。口微撇，斜弧腹比Ⅰ式略深，胎比Ⅰ式略厚，厚胎矮圈足，圈足比Ⅰ式稍高，足外缘抹成圆边，足内缘挖成沟状。T3827②B:7，浅黄胎，酱黄釉，足缘与足底露胎。口径17、圈足径7、高6.9厘米（图一四四，2）。

Ⅲ式　4件。唇微侈卷，斜圆弧腹。T4131②A:11，足近饼形实足。浅黄胎，浅酱釉，器外施釉及中下腹。口径16.6、圈足径6.2、高6.4厘米（图一四四，3）。T3826②A:1，矮圈足，足缘方折，碗内圈足部位凹下台阶一周，碗内底心呈凹窝状。硬红胎，酱绿釉，器内满釉，器外足底露胎。口径14.6、圈足径7、高5.1厘米（图一四四，4）。

碟　6件。分二式。

Ⅰ式　2件。厚圆唇，敞口，浅腹，圆足分上下两节，上节为实饼形状，下节稍小，为矮圈足。H43:15，棕胎，酱釉。口径9.5、圈足径4、高3.2厘米（图一四四，5）。

Ⅱ式　4件。尖唇，浅弧腹，实饼形足，足底向上凹陷。T4031②A:2，浅黄胎，无光酱釉局部呈牙黄色，器内底、外底对应有四个半圆形支垫痕，呈灰黑色。口径9.7、底径4.1、高2.6厘米（图一四四，6）。T3826②A:2，浅黄胎，无光牙黄釉，器内满釉，器外只在上口部施釉，局部残留酱釉。口径9.2、底径4.4、高3厘米（图一四四，7；图版二三，4）。

执壶　51件。分二型。

A型　25件。口稍收敛或颈向内略斜。分六式。

Ⅰ式　5件。唇沿向外横凸，颈较短。分二亚式。

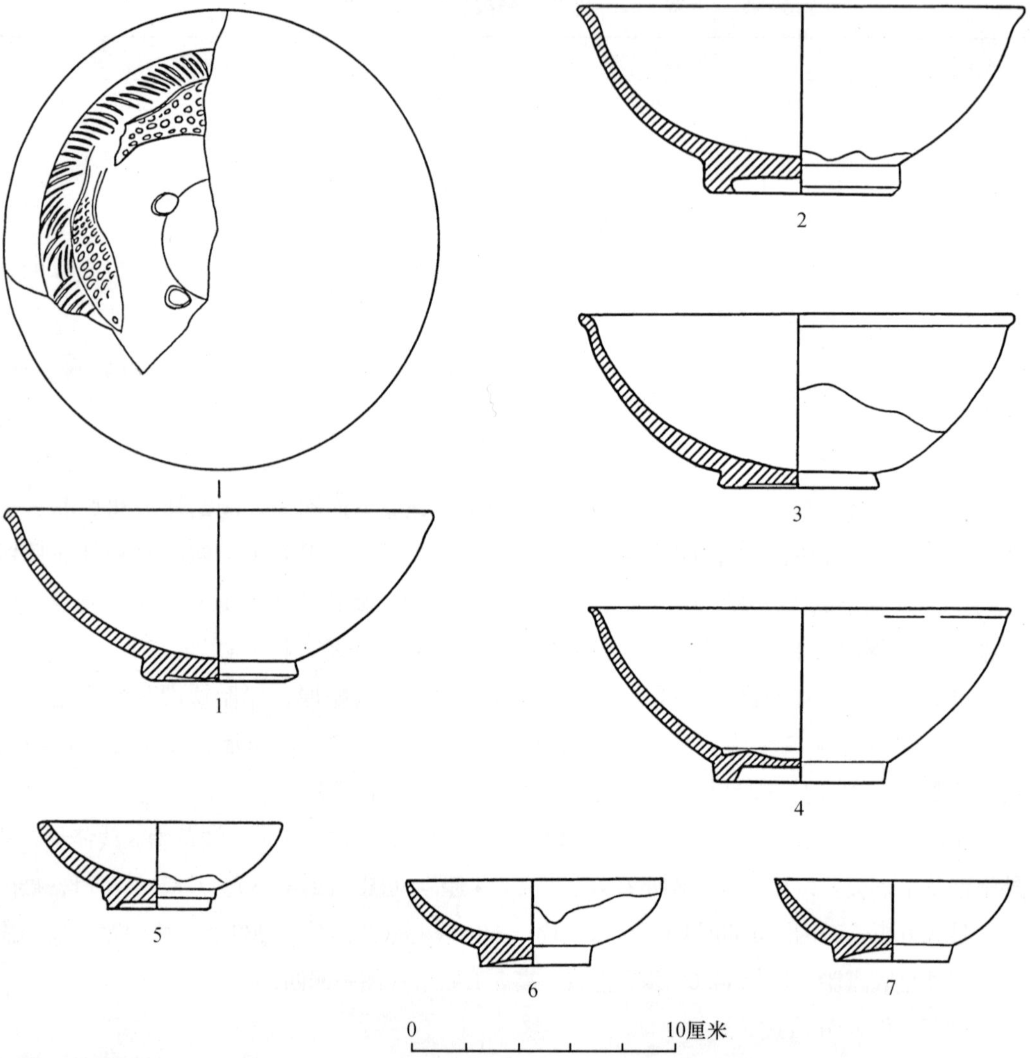

图一四四　釉陶碗、碟

1. Ⅰ式碗（T4215②B:10）　2. Ⅱ式碗（T3827②B:7）　3、4. Ⅲ式碗（T4131②A:11、T3826②A:1）　5. Ⅰ式碟（H43:15）　6、7. Ⅱ式碟（T4031②A:2、T3826②A:2）

Ⅰa式　1件。H14:25，直口，短颈稍斜收，窄溜肩，深直腹，腹以下残，肩置一流，对应一侧置一执柄。红胎，酱釉。口径9.4、残高10.4厘米（图一四五，1）。

Ⅰb式　4件。短圆颈，圆肩，鼓腹，肩一侧置流。H44:7，流残失，存流孔，对应一侧置执柄。颈、肩部各有一周凹弦纹，执柄正面釉下压饰竖向凸弦纹。酱褐胎，器外施酱釉。口径8.1、残高12.5厘米（图一四五，2）。

Ⅱ式　12件。颈壁内倾呈截顶塔状，溜肩，鼓腹，腹部压成五瓣瓜棱状，下腹收成平底，矮饼形足，足心向上弧凹。H23:6，肩部有两周凹弦纹，执柄正面釉下阴刻竖条纹。红胎，酱釉，下腹露胎。口径7.6、底径8.4、高18.2厘米（图一四五，4；图版二四，1）。

Ⅲ式　1件。H18:26，凸唇沿接近消失，直口微侈，圆溜肩，小圆腹，下腹残，肩立一拐曲状流，流对应一侧设执柄。褐红胎，器外施无光牙黄釉，颈下部露胎。口径6.9、残高11.6厘米（图一四五，3）。

Ⅳ式　2件。凸弦状口缘，颈壁内倾，斜溜肩，器身满饰宽弦纹，肩上斜立一流，流对应一侧设执柄，执柄残。H43:16，棕胎，棕釉局部泛灰白色。口径6、残高11.2厘米（图一四五，5）。

Ⅴ式　2件。壶颈比Ⅳ式执壶壁稍直，溜肩，鼓圆腹比Ⅳ式大且圆鼓。H22:14，下腹残，肩立一流残，颈、肩部有一半环形桥耳，执柄面压竖条凸弦纹。红胎，酱釉。口径8、残高14.6厘米（图一四五，8）。

Ⅵ式　3件。器身整体造型瘦长，器腹比Ⅴ式消瘦。T4231②A:4，颈、肩分界明显，流上半截残，饼形足，足底上凹。颈、肩转折部有凹弦纹一周。褐胎，无光棕釉。口径6、底径6.5、高16.6厘米（图一四五，6）。T3820②A:7，深垂腹，厚胎凸弦状矮圈足，器口、流、执柄的上半截残。棕胎，酱黑釉。腹径7.6、圈足径5、残高9.6厘米（图一四五，7）。

B型　26件。直口或侈口，壶颈较直。分四式。

Ⅰ式　8件。分二亚式。

Ⅰa式　1件。H23:30，直口略侈，圆颈，溜肩，一侧颈、肩部有一执柄，流残。红胎，浅牙黄釉，施于颈及腹上部。口径7.6、残高9厘米（图一四六，1）。

Ⅰb式　7件。直口略侈，圆唇缘向外凸卷，圆颈稍小，斜溜肩，一侧肩部立一流，对应一侧有执柄，执柄残，下腹残。H23:32，灰胎，酱釉，器外满釉。口径6.5、残高6.8厘米（图一四六，2）。

Ⅱ式　2件。直口微侈，圆颈比Ⅰ式长，斜溜肩，颈、肩交接部设一流，壶流斜立于肩上，流口高度与壶口平齐，对应一侧设一执柄，肩以下残。H17:21，棕胎，酱釉脱落严重。口径8、残高10.4厘米（图一四六，3）。

Ⅲ式　15件。直口，唇缘外凸，圆颈较Ⅱ式稍长且稍小，丰肩，深弧腹，下腹内收，平底，肩立一流，流对应一侧的颈、肩部有一执柄。T3821②A:5，流下半部直立，上半部向外弧折，流口小，流口径是流身径的一半。棕黑色硬陶，棕釉多已脱落。口径5.6、底径6.5、高19.6厘米（图一四六，4；图版二四，2）。

Ⅳ式　1件。罗采:9，喇叭口，短圆颈，大斜溜肩，鼓垂腹，下腹向内弧收，腹上部设一曲流，流口稍高于壶口，流对应一侧设置半椭圆形的执柄。灰胎，酱黑釉满施于

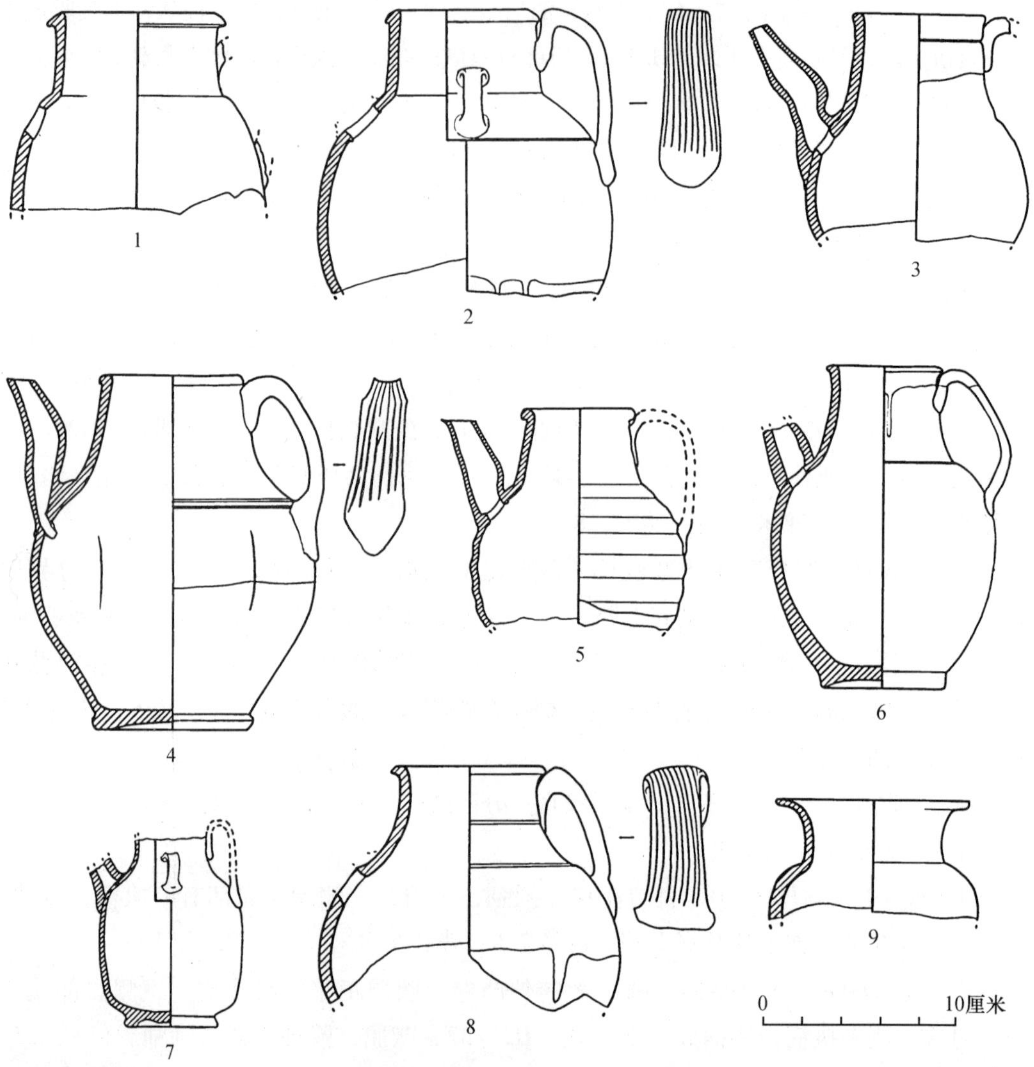

图一四五　釉陶执壶、无耳壶

1. A型Ⅰa式执壶（H14∶25）　2. A型Ⅰb式执壶（H44∶7）　3. A型Ⅲ式执壶（H18∶26）　4. A型Ⅱ式执壶（H23∶6）　5. A型Ⅳ式执壶（H43∶16）　6、7. A型Ⅵ式执壶（T4231②A∶4、T3820②A∶7）　8. A型Ⅴ式执壶（H22∶14）　9. 无耳壶（H44∶10）

器外，器内无釉。口径7.6、残高18.4厘米（图一四六，5）。

韩瓶　12件。整器近橄榄形，肩部无耳。分三式。

Ⅰ式　1件。H23∶72。直口，深腹微弧，平底。灰胎，无光灰白釉，器内施釉于上腹，器外满釉，足底无釉。口径6.2、底径6、高16.4厘米（图一四七，1；图版二七，4）。

Ⅱ式　2件。直口较Ⅰ式矮，溜肩。T4518②A∶1，酱釉泛黄斑，器内只施于上口

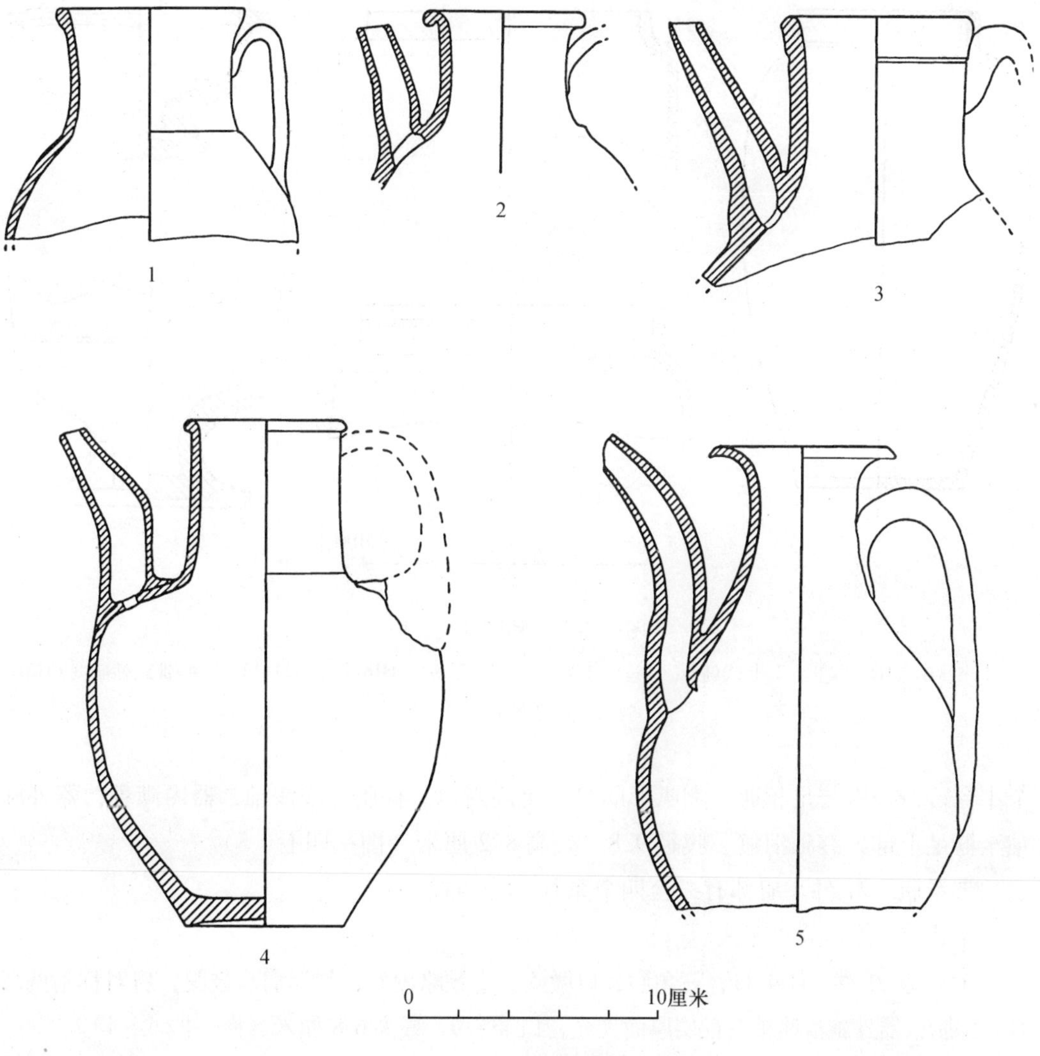

图一四六　釉陶执壶

1. B型Ⅰa式（H23:30）　2. B型Ⅰb式（H23:32）　3. B型Ⅱ式（H17:21）　4. B型Ⅲ式（T3821②A:5）　5. B型Ⅳ式（罗采:9）

部，器外肩以下露棕胎。口径11、残高4.8厘米（图一四七，2）。

Ⅲ式　9件。直口较Ⅱ式高，弧折肩，直腹，中腹以下残。T4131②A:4，器外露棕胎，器内施酱黑釉。口径10、残高5.2厘米（图一四七，4）。

炉　2件。整器作杯状，平沿，口沿外侧残，敛口，斜直腹，下腹急收与筒状圈足相通，足底封堵，足缘外凸。酱黑釉，器内、器足上部施釉。H18:21，棕胎。残口径8.8、高5.2厘米（图一四七，3）。H23:39，口残作杯状，直腹，下腹向外突折起一

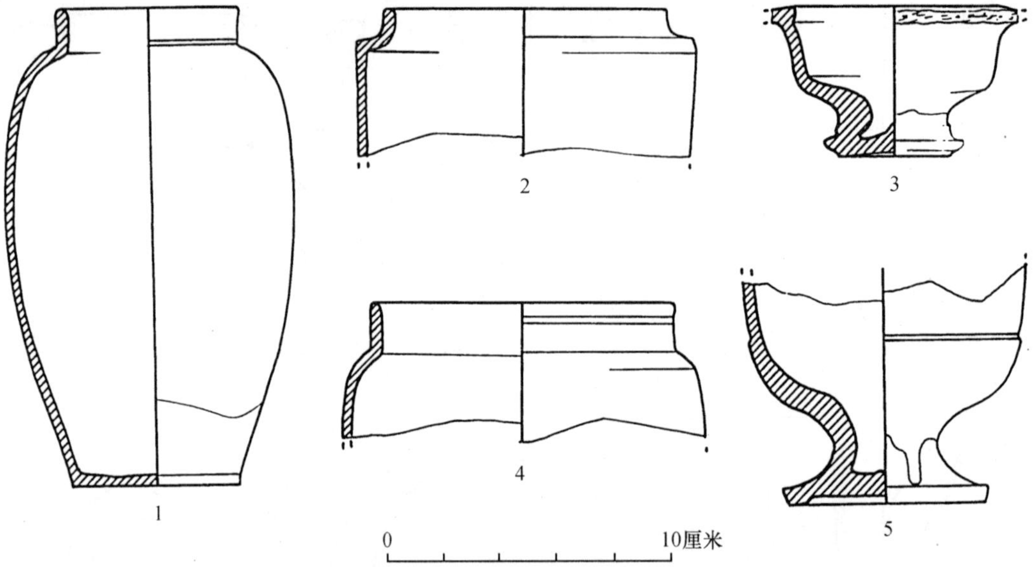

图一四七　釉陶韩瓶、炉

1. Ⅰ式韩瓶（H23:72）　2. Ⅱ式韩瓶（T4518②A:1）　3、5. 炉（H18:21、H23:39）　4. Ⅲ式韩瓶（T4131②A:4）

个小台阶，炉腹与足相通，喇叭形圈足，足底封口。棕胎，浅酱釉，器内满釉，器外施釉至器足上部，有釉泪痕。腹径9.8、残高8.2厘米（图一四七，5）。

带系瓶　21件。肩部有二至四个系耳。分四式。

Ⅰ式　7件。分二亚式。

Ⅰa式　1件。H44:11，三角唇，口微敛，直颈略内斜，斜溜肩，鼓腹，肩对称附两环耳。棕胎，器外施浅酱釉，釉层厚而无光。口径8.9、残高6.8厘米（图一四八，1）。

Ⅰb式　6件。圆凸唇，短侈口，斜肩，肩对称附四环耳。T4131②B:6，棕胎，内外均施灰白釉。口径7.2、残高6.2厘米（图一四八，2）。

Ⅱ式　5件。唇外凸，溜肩，器身作橄榄状，肩对称附两椭环耳。H23:7，颈上部残失，腹略鼓，平底向内凹。下腹露褐胎，无光牙黄釉。口径10.4、底径5.4、残高13.2厘米（图一四八，3）。H18:27，唇外凸三角缘，颈向内倾，溜肩，肩以下残，肩附两椭环耳。褐胎，酱釉，内壁无釉。口径7.8、残高9厘米（图一四八，4）。H23:20，尖唇外凸，无颈，溜肩，中腹外鼓，底残，双系耳。棕胎，酱釉。口径7.8、残高21.6厘米（图一四八，5）。

Ⅲ式　1件。H22:9，尖唇外凸近倒钩状，无颈，斜肩，肩附贴两环形系耳，并施弦纹一周，肩以下残。棕胎，酱釉，器内外满釉。口径9.8、残高5.6厘米（图一四八，6）。

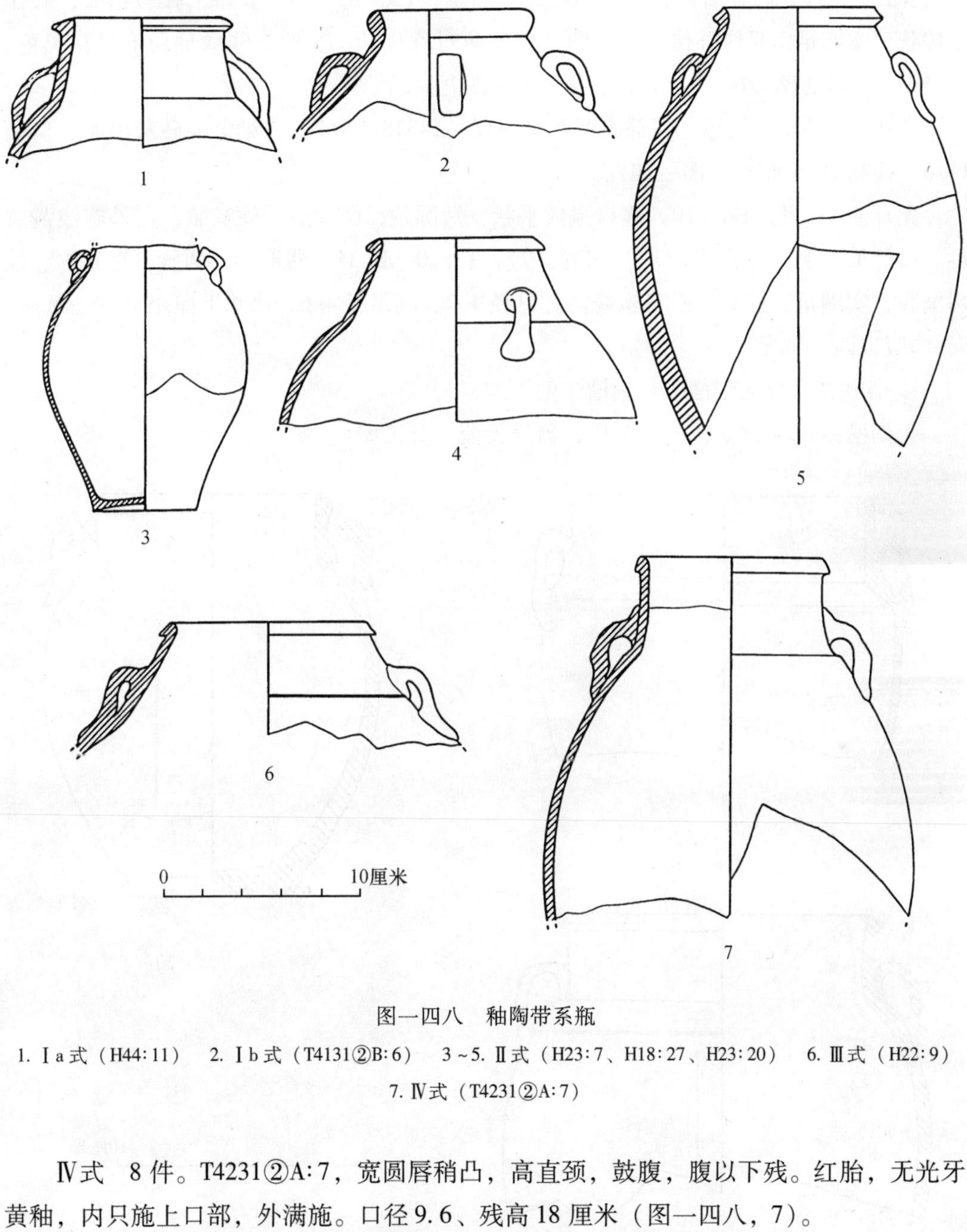

图一四八　釉陶带系瓶

1. Ⅰa式（H44∶11）　2. Ⅰb式（T4131②B∶6）　3～5. Ⅱ式（H23∶7、H18∶27、H23∶20）　6. Ⅲ式（H22∶9）　7. Ⅳ式（T4231②A∶7）

Ⅳ式　8件。T4231②A∶7，宽圆唇稍凸，高直颈，鼓腹，腹以下残。红胎，无光牙黄釉，内只施上口部，外满施。口径9.6、残高18厘米（图一四八，7）。

壶　19件。分双耳壶和无耳壶两类。

双耳壶　14件。分三式。

Ⅰ式　6件。T3819②B∶4，圆唇，直口，肩附两对称环耳。棕胎，酱黑釉，器内口上部有一周带状酱黑釉。口径12、残高10.2厘米（图一四九，1）。

Ⅱ式　5件。唇外凸，直口，圆腹，实圈足。T3823②B∶9，直口，弧腹稍鼓，腹作瓜棱状，实圈足，足缘外侈，底上凹，肩附两对称环耳。灰胎，酱绿釉局部呈灰黑色。口径8.4、圈足径7.6、高15.4厘米（图一四九，2）。

Ⅲ式　3件。口微敞，肩部施凹弦纹一周。T4318②A∶2，酱釉，夹砂灰黑胎。口径11.6、残高10.6厘米（图一四九，3）。

无耳壶　5件。H44∶10，侈口撇成平状，短圆颈，圆溜肩。硬灰胎，器外施浅酱黄釉。口径13、残高6厘米（图一四五，9）。T3820②B∶34，器形小，圆唇，短直领，鼓扁圆腹，实圈足。棕胎，通身施酱釉。口径4.7、圈足径4.6、高6.1厘米（图一五一，5；图版二四，6）。

钵　40件。分无刻槽钵和刻槽钵两类。

无刻槽钵　34件。钵内无刻槽，器身无流。分二型。

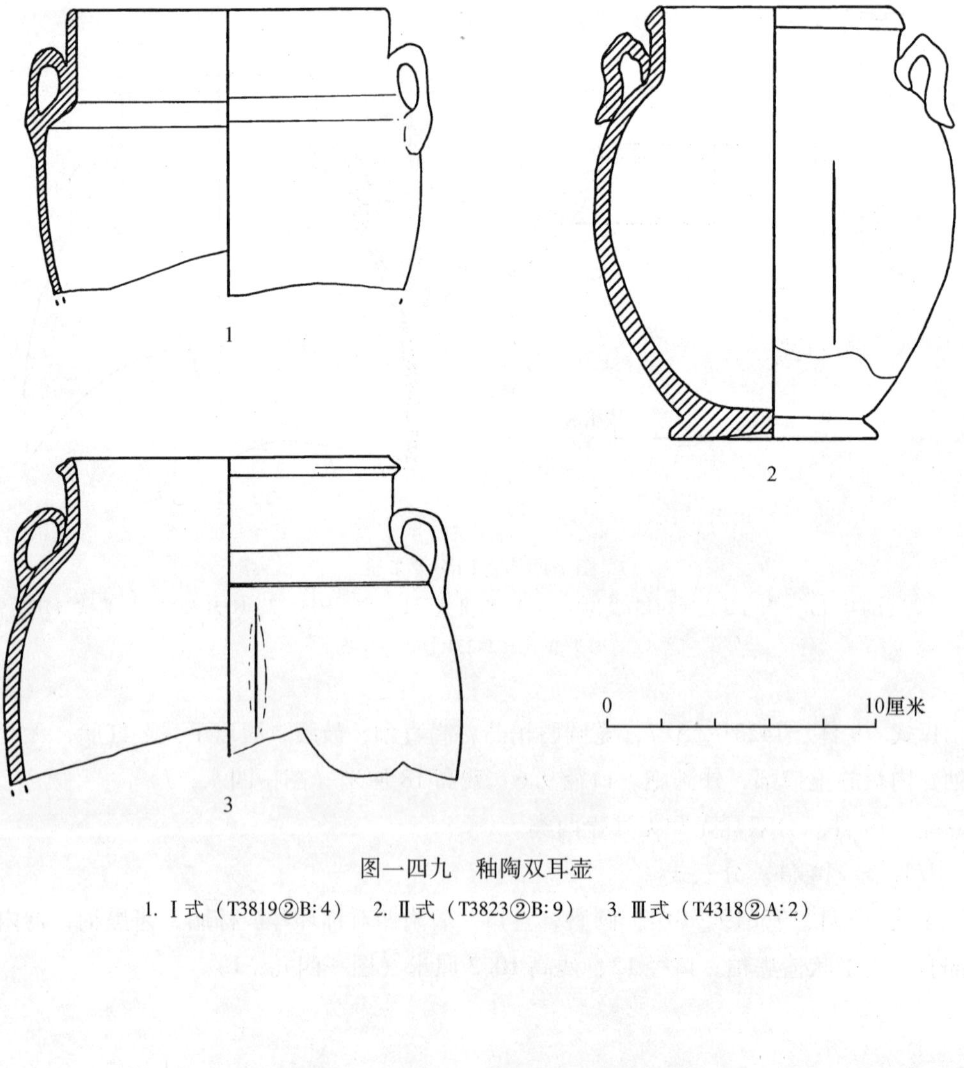

图一四九　釉陶双耳壶

1. Ⅰ式（T3819②B∶4）　2. Ⅱ式（T3823②B∶9）　3. Ⅲ式（T4318②A∶2）

A 型　29 件。圆凸唇，口稍敛。分四式。

Ⅰ式　6 件。唇缘外凸较高，敛口，深圆弧腹。T4131②B:1，口沿下饰弦纹一周。褐红胎，牙黄釉泛暗光，器内外均不及底。口径 29.6、残高 17.6 厘米（图一五〇，1）。H14:12，束颈。褐胎，无光牙黄釉，施釉至器中腹部。口径 12、残高 5.2 厘米（图一五〇，2）。T4231②B:4，上腹和下腹部饰弦纹两周。棕胎，浅酱釉，釉面有灰白斑。口径 24.8、残高 10 厘米（图一五〇，3）。

Ⅱ式　2 件。斜腹略弧。褐红胎，酱黄釉。T3824②B:4，口径 22.4、残高 7 厘米（图一五〇，4）。

Ⅲ式　5 件。宽圆唇沿，敛口，浅斜腹。T4131②B:3，棕胎，器内施酱黑釉，器外不施釉。口径 36、残高 7.4 厘米（图一五〇，5）。

Ⅳ式　16 件。分二亚式。

Ⅳa 式　8 件。敛口，斜腹。T3828②A:11，圆唇沿。棕胎，酱釉，器内外上腹施釉，下腹釉不及底。口径 34、残高 11.2 厘米（图一五〇，7）。T3828②A:18，宽厚圆沿，斜直腹。棕褐胎，器内施无光牙黄釉，器外无釉。口径 34.4、残高 11.6 厘米（图一五〇，8）。

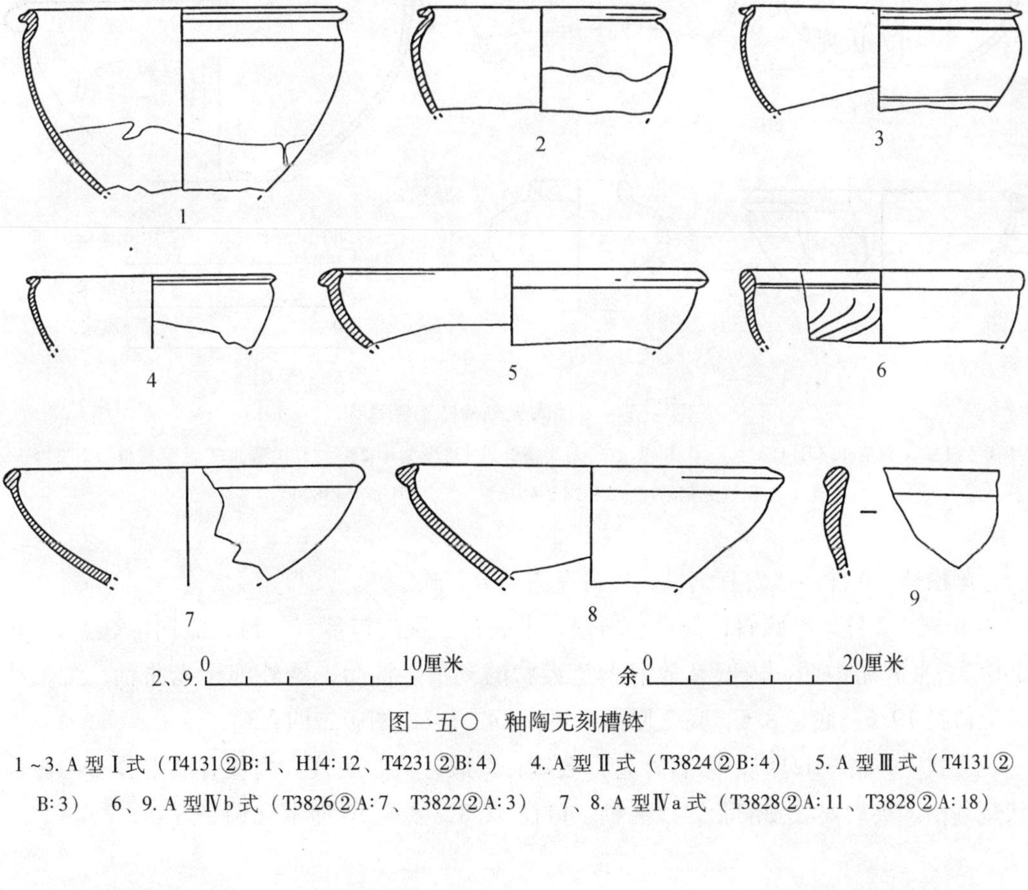

图一五〇　釉陶无刻槽钵

1～3. A 型Ⅰ式（T4131②B:1、H14:12、T4231②B:4）　4. A 型Ⅱ式（T3824②B:4）　5. A 型Ⅲ式（T4131②B:3）　6、9. A 型Ⅳb 式（T3826②A:7、T3822②A:3）　7、8. A 型Ⅳa 式（T3828②A:11、T3828②A:18）

Ⅳb 式　8 件。圆唇较厚，上腹壁较直。T3826②A∶7，器内腹有稀疏的斜线暗划纹。浅粉红胎，绿釉。口径 28、残高 6.8 厘米（图一五〇，6）。T3822②A∶3，棕胎，酱釉。残高 4.8 厘米（图一五〇，9）。

B 型　5 件。斜窄沿或唇面有凹槽。分四式。

Ⅰ式　1 件。H14∶13，敛口，沿面有凹槽一周，弧腹内收。棕胎，酱釉，器内满釉，器外釉至中腹，流釉严重。口径 20.4、残高 8.6 厘米（图一五一，1）。

Ⅱ式　2 件。敛口，鼓腹。T3823②B∶2，圆唇。灰胎，浅酱黄釉。口径 11.8、残高 2.9 厘米（图一五一，2）。

Ⅲ式　1 件。H23∶5，圆唇，口微敛，宽斜沿下部凸起，附两横桥形耳，深弧腹，下腹斜收成平底。棕胎，酱釉，施釉至器中腹部，下腹露胎。口径 19.6、底径 7、高 9.6 厘米（图一五一，3；图版二三，5）。

Ⅳ式　1 件。T3828②A∶16，斜厚圆唇，口微敛，斜弧腹。褐红胎，器内为灰白釉，器口沿有稀薄的酱釉。口径 24.6、残高 10 厘米（图一五一，4）。

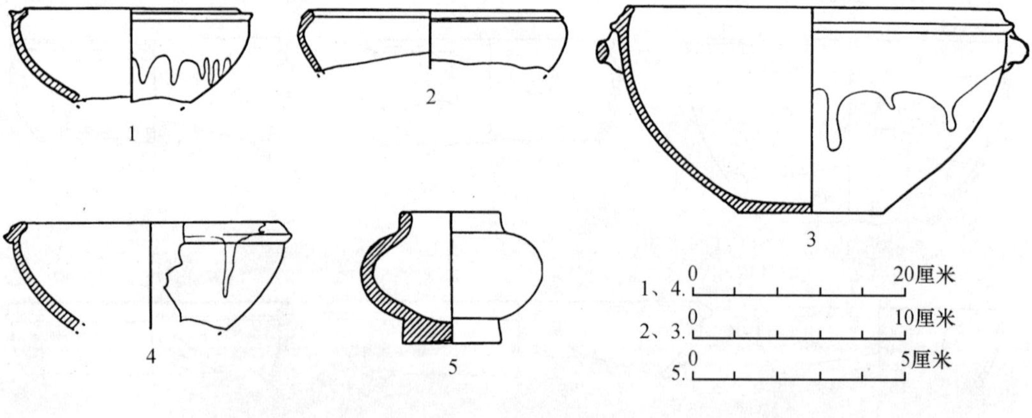

图一五一　釉陶无刻槽钵、无耳壶

1. B 型Ⅰ式无刻槽钵（H14∶13）　2. B 型Ⅱ式无刻槽钵（T3823②B∶2）　3. B 型Ⅲ式无刻槽钵（H23∶5）　4. B 型Ⅳ式无刻槽钵（T3828②A∶16）　5. 无耳壶（T3820②B∶34）

刻槽钵　6 件。钵内有刻槽，器身有流。分三式。

Ⅰ式　2 件。厚圆唇，敛口，斜壁，平底，上腹近口部置一流，流向上翘。T3916②B∶2，平底略内凹。内壁有放射形篦齿状的刻槽。棕胎，器外施无光酱釉，流釉严重。口径 19.6、底径 8.6、高 7 厘米（图一五二，1，图版二四，3）。

Ⅱ式　1 件。H21∶4，圆唇外卷，敞口，斜腹，流、底残。内壁有成组分布的篦齿状刻划槽。夹砂褐红硬陶胎，浅黄釉。口径 32.8、残高 10 厘米（图一五二，2）。

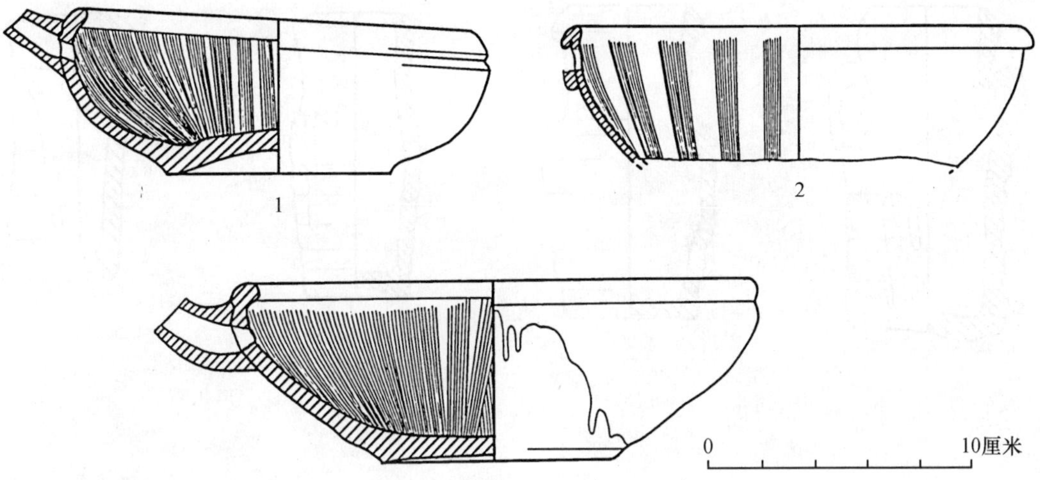

图一五二　釉陶刻槽钵

1. Ⅰ式（T3916②B:2）　2. Ⅱ式（H21:4）　3. Ⅲ式（H22:6）

Ⅲ式　3件。圆唇，敛口，口下有深凹槽一道，浅圆腹下收成平底，底上凹。一侧上部设斜直流，内壁刻较深的篦齿槽。H22:6，褐红胎，泛灰的酱釉。口径14.8、底径8.4、高5.6厘米（图一五二，3；彩版一五，2）。

小瓶　5件。长颈，直腹平底。分三式。

Ⅰ式　2件。圆唇，口微敛，直颈略束，肩附双环耳，直腹，平底。T3820②B:2，圆唇，口微敛，直颈略束，肩附双环耳，直腹，平底，腹部压凹弦纹四周，平底。棕胎，酱黄釉施于器外上腹部。口径3.2、底径4.8、高9.6厘米（图一五三，1，图版二七，2）。

Ⅱ式　1件。T3820②A:4，唇沿外凸，直口，窄折肩，深腹下腹略收，平底。腹部压凹槽四周。灰胎，肩部残存无光灰釉。口径3.5、底径3.8、高9厘米（图一五三，2；图版二七，3）。

Ⅲ式　2件。唇面向上，平沿略外斜，口微敛，束颈，溜肩，颈、肩分界不明显，直腹。T3828②A:10，平底向上微凹，外腹捺按凹槽五周。棕胎，酱灰釉。口径2.4、底径3.2、高8.2厘米（图一五三，3；图版二八，2）。

杯　15件。整器呈筒状。分三式。

Ⅰ式　7件。平沿，唇沿向上，口微敛，直筒腹，平底。H22:21器腹捺按凹槽六周。棕胎，上腹施牙黄釉。口径4.2、底径3.6、高7.6厘米（图一五三，4）。

Ⅱ式　5件。器身作倒梯形筒状。T3828②A:4，沿面有凹槽。上中腹施无光牙黄釉。棕褐胎。口径5、底径3、高7.5厘米（图一五三，5；图版二八，1）。T3820

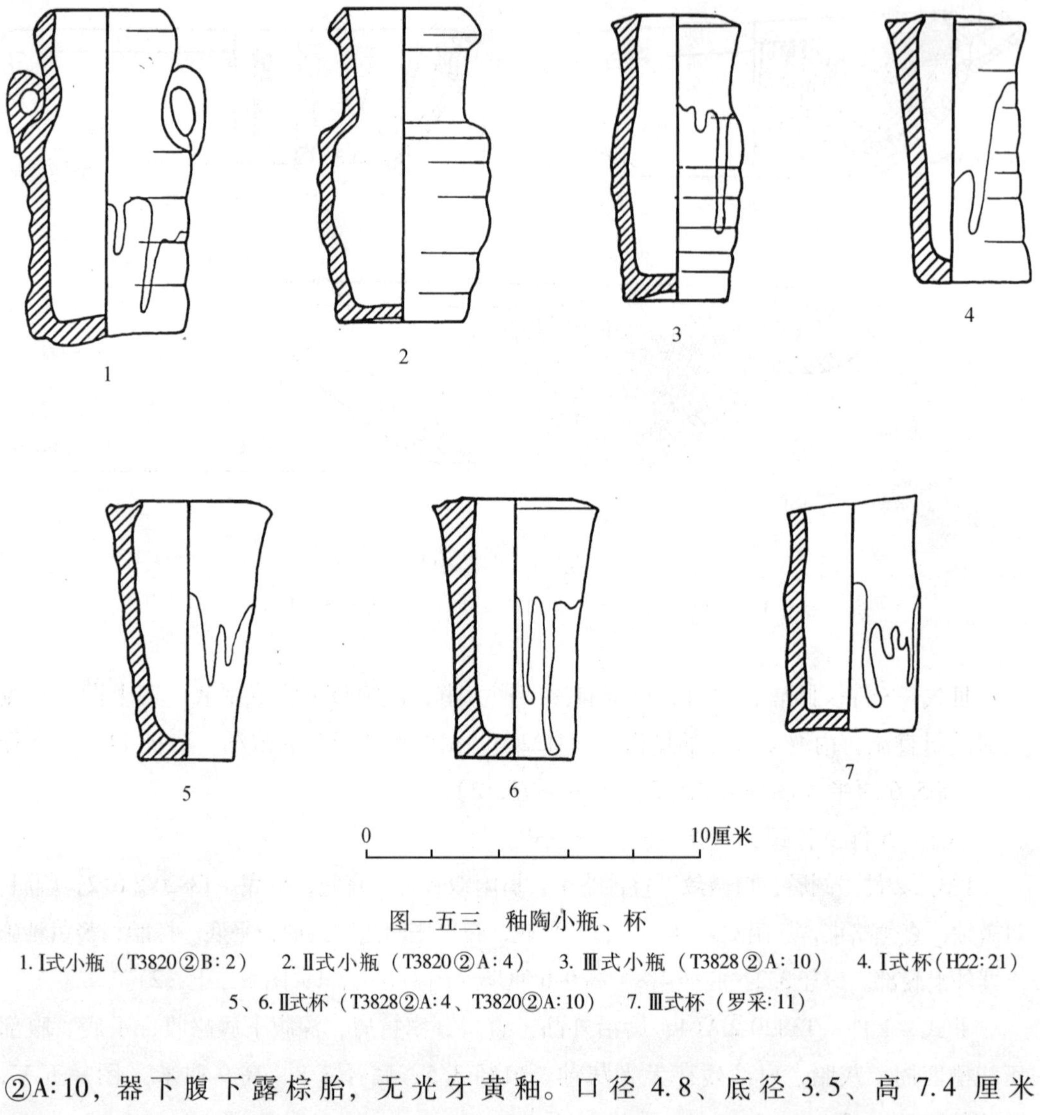

图一五三　釉陶小瓶、杯

1. Ⅰ式小瓶（T3820②B∶2）　2. Ⅱ式小瓶（T3820②A∶4）　3. Ⅲ式小瓶（T3828②A∶10）　4. Ⅰ式杯（H22∶21）
5、6. Ⅱ式杯（T3828②A∶4、T3820②A∶10）　7. Ⅲ式杯（罗采∶11）

②A∶10，器下腹下露棕胎，无光牙黄釉。口径4.8、底径3.5、高7.4厘米（图一五三，6）。

Ⅲ式　3件。口残，直颈、直腹。罗采∶11，棕胎，灰白无光釉不及底。口径3.8、底径3.8、高7.8厘米（图一五三，7）。

盅　9件。器形小。直口或敛口，折肩，斜腹。分四式。

Ⅰ式　2件。直口，弧折肩，平底。T4031②B∶18，灰褐胎，器内外施无光牙黄釉，器外底无釉。口径5.2、底径3、高5.2厘米（图一五四，1）。

Ⅱ式　4件。依肩部的不同，分二亚式。

Ⅱa式　2件。口稍敛，窄折肩，斜弧腹。H18∶23，器内施无光牙黄釉，器外无釉。棕胎。口径5.3、底径2.3、高4.2厘米（图一五四，2）。T3820②B∶8，窄平折肩，腹起凸棱一

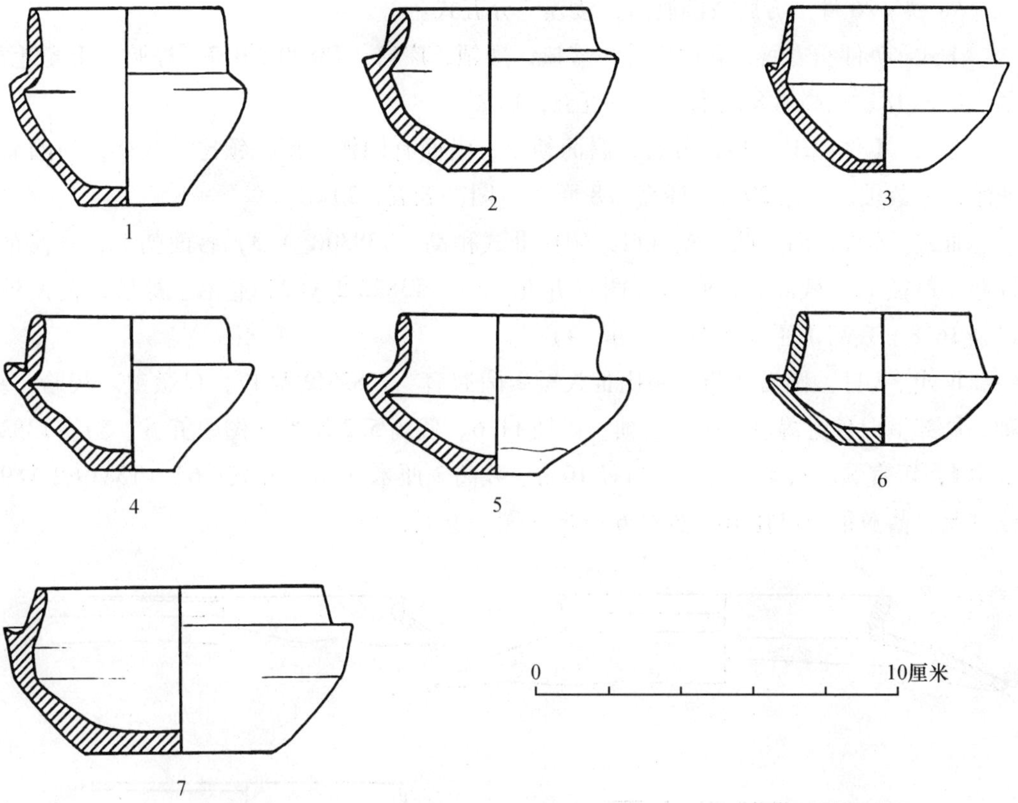

图一五四　釉陶盅

1. Ⅰ式（T4031②B:18）　2、3. Ⅱa式（H18:23、T3820②B:8）　4、5. Ⅱb式（H18:22、T3825②B:5）　6. Ⅲ式（H17:5）　7. Ⅳ式（T3820②A:9）

周。棕胎，器内施酱釉。口径5.4、底径2、高4.3厘米（图一五四，3）。

Ⅱb式　2件。直口，斜弧腹比Ⅱa式扁矮。H18:22，窄肩上有凹槽一周，小平底。棕褐胎，器内施酱釉，器外施褐红无光釉至下腹。口径5.5、底径2.4、高4厘米（图一五四，4）。T3825②B:5，平折窄肩。灰胎，无光浅红釉。口径5.2、底径2.2、高4.2厘米（图一五四，5）。

Ⅲ式　1件。H17:5，斜直口作高子口状，稍敛，斜耸折肩，肩上有小凹槽一周，斜腹，平底。褐红胎，浅红釉。口径5、底径2.6、高3.4厘米（图一五四，6）。

Ⅳ式　2件。口作高子口状，窄肩面有凹槽一周，折腹，平底。T3820②A:9，棕胎，粉红釉。口径7.8、底径4.2、高4.4厘米（图一五四，7）。

罐　71件。均为口沿残片。分三型。

A型　48件。形体较大。残存口、肩部。分三亚型。

Aa 型　26 件。方唇或圆唇沿，矮领。分五式。

Ⅰ式　7 件。方唇，唇面朝外，侈口，矮领，广肩。T3820②B∶7，棕胎，无光牙黄釉。口径 18、残高 4.8 厘米（图一五五，1）。

Ⅱ式　1 件。H17∶19，方唇，唇面朝上，沿面有凹槽一周，领比Ⅰ式矮，斜溜肩。灰胎，牙黄釉。口径 20.2、残高 2.8 厘米（图一五五，2）。

Ⅲ式　8 件。唇外凸，短直口，领比Ⅱ式稍高。T3830②A∶3，唇面朝上，浅酱釉。棕胎。口径 17、残高 3.6 厘米（图一五五，3）。T3822②A∶2，卷沿。棕胎，酱黑釉。口径 16.8、残高 4 厘米（图一五五，4）。

Ⅳ式　8 件。圆沿外凸，领比Ⅲ式矮，圆溜肩。T3828②A∶17，口微敛。灰胎，酱釉，局部呈白色泛褐色，内外满釉。口径 11.6、残高 5.2 厘米（图一五五，5）。T3825②A∶4，短直颈。灰胎，酱釉，口径 10.4、残高 3 厘米（图一五五，6）。T3819②A∶9，浅红胎，酱黄釉。口径 16、残高 6 厘米（图一五五，8）。

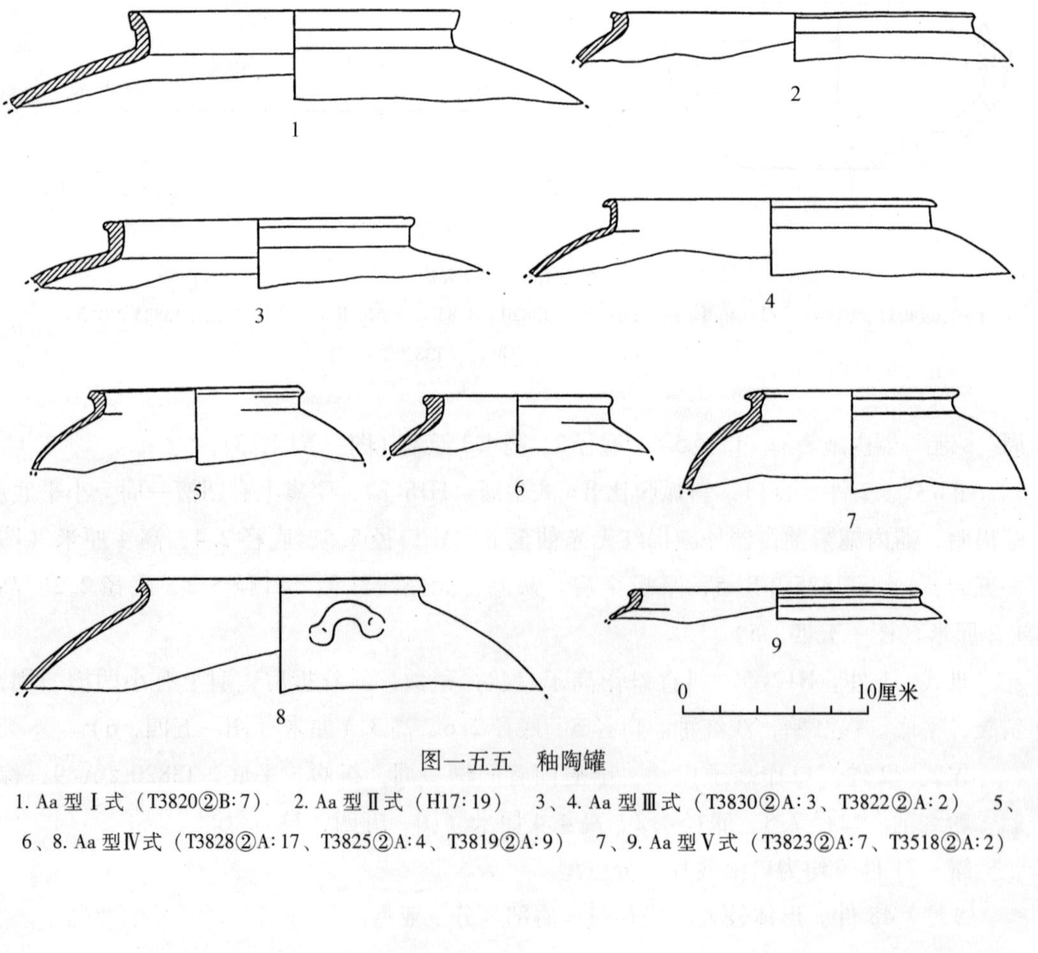

图一五五　釉陶罐

1. Aa 型Ⅰ式（T3820②B∶7）　2. Aa 型Ⅱ式（H17∶19）　3、4. Aa 型Ⅲ式（T3830②A∶3、T3822②A∶2）　5、6、8. Aa 型Ⅳ式（T3828②A∶17、T3825②A∶4、T3819②A∶9）　7、9. Aa 型Ⅴ式（T3823②A∶7、T3518②A∶2）

Ⅴ式　2件。圆唇略侈，圆丰肩。T3823②A:7，口沿内侧捺按有凹槽一周。灰胎，牙黄釉。口径12、残高4厘米（图一五五，7）。T3518②A:2，圆唇。灰胎，酱釉。口径32、残高3.2厘米（图一五五，9）。

Ab型　7件。仰折沿。分三式。

Ⅰ式　1件。T4317②B:5，薄方唇，仰折沿，沿外侧作平折沿状，沿面微凹，圆腹稍鼓，上腹饰凹弦纹一周。夹砂硬灰胎，无光牙黄釉。口径15、残高4.8厘米（图一五六，1）。

Ⅱ式　3件。方唇沿，束颈，圆溜肩。T3823②A:6，方唇沿，唇面朝外。灰胎，牙黄釉。口径18、残高2.8厘米（图一五六，2）。

Ⅲ式　3件。圆唇，侈口。分二亚式。

Ⅲa式　1件。T3823②A:5，束颈，溜肩，弧腹。棕胎，牙黄釉。口径14、残高4厘米（图一五六，3）。

Ⅲb式　2件。圆弧状束颈，丰肩，鼓腹。T4210②A:12，灰胎，器内外施酱釉。口径14、残高5.2厘米（图一五六，4）。

Ac型　15件。卷沿。分四式。

Ⅰ式　1件。H18:53，圆唇向外翻转，短束颈，窄圆肩，鼓腹。棕胎，器内外施酱黑釉，器内外均施釉只及中上腹。口径18、残高6.6厘米（图一五六，5）。

Ⅱ式　3件。束颈部较Ⅰ式稍宽。分二亚式。

Ⅱa式　2件。圆唇外卷，束颈。H17:12，弧溜肩，罐内有瓦棱状的拉坯痕。灰胎，灰白釉。口径14.8、残高4.1厘米（图一五六，6）。H17:10，肩部饰凹弦纹两周，弧腹。棕胎，酱釉，器内施釉至上口部，器外无釉。口径18、残高4.8厘米（图一五六，7）。

Ⅱb式　1件。H17:20，侈口，溜肩，颈、肩分界明显，窄溜肩，肩、腹部饰凹弦纹。灰胎，酱釉。口径16、残高3.8厘米（图一五六，8）。

Ⅲ式　9件。短束颈比Ⅱ式稍高。分二亚式。

Ⅲa式　5件。宽沿上仰，矮束颈，圆鼓腹。T3833②A:2，束颈，上腹饰一道凹弦纹。棕胎，酱釉。口径18、残高6.6厘米（图一五六，9）。

Ⅲb式　4件。圆唇，侈口，束颈，腹微鼓。T3718②A:2，夹砂硬灰陶胎，酱灰釉。口径21.6、残高6厘米（图一五六，10）。

Ⅳ式　2件。卷唇，束颈，圆鼓腹。T3825②A:6，肩部饰凹弦纹一周，颈、肩部贴一短圆筒状耳。棕胎，酱釉。口径28.2、残高8厘米（图一五六，11）。

B型　12件。形体较小。分二亚型。

Ba型　9件。卷沿。分五式。

Ⅰ式　3件。斜弧腹。分二亚式。

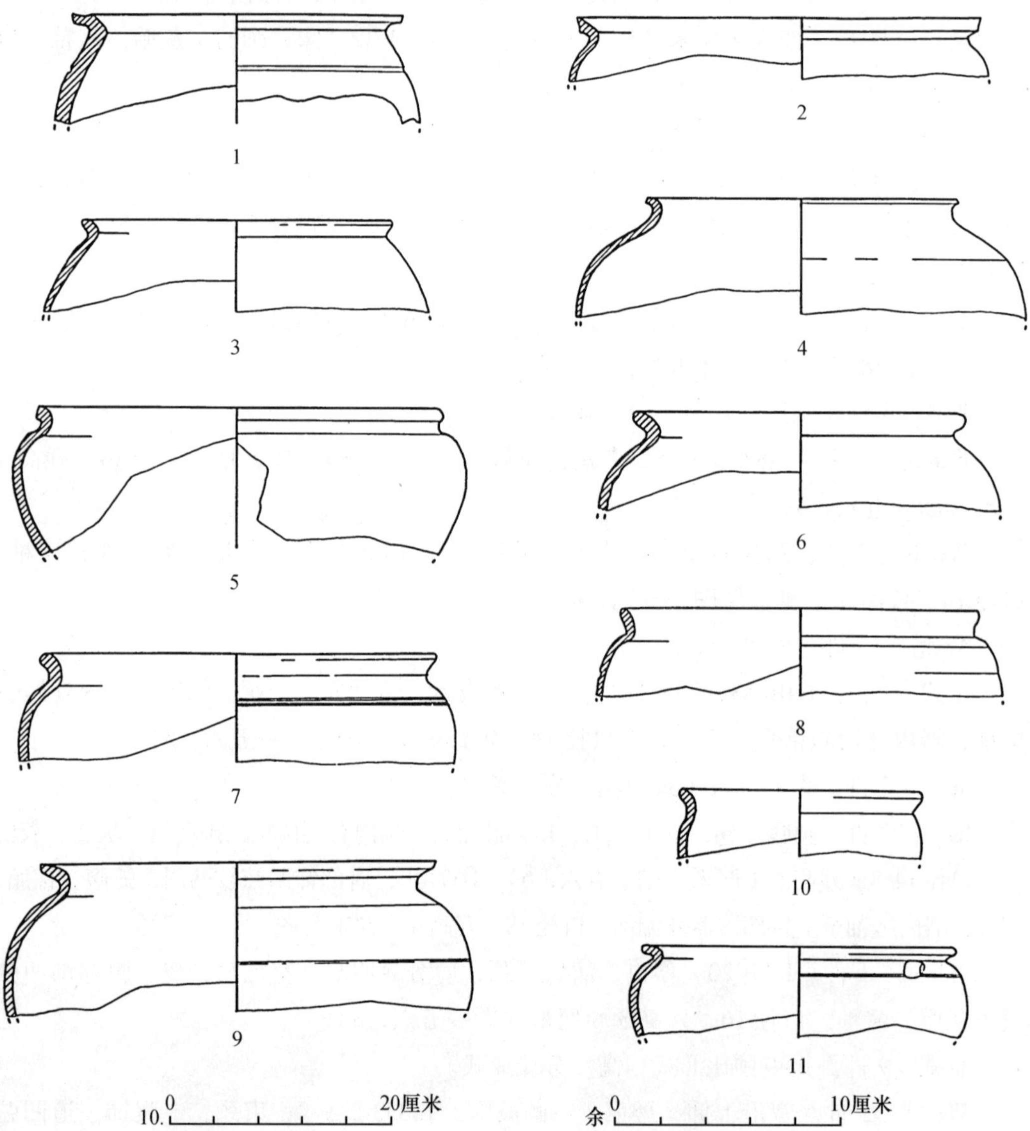

图一五六　釉陶罐

1. Ab型Ⅰ式（T4317②B:5）　2. Ab型Ⅱ式（T3823②A:6）　3. Ab型Ⅲa式（T3823②A:5）　4. Ab型Ⅲb式（T4210②A:12）　5. Ac型Ⅰ式（H18:53）　6、7. Ac型Ⅱa式（H17:12、H17:10）　8. Ac型Ⅱb式（H17:20）　9. Ac型Ⅲa式（T3833②A:2）　10. Ac型Ⅲb式（T3718②A:2）　11. Ac型Ⅳ式（T3825②A:6）

Ⅰa式　2件。圆唇，束颈，弧腹斜收。T4131②B:2，棕胎，器内施灰白釉，器外施酱灰釉至下腹。口径22.2、残高12.4厘米（图一五七，1）。

Ⅰb式　1件。T4119②B:5，圆唇，唇缘近倒钩状，溜肩，鼓腹。器外为豆黄釉，

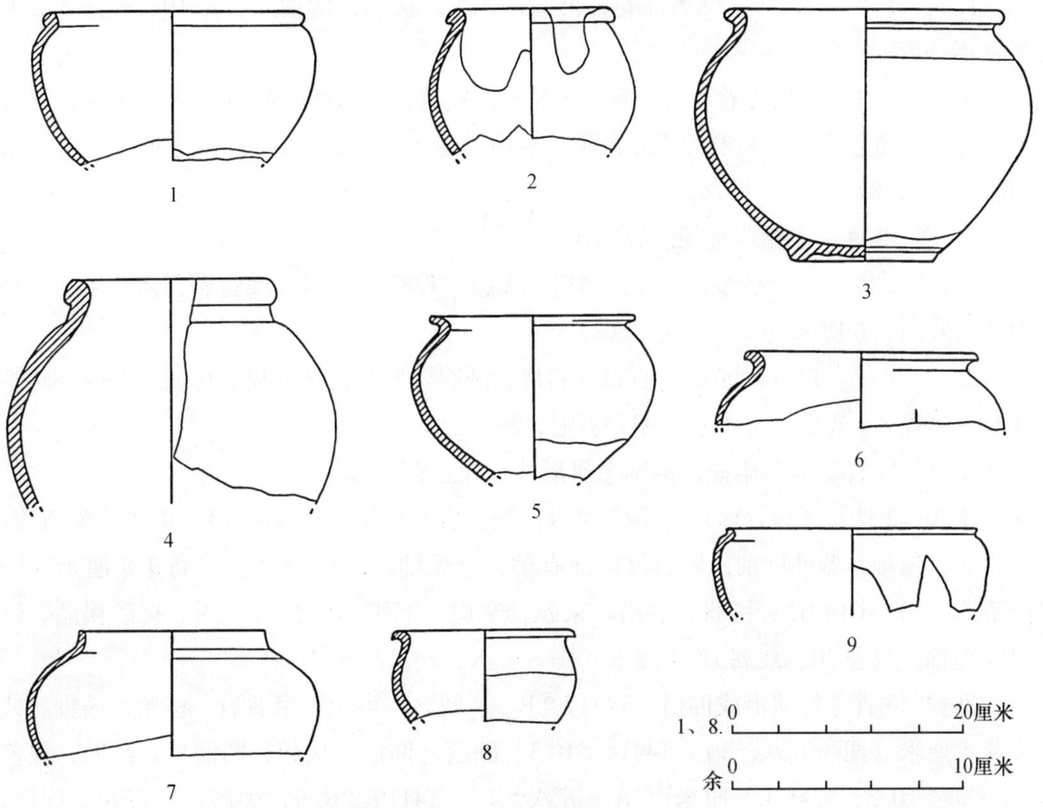

图一五七　釉陶罐

1. Ba 型Ⅰa 式（T4131②B:2）　2. Ba 型Ⅰb 式（T4119②B:5）　3. Ba 型Ⅱa 式（H23:71）　4. Ba 型Ⅱb 式（H23:22）　5. Ba 型Ⅲ式（H18:18）　6. Ba 型Ⅳ式（H17:9）　7. Bb 型Ⅱ式（T4119②A:8）　8. Ba 型Ⅴ式（T3826②A:11）　9. Bb 型Ⅰ式（T3825②B:4）

器内上腹局部为浅酱黄釉，釉层伸至器外上口部。以棕褐胎为主，局部为灰胎。口径6.4、残高5.9厘米（图一五七，2）。

Ⅱ式　2件。圆鼓腹。分二亚式。

Ⅱa 式　1件。H23:71，圆唇，侈口，矮束颈，圆鼓腹，最大腹径在中上腹，矮圈足，肩饰凹弦纹一周。灰胎，酱釉，器内满釉，器外圈足处露胎。口径12、圈足径6、高10.6厘米（图一五七，3，图版二三，3）。

Ⅱb 式　1件。H23:22，厚圆唇略侈，短斜颈，溜肩，鼓腹，最大腹径在中腹，下腹及底部残。棕胎，胎较厚，酱釉。口径8.3、残高9.2厘米（图一五七，4）。

Ⅲ式　1件。H18:18，薄圆唇，侈口，束颈，斜溜肩，弧腹内收，最大腹径在中上腹。酱灰釉，棕胎。口径8.8、残高7厘米（图一五七，5）。

Ⅳ式　1件。H17∶9，圆唇外卷，束颈，丰肩。灰胎，酱釉。口径10、残高3.2厘米（图一五七，6）。

Ⅴ式　2件。尖唇外卷，弧鼓腹。T3826②A∶11，口微侈。器外上部露灰胎，器外下部为褐、黄色相间、相混的彩花色釉，器内满施无光白釉。口径7.8、残高3.8厘米（图一五七，8）。

Bb型　3件。无领或矮领。分二式。

Ⅰ式　2件。尖唇略侈，无领，溜肩，弧腹。T3825②B∶4，浅黄胎，酱黄釉。口径21.8、残高5.6厘米（图一五七，9）。

Ⅱ式　1件。T4119②A∶8，直口，斜肩，圆腹，肩饰弦纹一周。棕胎，器内外均施酱釉。口径8、残高5.4厘米（图一五七，7）。

C型　11件。肩部附横向的两个拱形耳。分五式。

Ⅰ式　2件。圆唇，侈口，窄圆溜肩，颈、肩分界明显。H14∶14，束颈，深弧腹。褐红胎，酱釉，器外满釉，器内仅口部有釉，余无釉。口径16.8、残高9.8厘米（图一五八，1）。H14∶15，圆唇，卷沿，束颈，窄肩，下腹饰凹弦纹一周。夹砂褐胎，器外满施釉。口径20、残高16.4厘米（图一五八，2）。

Ⅱ式　3件。仰侈沿或仰沿。T4317②B∶3，圆唇，束颈，窄溜肩。棕胎，酱釉。残高4.5厘米（图一五八，3）。T4414②B∶3，圆唇，仰沿，矮领，圆溜肩。红胎，浅酱釉。口径10.3、残高4.5厘米（图一五八，4）。T4119②B∶9，尖唇，矮束颈。棕胎，酱釉，釉面有黄白斑。口径20、残高4厘米（图一五八，6）。

Ⅲ式　1件。H22∶13，圆唇外卷，平沿，束颈，窄耸肩。红胎，器外饰无光牙黄釉，器内饰无光酱釉。口径23、残高10.8厘米（图一五八，5）。

Ⅳ式　2件。圆唇，矮束颈，肩有两横拱桥形耳。T3826②A∶6，卷平沿，斜肩。棕胎，酱釉。口径18.4、残高3.6厘米（图一五八，7）。T4119②A∶9，鼓腹，下腹内收，肩饰弦纹一周。器下腹露棕胎，器外酱釉施至腹部，酱釉上有大量的灰白斑，器内仅施釉于口部。口径20.8、残高11.2厘米（图一五八，8）。

Ⅴ式　3件。仰折沿，束颈，上腹鼓，下腹斜收，平底。T3820②A∶13，圆唇，直腹。浅灰胎，器外无光牙黄釉，器内只施釉于上口部。口径15、残高5.4厘米（图一五八，9）。T3821②A∶20，平折沿，无颈，弧腹，最大腹径在上腹，平底内凹，肩有双系耳，腹呈四瓣瓜棱状。灰胎，无光牙黄釉。口径15.2、底径7.2、高14.2厘米（图一五八，10；图版二三，1）。T4318②A∶1，圆唇外侈，口沿折成近平状。棕胎，酱釉施至下腹。口径15、底径7.6、高14.5厘米（图一五八，11；图版二三，2）。

瓮　14件。分二型。

A型　6件。厚宽唇。分四式。

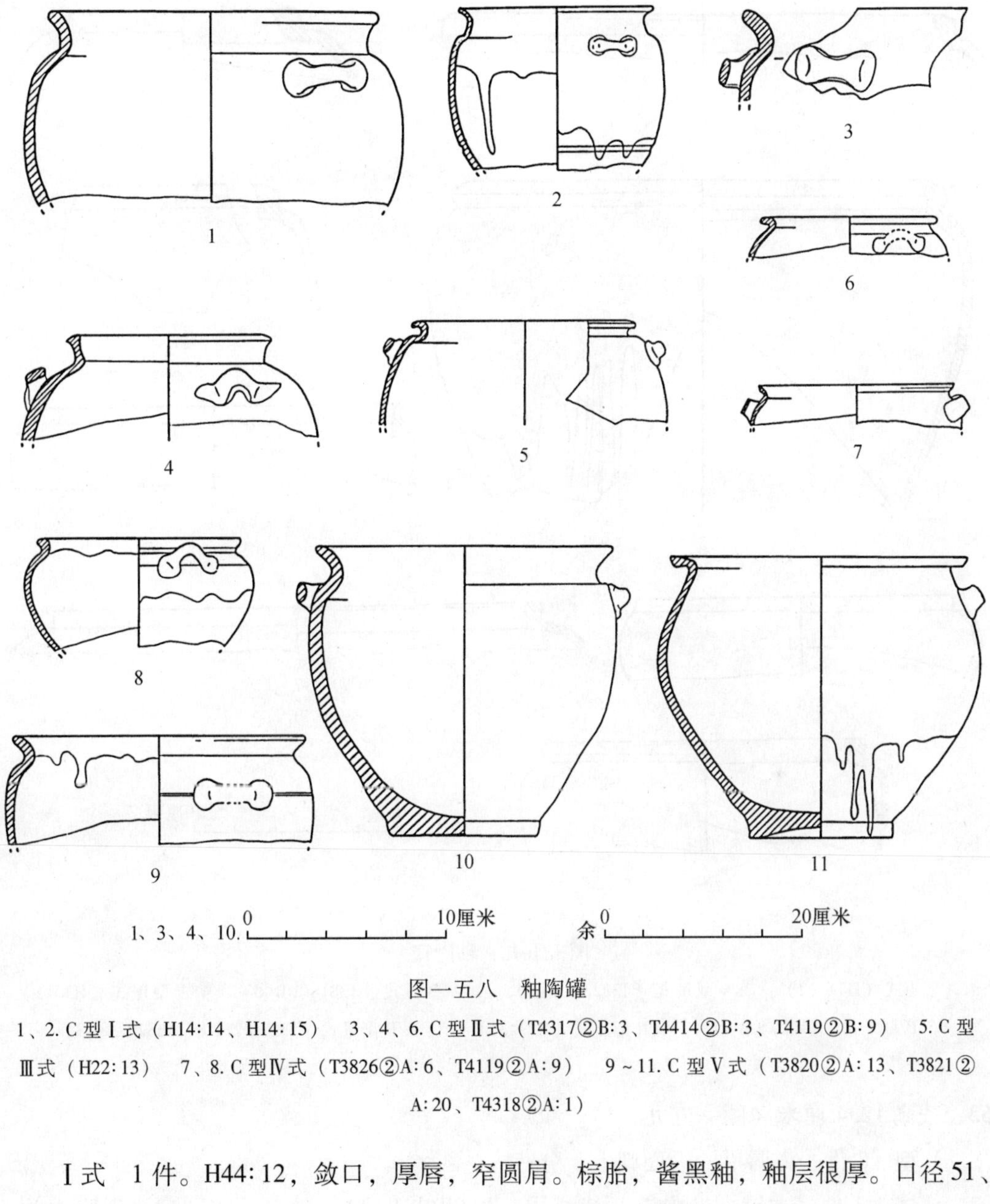

图一五八 釉陶罐

1、2. C型Ⅰ式（H14:14、H14:15） 3、4、6. C型Ⅱ式（T4317②B:3、T4414②B:3、T4119②B:9） 5. C型Ⅲ式（H22:13） 7、8. C型Ⅳ式（T3826②A:6、T4119②A:9） 9～11. C型Ⅴ式（T3820②A:13、T3821②A:20、T4318②A:1）

Ⅰ式 1件。H44:12，敛口，厚唇，窄圆肩。棕胎，酱黑釉，釉层很厚。口径51、残高4.4（图一五九，1）。

Ⅱ式 2件。厚唇沿向外倾斜，口沿内侧有宽凹槽一周，溜肩，斜深腹。T3818②B:6，棕胎，酱釉。口径44、残高32厘米（图一五九，3）。

Ⅲ式 2件。敛口，平窄肩。T3823②B:8，浅黄釉，红胎。口径21.8、残高6.8厘米（图一五九，2）。

Ⅳ式 1件。H30:8，厚宽唇，窄肩，斜直腹。棕胎，泛紫色的酱釉。复原直径

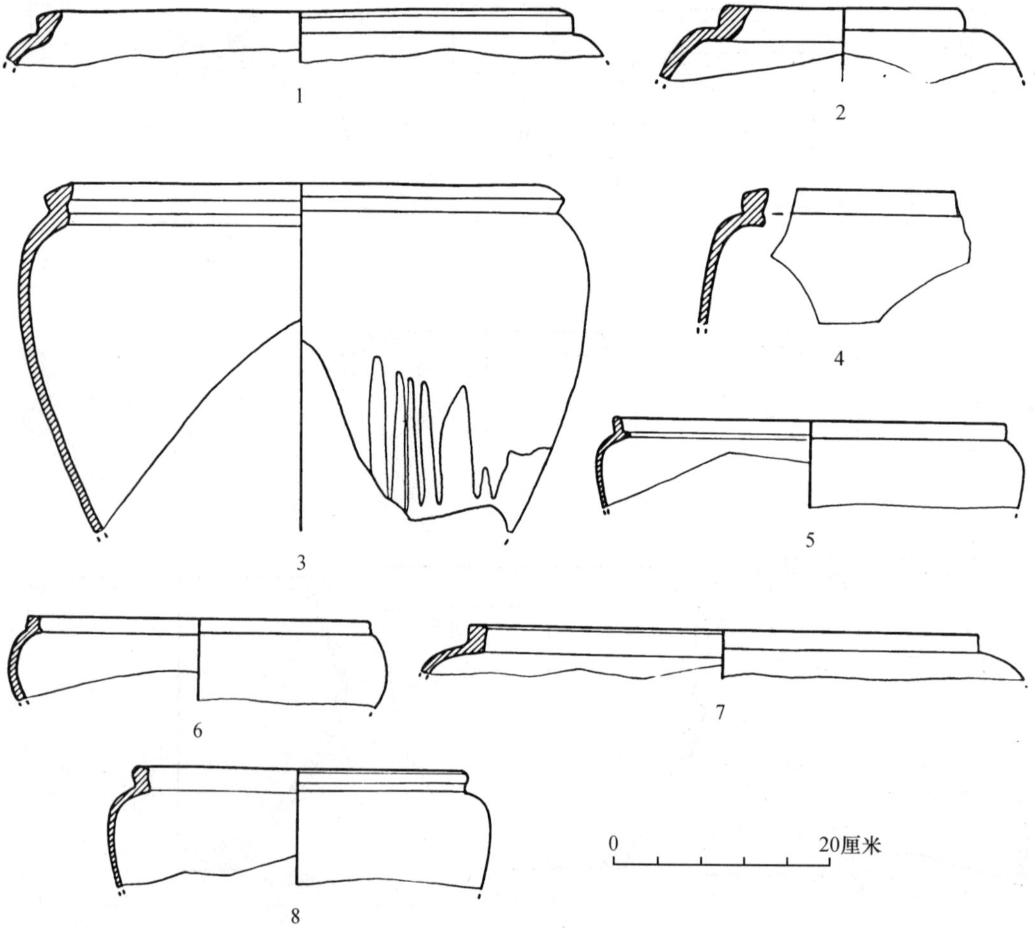

图一五九　釉陶瓮

1. A 型Ⅰ式（H44∶12）　2. A 型Ⅲ式（T3823②B∶8）　3. A 型Ⅱ式（T3818②B∶6）　4. A 型Ⅳ式（H30∶8）
5. B 型Ⅰ式（T4120②B∶11）　6. B 型Ⅱ式（H23∶36）　7、8. B 型Ⅲ式（T3826②A∶8、T3829②A∶3）

62、残高 12.4 厘米（图一五九，4）。

B 型　8 件。方唇沿，沿面朝上。分三式。

Ⅰ式　3 件。方唇，沿内有凸棱一周。T4120②B∶11，敞口，窄圆肩，斜腹内收。棕胎，酱釉。口径 36.4、残高 7.6 厘米（图一五九，5）。

Ⅱ式　1 件。H23∶36，方唇，直口，鼓腹，口沿内有尖凸棱一周。棕胎，酱釉。口径 32.4、残高 7.6 厘米（图一五九，6）。

Ⅲ式　4 件。方唇较厚，沿面略内斜，直口。T3826②A∶8，酱釉，棕胎。口径 47.6、残高 4.4 厘米（图一五九，7）。T3829②A∶3，圆肩，斜深腹。浅棕胎，器外施泛灰的酱釉，器内施灰白无光釉。口径31.2、残高10.8厘米（图一五九，8）。

缸　15件。分二型。

A型　9件。向内翻的宽平折沿，内沿缘肥厚或下勾。分四式。

Ⅰ式　2件。内翻的宽平折沿，口沿外缘翘起一周尖棱，圆肩。T4131②B:9，夹砂棕胎，酱釉。残高6、胎厚0.6厘米（图一六〇，1）。

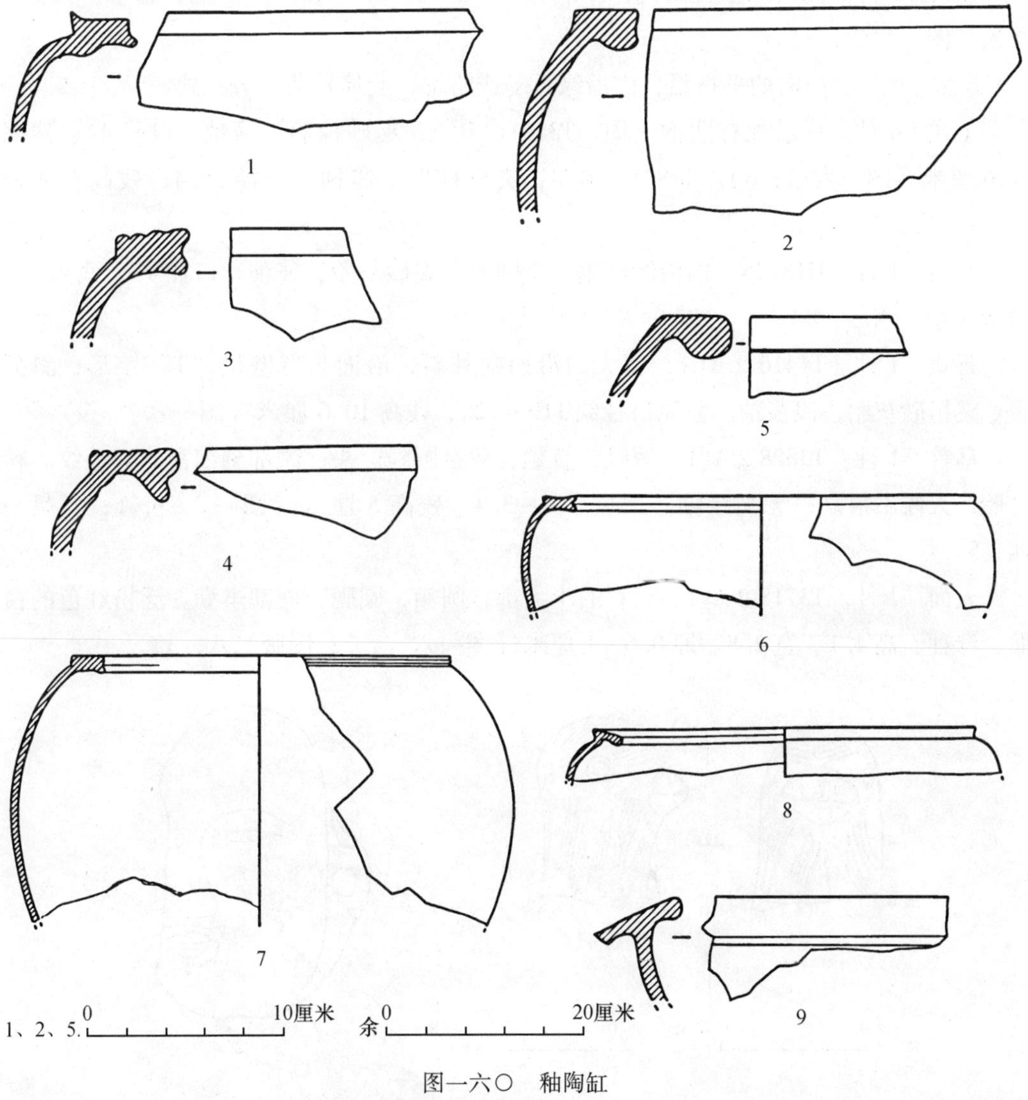

图一六〇　釉陶缸

1. A型Ⅰ式（T4131②B:9）　2. A型Ⅱ式（T4131②B:21）　3、4. A型Ⅲ式（H17:18、H17:17）　5. A型Ⅳ式（T4414②A:2）　6、7. B型Ⅰ式（T3831②B:5、T3831②B:4）　8. B型Ⅱ式（H18:28）　9. B型Ⅲ式（T4416②A:1）

Ⅱ式　2件。内沿缘略下勾，溜肩。T4131②B∶21，夹砂棕胎，内外施牙黄釉。残高10厘米（图一六〇，2）。

Ⅲ式　3件。宽沿面有3～4周凹槽，内沿缘有一周宽凹槽，溜肩。H17∶18，夹砂红胎，牙黄釉。残高5.6厘米（图一六〇，3）。H17∶17，内沿缘下勾。夹砂棕胎，酱釉上有灰白斑点。残高4.6厘米（图一六〇，4）。

Ⅳ式　2件。内沿缘厚且圆钝，作下勾状。T4414②A∶2，夹砂灰胎，酱釉。残高4厘米（图一六〇，5）。

B型　6件。内向的平折沿，内沿缘近平或略垂，胎体较薄。分三式。

Ⅰ式　4件。内沿缘有凹槽一周。T3831②B∶5，夹砂棕胎，酱釉。口径44、残高11.6厘米（图一六〇，6）。T3831②B∶4，夹砂棕胎，酱釉。口径38.4、残高6厘米（图一六〇，7）。

Ⅱ式　1件。H18∶28，内沿缘略垂。窄圆肩。夹砂灰胎，酱釉。口径40、残高4.8厘米（图一六〇，8）。

Ⅲ式　1件。T4416②A∶1，宽大的沿面向外斜，沿面与器壁呈“T”字形，斜弧腹。夹粗砂灰胎，浅酱釉。复原口径约110～120、残高10.6厘米（图一六〇，9）。

鸟首　1件。T3828②A∶1，短喙，直颈，双目圆睁。头、颈部刻细密的羽毛纹。粉红胎，火候不很高，无光绿釉。颈径2.8～3.4、残高5厘米（图一六一，1；彩版一四，5）。

人面　1件。T3718②A∶1，仅存右半大部，圆额，圆腮，面部丰满。泛粉红色的白胎，绿釉。高4.1、宽2.8、厚0.6～1厘米（图一六一，2；图版二八，3）。

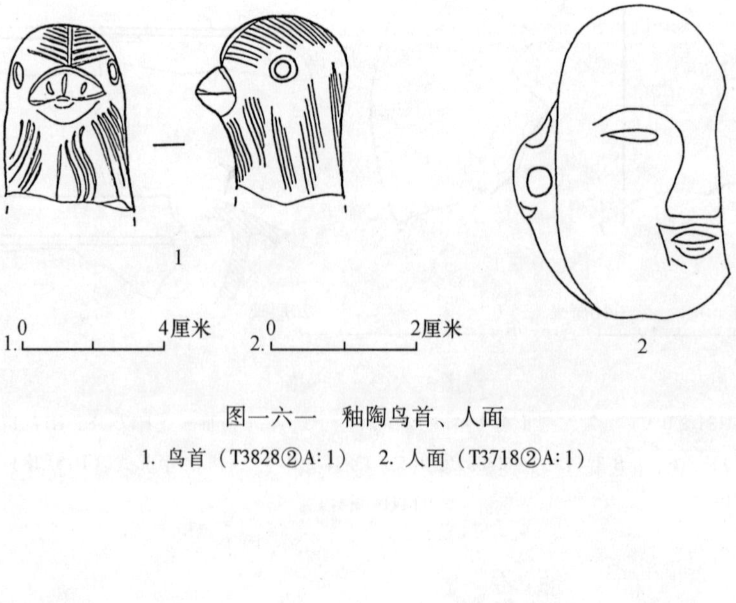

图一六一　釉陶鸟首、人面

1. 鸟首（T3828②A∶1）　2. 人面（T3718②A∶1）

2. 硬陶器

硬陶器是指陶胎火候很高的陶器，只是器表未施釉，它在宋代遗物中所占的比例很少（表三三、表三四）。

表三三　②A 层硬陶器胎色、纹饰统计表

项目/名称	胎色						纹饰		
	棕胎	灰胎	红胎	褐胎	灰黑胎	黄胎	素面	弦纹	凸弦纹
合计	19	14	11	11	1	2	52	4	2
百分比（%）	32.8	24.1	19.0	19.0	1.7	3.4	89.7	6.9	3.4

注：本表中的数据为硬陶器件数，它包括了 T3718、T3818、T3819、T3820、T3822、T3826、T3827、T3828、T3829、T3830、T3831、T3832、T3833、T4031、T4118 十五个探方②A 层的统计资料。

表三四　②B 层硬陶器胎色、纹饰统计表

项目/名称	胎色				纹饰
	棕胎	红胎	黄胎	灰胎	素面
合计	10	3	1	4	18
百分比（%）	55.6	16.7	5.6	22.2	100.0

注：本表中的数据为硬陶器件数，它包括了 T3819、T3823、T3825、T3826、T3827、T3916、T4119、T4131、T4517 九个探方②B 层的统计资料。

胎骨特征　硬陶器的胎骨以棕胎为主，灰胎、红胎比例几乎相同，褐胎占相当的比例，还有少量的灰黑胎和黄胎。硬陶器陶胎的火候非常高，与釉陶器的火候相同。

装饰手法　素面为大多数，只有极少量的弦纹。

装烧方法　一部分硬陶器的装烧方法与釉陶器相似或相同，也有相当数量的硬陶器的支烧痕迹不清，装烧方法不明。

器类　有刻槽钵、罐等。

刻槽钵　13 件。形状与盆相似，口沿外斜，内壁有篦齿纹。依口、腹部的变化，分四式。

Ⅰ式　2 件。敞口，沿面外斜，弧腹。T4119②B∶8，内壁刻呈带状分布的篦齿槽，下腹残失。夹砂灰褐陶胎。口径 29.6、残高 8 厘米（图一六二，1）。

Ⅱ式　3 件。折沿，沿面朝上略外斜，口微敛，弧腹。T4120②B∶1，沿面上饰细密的凹弦纹数周，内壁刻篦齿槽，下腹残失。夹砂灰褐陶胎。口径 39.2、残高 6.8 厘米（图一六二，2）。

Ⅲ式　6 件。厚钝的唇沿，沿面外斜，沿缘外凸，敞口，斜弧腹，小平底。T4231②A∶9，平底略上凹。内壁刻七条一组的篦齿槽。夹砂棕胎。口径 28、底径 10.8、高 12.4 厘米（图一六二，3）。

Ⅳ式　2件。T4131②A∶6，方唇，敛口，折沿，沿面有凹槽一周，折肩，斜腹内收，平底内凹，内壁有放射状篦齿纹。棕褐陶胎。口径24、底径9、高9.6厘米（图一六二，4；图版二三，6）。

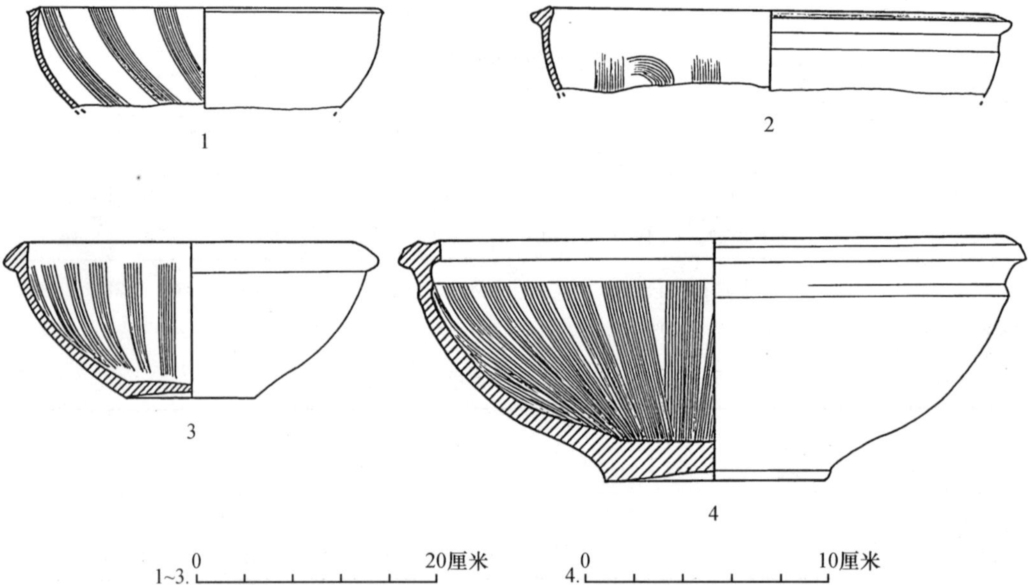

图一六二　硬陶刻槽钵

1. Ⅰ式（T4119②B∶8）　2. Ⅱ式（T4120②B∶1）　3. Ⅲ式（T4231②A∶9）　4. Ⅳ式（T4131②A∶6）

罐　5件。T3825②B∶7，方唇，唇面朝内倾，敛口，整个口沿向内折倾成子口状，斜直壁，肩附两横向的半环耳。肩上腹饰凹弦纹两周。灰胎，火候很高。口径32、残高13.6厘米（图一六三，1）。T3820②B∶1，形体很小。宽沿略垂，束颈，斜肩，圆鼓腹，下腹内收，平底向上略凹。夹砂硬褐陶。口径4、底径2.8、高4.1厘米（图一六三，2；图版二四，5）。T4131②B∶7，圆唇，直领稍侈，广丰肩，圆腹，肩对称附两个横向的半环耳，另一侧对称置两个纵向的半环把，肩饰凸棱三周。灰胎。口径6.6、残高11.2厘米（图一六三，3）。T3931②A∶2，圆唇，侈口，矮领，溜肩，弧腹，平底内凹，一侧置条状半环把。夹砂灰褐陶。口径9.4、底径7、高16.2厘米（图一六三，4）。

3. 软陶器

软陶器（在遗物登记表及线图中简称为陶器）约占宋代出土遗物的13%。

陶质陶色　陶质分泥质和夹砂两种。泥质陶为细泥陶，陶色以灰陶为主，灰黑陶次

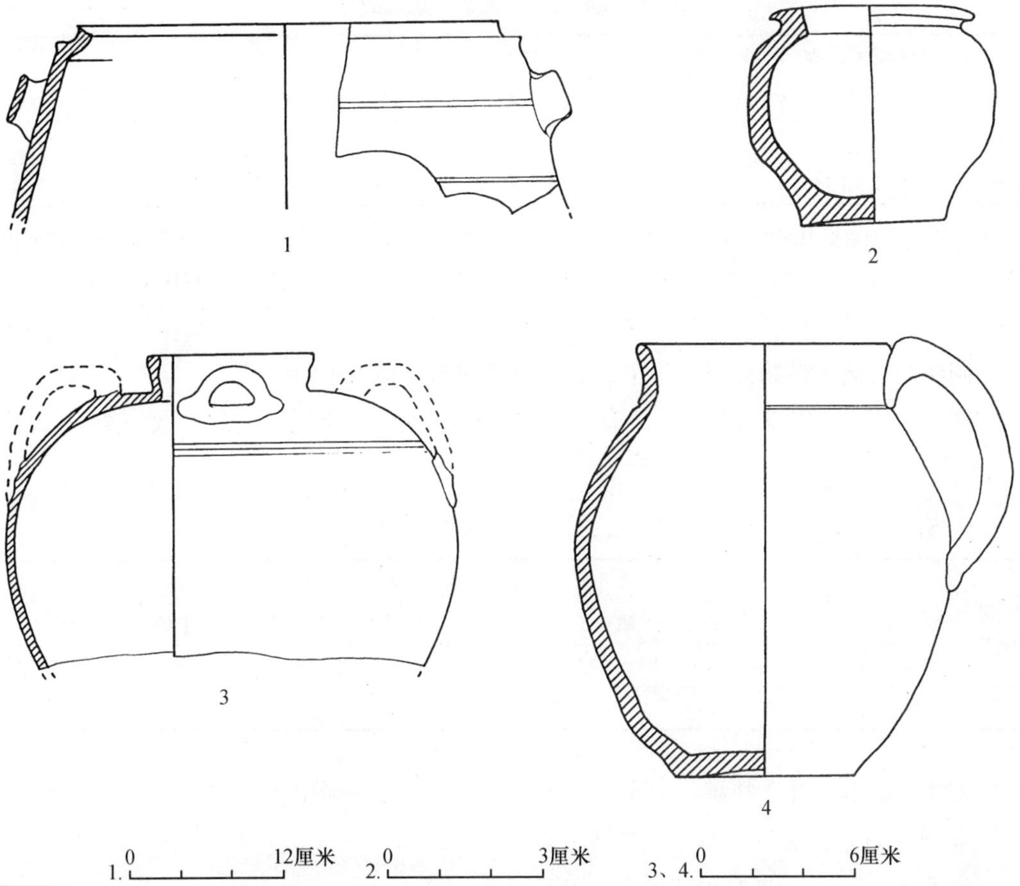

图一六三　硬陶罐

1～4. 硬陶罐（T3825②B∶7、T3820②B∶1、T4131②B∶7、T3931②A∶2）

之，另外还有少量的黄陶、红陶和黑陶。夹砂陶以灰陶为主，灰黑陶、黄陶次之，另外还有少量的红陶和褐陶（表三五、表三六）。

表三五　②A 层陶器胎质统计表

项目 / 名称	夹砂					泥质			
	灰陶	灰黑陶	黄陶	褐陶	红陶	灰陶	黄陶	红陶	黑陶
合计	46	10	4	1	1	97	4	1	1
百分比（%）	74.2	16.1	6.5	1.6	1.6	94.1	3.9	1.0	1.0

注：②A 层陶器各类统计表中的数据为陶器件数，它包括了 T3518、T3618、T3718、T3818、T3819、T3820、T3821、T3822、T3823、T3826、T3827、T3828、T3829、T3830、T3831、T3931、T4031、T4119、T4120、T4131、T4231、T4318、T4319、T4414、T4416 二十五个探方②A 层的统计资料。

表三六　②B 层陶器胎质、纹饰统计表

名称＼项目	夹砂				泥质			纹饰							
	灰陶	灰黑陶	红陶	黄陶	灰陶	灰黑陶	黄陶	素面	弦纹	镂孔	方格纹	凸弦纹	绳纹	印花	莲瓣纹
合计	60	12	2	4	52	3	1	111	1	2	6	1	10	1	1
百分比（%）	76.9	15.4	2.6	5.1	92.9	5.4	1.8	83.5	0.8	1.5	4.5	0.8	7.5	0.8	0.8

注：本表中的数据为陶器件数，它包括了 T3518、T3618、T3717、T3817③、T3718、T3817、T3818、T3819、T3820、T3823、T3824、T3825、T3826、T3827、T3828、T3829、T3916、T4016、T4031、T4117、T4119、T4131、T4231、T4315、T4414、T4517、T4518 二十七个探方②B 层的统计资料。

制法与工艺　器物以轮制为主，少数部位和饰件辅以手制。

陶器装饰　以素面为主，有为数很少的弦纹、绳纹、戳印纹、刻划纹等（表三七）。

表三七　②A 层陶器纹饰统计表

名称＼项目	纹饰							
	素面	弦纹	戳印纹	绳纹	刻划纹	鸡冠锯齿纹	莲瓣纹	印花
合计	150	4	2	4	2	1	1	1
百分比（%）	90.9	2.4	1.2	2.4	1.2	0.6	0.6	0.6

器类　有盆、钵、扑满、插座、灯座、球、珠、瓦、碾轮等。

盆　42 件。分无流盆与带流盆两类。

无流盆　39 件。据唇沿的区别，分二型。

A 型　33 件。有沿。分三亚型。

Aa 型　9 件。卷沿。分五式。

Ⅰ式　2 件。唇沿向下勾卷，沿下之上腹略束。T4131②B:3，沿面较平，斜弧腹，平底内凹。泥质灰陶。口径 19、底径 13.2、高 7 厘米（图一六四，1，图版二五，6）。T3618②B:8，沿面下垂，腹稍鼓。泥质灰陶。口径 17.1、残高 4.2 厘米（图一六四，2）。

Ⅱ式　1 件。T4131②B:5，厚圆唇，唇沿下勾，平底内凹。泥质灰陶。口径 38.8、底径 22.8、高 10.8 厘米（图一六四，3）。

Ⅲ式　3 件。卷沿，面向上弧凸，口微敛，腹壁斜收。H18:17，内壁满饰连续斜钩暗纹，其下为横向暗弦纹数周，暗纹是在陶胎近干燥时用钝物在器表划饰而成。口径 39.2、底径 24.4、高 14.6 厘米（图一六四，4）。H23:24，外腹饰宽凹弦纹四周。泥质浅灰陶。口径 36.2、底径 22.4、残高 26.4 厘米（图一六四，5）。

Ⅳ式　2 件。卷沿，深弧腹。H22:8，下腹残。泥质灰陶。口径 35.2、残高 11.6 厘米（图一六四，6）。

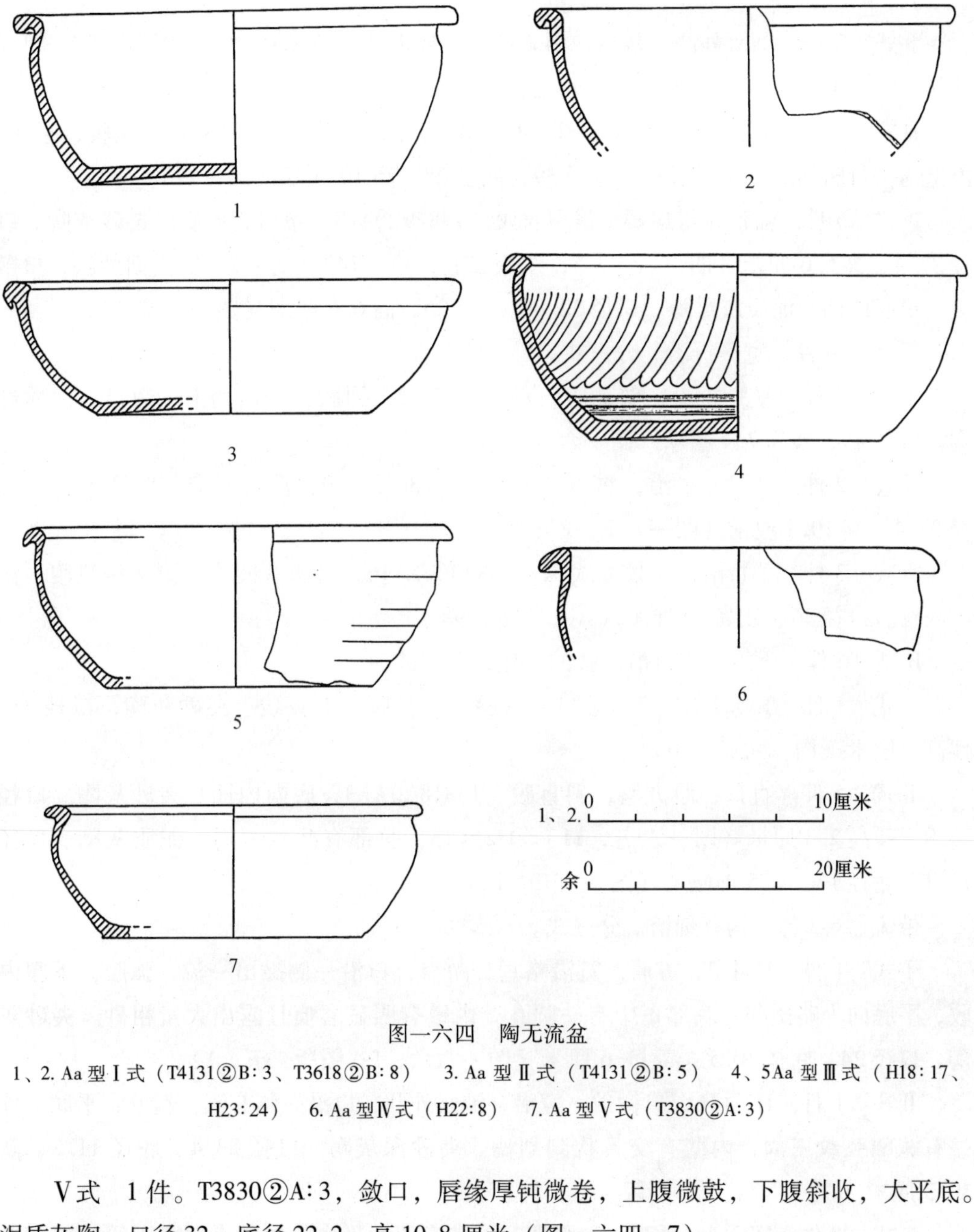

图一六四　陶无流盆

1、2. Aa 型Ⅰ式（T4131②B:3、T3618②B:8）　3. Aa 型Ⅱ式（T4131②B:5）　4、5Aa 型Ⅲ式（H18:17、H23:24）　6. Aa 型Ⅳ式（H22:8）　7. Aa 型Ⅴ式（T3830②A:3）

Ⅴ式　1件。T3830②A:3，敛口，唇缘厚钝微卷，上腹微鼓，下腹斜收，大平底。泥质灰陶。口径32、底径22.2、高10.8厘米（图一六四，7）。

Ab 型　16件。圆凸沿。分四式。

Ⅰ式　5件。口微敛，平底上凹。T4131②B:2，厚圆唇外凸，弧腹。泥质灰黑陶。口径26、底径16.4、高10.8厘米（图一六五，1；图版二五，3）。T4019②B:1，形体稍大，斜腹稍弧。泥质深灰陶。口径35.6、底径23、高12.4厘米（图一六五，2；图版二五，4)。

Ⅱ式　3件。圆唇外凸，敞口，斜直腹，平底上凹。T3823②B:4，泥质灰陶。口径29.4、底径17、高9.4厘米（图一六五，3）。

Ⅲ式　3件。器腹比Ⅱ式略浅。T4131②B:8，圆唇较厚钝，口微敛，弧腹，平底。内壁饰平行暗划纹。泥质灰陶。口径39、底径28、高10厘米（图一六五，4）。

Ⅳ式　5件。器形显得扁矮。浅斜直腹。T3829②A:3，敞口，平底。夹砂灰陶。口径27.4、高6.6厘米（图一六五，5；图版二五，5）。T4315②A:2，宽沿面外斜，口微敛，平底内凹。泥质灰黑陶。口径32.8、底径25、高6.6厘米（图一六五，6）。

Ac型　8件。宽平折沿。分三式。

Ⅰ式　3件。平弧折沿，斜弧腹。T3824②B:2，圆唇，沿面朝上，敞口。泥质红陶。口径44、残高7.4厘米（图一六五，7）。

Ⅱ式　2件。敞口，平沿，斜腹，平底。T3830②A:9，泥质灰陶。口径37.2、底径22.4、高10.4厘米（图一六五，8）。

Ⅲ式　3件。平折沿，腹较Ⅱ式深。T3820②A:16，沿面有凹槽一周，深弧腹。泥质灰陶。口径36、残高10厘米（图一六五，9）

B型　6件。无沿。依口沿、腹的变化，分二式。

Ⅰ式　1件。T3829②B:3，敞口，方唇，斜弧腹，下腹残。夹砂灰陶，口径36、残高7厘米（图一六五，10）。

Ⅱ式　5件。直口，厚方唇，斜直腹。T3818②A:3，底向内凹。夹砂灰陶。口径20.8、残高2.3厘米（图一六五，11）。H21:13，腹部有凸棱两周。泥质灰陶。口径16.4、底径12、高5.1厘米（图一六五，12）。

带流盆　3件。均有刻槽。分三式。

Ⅰ式　1件。H44:2，方唇，宽沿略垂，敞口，口沿一侧撇出一流，弧腹，下腹内收，平底向上略微凹，底部正中有一圆孔。内壁有明显磨痕且露出大量粗砂。夹砂灰陶。口径24、底径10.5、高11.6厘米（图一六六，1；图版二五，1）。

Ⅱ式　1件。H23:16，口微敛，宽沿，钝唇外凸，口沿一侧有流，斜壁，平底。外壁有宽凹弦纹三周，内壁有交叉状刻划槽。夹砂深灰陶。口径23.4、底径11.3、高10.3厘米（图一六六，2；图版二五，2）。

Ⅲ式　1件。H23:4，敛口，斜弧壁，一侧有流，平底，外壁有间距不等的凹弦纹四周，内壁有交叉状刻划槽。夹砂浅灰陶。口径25.3、底径12、高10.2厘米（图一六六，3）。

钵　19件。分无刻槽钵和有刻槽钵两类。

无刻槽钵　15件。分二型。

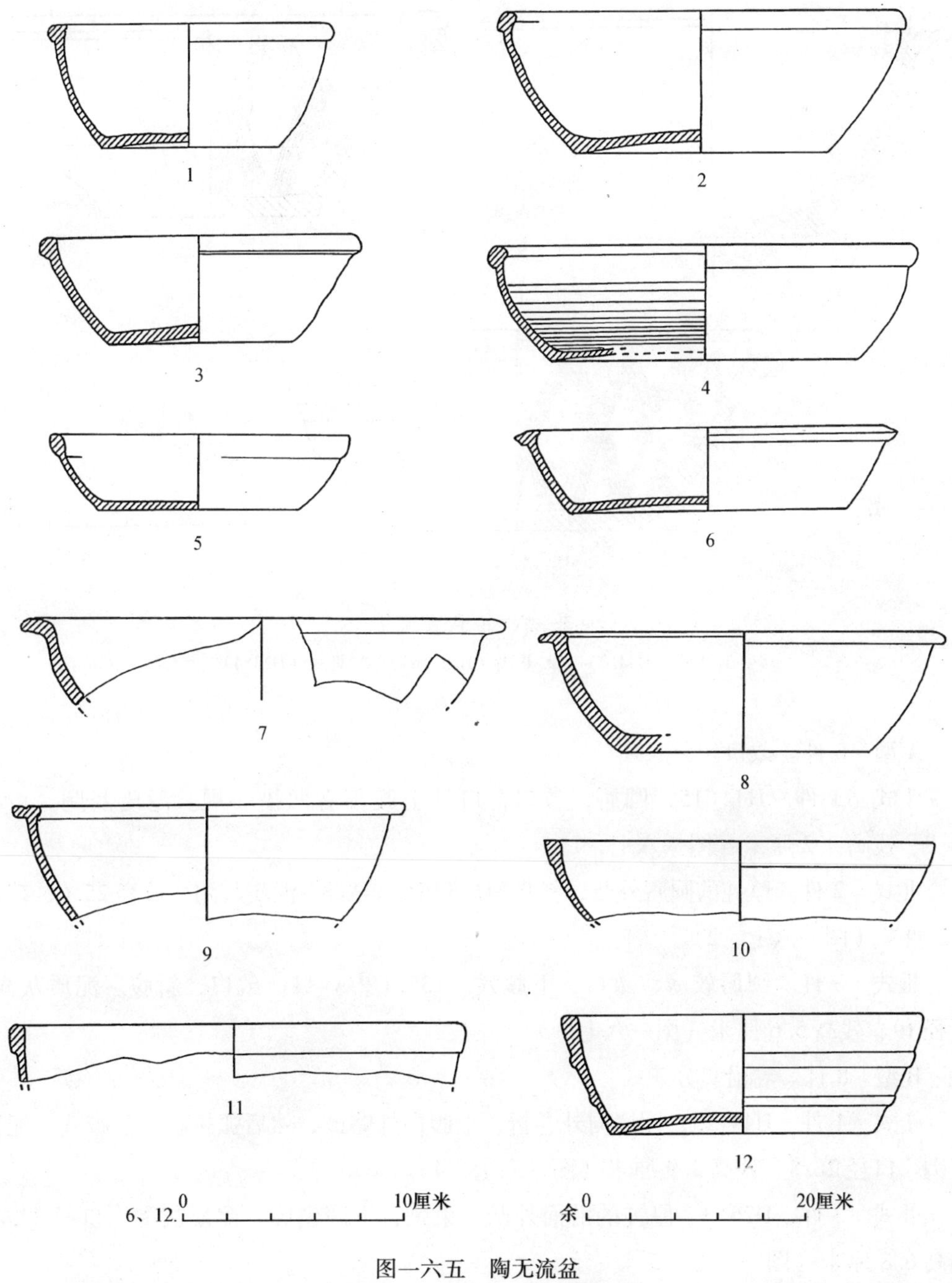

图一六五　陶无流盆

1、2. Ab型Ⅰ式（T4131②B:2、T4019②B:1）　3. Ab型Ⅱ式（T3823②B:4）　4. Ab型Ⅲ式（T4131②B:8）
5、6. Ab型Ⅳ式（T3829②A:3、T4315②A:2）　7. Ac型Ⅰ式（T3824②B:2）　8. Ac型Ⅱ式（T3830②A:9）
9. Ac型Ⅲ式（T3820②A:16）　10. B型Ⅰ式（T3829②B:3）　11、12. B型Ⅱ式（T3818②A:3、H21:13）

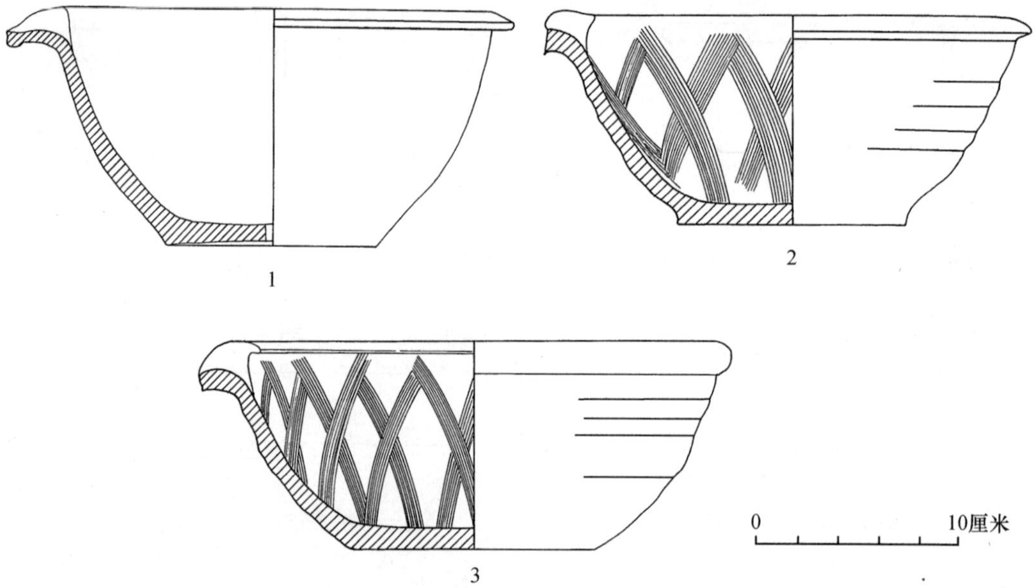

图一六六　陶带流盆

1. Ⅰ式（H44:2）　2. Ⅱ式（H23:16）　3. Ⅲ式（H23:4）

A型　6件。敛口。分三式。

Ⅰ式　1件。H44:15，圆唇，敛口，口外上腹部有凹槽一周。泥质灰陶。口径18.8、残高3.2厘米（图一六七，1）。

Ⅱ式　2件。厚钝的圆唇外凸，斜弧腹。T3518②A:3，泥质灰陶。口径25.6、残高7.2厘米（图一六七，2）。

Ⅲ式　3件。圆唇较薄，敛口，下腹残。T3821②A:11，敛口，斜腹。泥质灰陶。口径19、残高5.6厘米（图一六七，3）。

B型　8件。卷沿。分三式。

Ⅰ式　1件。H44:13，圆唇向外卷折，上腹向外略鼓，然后弧折收，下腹残。泥浅灰陶。口径28.8、残高2.9厘米（图一六七，4）。

Ⅱ式　3件。H26:3。厚钝的沿面外凸，束颈，下腹斜收。泥质灰陶。口径32.4、残高6.8厘米（图一六七，5）。

Ⅲ式　4件。圆唇外侈，腹稍圆鼓。T3820②A:17，圆唇，侈口。口径25.6、残高5.6厘米（图一六七，6）。

异型陶钵　1件。T3821②A:2，方唇，直口微敛，斜腹，平底向上稍凹。泥质灰陶。口径11、底径8.3、高7.5厘米（图一六七，9；图版二六，1）。

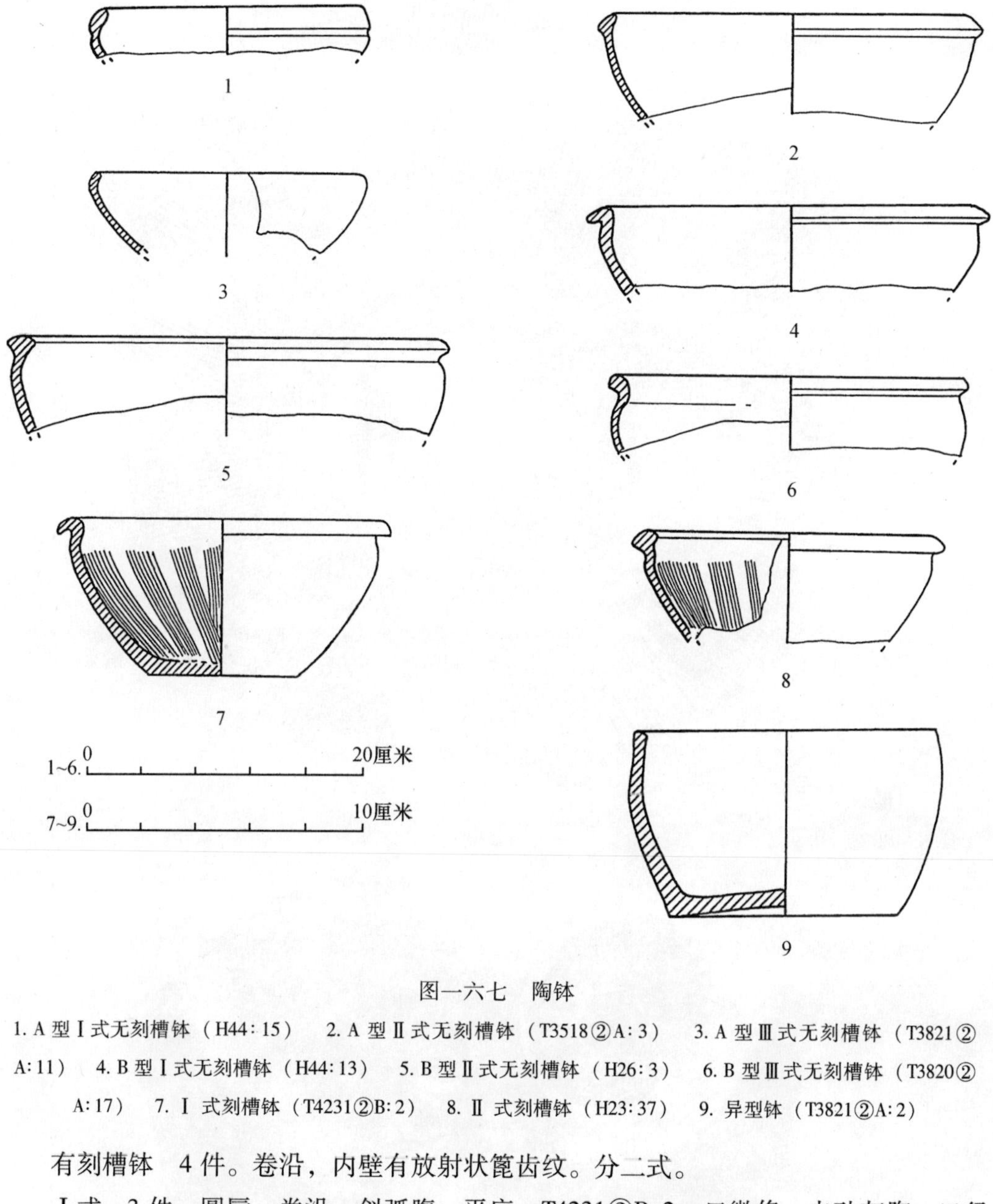

图一六七　陶钵

1. A型Ⅰ式无刻槽钵（H44:15）　2. A型Ⅱ式无刻槽钵（T3518②A:3）　3. A型Ⅲ式无刻槽钵（T3821②A:11）　4. B型Ⅰ式无刻槽钵（H44:13）　5. B型Ⅱ式无刻槽钵（H26:3）　6. B型Ⅲ式无刻槽钵（T3820②A:17）　7. Ⅰ式刻槽钵（T4231②B:2）　8. Ⅱ式刻槽钵（H23:37）　9. 异型钵（T3821②A:2）

有刻槽钵　4件。卷沿，内壁有放射状篦齿纹。分二式。

Ⅰ式　3件。圆唇，卷沿，斜弧腹，平底。T4231②B:2，口微侈。夹砂灰陶。口径12.1、底径5.5、高5.4厘米（图一六七，7；图一六八，1）。

Ⅱ式　1件。H23:37，沿面上凸，圆唇厚钝，斜腹。器内壁有细密的竖线刻槽。夹砂灰陶。口径21.1、残高7.4厘米（图一六七，8）。

扑满　6件。近半球形，器身雕置多个圆孔，顶部偏一侧挖有一长方形孔，为投钱孔，平底内凹，出土时，底部均被砸破。分二型。

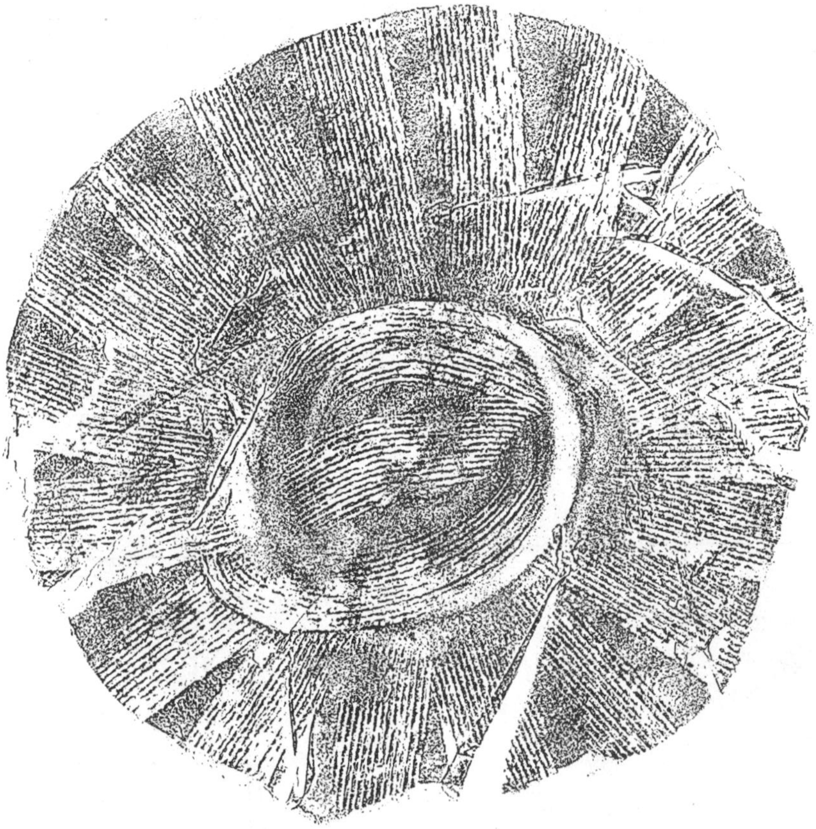

1

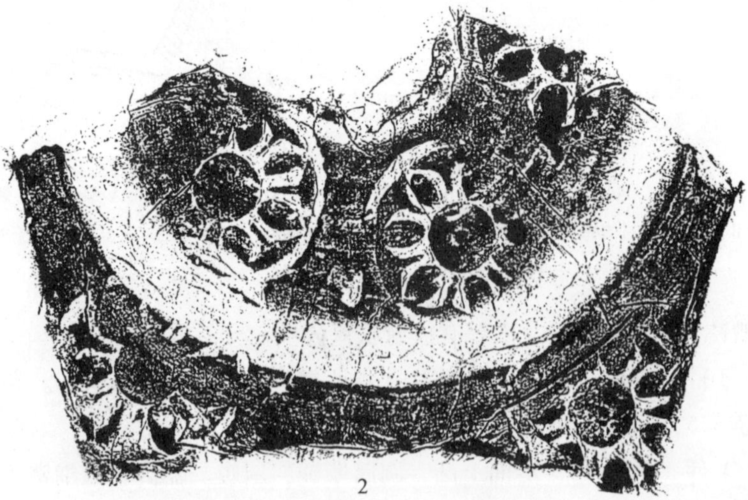

2

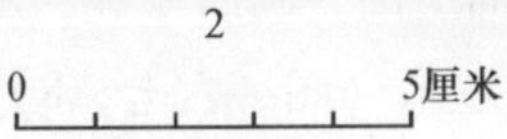

图一六八　陶器纹饰

1. 刻槽纹（T4231②B∶2）　2. 模印朵莲花纹（T4414②A∶1）

A型　5件。形体小。分二式。

Ⅰ式　1件。H23:1，近半球形，下腹略内收，除钱孔外器身还镂有7个圆孔，孔无规则排列。夹砂黑陶。高6.8、最大腹径11.2、底径7.4、钱孔长3.6、宽0.28厘米（图一六九，1；彩版一六，1）。

Ⅱ式　4件。T3819②A:8，下腹斜收，平底。厚胎，泥质灰陶。底径9、最大腹径12.8、高7.5厘米（图一六九，3）。

B型　1件。H18:15，形体大，器上部隆起，下腹明显曲收，平底向上稍凹，底沿方折。底径16.4、最大腹径21.8、高17.6厘米（图一六九，2；彩版一六，2）。

插座　2件。厚方形座，座面起半球形圆墩，圆墩中心一圆形插孔。T4414②A:1，座面模印朵莲花纹。泥质灰陶。残宽10.8～21.6、高12.4厘米（图一六八，2；图一七〇，1）。T4414②A:4，座面圆墩作莲花瓣状。泥质灰陶。残宽11.2～12、残高12.4厘米（图一七〇，2）。

拍　1件。T4120②A:13，圆柱形，底部稍大，拍底作球面，中空，拍柄纽残。夹细砂浅灰陶。直径4～6、残高9.2厘米（图一七〇，3）。

垫　1件。T3828②B:5，残存下部，圆柱状，下端宽粗作平底略弧状。泥质灰陶。直径4.4～6.4、残高6.7厘米（图一七〇，4）。

柱状构件　1件。T3827②A:12，近塔状，平底，底沿及略上部起凸棱一周，中间有一直径8、深6厘米的圆孔。夹细砂灰陶。上直径3、下直径6.2、残高7厘米（图一七〇，5）。

兽面构件　1件。T4414②B:2，浮雕兽面，耸鼻，龇牙咧嘴，舌头伸出口外并下垂。为建筑构件。长11.6、宽13、高1.8～7.2厘米（图一七〇，6；图版二八，6）。

纽　1件。T3819②A:1，螺旋锥状，为陶器盖纽。泥质灰陶。残高8.7厘米（图一七〇，7）。

灯座　1件。T4231②A:8，圆盘座，座缘上斜，中部连喇叭形灯柱，一圆孔贯通柱中，灯上部残。夹砂灰陶。圈足径10.8、孔径1.2、残高4.2厘米（图一七〇，8；图版二八，4）。

球　5件。实心圆球形。T3618②B:9，直径2.5厘米（图一七一，1；图版二六，6）。T3821②A:15，直径2.8厘米（图版二六，7）。T4317②B:1，泥质褐黄陶。直径2.5～2.7厘米（图一七一，2）。T3819②A:2，夹粗砂灰陶。直径2.1厘米（图一七一，3；图版二六，5）。T3823②B:20，夹细砂灰陶。直径1.6～1.9厘米（图一七一，

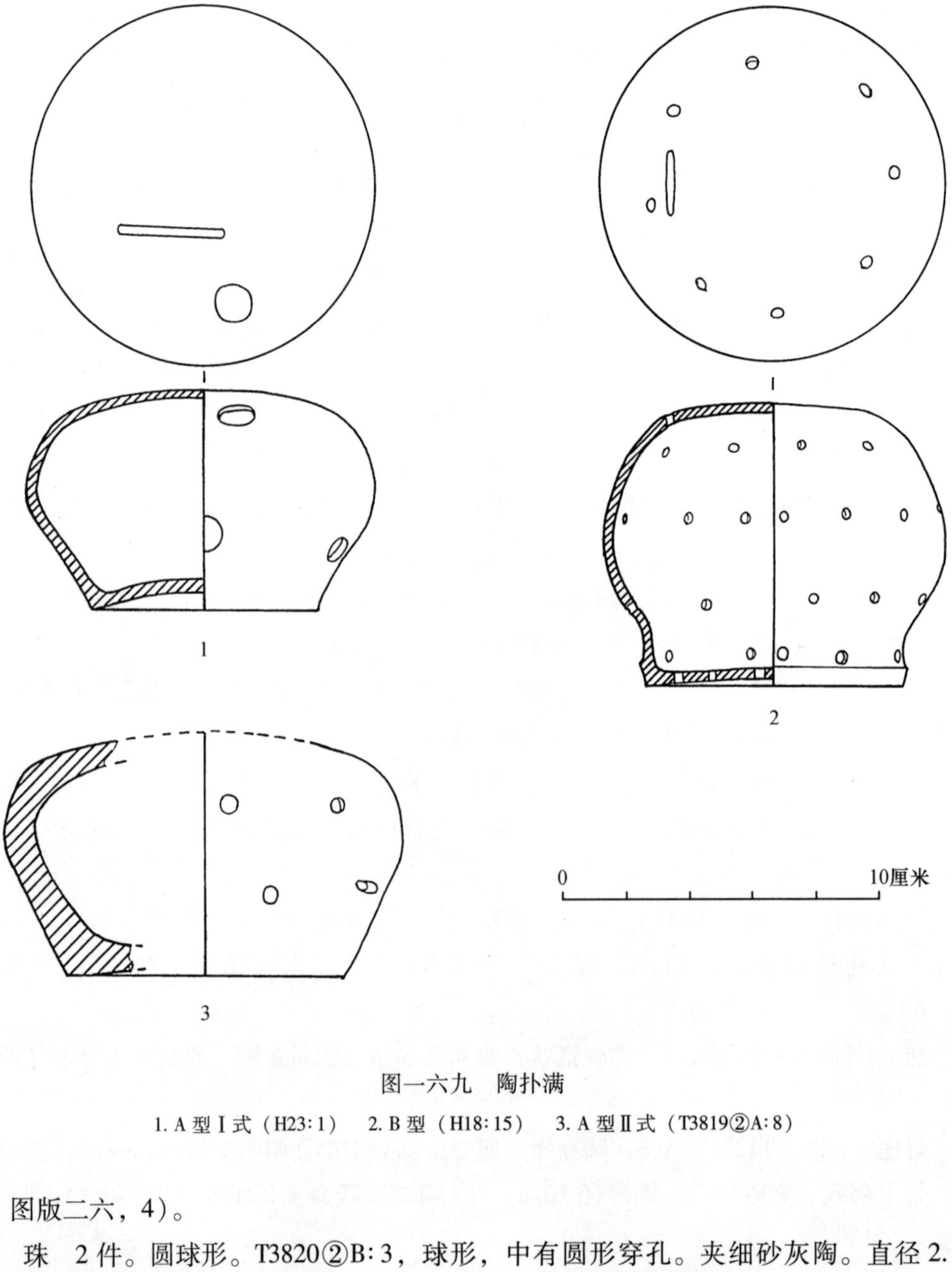

图一六九　陶扑满

1. A 型Ⅰ式（H23:1）　2. B 型（H18:15）　3. A 型Ⅱ式（T3819②A:8）

4；图版二六，4）。

珠　2 件。圆球形。T3820②B:3，球形，中有圆形穿孔。夹细砂灰陶。直径 2.5、穿孔径 0.3 厘米（图一七一，5）。T4517②A:1，扁圆形。夹细砂褐黑陶。直径 3.8、厚 2.4、穿孔径 0.4 厘米（图一七一，6）。

瓦　数量很大，约占宋代遗物的 20%。瓦的陶质为夹细砂陶，陶色绝大多数为灰陶，分深灰和浅灰两种，也有少数浅黄陶与褐黄陶。瓦面纹饰均为较浅的中粗

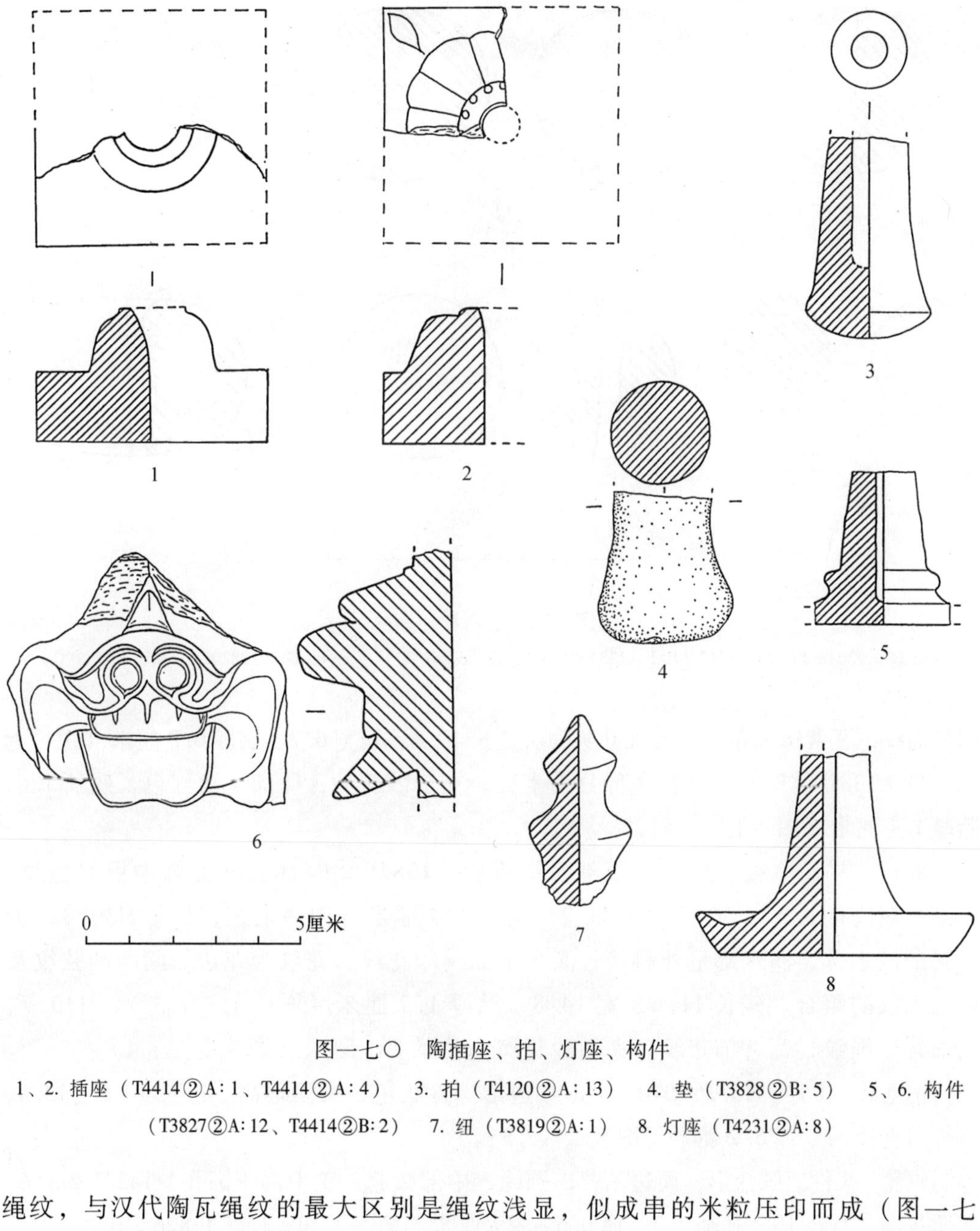

图一七〇　陶插座、拍、灯座、构件

1、2. 插座（T4414②A∶1、T4414②A∶4）　3. 拍（T4120②A∶13）　4. 垫（T3828②B∶5）　5、6. 构件（T3827②A∶12、T4414②B∶2）　7. 纽（T3819②A∶1）　8. 灯座（T4231②A∶8）

绳纹，与汉代陶瓦绳纹的最大区别是绳纹浅显，似成串的米粒压印而成（图一七二，1、2），瓦背为细布纹。瓦当均模印花纹，多为同心圆、双凸宽弦纹夹间断凸弦纹的组合，瓦当边缘捏成鸡冠状（图一七二，3、4）。多为残片。瓦的造型分筒瓦、板瓦两种。

筒瓦　平面呈长方形，横切面呈半圆形，瓦头近90°的方折。T3819②B∶9，瓦面饰

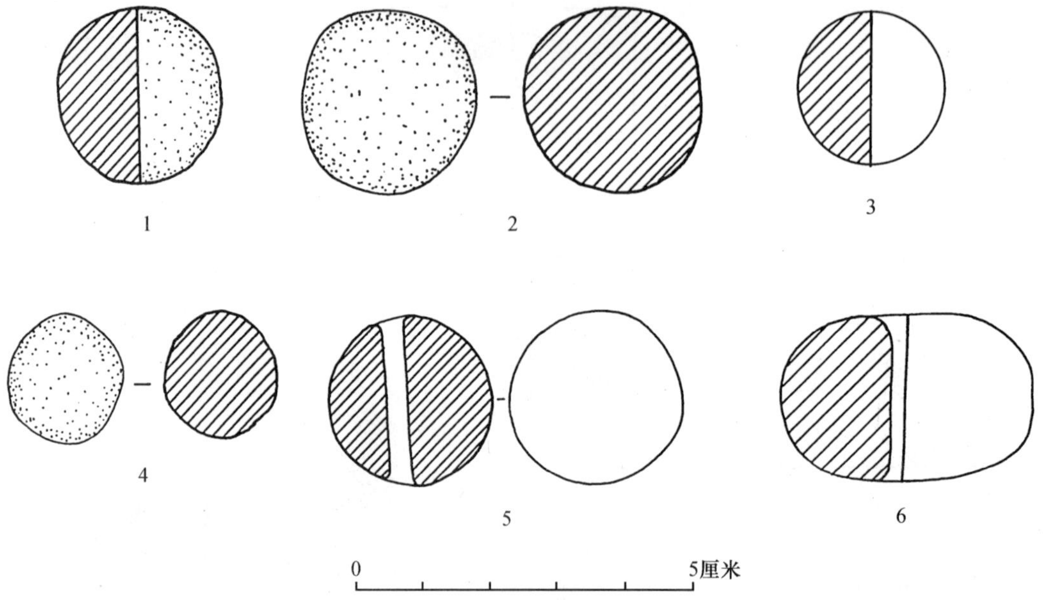

图一七一　陶球、珠

1～4. 球（T3618②B∶9、T4317②B∶1、T3819②A∶2、T3823②B∶20）　5、6. 珠（T3820②B∶3、T4517②A∶1）

稀疏绳纹，瓦背饰细布纹。夹细砂灰陶。残长13.8、残宽6.7、胎厚0.8厘米（图一七三，2）。T3820②B∶18，近瓦头部分为素面。夹细砂灰胎，局部泛浅红色。残长7.6、胎厚1.4厘米（图一七三，5）。

板瓦　平面呈长方梯形，横剖面呈弧形。T3819②B∶10，瓦面饰中粗斜绳纹。夹细砂黄陶。长32、宽17.6～23.2、胎厚1.4厘米（图一七三，1）。H30∶3，为板瓦的滴水部，滴水部呈外斜状，滴水平面模印花纹，花纹为花边、间断凸弦纹及同心圆纹的组合。残长11.6、宽14.8、胎厚1.2厘米（图一七三，3）。H30∶7，瓦面饰竖绳纹，瓦背饰布纹。夹细砂灰陶。胎厚1.1厘米（图一七三，4）。

铺地砖　1件。T3826②B∶6，正八边形。青灰色，火候很高。边长10.5～12.5、对称角直径32、厚5.2厘米（图版二六，3）。

碾轮　5件。圆盘形，周边稍薄，圆缘，中部弧起，正中部一圆孔。T4231②A∶6，泥质灰陶。直径15、孔径2.4、厚0.6～2.7厘米（图一七四，1）。T3826②B∶8，中部弧起较高。夹砂红陶。直径10.4、孔径2.4、厚0.6～0.3厘米（图一七四，2；彩版一六，4）。

图一七二　瓦面、瓦当纹饰

1. 筒瓦面绳纹（T4414②A:5）　2. 板瓦面绳纹（T3818②B:2）　3、4. 瓦当（T4414②A:2、T4419②A:16）

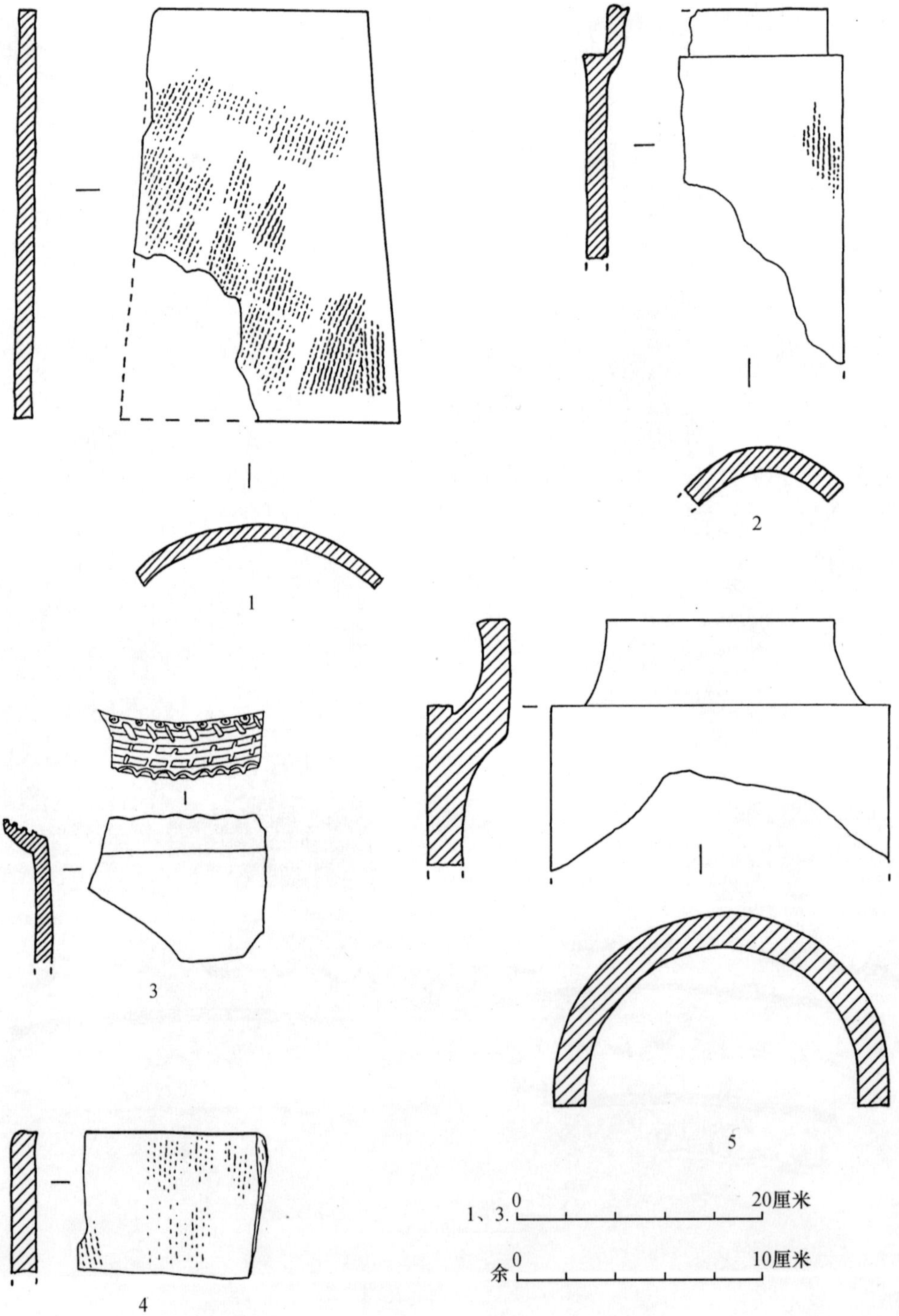

图一七三　筒瓦、板瓦、瓦当

1、3、4. 板瓦（T3819②B∶10、H30∶3、H30∶7）　2、5. 筒瓦（T3819②B∶9、T3820②B∶18）

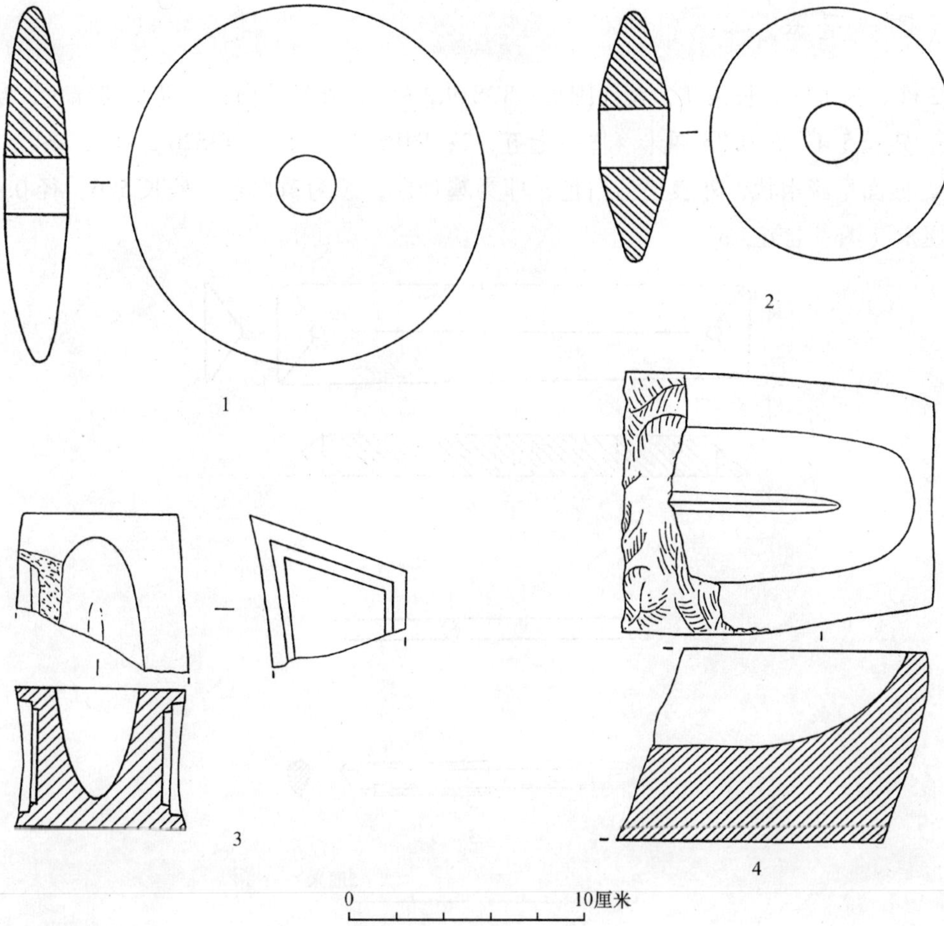

图一七四　陶碾轮、石碾槽
1、2. 陶碾轮（T4231②A:6、T3826②B:8）　3、4. 石碾槽（T3818②A:2、T4215②B:6）

（三）石器

2件。为石碾槽。T3818②A:2，残存半截。复原平面为长方形，两侧中部稍宽，两端上部上翘，顶上中部下弧，即两侧面形状似银锭状，顶部向下挖宽3.6、深4.6厘米的椭圆形凹槽，两侧分别挖台阶状的凹窝装饰，凹窝的平面形状与碾槽两侧面相同但小于后者，顶部及两侧装饰面打磨光滑。灰白色岩石。残长6.4、宽6.6~7.2、高5.8厘米（图一七四，3）。T4215②B:6，残存半截。复原平面为长方形，两侧中部稍宽，顶部向下挖宽6.5、深4厘米的椭圆形凹槽。灰色麻岩石。残长13.1、宽8.6~10.8、高8.1厘米（图一七四，4；彩版一六，5）。

（四）玉器

2件。为玉笄。长条状，截面圆形。T3819②A:6，外呈黄白色，芯呈淡绿色，泛玻璃光。残长5.4、径0.35厘米（图一七五，2；图版二八，5）。T3826②A:9，条状，一端尖，截面呈滴水状，外表呈洁白色，即为鸡骨白，芯为黄白色。残长5.6，径0.4～0.6厘米（图一七五，3）。

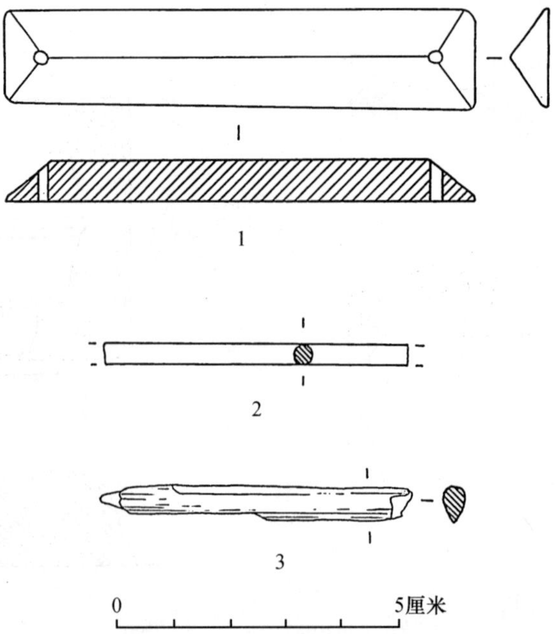

图一七五　骨条、玉笄

1. 骨条（T3916②B:8）　2、3. 玉笄（T3819②A:6、T3826②A:9）

（五）骨器

1件。T3916②B:8，为骨条截长条形，上部呈四面坡状，近两端处各有一小孔，外表呈黄白色。用途不明。长8.4、宽1.6～1.7、厚0.7厘米（图一七五，1）。

（六）铜钱

29枚。

崇宁重宝　4枚。T4118②A:2，钱文对读。廓宽0.2、廓厚0.15厘米，重12.95克（图一七六，1）。

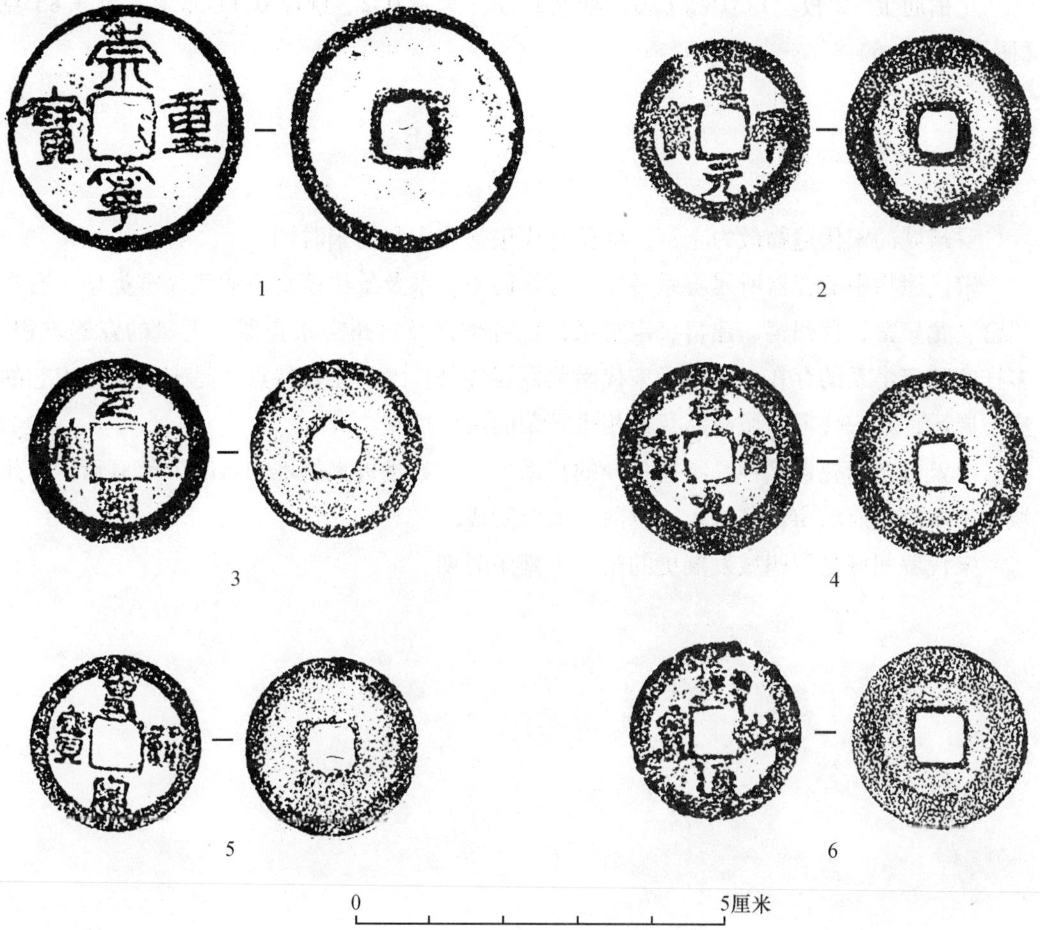

图一七六　铜钱

1. 崇宁重宝（T4118②A∶2）　2. 咸平元宝（T4318②B∶4）　3. 元丰通宝（T3823②B∶5）　4. 祥符元宝（T4517②B∶2）　5. 皇宋通宝（T4317②B∶2）　6. 元祐通宝（T4318②B∶6）

咸平元宝　9枚。T4318②B∶4，钱文旋读。廓宽0.27、廓厚0.13厘米，重2.95克（图一七六，2）。

元丰通宝　6枚。T3823②B∶5，钱文旋读。廓宽0.29、廓厚0.12厘米，重4克（图一七六，3）。

祥符元宝　7枚。T4517②B∶2，钱文旋读。廓宽0.34、廓厚0.12厘米，重3.45克（图一七六，4）。

皇宋通宝　1枚。T4317②B∶2，钱文对读。廓宽0.34、廓厚0.13厘米，重3.15克（图一七六，5）。

元祐通宝　2枚。T4318②B∶6，钱文旋读。廓宽0.2、廓厚0.11厘米，重3.85克（图一七六，6）。

三、小　　结

罗州城的宋代遗物最为丰富，堆积时代包括北宋和南宋时期。

宋代遗物中的瓷器所属窑系多样，有景德镇窑系及景德镇窑系的武昌窑类型，有吉州窑、龙泉窑、耀州窑、建窑、定窑系，也有越窑及磁州窑系瓷器。大量的瓷器堆积、多样的陶瓷窑系的存在，体现了宋代南北瓷器烧制技术的主要特点，是宋代制瓷工艺的集中展示，是宋代罗州城商品贸易相当繁荣的历史反映。

纷繁复杂的瓷器品种、特色各异的窑系特征、数量极大的堆积状况，都显示了罗州城作为一座州府城市，已进入了空前的繁荣阶段。

宋代罗州城是罗州城发展史的第二个繁荣时期。

第四章 结 语

本报告是《罗州城与汉墓》的姊妹篇。《罗州城与汉墓》收录的主要是蕲春罗州城外围汉代墓地的发掘资料[1]，本报告收录的则完全是罗州城内的发掘资料

2001年在罗州城内进行的发掘，所获资料非常丰富，为我们了解罗州城的城内堆积、文化属性、城市性质等有关问题提供了新的线索。对这批资料进行客观、系统的梳理，对于研究、了解鄂东地区罗州城这座古代城市的历史文化以及湖北乃至长江中游地区同时代的考古学文化及其相关问题，无疑具有重要意义。

下面我们先对罗州城的出土遗物按战国两汉、隋唐、宋代三个单元，进行考古学年代分期，再对遗物标本进行文化因素分析、窑系归属的推论，然后对罗州城的性质及相关问题进行再探讨。

第一节 分期与年代

一、战国两汉遗存分期与年代

（一）分期

分期是以发掘区地层与遗迹的层位关系为依据，以遗迹单位的共存关系为线索，以类型学的基本原理为手段，对所有能辨别型式的器类进行分型定式，再根据型别、式别的变化程度来确定期别的起止关系，最后来确定各种器类的演化轨迹

通过前面有关章节对遗物中陶器器类型式的陈述，这里可排列出战国两汉遗存陶器的各类器物型式演化关系，根据本次发掘的典型单位器物型式组合的演化序列关系，可将这些典型单位及其器物类型归并为四组（表三八）。据表中的归纳可知，这四组地层与遗迹及其陶器组合，形成了自身的逻辑关系演序列。

第一组　地层有⑤E层，遗迹包括H11、H34、H60、J1、J3④。出土器物中参加型式分析与分组的均为陶器（以下各组同），器类主要有盆、甑、罐、豆、鬲等，器物型式有Ab型Ⅰ式盆，Ac型Ⅰ式盆，Ad型Ⅰ式盆，Bc型Ⅰ式盆，C型Ⅰa、Ⅰb式盆，Ⅰ

式甑，Aa 型Ⅰ、Ⅱ式罐，Bb 型Ⅰ、Ⅱ式罐，C 型Ⅰ式罐，Aa 型Ⅰ式豆盘，Ab 型Ⅰ式豆盘，B 型Ⅰ式豆盘，A 型Ⅰ式豆柄，CⅠ式豆柄，A 型Ⅰ式盘，Ⅰ、Ⅱ式鬲口沿，Ⅰ、Ⅱ、Ⅲ式鬲足，Ⅰ式缸，Ⅰ式壶，A 型Ⅰ式筒瓦，B 型Ⅰ式筒瓦。

第二组　地层有⑤D 层，遗迹包括 H15、H54、J2⑤、J2（外填土）。出土器物均为陶器，器类方面盆、甑数量增多，新出现瓮这类较大的器形。器物型式主要有 Aa 型Ⅰ、Ⅱ式盆，Ad 型Ⅱ式盆，Ad 型Ⅰ式盆，Ba 型Ⅰ式盆，Bb 型Ⅰ、Ⅱ式盆，Bc 型Ⅱ式盆，Ⅱ、Ⅲ式甑，Aa 型Ⅱ、Ⅲ式罐，Ab 型Ⅰ式罐，Ba 型Ⅰ式罐，Bb 型Ⅲ式罐，C 型Ⅰ、Ⅱ式罐，Aa 型Ⅰ式瓮，Bb 型Ⅰ式瓮，Aa 型Ⅰ式豆盘，Ab 型Ⅰ式豆盘，A 型Ⅰ式豆柄，B 型Ⅰ式豆柄，C 型Ⅱ式豆柄，Ⅲ、Ⅳ式鬲口沿及Ⅰ式器座等。

第三组　地层有⑤C 层，遗迹单位包括 H6、H20、H27、H33、H36、H38、H39、H53、H57、H59、H61，J2②、J2④、J3②、J3③、J5。出土器物均为陶器，器类方面盆、甑、罐增多，豆减少，鬲消失，新出现鼎、量类器等。器物型式主要有 Aa 型Ⅱ、Ⅲ、Ⅳ式盆，Ab 型Ⅱ式盆，Ac 型Ⅱ、Ⅲ、Ⅳ式盆，Ad 型Ⅲ式盆，Ba 型Ⅰ、Ⅱ、Ⅲ式盆，Bb 型Ⅱ、Ⅲ、Ⅳ式盆，Bc 型Ⅲ式盆，C 型Ⅱ式盆，Ⅳ、Ⅴ式甑，Aa 型Ⅳ、Ⅴ式罐，Ab 型Ⅱ、Ⅲ式罐，Ac 型Ⅰa、Ⅰb 式罐，Ac 型Ⅱ、Ⅲ式罐，Ba 型Ⅱ、Ⅲ式罐，Bb 型Ⅳ式罐，Bc 型Ⅰ、Ⅱ式罐，C 型Ⅲ式罐，Aa 型Ⅱ、Ⅲ式瓮，Ab 型Ⅰ、Ⅱ、Ⅲ、Ⅳ式瓮，Ba 型Ⅰ、Ⅱ式瓮，Bb 型Ⅱ式瓮，Aa 型Ⅱ式豆盘，Ab 型Ⅱ、Ⅲ、Ⅳ式豆盘，B 型Ⅱ式豆盘，A 型Ⅱ、Ⅲ、Ⅳ式豆柄，B 型Ⅱ、Ⅲ、Ⅳ式豆柄，A 型Ⅱa、Ⅱb、Ⅲ式盘，B 型Ⅰ、Ⅱ式盘，Ⅰ、Ⅱ式缸，A 型Ⅱ式筒瓦，B 型Ⅱ式筒瓦，Ⅰ、Ⅱ式盂及Ⅱ、Ⅲ式器座等。

第四组　地层有⑤A、⑤B 层，遗迹包括 H10、H32、H42、H62、J3①。出土器物均为陶器，器类方面与第三期几乎相同。器物型式主要有 Aa 型Ⅴ式盆，Ab 型Ⅲ、Ⅳ式盆，Ac 型Ⅴ、Ⅵ式盆，Ad 型Ⅳ式盆，Ba 型Ⅳ式盆，C 型Ⅲ式盆，Ⅵ、Ⅶ式甑，Aa 型Ⅴ、Ⅵ式罐，Ab 型Ⅳ式罐，Ac 型Ⅲ式罐，Bc 型Ⅲ、Ⅳ式罐，Ba 型Ⅲ、Ⅳ、Ⅴ式瓮，Bb 型Ⅲ、Ⅳ式瓮，Aa 型Ⅲ式豆盘，B 型Ⅲ、Ⅳ、Ⅴ式豆盘，A 型Ⅳ豆柄，A 型Ⅳ式盘，B 型Ⅲ式盘，Ⅱ式壶，A 型Ⅲ、Ⅳ、Ⅴ式及 B 型Ⅲ式筒瓦，Ⅲ、Ⅳ式盂等。

以上一至四组的典型地层、遗迹及其器物分别代表着四个发展阶段，这四个发展阶段也就是罗州城战国两汉遗存的一至四期。一至四期的陶器型式分期见表三九，主要器物形态特征的演化情况见图一七七；各类遗迹的概况与分期见附表一～附表三。

表三九　战国两汉遗存主要器物型式分期表

期别＼器类＼型式	盆								甑	罐							瓮				豆						盘		鬲		缸	壶	筒瓦		器座	盂
										陶											盘			柄												
	Aa	Ab	Ac	Ad	Ba	Bb	Bc	C		Aa	Ab	Ac	Ba	Bb	Bc	C	Aa	Ab	Ba	Bb	Aa	Ab	B	A	B	C	A	B	口沿	足			A	B		
一		Ⅰ	Ⅰ	Ⅰ			Ⅰ	Ⅰa Ⅰb	Ⅰ	Ⅰ Ⅱ				Ⅰ Ⅱ		Ⅰ					Ⅰ	Ⅰ	Ⅰ	Ⅰ		Ⅰ	Ⅰ		Ⅰ Ⅱ	Ⅰ Ⅱ Ⅲ	Ⅰ	Ⅰ	Ⅰ	Ⅰ		
二	Ⅰ Ⅱ	Ⅱ		Ⅱ	Ⅰ	Ⅰ Ⅱ	Ⅱ		Ⅱ Ⅲ	Ⅱ Ⅲ	Ⅰ		Ⅰ	Ⅲ		Ⅰ Ⅱ	Ⅰ			Ⅰ	Ⅰ	Ⅰ		Ⅰ	Ⅰ	Ⅱ			Ⅲ Ⅳ						Ⅰ	
三	Ⅱ Ⅲ Ⅳ	Ⅱ	Ⅱ Ⅲ Ⅳ	Ⅲ	Ⅰ Ⅱ Ⅲ	Ⅱ Ⅲ Ⅳ	Ⅲ	Ⅱ	Ⅳ Ⅴ	Ⅳ Ⅴ	Ⅱ Ⅲ	Ⅰa Ⅰb Ⅱ Ⅲ	Ⅱ Ⅲ	Ⅳ	Ⅰ Ⅱ	Ⅲ	Ⅱ Ⅲ	Ⅰ Ⅱ Ⅲ Ⅳ	Ⅰ Ⅱ	Ⅱ	Ⅱ	Ⅱ Ⅲ Ⅳ	Ⅱ	Ⅱ Ⅲ Ⅳ	Ⅱ Ⅲ Ⅳ		Ⅱa Ⅱb Ⅲ	Ⅰ Ⅱ			Ⅱ Ⅲ		Ⅱ	Ⅱ	Ⅱ Ⅲ	Ⅰ Ⅱ
四	Ⅴ	Ⅲ Ⅳ	Ⅴ Ⅵ	Ⅳ	Ⅳ			Ⅲ	Ⅵ Ⅶ	Ⅴ Ⅳ	Ⅳ	Ⅲ			Ⅲ Ⅳ				Ⅲ Ⅳ Ⅴ	Ⅲ Ⅳ	Ⅲ		Ⅲ Ⅳ Ⅴ	Ⅳ			Ⅳ	Ⅲ				Ⅱ	Ⅲ Ⅳ Ⅴ	Ⅲ		Ⅲ Ⅳ

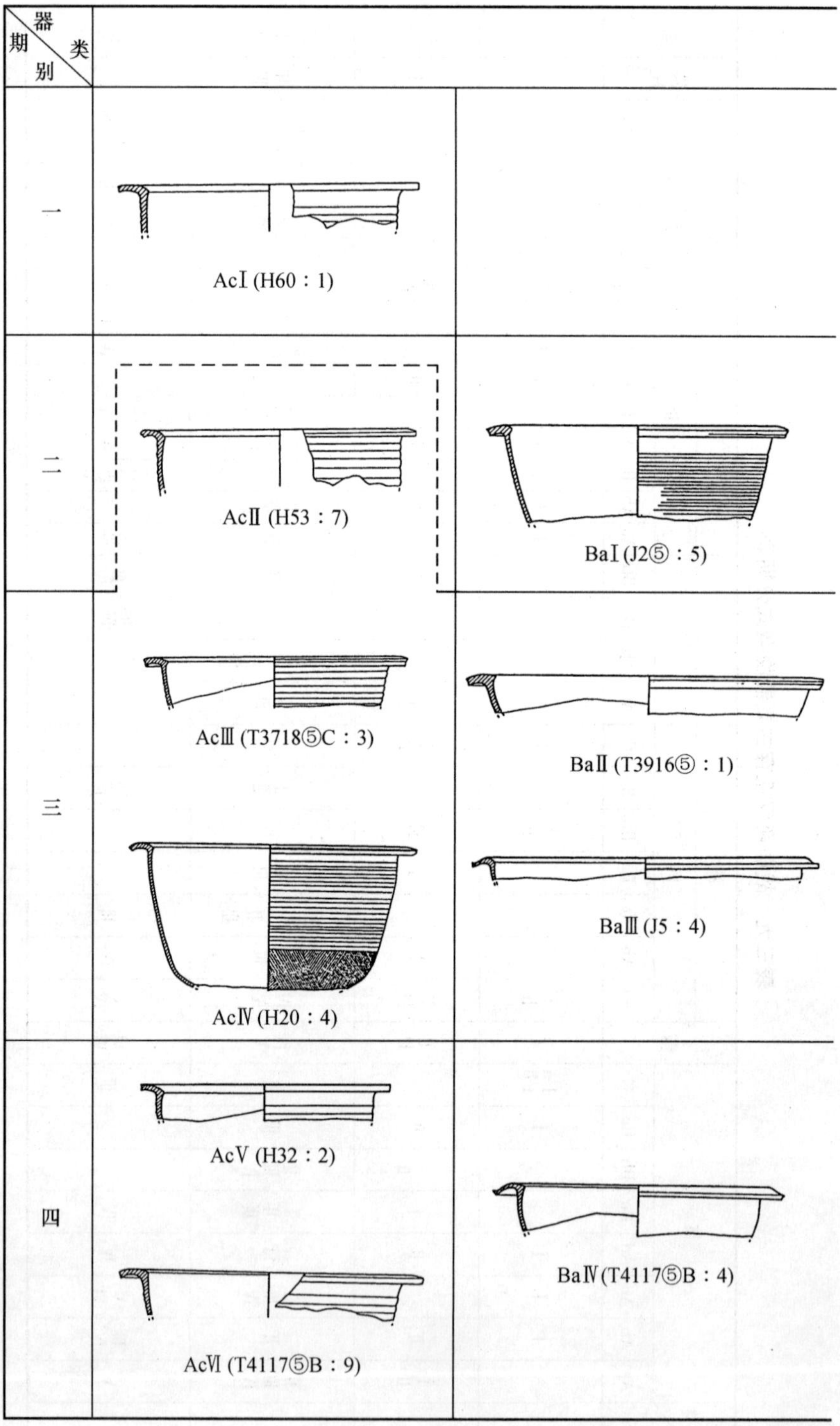
器类
期别
一
AcⅠ(H60：1)
二
AcⅡ (H53：7)
BaⅠ(J2⑤：5)
三
AcⅢ (T3718⑤C：3)
BaⅡ (T3916⑤：1)
AcⅣ(H20：4)
BaⅢ (J5：4)
四
AcⅤ (H32：2)
BaⅣ(T4117⑤B：4)
AcⅥ (T4117⑤B：9)

图一七七A　战国两汉

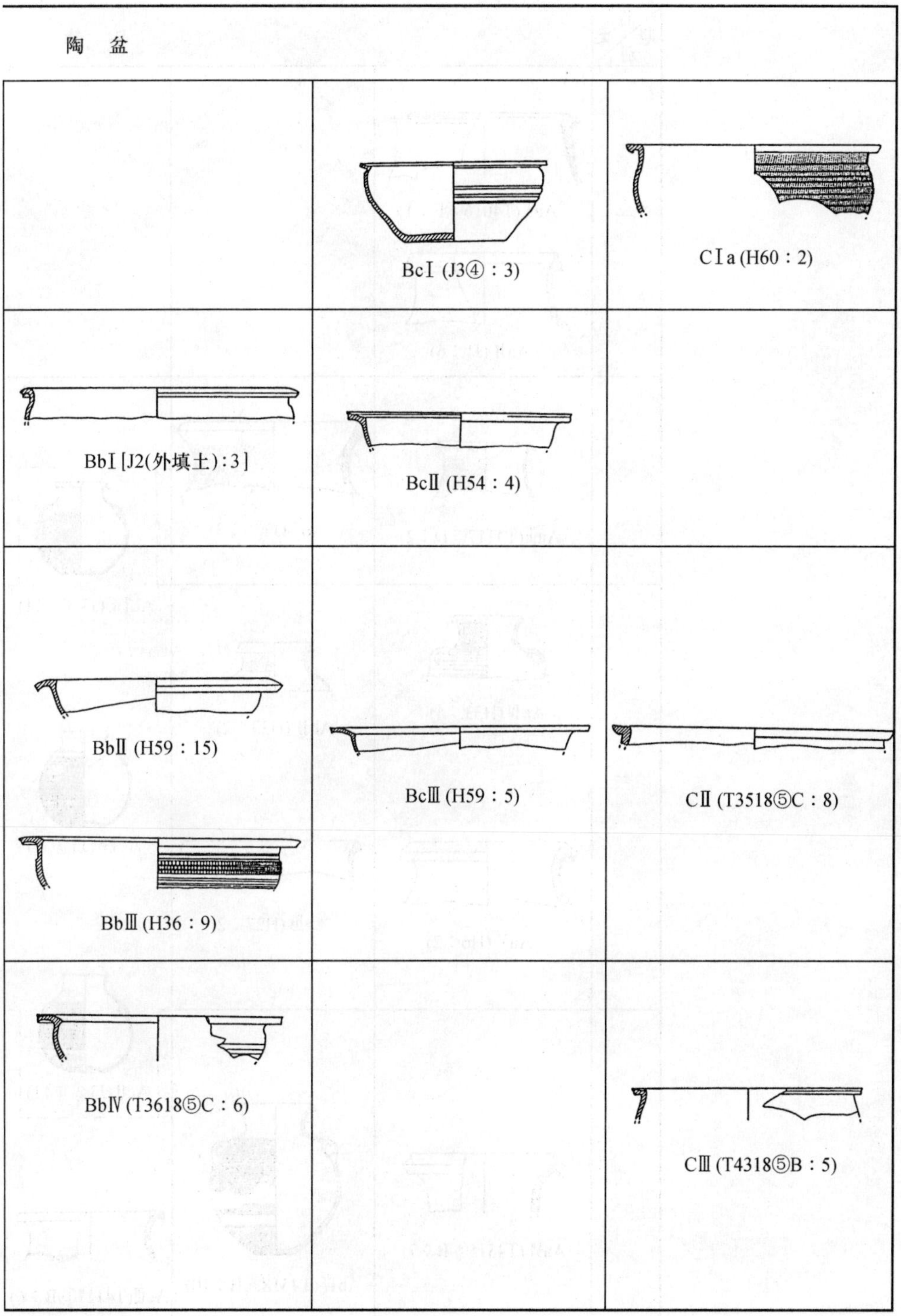
陶 盆
BcⅠ(J3④:3)
CⅠa(H60:2)
BbⅠ[J2(外填土):3]
BcⅡ(H54:4)
BbⅡ(H59:15)
BcⅢ(H59:5)
CⅡ(T3518⑤C:8)
BbⅢ(H36:9)
BbⅣ(T3618⑤C:6)
CⅢ(T4318⑤B:5)

遗存陶器分期图

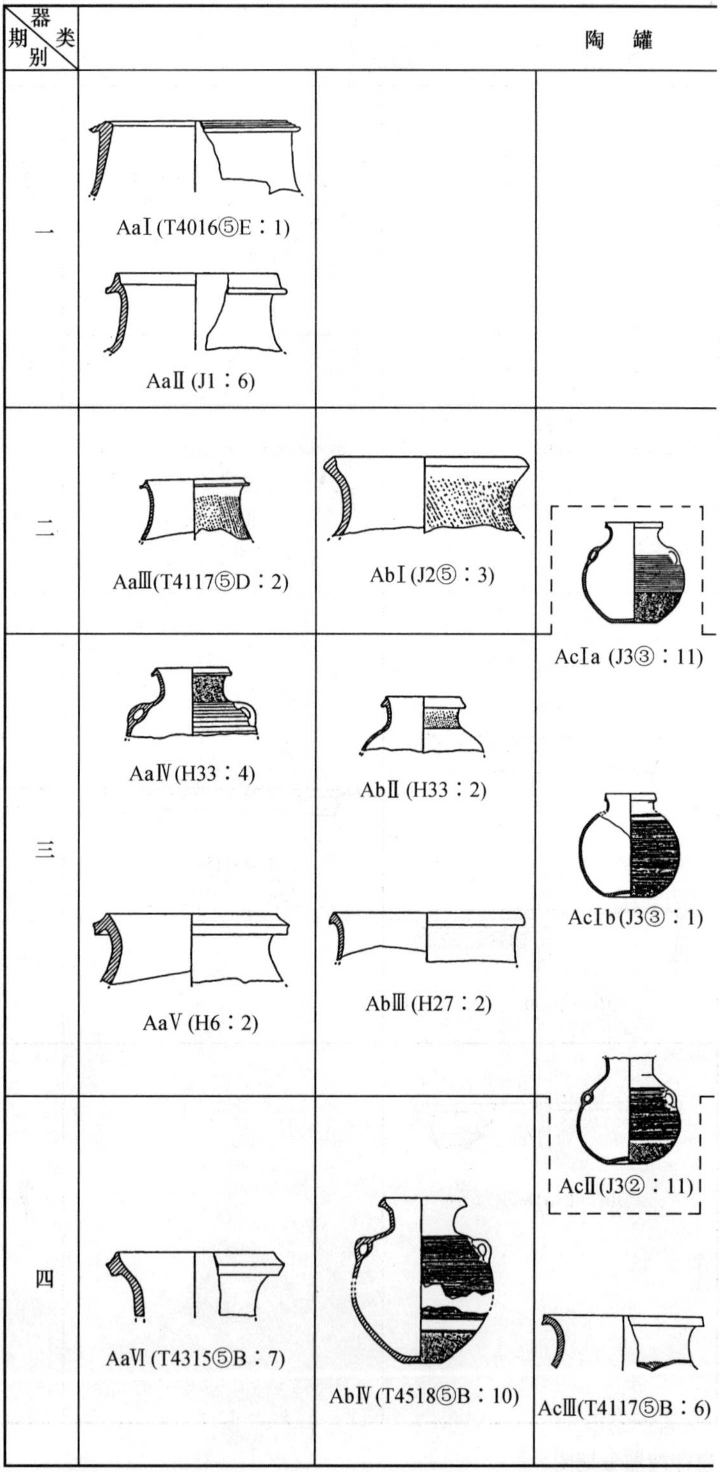

图一七七B　战国两汉遗存

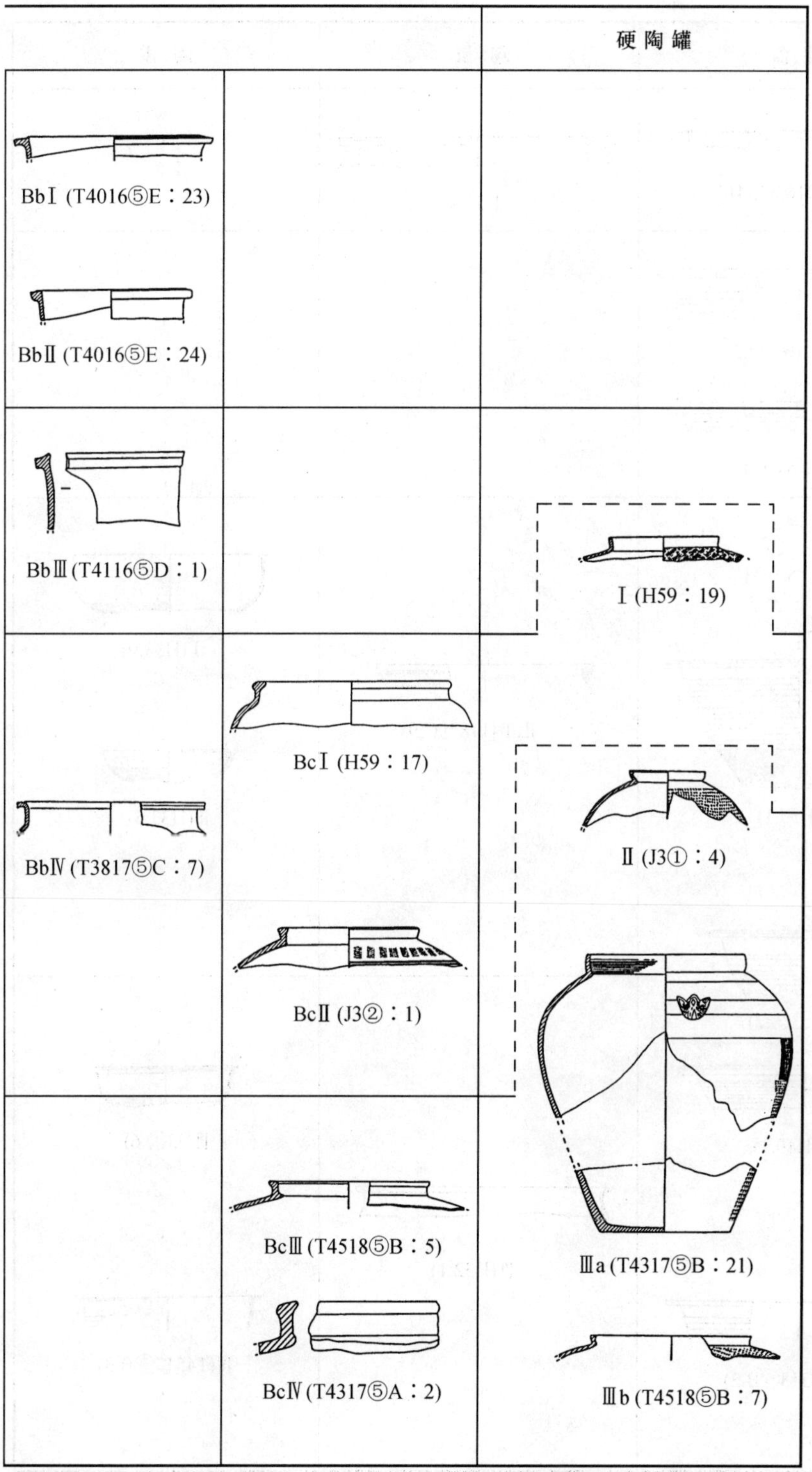
硬陶罐
BbⅠ(T4016⑤E：23)
BbⅡ(T4016⑤E：24)
BbⅢ(T4116⑤D：1)
BbⅣ(T3817⑤C：7)
BcⅠ(H59：17)
BcⅡ(J3②：1)
BcⅢ(T4518⑤B：5)
BcⅣ(T4317⑤A：2)
Ⅰ(H59：19)
Ⅱ(J3①：4)
Ⅲa(T4317⑤B：21)
Ⅲb(T4518⑤B：7)

陶器分期图

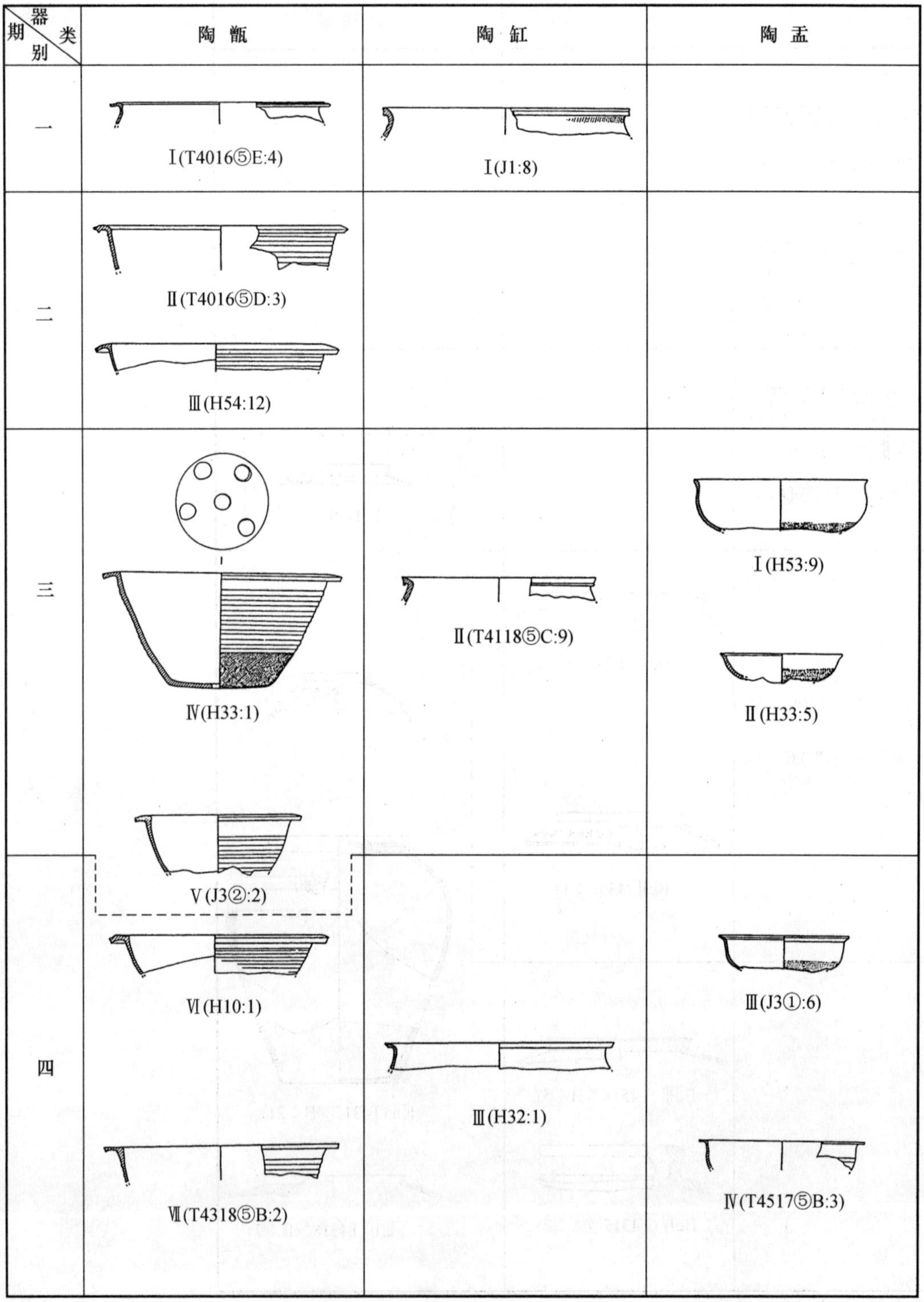

图一七七C　战国两汉遗存陶器分期图

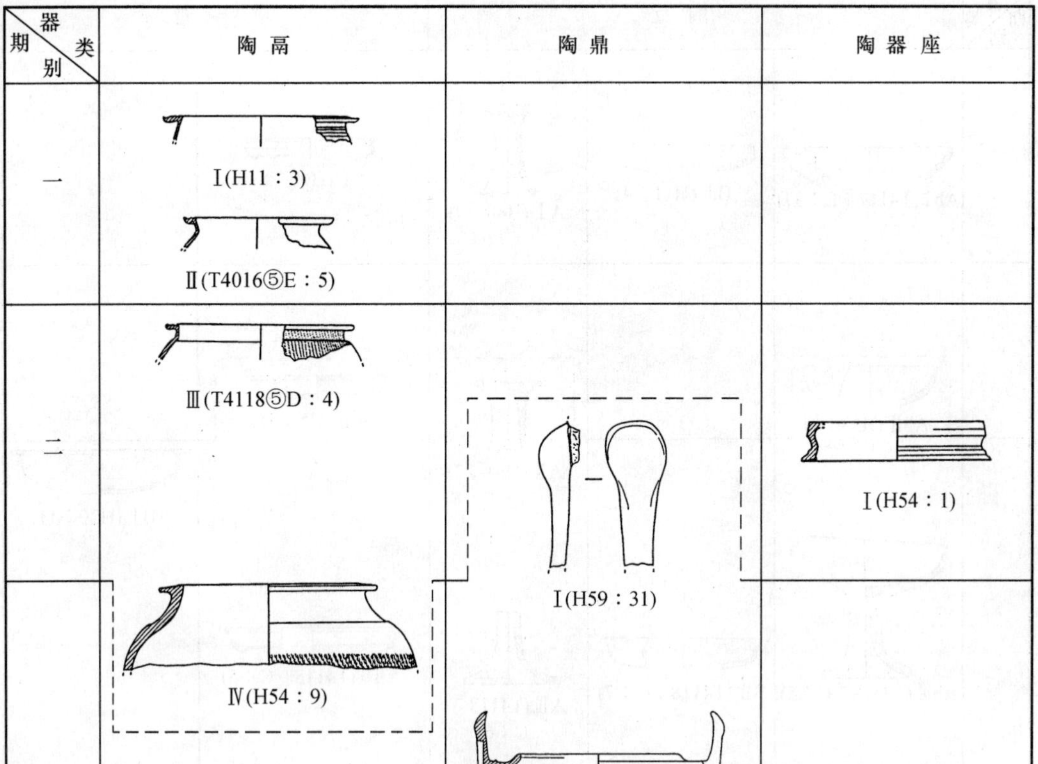

图一七七D 战国两汉遗存陶器分期图

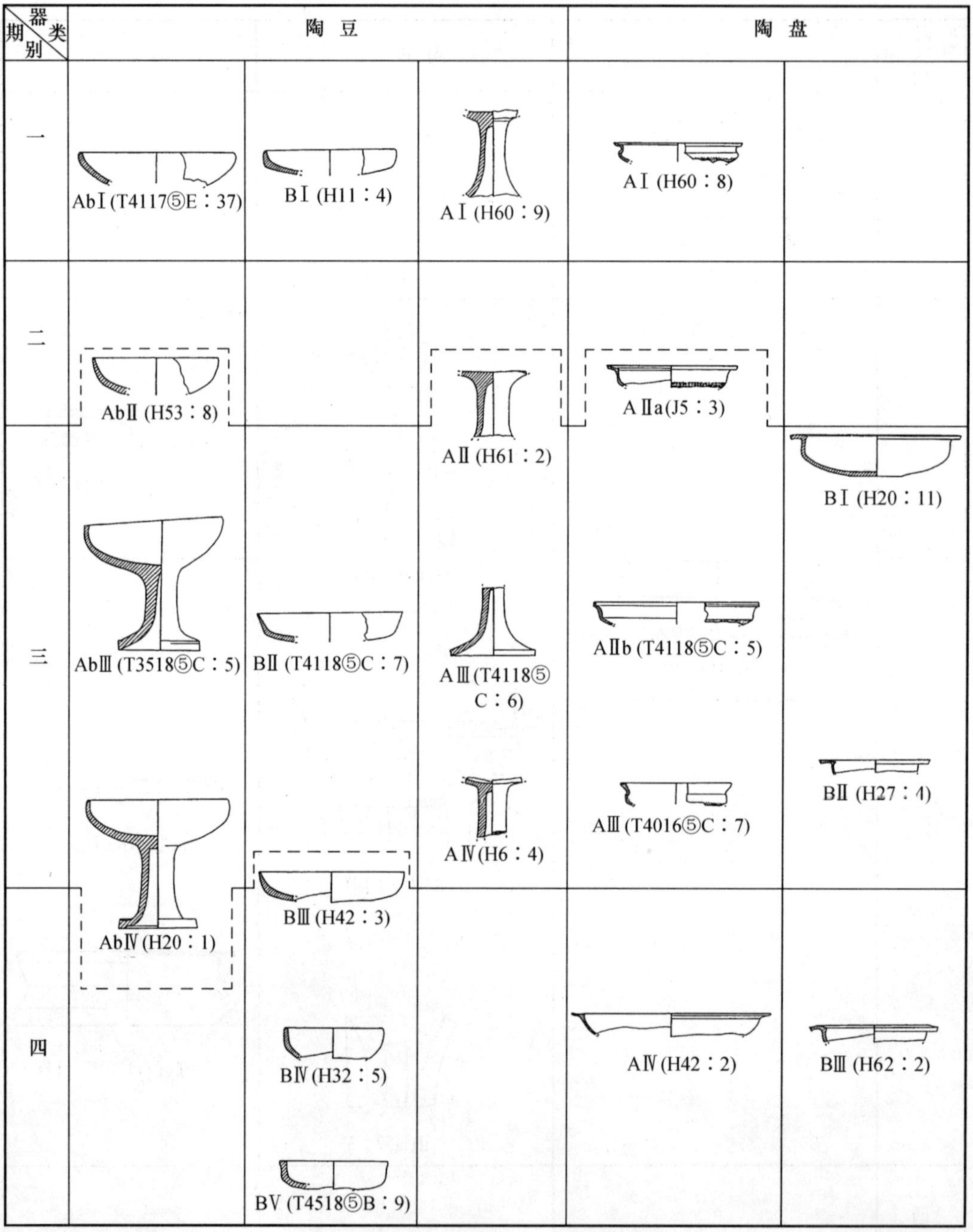

图一七七E　战国两汉遗存陶器分期图

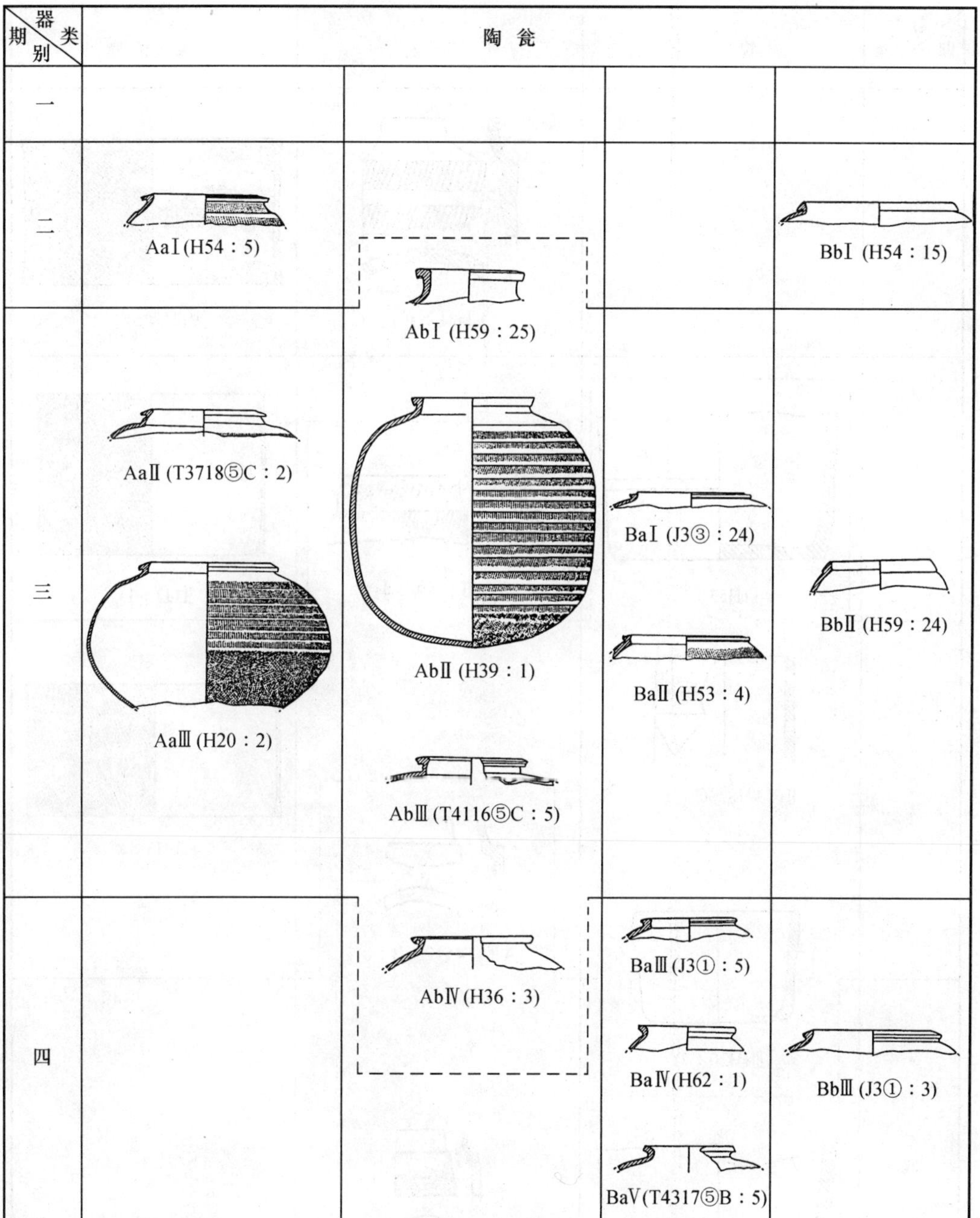

图一七七F　战国两汉遗存陶器分期图

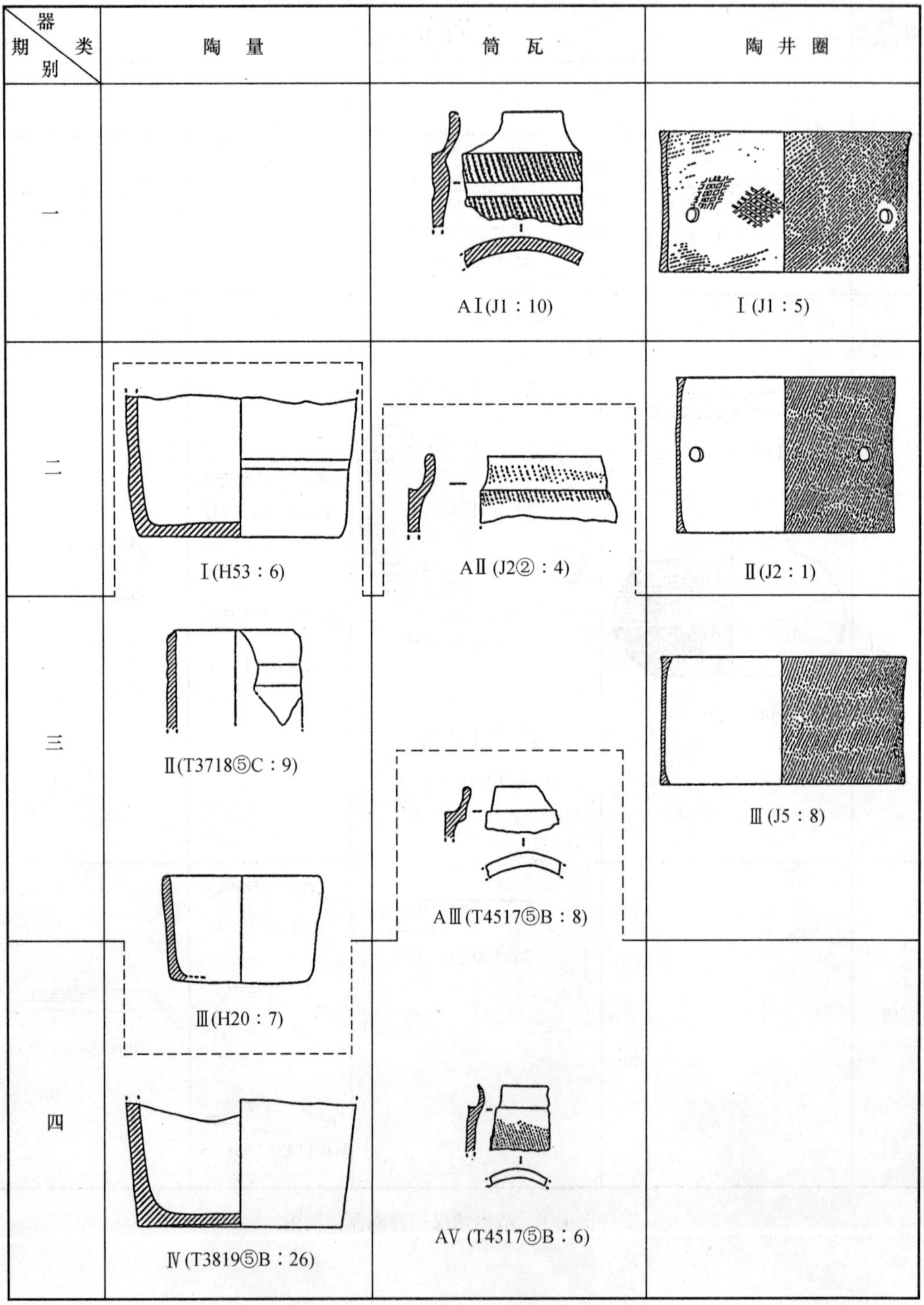

图一七七G　战国两汉遗存陶器分期图

（二）年代

第一期 本期所出的A型Ⅰ式陶盘与江陵纪南城龙桥河西段遗址战国晚期前段堆积中出土的陶盂（原文标本J138:1）特征相似[2]，B型Ⅰ式豆盘与江陵纪南城东岳庙战国早期墓葬出土的陶豆（原文标本东M4:3）之豆盘特征非常相似[3]，Ac型Ⅰ式陶盆与江陵纪南城松柏区30号台基战国早期灰坑（原文标本台11:1）中出土的陶盆口沿特征很接近[4]，Aa型Ⅰ式豆盘与江陵纪南城南垣水门遗址战国中晚之际堆积中出土的陶豆之盘（原文标本水T8④B:23）特征相似[5]，Ⅰ式鬲足与江陵纪南城西垣北边门遗址战国晚期前段堆积中出土的陶鬲之足（原文标本西T6H4:1）特征相似[6]，Ⅱ式鬲足与湖北罗田庙山岗遗址春秋时期的E型鬲足特征相似[7]，Bb型Ⅱ式陶罐与江陵纪南城新桥遗址战国晚期堆积出土的C型器座（原文标本T2:40）唇缘特征相似[8]，还有唇面有弦纹的Aa型Ⅰ式罐与江陵纪南城龙桥河西段遗址战国中期后段堆积出土的绳纹陶罐（原文标本河ⅠJ93:1）特征相似[9]，Aa型Ⅱ陶罐口与江陵纪南城新桥遗址战国晚期前段堆积出土的陶罐（原文标本T1②:30、T1②:16）口唇特征相似[10]。综合以上因素可知，第一期年代跨越战国中、晚期，其年代的下限为战国晚期。

第二期 本期出土的Aa型Ⅰ式豆盘与湖北江陵纪南城南垣水门遗址战国晚期堆积中出土的B型Ⅲ式豆（原文标本J84:23）之豆盘特征相似[11]，A型Ⅰ式豆柄与湖北蕲春茅草山西汉早期墓葬出土的A型Ⅲ式豆（原文标本茅M21:15）特征相似[12]，本阶段地层所出的小盘（标本T4016⑤D:6）与湖北蕲春茅草山西汉早期墓中出的B型Ⅰ式陶盘特征相似[13]，另外，本阶段地层所出的瓦当（标本T4016⑤D:36）与襄阳邓城秦汉之际堆积中的Ⅰ式瓦当（原文标本T2673③a:4）特征相似[14]。综合这些因素，可将第二期的年代推定为西汉早期。

第三期 本期的Ab型Ⅳ式豆盘与西汉文帝前元七年的湖北江陵高台18号墓所出的同类器相当接近[15]，B型Ⅱ式豆盘与蕲春茅草山西汉初期墓所出的B型Ⅰ式豆盘（原文标本茅M14:19）特征相似[16]。Ab型Ⅱ式豆盘的弧盘作风与湖北赤壁土城西汉城址中所出的西汉早期A型Ⅰ式豆（原文标本TS36W8⑤B:4）特征相似[17]，本期的陶匜（标本H61:3）与湖北蕲春茅草山西汉早期墓中出的A型Ⅰ式盘（原文标本茅M14:12）相似[18]，Ab型Ⅲ式陶瓮与赤壁土城西汉早期Aa型Ⅰ式陶瓮（原文标本TS36W⑤B:12）相似[19]，B型Ⅰb式陶盘与湖北襄阳邓城韩岗遗址出土的西汉早期Ⅲ式盘（原文标本T2753②:12）相同[20]，Aa型Ⅲ式陶盆与湖北赤壁土城遗址中西汉早期堆积的A型Ⅰ式陶盆（原文标本TS35W5③B:4）相比，其宽沿微垂、腹部起瓦棱纹的作风及陶质陶色等方面都极为相似[21]，Ⅱ式鼎耳与湖北蕲春茅草山西汉早期后段（文景～武帝前）墓出的Bb型Ⅱ式陶鼎（原文标本茅M8:9）特征相似[22]，Ⅰ式陶鼎与湖北蕲春茅草山西汉早期后段的 Ba 型Ⅲ式鼎特征很是相似（原文标本茅 M27:6）[23]；Ab 型Ⅰa 式双耳陶罐与湖北省蕲春茅草山西汉早期后段墓葬中出的 A 型Ⅰ式双耳罐（原文标本茅 M22:7）特征相似[24]，Ab 型Ⅳ式陶盆与湖北赤壁土城遗址西汉中期堆积中出土的 A 型Ⅱ式盆（原文标本 TS36W17⑤A:8）特征相同[25]，Aa 型Ⅲ式陶瓮与湖北赤壁土城西汉早期遗存中出土的 Ab 型Ⅰ式瓮（原文标本 TS35W5⑤B:10）特征相似[26]，Ab 型Ⅱ式陶瓮与湖北江陵郢城汉代城堆积所出的西汉时期的 B 型Ⅲ式瓮造型相似[27]。从以上资料中不难看出，本期遗迹及遗物相当部分的年代在西汉早期，也有部分遗物年代在西汉中期，本期年代的下限应为西汉中期。

第四期　本期所出的Ⅱ式陶壶的盘口特征与湖北蕲春陈家大地东汉早期后段墓葬出的 A 型Ⅰ式釉陶壶（原文标本 M9:21）特征很接近[28]，Ⅱ式硬陶罐与湖北蕲春陈家大地东汉早期墓出的 Aa 型Ⅰ式硬陶罐之口沿及肩部特征相似[29]，Ⅲa 式硬陶罐与湖北蕲春鳜鱼咀东汉早期墓出土的 Ab 型Ⅲ式釉陶罐（原文鳜 M31:5）的特征基本相似[30]，A 型Ⅱ式筒瓦与湖北赤壁土城西汉晚期堆积中出的Ⅲ式筒瓦（原文 TS36W9③A:1）特征似[31]，还有 Bc 型Ⅳ式罐口沿与湖北蕲春陈家大地东汉中期墓所出的Ⅰ式硬陶罐（原文陈 M3:15）口沿特征相似[32]。综合这些因素，可将第四期年代推定为西汉晚期～东汉中期。

现将战国两汉遗存的分期与年代归纳如下：

第一期：战国中晚期；

第二期：西汉早期；

第三期：西汉中期；

第四期：西汉晚期～东汉中期。

二、隋唐遗存分期与年代

（一）分期

根据地层的叠压和遗迹之间的打破关系，通过对隋唐遗存出土遗物的型式进行逻辑排序，罗州城隋唐遗存可分为四组，这四组地层与遗迹单位对应的四组器类组合、发展序列见表四〇。

第一组　代表地层是第④层，遗迹单位有 H2、H7～H19、H37、H46、H47、H49、H55 等。出土遗物分为瓷器、釉陶器和陶器三大类。瓷器有 Aa 型Ⅰ、Ⅱ、Ⅲ式碗，Ab 型Ⅰ、Ⅱ、Ⅲ式碗，B 型Ⅰ、Ⅱ、Ⅲ式碗，C 型Ⅰ、Ⅱ、Ⅲ式碗，A 型Ⅰ、Ⅱ式盏，Ba 型Ⅰ、Ⅱ、Ⅲ、Ⅳ式盏，Bb 型Ⅰ、Ⅱ式盏，Ⅰ、Ⅱ、Ⅲ、Ⅳ、Ⅴ式高足盘；釉陶器有 B 型Ⅰ式碟，Ⅰ、Ⅱ式瓮，Ⅰ式盅；陶器有 Aa 型Ⅰ、Ⅱ、Ⅲ式盆，Ab 型Ⅰ式盆，B 型

Ⅰ、Ⅱ式盆，Eb 型Ⅰ式盆，Ba 型Ⅰ、Ⅱ、Ⅲ式罐，C 型Ⅰ、Ⅱ式罐。

第二组 代表性遗迹有 L1④（包括 G4②）、L1③、H9、H16。出土遗物分为瓷器、釉陶器和陶器三类。瓷器有 Aa 型Ⅳ、Ⅴ、Ⅵ式碗，Ab 型Ⅳ式碗，D 型Ⅰ式碗，Fa 型Ⅰ式碗，Ⅰ式盂；釉陶器有 A 型Ⅰ、Ⅱ式碗，B 型Ⅰ式碗，Ⅱ、Ⅲ、Ⅳ、Ⅴ式盅，A 型Ⅰ、Ⅱ、Ⅲ式碟，B 型Ⅱ、Ⅲ、Ⅳ式碟，Ⅰ、Ⅱ、Ⅲ式盆，Aa 型Ⅰ式罐，Ab 型Ⅰ式罐，Ba 型Ⅰ式罐，C 型Ⅰ、Ⅱ、Ⅲ式罐，Ⅰ、Ⅱ、Ⅲ式盂，另有Ⅰ、Ⅱ式硬陶盆等；陶器有 Ab 型Ⅱ、Ⅲ式盆，B 型Ⅲ式盆，C 型Ⅰ、Ⅱ式盆，D 型Ⅰ、Ⅱ、Ⅲ式盆，Ea 型Ⅰ、Ⅱ式盆，Eb 型Ⅱ、Ⅲ式盆，Aa 型Ⅰ、Ⅱ、Ⅲ式罐，Bb 型Ⅰ、Ⅱ式罐，Ⅰ、Ⅱ式筒瓦等。

第三组 代表性遗迹有 L1②、H25、H63 等。出土遗物分瓷器、釉陶器、陶器三类。瓷器有 Aa 型Ⅶ、Ⅷa 式碗，Ab 型Ⅴ、Ⅵ式碗，D 型Ⅱ、Ⅲ式碗，Fa 型Ⅱ、Ⅲ式碗，Fb 型Ⅰ、Ⅱ、Ⅲ、Ⅳ式碗，A 型罐，B 型罐，Ⅱ、Ⅲ、Ⅳ式盂；釉陶器有 B 型Ⅴ式碟，Ⅲ式瓮，Aa 型Ⅱ式罐，Ab 型Ⅱ式罐，Ba 型Ⅱ、Ⅲ式罐，C 型Ⅳ、Ⅴ、Ⅵ、Ⅶ式罐，Ⅰ、Ⅱ、Ⅲ式钵，此外还有Ⅲ、Ⅳ、Ⅴ式硬陶盆等；陶器有 C 型Ⅲ、Ⅳ、Ⅴ式盆，D 型Ⅳ式盆，Ea 型Ⅲ、Ⅳ式盆，Ⅲ、Ⅳ式筒瓦，Ⅰ式板瓦等。

第四组 代表地层是第③层，代表性遗迹有 H24、H51。出土遗物分为瓷器、釉陶器、陶器三类。瓷器有 Aa 型Ⅷb、Ⅸ式碗，Ab 型Ⅴ、Ⅵ、Ⅶ式碗，E 型Ⅰ、Ⅱ、Ⅲ、Ⅳ式碗，Fa 型Ⅳ、Ⅴ、Ⅵ式碗，Fb 型Ⅴ式碗，Ⅴ式盂等；釉陶器有 Aa 型Ⅲ式罐，Ⅳ式瓮；陶器有 D 型Ⅴ式盆，Ea 型Ⅴ式盆，C 型Ⅳ式罐，Ⅴ、Ⅵ式筒瓦，Ⅱ、Ⅲ式板瓦等。

通过以上对典型地层、遗迹及遗物的分组归类，不难看出，罗州城隋唐遗存的四个组别的器物增减和型式的演化形成了一个较为清楚的发展序列，这四个组别分别代表四个发展阶段，即分别代表着一至四期的器类演化进程。一至四期的器类器物型式分期见表四一；一至四期主要器物的分期演化情况见图一七八；各类遗迹的概况与分期见附表四、附表五。

（二）年代

第一期 本期所出的 Ab 型Ⅰ式瓷碗与浙江嵊县（今嵊州）大业二年隋墓中出土的同类器（原文标本 M11:4）胎、釉、形制极为相似[33]，Aa 型Ⅱ式瓷碗与湖北武昌马房山隋代开皇三年前后墓葬出土的Ⅰ式青瓷碗特征酷似[34]，B 型Ⅰ式瓷碗与浙江衢州隋文帝～唐太宗时期的墓葬（M6）出土的同类器极似[35]，本期的青瓷四系小壶（标本 T4414④:12）是隋代的典型青瓷器[36]，Ⅰ式青瓷高足盘与湖南湘阴窑隋代堆积的同类器（原文标本湘阴窑②:41）相同[37]，Ⅲ式高足盘与武昌马房山隋代开皇三年前后墓葬中出土的青瓷高足盘特征极似[38]，Ⅳ式高足盘与湖南湘阴窑初唐时期地层的同类器（原文标本湘阴窑②:44）特征相同[39]，A 型Ⅰ式瓷盏与江西洪州窑隋～初唐时期堆积

表四一 隋唐遗存主要器物分期表

器类 型式 期别	瓷碗								瓷盏			釉陶盅	釉陶碟		盂		釉陶钵	釉陶瓮	瓷高足盘	盆									罐								筒瓦
															瓷	釉陶				釉陶	硬陶	陶							釉陶				陶				
	Aa	Ab	B	C	D	E	Fa	Fb	A	Ba	Bb		A	B								Aa	Ab	B	C	D	Ea	Eb	Aa	Ab	Ba	C	Aa	Ba	Bb	C	
一	Ⅰ Ⅱ Ⅲ	Ⅰ Ⅱ Ⅲ	Ⅰ Ⅱ Ⅲ	Ⅰ Ⅱ Ⅲ					Ⅰ Ⅱ	Ⅰ Ⅱ Ⅲ Ⅳ	Ⅰ Ⅱ	Ⅰ		Ⅰ				Ⅰ Ⅱ	Ⅰ Ⅱ Ⅲ Ⅳ Ⅴ			Ⅰ Ⅱ Ⅲ	Ⅰ	Ⅰ Ⅱ				Ⅰ						Ⅰ Ⅱ Ⅲ		Ⅰ Ⅱ	
二	Ⅳ Ⅴ Ⅵ	Ⅳ			Ⅰ		Ⅰ					Ⅱ Ⅲ Ⅳ Ⅴ	Ⅰ Ⅱ Ⅲ	Ⅱ Ⅲ Ⅳ	Ⅰ	Ⅰ Ⅱ Ⅲ				Ⅰ Ⅱ Ⅲ	Ⅰ Ⅱ		Ⅱ Ⅲ	Ⅲ	Ⅰ Ⅱ	Ⅰ Ⅱ Ⅲ	Ⅰ Ⅱ	Ⅱ Ⅲ	Ⅰ	Ⅰ	Ⅰ	Ⅰ Ⅱ Ⅲ	Ⅰ Ⅱ Ⅲ		Ⅰ Ⅱ		Ⅰ Ⅱ
三	Ⅶ Ⅷa	Ⅴ			Ⅱ Ⅲ		Ⅱ Ⅲ	Ⅰ Ⅱ Ⅲ Ⅳ					Ⅳ	Ⅴ Ⅵ	Ⅱ Ⅲ Ⅳ		Ⅰ Ⅱ Ⅲ	Ⅲ			Ⅲ Ⅳ Ⅴ				Ⅲ Ⅳ	Ⅳ	Ⅲ Ⅳ		Ⅱ	Ⅱ	Ⅱ Ⅲ	Ⅳ Ⅴ Ⅵ Ⅶ				Ⅲ	Ⅲ Ⅳ
四	Ⅷb Ⅸ	Ⅵ Ⅶ				Ⅰ Ⅱa Ⅱb Ⅲ Ⅳ	Ⅳ Ⅴ Ⅵ	Ⅴ							Ⅴ											Ⅴ	Ⅴ		Ⅲ							Ⅳ	Ⅴ Ⅵ

中出土的同类器（原文标本 T1③:87）非常接近[40]。Ba 型盏与江西江洋湖大业七年的墓葬（M2）出土的同类器特征非常接近[41]，本期 H2 所出的青瓷盘口壶特征与湖南湘阴县隋代大业六年墓的同类器相似[42]。综合这些因素，可将第一期的年代推定为隋代~唐代早期。

第二期　本期所出的 Aa 型Ⅴ式青瓷碗与浙江江山唐中宗、玄宗时期的江山 1 号墓葬所出的同类器相似[43]，同时又与武昌唐中宗、玄宗时期墓中出土的同类器（原文标本 M270:32）相若[44]，Ba 型Ⅰ式釉陶罐与湖北郧县唐永淳二年下葬的李徽墓出土的Ⅰ式、Ⅱ式双唇釉陶罐（原文标本 M5:16）的特征近似[45]，Ab 型陶罐也与湖北郧县唐代李徽墓出土的圆唇罐（原文标本 M5:59）特征较相似[46]，Ⅰ式青瓷盂与福州唐早期墓葬出土的同类器相似[47]；B 型Ⅱ式釉陶碟与河南巩义市北窑湾唐武则天时期墓中所出同类器（原文标本 M6:1）特征相似[48]，本期的异型碗（标本L1④:1）与湖南长沙咸嘉湖盛唐前期墓葬出的瓷碗（原文标本 M1:5）非常相似[49]。还有所出 Ab 型Ⅳa 式青瓷碗与北京海淀清河唐代天宝十三年墓中出土的青瓷碗的特征非常相似[50]，D 型Ⅰ式瓷碗也与湖南益阳赫山庙唐代广德元年墓中同类器（原文标本 M30:2）的特征相同[51]，A 型Ⅰ式釉陶碗的这种碗下腹横向平内切作风在长沙唐墓中到唐代中期才出现[52]，C 型Ⅰ式釉陶罐与浙江江山唐代中期墓葬（M4）出土的同类器特征相同[53]。综合这些因素，可将第二期的年代推定为唐代中期。

第三期　本期所出的 Aa 型Ⅶa 式青瓷碗与湖南益阳赫山庙唐宝应二年墓（M30）中的同类器特征相似[54]，D 型Ⅱ式青瓷碗与河南巩义北窑唐代末期墓所出的Ⅱ式碗（原文标本 M2:6）相同[55]，D 型Ⅲ式碗与湖北黄石新下陆唐代晚期出土的玉璧底瓷碗特征完全相同[56]，Fb 型Ⅱ式瓷碗与江西弋阳唐代开成三年出土的浅腹直壁碗的特征相似[57]，Fa 型Ⅱ式瓷碗与江西赣州窑址唐代晚期堆积出土的Ⅰ式瓷碗的特征相似[58]，Fb 型Ⅲ式碗与长沙太和六年王清墓出土的Ⅴ式碗特征接近[59]，C 型Ⅳ式釉陶罐与南京钱家渡唐代肃宗~顺宗时期墓葬出土的双系罐特征接近[60]，同时与河南巩义北窑唐代晚期墓出土的同类器（原文标本 M4:4）特征相近，只是后者双系为纵式桥形系耳，前者为半环形系耳[61]，本期的釉陶灯（标本 L1②:65）与湖南益阳赫山庙唐代肃宗~敬宗时期墓葬（原文标本 M30:17）出土的同类器极似[62]，A 型青瓷罐与河南巩义北窑晚唐时期的Ⅱ式青瓷罐特征非常相似[63]，还有本期的釉陶盘口壶（标本 L1②:20），此壶之盘口作浅斜盘口状，与武昌唐代晚期前段墓（原文标本 M370:1）出土的同类器特征非常近似[64]。综合这些因素，可将第三期年代推定为唐代晚期。

第四期　本期所出的 Ab 型Ⅶ式青瓷碗与武昌五代~北宋初期墓葬（M218）中的同类器特征极为相似[65]，E 型Ⅰ式青瓷碗与武汉阅马场五代吴国墓中出土同类器（原文标本 M2:5）特征相似[66]，又与浙江临安市玲珑镇祥里村五代天福四年马氏王后康陵出土的

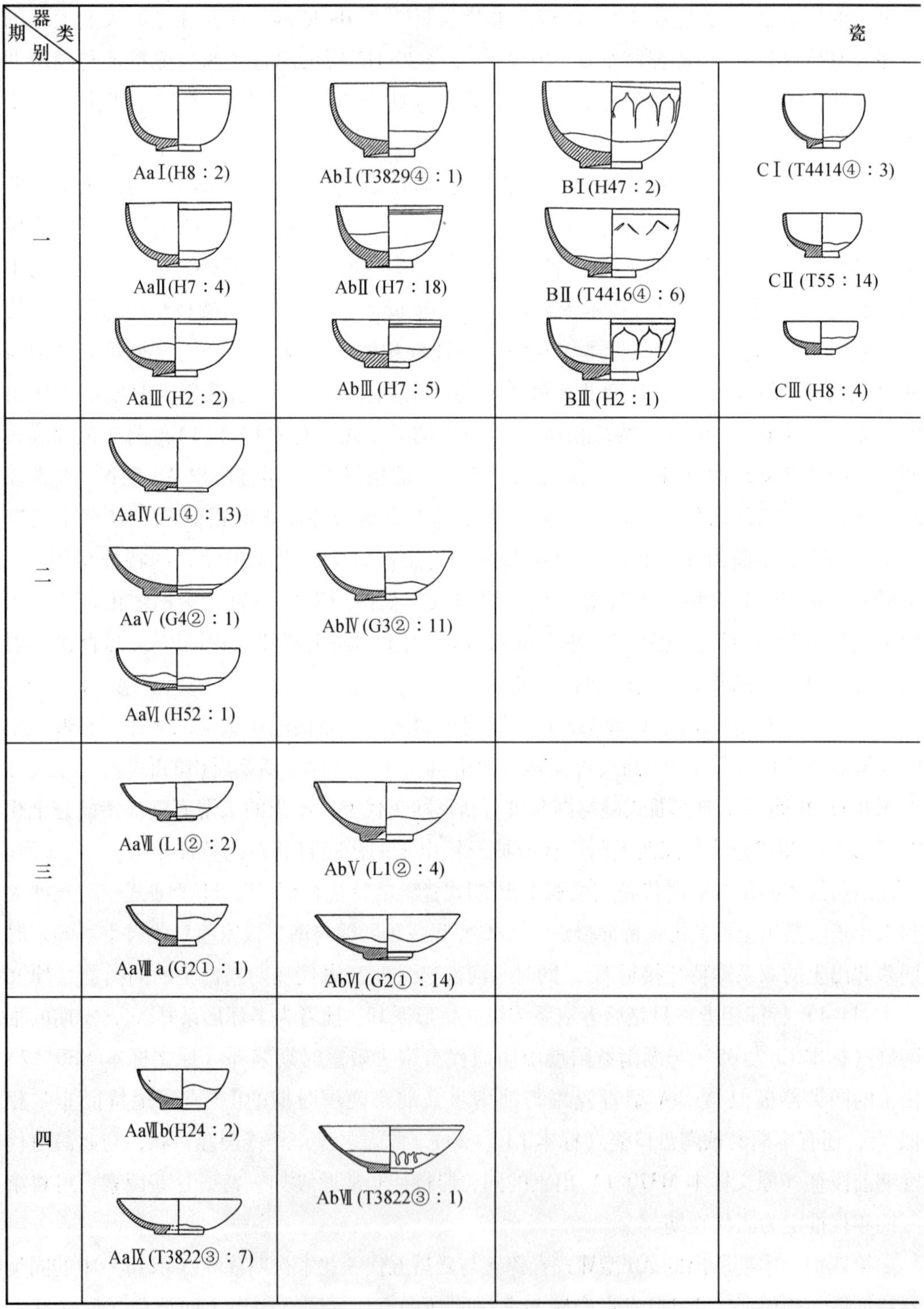
器类
期别
瓷
一
AaⅠ(H8：2)
AbⅠ(T3829④：1)
BⅠ(H47：2)
CⅠ(T4414④：3)
AaⅡ(H7：4)
AbⅡ (H7：18)
BⅡ (T4416④：6)
CⅡ (T55：14)
AaⅢ (H2：2)
AbⅢ (H7：5)
BⅢ (H2：1)
CⅢ (H8：4)
二
AaⅣ(L1④：13)
AaⅤ (G4②：1)
AbⅣ (G3②：11)
AaⅥ (H52：1)
三
AaⅦ (L1②：2)
AbⅤ (L1②：4)
AaⅧ a (G2①：1)
AbⅥ (G2①：14)
四
AaⅧ b(H24：2)
AbⅦ (T3822③：1)
AaⅨ (T3822③：7)

图一七八A 隋唐遗

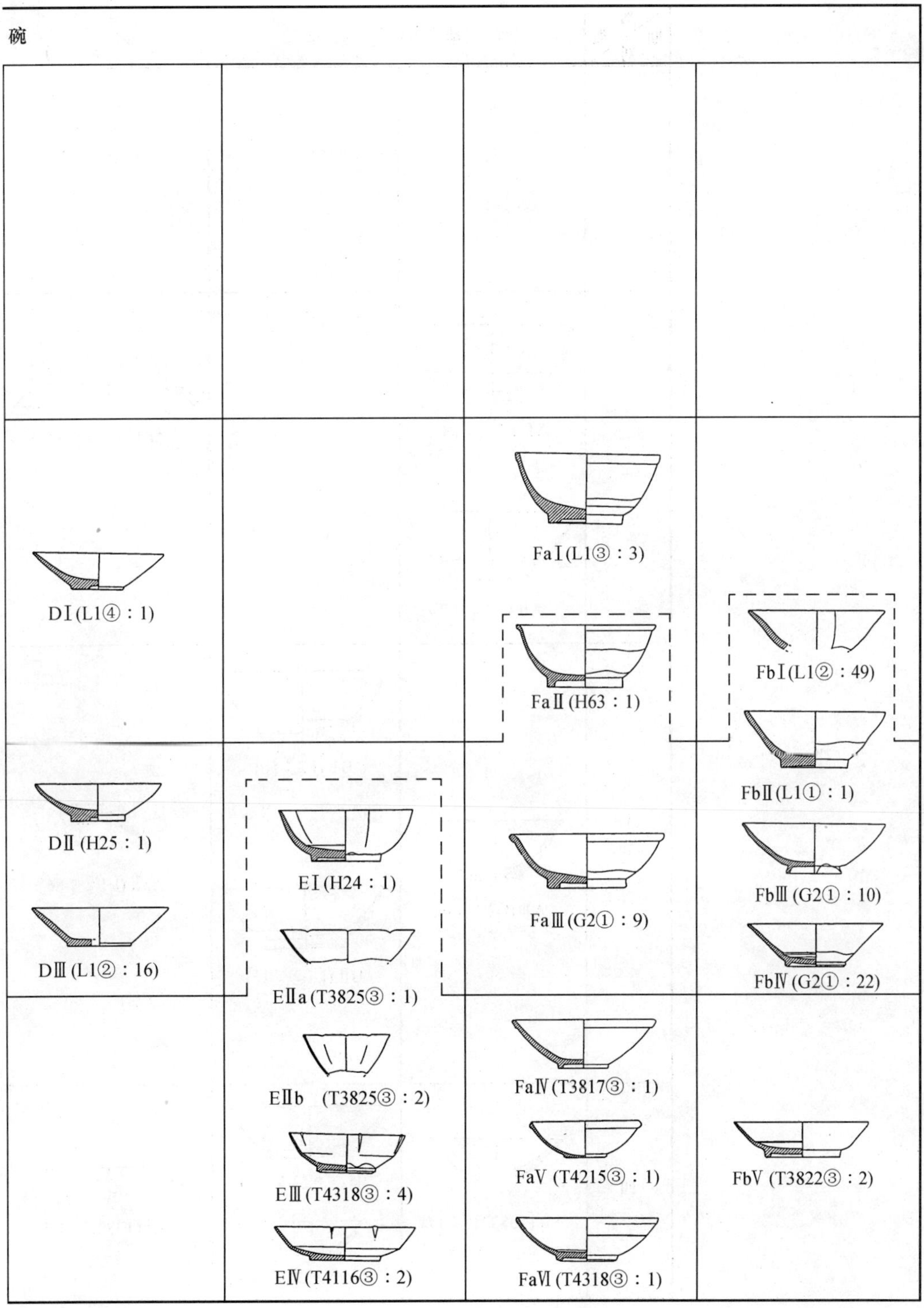
碗
DⅠ(L1④：1)
DⅡ(H25：1)
DⅢ(L1②：16)
EⅠ(H24：1)
EⅡa(T3825③：1)
EⅡb (T3825③：2)
EⅢ(T4318③：4)
EⅣ(T4116③：2)
FaⅠ(L1③：3)
FaⅡ(H63：1)
FaⅢ(G2①：9)
FaⅣ(T3817③：1)
FaⅤ(T4215③：1)
FaⅥ(T4318③：1)
FbⅠ(L1②：49)
FbⅡ(L1①：1)
FbⅢ(G2①：10)
FbⅣ(G2①：22)
FbⅤ(T3822③：2)

存器物分期图

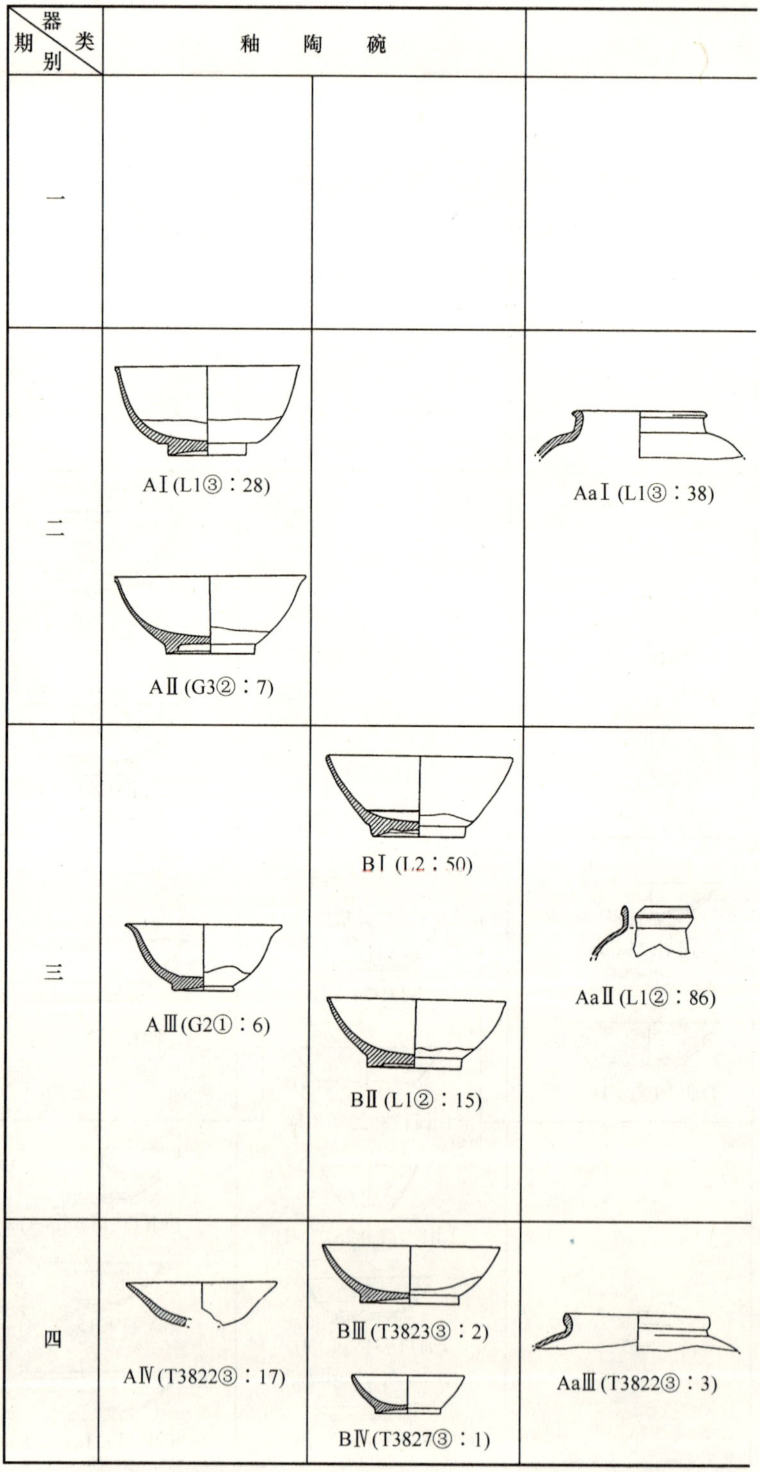
器类
期别
釉陶碗
一
二
三
四
AⅠ(L1③：28)
AⅡ(G3②：7)
AaⅠ(L1③：38)
BⅠ(L2：50)
AⅢ(G2①：6)
AaⅡ(L1②：86)
BⅡ(L1②：15)
BⅢ(T3823③：2)
AⅣ(T3822③：17)
AaⅢ(T3822③：3)
BⅣ(T3827③：1)

图一七八B　隋唐遗

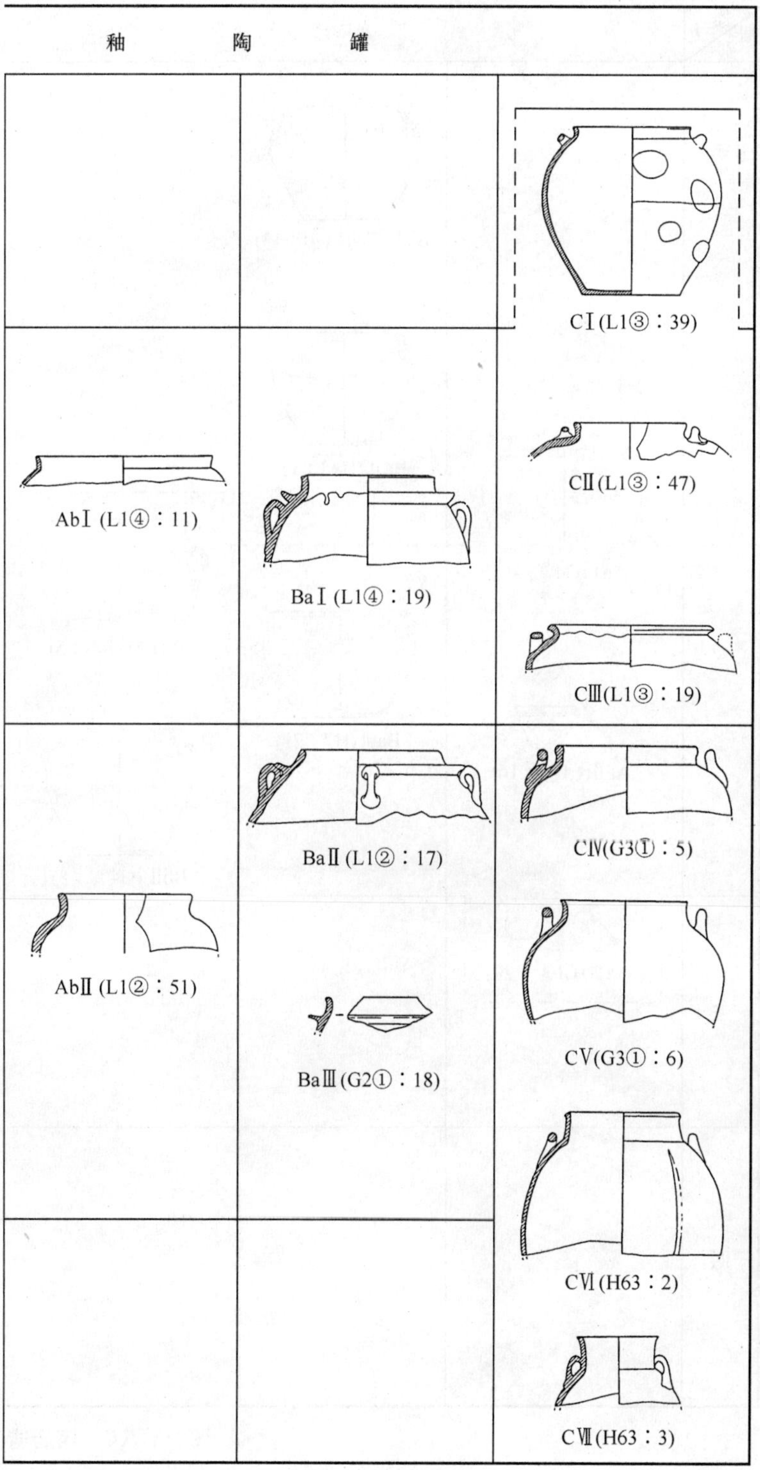
釉 陶 罐
CⅠ(L1③：39)
AbⅠ (L1④：11)
BaⅠ (L1④：19)
CⅡ(L1③：47)
CⅢ(L1③：19)
BaⅡ(L1②：17)
CⅣ(G3①：5)
AbⅡ (L1②：51)
CⅤ(G3①：6)
BaⅢ(G2①：18)
CⅥ(H63：2)
CⅦ(H63：3)

存器物分期图

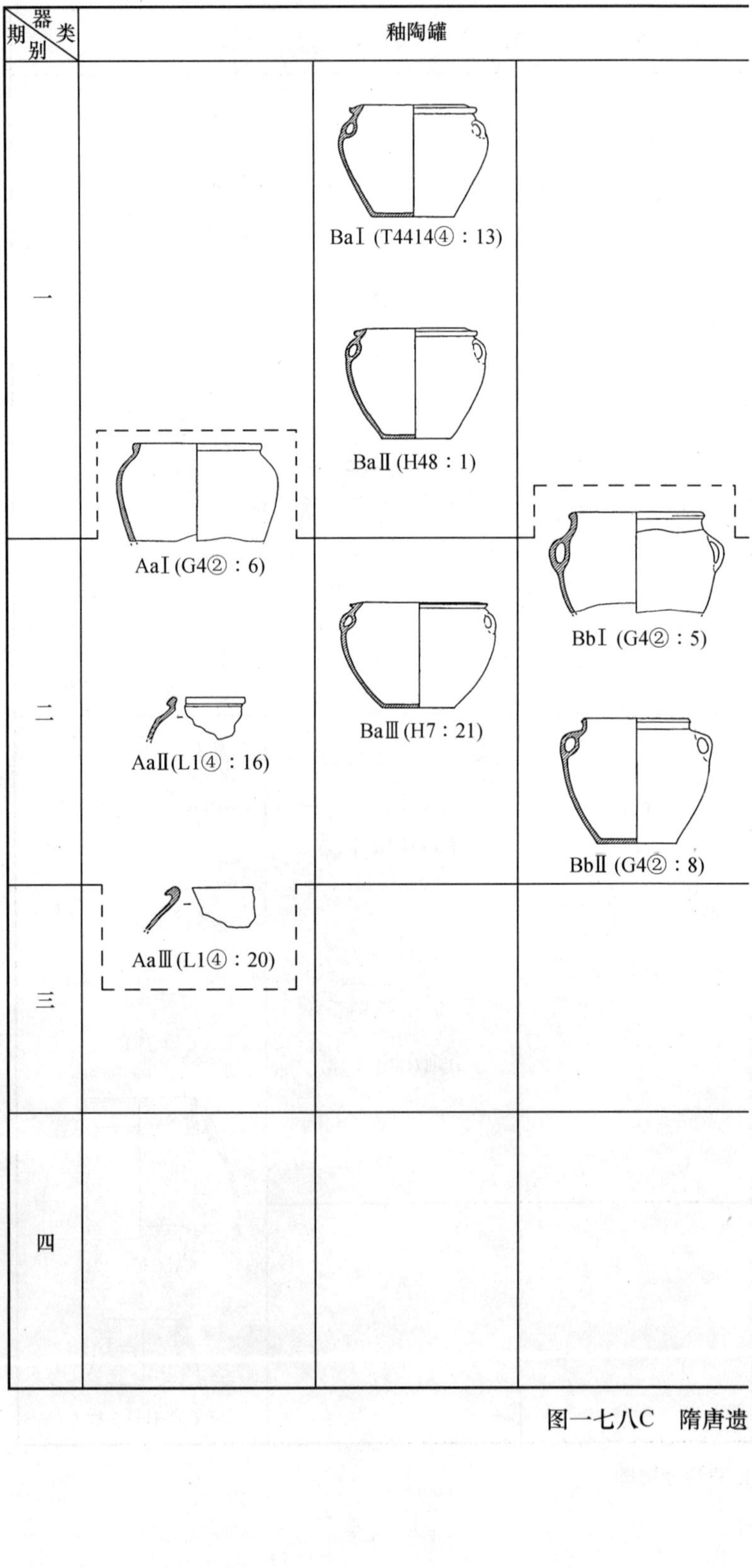
器类
期别
釉陶罐
一
二
三
四
BaⅠ(T4414④：13)
BaⅡ(H48：1)
AaⅠ(G4②：6)
BbⅠ(G4②：5)
BaⅢ(H7：21)
AaⅡ(L1④：16)
BbⅡ(G4②：8)
AaⅢ(L1④：20)

图一七八C 隋唐遗

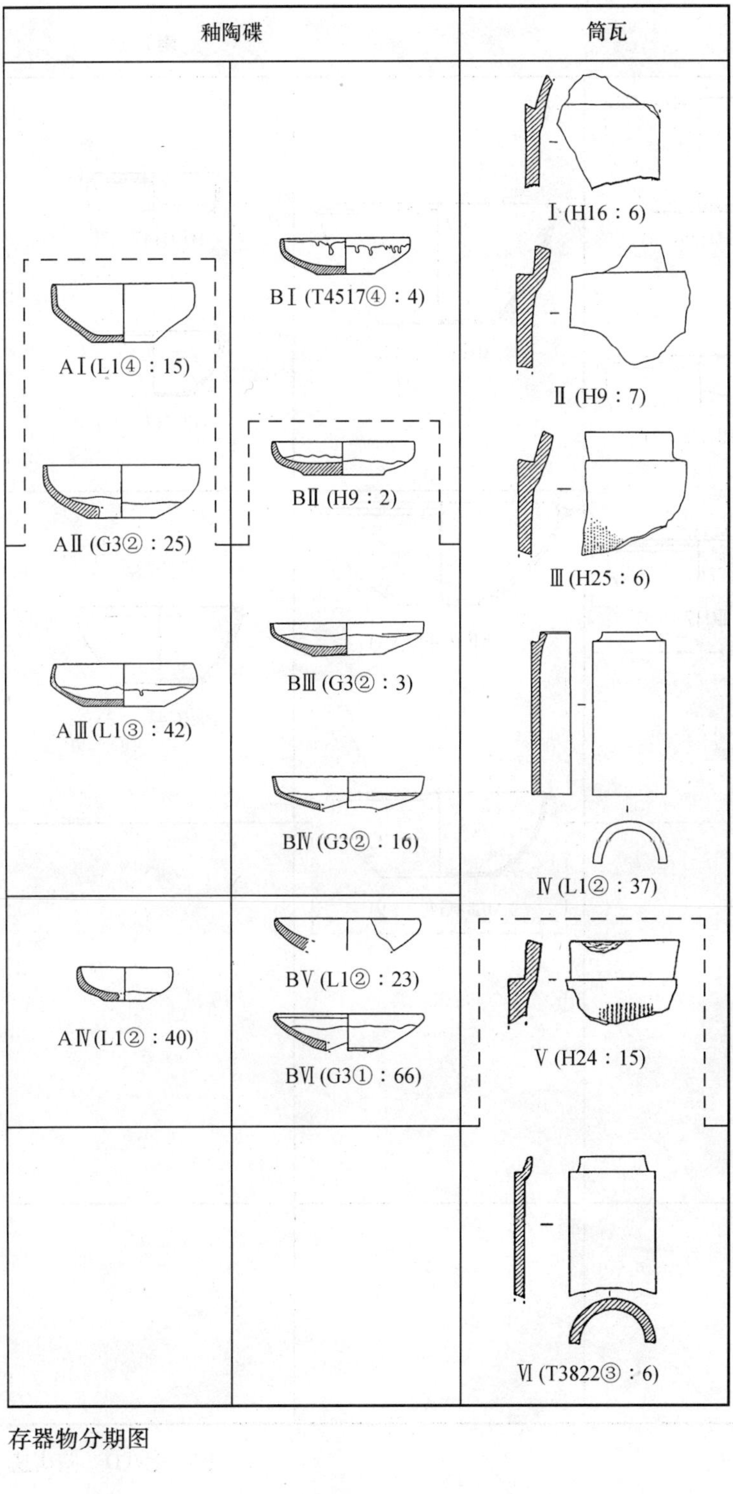
釉陶碟
筒瓦
AⅠ(L1④：15)
AⅡ(G3②：25)
AⅢ(L1③：42)
AⅣ(L1②：40)
BⅠ(T4517④：4)
BⅡ(H9：2)
BⅢ(G3②：3)
BⅣ(G3②．16)
BⅤ(L1②：23)
BⅥ(G3①：66)
Ⅰ(H16：6)
Ⅱ(H9：7)
Ⅲ(H25：6)
Ⅳ(L1②：37)
Ⅴ(H24：15)
Ⅵ(T3822③：6)

存器物分期图

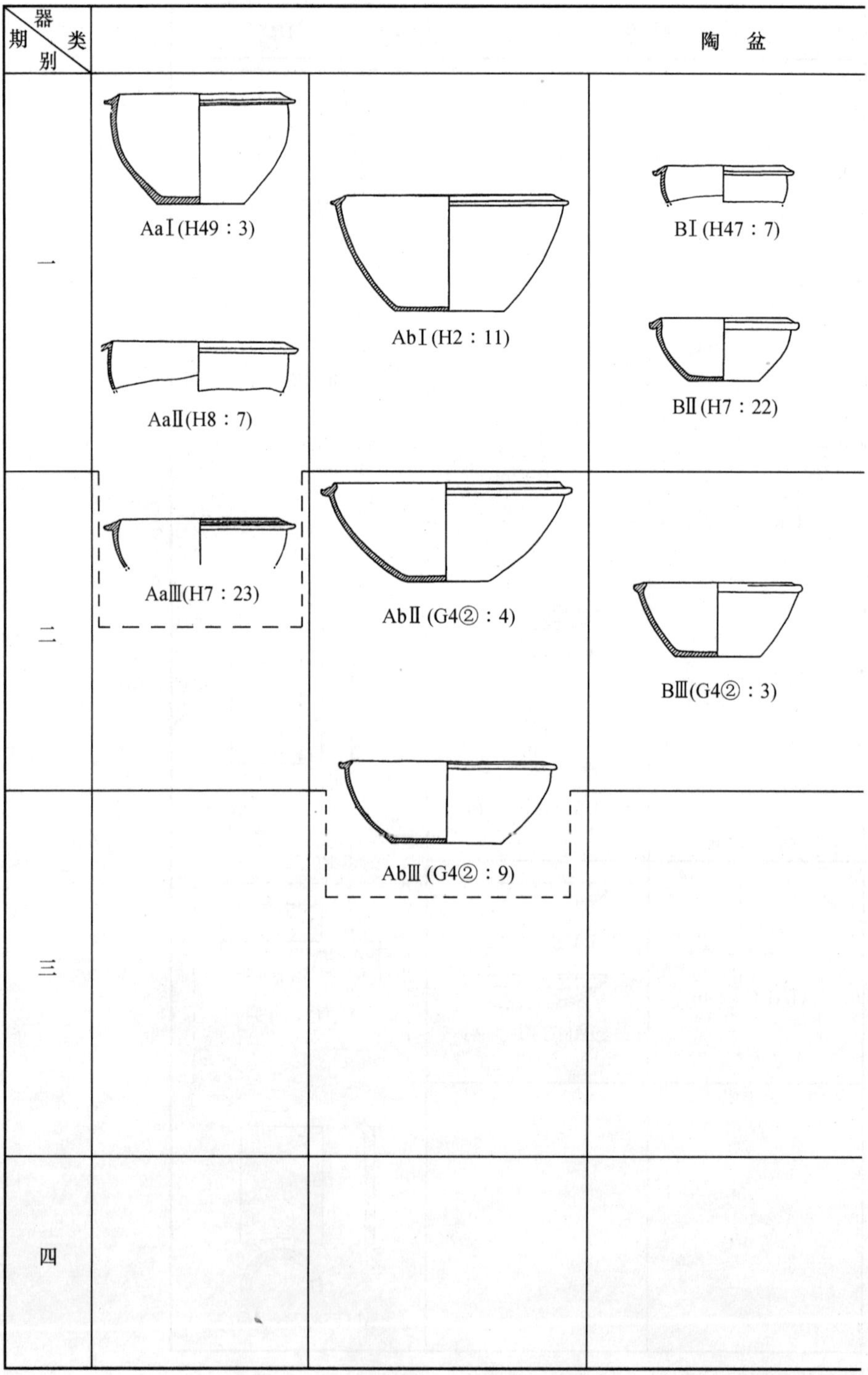
器类
期别
陶盆
一
二
三
四
AaⅠ(H49：3)
AaⅡ(H8：7)
AaⅢ(H7：23)
AbⅠ(H2：11)
AbⅡ(G4②：4)
AbⅢ(G4②：9)
BⅠ(H47：7)
BⅡ(H7：22)
BⅢ(G4②：3)

图一七八D 隋唐遗

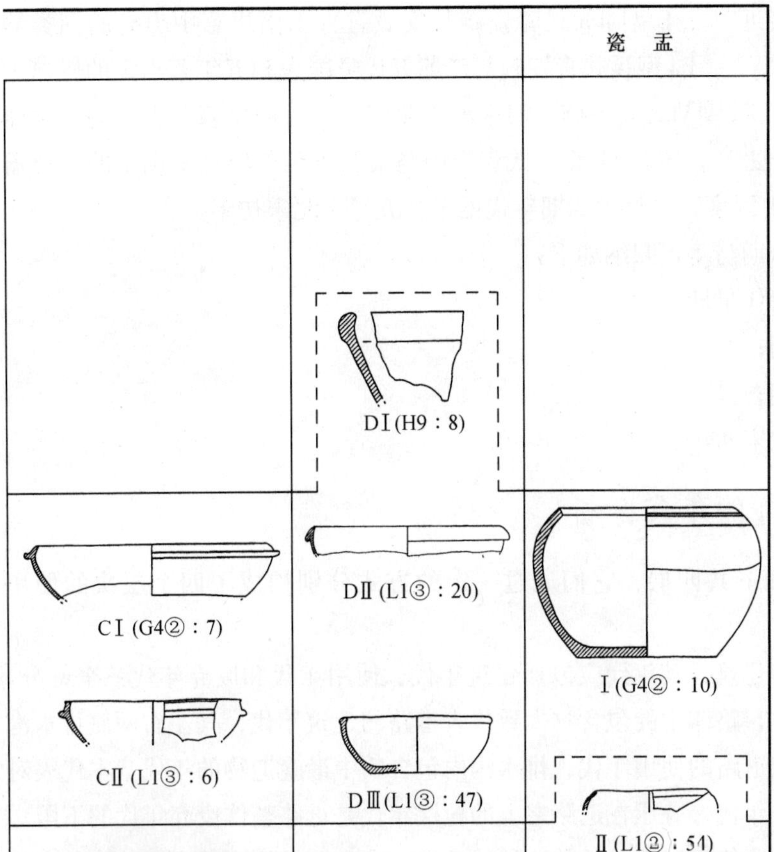
瓷 盂
DⅠ(H9：8)
CⅠ(G4②：7)
DⅡ(L1③：20)
Ⅰ(G4②：10)
CⅡ(L1③：6)
DⅢ(L1③：47)
Ⅱ(L1②：54)
CⅢ(L1②：55)
Ⅲ(G2①：12)
DⅣ(L1②：56)
CⅣ(G2①：15)
Ⅳ(H63：5)
CⅤ(L1①：6)
DⅤ(T4116③：3)
Ⅴ(T3821③：1)

存器物分期图

越窑青瓷花口碗特征接近[67]，E 型Ⅱa 式青瓷碗与安徽省青阳南唐墓中出土的同类器（原文标本 M1:5）相似[68]，Fa 型Ⅳ式青瓷碗与江苏五代吴国大和五年墓出土的唇口大瓷碗形制基本相似[69]，Fa 型Ⅵ式青瓷碗与河南巩义北窑湾北宋初年墓葬出土的同类器（原文标本 M24:4）酷似[70]，还有 Fb 型Ⅴ式青瓷碗与安徽青阳南唐墓中出土的同类器特征相似[71]。综合以上因素，可将第四期年代推定为五代～北宋初年。

现将隋唐遗存的分期与年代归纳如下：

第一期：隋代～唐代早期；

第二期：唐代中期；

第三期：唐代晚期；

第四期：五代～北宋初年。

（三）道路遗迹的年代分析

道路（L1）自上而下共四层，它们通过一定的方式分别构成了四个层次的使用路面。

道路作为一种城市建筑，其年代应包括建筑年代、使用年代和废弃年代三个部分。一般而言，道路遗迹中，路体中的包含物大致代表道路的建筑年代，其左右两侧排水沟中的包含物年代应代表道路的使用年代，排水沟内包含物中最晚遗物的年代基本代表对应层次使用路面的废弃年代，叠压在道路之上的地层年代是道路整体废弃年代的下限。

然而，由于古代道路使用时期较长的这种特殊性，由于受发掘面积有限的这种客观因素影响，再由于种种历史的人为因素和其他不可预见因素的存在，使这种遗迹包含物与遗迹之间的年代对应关系呈现出许多不确定性的关系。例如，假设 L1④建筑于隋代，由于发掘面积较小，再由于历史上取土筑路时期偶然人为因素，很可能 L1④中某些路段的包含物中没有隋代遗物，只有在道路的使用时期将唐代前期遗物碾压在道路当中，根据一般原理我们就不能将 L1④路体的建筑年代推定为隋代，而只能推定为唐代前期；又例如 G4，假设 G4 是在唐代晚期才废弃的，由于排水沟在使用中被不完全地掏挖和清理，或由于上述种种原因，使排水沟内只保留了年代为唐代中期的遗物，在局部路段内，G4 排水沟内确实不见唐代晚期遗物出现，因此，我们也似乎只能根据遗物的年代将 L1④的废弃年代推定为唐代中期。

一般说来，道路遗迹路体中的包含物年代与道路的修筑年代有关，排水沟内包含物的年代与道路的使用、废弃年代有关，又因为上述种种原因，也不能完全排除路体中的部分包含物的年代等于道路排水沟遗物的年代。我们根据对各个层道路与排水沟内出土物的分析与年代类比发现，各层道路与对应的排水沟内出土物年代差别并不很大。因此，要非常具体地划分、判定每层道路遗迹的建筑、使用和废弃年代，是受诸多条件制约的。四个层次的道路使用面虽有先后时间顺序，但每个层次的使用面分别与它配套的排水沟的年代下限相同。

这样，能够涵盖以上各项因素的对道路遗迹年代推定的具有可行性的操作方法应该是：一是分别将各层道路的建筑、使用和废弃年代三个部分合并分析；二是据地层叠压关系找出各层道路年代的上下限。直接叠压在道路上的堆积层，应是道路废弃年代的下限，被道路直接叠压的堆积层，应是道路废弃年代的上限。

根据以上原则，现逐一对 L1 各层使用路面及其排水沟的年代进行分析。

L1①、L1②虽然它们分别代表了两个使用路面，但在 L1①作为使用面时，L1①、G1 是与 L1②东侧共同构成第一层路面在使用的，这也就是说 L1①、L1②这两者的部分使用年代及废弃年代的下限是一致的。虽然 L1①、L1②无论是形成的先后，还是各自包含物的本身，都应该有时间的先后，但它们不仅年代的下限一致，在其遗物的分期上又同属第三期，所以在年代上只能将 L1①、L1②同归为第三期。L1①、L1②属唐代晚期；L1①、L1②之上叠压着五代时期形成的第③层堆积，因此，L1①、L1②年代的下限在五代以前。

L1③、L1④　它们依次叠压在生土或时代为第一期的灰坑之上，被 L1②叠压。层位关系本身已说明它们有着时间的先后，但在对 L1③、L1④包含物的分期时发现，L1③、L1④包含物年代差别并不远，分期的“刻度”难以将它们再细分为两期。因此，L1③、L1④同属第二期，即唐代中期。

G1　它是与第一层路面（L1①、L1②）配套的西侧排水沟，无论从使用关系上讲，还是其包含物的年代，都与 L1①、L1②同期，即属第三期。

G2　它是与第一层路面配套的东侧排水沟，沟内的使用堆积自上而下分两层，编号依次为 G2①、G②。本报告的前面章节已经说明，从堆积层次看，G2①、G2②先后作为四个路面东侧的排水沟。虽然 G2 位于 T3717 部位的原生堆积在使用过程中被部分地掏挖清理了，但经检索沟内堆积发现，G2①出有 Aa 型Ⅷa 式瓷碗，Ab 型Ⅵb 式瓷碗，Fa 型Ⅲ式瓷碗，Fb 型Ⅱ、Ⅲ、Ⅳ式瓷碗，A 型Ⅲ式釉陶碗，还有 Ba 型Ⅲ式釉陶罐，C 型Ⅳ式陶盆等，这些出土物均属第三期，它们代表了 G2①的堆积年代。因此，T3717 部位的 G2①是在 L1①、L1②的使用期形成的。G2②最初是 L1④东侧的排水沟，但 T3717 部位的 G2②不见与 L1④年代接近的包含物，这应该是曾经被掏挖清理所至。G2②的包含物非常少，可辨器形有豆黄釉瓷碗，灰陶盆等，因破碎严重，均是未列型式之器，从所出瓷碗和灰陶盆的口沿特征看，与 L1③所出同类器相似或相同，可以看出 G2②的堆积是在 L1③的使用过程中形成的，G2②堆积时期为第二期。

G3　它先后是 L1②、L1③路面西侧的排水沟。沟内堆积自上而下分 G3①、G3②。G3①，是 L1②使用时期形成的堆积无疑，出 B 型Ⅵ式釉陶碟、B 型瓷罐、A 型瓷罐、C 型Ⅳ式釉陶罐、C 型Ⅴ式釉陶罐、Aa 型Ⅶa 式瓷碗等，它们均与 L1②同期。故 G3①的堆积时期为第三期。G3②其堆积则是在L1②、L1③的使用时期都可能形成，其沟内堆积与哪一层路面有着使用的对应关系，还要依据两者包含物的关系来推定。G3②出有Aa型Ⅵ式瓷碗、Ab型Ⅳ式瓷碗、A型Ⅱ式釉陶碗、A型Ⅱ式釉陶碟、A型Ⅲb式釉陶碟、B型Ⅲ式釉陶碟、C型Ⅱ式陶盆、D型Ⅱ式陶盆、Eb型Ⅲ式陶盆、Ⅲ式釉陶盆、Ⅲ式釉陶盂、B型Ⅳ式釉陶碟、Ⅲ式釉陶盅等，它们均与L1③同期。故G3②是在L1③使用期形成的。G3②的堆积时期为第二期。

G4　它是L1G④西侧的排水沟。G4的堆积从上至下分为两层，即G4①和G4②。G4①在T3717、T3718探方部位不见遗物，它可能是雨水冲刷形成的堆积，沟内虽然无包含物，但它的层位关系已经界定了它的堆积时期约与L1④的后段使用时期相当，因为未发现包含物，这里归为唐代。G4②出Aa型Ⅴ式瓷碗、Aa型Ⅱ式陶罐、Aa型Ⅲ式陶罐、Ab型陶罐、Bb型Ⅰ式陶罐、Bb型Ⅱ式陶罐、Ab型Ⅱ式陶盆、Ab型Ⅲ式陶盆、C型Ⅰ式陶盆等，它们均与L1④的包含物同期，它们约与L1④的前段使用时期相当。G4②的堆积时期为第二期。

三、宋代遗存分期与年代

（一）分期

根据探方的地层与遗迹的层位关系，罗州城宋代遗存可分为四组，这四组的典型单位及其器物的型式组合情况见表四二。

第一组　典型遗迹单位有H14、H44。出土器物分瓷器、釉陶器和陶器三类。瓷器有A型Ⅰ式碗，Ba型Ⅰ式碗，D型Ⅰ式碗，Cb型Ⅰ式盏，Ab型Ⅰ式碟，Ba型Ⅰ式碟，Aa型Ⅰa式盘，D型Ⅰ式盘，Ⅰa、Ⅰb式执壶；釉陶器有A型Ⅰa、Ⅰb式执壶，A型Ⅰ式钵，B型Ⅰ式钵，A型Ⅰ式瓮，Ⅰa式带系瓶，C型Ⅰ式罐；陶器有A型Ⅰ式罐、B型Ⅰ式罐等。

第二组　地层有②B层，遗迹单位有H18、H23。出土器物分瓷器、釉陶器和陶器三类。瓷器有A型Ⅱ式碗，Ba型Ⅱ、Ⅲ式碗，Bb型Ⅰ、Ⅱ、Ⅲ、Ⅳ、Ⅴ式碗，Bc型Ⅰ式碗，C型Ⅰ、Ⅱ式碗，D型Ⅱ式碗，A型Ⅰ、Ⅱ、Ⅲ式盏，Ba型Ⅰ、Ⅱ式盏，Bb型Ⅰ、Ⅱ式盏，Bc型Ⅰ、Ⅱ式盏，Ca型Ⅰ、Ⅱ、Ⅲ式盏，Cb型Ⅱ式盏，Aa型Ⅰ、Ⅱ式碟，Aa型Ⅰb、Ⅱ、Ⅲ式盘，Ab型Ⅰ、Ⅱ、Ⅲ式盘，Ac型Ⅰ式盘，B型Ⅰ、Ⅱ、Ⅲa、Ⅲb式盘，Ca型Ⅰ式盘，Ⅱ、Ⅲa、Ⅲb式执壶，Ⅰ、Ⅱ、Ⅲ式钵；釉陶器包括Ⅰ、Ⅱ式碗，A型Ⅱ、Ⅲ式执壶，B型Ⅰa、Ⅰb式执壶，A型Ⅰ、Ⅱ、Ⅲ式钵，B型Ⅱ、Ⅲ式钵，Ⅰ式刻槽钵，Aa型Ⅰ式罐，Ab型Ⅰ式罐，Ac型Ⅰ式罐，Ba型Ⅰa、Ⅰb、

表四二 宋代遗存典型单位器物型式组合序列表

组别	单位 \ 器类 型式	碗							瓷盏						
		瓷						釉陶							
		A	Ba	Bb	Bc	C	D		A	Ba	Bb	Bc	Ca	Cb	Cc
一	H14	Ⅰ	Ⅰ				Ⅰ							Ⅰ	
	H44	Ⅰ													
二	H18	Ⅱ		Ⅴ		Ⅰ			Ⅱ Ⅲ		Ⅱ	Ⅰ Ⅱ	Ⅲ		
	H23	Ⅱ		Ⅳ					Ⅱ Ⅲ	Ⅱ	Ⅰ	Ⅰ	Ⅱ	Ⅱ	
	②B	Ⅱ	Ⅱ Ⅲ	Ⅰ Ⅱ Ⅲ	Ⅰ	Ⅰ Ⅱ	Ⅱ	Ⅰ Ⅱ	Ⅰ Ⅱ	Ⅰ Ⅱ	Ⅰ		Ⅰ		
三	H17	Ⅱ	Ⅳ				Ⅲ				Ⅲ		Ⅲ		Ⅰ
	H30	Ⅲ					Ⅲ								
	H21		Ⅳ				Ⅲ								
	采				Ⅱ Ⅲ										
四	H43	Ⅲ							Ⅳ	Ⅲ		Ⅲ			
	H22	Ⅳ							Ⅴ					Ⅱ	
	H26	Ⅲ													
	②A	Ⅵ	Ⅳ Ⅴ Ⅵ		Ⅳ Ⅴ	Ⅳ Ⅴ	Ⅳ	Ⅲ		Ⅲ	Ⅳ	Ⅳ	Ⅳ	Ⅲ Ⅳ Ⅴ	Ⅰ Ⅱ
	采	Ⅴ				Ⅲ									

组别	单位 \ 器类 型式	碟							瓷盘						
		瓷						釉陶							
		Aa	Ab	Ba	Bb	C	D		Aa	Ab	Ac	B	Ca	Cb	D
一	H14		Ⅰ	Ⅰ					Ⅰa						Ⅰ
	H44														
二	H18		Ⅲ		Ⅱ Ⅳ										
	H23			Ⅲ	Ⅱ Ⅲ Ⅳ	Ⅲ	Ⅰ Ⅱ		Ⅲ	Ⅲ					
	②B	Ⅰ Ⅱ	Ⅱ	Ⅱ Ⅳ	Ⅰ	Ⅰ Ⅱ			Ⅰb Ⅱ	Ⅰ Ⅱ	Ⅰ	Ⅰ Ⅱ Ⅲa Ⅲb	Ⅰ		
三	H17				Ⅳ	Ⅳ									
	H30										√				
	H21														
	采														
四	H43							Ⅰ				Ⅳa		Ⅰ	
	H22														
	H26														
	②A	Ⅲ Ⅳ	Ⅳ Ⅴ					Ⅱ	Ⅳ		Ⅱ Ⅲ	Ⅳb Ⅴa Ⅴb	Ⅱ Ⅲ Ⅳ Ⅴ	Ⅱ	Ⅱa Ⅱb
	采														

组别	单位 \ 器类 型式	执壶			钵							
		瓷	釉陶		瓷	釉陶			硬陶	陶		
						无刻槽		有刻槽		无刻槽		有刻槽
			A	B		A	B			A	B	
一	H14	Ⅰa Ⅰb	Ⅰa			Ⅰ	Ⅰ					
	H44		Ⅰb							Ⅰ	Ⅰ	
二	H18	Ⅲa Ⅲb	Ⅲ									
	H23	Ⅲb	Ⅱ	Ⅰa Ⅰb	Ⅲ		Ⅲ					Ⅱ
	②B	Ⅱ			Ⅰ Ⅱ	Ⅰ Ⅱ Ⅲ	Ⅱ	Ⅰ	Ⅰ Ⅱ			Ⅰ
三	H17			Ⅱ								
	H30											
	H21							Ⅱ				
	采											
四	H43		Ⅳ									
	H22		Ⅴ		Ⅳ			Ⅲ				
	H26										Ⅱ	
	②A	Ⅳ	Ⅵ	Ⅲ	Ⅴ	Ⅳa Ⅳb	Ⅳ		Ⅲ Ⅳ	Ⅱ Ⅲ	Ⅲ	
	采			Ⅳ								

续表

组别	单位	釉陶罐						釉陶缸		釉陶瓮		陶盆					陶朴满		瓷器盖			釉陶小瓶	釉陶杯	釉陶带系瓶	釉陶韩瓶	釉陶盅	釉陶双耳壶
												无流				带流											
		Aa	Ab	Ac	Ba	Bb	C	A	B	A	B	Aa	Ab	Ac	B		A	B	Aa	Ab	B						
一	H14						Ⅰ					Ⅰ															
	H44			√						Ⅰ						Ⅰ								Ⅰa			
二	H18			Ⅰ	Ⅲ				Ⅱ			Ⅲ						√	Ⅲ		Ⅲa Ⅲb			Ⅱ		Ⅱa Ⅱb	
	H23				Ⅱa Ⅱb						Ⅱ	Ⅲ				Ⅱ Ⅲ	Ⅰ		Ⅱ		Ⅱ			Ⅱ	Ⅰ		
	②B	Ⅰ	Ⅰ		Ⅰa Ⅰb	Ⅰ	Ⅱ	Ⅰ Ⅱ	Ⅰ	Ⅱ Ⅲ	Ⅰ	Ⅰ Ⅱ	Ⅰ Ⅱ Ⅲ	Ⅰ	Ⅰ				Ⅰ		Ⅰa Ⅰb	Ⅰ		Ⅰb		Ⅰ Ⅱa Ⅱb	Ⅰ Ⅱ
三	H17	Ⅱ		Ⅱa Ⅱb	Ⅳ			Ⅲ																		Ⅲ	
	H30									Ⅳ																	
	H21														Ⅱ					Ⅰ			√				
四	H43			√																							
	H22						Ⅲ					Ⅳ											Ⅰ	Ⅲ			
	H26			√				√																			
	②A	Ⅲ Ⅳ	Ⅱ Ⅲa Ⅲb	Ⅲa Ⅲb Ⅳ	Ⅴ	Ⅱ	Ⅳ Ⅴ	Ⅳ	Ⅲ		Ⅲ	Ⅴ	Ⅳ	Ⅱ Ⅲ	Ⅱ		Ⅱ		Ⅳ Ⅴ	Ⅱ		Ⅱ Ⅲ	Ⅱ	Ⅳ	Ⅱ Ⅲ	Ⅳ	Ⅲ
	采	Ⅴ																									

Ⅱa、Ⅱb、Ⅲ式罐，Bb型Ⅰ式罐，C型Ⅱ式罐，A型Ⅰ、Ⅱ式缸，B型Ⅰ、Ⅱ式缸，A型Ⅱ、Ⅲ式瓮，B型Ⅰ、Ⅱ式瓮，Ⅰb、Ⅱ式带系瓶。此外，还有硬陶器Ⅰ、Ⅱ式钵，Ⅰ、Ⅱ式刻槽钵等。

第三组 典型遗迹单位有H17、H21、H30。出土器物分瓷器、釉陶器和陶器三类。瓷器有A型Ⅱ、Ⅲ式碗，Ba型Ⅳ式碗，Bc型Ⅱ、Ⅲ式碗，D型Ⅲ式碗，Bb型Ⅲ式盏，Ca型Ⅲ式盏，Cc型Ⅰ式盏，Bb型Ⅳ式碟，C型Ⅳ式碟；釉陶器有B型Ⅱ式执壶，Ⅱ式刻槽钵，Aa型Ⅱ式罐，Ac型Ⅱa、Ⅱb式罐，Ba型Ⅳ式罐，A型Ⅲ式缸，A型Ⅳ式瓮；陶器有B型Ⅱ式盆等。

第四组 地层有②A层，遗迹单位有H22、H26、H43等。出土器物分瓷器、釉陶器、瓷器三类。瓷器有A型Ⅲ、Ⅳ、Ⅴ、Ⅵ式碗，Ba型Ⅳ、Ⅴ、Ⅵ式碗，Bc型Ⅵ、Ⅴ式碗，C型Ⅲ、Ⅳ、Ⅴ式碗，Cb型Ⅳ、Ⅴ式盏，Cc型Ⅱ式盏，Aa型Ⅲ、Ⅳ式碟，Ab型Ⅳ、Ⅴ式碟，Aa型Ⅳ式盘，AC型Ⅱ、Ⅲ式盘，B型Ⅳa、Ⅳb、Ⅴa、Ⅴb式盘，Ca型Ⅱ、Ⅲ、Ⅳ、Ⅴ式盘，Cb型Ⅰ、Ⅱ式盘，D型Ⅱa、Ⅱb式盘，Ⅳ式执壶，Ⅳ、Ⅴ式钵；釉陶器有Ⅲ式碗，Ⅰ、Ⅱ式碟，A型Ⅳ、Ⅴ、Ⅵ式执壶，B型Ⅲ、Ⅳ式执壶，A型Ⅳa、Ⅳb式钵，B型Ⅳ式钵，Ⅲ式刻槽钵，Aa型Ⅱ、Ⅲ、Ⅳ式罐，Ab型Ⅱ、Ⅲa、Ⅲb式罐，AC型Ⅲa、Ⅲb、Ⅳ式罐，Ba型Ⅴ式罐，Bb型Ⅱ式罐，C型Ⅲ、Ⅳ、Ⅴ式罐，A型Ⅳ式缸，B型Ⅲ式缸，B型Ⅲ式瓮，Ⅲ、Ⅳ式带系瓶，此外，还有硬陶刻槽钵；陶器有A型Ⅱ、Ⅲ式钵，B型Ⅱ、Ⅲ式钵等。

以上四组典型地层、遗迹及其遗物分别代表着宋代遗存的一至四期的四个发展阶段。这一至四期器类型式分期见表四三；一至四期的主要器物分期演化情况见图一七九；各个遗迹的概况与分期见附表六。

（二）年代

第一期 本期的A型Ⅰ式瓷碗与湖北秭归庙坪北宋早期墓葬中出土的瓷碗（原文标本M57∶1）特征相似[72]，D型Ⅰ式盘与辽宁朝阳辽开泰九年的耿延毅夫妇墓出土的葵口瓷盘特征相似[73]，还有一件未列型式的瓷碗（标本H14∶31）与江西景德镇湖田窑五代时期堆积中的同类器和吉林农安县辽开泰年间的万金塔基中出土的同类器特征相似[74]，本期的Ba型Ⅰ式瓷碟与河南巩义北窑五代～北宋初年墓葬出的同类器（原文标本M24∶4）特征酷似[75]。综合这些因素，可将第一期年代推定为北宋早期后段。

第二期 本期的A型Ⅱ式碗与英山郭家湾宋熙宁十年墓出土的同类器特征极为相似[76]，Ba型Ⅱ式瓷碗也与河南密县五虎庙北宋嘉祐八年墓出的Ⅱ式瓷盏特征相同[77]，Bb型Ⅳ式瓷碗与河南密县五虎庙北宋嘉祐八年墓出的Ⅳ式碗相同[78]，Ba型Ⅱ式碗与江西金溪大观三年孙大郎墓出土的“影青朵花纹瓷碗”特征相同[79]，Ca型Ⅰ式瓷盘与

表四三　宋代遗存主要器物型式分期表

期别＼器类·型式	碗							盏							碟							
	瓷						釉陶	瓷							瓷							釉陶
	A	Ba	Bb	Bc	C	D		A	Ba	Bb	Bc	Ca	Cb	Cc	Aa	Ab	Ba	Bb	C	D	
一	Ⅰ	Ⅰ				Ⅰ							Ⅰ			Ⅰ	Ⅰ				
二	Ⅱ	Ⅱ Ⅲ	Ⅰ Ⅱ Ⅲ Ⅳ Ⅴ	Ⅰ	Ⅰ Ⅱ	Ⅱ	Ⅰ Ⅱ	Ⅰ Ⅰ Ⅱ	Ⅰ Ⅱ	Ⅰ Ⅱ	Ⅰ Ⅱ	Ⅰ Ⅱ Ⅲ	Ⅱ		Ⅰ Ⅱ	Ⅱ Ⅲ	Ⅱ Ⅲ Ⅳ	Ⅰ Ⅱ Ⅲ Ⅳ	Ⅰ Ⅱ Ⅲ	Ⅰ Ⅱ	
三	Ⅱ Ⅲ	Ⅳ		Ⅱ Ⅲ		Ⅲ				Ⅲ		Ⅲ		Ⅰ				Ⅳ	Ⅳ		
四	Ⅲ Ⅳ Ⅴ Ⅵ	Ⅳ Ⅴ Ⅵ		Ⅳ Ⅴ	Ⅲ Ⅳ Ⅴ	Ⅳ	Ⅲ	Ⅳ Ⅴ	Ⅲ	Ⅳ	Ⅲ Ⅳ	Ⅳ	Ⅱ Ⅲ Ⅳ Ⅴ	Ⅰ Ⅱ	Ⅲ Ⅳ	Ⅳ Ⅴ					Ⅰ Ⅱ

续表

器类/型式/期别	瓷盘							执壶			钵								釉陶罐						釉陶缸		釉陶瓮		釉陶带系统
								瓷	釉陶		瓷	釉陶			硬陶有刻槽	陶													
												无刻槽		有刻槽		无刻槽		有刻槽											
	Aa	Ab	Ac	B	Ca	Cb	D		A	B		A	B			A	B		Aa	Ab	Ac	Ba	Bb	C	A	B	A	B	
一	Ⅰa						Ⅰ	Ⅰa Ⅰb	Ⅰa Ⅰb			Ⅰ	Ⅰ			Ⅰ	Ⅰ							Ⅰ			Ⅰ		Ⅰa
二	Ⅰb Ⅱ Ⅲ	Ⅰ Ⅱ Ⅲ	Ⅰ	Ⅰ Ⅱ Ⅲa Ⅲb	Ⅰ			Ⅱ Ⅲa Ⅲb	Ⅱ Ⅲ	Ⅰa Ⅰb	Ⅰ Ⅱ Ⅲ	Ⅰ Ⅱ Ⅲ	Ⅱ Ⅲ	Ⅰ	Ⅰ Ⅱ			Ⅰ Ⅱ	Ⅰ	Ⅰ	Ⅰ	Ⅰa Ⅰb Ⅱa Ⅱb Ⅲ	Ⅰ	Ⅱ	Ⅰ Ⅱ	Ⅰ Ⅱ	Ⅱ Ⅲ	Ⅰ Ⅱ	Ⅰb Ⅱ
三										Ⅰ				Ⅱ					Ⅱ		Ⅱa Ⅱb	Ⅳ			Ⅲ		Ⅳ		
四	Ⅳ		Ⅱ Ⅲ	Ⅳa Ⅳb Ⅴa Ⅴb	Ⅱ Ⅲ Ⅳ Ⅴ	Ⅰ Ⅱ	Ⅱa Ⅱb	Ⅳ	Ⅳ Ⅴ Ⅵ	Ⅲ Ⅳ	Ⅳ Ⅴ	Ⅳa Ⅳb	Ⅳ	Ⅲ	Ⅲ Ⅳ	Ⅱ Ⅲ	Ⅱ Ⅲ		Ⅲ Ⅳ Ⅴ	Ⅱ Ⅲa Ⅲb	Ⅲa Ⅲb Ⅳ	Ⅴ	Ⅱ	Ⅲ Ⅳ Ⅴ	Ⅳ	Ⅲ		Ⅲ	Ⅲ Ⅳ

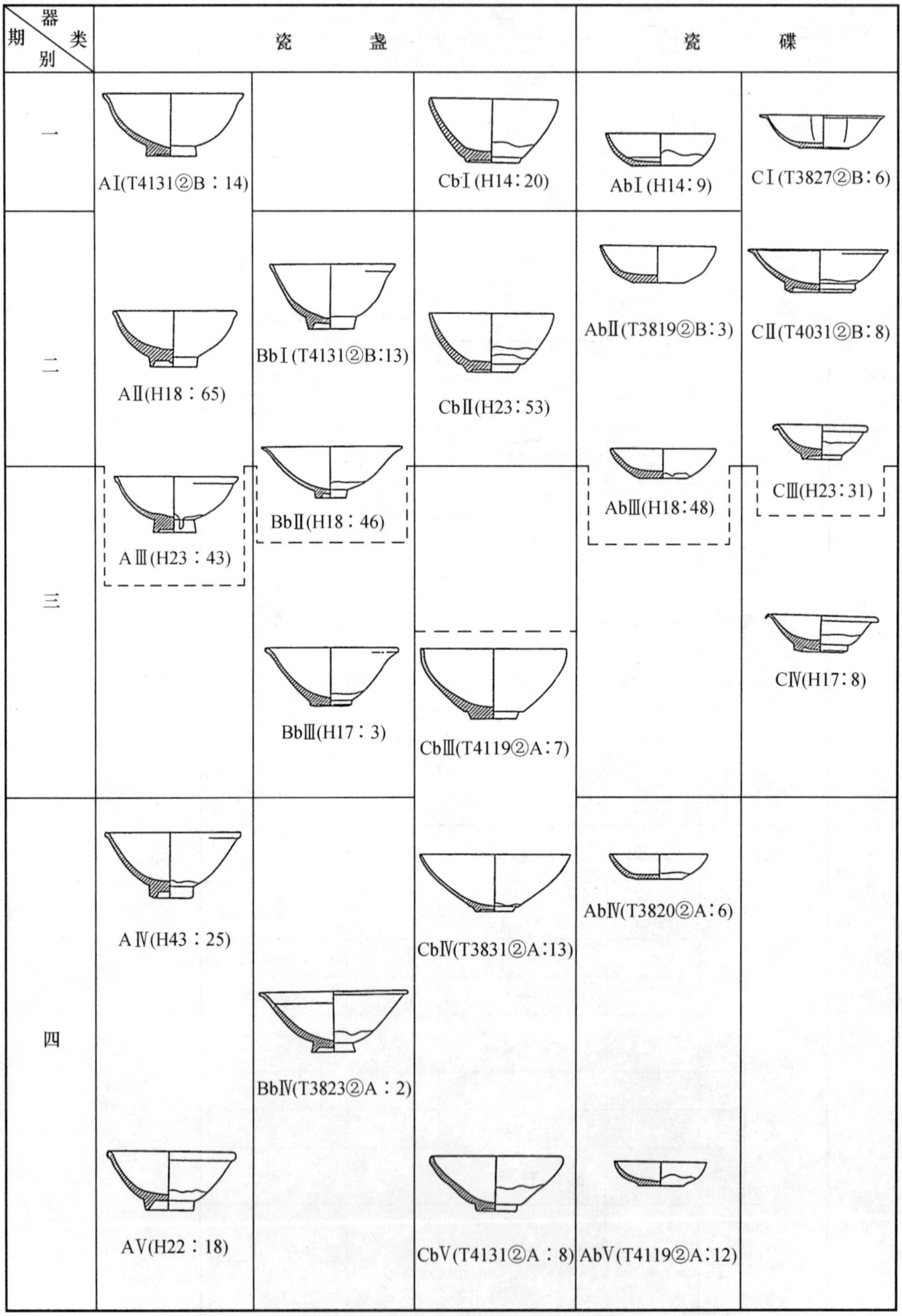

图一七九 A　宋代遗存器物分期图

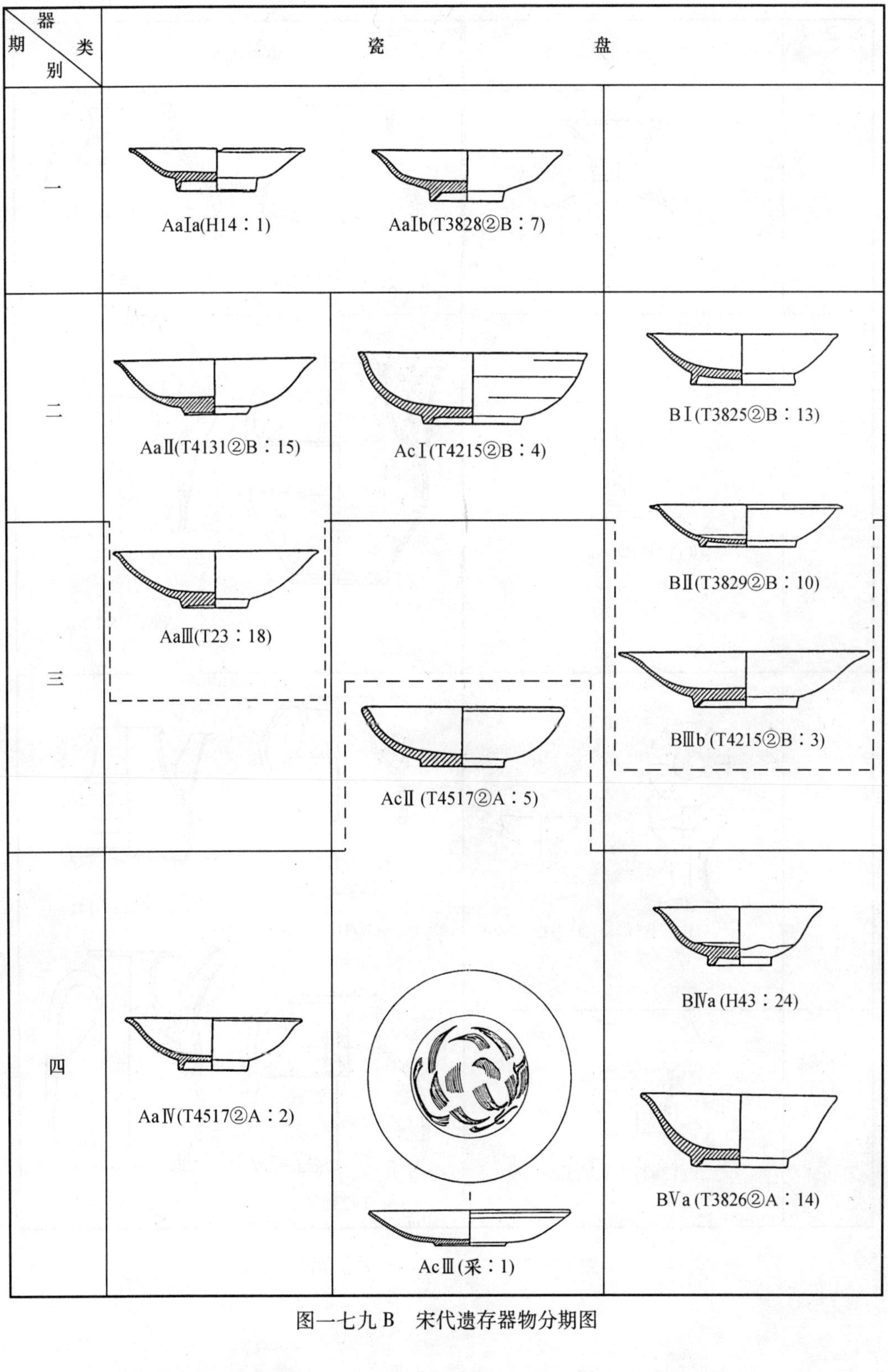

图一七九 B 宋代遗存器物分期图

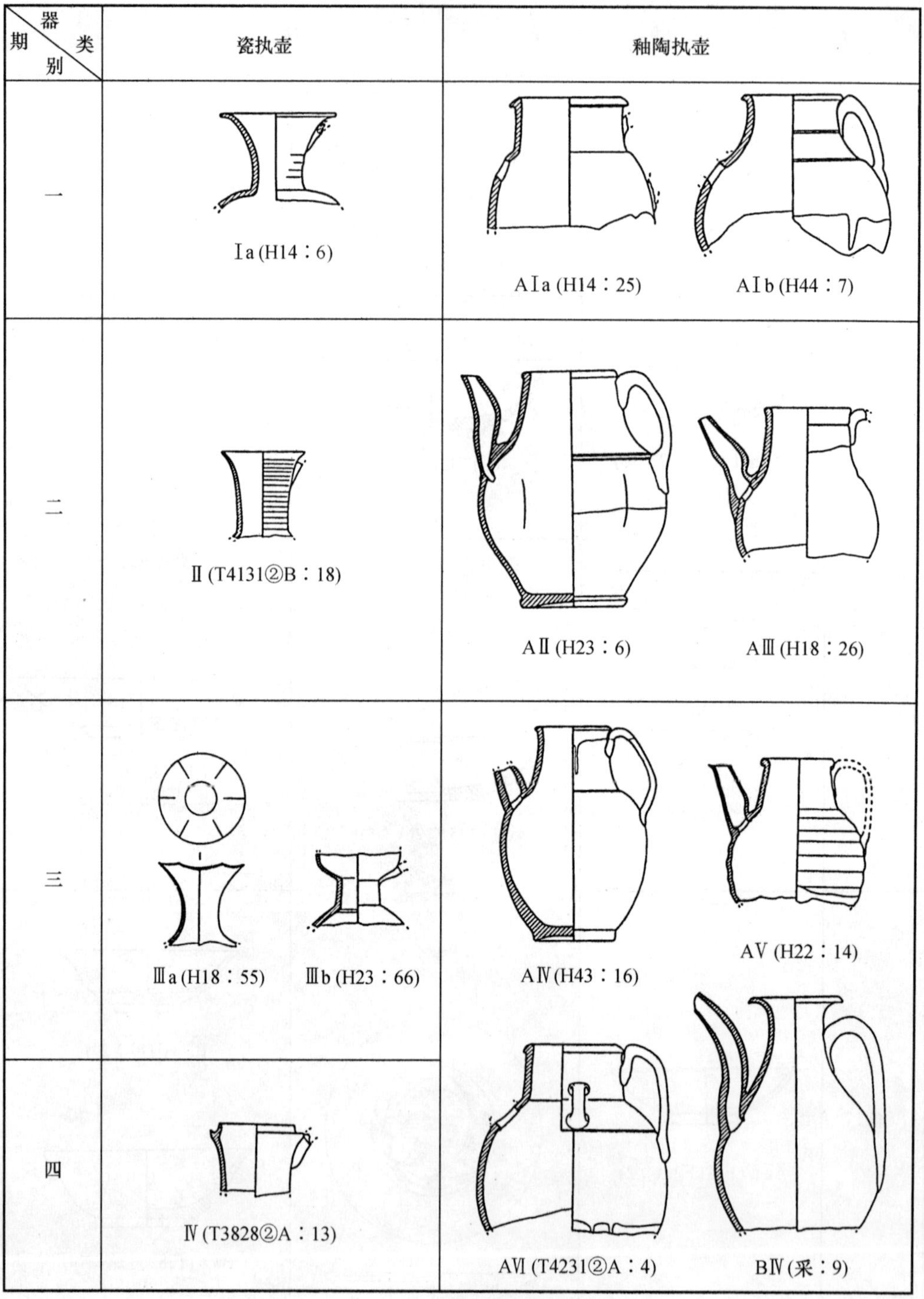

图一七九C　宋代遗存器物分期图

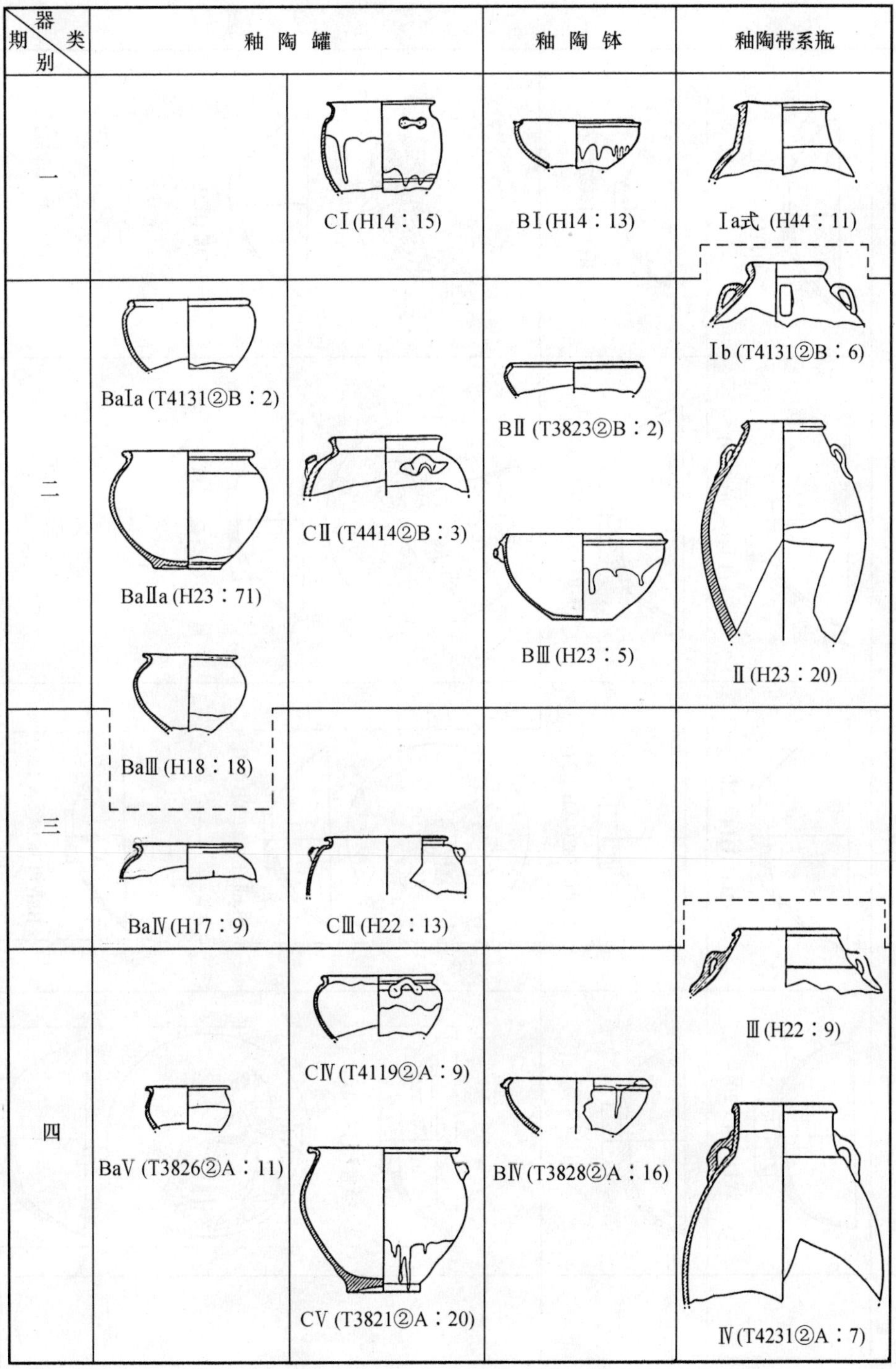

图一七九 D 宋代遗存器物分期图

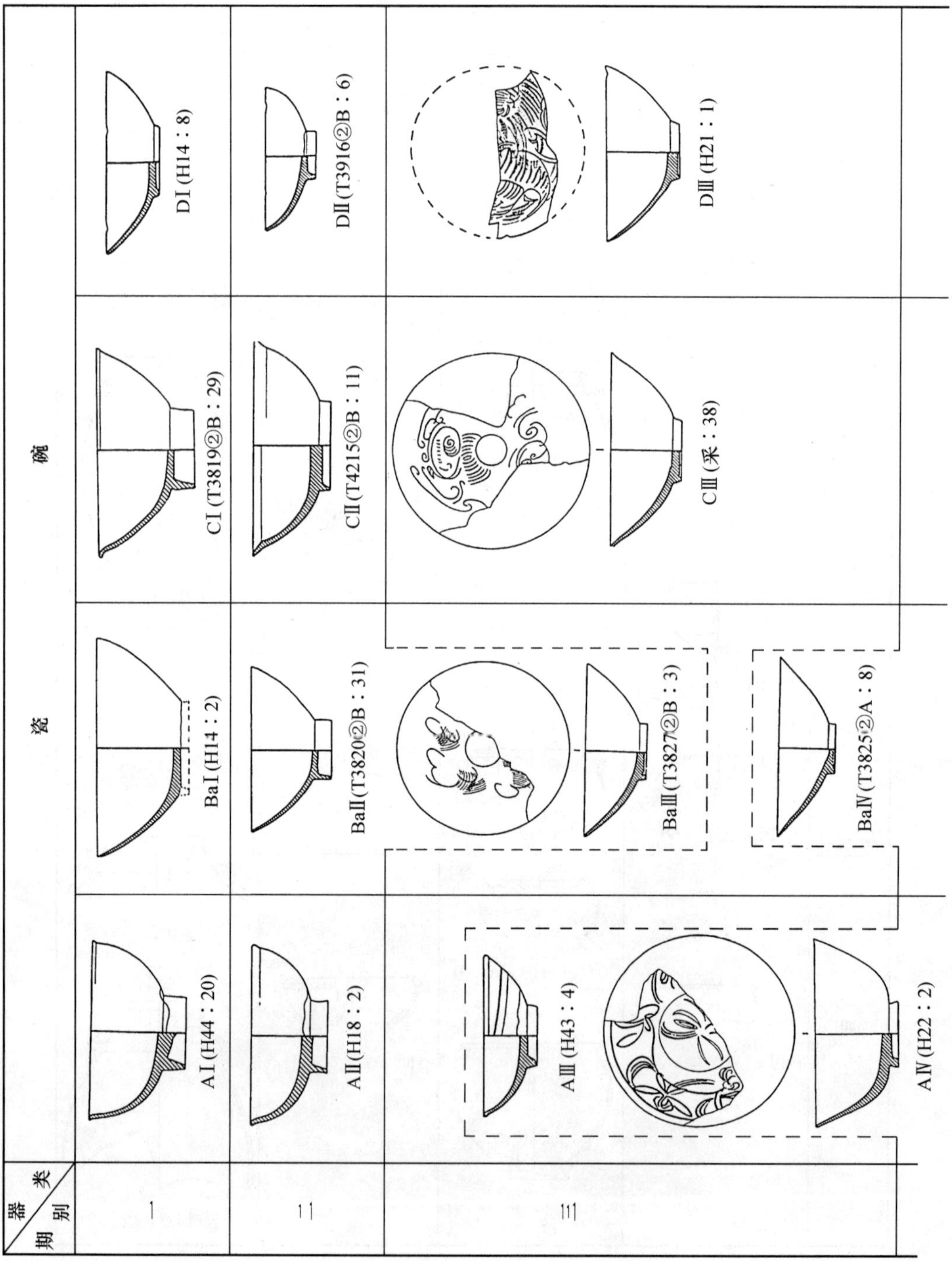
器类
期别
瓷碗
一
二
三
AⅠ(H44：20)
AⅡ(H18：2)
AⅢ(H43：4)
AⅣ(H22：2)
BaⅠ(H14：2)
BaⅡ(T3820②B：31)
BaⅢ(T3827②B：3)
BaⅣ(T3825②A：8)
CⅠ(T3819②B：29)
CⅡ(T4215②B：11)
CⅢ(采：38)
DⅠ(H14：8)
DⅡ(T3916②B：6)
DⅢ(H21：1)

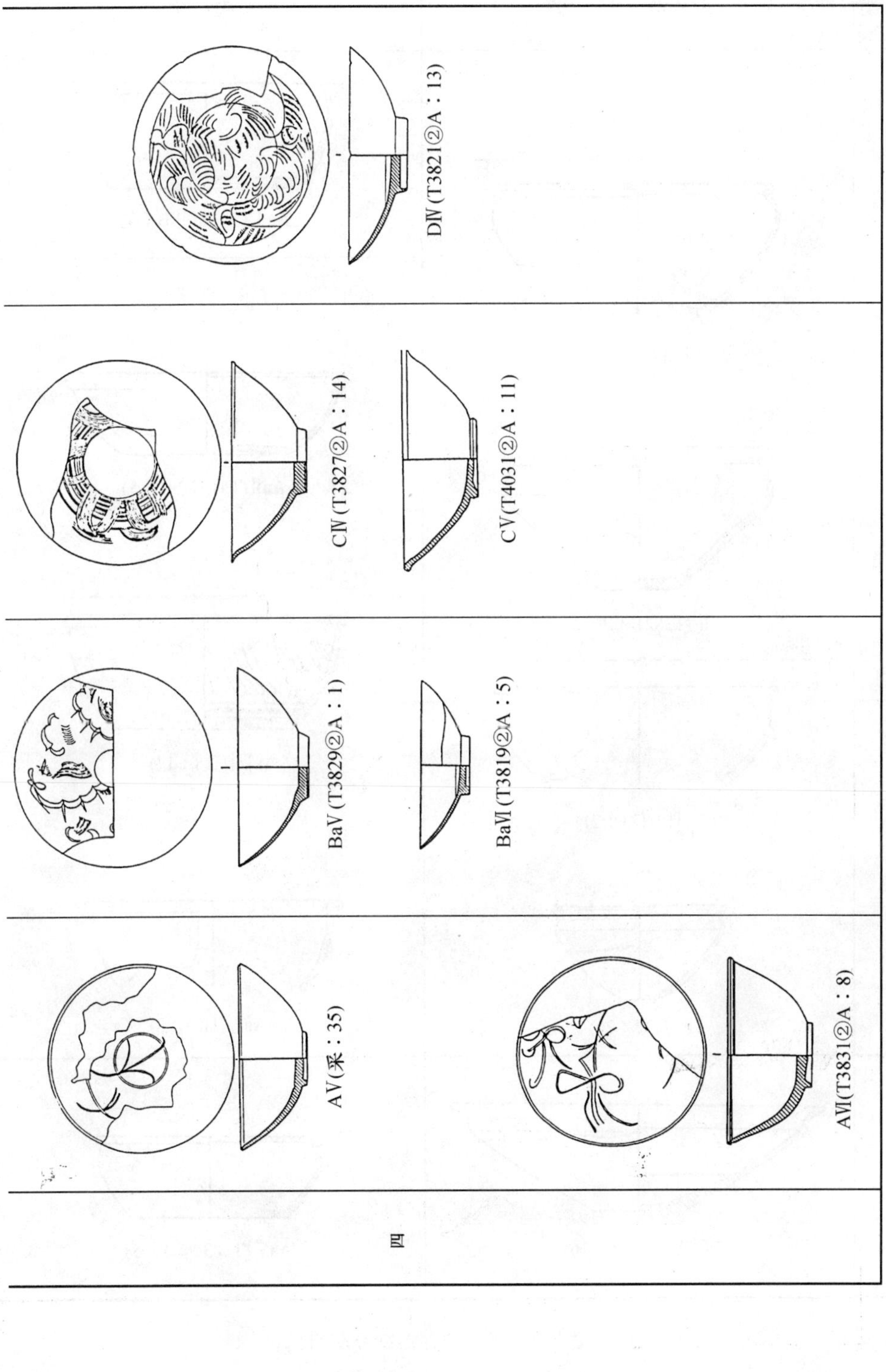

图一七九E 宋代遗存器物分期图

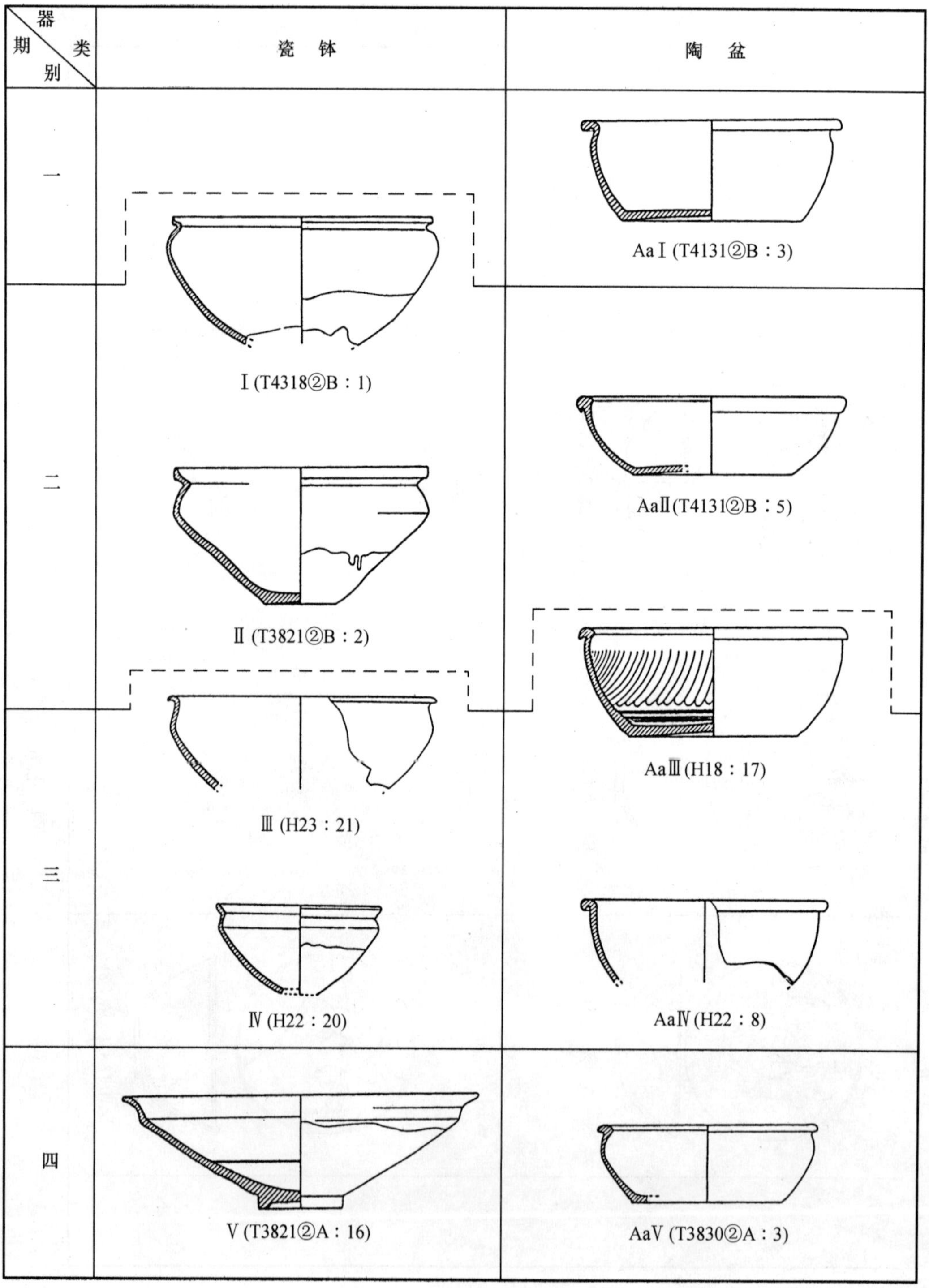

图一七九F　宋代遗存器物分期图

浙江武义北宋元丰六年墓葬出土的同类器特征相若[80]，Ⅱ式釉陶带系瓶与湖北浠水城关北宋元祐四年墓葬出土的双耳釉陶罐的特征完全相同[81]，本期地层出土的钱币有咸平元宝、祥符元宝、元丰通宝，其中最晚的为元丰通宝。另外，需要说明的是，因构成本期遗物主体的是②B层堆积物，有少数遗物的年代上限较早，如C型Ⅰ式碗，与辽清宁三年墓中出的同类器近似[82]，Ba型Ⅰ式瓷盏与武昌县北宋康定年墓中的瓷碗（原文标本M1:4）特征相若[83]等。以上纪年墓资料说明，本次发掘的罗州城②B层的堆积年代上限可早至北宋初年，但因②B层堆积遗物主体的年代在北宋中期，也就是说，②B层绝大多数遗物的年代下限为北宋中期，而第一期所属的两个遗迹及其遗物年代均在北宋早期，换句话讲，第二期少数遗物年代的上限已包括了第一期遗物的年代，只因它们同属②B层这个堆积层单位当中，无法再从出土单位的角度将之分开，故而推定第二期的年代为北宋中期，是指第二期绝大多数遗物的年代和第二期的年代下限。综合上述因素，可将第二期的年代推定为北宋中期。

第三期　本期的遗迹单位多为灰坑，其开口在②A层下或打破②B层，据其层位关系及其器物型式演化的逻辑关系，其相对年代只能是晚于第二期，早于第四期。此外，本期H30所出的Ⅲ式碗也与湖北秭归庙坪北宋晚期墓葬出的同类器特征相同[84]，本期D型Ⅲ式瓷碗与江西金溪北宋大观三年孙大郎墓出土的影青瓷碗特征近似[85]，Bb型Ⅲ式瓷盏与湖北秭归庙坪北宋晚期墓葬出的瓷盏（原文称作瓷杯，标本M107:18）特征非常相似[86]。综合以上因素，可将本期的年代推定为北宋晚期。

第四期　本期的Ba型Ⅵ式瓷碗与武汉市青山南宋宝祐四年墓出的釉陶碗造型相似[87]，Ba型Ⅴ式瓷碗又与江西宜黄县圳口公社北宋嘉泰年间墓葬出的影青划花瓷碗的特征相似[88]，A型Ⅵ式瓷碗与浙江宁波唐国宁寺东塔遗址南宋至元初堆积中出的B型青瓷碗特征相似[89]，又与景德镇湖田窑南宋~元代早期的瓷碗造型相若[90]。宋元瓷器年代研究表明，BC型Ⅴ式碗这种涩圈足烧法，在南宋金元时代才出现。本期的BC型Ⅴ式瓷碗与德化窑南宋~元代时期瓷碗特征很接近[91]，Bc型Ⅳ式黑釉瓷盏与江西吉水南宋宝祐二年墓出土的黑釉兔毫瓷盏特征近似[92]，Ac型Ⅱ式瓷盘与湖北武昌傅家坡淳熙三年前后墓葬出的瓷碗特征相同[93]，Ac型Ⅲ式瓷盏与北京海淀南辛庄辽贞元年前后的墓葬（M2）出的Ⅲ式白瓷盘特征近似[94]。此外，Ⅴ式瓷钵与甘肃灵台百里镇南宋建炎四年前后的墓葬中出的Ⅱ式瓷碗特征较为接近，只是前者撇唇部位比后者略宽[95]，Ⅲ式硬陶刻槽钵与湖北武昌傅家坡淳熙二至三年的墓中出的同类器（原文称釉陶盆，标本M1:3）特征相同[96]，C型Ⅴ式瓷碗与江西吉安市临江窑南宋堆积层中出的瓷碗特征接近[97]，本期地层②A层出的瓜棱瓷碗（标本T4315②A:2）与江西清江嘉定十七年墓出的同类器特征相同[98]。本期的出土遗物因多在地层②A层中，遗物的年代跨度较长，不少遗物的年代上限至南宋前期甚至可归为第三期即北宋晚期的年代范围，但绝大多数遗物年代的下限约在南宋宝祐、景定年间之前，还有极少量遗物的年代可晚至元代早期。综合这些因素，可将第四期的年代归纳为南宋时期，下限在元代早期。

现将宋代遗存的分期与年代归纳如下：

第一期：北宋早期后段；

第二期：北宋中期；

第三期：北宋晚期；

第四期：南宋至元代早期。

第二节　文化因素分析与陶瓷窑系研究

一、汉代遗存文化因素分析

（一）文化因素分析

对于城址材料来说，城址结构、遗迹特点、遗物特征都是反映考古学文化因素的基本要素与成分。因罗州城的汉代城址只做过调查与勘探，城址内结构与布局尚不甚明了，本次发掘的汉代文化堆积中，汉代遗迹只有灰坑与水井两类。应该说现在已掌握的资料中能够反映汉代文化因素的个性与特点的，主要体现在汉代遗物上。下面从汉代遗物的群体特征和形态个性特点入手进行分析。

通过罗州城汉代遗物与周邻相关地区考古资料的对比分析，根据罗州城汉代遗物所反映的不同的文化渊源，我们可将罗州城汉代遗物分为三群：

甲群　陶器有Aa、Ab、Ac型盆，Ba、Bb型盆，甑，瓮，鼎，壶，另有剪轮五铢钱，铁剑等。甲群器物不但在湖北的汉代城址堆积中常见，在河南及山东地区的汉城或汉代遗址中也十分常见，如Aa、Ac、Ba、Bb型盆，它们不仅见于湖北赤壁土城汉代堆积中[99]，也见于山东曲阜鲁国故城的汉代城址堆积当中[100]，此外，有的还见于汉魏洛阳故城当中[101]。这说明甲群器物是战国晚期至汉代的共有特征，甲群器物的时代绝大多数为汉代，甲群器物也基本就是汉代文化因素。

乙群　陶器有Ad、Bc、C型盆，Aa、Ab、Ba、Bb型罐，各种型式的豆、盘、鬲、盂、缸、筒瓦、板瓦、量，还有陶敦足及井圈、铜箭镞等。乙群器物与湖北地区战国时期的楚文化遗存有直接的渊源关系，它们与湖北江陵纪南城战国时代的同类器物风格近似，又与湖北江陵县汉代郢城的同类器有着种种相似之处[102]。因此，乙群器物应与楚文化有直接的渊源关系，其楚文化特征，特别是秦汉时代楚遗民墓中的器物特征或楚遗民生活区的器物群特征表现得较为明显，我们这里仍称为楚文化因素。

丙群 陶器有Bc型Ⅰ式、Ⅱ式、Ⅲ式罐，印纹硬陶罐，釉陶壶，羊角状把手等。丙群器物以印纹硬陶器、釉陶器为主，陶系与器型在上海福泉山西汉墓[103]、浙江宁波汉代瓷窑[104]等长江下游的汉代墓葬与窑址的出土物中常见；羊角状器把手是江苏、宁波、镇江地区战国时代陶器群中极具典型特征的器物之一，这些器物在相当程度上，是在继承了长江下游地区战国时期吴越文化的基础上形成的一种地域性文化。因为丙群器物承袭了许多吴越文化的特点，这里我们仍称之为吴越文化因素。

（二）文化因素的消长关系

甲、乙、丙三群器物所代表的三种不同文化因素，在各阶段所居比例不同，它们呈现出动态的消长关系。

第一期 乙群器物居于主要位置，甲群器物零星存在，丙群器物尚未出现。如本期遗迹单位H11、H34、H60、J1、J3④和地层⑤E中，分别含有乙群的Ad、Bc、C型盆，Aa、Bb型罐，Aa、Ab、B型豆盘，A型盘，还有鬲、缸、筒瓦、板瓦、井圈、量、器座，与此同时又含有甲群的Ab、Ac盆，C型罐，还有甑、瓮、釜、壶等。

第二期 仍以乙群器物为主，甲群器物的比例明显增多，丙群器物依然不见。如本期遗迹单位H15、H54和J2⑤、J2（外填土）及地层⑤D层中不仅包含有乙群的Ad、Bc型盆，Aa、Ab、Ba、Bb型罐，Aa、Ab型豆盘，A、B、C型豆柄，盘，鬲，缸，器座，板瓦等，还包含有甲群的Aa、Ab、Ba、Bb型盆，甑，C型罐，Aa、Bb型瓮等。

第三期 甲群器物跃居主要地位，乙群器物次之，丙群器物开始出现。地层和遗迹单位与出土器物群的对应情况是：H53、H59、J3③及地层⑤D层出有甲群的Aa型盆，H27出甲群的Ab型盆，H6、H20、H38、H53、J5及⑤C层出甲群的Ac型盆，H59、J2②、J2④、J5、⑤C层出甲群的Ba型盆，H36、H59、H61、J2④、⑤C出甲群的Bb型盆，H20、H33、H36、J3②及⑤C层出有甲群的甑，H27、J3②、J3③出甲群的Ac型罐，⑤C层出甲群的C型罐，H20、⑤C层出甲群的Aa型瓮，H36、H39、H59、⑤C层出甲群的Ab型瓮，H53、J3③、⑤C层出甲群的Ba型瓮，H59出甲群的Bb型瓮和铁剑，J5出甲群的釜，H20、H53、H57出甲群的鼎等；J2⑤、J3③、⑤D层出乙群的Ad型盆，H59出乙群的Bc型盆，⑤C层出乙群的C型盆，H6、H33、H59、J2②、⑤C层出乙群的Aa型罐，H27、H33、H59出乙群的Ab型罐，H53、H59出乙群的Ba型罐，H38、⑤C层出乙群的Bb型罐，⑤C层出乙群的Aa型豆盘，H20、H53、H59、⑤C层出乙群的Ab型豆盘，H57、⑤C出乙群的B型豆盘，H33、H53出乙群的盂，J5、⑤C层出乙群的A型盘，H20、H27出乙群的B型盘，⑤C层出乙群的缸、器座、量等；H53、H59、J3②出丙群的Bc型罐，H59出丙群的硬陶罐和釉陶壶，H53出丙群的羊角状陶器把手等。

第四期　甲群器物仍处于主要地位，乙群器物依然占有相当比重，只是在第三期的基础上略有下降，丙群器数量减少。遗迹单位与出土器物群的对应情况是：J3①、⑤B层出甲群的 Aa 型盆、Ac 型罐及壶，H62、J3①、⑤B 层出甲群的 Ab 型盆，H32、⑤B层出甲群的 Ac 型盆，H10、⑤B 层出甲群的甑，H62、J3①、⑤B 层出甲群的 Ba 型瓮，J3①出甲群的 Bb 型瓮，还有⑤A 层出甲群的剪轮五铢钱等；H42、⑤B 层出乙群的 Ad、C 型盆，Aa 型罐，Aa、B 型豆盘及量，H10、⑤B 层出乙群的 Aa 型罐，J3①、⑤B 层出乙群的盂，H42 出乙群的 A 型盘，H62 出乙群的 B 型盘，H32 出乙群的缸，H10、⑤B 层、⑤A 层出的乙群的筒瓦、板瓦等；⑤A 层、⑤B 层出丙群的 Bc 型罐，J3①、⑤B 层出丙群的硬陶罐等。

以上通过对罗州城第一至四期几种文化因素量变的分析，我们看到了战国至汉代的罗州城的文化堆积中，几种文化因素始终处于一种动态的消长与演化状态。对于这一种状态，我们可以作出这样的概括：罗州城的文化堆积在战国至西汉早期，以楚文化因素为主；随着西汉社会大一统局面的推进，自西汉中期开始即以西汉时代的共有文化为主，楚文化因素开始减弱，吴越文化因素也在罗州城内出现。进入西汉晚期至东汉中期，西汉、东汉这种时代共有文化进一步加强，楚文化因素大为削弱，吴越文化依然小范围地存在。应该指出的是，这种对几种文化因素特征的概括，是基于本报告的发掘资料而得出的，因为受到发掘面积及材料的制约，有的结论难免偏颇，如吴越文化因素的比重在本次发掘就显得分量很小，而据以往在罗州城外汉墓中的发现，吴越文化因素不仅比重较大，并且自西汉初年（甚至更早）即已存在，并贯穿于两汉文化的始终。从文化因素的总体结构来看，2001 年罗州城内的发掘资料所显示的文化因素及其特征与 20 世纪 90 年代初在罗州城外发掘的一批汉墓资料所显示的文化因素及其特征，不仅共性较强，并且结构近似。在《罗州城与汉墓》中我们提出“罗州城外的一批西汉墓，在文化面貌的构成上是以楚文化因素为主，融入了大一统的西汉文化以后，兼容吸收了部分吴越文化、南越及秦文化因素，从而形成了具有地方特色的西汉文化”，“罗州城外西汉墓的主人应该是汉化了的楚人后裔及汉化了的土著汉人”。通过对 2001 年罗州城发掘资料的分析，再次使我们认识到这种判断的客观性，它不仅是对罗州城外汉墓的认识，也基本适合于罗州城内汉代地层堆积的认识。

综合罗州城城内的汉代遗存与城外汉墓文化因素的共性特征，我们认识到，讲“罗州城汉代文化是具有地方特色的汉代文化”，是相对鄂西、中原及岭南等地区而言的。经审视有关资料，我们发现，罗州城内外与湖北汉水以东，包括整个鄂东及鄂东南地区，似乎形成了一个区域性的汉代文化圈，它们与湖南长沙地区汉代文化的共性较强，表现出了惊人的一致性，而与其他地区包括湖北江汉平原地区的汉代文化相比，显示了不同程度的差异。

二、唐宋瓷器窑系研究

本次发掘的罗州城遗址唐宋遗存中出有大量的瓷器。瓷器在数量上居于出土遗物的绝对主体，是2001年罗州城唐宋遗存出土遗物的特点之一。因此对出土瓷器的窑口进行探讨，不仅是陶瓷研究的必然要求，而且对于了解唐宋罗州城瓷器的产地、陶瓷文化的传播以及商品贸易也具有相当重要的意义。

古陶瓷研究起步较早，在明清时期，陶瓷研究的对象主要是历史上的名窑佳器，如收藏界流行的“五大名窑”说。进入20世纪以后，随着现代考古学的理论与方法的引入，一些学者在考古资料的基础上，将具有共同的时代背景、共同的工艺传统、相似的器物特征的典型器物群，作为分类的标准，提出宋元窑业大致分为6个瓷窑体系，即“窑系说”，它在时空关系背景上勾画出了宋元窑业发展的基本轮廓[105]。

近几年来，随着田野考古新发现的增多，考古学研究方法与古陶瓷研究领域结合得日益紧密，有的学者指出“窑系说”未能充分注意到各相关窑场在烧造年代、地域空间，特别是工艺技术方面的差异，在分类的某些方法方面也显得欠佳，认为应该借用考古学的“类型”代之，认为“类型”比“窑系”更具有科学系统的涵盖性，指出“类型”指历史上分布于一定地域的具有相同或近似工艺特征和器物面貌的陶瓷[106]。

经仔细审视“窑系说”和“类型说”，我们发现它们尽管与考古类型学基本原理有联系，但并非完全是在考古区系类型学的基本概念与方法的基础上进行严格意义上的分析与研究的。事实上，古陶器的研究与史前考古学文化的研究相比，陶瓷研究虽有其特殊性，但就方法论而言，类型学的基本方法是能够全面满足陶瓷研究的需要的。

考古学认为考古学文化是指古代人类社会在一定的时期、一定的地域所留下的具有一定共性特征的实物文化遗存；在同一个考古学文化范围内的不同区域，还存在着地域上的文化类型[107]。以此观之，目前所见的“窑系说”即类似于考古学的“某某文化”；“类型说”实质与“窑系说”基本相同，只是说法不同。我们认为“窑系说”，如“龙泉窑系”、“定窑系”、“景德镇窑系”、“耀州窑系”等，虽然基本涵盖了宋元时期一定地域、不同窑厂生产的具有相同形态特点的陶瓷产品，有其科学性与合理性，但就已发现的陶瓷窑址及其显示的制瓷工艺特征来看，应该在一个窑系之下存在几个或数个具有地域特征的窑系类型，我们这里讲的“窑系类型”是一个窑系文化范围内不同地域的具有地方瓷器工艺特点的陶瓷文化，如同史前屈家岭文化包含有屈家岭类型、青龙泉类型和划城岗类型一样。应该说用这种层次与结构的划分来认识唐宋时期的陶瓷窑系文化，似乎更能客观地反映当时不同地域的陶瓷制作与使用状况，容易把这一课题引向深入。当然对全国范围内的宋代窑系与窑系类型进行系统的疏理是一个大课题，不是本报告能够解决和应该完成的任务，它只是我们的一种思路与设想。

下面我们分别运用考古学方法和化学检测分析的方法，对罗州城隋唐和宋代瓷器窑系的归属进行讨论。

（一）隋唐瓷器窑系分析

1. 隋唐瓷器窑系的考古学观察

隋唐五代是我国陶瓷发展史上的重要时期，在这一阶段，自东汉以来的青釉瓷一统天下的格局被打破，出现了南青北白相互争艳的两大体系。南方涌现出大量烧制青釉瓷的瓷窑，其中颇为著名的有湖南岳州窑、浙江越窑、安徽寿州窑、江西洪州窑以及四川的邛崃窑等。不同窑口的瓷器其生产工艺有所不同。瓷器的胎釉特征、装饰风格、装烧方法、造型特点是显示其窑系归属的要点所在，甚至可以说抓住了其中的三项，就可以为窑系的判定找到依据。现依照这种原则，分别对隋唐瓷器标本窑系的归属进行分析。

隋唐遗存瓷器标本所属窑系的统计情况见表四四，表中窑系数据统计是依照这样的原则进行的：一是对所有遗迹与地层中已绘了图的标本进行窑系统计，二是对所有遗迹与地层中未绘图、但据对实物的观察可以判断出窑系归属的标本进行统计。

表四四　隋唐遗存瓷器窑系统计表

期别	单位	窑系				
		岳州窑	洪州窑	长沙窑	越窑	北方窑
一	H2	11	1	1	1	
	H7	17	2			
	H8	5				
	H46	2				
	H47	1	2			1
	H49	1	1			
	H55	12	1			
	④	44	34			
二	H16		1	1		
	H19	2				
	L2、G2	21	18	9		
	L3、G3	25	13	10	10	

续表

期别	单位	窑系				
		岳州窑	洪州窑	长沙窑	越窑	北方窑
三	H25	1				
	H52		1			
	H63		6			
	L1、G1	23	22	12	13	2
	西 KL1	1	1	1		
四	J4		2		1	
	③	1		1	5	7
合计		167	105	35	30	10

注：表中窑系一栏数据均为瓷器件数，总计347件。它们包括已绘图制卡的标本，也包括没有绘图制卡但可辨别出器形及窑系特征的标本。

现将各类窑系瓷器标本的特征分述如下：

（1）罗州城岳州窑系瓷器

罗州城岳州窑系瓷器的主要器类有碗、盏、高足盘、四系小罐、钵、盘口壶等，以碗的数量居各类器物之首；胎骨以灰白色为主，还有少量的棕胎、浅黄胎和棕红胎，有的胎内含少量黑色末粒，有的显得较为粗糙，釉色以青釉居大宗，分淡青釉、青灰釉、青釉儿种，还有少量的豆黄釉，釉层一般较薄，有玻璃质感，多数釉光较暗，少数器物釉面开细碎冰片纹，还有少数碗类器在施釉前先施一层白灰色的化妆土，再在其上施釉。盏、小罐、钵等类器多采用蘸釉法，器内外均施釉至中腹，下腹及底部无釉，高足盘除圈足内底以外，余均满釉。在装饰方面多为素面，时代较早的（隋~唐早期）部分器物，如高足盘、钵、盏的器内釉下常模印有朵花纹（即圈形花蕊，花蕊周围有花瓣）、由宽片或窄草叶纹组成的草叶纹，釉下还有刻划几何纹，在碗类器的外侧有莲花纹等。在装烧方法方面，罗州城岳州窑瓷器群，所有器类的器底内外，无论露胎与否，器底内外无论露胎与否，均不见支钉痕，但在有的碗器内底有五个不规则形的呈五角形分布的细砂粒点块，在圈足盘的圈足内底见有圆形垫具痕，可见其装烧方法应该是匣钵盛装，使用匣钵烧制。

我们知道，汉唐时期的窑具主要分支座、垫具、装盛器（匣钵）三类，是这三类器的组合使用构成了汉唐瓷器的装烧工艺。据有关研究，岳州窑的装烧方法是，在东晋南朝时期使用筒形支座和直腹式垫具，同时，在东晋、唐代一直使用匣钵。唐代岳州窑的瓷器上一直未见到支钉痕，换句话说，有圆柱形或泥支钉式垫具痕的青瓷器都不是岳州窑产品[108]。我们对罗州城隋唐青瓷窑系的甄别也遵循了这一原则。

需要说明的是，因唐代的岳州窑就是隋代的湘阴窑所在地，故此，我们这里一并概称为岳州窑。罗州城岳州窑系的青瓷器与以湖南湘阴县为中心的青竹寺窑、樟树潭窑、铁角咀的窑头山窑等岳州窑系的窑址中出土的隋唐青瓷特征都十分接近，故我们将之概称为岳州窑系瓷器。

（2）罗州城洪州窑系瓷器

罗州城洪州窑系瓷器的器类有碗、盏、高足盘、盂、砚等。瓷器的胎骨以橙黄胎为主，还有一定量的灰胎、灰褐胎和棕红胎；釉以黄釉为主，分黄褐、豆黄、酱黄和浅酱黄，还有少量的青灰釉和淡青釉；普遍釉层较厚，有少数碗类器有积釉、滴釉与釉泪现象，施釉多数不施化妆土；五代时期釉层较薄，暗淡无光；多数器采用蘸釉法；在装饰手法方面有印花、堆贴、捏塑等技法，其中印花多在碗、盏、高足盘的内底压印花纹，有重圈弧纹、重圈纹夹水波纹、柏树、蔷薇、宝相花纹等唐代盛行的图案，在碗类器的外壁印莲瓣纹。莲瓣花古名“芙蕖”或“芙蓉”，早在周代即已流行，魏晋南北朝佛教盛行，在隋末唐初又广为传播，莲花图案作为佛教艺术题材，很自然地反映到瓷器装饰上来，罗州城的莲花纹有重莲和单莲两种；此外，堆贴、捏塑等装饰技法在罗州城洪州窑系瓷器群中也出现了，如T4416④出土的两件瓷盏（标本T4416④:1、T4416④:2），在盏内底芯分别塑有松鼠；在装烧方法方面，据对实物标本的观察分析，罗州城洪州窑系瓷器的器底外多数能找到装烧痕，碗、盏、钵等器底外有圆形垫饼痕，有的有支钉痕，这些瓷器与江西丰城罗湖窑出土的隋唐洪州窑系瓷器群的特征非常相似或相同[109]，我们将之归为洪州窑系瓷器。

（3）罗州城长沙窑系瓷器

罗州城长沙窑系瓷器的数量不多，但特征十分明显。器类有执壶、罐、碗及各种小动物等，执壶分大口执壶和喇叭口执壶两类，执壶流多见棱形；碗只见碗足及腹片；动物有小狮形镇纸、小鸟、小马等；胎以黄胎和白胎为主，黄胎分浅黄、黄白、黄褐几种，白胎分灰白、浅粉红白几种；釉分青黄、豆黄、淡青、酱黄、酱釉几种，在釉下多饰有彩绘纹饰，釉下有褐色、浅黄、翠绿组成的彩斑纹，如标本G3①:11，有灰黑色凤尾彩绘，如标本L1③:17，有用褐彩及紫灰彩绘制的植物枝叶纹，如标本L1②:3，还有用模印、贴塑手法组成的贴塑堆花，如标本L1②:59；釉水多数较肥厚，富有光泽，有的也较暗淡。因为罗州城长沙窑瓷器数量不多，且无完整器，故釉色及釉下彩是判断是否为长沙窑的主要依据，又因为无完整器，在装烧手法方面尚难做出观察与分析。

（4）罗州城越窑系瓷器

罗州城的越窑系瓷器数量较少，在晚唐五代时期的堆积中才有少量发现，器类主要是碗，胎以灰胎为主，分深灰和浅灰两种，次为浅棕胎，釉色以青灰釉为主，极少数为黄釉，多数釉面光泽暗淡，甚至干涩无光，少数釉面光润，富有玻璃质感，如第③层出土的执壶（标本T4315③:6）即为豆黄釉，局部泛灰色，这与所谓越窑系的“秘色瓷器”非常相似；釉下无纹，多为素面，无刻花等其他装饰；在装饰方法方面，几乎统一采用支钉法烧制。罗州城五代时期越窑系的瓷碗，其圈足往往为厚胎宽足沿，大多数碗不仅圈足上有5~11个不等的支钉痕，支钉痕的形状有长条形、椭圆形、不规则圆形，在碗内底同一个部位往往有同样形状、同等数量的支钉痕，由此可见，用支钉叠烧是罗州城越窑系瓷器的主要装烧方法。

（5）罗州城北方窑系瓷器

罗州城北方窑系瓷器数量很少，器类有碗、罐等，胎分白胎、浅白灰胎、浅黄胎几种，釉以白釉为主，多为较纯净的白釉，有一定光泽，也有白釉、浅淡黄釉。均为素面瓷，无其他装饰。这些碗类器往往时代为晚唐五代时期，其圈足底部除足沿外，余皆满釉。罗州城北方窑系瓷器与唐代河北内丘县的邢窑、河北曲阳县的定窑等白瓷窑系的特征很是相似[110]，故将之归为北方窑系。

2. 隋唐瓷器标本的化学检测与分析☆

不同窑口的瓷器，不仅生产工艺不同，其原料配方也不相同。下面我们选取罗州城遗址的部分隋唐五代时期的瓷片，对其进行物理性能、化学组成、显微结构等多方面的分析，以期了解这些瓷器所用原料、配方、工艺等特征，并进一步就罗州城这一时期瓷器窑系归属问题进行讨论。

（1）送检标本的基本情况（表四五）

表四五　隋唐瓷器送检测标本登记表

编号	名称	出土单位	时代	标本特征
13	瓷碗	T4414④:03	隋唐	胎深灰，素面，施釉不及底，釉层多已脱落
14	瓷碗	T4414④:01	隋唐	胎深灰，胎体粗糙，素面，施釉不均匀，有细小冰裂纹
15	瓷碗	T3817③:02	五代	胎浅黄，胎体细腻，素面，豆黄釉，釉层均匀，有细小冰裂纹，外底无釉
16	瓷碗	T4414④:04	隋唐	胎浅灰，细腻，内壁饰阴刻树叶纹，釉层均匀，有冰裂纹，外底无釉
17	瓷碗	T4414④:02	隋唐	胎深灰，釉层均匀，有冰裂纹，内壁有阴刻花纹，外底无釉
29	瓷碗	H24:01	五代	香灰胎，胎体细腻，素面，内底残有5个支钉痕，圈足一周无釉
30	瓷碗	T3718③:02	五代	胎浅黄，胎体细腻，素面，釉层均匀，有细小冰裂纹，外底无釉，璧形底

☆本小节作者有：中国科学技术大学科技史与科技考古系王洪敏、朱铁权，中国科学院研究生院科技史与科技考古系王昌燧，湖北省文物总店吴晓松。

① 实验与分析

吸水率测试　瓷片的吸水率反映了其烧结程度和胎的致密度，是其物理性能的一个重要指标。实验中对标本进行了吸水率的测试（表四六），结果如下：

表四六　隋唐瓷器吸水率测试结果

编　号	湿重（g）	干重（g）	吸水率（%）
13	4.178	4.100	1.902
14	4.151	4.113	0.924
15	7.326	6.961	5.243
16	9.626	9.534	0.965
17	5.065	5.014	1.017
29	4.640	4.589	1.111
30	12.989	11.979	8.431

可明显看到标本 13、14、16、17、29 的吸水率都在 1% 上下，可见烧结程度较好。而标本 15 的吸水率达到 5.243%，标本 30 更是高达 8.431%。

显微分析　实验仪器：体视显微镜型号：日本 NIKON SMZ1500；偏光显微镜型号：德国 Leica DMSL；标本的显微结构照片列于图一八〇～图一八五。

图一八〇和图一八一分别是标本 15、29 正交偏光下的瓷胎照片。图中可清楚看到，标本 15 颗粒较粗，而标本 29 则颗粒细小得多。

图一八二中可以看到，标本 29 胎釉之间的反应层有大量针状晶体析出。

图一八三和图一八四分别是标本 16 和 17 的体视显微镜照。标本 16 的胎釉之间明显有一层较厚的化妆土层，其颜色、质地均与胎体完全不同，有明确分界。而标本 17 胎釉之间也有白色的一层，但与标本 16 有所不同；结合图一八五的岩相观察，发现该层与胎之间并没有明显的分界线，且层中有大量的玻璃相，由此可知该层应为胎釉反应层。

② X 射线衍射（XRD）分析

实验仪器：日本理学电机公司生产的 D/max-rA 转靶 X 射线衍射仪；工作条件：工作电压和电流分别为：40kV，100mA；2θ 的测试范围：5～70°，量程为 2000CPS。发散狭缝（DS）、防散射狭缝（SS）和接收狭缝（RS）依次为 1o、1o、0.15mm。对标本 14、15、29 和 30 的测试结果列于图一八六中。

图一八六是标本 14、15、29 和 30 的 X 射线衍射图。经 d 值检索，4 个标本均含有 α-石英、莫来石和方石英。

图一八〇　标本15正交偏光照

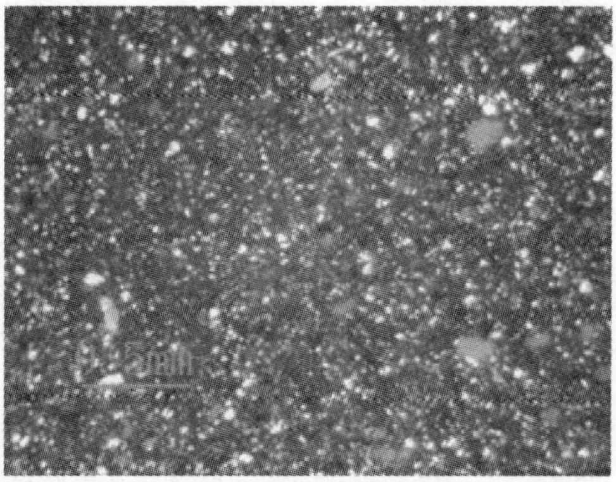

图一八一　标本29正交偏光照

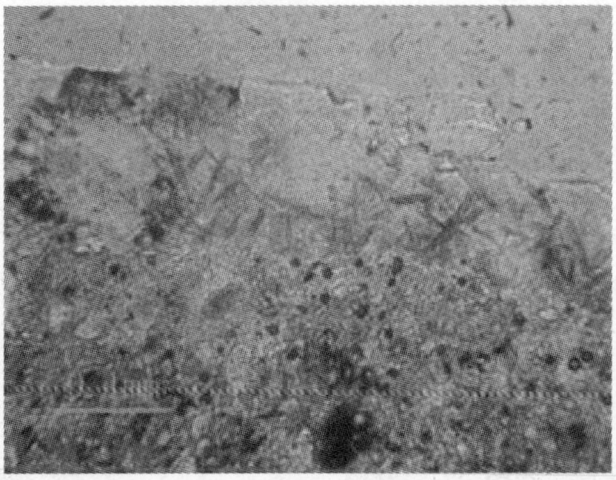

图一八二　标本29显微照

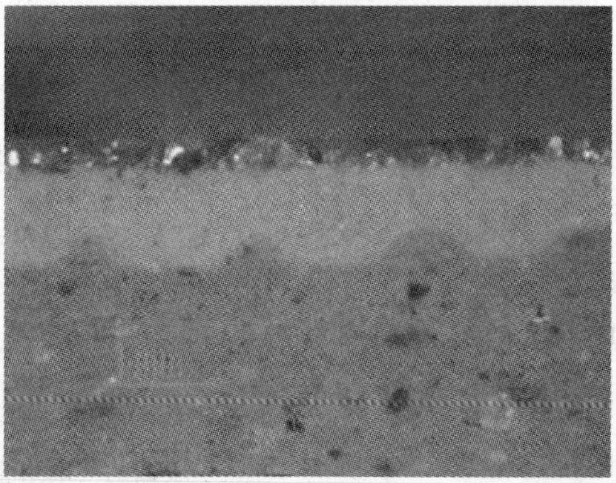

图一八三　标本16的体视显微镜照

图一八四　标本17的体视显微镜照

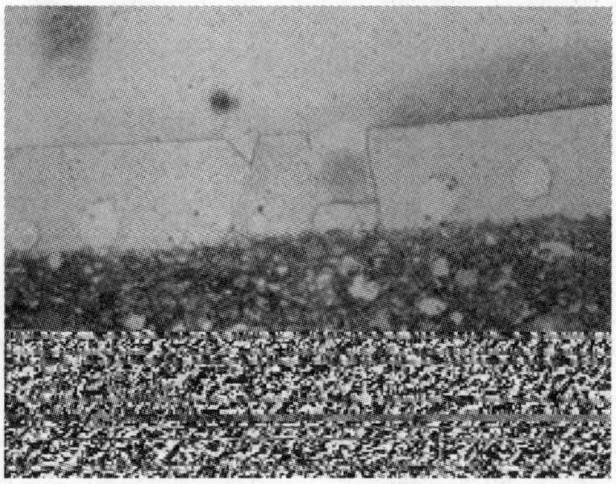

图一八五　标本17显微镜照

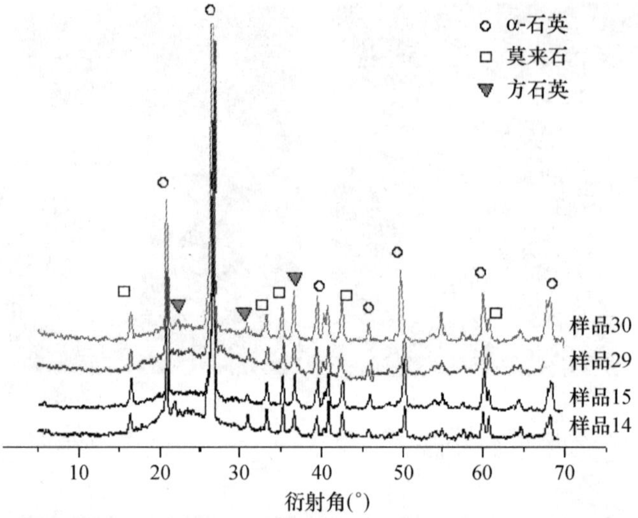

图一八六　标本 14、15、29 和 30 的 X 射线衍射图

③ 波长色散 X 射线荧光光谱（WDXRF）分析

实验仪器：X 射线荧光光谱仪（XRF-1800，日本岛津公司）：端窗铑（Rh）靶 X 射线光管，管压与管流为 40kV-95mA；真空光路；Estimated FP 软件系统进行定性、定量分析；用于所有标本的胎釉无损成分分析（主量元素）。测试条件见表四七，真空光路，衰减器关闭。

表四七　隋唐瓷器标本测试条件

元素	分析线	管压－管流 kV－mA	分析晶体	探测器	2θ/°		PHA	计数时间		内标线
					峰值	背景		峰值	背景	
Pb	Lβ	40－95	LiF	SC	28. 2	27. 8/28. 6	20－75	40	20/20	——
Ba*	Lα	40－95	LiF	SC	87. 1	89. 0	25－75	100	50	——
Zr	Kα	40－70	LiF	SC	22. 5	22. 0/22. 9	20－75	20	10/10	Rh Kα
Y	Kα	30－130	LiF	SC	23. 7	23. 0/24. 5	20－80	40	20/20	——
Sr	Kα	40－70	LiF	SC	25. 1	24. 7/25. 8	20－75	20	10/10	Rh Kα
Rb	Kα	40－70	LiF	SC	26. 6	26. 0/27. 0	25－75	20	10/10	Rh Kα
Zn	Kα	40－70	LiF	SC	41. 8	41/42. 5	20－75	20	10/10	Rh Kα
Cu	Kα	40－70	LiF	SC	45. 0	44. 5/45. 5	30－80	40	10/10	——
Ni	Kα	40－95	LiF	SC	48. 6	48. 0/59. 3	20－75	40	10/10	Rh Kα
Fe	Kα	40－70	LiF	SC	57. 52	56. 5/58. 5	25－80	20	10/10	——
Mn	Kα	40－70	LiF	SC	62. 98	61. 0/65. 0	20－75	20	10/10	——

续表

元素	分析线	管压－管流 kV－mA	分析晶体	探测器	2θ/°		PHA	计数时间		内标线
					峰值	背景		峰值	背景	
Cr	Kα	40－95	LiF	SC	69.36	68.5/70.6	25－75	40	20/20	——
Ti	Kα	40－70	LiF	SC	86.16	84.0/88.0	20－75	20	10/10	——
Ca	Kα	40－70	LiF	FPC	113.1	111.0/115.0	25－75	20	10/10	——
K	Kα	40－95	LiF	FPC	136.68	134.0/139.0	25－75	40	10/10	——
P	Kα	40－70	Ge	FPC	141.0	139.5/143.0	25－75	20	10/10	——
Si	Kα	40－70	PET	FPC	108.82	105.0/111.5	25－75	20	10/10	——
Al	Kα	40－70	PET	FPC	144.62	140.0/147.5	20－70	20	10/10	——
Mg	Kα	40－95	TAP	FPC	45.1	44.0/46.8	22－75	40	20/20	——
Na	Kα	40－95	TAP	FPC	55.1	53.0/56.5	20－75	40	20/20	——

＊Ti Kα 线与 Ba Kα 谱线重叠，干扰系数为 0.0035；SC 为闪烁计数管，FPC 为流气式正比计数管；RhKα 为康普顿峰。

WDXRF 的所测得的胎釉化学组成列于表四八、表四九中。

(2) 讨论

① 工艺特点

我国古代瓷器的生产，大致要经历选料、粉碎、陈腐、练泥、成型、上釉、烧制等阶段。从标本瓷胎的成分分析结果来看，几个标本胎均具有高硅低铝，这与南方瓷土的特点相符[111]。瓷土是花岗岩的分化产物，其主要组成为石英、长石、高岭石、绢云母等。受热过程中，当温度达到1200℃，α-石英便可以向方石英转变，同时原料中的高岭石亦可转变为莫来石[112]。X 射线衍射分析有代表性的四个标本，标本中均有方石英与莫来石的存在，可初步断定这些标本的烧制温度已经达到1200℃。显微镜下，标本 14、29 等瓷胎内部的颗粒细小，暗示它们采用较为精细的原料粉碎程序，同时原料加工得较为细腻，也是

表四八 隋唐瓷器瓷胎化学组成（氧化物含量 wt%）

编号	SiO_2	Al_2O_3	CaO	K_2O	Fe_2O_3	MgO	Na_2O	P_2O_5	TiO_2	MnO	SO_3
13	72.92	16.95	0.73	3.58	2.84	1.03	0.40	0.19	1.03		0.26
14	72.27	17.60	0.58	3.29	3.18	0.88	0.28	0.16	0.85		0.11
15	72.86	17.49	0.70	3.45	2.53	1.03	0.34	0.24	0.94		
16	72.16	17.50	0.48	3.56	2.93	0.89	0.77	0.38	1.12		0.12
17	75.60	15.46	0.32	3.30	2.78	0.33	0.87	0.16	0.93	0.03	0.11
29	71.60	17.43	0.36	3.30	1.98	0.30	0.97	0.17	0.92	0.03	0.08
30	75.39	16.39	0.77	2.95	1.98	0.69	0.32	0.15	0.97		0.28

续表

编号	SrO	Rb_2O	ZrO_2	Y_2O_3	ZnO	NiO	CuO	RO	R_2O	SiO_2	R_xO_y
13		0.02	0.05					0.233	0.268	7.314	0.215
14	0.01	0.02	0.27	0.01				0.188	0.229	6.981	0.205
15								0.223	0.246	7.083	0.171
16	0.01	0.02	0.06					0.18	0.293	7.01	0.217
17		0.03	0.06					0.092	0.324	8.313	0.215
29	0.09	0.03	0.04	0.01	0.02	0.01		0.395	0.297	6.983	0.165
30		0.03	0.06					0.193	0.227	7.82	0.185

注：Al_2O_3 分子数为1。

他们吸水率相对其他标本较低的一个原因；标本16的胎釉之间存在着一层明显的化妆土，其作用一方面是为了掩盖深色胎对瓷釉呈色的影响，另一方面填补胎体粗糙不平，便于在其上施釉。另外，标本17中存在有胎釉中间层以及标本29胎釉间出现析晶，这种现象主要与瓷器烧制过程中保温时间、降温速度等因素有关[113]。

② 窑口鉴别

瓷胎的硅铝比散点图清楚显示，所有标本的 SiO_2 含量都高于71.6%，Al_2O_3 含量低于17.6%，均属于高硅低铝质瓷，具有我国南方瓷的特征（图一八七）。前人曾定义碱土金属氧化物相对于碱金属氧化物的相对摩尔比值b = R0/(R20 + R0)作为瓷釉类

表四九　隋唐瓷器瓷釉化学组成

编号		SiO_2	Al_2O_3	CaO	K_2O	Fe_2O_3	MgO	Na_2O	P_2O_5	TiO_2
14	wt%	58.85	13.08	17.28	1.76	1.52	2.82	0.59	2.50	0.75
	釉式	2.359	0.308	0.742	0.045	0.023	0.17	0.023	0.042	0.023
15	wt%	61.11	10.73	19.02	2.16	1.92	1.82	0.24	1.39	0.91
	釉式	2.43	0.251	0.81	0.055	0.029	0.109	0.009	0.023	0.027
16	wt%	59.73	11.12	21.33	1.46	1.08	2.22	0.70	1.09	0.57
	釉式	2.123	0.232	0.812	0.033	0.014	0.118	0.024	0.016	0.015
17	wt%	61.67	12.19	17.99	1.38	1.54	2.76	0.40	1.38	
	釉式	2.461	0.286	0.769	0.035	0.023	0.165	0.015	0.023	
29	wt%	59.03	13.13	19.91	2.18	1.63	0.76	1.69	0.89	1.03
	釉式	2.300	0.301	0.831	0.054	0.024	0.044	0.064	0.015	0.03
30	wt%	61.23	10.55	16.66	2.23	1.99	0.20	3.59	1.96	0.05
	釉式	2.607	0.264	0.76	0.061	0.032	0.013	0.148	0.035	0.002

续表

编号		MnO	SO_3	SrO	Rb_2O	ZrO_2	Y_2O_3	ZnO	NiO	CuO
14	wt%	0.60	0.14	0.07	0.02	0.03				
	釉式	0.02	0.004	0.002	0.0003	0.001				
15	wt%	0.51	0.05	0.04	0.02	0.04				
	釉式	0.017	0.001	0.001	0.0003	0.001				
16	wt%	0.41	0.12	0.06	0.02	0.04	0.01	0.01	0.04	
	釉式	0.012	0.003	0.001	0.0002	0.001	0.0001	0.0003	0.001	
17	wt%	0.45	0.09	0.09		0.10			0.02	
	釉式	0.015	0.003	0.002		0.002			0.001	
29	wt%	0.19	0.15	0.03	0.03	0.04				
	釉式	0.006	0.004	0.001	0.0004	0.001				
30	wt%	0.52	0.08	0.05	0.03	0.07		0.03		
	釉式	0.019	0.003	0.001	0.0004	0.001		0.0009		

* 由于标本 13 的釉层几乎已经全部脱落，因此并未测得其瓷釉化学组成。

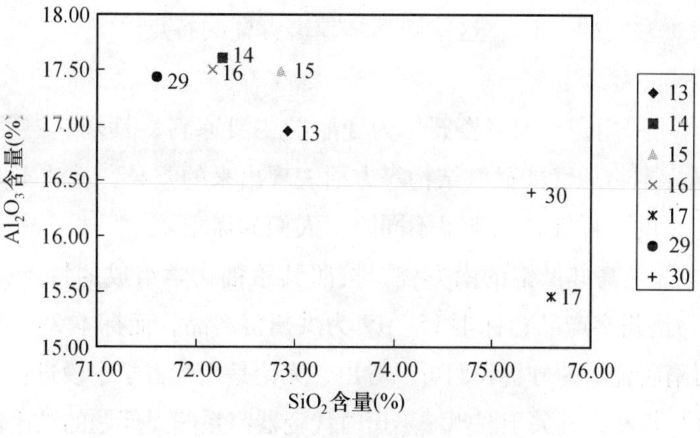

图一八七 瓷胎硅铝比散点图

型的划分标准[114]。因此，我们对瓷釉的 b 值进行分析，得到瓷釉 b 值柱状图（图一八八）。从瓷釉 b 值柱状图中可以看出，所有标本的 b 值都较高，这说明标本釉中碱土金属氧化物含量较高。因为 b 值大于 0.76 时，代表的瓷釉类型为钙釉，而这几个标本 b 值最小的为 0.788，因此它们都属于钙釉。这也印证了中国南方宋代以前瓷釉为钙釉的说法[115]。

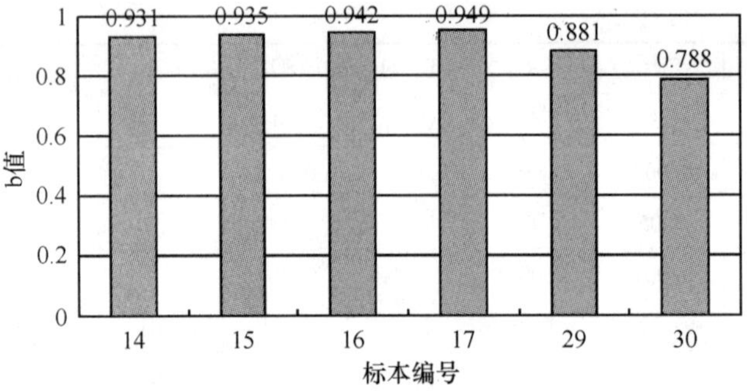

图一八八　标本瓷釉 b 值柱状图

通过对比其胎釉化学组成特征，我们发现：标本 13、14、16 吸水率在0.9%~2%，胎中 Fe_2O_3 和 TiO_2 含量都较高（Fe_2O_3 含量 3% 左右，TiO_2 含量 1% 左右），釉中含有 1%~2% 的 P_2O_5，符合岳州窑产品的特征。标本 15、17 胎中含有 2.5% 左右的 Fe_2O_3 和 1% 左右的 TiO_2，釉中 P_2O_5 含量为 1% 左右，此外还含有 0.5% 左右的 MnO，与洪州窑青釉瓷的特征相符。标本 29、30 瓷胎中均是高 SiO_2、低 Al_2O_3，还含有一定的 Fe_2O_3（2% 左右）和 TiO_2（1% 左右）；其釉中含有 2% 左右的 Fe_2O_3 和少量 TiO_2（接近或低于 1%），以及 1% 左右的 P_2O_5，这些则都是越窑青瓷的特点[116]。

（3）结论

① 送检标本均采用瓷土或者瓷石作为瓷胎的主要原料，其烧制温度应该在 1200℃以上。然而不同标本物理性能显微结构等方面表现出来的差异，反映不同窑口或者同一窑口瓷器制作工艺的多样性，以满足不同阶层人们的需求。

② 送检标本都是高硅低铝的南方瓷。按照其胎釉化学组成的特点，可初步判断标本 13、14、16 为岳州窑产品；标本 15、17 为洪州窑产品，而标本 29、30 为越窑产品。

通过以上对隋唐瓷器的分析我们可以看出，无论是用考古学手段进行观察，还是运用化学检测手段进行判断，其关于罗州城隋唐时代瓷器窑系归属问题的结论都大致相同。

3. 隋唐各类窑系瓷器在各个阶段的消长情况

下面，我们运用考古学观察的手段对隋唐瓷器标本进行窑系判断。从表四四中可以看出，罗州城隋唐瓷器中已辨识出窑系归属的瓷器标本共 347 件，其中属于岳州窑系的 167 件、洪州岳窑系的 105 件、长沙窑系的 35 件、越窑系的 30 件、北方窑系的 10 件。岳州窑与洪州窑是构成罗州城隋唐瓷器的主要窑系。第一期，以岳州窑为主，洪州窑次之，这两个窑系的瓷器占罗州城隋唐瓷器的绝大多数，还有少量的长沙窑、越窑、北方窑的瓷器；第二期，仍以岳州窑为主，洪州窑次之，以下依次为长沙窑、越窑，后两者的比例明显增多；第三期，仍以岳州窑为主，洪州窑次之，以下依次为越窑、长沙窑，后两者的比例进一步增多，还有少量的北方窑的瓷器；第四期，出土瓷器数量大减，一改以岳州窑为主，洪州窑次之的局面，代之以北方窑的瓷器为主，越窑次之，还有少量的长沙窑和岳州窑瓷器。

通过表四四的统计我们看到，罗州城隋唐时期使用瓷器的高峰时期在第一期和第二期，即隋至盛唐时期。罗州城居民使用瓷器的高峰时期，也就是隋唐罗州城经济、社会的繁荣时期，在这一时期，仍是以岳州窑、洪州窑为主，长沙窑和越窑次之，这说明隋唐时代罗州城居民的经济生活特点是：以与邻近地区的交往为主，以与南方地区的交往次之，同时注重兼顾其他地区。

综合起来，我们可以做出这样的判断：罗州城隋唐文化堆积中，丰富的青瓷生活用具，大量的陶器生活用具、多样的瓷器窑系特征，反映了罗州城作为隋唐蕲州府治所在地，其商品贸易业已比较繁荣，对外经济的往来已经十分频繁，显示了罗州城作为一座州府城市进入了繁荣阶段。

隋唐五代时期是罗州城的第一个繁荣时期。

（二）宋代瓷器窑系分析

1. 宋代瓷器窑系的考古学观察

现将罗州城宋代瓷器的窑系标本统计情况列表（表五〇），表中窑系标本的数据统计方法与隋唐瓷器的窑系统计方法相同。宋代瓷器标本窑系统计资料显示，景德镇窑系的景德镇类型和武昌窑类型是罗州城宋代瓷器标本的主要窑系类型。下面先对武昌窑与景德镇窑的关系进行讨论，然后再对各窑系的标本特征进行陈述。

武昌窑是分布于湖北武昌湖泗镇、梁子湖的梁子岛及武汉江夏区的斧头湖青山村等区域的古瓷窑群。自1974年发现以来，先后在这里发现了多处窑址群。这些窑场烧造的大致时代起于唐宋，止于元代。我们这里将之概称为武昌窑[117]。武昌窑不同窑场的瓷器有一定的共性，也有个性。其中湖泗窑的瓷器胎以纯白为主，兼有灰白，釉以青白釉为主，兼有淡黄和灰白釉；梁子湖的窑的瓷器胎多为褐色，亦有少数灰色和黄色泥胎，釉以青黄釉和灰黄釉为主，也有少数黑褐釉；斧头湖的新窑村窑址群的瓷器产品多为褐红胎，胎较厚，釉以青色泛深绿为主，还有较多的酱釉，这些粗瓷所用高岭土质较差，主要是民间实用器。武昌窑不同窑场瓷器的总体特点是与景德镇窑相同或相似的，也就是说武昌窑是景德镇窑系的一个地方性窑址群，按史前考古学文化的分类方法，我们将之命名为景德镇窑系武昌窑类型。

表五〇　宋代遗存瓷器窑系统计表

期别	单位	窑系							
		武昌窑	景德镇	吉州窑	龙泉窑	耀州窑	建窑	定窑	越窑
一	H14	11	4					1	
	H44	3	3						
二	H18	14	3	4			3		
	H23	20	4	1	1	1	1	1	
	②B	140	83	33			4	2	2
三	H17	7	1	1			2		
	H21	1	1					1	
	H30	1						2	2
四	H22	1	1	1			2		
	H26	2		1					
	H43	6	3	3			2		1
	②A	121	98	46	16	14		3	4
合计		327	201	90	17	15	14	10	9

注：表中窑系一栏数据均为瓷器件数，总计683件。它们包括已绘图制卡的标本，也包括没有绘图制卡但可辨别出器形及窑系特征的标本。

现将各窑系瓷器标本的特征分述如下：

（1）罗州城景德镇窑系武昌窑类型瓷器

武昌窑类型瓷器的器类有碗、盘、碟、执壶、罐等，碗类器居各类器之首。胎骨以灰白胎为主，有一定数量的白胎、浅灰胎和青灰胎，还有极少量的棕胎和浅黄胎；白瓷胎的胎质细腻，紧密坚致，灰胎和浅灰胎器之胎质含有少量杂质，显得比白瓷胎粗糙，吸水性也比白胎强；棕胎和浅黄胎器，特别是棕胎的瓷器，其胎质比灰白胎粗糙，吸水性更强，仅就胎质而言，棕胎瓷器与釉陶器的胎质、胎色较为接近；武昌窑类型瓷器的釉色以白釉和灰白釉为主，还有白釉泛黄、白釉泛奶黄及黄釉泛白等几种，另外还有少量器物施浅酱釉和酱黄釉，釉水一般不甚肥厚，光泽较暗，有的甚至暗淡无光；在装饰方面，多数瓷器为素面，少数瓷器的釉下饰阴线刻花，花纹有草叶纹加套篦点、篦点纹组成的水草或植物枝蔓，这些花纹特点与景德镇窑的同类装饰风格如出一范，显示出了同一个窑系瓷器的共有特点。在装烧手法方面丰富多样，有用垫饼支撑的叠烧，有用支钉支撑的叠烧，有用支圈叠起或垫钵盛放的芒口瓷，还有的是用叠涩法而形成的涩圈足瓷器。这些装烧手法也与景德镇湖田窑宋元瓷器的烧造工艺非常接近[118]。

（2）罗州城景德镇窑系景德镇类型瓷器

罗州城景德镇窑系景德镇类型瓷器的器类比较丰富，有碗、盘、托盏、钵、执壶、碟、罐、枕、小瓶、粉盒等，景德镇窑系景德镇类型的主要瓷器在这里都能见到。胎骨以纯净的白胎为主，也有少量的灰白胎，胎质坚硬紧密，不见或很少见到砂眼、气孔，釉以青白釉为主，还有少量的黄白釉、白釉、灰白釉和浅黄釉，青白釉的釉水肥厚，光泽度很高，其他釉色是白釉和淡黄釉，其釉层相对较薄，有的暗淡无光。在装饰特点方面，相当一部分碗、盘类器的器内，釉下刻有花纹，有水草花、梳篦卷草纹、梳篦组成的弧线纹、阴刻条状幅线、阴刻团菊等。在装烧方法上有匣钵仰烧（多数碗外圈足有圆形垫饼痕），有支钉支撑的重合叠烧，还有用垫钵及支圈支撑的覆烧而出的芒口瓷，这些特征与景德镇湖田窑的烧造方法一致。

（3）罗州城吉州窑系瓷器

罗州城吉州窑系瓷器居各类窑系瓷器的第三位。吉州窑系瓷器器类主要有碗、盏、执壶、碟等，在数量上以盏为大多数，胎骨颜色多样，有灰白胎、浅黄胎、褐黄胎、褐灰胎和棕胎等，以灰白胎和灰胎为主，胎质一般粗糙，露胎处的胎面见许多砂眼，与武昌窑类型的少数粗瓷胎瓷器接近；釉水以黑釉、酱釉为主，还有部分紫灰釉及绿釉和白釉；黑釉多饰于盏、碗类器的内外，釉层一般都非常肥厚，往往在器的下腹的露胎与釉线间见有厚达0.2厘米的积釉层，有的有釉泪，在大多数盏内的黑釉或酱黑釉内见有紫色、浅灰、浅黄、浅灰白色的兔毫纹，有的盏内在灰麻色的釉下饰四个褐色花瓣，即所谓“剪纸漏花”工艺，有的在灰白釉下饰酱花斑纹，即所谓玳瑁釉，在一件碗内底有模印的“记”字铭；在装烧方法上，据对盏、碗等主要器形的观察，均为匣钵仰烧。因所有器形内不见支钉痕，器圈足部分露胎也不见垫具痕，也无芒口瓷，故匣钵仰烧应该是罗州城吉州窑系瓷器的主要装烧方法。这些特征都与江西永安吉州窑瓷器的特征相同或相似，这里归为吉州窑系[119]。

应该说明的是，罗州城吉州窑系的一部分瓷器如黑釉和酱釉兔毫纹瓷盏与建窑系瓷器接近或相同，一部分已划归为建窑系瓷器，但吉州窑系是综合了南北窑系瓷器烧造技术的复合型窑系，罗州城的黑釉瓷等在吉州窑都能找到相同的标本，再加上吉州窑与罗州城比建窑与罗州城在距离上有邻近传播的优势，故这里将一部分归为吉州窑系，已有的化学检测数据与分析也说明了这一点。

（4）罗州城龙泉窑系瓷器

罗州城龙泉窑系瓷器较少，器类有碗、盘，胎骨以灰色为主，有少量的灰白胎，釉以豆青釉即所谓“梅子青”釉为主，还有豆绿、青灰、灰绿釉。装饰方面，在部分盘、碗的器内釉下有刻划的窄线或宽线菊花、兰花纹。在装烧方法方面，多为匣钵仰烧（多数碗、盘器内外无支钉痕，但足底有垫饼痕），也有支钉支撑，再用匣钵盛装的（有的碗底有4个条形支钉痕）。龙泉窑瓷器标本时代都较晚，多数集中在南宋时期出现。这些特征与浙江绍兴、上虞龙泉窑系的瓷器如出一辙[120]。

（5）罗州城越窑系瓷器

罗州城越窑系瓷器数量少，器类有碗、盘、执壶。胎以灰胎为主，还有浅灰胎和棕胎，釉以灰釉和青灰釉为主，还有豆黄泛灰釉，青灰泛黄釉。在装饰方面，少数瓷碗的内壁模印花草和疏朗的线状草叶纹。在装烧方法上，越窑系瓷器中，盘、碗类器多用支钉，也有的用叠摞法（如涩圈足碗）；执壶用垫饼，后用匣钵盛装；釉面多数无污染应是匣钵盛装形成的。这些特征与浙江东部的宁绍地区的越窑系瓷器相同[121]。

（6）罗州城建窑系瓷器

罗州城建窑系瓷器较少，器类为盏、碗。胎骨以灰胎为主，次为灰褐胎、浅红胎和黄胎，还有灰白胎；釉均为黑釉或酱黑釉，有的为浅酱釉或棕色釉，器内满釉，器外施釉至下腹近足根处，仅短圈足部位露胎。在装饰上，多数碗内有兔毫纹，兔毫往往呈棕色。在装烧方法方面应为匣钵仰烧。这些特征都是宋代黑瓷系产品的特征，黑瓷特别是黑瓷盏在宋代的南北诸窑都生产，以福建省建阳县水吉镇的建窑产品最闻名，这里将罗城州的部分黑釉瓷归为建窑系瓷器。需要说明的是，我们这里划定的建窑系瓷器中，一部分标本经过化学成分检测，其化学组成数据是与吉州窑黑釉瓷产品的特点相符的，也就是说通过考古学手段观察、判断的罗州城建窑窑系标本中，有的可能就是吉州窑产品。建窑、吉州窑都产黑釉瓷，所以黑釉瓷的窑系判断具有“两可”性。

（7）罗州城耀州窑、定窑、磁州窑系瓷器

罗州城耀州窑瓷器较少，器类均为碗，胎骨为灰胎和灰白胎，釉以青釉和豆青釉为主，釉水较肥厚。在装饰上器内多模印缠枝花纹，碗外连续刮削皱折纹，有的为莲花纹，装烧方法为匣钵仰烧。

罗州城定窑系瓷器标本仅见 9 件，器形多为盘、碗。胎骨细腻，釉色为白釉泛黄色，釉层较厚，釉面显得柔和而明亮，在盘内外往往满釉，足底、足沿都有釉，这类盘应为定窑高档瓷。釉下多模印有花纹，纹饰有缠枝和折枝花，盘沿、盘底边沿都往往用缂丝纹，即连续的方角“S”纹排列一周。在装烧方法上有匣钵仰烧，也有支圈覆烧的芒口瓷。

此外，在罗州城瓷器中还有较少量的其他瓷器标本，如有黄胎施黄白釉的繁昌窑瓷碗（Bc 型 I 式碗，标本 H23∶41），白釉褐彩的磁州窑瓷瓶（标本 T4231②A∶1）等。

2. 宋代瓷器标本的化学检测与分析☆

宋代瓷器标本化学成分的检测工作选取了罗州城宋代青白瓷、黑瓷、绿釉陶等器物残片，借助 X-荧光光谱、等离子体发射光谱、X 射线衍射等分析方法，对其进行较为系统的分析测试。

（1）标本来源及外观描述

进行检测的标本共计 12 件（片），标本的基本情况见表五一。

☆本小节作者有：中国科学技术大学科技史与科技考古系王洪敏、毛振伟、朱铁权、董俊卿，中国科学院研究生院科技史与科技考古系王昌燧，湖北省文物总店吴晓松。

表五一　宋代陶瓷器送检标本登记表

编号	名称	出土单位	时代	标本特征
HG1	青白瓷碗	T3831②A:01	南宋	胎：白色，较细，刻花，厚3~6毫米，浅圈足 釉：青白光亮，外底无釉
HG2	青白瓷碗	T3828②A:01	南宋	胎：白色，细腻，厚2~6毫米，深圈足 釉：青白光亮，厚处泛绿，有裂纹，裹足釉
HG3	青白瓷碗	T3821②A:02	南宋	胎：偏灰，较细，厚5毫米左右，平底无足 釉：青白光亮开片，外底无釉
HG4	青白瓷碗	T4119②B:02	北宋	胎：白色，细腻，划花，厚3~6毫米，深圈足 釉：青白，颜色偏淡，裹足釉
HG5	青白瓷碗	T4119②B:03	北宋	胎：白色，细腻，刻花，厚3毫米左右，浅圈足 釉：青白光亮，厚处泛绿，裹足釉
HG-H6	酱釉瓷盘	T4231②A:01	南宋	胎：浅黄，较粗，厚3毫米左右 釉：酱褐有白斑，内满釉，外口沿处施一周釉
HG-H34	黑釉瓷碗	T4315②B:2	北宋	胎：灰白，较细，厚2毫米左右 釉：黑色
HG-H19	黑釉瓷碗	H22:01	南宋	胎：灰褐，较粗，厚5毫米左右，假圈足 釉：酱色，有放射状白斑，外部施釉不及底
HG-H21	黑釉瓷碗	H22:02	南宋	胎：灰色，较细，厚2毫米左右 釉：黑色，内满釉，外釉不及底
HG-H26	黑釉瓷碗	H22:05	南宋	胎：灰白，较细，厚3毫米左右 釉：内满施黑釉，外腹部以上施黑釉，外部施釉不及底
HG-H5	黑釉瓷碗	T3831②A:02	南宋	胎：灰白，较粗，腹厚4毫米左右，假圈足 釉：酱黄，乳白色兔毫斑，外部施釉不及底
YT47	绿釉陶碟	T3830②A:01	南宋	胎：浅粉分，较细，厚3毫米左右，瓜棱形 釉：绿色，内表面有银釉层，平底，外底无釉

（2）实验方法及分析结果

① 实验方法及所用仪器

X射线荧光光谱仪（XRF-1800，日本岛津公司）：端窗铑（Rh）靶X射线光管，管压与管流为40kV-95mA；真空光路；Estimated FP软件系统进行定性、定量分析；用于所有标本的胎釉无损成分分析（主量元素）。等离子体原子发射光谱（JY38S，法国JY公司）：选择GBW07401、，GBW07402、GBW07408三种黏土作为标样，用于青白瓷以及其他27个已知产地的青白瓷胎的微量元素分析。X射线衍射仪（转靶D/Max-rA，日本理学电机公司）。工作条件：CuKα辐射，电压、电流为：40kV、100mA；2θ的测试范围：5～70°；量程为 2000CPS；DS、SS、和 RS 依次为 1o、1 o、0. 15mm；用于绿釉陶表面沉积物的物相分析。

② 分析结果

所有瓷片胎釉的 X-荧光测试数据分别列于表五二和表五三，青白瓷胎的等离子体发射光谱数据列于表五四。其中编号为 HG 的是青白瓷，编号 HG-H 的为黑釉瓷，YT47 为绿釉陶。

表五二　宋代陶瓷器胎质化学组成表（%）

编号	SiO_2	Al_2O_3	CaO	K_2O	Fe_2O_3	MgO	Na_2O	P_2O_5	TiO_2	MnO
HG1	72. 59	19. 54	0. 62	2. 85	0. 96	0. 27	1. 59	0. 17	0. 12	0. 05
HG2	75. 90	16. 10	1. 25	3. 12	0. 64	0. 43	0. 24	0. 22	0. 04	0. 10
HG3	72. 36	18. 65	0. 91	3. 23	1. 55	0. 62	1. 96	0. 17		
HG4	64. 15	14. 76	1. 10	3. 97	0. 92	0. 70	0. 71	0. 13	0. 08	0. 18
HG5	74. 67	15. 14	1. 22	3. 78	1. 46	0. 73	0. 92	0. 32	0. 13	0. 12
HG-H6	69. 26	20. 10	0. 49	4. 21	3. 01	0. 38	1. 29	0. 09	1. 01	
HG-H34	65. 15	23. 43	0. 59	6. 98	1. 02	0. 53	0. 43	0. 17	1. 14	
HG-H19	66. 90	19. 22	0. 37	6. 04	4. 17	0. 83	0. 62	0. 24	1. 25	
HG-H21	65. 29	23. 10	1. 87	5. 66	1. 16	0. 95	0. 48	0. 19	1. 00	0. 04
HG-H26	68. 07	20. 90	1. 79	4. 72	1. 53	0. 76	0. 50	0. 22	1. 11	
HG-H5	68. 38	20. 66	0. 43	5. 13	2. 05	0. 65	0. 38	0. 39	1. 42	
YT47	59. 54	27. 29	0. 69	5. 73	1. 13	0. 58	0. 68	1. 23	1. 12	
编号	SO_3	SrO	Rb_2O	ZrO_2	Y_2O_3	ZnO	NiO	CuO	PbO	
HG1										
HG2										
HG3	0. 47		0. 08	0. 01						
HG4	0. 17		0. 06							
HG5	0. 79		0. 09				0. 04			
HG-H6	0. 06		0. 04	0. 05				0. 02		
HG-H34		0. 02	0. 04	0. 05	0. 00		0. 02	0. 01		
HG-H19	0. 24	0. 02	0. 04	0. 05	0. 02					
HG-H21	0. 12	0. 03	0. 04	0. 05				0. 01		
HG-H26	0. 14		0. 02	0. 07			0. 06			
HG-H5	0. 06	0. 19	0. 03	0. 08	0. 01		0. 02			
YT47	0. 57		0. 04	0. 07			0. 03	0. 15	1. 18	

表五三 宋代陶瓷器瓷釉化学组成表（%）

编号	SiO_2	Al_2O_3	CaO	K_2O	Fe_2O_3	MgO	Na_2O	P_2O_5	TiO_2	MnO
HG1	68.78	11.54	13.31	2.30	1.44	0.70	1.59	0.07	0.08	0.10
HG2	63.48	11.58	19.70	1.56	1.11	0.50	0.92	0.14	0.08	0.13
HG3	64.81	12.72	14.59	2.87	1.67	1.87	0.69	0.19	0.18	0.14
HG4	64.15	12.39	18.12	1.62	1.07	1.09	0.85	0.15	0.03	0.23
HG5	69.30	12.44	12.14	2.00	1.19	1.54	0.83	0.18	0.29	1.62
HG-H6	72.79	7.07	8.52	2.58	1.16	1.87	0.40	0.92	0.62	0.27
HG-H34	65.80	13.59	5.67	6.07	4.39	1.78	0.10	1.39	0.55	0.43
HG-H19	66.91	12.20	5.19	4.74	4.24	1.29	2.12	1.39	0.10	0.72
HG-H21	61.82	11.17	7.78	5.54	6.30	3.03	1.63	1.30	0.70	0.53
HG-H26	64.09	12.17	6.44	5.05	4.96	0.68	2.98	1.59	0.90	0.80
HG-H5	61.54	11.17	9.43	5.02	5.26	0.63	2.77	2.21	0.60	0.96
YT47	30.46	6.75	2.92	1.58	2.48	0.54	1.28	1.95	0.63	0.13
编号	SO_3	SrO	Rb_2O	ZrO_2	Y_2O_3	ZnO	NiO	CuO	PbO	
HG1	0.10	0.02	0.02	0.00	0.01					
HG2		0.04	0.02	0.01		0.03				
HG3	0.17	0.03	0.05		<0.01					
HG4	0.18	0.04	0.03		0.02					
HG5	0.09	0.02	0.03			0.02				
HG-H6		0.08	0.03	0.04				2.64	0.28	
HG-H34		0.02	0.03	0.04		0.03				
HG-H19	0.16	0.03	0.02	0.05	0.01	0.02		0.03		
HG-H21		0.05	0.03	0.07		0.05				
HG-H26	0.07	0.04	0.03	0.05		0.44	0.12			
HG-H5	0.14	0.53	0.05	0.11		0.06				
YT47						0.09	4.04	2.75	44.22	

表五四　宋代青白瓷胎微量元素组成表（μg/g）

编号	Mn	Ti	P	Li	Rb	Cs	Sr	Co	Cu	Ni	Zn
HG1	352	699	145	118	303	43. 4	39. 7	4. 05	24. 5	9. 02	50. 9
HG2	751	234	184	834	304	62. 2	98. 8	2. 19	13. 6	4. 11	48. 4
HG3	583	628	119	85	357	38. 7	26. 4	8. 85	71. 4	11. 3	74
HG4	1061	193	136	951	273	63. 9	94. 7	2. 56	371	5. 75	65. 1
HG5	704	200	160	472	341	80. 1	50. 1	2. 23	17	6. 57	55. 2
编号	Pb	Cr	Sc	Hf	Zr	Sb	Ta	V	Nb	U	Th
HG1	46. 6	15. 5	9. 9	6. 6	184	0. 09	2. 66	13. 9	16. 6	4. 97	8. 13
HG2	35. 8	8. 92	9. 2	6. 1	161	0. 24	5. 28	5. 72	26. 2	15. 2	8. 04
HG3	57	10. 9	10	7. 9	186	0. 23	5. 2	15. 9	35. 5	5. 02	10. 9
HG4	47. 5	6. 68	8. 1	5. 7	153	0. 73	6. 95	6. 21	32. 1	15. 9	7. 86
HG5	34. 5	7. 54	11	5. 2	146	0. 25	2. 37	5. 49	25. 2	11. 1	6. 11
编号	As	Ba	Ga	B	La	Ce	Pr	Nd	Sm	Eu	Gd
HG1	0. 22	176	38	125	12. 05	18. 92	2. 82	11. 69	3. 31	0. 5	3. 34
HG2	0. 33	152	28	495	6. 7	14. 6	2	7. 42	3. 17	0. 23	3. 78
HG3	0. 45	195	32	134	14. 92	27. 14	3. 80	14. 65	4. 36	0. 62	4. 40
HG4	1. 19	143	27	457	7. 39	16. 13	2. 31	8. 77	3. 81	0. 25	4. 80
HG5	0. 26	125	28	435	5. 52	12. 41	1. 67	6. 45	2. 81	0. 22	3. 34
编号	Tb	Dy	Ho	Er	Tm	Yb	Lu	Y			
HG1	0. 59	3. 38	0. 6	1. 62	0. 26	1. 62	0. 22	17. 58			
HG2	0. 78	4. 67	0. 84	2. 1	0. 34	2. 04	0. 27	26. 68			
HG3	0. 83	4. 72	0. 81	2. 00	0. 31	1. 85	0. 25	23. 66			
HG4	0. 95	6. 09	1. 04	2. 63	0. 41	2. 49	0. 33	32. 70			
HG5	0. 67	4. 23	0. 73	1. 84	0. 30	1. 88	0. 26	23. 06			

（3）讨论

① 青白瓷产地分析

青白瓷又称影青瓷，是青中有白和白中显青的瓷器的专称[122]。出土资料显示，我国包括长江以南地区的大部分地区都有青白瓷器出土[123]。现有研究资料表明，各个窑口的青白瓷在釉的成分上没有明显的差别，而胎的成分则具有一定地区特征。如安徽繁昌窑的青白瓷胎中高铝低钾，江西景德镇的瓷胎高硅高钾、铝相对较低等[124,125]。从罗州城这批经检测分析的青白瓷胎主量元素来看，所有标本中的 K_2O 含量都较高，由此排除了它们来源于安徽繁昌窑的可能性；HG5 中的 Al_2O_3 含量较低，仅 15. 14%，符合宋代景德镇窑生产的青白瓷胎低铝的特点[126]。而 HG1 和 HG3 则具有高铝（分别为 19.54% 和 18.65%）、低硅（分别为 72.59% 和 72.36%）的特点，但是具有这些特点的窑口除了湖北青山窑之外，还有福建省诸多窑口也具有这些特点。因此，它们产地的确定还需要借助于其他的信息。

古陶瓷的元素含量，特别是微量元素含量，受烧制工艺、埋藏和风化效应的影响较小，常保留着原料的产地信息，现已成为陶瓷产地分析中颇为有效的判断依据。利用 SPSS 统计软件，对表五四中青白瓷胎（HG1～HG5）微量元素的测试结果与其他 27 片已知产地的青白瓷的数据进行了多元统计聚类分析。图一八九是青白瓷胎微量元素聚类图，从图上看出，阈值 λ=5 左右时，微量元素的数据可聚为五大类。

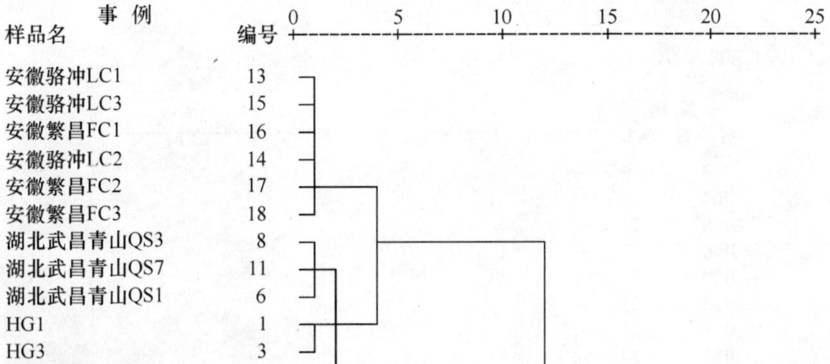

图一八九　宋代青白瓷胎微量元素聚类图

第一类是安徽地区（包括骆冲窑和繁昌窑）的；第二类是湖北武昌青山窑的，HG1 和 HG3 两个标本归于这一类；第三类是福建地区的，包括安溪、水吉、德化三个窑口；第四类是江西景德镇地区的，包括柳家湾窑和湖田窑，标本 HG5 也在其中；而第五类则是由 HG2 和 HG4 组成。

由此可以推断，标本 HG1 和 HG3 应是武昌青山窑烧制的，HG5 则是景德镇窑的产品，流通到湖北蕲春的。由于本次所取对比标本的窑口有限，仅选取湖北、安徽、福建等几个窑口和江西景德镇窑的标本进行对比分析；而在宋代，江西、安徽、浙江、湖北、福建、广东及广西等江南各地都流行烧造青白瓷[127]，因此，暂时不能判定标本 HG2 和 HG4 的产地，还需进一步搜集江南其他窑口标本的数据进行对比分析才能得出结论。

② 黑釉瓷产地分析

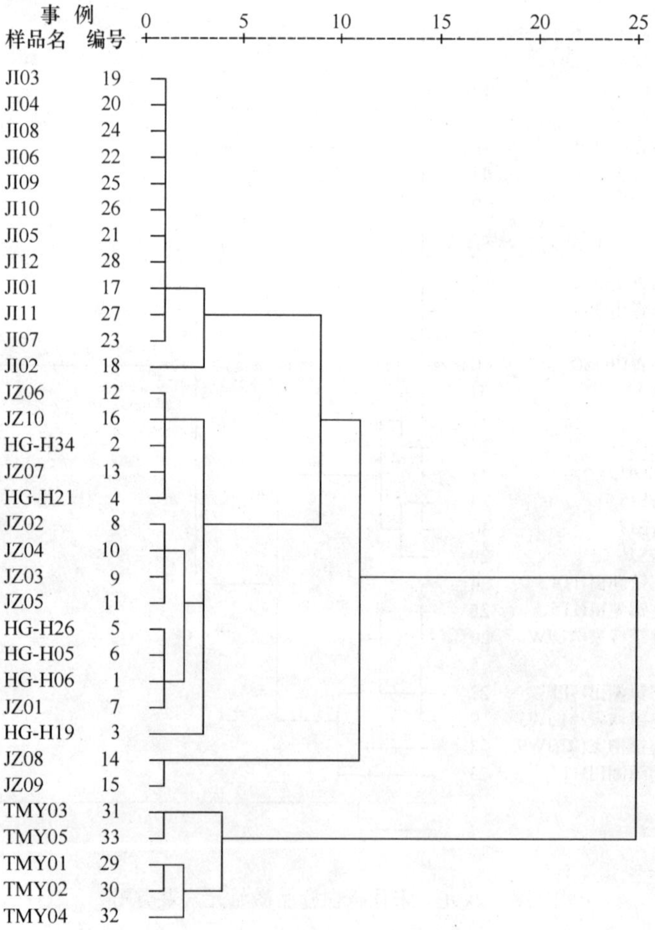

图一九〇　宋代黑釉瓷胎成分聚类图

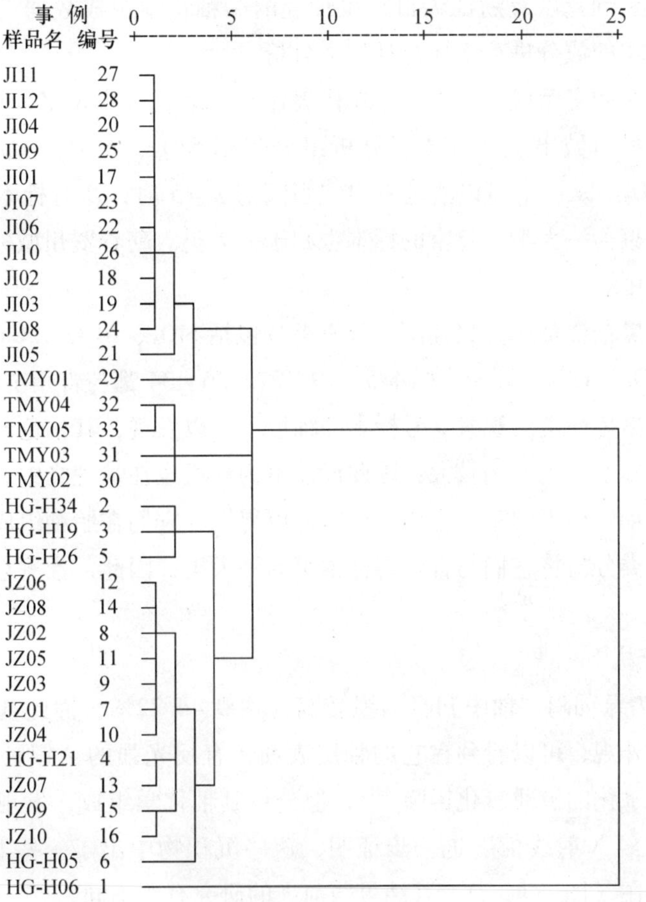

图一九一　黑釉瓷釉成分聚类图

黑釉瓷是我国古代陶瓷中十分重要的一类，宋代的南北方许多著名窑场都烧制黑釉瓷（包括福建的建窑，江西的吉州窑，景德镇窑，广东的西村窑、石湾窑，浙江天目窑，另外，还包括北方的山西平定窑、介休窑，陕西的耀州窑，河北的磁州窑等）[128]。众所周知，在唐宋时期，我国北方诸多窑口均采用高岭土作为瓷胎的主要原料，瓷胎中 Al_2O_3 含量较高，通常在25%以上。而从这批分析的黑釉瓷胎化学组成来看，Al_2O_3 含量均在24%以下，由此可以初步判定这些黑釉瓷不可能来源于北方；胎中 K_2O 含量较高，为4.21%~6.98%，而 Fe_2O_3 含量较低，最低的只有1.02%，最高的也不过4.17%。这种高钾低铁的瓷胎特征与吉州窑黑釉瓷相符。另外，从釉的成分来看，这几个标本的 R_2O 含量较高，几乎都达到了钙碱釉甚至碱钙釉的标准，这也是吉州窑黑釉瓷产品的特点相符[129]。

为了进一步确定这几片黑釉瓷片的产地，引用了一些文献中已分析过的吉州窑黑釉瓷、建阳芦花坪黑釉瓷以及浙江天目窑黑釉瓷的胎釉化学组成数据[130]，运用 SPSS 软件，对这几个标本的成分进行多元统计聚类分析。

图一九〇是黑釉瓷胎成分聚类图，JI 代表建窑，JZ 代表吉州窑，TMY 代表天目窑，HG-H 则是蕲春罗州城出土的标本；分析组分包括 SiO_2、Al_2O_3、CaO、K_2O、Fe_2O_3、MgO、Na_2O、TiO_2。从图上可以清楚看出，当阈值 $\lambda=5$ 时，所有标本分为三大类，所有的天目窑标本聚为一大类，建窑的标本也归于一大类。蕲春罗州城标本与吉州窑的标本都聚到一大类中。

图一九一是黑釉瓷釉成分聚类图，分析组分包括 SiO_2、Al_2O_3、CaO、K_2O、Fe_2O_3、MgO、Na_2O、P_2O_5、TiO_2、MnO。标本 5、19、21、26、34 都与吉州窑标本聚为一大类，而 6 号标本单独聚为一类。观察 6 号标本的釉层，可以发现，其釉色酱褐，表面遍布白斑，与其他几个标本外观差别较大，因此没能聚为一类也在情理之中。

由这几片黑釉瓷标本的胎釉主成分分析可以得知，它们在胎釉组成上，具有吉州窑标本的特征，聚类分析将它们与吉州窑标本聚为一大类，因此，推测它们应该来自于江西吉州窑。

③ 绿釉陶分析

标本 YT47 为绿釉陶，釉中 PbO 含量较高，达到 44.22%，因此基本判定是低温铅釉。通过观察其外观，可以看到在它的釉层表面，有反光强的“银釉”层。文献中记载此为经侵蚀后水化的极薄氧化铅膜[131]，但分析其釉化学组成，发现 P_2O_5 含量较高，达到了 1.95%。经 X 射线衍射进一步证明，这些沉积物中出了一些非晶的物质之外，还有磷酸铅的存在（图一九二），其结果与前人的研究有所不同。

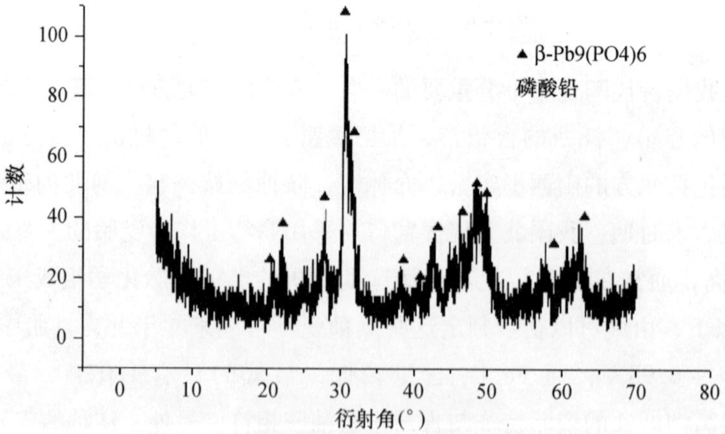

图一九二　宋代绿釉陶 X 射线衍射结果

（4）结论

① 青白瓷标本 HG1 和 HG3 为罗州城附近的湖北武昌青山窑烧制，HG5 则是景德镇的产品流通到湖北蕲春的。另外，标本 HG2 和 HG4 暂时不能判定其产地，但可知它们并非青山窑和景德镇窑的标本，需要进一步地搜集江南各地窑口的青白瓷标本数据后进行分析才可知其产地。

② 罗州城出土的黑釉瓷大多是江西吉州窑产品。可能受检测标本数量与范围的影响，送检的黑釉瓷标本中，没发现福建建窑的产品。

③ 通过分析发现，罗州城出土的低温绿铅釉陶表面的“银釉”层中，含有较高的元素磷与铅，并且主要以磷酸铅的形式存在。这为探讨“银面”形成机理及如何保护绿釉陶的研究提供了有用的信息。

3. 宋代绿釉陶表面“银釉”层分析及其形成机理☆

罗州城出土的宋代绿釉陶尽管数量不多，但它是一种非常富有特点的铅釉陶器。在讨论分析了宋代瓷器标本的化学成分之后，我们再对罗州城宋代绿釉陶表面的“银釉”及其形成机理进行分析。

我国的铅釉最早出现于西汉，当时以黄、绿釉陶为代表。它是一种低温釉，其烧成温度的范围为 800～900℃。西汉以降，随着人们对色釉工艺的不断改进、创新，成功地烧制出各种色釉与彩料的铅釉系列陶瓷，如唐三彩、琉璃、五彩、粉彩、法华釉等，这类器物因其外观光亮的色泽及其形式多样的造型，具有很高的艺术价值，在中国陶瓷史占有非常重要的地位[132]。然而大多数铅釉器物，尤其是绿釉，由于长期埋藏于地下，受到物理、化学、生物等蚀变因素的作用，俟出土后，其器物釉面都出现不同程度的泛白、泛黄现象，常形成一种层状结构的物质（俗称“银釉”）[133]，而银釉病变发展到一定程度，还会导致釉层的局部脱落。因此，银釉的成分分析及其病变机理的研究已经引起许多专家的重视。

20 世纪 80 年代，中国科学院上海硅酸盐研究所的张福康先生，最先指出银釉是一种具有层状结构的非晶态物质，并发现其化学组成中含有少量的磷[134]；本世纪初，张福康先生等人分析了不同时期三彩的表面银釉，进一步发现，银釉所含的钙和磷甚高，远高于釉中的相应含量[135]。无疑，这些研究成果对银釉的认识，有着非常重要的参考价值。然而，银釉所含的钙、磷等元素从何处而来，如何形成，以何种物相存在，对器物有无潜在威胁等众多问题，国内外似乎至今未见相关的研究和报道。

☆本小节作者有：中国科学技术大学科技史与科技考古系朱铁权、王洪敏、毛振伟，中国科学院研究生院科技史与科技考古系王昌燧，中国科学技术大学工程科学学院龚明，湖北省文物总店吴晓松。

图一九三　宋代绿釉陶的外观照

本工作分析的绿釉陶标本在罗州城宋代堆积中选取，其编号为T3830②A:01（图一九三），标本的银釉病变甚为严重。采用扫描电镜能谱（SEM-EDS）、X射线衍射（XRD）、傅里叶红外光谱（FTIR）、光电子能谱（XPS）等方法，系统分析了银釉不同部位的化学组成和物相等，在此基础上，较为深入地探讨了银釉的形成机理。

（1）实验部分

① 显微观察

利用日本 Nikon 公司生产的 SMZ1500 型体视显微镜和德国 Leitz 公司生产的 ORTHOLUX11PPL-BK 型生物显微镜，认真观察了标本表面与剖面的显微结构，观察结果如图一九四和图一九五所示。

图一九四　标本的表面照

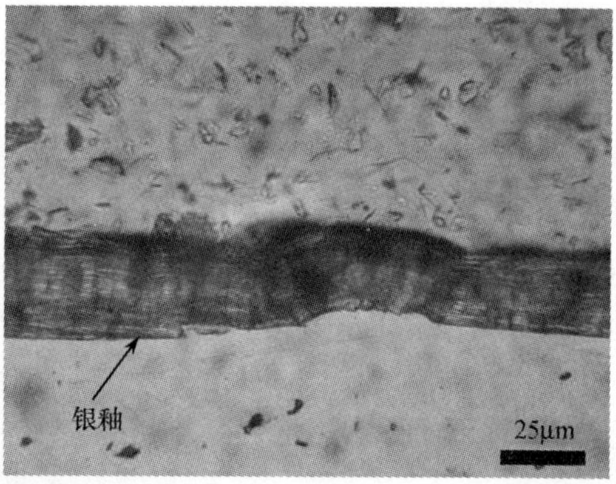

图一九五　标本的剖面照

从图一九四可以看出，绿釉表面的病变物分可大致分为三层，最上面的是结构较为疏松的土褐色层（a），中间为较为致密的金黄色层（b），最下面的是银白色的鳞片状物质（c）。图一九五显示，银釉层存在皮壳状的风化侵蚀结构。

② 扫描电镜能谱分析

利用扫描电镜能谱微区分析方法，分析测试了标本不同部位，包括土褐、金黄、银白以及绿釉的化学组成。所用仪器为荷兰 PHILIPS 公司生产的 XL30-ESEM 型扫描电子显微镜及其配置的英国 OXFORD 公司生产的 INCA300-EDS 型 X 射线能谱仪。电压和束流依次为 30.0kV 和 60μA，束斑为 3 个 spot size，标本室在 0.4 ~ 0.5mBar 低真空模式下，分析结果见图一九六与表五五。

表五五 标本表面不同部位扫描电镜能谱的半定量成分分析结果（w%）

样品的不同部位		Al	Si	P	Fe	Ca	K	Cl	Cu	Pb	P/Ca/ Pb（原子数）
表面	a：棕褐色	6.40	11.55	8.34	3.77	8.83	3.77	2.11	/	56.92	1/0.82/ 1.02
	b：黄色	1.98	4.09	9.20	2.48	10.08	/	1.87	/	70.51	1/0.85/ 1.15
	c：银白色	4.09	27.26	4.60	/	5.32	2.75	/	/	57.26	1/0.89/ 1.86
内层	d：绿色	3.57	23.48	/	/	3.21	1.288	/	3.29	65.45	

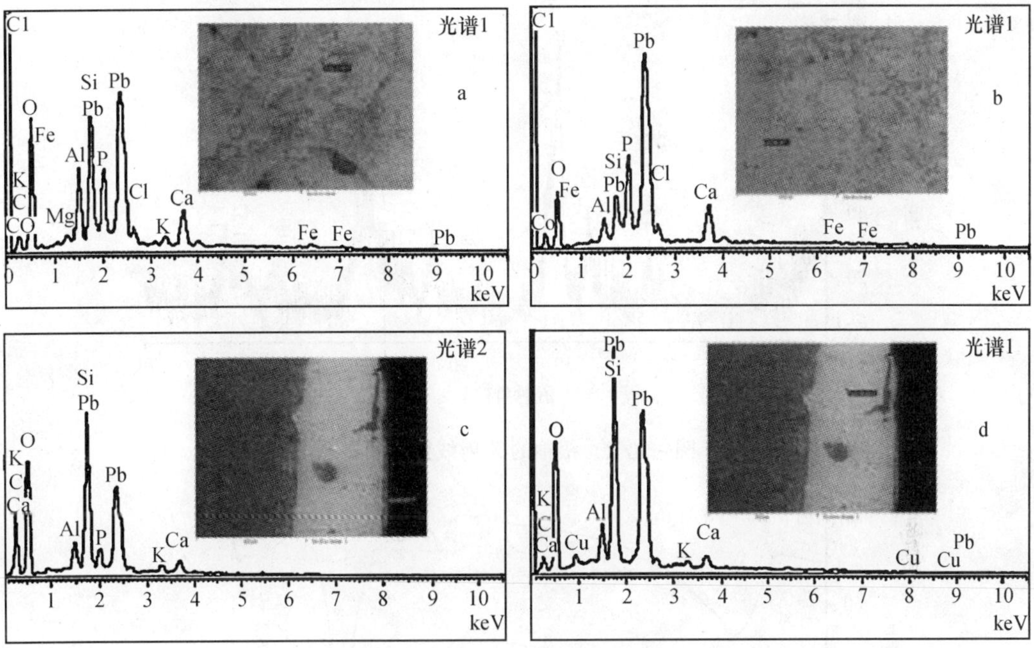

图一九六 标本不同部位扫描电镜下的形貌照及其能谱图

（a：棕色，b：黄色，c：银白，d：绿色）

从表五五中的数据来看，标本不同部位的化学组成存在着一定的差异。其中，外表病变物中元素磷、钙的含量远高于内层釉质，且表面的银釉中，土褐与金黄区域内磷、钙的含量又高于银白色区域。土褐与金黄部位还含有一定量的元素铁与氯，而银白色以及内层釉质中没有检测到这两种元素。另外，绿釉中含有3.29%的铜。

③ X射线衍射分析

分析仪器为日本理学电机公司生产的D/max-rA转靶X射线衍射仪。工作电压和电流分别为：40kV，100mA；2θ的测试范围：5～70°，量程为2000CPS。图一九七为测试所得的银釉表面的X射线衍射图谱，其一系列衍射峰的d值为：4.25、4.06、3.21、2.93、2.83、2.18、2.12、2.04、1.94、1.88、1.86、1.83、1.60、1.52、1.49Å 等，经检索，可知它们与［$Pb_{10}(PO_4)_6(OH)_2$］(PDF#87-2478)、［$Pb_8Ca_2(PO_4)_6(OH)_2$］(PDF#40-1495）的衍射峰较为相近。图中的衍射峰大多较为弥散，表明其晶粒尺寸较小或晶格中有掺杂原子。我们知道，羟基磷酸铅属于六方晶系，其中 Pb^{2+} 可以被 Ca^{2+} 置换，当 Ca^{2+} 置换 Pb^{2+} 的原子数达到 27%～29% 时，磷酸铅［$Pb_{10}(PO_4)_6(OH)_2$］的晶胞参数将有所改变[136]，由此可以判断，银釉的主要物相应为 Pb_{10}-XCaX(PO_4)(OH)$_2$ (X < 2.7)。

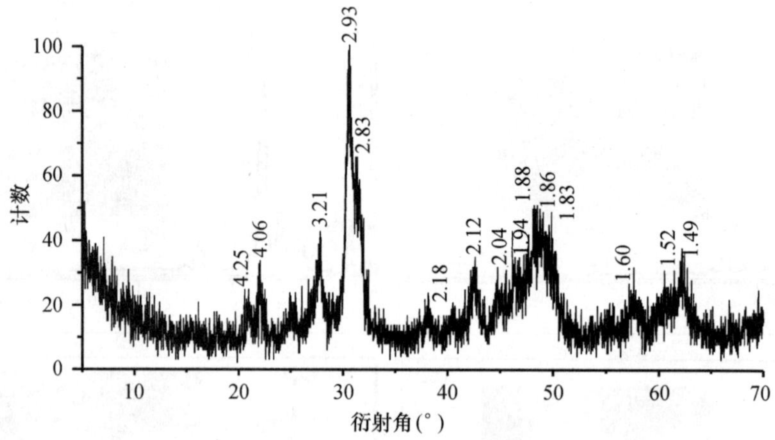

图一九七　银釉的 X 射线衍射图谱

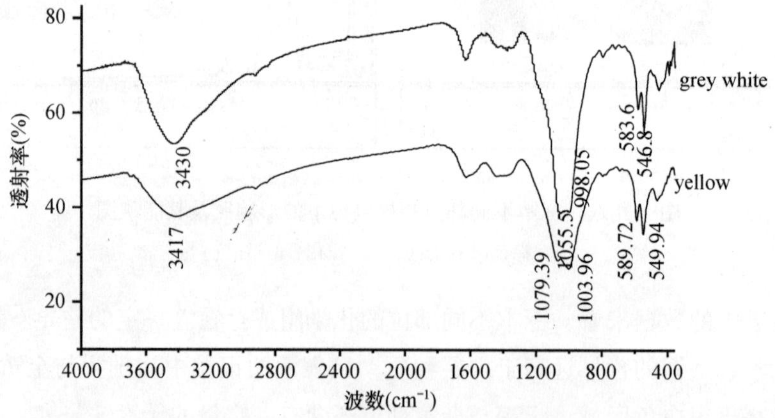

图一九八　银釉不同部位的红外光谱

④ 傅里叶红外光谱分析

分别刮取少量金黄与银白两个部位的标本，约 1～3mg，将其与溴化钾粉末混合后，研磨均一，制成薄片，置于美国尼高力仪器公司生产的 MAGNA-IR750 型傅里叶变换红外光谱仪内，进行测试分析。

磷酸铅特征红外吸收峰有 1040、970、581、545cm^{-1}，其中 1040cm^{-1}为 υ3（PO_4^{3-}）非对称伸缩振动，970 cm^{-1}为 υ1（PO_4^{3-}）对称伸缩振动，545、581 cm^{-1}为 υ4（PO_4^{3-}）弯曲振动[137]。如图一九八所示，两个标本的吸收峰位置与磷酸铅特征吸收峰都颇为接近，同样表明银釉的主要物相为磷酸铅。需要指出的是，图一九八中两种物质的吸收峰，相比磷酸铅的特征吸收峰，都不同程度地向高频方向偏移，这暗示磷酸铅晶格中的部分铅离子被其他阳离子替代，并且这种阳离子的半径小于铅离子半径[138]，结合 XRD 分析可知，银釉的物相组成应为 Pb_{10}-XCaX(PO_4)(OH)$_2$(X < 2.7)。

⑤ 铅绿釉的光电子能谱分析

刮取标本表面的少量绿釉，将其制成粉末标本，置于英国 VG 公司生产的 ESCALAB MK-I 型 XPS 仪中进行测试分析。测试条件：真空度为 2×10^{-8}，靶源为 AlKα（1486.6eV），采用 C1s 结合能为 284.8eV 来校正标本的表面电荷。表五六为铅单质及其化合物 $Pb_4f_{7/2}$的结合能[139]，经比较发现，绿釉中 $Pb_4f_{7/2}$的结合能与 $PbSiO_3$ 较为相近（图一九九）。

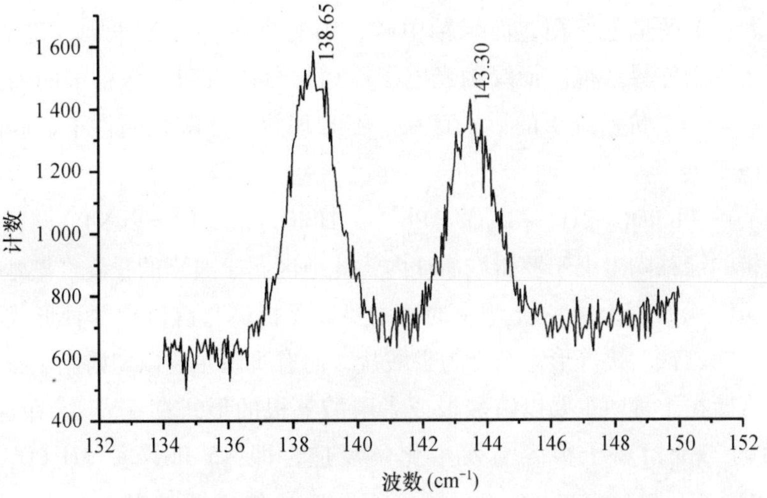

图一九九 绿釉表面铅的光电子能谱图

表五六 铅单质及其氧化物的结合能（eV）

铅单质及其化合物	$Pb4f_{7/2}$	铅单质及其化合物	$Pb4f_{7/2}$
Pb	136.8 ~ 137.9	$PbCO_3$	138.3
PbO	137.6 ~ 138.1	$PbSiO_3$	138.65
PbO_2	136.7 ~ 137.4	$Pb(OH)_2$	137.95
$PbSO_4$	139.4 ~ 140		

注：本表数据来源于注释 139。

（2）讨论

① 银釉的成分与物相结构

扫描电镜能谱的分析结果表明，银釉中含有大量的铅、磷、钙，这一结果与前人的研究结果一致[140]。从 X 射线衍射分析的结果来看，这些元素主要以磷酸铅钙 [Pb_{10}-$XCaX(PO_4)(OH)_2$]（$X<2.7$）的物相存在，而银釉的红外光谱进一步证实了这一结果。然而，银釉中元素铅、磷、钙原子数的比值分析表明，除部分钙原子置换了磷酸铅中的铅外，尚有部分钙原子以其他物相形式存在，只是其含量太少（<5%），X 射线衍射未能明显检测出来。银釉外表的颜色发黄或发褐，应缘自一定量的氧化铁或者铁的化合物（Fe：2.48%~3.77%），另外，外表不同部位还检测出一定量的氯元素（Cl：1.87%~2.11%），暗示羟磷酸铅钙中，部分羟基已被氯离子取代。

② 银釉的形成机理

银釉的化学组成与物相是其病变机理研究的基础。成分分析的结果表明，绿釉与其表面银釉的成分差异主要是铜、磷、钙等元素含量的不同。绿釉中，铜的含量较高，达 3.29%，起着主要的呈色作用，而绿釉中磷、钙的含量远低于银釉，说明银釉中钙、磷、铁主要来源于外界环境。而绿釉光电子能谱的分析表明，绿釉中的元素铅主要以 $PbSiO_3$ 物相，即为二价铅离子的形式存在。不难理解，在酸性条件下，硅酸铅很容易发生水解反应[141]：

$$PbSiO_3+2H^++H_2O=Pb^{2+}+HSiO_4\ (\log k^\circ=5.94)$$

本次分析的绿釉陶出土于罗州城遗址内，此地区属于典型的丘陵红壤地带，其土壤呈弱酸性（$pH=4.5\sim5$）[142]，土壤中的磷主要以无机磷与有机磷两种形式存在，其中无机磷以钙、镁、铁、铝等形态结合为磷酸盐，而有机磷主要以卵磷脂、核酸、磷脂为主，因此元素磷在土壤中主要以磷酸根或者磷酸氢根的形式存在[143]。在这种情况下，绿釉陶表面的二价铅离子很容易发生化学反应，即：$5Pb^{2+}+3H_2PO_4^-+H_2O=Pb_5(PO_4)_3OH+7H^+$（$\log k^\circ=4.19$）[144]，而土壤学的研究表明，土壤中的羟磷灰石 [$Ca_{10}(PO_4)_6(OH)_2$] 对于 Pb^{2+} 而言，具有很强的吸附能，可发生置换反应：$Ca_{10}(PO_4)_6(OH)_2+X\cdot Pb^{2+}=Ca_{10-x}Pbx(PO_4)_6(OH)_2+X\cdot Ca^{2+}$[145]。

因此，绿釉陶表面银釉在土壤中的形成大致可分为以下几个步骤：第一，土壤中各种化合物在釉陶表面的吸附、沉积，同时伴随釉中二价铅离子的析出；第二，土壤中磷酸根以及羟磷灰石由表及里渗透到釉中，与其中的铅离子进行化学反应，生成磷酸铅钙 [$Pb_{10-X}Ca_X(PO_4)(OH)_2$]；同时由于羟磷灰石以及各种磷酸钙的溶解度较低（表五七）不易于向铅釉的内层溶入，所以银釉内层（银白色）中钙磷含量较小[146]；第三，当环境中存在一定量的氯离子时，羟基磷酸铅钙中部分的 OH^-，将被 Cl^- 置换，形成一种更为稳定的化合物［$Pb_{10-X}Ca_X(PO_4)Cl_2$］。

表五七 磷酸盐的溶度积（25℃）

磷酸化合物	溶度积（I=0）	磷酸化合物	溶度积（I=0）
$CaHPO_4$	1.0×10^{-7}	$PbHPO_4$	3.0×10^{-12}
$Ca_3(PO_4)_2$	1.0×10^{-29}	$Pb_3(PO_4)_2$	4.4×10^{-44}
$Ca_5(PO_4)_5OH$	2.3×10^{-59}	$Pb_5(PO_4)_3OH$	1.0×10^{-76}
		$Pb_5(PO_4)_3Cl$	1.0×10^{-84}

注：本表数据来源于注释144、146。

综上所述，通过对绿釉陶表面的“银釉”及其形成机理进行分析，可得出以下结论：罗州城出土的宋代铅釉绿陶，其表面银釉是一种富含钙、磷、铅等元素的物质，它们主要以 $Pb_{10-X}Ca_X(PO_4)(OH)_2(X<2.7)$ 的物相存在。而银釉的外表颜色发黄、发褐，可能与其含少量氧化铁或者铁的化合物有关。绿釉陶长期处于潮湿的酸性土壤中，其表面银釉是陶釉中铅与土壤中的羟基磷灰石以及其他磷酸化合物共同作用的结果。

总之，罗州城宋代堆积的瓷器，不同于任何一个宋代窑址或窑址群的发现，因为它的窑系归属是丰富多彩的，它几乎涵盖了当时南北陶瓷窑业的主要窑系及其器物类型，汇集了宋代南北陶瓷烧制技术的主要特点，是宋代制瓷工艺的一次较为集中的展示，无疑为我们提供了很多信息。当然，由于宋代各窑系之间交流与融合，各种制瓷技术的相互传播，在北宋中晚期以后多数为复合型窑口，很难找到一个只烧一个窑口瓷器的单纯性窑厂，考古发现的窑址也多为复合型窑址，各个窑厂之间往往互通有无，以某项为主，兼烧多样。这种局面是社会生产与经济生活发展到一定阶段的必然结果。但仅从研究的角度来说，这种局面实际上给我们对瓷器窑系归属的判断带来了相当困难。上文中，尽管通过考古学方法与化学检测手段的所得结论大致相同，但由于上述原因，应该说对窑系归属问题的划分与辨识在一定程度上免不了有我们主观认识的存在，甚至可以说本节关于窑系归属问题的研究只能算作我们的初步认识。

4. 宋代各窑系瓷器在各个阶段的消长情况

我们运用考古学的方法对罗州城宋代瓷器标本进行了窑系判断，并将统计结果列表。表五〇中统计了罗州城宋代瓷器共683件，其中属于景德镇窑系的武昌窑类型的327件、景德镇窑类型的201件，吉州窑系的90件、龙泉窑系的17件、耀州窑系的15件、建窑系的14件，定窑系的10件、越窑系的9件。它们包括本报告宋代瓷器中已绘图制卡的标本和没有绘图制卡但可辨别出窑系来的标本。从中可以看出，第一期，以武昌窑为主，景德镇窑次之，还有少量的定窑瓷；第二期，仍以武昌窑为主，景德镇窑次之，但这个窑系瓷器的总体数量大增，第二期中仅这个窑系瓷器的总量就占整个宋代瓷器总量的三分之一以上，在第二期中，吉州窑的瓷器占有一定的比例，以下依次为建窑、定窑、越窑、龙泉窑和耀州窑；第三期，遗物数量较少，仅能辨别窑系的几件瓷器也是以武昌窑为主，景德镇窑次之，以下依次为定窑、越窑、建窑和吉州窑；第四期，瓷器数量大增，还是以武昌窑为主，景德镇窑次之，这个窑系瓷器总量也占整个宋代瓷器总量的三分之一以上，以下依次为吉州窑、龙泉窑、耀州窑、越窑和定窑。我们还可以看出，罗州城宋代使用瓷器的高峰时期在第二期和第四期，即北宋中期和南宋时期。罗州城的居民使用瓷器的高峰时期，是以景德镇窑系的武昌窑类型为主，景德镇窑类型次之，这一时期也是宋代罗州城经济、社会的繁荣时期。居民用瓷状态告诉我们，在这一时期罗州城的居民与隋唐时期大致相同，即首先注重与邻近地区的经济交往，同时注重兼顾其他地区，这应该是宋代罗州城居民的经济生活特点。

综合起来我们可以做出这样的判断：罗州城内丰富的宋代文化堆积、纷繁多样的瓷器品种、特色各异的瓷器窑系特征，显示了宋代的罗州城作为一座州府城市已进入了第二个繁荣阶段，即空前繁荣阶段。

第三节　罗州城有关问题的再认识

一、关于罗州城的城市性质问题

关于罗州城的性质问题，从罗州城的沿革中已可以看出，唐宋时期的罗州城是蕲春州治所所在地，但文献中记载没有直接言明罗州城与汉蕲春县城的关系。《旧唐书·卷四十》云："蕲春，汉县，属江夏郡，吴为蕲春郡，晋改为西阳，又改为蕲阳，因平淮南改为蕲州。"《太平寰宇记·卷一百二十七·淮南道五·蕲州》云："蕲州居三楚之中也……，州北有蕲水，南入于江，今古城犹存，后为蕲春县。"这里"州北有蕲水"与罗州城在蕲水以南的地理特征相符。

20 世纪 90 年代，为配合基本建设，在罗州城周围的 5 公里范围内，发现了大量的汉墓群等相关考古遗迹，通过对罗州城遗址的田野发掘与整理，印证了罗州城是汉蕲春县城所在地这一观点[147]，因没有汉代城址的地层堆积资料，总有依据不充分的缺憾。本次发掘在相当程度上弥补了这一不足。下面我们对战国至汉代地层与遗迹的堆积特点所反映的信息进行分析。

如上述有关章节所述，在本次发掘的罗州城遗址中，战国时代的堆积除发现地层（⑤E 层）堆积外，还发现灰坑 2 个，水井 1 口，灰坑内的遗物均为实用生活器具，文化特征为典型的战国时代的楚文化特点，它说明在汉代以前这里就有人类在这里活动并属于楚国所辖。这些是进行城市开发的基础。

汉代地层与遗迹堆积的时代，目前所见起于西汉初年，止于东汉中期。在本次发掘区内的每个探方都发现了汉代地层，其堆积相当丰富。这说明罗州城内的汉代地层绝非偶然的或短暂的现象。

再分析地层、遗迹中的出土遗物。地层中的遗物均为实用生活器具，主要器类为陶盆、甑、瓮、缸、钵、豆等，从已复原的陶盆、甑、瓮、缸等器类看，其大多为公共用器，即一个器皿可满足多人使用，如陶盆（标本 H54:3），口径为 54 厘米；陶缸（标本 T3618⑤C:3），口径 50 厘米；陶甑（标本 H10:2），口径为 44 厘米；陶瓮（标本 H39:1），高 44.2、最大腹径为 45.4 厘米。从这些陶器的功能用途和形体规格综合考察，完全应该得出这样的结论：它们中的一个器物就能满足十几人的炊事或储水等生活需要，这种大型器无论是在地层中还是遗迹堆积中占的比重，均在 30% 左右。它让我们对汉代罗州城内这一区域的人口稠密情况有了初步的认识。

再从遗迹的分布特点，特别是水井的分布情况进行分析。在发掘区内发现了战国、汉代水井 8 口（已清理的有 4 口），这些水井分布在近 10 000 平方米的范围内，其使用年代相距不远，由一口水井能满足几十人生活来计算，8 口水井就应该能满足近六七百人的生活需要；再根据罗州城的勘探资料，罗州城建造在古蕲水河的冲积平原上，生土层下均为淤泥沙[148]，也就是说罗州城内的每个部位都可以凿出水来，除 2001 年已发现的几口水井外，在罗州城内其他部位，如 1994 年在今蕲春师范学院内就发现了汉代水井 1 口，除此之外，还完全有可能存在大量的汉代水井。由此推之，汉代罗州城内，不仅人口众多，而且相当稠密，已近于繁华了。这些都是只有作为城市才能出现的现象。

综上所述，罗州城内汉代文化堆积的发现，为汉蕲春县治的地望在今罗州城内的观点提供了新的依据，这不仅使长期以来这一悬而未决的问题有了比较明确的头绪，而且罗州内地层堆积的整体特征，为了解蕲春县治的历史演变轨迹提供了重要线索。如下面要讨论的罗州城遗址中没有发现魏晋南北朝时期的堆积问题，就是这次发掘中引出的话题。

二、从地层堆积特征看蕲春县治的相关历史

在 2001 年发掘区内的大部分探方中，发现了以红烧土堆积为特征的地层第③层，此外在整个发掘区的各层位中不见魏晋南北朝时期地层堆积。下面，通过检索有关历史文献及考古材料，分别对地层第③层的成因及整个发掘区无魏晋南北朝时期地层的现象进行讨论。

（一）第③层地层的成因

以红烧土堆积为特征的第③层地层的时代为五代时期。第③层地层几乎布满了发掘区的大多数探方，他说明红烧土堆积非局部现象。我们知道，田野考古发现中，红烧土层的形成往往与火的作用有关，大面积的红烧土堆积往往与大面积的焚烧事件发生有关，大面积的焚烧事件一种可能是为了加固居住环境，形成红烧土居住面（罗州城遗址本次发掘的第③层不是房基，故可排除这一可能），另一种可能就是与大的战乱发生有关。经过检索有关文献资料我们发现，五代时期的罗州城就曾发生过战乱。

据《新五代史·卷六十二》记载，“十三年（指南唐景帝保大十三年）十一月周师南征，世宗营于淝水之阳，徙浮桥于下，……景惧，遣泗州牙将王知朗至徐州，称唐皇帝奉书，愿效贡赋，陈兄事之礼，世宗不答。……延鲁削发为僧，为周兵所获，蕲州裨将李福杀其刺史王承隽降周……景益惧，始改名璟。……十四年（指南唐景帝保大十四年）三月，景表尽献江北地，世宗许之，遣崇质，德明等还。……宋齐丘陈觉等，皆以割地无益，而德明卖国以图利，景怒斩德明，遣元帅齐王景达与陈觉边率兵趣寿春，景达将朱元等复得舒、蕲、泰三州。”

上述文献资料说明，五代时期的罗州城曾发生过两次战乱，一是南唐蕲州裨将李福反判降周，一是南唐与后周对蕲州的争夺战。它们均在五代末期，分别发生在公元955年和公元956年，这恰好与罗州城遗址第③层的堆积年代相符。由此，我们有理由认为，罗州城遗址第③层地层的成因与这两次战争有关，或者说罗州城遗址中，以大量的红烧土堆积为主要特征的第③层地层，就是五代末期蕲州城内发生的历史战乱在地层堆积上的实物反映。

（二）关于魏晋南北朝时期的蕲春县治地望

本次在罗州城遗址的发掘范围中，没有发现魏晋南北朝时期的堆积，这其中的原因是什么？我们通过整理认为，这一现象应该与魏晋南北朝时期蕲春县治的地望问题有关。对此，我们可以从如下几方面进行分析。

先看晋代蕲春县的地望。关于汉蕲春县、晋宋齐梁蕲春县的地望，《水经注·蕲水篇·卷三十二》有明确记载：“［经］蕲水出江夏蕲春县北山，［注］山即蕲山也。水首受希水枝津，西南流，历蕲山，出蛮中，……［经］南过其县西。［注］蕲水南对蕲阳州，入于大江，洲上有蕲阳县徙。”同书卷三十五《江水篇》云：“［经］江水又东过蕲春县南，蕲水从北来注之。［注］……江水又东得空石口，江浦左右，临江有空石山，南对石穴州，州上有蕲阳县治也。又东，蕲水注之。江水又东，迳蕲春县故城南。”

由这两段注文可知，汉蕲春县当在蕲水东岸，长江北岸，晋改名为蕲阳，移至大江中的沙洲上[149]。这里的沙洲就是指晋代至南北朝蕲阳县的县治所在地。《蕲春县志》认为，蕲阳县治在今蕲春县八里湖的土门城[150]，谭其骧先生也主此说[151]。

据蕲春县文物普查资料记载，土门城位于蕲春县西南部的八里湖农场，在蕲水河入江口的东部约2公里，城址于1982年文物普查时发现，城址整体呈不规则长方形，面积约0.6平方公里，现八里湖农场沿朱家塆、余寨、土泥岗和双孔闸等自然村一带仍然保留着城址北垣和西垣的一部分，现存城墙的整体呈东北至西南分布；在上土门自然村至白鹤堰自然村一带，也保留着城址东垣的部分城墙。城墙的残存部分总长约2公里，土筑城墙顶部一般宽5~8米，底部一般宽约15~17米。在北段城垣断面上，发现有时代为南北朝时期的陶罐、陶钵、陶盆及青瓷碗等遗物[152]。因为对土门城只做过地面调查，其考古学年代只有经过今后的正式考古发掘才能确定，但上述考古调查资料至少说明土门城址的年代包含有南北朝时期文化堆积，而这正是罗州城遗址所没有的。从以上文献资料和考古调查资料给我们提供的信息分析，魏晋南北朝时期的蕲春县治确已由罗州城迁移他处。究竟是否在今蕲春县八里湖农场的土门城，只有今后对土门城做更深入详细的田野发掘工作之后，才能做出有说服力的判断。

三、罗州城的城市类型与城市开发机理

罗州城作为古代蕲春县及蕲州府治所，有何城市特点？在城市开发史上如何定位？这也是需要讨论的问题。

（一）罗州城的城市类型

调查资料显示，罗州城第一重城的东垣长263、南垣长450、西垣长349、北垣长314米，总面积约15万平方米。这种规格的城市在汉城中显然属小者，然而，我们似乎发现汉代县级城市规模普遍较小，也是其特点之一。下面，我们先将罗州城与相关城址资料进行比较，然后进行简析。

在长江中游地区与罗州城性质相近的古城址较多，现择要列举。

如位于今湖南慈利县城东部的白公城，其平面略呈正方形，长、宽均为300多米，总面积约10万平方米。白公城即古零阳城，始筑于西汉时期，东汉以后沿用。《后汉书·南蛮传》载：汉章帝建初元年，“武陵澧中蛮陈从等反叛，入零阳蛮界。”李贤等注：“零阳，县。属武陵郡。”

再如，位于今湖南临澧县东望城乡宋玉村的宋玉城，其平面略呈方形，东西长240、南北宽220米，夯土墙残存5段，残高约5米，护城河遗迹尚存。调查者认为应

为东周时期城址，其地清雍正九年置安福县，属澧州，“民国”三年更名临澧县[153]。

又如，位于福建崇安县兴田乡城村的汉代城址，据研究很可能是西汉汉高祖封无诸为闽越王时所筑之城，即为闽越国之故城，该城约长750、宽550米[154]。

罗州城与湖南白公城相比，面积大于白公城；与湖南宋玉城相比，罗州城面积更大于宋玉城。这两个城址的始建年代和城市性质都与罗州城接近或相同；与福建崇安县兴田乡城村的汉代城址相比，罗州城显然要小。作为侯国级的崇安汉城，城市规模也就是接近罗州城这类始建小县城规模两倍。

《汉书·高帝纪》载，汉高祖六年（公元前221年），“令天下县邑城。”颜师古注：“县之与邑，皆令筑城。”可见，罗州城汉城规模甚小不是个案，应是西汉初年“皆令筑城”的国家政策使然，这也应与西汉王朝建国伊始，国力不足这一特定的时代有关系。

罗州城的第二重城，东西宽约950、南北长1350米，周长约4.6公里。这种城市规格与山西汾阳县的唐宋汾州故城相似，汾州城城垣周长4.5公里，四门内设十字街；又与山东掖县的唐莱州故城相似，莱州故城周长4.5公里余，四门十字街，明时，北街的府衙尚存唐莱州刺史唐贞休德政碑，府衙西为县衙[155]。

据有关研究，唐代一般州府的城址，有大、小之分，其较小的一种，其周长为4.5公里余，城内以十字街分割成四个坊，每个坊的面积约0.5平方公里[156]。罗州城唐宋城的城垣周长正与一般州府城址中较小一类的规格相合。虽然城内布局尚不很清楚，但我们已掌握了部分线索。

在本报告的隋唐部分中，介绍了在罗州城内发现了唐代的道路遗迹一处。该道路最宽部位近9米，已发掘部分长75米，道路呈南北走向。道路（L1）无论是所在部位，还是其走向，都与罗州城东西对称轴线较为接近，以此推之，这条道路应该是贯通唐代罗州城南北的一条大街，与此相配套的还应有东西向的一条街。这两条街形成的十字街将城内分割成四个坊，以每个坊的面积大约相近的要求来推议，今王城所在部位大致处于西北坊范围，这里很可能就是唐宋州府府衙所在地。因在城内西北隅的岗地设置宫、督府或府衙是唐代盛行的一种城市制度[157]。由此可见，罗州城的城市规格和城内布局都与唐代较小的一类州府级城市的格局相合。

由《罗州城与汉墓》提供的资料可知，罗州城汉城所在位置即今罗州城内的王城和内城范围，通过上文的分析我们知道，今王城所在的岗地，极可能就是唐宋州府府衙所在地。由此，我们可以看出唐代罗州城的建设规划是借用了罗州城汉城的地势作府衙区，将之围套于城内，西北部借用蕲水河岸作防护而筑城垣。

先秦文献记载，古代城市一般有内外两重，内称城，外称郭，如《管子·度地篇》：“内为之城，城外为之郭。”《孟子·公孙丑下》：“三里之城，七里之郭。”而罗城亦即外郭或曰大城。宋代司马光考证："凡大城谓之罗城，小城谓之子城。"在六朝时期，"罗城"已与"外郭"通称，如《魏书·杨侃传》："衍将袭寿春，入罗城而退。"这里的"外郭"和"罗城"都指当时的寿春大城[158]。唐宋时期的罗州城即由内外两重城组成，这种城市结构应该说受到了汉魏六朝"罗城"与"子城"观念的影响。依蕲水而筑，将内城围套于城内西北坊，起到借势的作用。

借地、借势又大致依从唐代州府城市布局制度，是唐宋罗州城市建设的特点之一。

（二）罗州城城市开发的机理

两汉时期，在今鄂东北地区始设置两个县，蕲春县和邾县。这两个县的地域涵盖了今黄冈市的全境。根据以上资料与分析使我们知道，汉蕲春县城及后来的蕲州府在相当长的时间内都在今罗州城内，其延续时间之长在湖北乃至邻近省份及地区是不多见的。那么汉朝始设置的蕲春县城为何置于今罗州城内？进行城市开发选址的机理有哪些？我们可从如下几方面进行分析。

从历史的物质条件看，今蕲春地区远在商周时期就是中原王朝所高度重视的地方，在蕲春地区的文物普查中发现了大量的商周遗址，其中还有重要发现。如20世纪50年代发现的蕲春毛家咀木构建筑及90年代发现商周青铜铭文重器，有学者认为蕲春毛家咀商周遗存，是武王伐商之后逃窜于此的殷王室成员的居住遗存[159]。对于毛家咀遗存的性质看法，无论是哪一种，都说明了早在商周时，今蕲春地区已受到了中原王朝的高度重视。也就是说，在商周时期已积累了对这一地区进行开发的历史文化基础。《太平寰宇记卷·一百二十七·淮南道五·蕲州》云："蕲春，禹贡扬州之域，春秋时属楚，……其后至文公徙于郢，故江陵，是为西楚；汉封元王交于彭城，是为东楚；又封厉王胥于广陵，是为南楚。今蕲州居三楚之中也，盖蕲为周秦旧邑地，始皇十六年灭楚，虏王负刍于蕲，即此邑也。今州北有蕲水，南入于江，江津曹公与桥战处在蕲水之阳，……后为蕲春县。"这一则文献告诉我们，在战国至秦汉时期这一地区就有着进行城市开发的历史政治基础。

再看地理位置。在地理位置上蕲春位于大别山南麓，长江的北岸，是中原入举南方的战略要冲之地，这里有蕲水直通长江，陆地交通也较便利。水陆交通便利也是进行城市开发与选址的要素之一。据有关研究，水陆交通条件在府、州、县城市商业发展上起着重要作用，如宋代广南西路首府桂州的商税额只有6千多贯，而海上贸易发达的琼州则达到1.9万多贯[160]。

由此观之，历史文化基础、地理位置优势、水陆交通条件，是罗州城进行城市开发选址的主要因素。

南宋理宗景定四年（公元1263年），元兵攻陷罗州城，安抚使王益始迁治所至今蕲州（今蕲春县东南25公里的蕲州镇），元政府再没有对罗州城进行重新开发。其原因，我们可以从宋代部分州府的治所与元、明州府级治所迁移对应情况中找到线索。现将宋代部分州府治所与元、明州府治所迁移对应情况列为表五八。

表五八　宋代部分州府治所与元代州府治所迁移对应表

北宋			元代		
州府名称	隶属关系	现在所在地域	州府名称	隶属关系	现在所在地域
蕲州	淮南西路	湖北省蕲春县罗州城	蕲州路	河南江北行省	湖北省蕲春县蕲州镇
黄州	淮南西路	湖北省黄冈市黄州城	黄州路	河南江北行省	湖北省黄冈市黄州城
舒州	淮南西路	安徽省潜山县城	安庆路	河南江北行省	安徽省安庆市（宋城改为潜山县城）
兴州	淮南西路	安徽省潢川县（定城）	汝宁府	河南江北行省	安徽省汝南县（原定城改为光州）
寿州	淮南西路	安徽省凤台县	安丰路	河南江北行省	安徽省寿县（宋寿州城改为下蔡县城）
庐州	淮南西路	安徽省合肥市	庐州路	河南江北行省	安徽省合肥市
鄂州	荆湖北路	湖北省武汉市武昌	武昌路	湖广行省	湖北省武汉市武昌

通过表中我们可以看出，元政府对当时州府一级治所地点的设置原则是，以长江干流设州府（军）之治所，如北宋的黄州府在今黄冈市的黄州城，元代为黄州路，治所仍然设在今黄冈市的黄州城；北宋的舒州府，治所在安徽省的潜山县城，元代改为安庆路，治所设在安徽省安庆市等等。也就是说，元代的州府所在地，多是在长江干流附近。

于是，我们可以作出这样的判断，元政府没有对北宋蕲州治所罗州城进行重新开发的原因，一是对已经毁弃了的罗州城进行重建的难度大；二是已迁往长江干流的蕲州路治所正合元政府对州县府所的选址原则，即以干流设州府（军）之治所，这样水上交通方便，便于南粮北运；三是与元政府国之大政有关，元代“国朝大事”，一是征伐，二是狩猎，三是宴飨，“三者而已”（王恽《大元故关西军储大使吕公神道碑铭》、《秋涧集》卷五七）。至于城市开发与建设，离元政府的大政主题较远，况且，位于长江干流旁的蕲州路治所交通方便，便于南粮北运。南粮北运是元政府稳定中央政权的重要手段之一。

罗州城自汉代开始，作为一座县、州府级城市，到南宋理宗景定四年（公元1263年）因遭战乱废弃，直至清代再未在这里进行重建开发，直到1949年新中国成立后又在罗州城遗址旁的漕河镇进行了重新开发，设置蕲春县城，这一历程似乎向我们显示了古代王朝与现代人类对城市开发问题所持的不同原则与标准。古者倾向利用现有的水上交通条件进行开发与建设（罗州城与明清蕲春县城就在长江支流或干流边）；今者倾向利用与开发陆地的交通，主要考虑是否能在更大范围内将城市开发与陆地交通的开发共同进行。

四、从罗州城出土的茶具看茶文化与宋代蕲州的茶业贸易

罗州城遗址的宋代地层即②A、②B 层中出土有大量茶具，如黑釉瓷盏、白瓷小碗、壶、托盏等。这些茶具约占出土瓷器总量的25%，这说明饮茶的风俗在两宋时代的罗州城是相当盛行的。应该说饮茶的风俗在宋代罗州城内盛行，不仅仅是一个民间风俗问题，也与当时的经济生活有密切的关系。因此，对宋代罗州城的茶文化风行的缘由、影响及其与宋代蕲州茶业贸易经济的关系进行讨论是必要的。

根据文献记载，周成王生前曾留遗嘱，其死后应"掌茶和聚茶以供丧用之用"[161]。这说明早在西周时期，当时人们不仅把茶用于丧事上，且作为经常使用的祭品。唐代刘兑亮曾概括出茶的社会功能有"十德"，即"以茶散郁气，以茶驱睡气，以茶养生气，以茶除病气，以茶利礼仁，以茶表敬意，以茶尝滋味，以茶养身体，以茶可行道，以茶可雅志"。唐代茶圣陆羽在《茶经》中指出"茶之为用，味主寒；为炊最宜精行俭德之人，若热渴、凝闷、脑疼、目涩、四肢烦、日节不舒，聊四五啜与醒醐甘露抗衡也"[162]。

上述材料使我们看到，茶既可以作为特殊目标的药用和保健品，又可以作为普通的食用和饮用品，这使茶在社会文化中占有了极为重要的地位，茶已经形成了一种独立的文化，即茶文化。中国茶德的"廉、美、和、敬"或"理、敬、清、融"，台塆茶艺的"清、敬、怡、真"或"美、健、性、伦"，都是儒家"重义轻利"、"存天理去人欲"、"以德服人"、"德治教化"等思想的映然蔚观。

罗州城宋代遗存中出土了为数不少的石碾槽和陶碾轮。关于这些工具的用途，一些文献记载与考古发现提供了线索。《茶经》云："碾内容堕而外无余木，堕形如车轮，不辐而轴焉……，轴中方而执圆。"在河北宣化辽7号唐代壁画墓中，壁画右方的部位绘有一碾槽包括碾轴。河南偃师杏园唐会昌二年的崔防墓中，也出土了与罗州城茶碾相似的工具。这些都应是《茶经》中所说的茶碾子。

由此可知，罗州城宋代遗存中出土的石碾槽和陶碾轮，应是制茶的工具[163]。这些制茶的工具与唐宋时期的茶道有关。"茶道"就是制茶与饮茶的方法。唐代陆羽的《茶经》对茶道进行了全面总结和研究。《茶经》云：晴日采茶，经过"蒸之，捣之、拍之、焙之、穿之、封之"。这几道工序是说将采来的野茶叶蒸去水分，然后捣碎，拍成团饼，焙干，穿起，最后封存。

据有关文献记载，茶业及茶叶生产在唐宋时代的国家政治、经济、军事中占有重要地位，特别是在宋代，茶叶生产有了飞跃的发展。宋代茶叶产量：淮南"总为岁深三

十九万三千余斤”，“江南千二十七万余斤，荆湖二百四十七万斤”。“茶之为利甚博，商贾转致于西北，利当至数倍”[164]，这说明茶在宋代是一种十分紧俏的物质，它是创造宋王朝财政收入的重要来源之一。“河东北互市，川陕折博，又以所有易所无，而其大者最在边备，盖祖宗以西北宿兵供亿之费，重困民力，故以茶引走商贾，而虚估加抬以利之”[165]。这说明茶在对外贸易、边境贸易中的地位极为重要。因为茶叶生产及茶业在唐宋时代的国家政治、经济、军事生活中占有重要地位，实施贸易专卖，并从立法上予以保证，就成为必要和必然的事情了。

“宋榷茶之制，择要会之地；曰江陵府，曰真州，曰海州，曰汉阳军，曰无为军，曰蕲州之蕲口为榷货务六”[166]。对于违反榷茶制度的，法律予以严惩。“令民茶折税外，悉官买，民敢藏匿不送官及贩鬻者；没入之，计其有，百钱以上者，杖七十，八贯加役流，立吏以官茶贸易，计其直，五百钱，流二千里；一贯五百及持杖贩易私茶为官吏擒捕者，皆死。”[167]“民之欲茶者售于官，其给日用者，谓之食茶，出境则给券”，“凡民茶折税外，匿不送官及私贩鬻者没入之，计其真论罪，园户辄毁败茶树者，计所出茶论处罚……”，“凡结徒仗贩易私茶，遇官司擒捕抵拒者，皆死”[168]。

上述文献记载了宋代的茶业地位、榷茶制度，还记载了蕲口为宋代六大榷场之一。下面有必要对蕲口、蕲州与罗州城的关系做一梳理。

蕲口，即宋代蕲州的蕲口镇，如前所述，宋代蕲州下辖罗田（含今英山）、蕲水（今浠水）、蕲春、黄梅、广济等县；其中蕲春县的蕲口镇和罗田县的石桥镇是北宋蕲州有名的两个大乡镇。镇，即集镇，“民聚不成县而有税课者，则为镇或以官监之”[169]。蕲口和石桥镇是宋代蕲州府的两大乡镇，以蕲口镇尤为重要，它正处于蕲水的入江处，长江北岸，水陆交通方便。在地理位置上正处于宋代无为军、舒州和汉阳军之间，正合“要会之地”的优越条件。

宋代将蕲口作为榷场不仅是地理交通上的优势使然，蕲州府范围内具有大量的茶叶资源也是重要因素所在，蕲州府所辖的罗田、蕲春、蕲水等县，自古以来都是盛产茶叶的地区；特别是英山盛产的优质茶叶至今仍享誉中外，加之雷水以西的舒州地区（含安徽的宿松至安庆一带）的岳西山地也是产茶区，茶货经皖水越雷池（即横跨今鄂皖的龙感湖区），顺长江即到蕲口，然后经水陆两路即可流通至全国各地。这样蕲口就成为宋代长江中游地区的一处重要的茶叶专营基地和商品贸易港口。

我们经过上述分析，可以对上述内容可以做出这样的归纳：罗州城宋代堆积中出土大量的饮茶与制茶工具，是唐宋罗州城繁荣的社会经济的一种反映，它说明宋代罗州城不仅是当时全国一个重要的茶叶贸易专营基地，也是一个茶制品的重要消费市场，为宋代的国家经济做出过重要贡献。

五、余　　论

据粗略统计，在长江流域调查发现的唐宋以前的古城有两百余座[170]。蕲春罗州城是湖北乃至长江中游地区保存较好的一座州府、县级的古城。规模相近、性质相同又做过有规模发掘与全面调查与勘探的古城，在湖北乃至四川地区除了巴东旧县坪古城外[171]，再就是蕲春罗州城。2001年在罗州城所发掘的面积虽然不很大，但这是自罗州城遗址在20世纪50年代发现以来，第一次在罗州城内进行的有规模的发掘。

通过对战国两汉遗物标本文化因素的分析，了解到罗州城战国两汉出土遗物中，文化因素的构成十分丰富，不仅有战国、汉代这两个有时代共性特征的文化因素，有楚文化因素，还有吴越文化因素；通过对唐宋瓷器标本窑系归属的分析与推论，了解到罗州城隋唐时期瓷器的窑系几乎涵盖了江南地区的所有窑系，罗州城宋代瓷器的窑系几乎包括了两宋时期的绝大多数窑系；通过对罗州城出土遗物进行考古学年代分期，了解到罗州城的城内堆积起于战国晚期，止于元代早期，期间除了缺乏魏晋南北朝的堆积以外，其余各个时代的文化堆积一应俱全，这种文化堆积的连续性与空缺现象，为了解蕲春县故城地望的变迁提供了重要线索。

关于罗州城的性质问题，在本报告整理过程中，田野调查又有新的发现。2005年9月，蕲春县文物部门发现，在蕲春县漕河镇罗州城村北部约5公里、今蕲水河河床的中央（原应是古蕲水河的西岸，蕲水河改道后使然），新发现了一处战国至汉代的遗址，该遗址呈不规则台地形，长约1000、宽约500米。在地面上，暴露了大量的日用生活陶器盆、罐、瓮、钵、豆，还有建筑材料筒瓦、板瓦、陶井圈，还有金属武器铜箭镞等[172]。这是在罗州城遗址外围发现的一处与罗州城遗址的早期堆积时代非常相近或相同的遗址，它极有可能是汉蕲春县城罗州城外围的一处重要的村落遗址，它说明罗州城自它开发、使用至消失，从来不是孤立存在的。

蕲春罗州城的开发，始于两汉时期，作为一座州府、县级古城，虽然不像史前古城那样能展示远古先民向文明迈进的脚步，但它作为封建国家地方基层政权的物化标志，与其他长江流域同类古城一样，向世人昭示了封建文明的发展历程，为两汉至宋代封建国家经济与文明的发展做出过重要贡献，是长江文明在演进过程中所不可忽视的一个亮点。

注　　释

[1][12][13][16][18][22][23][24][28][29][30][32][147][148]　黄冈市博物馆、湖北省文物考古研究所湖北省京九铁路考古队：《罗州城与汉墓》，科学出版社，2000年。

［2］［3］［4］［5］［6］［9］［11］　湖北省博物馆：《楚都纪南城的勘探与发掘》，《考古学报》1982 年 3、4 期；王光镐：《楚文化源流新证》，武汉大学出版社，1988 年。

［7］　湖北省文物考古研究所、黄冈市博物馆：《湖北省罗田庙山岗遗址发掘报告》，《鄂东考古发现与研究》，湖北科学技术出版社，1999 年。

［8］［10］　湖北省文物考古研究所：《纪南城新桥遗址》，《考古学报》1995 年 4 期。

［14］［20］　湖北省文物考古研究所、襄樊市博物馆：《湖北襄阳邓城韩岗遗址发掘报告》，《江汉考古》2002 年 2 期。

［15］　湖北省荆州地区博物馆：《江陵高台 18 号墓发掘简报》，《文物》1993 年 8 期。

［17］［19］［21］［25］［26］［31］［99］　湖北省文物考古研究所、咸宁市博物馆：《赤壁土城》，科学出版社，2004 年。

［27］　湖北省文物考古研究所：《江陵县郢城调查发掘简报》，《江汉考古》1991 年 4 期。

［33］　嵊县文物管理委员会：《浙江嵊县发现隋代纪年墓》，《文物》1987 年 11 期。

［34］［38］　武汉市博物馆：《湖北武昌马房山隋墓清理简报》，《考古》1994 年 11 期。

［35］　衢州市文化馆：《浙江衢州市隋唐清理简报》，《考古》1985 年 5 期；权奎山：《中国南方隋唐墓的分区分期》，《考古学报》1992 年 2 期。

［36］［105］［110］［119］［120］［121］　中国硅酸学会主编：《中国陶瓷史》，文物出版社，1982 年。

［37］［39］　李梅田：《长江中游地区六朝隋唐青瓷分期研究》，《华夏考古》2000 年 4 期；湖南省文管会：《岳州窑遗址调查报告》，《文物参考资料》1953 年 9 期；周世荣：《从湘阴古窑址的发掘看岳州窑的发展变化》，《文物》1978 年 1 期。

［40］　李梅田：《长江中游地区六朝隋唐青瓷分期研究》，《华夏考古》2000 年 4 期；江西省历史博物馆、丰城县文物陈列室：《江西丰城罗湖窑发掘简报》，《中国古代窑址调查发掘报告集》，文物出版社，1984 年。

［41］　清江博物馆：《江西清江隋墓》，《考古》1997 年 2 期。

［42］　湖南省博物馆：《湖南湘阴县隋大业六年墓》，《文物》1981 年 4 期。

［43］　江山县文管会：《浙江江山隋唐墓清理简报》，《考古学集刊》第 3 集，1983 年；权奎山：《中国南方隋唐墓的分期》，《考古学报》1992 年 2 期。

［44］　全锦云：《武昌隋唐墓葬出瓷器分析》，《景德镇陶瓷》第二辑，1984 年。

［45］［46］　湖北省博物馆、郧县博物馆：《湖北郧县唐李徽、阎婉墓发掘简报》，《文物》1987 年 8 月。

［47］　福建省博物馆：《福建福安、福州郊区的唐墓》，《考古》1983 年 7 期；权奎山：《中国南方隋唐墓的分区分期》，《考古学报》1992 年 2 期。

［48］［55］［61］［63］［70］［75］　河南省文物考古研究所、巩义市文物保管所：《巩义市北窑湾汉晋唐五代墓葬》，《考古学报》1996 年 3 期。

［49］　湖南省博物馆：《长沙咸嘉湖唐墓发掘简报》，《考古》1980 年 6 期；权奎山：《中国南方隋唐墓的分区分期》，《考古学报》1992 年 2 期。

［50］　北京市文物工作队：《北京市发现的几座唐墓》，《考古》1980 年 6 期。

［51］［62］　益阳县文化馆：《湖南益阳县赫山庙唐墓》，《考古》1981 年 4 期；权奎山：《中国南方隋唐墓的分区分期》，《考古学报》1992 年 2 期。

［52］［59］　周世荣：《长沙唐墓出土瓷器研究》，《考古学报》1982 年 4 期。

［53］　江山县文管会：《浙江江山隋唐墓清理简报》，《考古学集刊》第 3 集，1983 年。

[54]　益阳县文化馆：《湖南益阳县赫山庙唐墓》，《考古》1981年4期。
[56]　黄石市博物馆：《黄石市新下陆一号唐墓》，《江汉考古》1984年10期；权奎山：《中国南方隋唐墓的分区分期》，《考古学报》1992年2期。
[57]　唐昌朴：《江西新干发现隋唐窑址》，《中国古代窑址调查发掘报告集》，文物出版社，1984年。
[58]　赣州市博物馆：《江西赣州窑址调查》，《考古》1993年8期。
[60]　南京市文管会：《南京钱家渡丁山发现唐墓》，《考古》1966年4期；权奎山：《中国南方隋唐墓的分区分期》，《考古学报》1992年2期。
[64]　全锦云：《武昌隋唐墓葬出土瓷器分析》，《景德镇陶瓷》第二辑，1984年；权奎山：《中国南方隋唐墓的分区分期》，《考古学报》1992年2期。
[65]　全锦云：《武昌隋唐墓葬出瓷器分析》，《景德镇陶瓷》第二辑，1984年；李梅田：《长江中游地区六朝隋唐青瓷分期研究》，《华夏考古》2000年4期。
[66]　武汉市博物馆：《阅马场五代吴国墓》，《江汉考古》1998年3期。
[67]　浙江省博物馆：《浙江纪年瓷》，文物出版社，2000年。
[68][71]　青阳县文物管理所：《安徽青阳县发现一座南唐砖室墓》，《考古》1999年6期。
[69]　江苏省文物管理委员会：《五代～吴大和五年墓清理记》，《文物参考资料》1957年3期。
[72][84][86]　湖北省文物事业管理局、湖北省三峡工程移民局：《秭归庙坪》，科学出版社，2003年。
[73]　辽宁省博物馆：《辽宁朝阳辽开泰九年耿延毅夫妇墓》，《考古学集刊》第3辑，1983年。
[74]　刘新园：《景德镇湖田窑各期型碗类的造型及其成因考》，《文物》1980年11期；刘振华：《农安万金塔出土文物》，《文物》1973年8期。
[76]　黄冈地区博物馆、英山县博物馆：《湖北英山三座宋墓的发掘》，《考古》1993年1期。
[77][78]　河南省文物考古研究所、密县文物管理所：《密县五虎庙北宋嘉祐八年冯京夫妇合葬墓》，《中原文物》，1987年4期。
[79][85]　陈定荣：《江西金溪孙大郎墓》，《文物》1990年9期。
[80]　李知宴：《浙江省武义县北宋纪年墓出土陶瓷器》，《文物》1984年8期。
[81]　浠水宋墓考古发掘队：《浠水县城关镇北宋石室墓发掘简报》，《江汉考古》1989年3期。
[82]　李文信：《义县清河门辽墓发掘报告》，《考古学报》1959年8册。
[83]　武昌县博物馆：《武昌县安山宋墓清理简报》，《江汉考古》1996年3期。
[87]　武汉市文物处：《武汉市青山宋墓清理简报》，《江汉考古》1986年4期。
[88]　李家和：《介绍江西出土的几件宋代瓷器》，《文物》1976年6期。
[89]　宁波文物考古研究所：《浙江宁波唐国寺东塔遗址发掘报告》，《考古学报》1997年1期。
[90]　刘新园：《景德镇湖田窑各期典型碗类的造型特征及成因考》，《文物》1980年11期。
[91]　林忠干、张文崟：《宋元德化窑的分期断代》，《考古》1992年6期。
[92]　陈定荣：《江西吉水纪年宋墓出土文物》，《文物》1987年2期。
[93][96]　湖北省博物馆：《武昌傅家坡宋墓发掘纪实》，《江汉考古》1988年3期。
[94]　北京市文物考古研究所：《北京市海淀区南辛庄金墓清理简报》，《文物》1988年7期。
[95]　刘得祯：《甘肃灵台百里镇出土一批宋代文物》，《考古》1987年4期。
[97]　江西省文物考古研究所：《江西吉安市临江窑遗址》，《考古学报》1995年2期。
[98]　黄颐寿：《江西清江出土的南宋青白瓷器》，《考古》1989年7期。

[100]　山东省文物考古研究所、山东省博物馆等：《曲阜鲁国故城》，齐鲁书社，1982 年。

[101]　中国社会科学院考古研究所洛阳汉魏故城工作队：《汉魏洛阳故城城垣试掘》，《考古学报》1998 年 3 期。

[102]　湖北省文物考古研究所：《楚都纪南城的勘探与发掘》，《考古学报》1982 年 3、4 期；湖北省文物考古研究所：《江陵县郢城调查发掘简报》，《江汉考古》1991 年 4 期。

[103]　王正书：《上海福泉山西汉墓群发掘》，《考古》1998 年 8 期。

[104]　王士民：《浙江宁波汉代瓷窑调查》，《考古》1980 年 4 期。

[106]　刘涛：《宋辽金纪年瓷器》，文物出版社，2004 年。

[107]　向绪成：《中国新石器时代》，武汉大学出版社，1993 年。

[108]　周能：《浅谈岳州、洪州、越州窑窑具的主要特点》，《考古耕耘录》，岳麓书社，1999 年。

[109]　江西省历史博物馆、丰城县文物陈列室：《江西丰城罗湖窑发掘简报》，《中国古代窑址调查发掘报告集》，文物出版社，1984 年。

[111][116][128][132]　李家治：《中国科学技术史・陶瓷卷》，科学出版社，1998 年。

[112]　魏存弟、马鸿文、杨殿范等：《煅烧煤系高岭石的相转变》，《硅酸盐学报》2005 年 1 月 33 卷 1 期。

[113]　刘培德、俞平利、吴季怀：《钙镁硅酸盐系结晶釉的研究——钙、镁氧化物对结晶釉析晶的影响》，《人工晶体学报》2003 年 10 月 32 卷 5 期。

[114][115]　罗宏杰：《中国古瓷中钙系釉类弄划分标准》，《中国古陶瓷与多元统计分析》，中国轻工业出版社,1997 年。

[117]　湖北省博物馆：《湖北鄂城、武昌的两处古瓷窑址调查》，《考古学集刊》第 1 集；湖北省文物考古研究所：《武汉市江夏区新窑村窑址群的调查与发掘》，《江汉考古》2000 年 4 期。

[118]　刘新园：《景德镇湖田窑各期典型碗类和造型特征及其成因考》，《文物》1980 年 11 期。

[122][117]　冯先铭：《我国宋元时期的青白瓷》，《故宫博物院院刊》1979 年 3 期。

[123][125]　李辉炳：《宋代景德镇青白瓷的发展与鉴定》，《文物天地》1997 年 6 期。

[124]　蔡毅：《关于景德镇与繁昌青白瓷的讨论》，《文物研究》1995 年 10 期。

[126]　彭适凡：《宋元纪年青白瓷》，庄万里文化基金会出版，1998 年。

[129]　王全玉：《吉州窑黑釉瓷的研究》，《中国陶瓷》1994 年 4 期。

[130]　陈显求、黄瑞福、陈士萍：《绚丽多姿的吉州天目釉的内在本质》，《中国古代陶瓷科学技术研究》，上海科学技术出版社，1985 年；陈显求、陈士萍、黄瑞福等：《宋代建盏的利学研究》，《中国古陶瓷研究》，科学出版社，1987 年；李家治、陈士萍、张志刚等：《浙江临安天目窑黑釉瓷的科学技术研究》，《陶瓷学报》1997 年 12 月 18 卷 4 期。

[131][133]　张福康、张志刚：《中国历代低温色釉的研究》，《硅酸盐学报》1980 年 8 期。

[134]　张福康：《中国古陶瓷的科学》，上海美术出版社，2000 年。

[135][140]　张福康、张普生：自然环境对古代铅釉陶的蚀变作用，《古陶瓷科学技术 5 国际会议论文集》，上海科学技术出版社，2005 年。

[136]　Cotter-howell J D, Champness P E, Charnock J M, et al. *Identification of pyromorphite in mine-waste contaminated soil by ATEM and EXAFS*, Eur. J. Soi; Sci, 45, 1994: 393 – 402; Bigi, Ripamonti A, Brückner S, Gazzano M, Roveri N, Thomas S A. Structure refinements of lead-substituted calcium hydroxyapatite by X-ray powder fitting, Acta crystallographica, B: Structural science, 1987: 245 – 247.

[137]　法默：《矿物的红外光谱》，科学出版社，1982 年。

[138] Mahapatra P P, Sarangi D S, Bagmi Mishra. Kinetics of Nucleation of Lead Hydroxylapatite and Preparation of Solid Solutions of Calcium-Cadmium-Lead Hydroxylapatite: An X-Ray and IR Study. *Journal of Solid State Chemistry*, 1995, 116 (1): 8-14.

[139] John F M, Wilim FT, Peter E S, et al. *handbook of X-ray Photoelectron spectroscopy*. USA: Perkin-Elmer Corpation, 1992: 189; Pederson L R J. Electron Spectrosc. Relat. Phenom. 28, 1982: 203.

[141] 何振立:《污染及有益元素的土壤化学平衡》,中国环境科学出版社,1998年。

[142] 周明枞、杜国华:《丘陵红壤地区土壤详测制图与土壤基层分类》,《土壤分类及土壤地理论文集》,浙江人民出版社,1979年。

[143] 布雷迪:《土壤的本质与性状》,科学出版社,1982年。

[144] 常文保、李克安:《简明分析化学手册》,北京大学出版社,1981年。

[145] 胡皓冰、林昌健、陈菲:《电化学沉积制备羟基磷灰石涂层及机理研究》,《电化学》2002年3期。

[146] 朱永官:《土壤—植物系统中的微界面过程及其生态环境效应》,《环境科学学报》2003年3期。

[149] 石泉、鲁西奇:《东晋南朝西阳郡沿革与地望考辨》,《江汉考古》1996年2期。

[150] 蕲春县地方志编纂委员会:《蕲春县志》,湖北科学技术出版社,1997年。

[151] 谭其骧:《中国历史地图集》(第六册),中国地图出版社,1982年。

[152] 黄冈市博物馆:《黄冈市文物普查资料汇编》,待刊。

[153] 湖南省地方志委员会:《湖南省志·第二十八卷·文物志·第一篇》,湖南出版社,1995年。

[154] 福建省博物馆:《崇安汉城北岗一号建筑遗址》,《考古学报》1990年3期。

[155][156][157] 宿白:《隋唐城址类型初探》,《纪念北京大学考古专业成立三十周年论文集》,文物出版社,1990年。

[158] 刘建国:《古城三部曲》,江苏古籍出版社,1995年。

[159] 程平山:《蕲春毛家咀和新屋湾西周遗存性质略析》,《江汉考古》2000年4期。

[160] 白寿彝:《中国通史·第七卷·中古时代·五代辽宋夏时期·丙编曲志·第四章·商业与货币》,上海人民出版社,1997年。

[161] 《礼记·地宫》

[162] 庄晚芳:《中国茶史散论》,科学出版社,1998年。

[163] 郑绍英:《河北宣化辽墓画茶道图的研究》,《农业考古》1994年2期。

[164] 《宋史·卷一百八十三·食货志》

[165] 《文献通考·卷十八·榷茶考五·榷茶》

[166] 《宋史·卷一百八十三·食货下五》

[167] 《续资治通鉴长编·卷五》

[168] 《宋史·卷一百八十三·食货下》

[169] 《辞源》"镇"词条转引宋代高录《事物纪原·七库务职局》。

[170] 曲英杰:《长江古城址》,湖北教育出版社,2004年。

[171] 王然、邓辉:《湖北巴东旧县坪遗址发掘考证》,《江汉考古》2003年4期。

[172] 蕲春博物馆馆藏资料。

附　　表

附表一　战国灰坑登记表

编号	所在探方	层位关系	平面形状	尺寸	出土遗物（均为陶器）	期别
H11	T3824	开口于L1下，打破J1	复原形状为椭圆形，已发掘部分平面为不规则半圆形	已发掘部分长0.92、宽0.7、深0.4米	A型Ⅰ式盆2，Ⅰ式鬲2，豆2，罐，甑，瓮，鬲，壶，板瓦23，筒瓦2等	一
H34	T3817	开口于L1下，被G2②、H31打破，打破生土	复原形状为圆角长方形，已发掘部分平面为不规则长方形	已发掘部分长0.85、宽0.78、深0.26米	Ⅰ式鬲足，罐，盆等	一
H60	T4016	开口于⑤D层下，打破生土	平面分布跨越两个探方，已发掘部分平面为沟状长方形	已发掘部分长4、宽1.2～1.86、深0.88米	Ac型Ⅰ式盆2，C型Ⅰa式盆2，C型Ⅰb式盆3，Ⅰ式鬲足，A型Ⅰ式豆，A型Ⅰ式盘，Ⅰ式壶，A型Ⅰ式筒瓦5，Aa型Ⅱ式罐，A型Ⅰ式豆柄2，盆3，豆3，罐5，壶，盘2，甑，器盖，鬲口沿，板瓦11，筒瓦2等	一

附表二　汉代灰坑登记表

编号	所在探方	层位关系	平面形状	尺寸	出土遗物	期别
H3	T3825	开口于②B层下，打破生土	复原形状为圆角长方形，已发掘部分平面为长方形	已发掘部分长10.2、宽0.46、深0.56米	少量陶片，可辨器形有罐、钵等	汉代
H6	T3819	开口于L1层下，打破生土	圆角长方形	长1.3、宽0.45～0.5、深0.28～0.32米	Aa型Ⅴ式罐，A型Ⅳ式豆，Ac型Ⅲ式陶盆	三

续表

编号	所在探方	层位关系	平面形状	尺寸	出土遗物	期别
H10	T3618	开口于②B层下，打破J3，被H9打破	不规则椭圆形	长径2.48、短径1.64、深1.05米	Ba型Ⅳ式盆，Aa型Ⅴ式罐，Ⅵ式甑3，A型Ⅳ式豆，Ⅱ式釜及壶等	四
H13	T3817	开口于⑤C层下，打破生土	复原形状为不规则长方形，已发掘部分平面为不规则长条形	已发掘部分长4、宽0.3～0.96、深0.74米	陶片较少，可辨器形有罐等	汉代
H15	T3822	开口于L1层下，打破生土	平面分布范围较大，已发掘部分平面近似圆形	直径0.9～2.1、深0.4米	少量陶片，器形有C型Ⅱ式罐，A型Ⅰ式豆柄等	二
H20	T3718	开口于G1下，打破⑤C层	不规则圆角长方形	长1.6～1.85、宽0.9～1、深0.52米	Ac型Ⅳ式盆2，Ab型Ⅳ式豆3，B型Ⅴ式豆，B型Ⅰ式盘2，Ⅲ式量，Aa型Ⅲ瓮9，Ⅳ式甑3，B型Ⅲ豆柄，豆14，釜3，盆2，盘5，壶，双耳罐2，罐，杯，垫，筒瓦17，板瓦3，腹片23，铁凿	三
H27	T4117	开口于②B层下，打破生土	不规则沟状长条形	已发掘部分长1.8～3.5、宽0.8、深0.4米	Ab型Ⅱ式盆2，Ab型Ⅲ式罐2，Ac型Ⅲ式罐，B型Ⅱ式盘3，陶5，陶3，罐，甑2，盘，筒瓦2，板瓦12等	三
H31	T3817～T3818	开口于⑤C层下，打破H34，被G2②打破	不规则长条浅沟状	已发掘部分长3.86、宽0.32～0.72、深0.48米	B型Ⅲ式豆，豆，罐2，盆2，器盖，腹片13	三
H32	T3717～T3817	开口于L1下，打破H38，被G2②打破	弧边圆角长方形	长2、宽0.74～0.96、深0.36米	Ac型Ⅴ式盆4，Ⅲ式缸2，B型Ⅳ式豆，Aa型Ⅵ式罐2，盆，壶3等	四
H33	T3717	开口于G4②下，被G3打破	复原形状为不规则椭圆形，已发掘部分平面近似三角形	已发掘部分长2.5、宽0.82、深1米	Aa型Ⅳ式罐2，Ab型Ⅱ式罐，Ⅳ式甑4，Ⅱ式盂，罐4，瓮，盘2，盆6，缸，板瓦等	三

续表

编号	所在探方	层位关系	平面形状	尺寸	出土遗物	期别
H36	T3717	开口于⑤C层下，打破生土	复原形状为圆角长方形，已发掘部分平面为长方形	已发掘部分长0.9、宽0.85、深0.46米	Bb型Ⅲ式盆，Ab型Ⅳ式瓮，A型Ⅲ式豆，A型Ⅲ式豆座，罐4，豆，盆3，壶，甑，缸，板瓦2，筒瓦等	三
H38	T3717～T3817	开口于L1下，打破生土，被H32和G3打破	复原形状为不规则圆形，已发掘部分平面为不规则半圆形	已发掘部分长2.24、宽1.43、深0.78米	A型Ⅲ式豆柄，Ac型Ⅲ式盆2，Bb型Ⅳ式罐，壶2，豆	三
H39	T3717	开口于⑤C层下，打破生土	复原形状为圆形，已发掘部分平面为半圆形	已发掘部分长0.86、深0.46米	Ab型Ⅱ式瓮4，瓮，罐，腹片16	三
H40	T4317	开口于⑤B层下，打破⑤C层生土	复原形状为不规则椭圆形，已发掘部分平面为弓形	已发掘部分长2.56、宽0.66、深0.36米	盆，罐，豆，瓮，板瓦4等	西汉
H42	T4215	开口于②B层下，打破生土	平面分布跨越两个探方，已发掘部分平面为不规则长条形	已发掘部分长4、宽0.9、深0.46米	B型Ⅲ式豆，A型Ⅳ式盘，Ad型Ⅳ式盆，双耳罐，豆，筒瓦2，板瓦12等	四
H45	T4117	开口于⑤B层下，打破H59	复原形状为圆形，已发掘部分平面为1/4圆形，呈扇形	已发掘部分的边长1～1.2、深0.46米	盆，双耳罐，板瓦3等	西汉
H50	T4318	开口于⑤B层下，打破生土	平面分布跨越两个探方，已发掘部分平面呈弯沟形状	已发掘部分的边长4.3、宽1.1～1.7、深0.34米	盆2，豆3，壶2，缸，双耳罐，井圈，板瓦22，腹片34，器座	西汉
H53	T3916、T4016	开口于⑤C层下，打破生土，被H37、H48打破	平面分布跨越两个以上探方，已发掘部分平面呈不规则形	已发掘部分的边长7.7、宽3.35、深0.48米	Aa型Ⅲ式盆2，Ac型Ⅱ式盆3，Ab型Ⅱ式豆2，Ⅰ式盂4，Ⅱ式鼎，Ⅰ式量，Ba型Ⅱ式罐4，Bc型Ⅰ式罐，Ba型Ⅱ式瓮，盆11，豆9，罐3，瓮4，釜，壶3，盘3，甑，钵4，双耳罐6，缸2，器錾手，筒瓦6，板瓦13，腹片61，井圈2	三

续表

编号	所在探方	层位关系	平面形状	尺寸	出土遗物	期别
H54	T3916	开口于⑤C层下，打破生土	复原形状为椭圆形，已发掘部分平面为3/4椭圆形	已发掘部分长径3.4、短径0.65、深1.05米	Aa型Ⅰ式盆2，Bb型Ⅱ式盆3，Bc型Ⅱ式盆5，Ⅲ式甑3，Ⅳ式鬲口沿，Aa型Ⅰ式豆2，B型Ⅰ式豆2，Ba型Ⅰ式罐，Aa型Ⅰ式瓮3，Bb型Ⅰ式瓮，Ⅰ式器座2，盆6，豆2，罐，盘，筒瓦4，板瓦5等	二
H57	T4317	开口于⑤B层下，打破⑤C层生土	复原形状为圆形，已发掘部分平面为半圆形	已发掘部分直径1.25、半径0.43、深0.24米	B型Ⅱ式豆，Ⅱ式鼎，豆，甑，壶，盘等	三
H59	T4117	开口于⑤B层下，被H45打破	平面分布跨越两个探方，已发掘部分平面为不规则形	已发掘部分长2.8、宽1.2～1.9、深0.5米	Aa型Ⅱ式盆2，Aa型Ⅲ式盆，Ba型Ⅰ式盆2，Bb型Ⅱ式盆5，Bb型Ⅲ式盆2，Bc型Ⅲ式盆2，Ab型Ⅱ式罐2，Ⅰ式硬陶罐，Ba型Ⅲ式罐2，Bc型Ⅰ式罐3，Ab型Ⅳ式罐2，Ab型Ⅳ式豆，B型Ⅱ式筒瓦，Ab型Ⅰ式瓮2，Bb型Ⅱ式瓮4，Ⅰ式鼎，A型Ⅲ式豆柄2，盆6，豆5，甑2，壶5，鼎，盘4，缸，瓮4，纺轮，筒瓦17，板瓦32，井圈腹片4，腹片63，釉陶壶2，铁剑	三
H61	T4518	开口于⑤B层下，打破生土，被H51、H52打破	不规则形	长2.7、宽2.35、深0.96米	A型Ⅱ式豆3，Bb型Ⅱ式盆，豆，甑，匜，筒瓦等	三
H62	T4518	开口于⑤B层下，打破生土	不规则形	长2.1、宽1.5、深0.42米	Ab型Ⅲ式盆，Ba型Ⅳ式瓮6，B型Ⅲ式盘2，Ⅱ式板瓦，盆，甑，缸2，双耳罐，筒瓦2，板瓦3等	四

注：出土遗物中未指明质地者，均为陶器。

附表三　战国两汉水井登记表

编号	所在探方	层位关系	平面形状	尺寸	出土遗物（均为陶器）	期别
J1	T3824	开口于L1下，打破生土	平面为圆形，已发掘部分平面为大半圆形	井口已发掘的部分长1.88、宽1.14米，井底长0.88、宽0.7米、深1.3米	Ab型Ⅰ式盆3，Aa型Ⅱ式罐，A型Ⅰ式豆，C型Ⅰ式豆，A型Ⅰ式筒瓦8，B型Ⅰ式筒瓦，Ⅰ式井圈，Ⅰ式缸等	一
J2	T3820	开口于L1下，打破生土，被H18打破	井口为圆形	井口直径2.82米，中部直径1.48、深6.12～6.2米	J2（外填土）：Aa型Ⅱ式盆3，Bb型Ⅰ式盆2，Aa型Ⅱ式罐，C型Ⅰ式罐，Ab型Ⅰ式豆，Ab型Ⅰ式豆盘；第1层：A型Ⅲ式豆柄；第2层：Ba型Ⅱ式盆，Aa型Ⅳ式罐2，A型Ⅱ式筒瓦2；第4层：Ba型Ⅰ式盆，Bb型Ⅱ式盆；第5层：Ad型Ⅰ式盆2，Ba型Ⅰ式盆3，Ab型Ⅰ式罐3，瓦等	三
J3	T3618	开口于②B层下，打破生土，被H9、H10、H16打破	井口为圆形	井坑上部直径2.4～2.6、中上部直径0.82～1.6、中下部直径0.8、深5.4米	第1层：Aa型Ⅴ式盆2，Ab型Ⅲ式盆3，Ba型Ⅲ式瓮3，Bb型Ⅲ式瓮3，Ⅱ式硬陶罐，Ⅲ式盂3，B型Ⅲ式筒瓦；第2层：Ac型Ⅱ式罐，Bc型Ⅱ式罐，Ⅴ式甑2；第3层：Aa型Ⅱ式盆，Ac型Ⅰa罐，Ac型Ⅰb式罐8，Ad型Ⅲ式盆2，Ba型Ⅰ式瓮；第4层：Bc型Ⅰ盆2；另有盆，双耳罐等	四
J5	T4118	开口于②B层下，被H26打破，打破⑤B层生土	井口为圆形	井坑上部直径0.65～1.6、下部直径0.6、深5.3米	Ac型Ⅲ式盆，Ba型Ⅲ式盆2，A型Ⅱa式盘，Ⅰ式釜8，B型Ⅱ式筒瓦，Ⅰ式板瓦，Ⅲ式井圈等	三

注：出土遗物中未指明质地者，均为陶器。

附表四　隋唐灰坑登记表

编号	所在探方	层位关系	平面形状	尺寸	出土遗物	期别
H2	T3817、T3818	开口于G②下，打破H12、H31，被H17打破	圆角长条形	长3.93、宽0.92、深1.14米	Aa型Ⅲ式瓷碗2，B型Ⅲ式瓷碗，Ⅳ式瓷高足盘2，C型Ⅰ式瓷碗，C型Ⅲ式瓷碗，Ba型Ⅰ式陶罐，Ⅲ式瓷高足盘，瓷碗11，瓷盘8，瓷盘口壶2，瓷执壶，瓷圈足盘8，陶双耳罐10，Ab型Ⅰ式陶盆，陶盆9，板瓦45，硬陶双耳罐2，石碾轮	一

续表

编号	所在探方	层位关系	平面形状	尺寸	出土遗物	期别
H7	T3718	开口于L1下，打破生土	不规形椭圆形	长径2.1、短径0.96、深0.78米	Ab型Ⅱ式瓷碗2，Aa型Ⅲ式瓷碗3，Ab型Ⅲ式瓷碗4，C型Ⅲ式瓷碗3，Ⅰ式釉陶盅2，A型Ⅰ式瓷盏，A型Ⅱ式瓷盏7，Ba型Ⅲ式瓷盏2，Ba型Ⅲ式陶罐，Aa型Ⅲ式陶盆2，B型Ⅱ式陶盆，Ⅳ式瓷高足盘3，瓷碗14，瓷盘2，瓷钵，瓷四系小壶，陶盆6，陶双耳罐5，陶缸，陶瓮5，陶饼，陶瓦8	一
H8	T3718	开口于L1下，打破生土	已发掘部分平面为半截椭圆形	残长径1.5、短径0.84、深0.65米	Aa型Ⅰ式瓷碗，Ⅳ式瓷高足盘，C型Ⅱ式陶罐，Ⅱ式釉陶瓮，Aa型Ⅲ式瓷碗，C型Ⅱ式瓷碗，C型Ⅲ式瓷碗，Ba型Ⅲ式陶罐2，Aa型Ⅱ式陶盆，瓷碗5，瓷高足盘5，釉陶罐，陶盆4	一
H9	T3618	开口于②B层下，打破H10、J3生土	不规则椭圆形	长径2.56、短径1.8、深0.62米	Ab型Ⅳ式瓷碗，B型Ⅱ式釉陶碟，D型Ⅰ式陶盆，Ⅱ式筒瓦，瓷碗3，瓷壶，瓷盘2，瓷缸，陶罐5，陶双耳罐2，陶盆10，陶盘4，陶瓮2，陶缸3，陶釜，陶双弧直口器，筒瓦20，板瓦46，砖，陶杯	二
H16	T3618、T3718	开口于②B层下，打破⑤C层生土	不规则长条形	长4.6、宽1.6、深0.8米	Aa型Ⅳ式瓷碗，B型Ⅱ式釉陶碟，Ea型Ⅱ式陶盆4，Ⅰ式釉陶盂，Ⅰ式筒瓦6，Ba型Ⅰ式釉陶罐；瓷碗12，瓷壶2，瓷兽，釉陶碗3，釉陶罐，釉陶瓮2，釉陶盘5，硬陶刻槽盆，陶盆3，陶钵	二
H19	T4414	开口于②B层下，打破第④层、⑤B层	已发掘部分平面形状近似半圆形	残长1.95、残宽0.7、深0.48米	C型Ⅲ式瓷碗，Ba型盏，Ⅰ式釉陶瓮，C型Ⅱ式瓷碗，Ba型Ⅰ式陶罐，瓷碗9，瓷圈足盘8，陶罐2，陶盆1	一
H24	T3821、T3822	开口于第③层下，打破L1生土	椭圆形	长径1.74、短径1.42、深1.82米	Aa型Ⅷb式瓷碗3，E型Ⅰ式瓷碗5，Ab型Ⅴ式瓷碗，Ab型Ⅵ式瓷碗2，Ea型Ⅴ式陶盆3，Ⅴ式筒瓦8，Ⅱ式板瓦6，瓷罐2，瓷壶，瓷盘4，硬陶缸2，板瓦，兽牙，兽骨2	四

续表

编号	所在探方	层位关系	平面形状	尺寸	出土遗物	期别
H25	T3823	开口于第③层下，打破L1生土	已发掘部分平面形状为不规则多边形	残长4、残宽3.9、深1.5米	Aa型Ⅶ式瓷碗，D型Ⅱ式瓷碗3，Ⅲ式筒瓦11，Ⅳ式瓷高足盘，瓷碗4，瓷罐，瓷执壶，釉陶瓮，釉陶罐3，釉陶器底2，板瓦	三
H28	T4318	开口于②B层下，打破③层、⑤A层、⑤C层生土	已发掘部分平面形状为长条形	残长4、宽0.92、深0.38米	瓦当，板瓦2	唐代
H35	T3717	开口于L1下，打破生土	近似圆形	直径0.68～0.65、深0.3厘米	瓷碗，陶罐	唐代
H37	T3916	开口于②B层下，打破⑤C层、H53	不规则椭圆形	长径1.45、短径1.21、深0.32米	Eb型Ⅰ式陶盆，Ⅰ式釉陶瓮，釉陶罐，陶盆2，陶甑，筒瓦，板瓦3	一
H41	T4315	开口于②B层下，打破③层、④层、⑤A层、⑤B层	已发掘部分平面形状为不规则四边形	残长1.36、残宽0.9米	陶缸2，瓦3	隋唐
H46	T4517	开口于②B层下，打破⑤B层	已发掘部分平面近似半圆形	长1.06、残宽0.75、深0.6米	C型Ⅰ式瓷碗，Aa型Ⅰ式陶盆2，Aa型Ⅱ式瓷碗，Ba型Ⅰ式陶罐，瓷碗4，瓷高足盘，陶罐，陶盆	一
H47	T4414	开口于②B层下，打破④层、⑤B层	椭圆形	长径2.5、短径2.2、深0.8～1.05米	Ab型Ⅱ式瓷碗2，B型Ⅰ式瓷碗，Ⅳ式瓷高足盘2，C型Ⅰ式陶罐，B型Ⅰ式陶盆2，Ⅰ式釉陶瓮，Aa型Ⅰ式陶盆2，瓷碗24，瓷罐，瓷盘，瓷高足盘4，釉陶盘，釉陶钵，釉陶罐，釉陶瓮，釉陶罐，陶盆9，陶双耳罐2，陶缸，筒瓦2，板瓦11，陶井圈	一

续表

编号	所在探方	层位关系	平面形状	尺寸	出土遗物	期别
H48	T4016	开口于③层下，打破H53	圆形	直径0.65、深0.38米	Ba型Ⅱ式陶罐，陶双耳罐，筒瓦，腹片4及器类不清的陶瓷残片若干件	一
H49	T4517	开口于②B层下，打破⑤B层	已发掘部分平面形状为扇形	残长1.3、残宽1.05、深0.65米	Aa型Ⅱ式瓷碗，Ⅰ式瓷高足盘2，Aa型Ⅰ式陶盆，瓷碗5，陶钵6，陶瓮2，陶罐，陶器流	一
H51	T4518	开口于②B层下，打破H52、H61及第④层	近1/4圆形	残长1.6、残宽1.06、深0.38米	C型Ⅳ式陶罐，B型Ⅲ式釉陶碗，瓷碗4，釉陶壶，釉陶罐，釉陶钵，硬陶砚，陶盆	四
H52	T4518	开口于②B层下，打破H61、⑤B层，被H51打破	已发掘部分平面形状为半椭圆形	残长径2.05、残短径0.65、深0.6米	Aa型Ⅵ式瓷碗，Ⅲ式陶釜，C型Ⅱ式陶罐，瓷碗，陶四系罐2，陶缸3，板瓦	三
H55	T4517	开口于⑤B层下，打破生土	已发掘部分平面形状为不规则扇形	残长2.15、宽2.2、深1.36米	Aa型Ⅲ式瓷碗，Ab型Ⅱ式瓷碗3，C型Ⅰ、Ⅱ式瓷碗，A型Ⅱ式瓷盏4，Ba型Ⅳ式瓷盏2，Ⅴ式瓷高足盘2，Aa型Ⅱ式陶盆，Ba型Ⅲ式陶罐，瓷碗19，瓷钵2，瓷杯，瓷高足盘13，瓷盘口壶，釉陶瓮，釉陶盆3，陶罐19，陶盆11，陶钵，陶缸，板瓦2	一
H56	T4518	开口于④层下，打破⑤B层	不规则葫芦形	长径1.4、短径0.85、深0.35米	瓷碗，釉陶罐等	唐代
H63	T3827	开口于②B层下，打破生土	圆形	直径1.05、深0.62米	Fa型Ⅱ式瓷碗6，Fb型Ⅲ式瓷碗，A型Ⅱ式釉陶碗，Ⅳ式瓷盂，碗5，瓷罐，瓷钵，C型Ⅵ式釉陶罐2，C型Ⅶ式釉陶罐2，筒瓦	三

附表五　道路（L1）登记表

路体单位	所在探方	层位关系	平面形状	出土遗物	期别
L1①	T3717、T3718、T3822～T3830、T3931	叠压于第③层下	长宽条状	Fb型Ⅱ式瓷碗，B型Ⅱ式瓷碗，瓷盘口壶，瓷执壶，盖纽，Ⅱ式釉陶钵2，Ⅲ式釉陶钵2，C型Ⅴ式陶盆，陶罐，陶盆，陶钵，瓦等	三
L1②	T3717、T3718、T3817～T3826、T3931、T4031	叠压于L1①层下	长宽条状	Aa型Ⅶ式瓷碗6，Ab型Ⅴ式瓷碗3，D型Ⅱ式瓷碗6，D型Ⅲ式瓷碗8，Fb型Ⅰ式瓷碗3，Fa型Ⅲ式瓷碗，Ⅱ式瓷盂，瓷盘口壶，瓷狮型镇纸，B型Ⅱ式釉陶碗3，A型Ⅳ式釉陶碟，B型Ⅴ式釉陶碟3，Ⅰ式釉陶钵，Aa型Ⅱ式釉陶罐5，Ab型Ⅱ式釉陶罐3，Ba型Ⅱ式釉陶罐4，C型Ⅲ式陶罐，C型Ⅲ式陶盆2，D型Ⅳ式陶盆2，Ea型Ⅲ式陶盆，Ea型Ⅳ式陶盆，Ⅳ式筒瓦6，釉陶缸，釉陶杯，釉陶小瓶，釉陶钵，釉陶灯，陶罐，陶钵，陶盆，陶瓦，石砚3等	三
L1③	T3717、T3718、T3817～T3826、T3931、T4031	叠压于L1②层下	长宽条状	Aa型Ⅵ式瓷碗5，Ab型Ⅳ式瓷碗2，D型Ⅰ式瓷碗2，Fa型Ⅰ式瓷碗2，A型Ⅰ式釉陶碗2，B型Ⅰ式釉陶碗6，Fa型 Ⅰ式釉陶碗6，Ⅲ式釉陶盅，Ⅳ式釉陶盅，Ⅴ式釉陶盅2，B型Ⅳ式釉陶碟，A型Ⅱ式釉陶碟3，A型Ⅲ式釉陶碟4，Aa型Ⅰ式釉陶罐，Bb型釉陶罐，C型Ⅰ式釉陶罐，C型Ⅱ式釉陶罐，C型Ⅲ式釉陶罐；Ab型Ⅰ式陶盆，C型Ⅱ式陶盆4，D型Ⅱ式陶盆3，D型Ⅲ式陶盆4，Ⅱ式釉陶盆4，Ⅰ式硬陶盆5，瓷碗，瓷罐，瓷杯，釉陶罐，釉陶碟，釉陶盅，陶罐，陶盆，陶钵，陶灯，瓦当，板瓦等	二
L1④层	T3717、T3718、T3817～T3827、T3931、T4041	叠压于L1③层下	长宽条状	Aa型Ⅳ式瓷碗7，Aa型Ⅴ式瓷碗3，D型Ⅰ式瓷碗5，A型Ⅰ式瓷碟5，Ⅱ式釉陶盅，Ab型Ⅰ式釉陶罐2，Ba型Ⅰ式釉陶罐6，Ⅱ式釉陶盂，Ⅰ式釉陶盆2，Aa型Ⅱ式陶罐，A型Ⅲ式陶罐，Eb型Ⅱ式陶盆，瓷碗，瓷钵，瓷罐，瓷盖纽，釉陶罐，釉陶碟，釉陶盂，釉陶盅，陶罐，陶盆等	二

续表

路体单位	所在探方	层位关系	平面形状	出土遗物	期别
G1	T3717、T3718、T3821、T3822～T3931	叠压于第③层下	长条沟状	筒瓦，板瓦	三
G2①层	T3817～T3822	叠压于第③层下	长条沟状	Aa型Ⅶ式瓷碗，Aa型Ⅷ式瓷碗2，Ab型Ⅵ式瓷碗3，Fa型Ⅲ式瓷碗6，D型Ⅲ式瓷碗，Fb型Ⅱ式瓷碗9，Fb型Ⅲ式瓷碗5，Fb型Ⅳ式瓷碗，A型板瓦9，A型Ⅲ式釉陶碗，Ba型Ⅲ式釉陶罐，C型Ⅳ式陶盆，Ⅲ式瓷盂，Ⅲ式釉陶瓮，Ⅲ式硬陶盆，Ⅳ式硬陶盆，Ⅴ式硬陶盆	三
G2②层	T3817～T3821	叠压于G2①层下	长条沟状	Ea型Ⅰ式陶盆，Ea型Ⅱ式陶盆，瓷执壶，釉陶碗，陶盆等	二
G3①层	T3717、T3718、T3821、T3822～T3829、T3931	叠压于L1①层下	长条沟状	Aa型Ⅶ式瓷碗2，Ab型Ⅵ式瓷碗3，B型Ⅵ式釉陶碟7，C型Ⅳ式釉陶双耳罐3，C型Ⅴ式釉陶双耳罐，A型瓷罐，B型瓷罐5，Ⅰ式板瓦，釉陶罐，釉陶碟，釉陶瓮，釉陶缸，Ⅲ式硬陶盆，Ⅳ式硬陶盆2，C型Ⅱ式陶盆，D型Ⅱ式陶盆2，陶罐，陶钵，陶瓦，陶器盖2，陶砚等	三
G3②层	T3717、T3718、T3821、T3822～T3829、T3931	叠压于G3①层下	长条沟状	Aa型Ⅵ式瓷碗，Ab型Ⅳ式瓷碗2，A型Ⅱ式釉陶碗，Ⅲ式釉陶盅3，A型Ⅱ式釉陶碟4，A型Ⅲ式釉陶碟，B型Ⅲ式釉陶碟2，B型Ⅳ式釉陶碟，C型Ⅱ式陶盆，D型Ⅱ式陶盆，Eb型Ⅲ式陶盆，Ⅲ式釉陶盆，Ⅲ式釉陶盂4，Ⅱ式硬陶盆3，瓷执壶，瓷盘口壶2，瓷罐，釉陶罐，釉陶碟，釉陶缸，陶盆，陶罐等	二
G4①层	T3717、T3718、T3821～T3828、T3931	叠压于L1③层下	长条沟状	无	唐代
G4②层	T3717、T3718、T3821～T3828、T3931	叠压于G4①层下	长条沟状	Aa型Ⅴ式瓷碗3，Aa型Ⅰ式陶罐，Ab型陶罐，Bb型Ⅱ式陶罐2，Bb型Ⅰ式陶罐，Ab型Ⅱ式陶盆，Ab型Ⅲ式陶盆2，B型Ⅲ式陶盆，C型Ⅰ式陶盆3，Ⅰ式瓷盂2，Aa型Ⅳ式瓷碗，B型Ⅱ式釉陶碟，瓷碗，瓷执壶，瓷罐，瓷鸟，釉陶罐，釉陶碟，陶盆，陶罐，陶插座等	二

附表六　宋代灰坑登记表

编号	所在探方	层位关系	平面形状	尺寸	出土遗物	期别
H1	T3824	开口于②B层下，打破生土	复原形状为圆形，已发掘部分平面为半圆形	已发掘部分的半径0.54、深0.54米	有少量瓷片，陶片	宋代
H5	T3826	开口于②B层下，打破生土	形状较大，复原形状不清，已发掘部分平面为不规则三角形	已发掘部分长2.5、宽1.76、深0.9米	陶罐，陶刻槽盆，另有陶瓷残片若干件	宋代
H14	T4031	开口于②B层下，打破L1生土	复原形状为椭圆形，已发掘部分平面为半圆形	已发掘部分的长1.5、宽1.64、深0.48米	Ba型Ⅰ式瓷碗，Bc型Ⅰ式瓷碗5，D型Ⅰ式瓷碗2，A型Ⅰ式瓷碗2，Cb型Ⅰ式瓷盏，A型Ⅰa式釉陶执壶，C型Ⅰ式釉陶罐2，Aa型Ⅰa式瓷盘，D型Ⅰ式瓷盘，A型Ⅰ式釉陶钵，B型Ⅰ式釉陶钵，Aa型Ⅰ式陶盆，Ab型Ⅰ式瓷碟，Ba型Ⅰ式瓷碟2，Ⅰa式瓷执壶8，Ⅰb式瓷执壶6，瓷盘3，瓷盂，瓷执壶6，瓷碗18，釉陶罐3，釉陶杯，釉陶碗2，釉陶双唇罐，陶盆2	一
H17	T3818	开口于②A层下，打破H2、L1生土	长条方形	已发掘部分长为2.7、宽0.7～0.74、深0.4米	Bb型Ⅲ式瓷盏4，Ca型Ⅲ式瓷盏2，Ac型Ⅱa式釉陶罐2，Ac型Ⅱb式釉陶罐，Ba型Ⅳ式釉陶罐，A型Ⅲ式釉陶缸3，Ⅲ式釉陶盅，Cc型Ⅰ式瓷盏，Bb型Ⅳ式瓷碟，C型Ⅳ式瓷碟5，B型Ⅱ式釉陶执壶2，Aa型Ⅱ式釉陶罐，D型Ⅲ式瓷碗2，A型Ⅱ式瓷碗，Ba型Ⅳ式瓷碗2，瓷碗59，瓷壶64，瓷盘4，瓷腹片4，牛牙，陶刻槽盆，釉陶壶8，釉陶罐5，釉陶缸6，釉陶盘4，板瓦，釉陶碗6，釉陶器底2，硬陶器盖2，陶盆7，陶扑满2，陶壶	三

续表

编号	所在探方	层位关系	平面形状	尺寸	出土遗物	期别
H18	T3819、T3820	开口于②A层下，打破L1、J2生土	平面分布跨三个探方，整体形状不明，已发掘部分平面形状为不规则形	已发掘部分长4.05～8.55、宽4、坑深0.99米	A型Ⅰ式瓷碗2，Bb型Ⅳ式瓷碗，C型Ⅰ式瓷碗，A型Ⅱ式瓷碗2，A型Ⅱ式瓷盏，A型Ⅲ式瓷盏4，Bb型Ⅱ式瓷盏，Bc型Ⅰ式瓷盏3，Bc型Ⅱ式瓷盏2，Ca型Ⅲ式瓷盏9，Ⅱ式釉陶带系瓶，B型陶扑满，Aa型Ⅲ式瓷器盖2，B型Ⅲa式瓷器盖，B型Ⅲb式瓷器盖，Ab型Ⅲ式瓷碟3，Bb型Ⅱ式瓷碟，Bb型Ⅳ式瓷碟，Ac型Ⅰ式釉陶罐，Ba型Ⅲ式釉陶罐，B型Ⅱ式釉陶缸，Ⅱa式釉陶盅，Ⅱb式釉陶盅，Aa型Ⅲ式陶盆3，Ⅲa式瓷执壶，Ⅲb式瓷执壶，A型Ⅲ式釉陶执壶，瓷碗192，瓷碟6，瓷粉盒盖，瓷瓶，釉陶壶39，釉陶缸2、釉陶罐12，釉陶杯，釉陶炉，釉陶小罐3，釉陶碟4，釉陶盅，釉陶盘3，陶盆26，陶扑满1，陶刻盆4，陶钵2，陶盘1，陶锥形附件，筒瓦2，板瓦3	二
H21	T4031	开口于②A层下，打破L1生土	复原形状为圆形，发掘部分平面为半圆形	长1.42、宽0.96、深0.52米	D型Ⅲ式瓷碗2，Ba型Ⅳ式瓷碗，Ab型Ⅰ式瓷器盖，Ⅱ式釉陶刻槽钵，釉陶碗，釉陶执壶3，釉陶罐3，釉陶缸，釉陶杯2，瓷碗8，陶盆2及器类不清的陶瓷残片若干件	三
H22	T4131	开口于②A层下，打破生土	复原形状为椭圆形，已发掘部分平面近似为1/4椭圆形	已发掘部分长1.8、宽1、深0.4米	A型Ⅳ式瓷碗，A型Ⅴ式瓷盏3，Cb型Ⅱ式瓷盏4，Ⅲ式釉陶刻槽钵3，C型Ⅲ式釉陶罐，Ⅰ式釉陶杯，A型Ⅴ式釉陶执壶2，Aa型Ⅳ式陶盆，Ⅳ式釉陶钵，Ⅲ式釉陶带系瓶，瓷碗42，瓷盘，瓷托盏，瓷盆，瓷器盖，瓷执壶，瓷瓶，釉陶碗2，釉陶罐，釉陶刻槽盆，釉陶执壶，釉陶盆，陶盆6	四

续表

编号	所在探方	层位关系	平面形状	尺寸	出土遗物	期别
H23	T4231	开口于②A层下，打破生土	复原形状为圆形，发掘部分平面近大半圆形	已发掘部分长3.68、宽3.3、深1.2米	Bb型Ⅳ式瓷碗2，A型Ⅱ式瓷盏，A型Ⅲ式瓷盏3，Ba型Ⅱ式瓷盏，Bc型Ⅰ式瓷盏5，Ca型Ⅱ式瓷盏，Cb型Ⅱ式瓷盏，A型Ⅱ式釉陶执壶12，B型Ⅰa式釉陶执壶，B型Ⅰb式釉陶执壶7，Aa型Ⅲ式瓷盘7，Ab型Ⅲ式瓷盘8，Ⅲ式瓷钵，B型Ⅲ式釉陶钵，Ba型Ⅲ式瓷碟2，Bb型Ⅱ式瓷碟6，Bb型Ⅲ式瓷碟3，Bb型Ⅳ式瓷碟，C型Ⅲ式瓷碟3，D型Ⅰ式瓷碟5，D型Ⅱ式瓷碟3，Ⅱ式陶刻槽钵，A型Ⅰ式陶扑满，Ⅲb式瓷执壶，Ba型Ⅱa式釉陶罐2，Ba型Ⅱb式釉陶罐2，B型Ⅱ式釉陶瓮，Aa型Ⅲ式陶盆2，Ⅱ、Ⅲ式陶刻槽盆，Ⅰ式釉陶韩瓶，Ⅱ式釉陶带系瓶3，Aa型Ⅱ式瓷器盖，B型Ⅱ式瓷器盖3，瓷盘3，瓷钵，瓷执壶6，瓷杯，瓷粉盒盖，瓷碗102，瓷托盏，釉陶罐6，釉陶壶9，釉陶瓮2，釉陶缸2，釉陶碟，釉陶碗3，釉陶钵，釉陶炉，硬陶罐，硬陶壶4，硬陶刻槽盆4；陶盆15，陶刻槽盆5，陶钵3，陶扑满4及陶器腹片等	二
H26	T4118	开口于②A层下，打破②B层、J5生土	长方形沟状	已发掘部分长4、宽1.03～1.58、深0.52～0.68米	A型Ⅲ式瓷碗，B型Ⅱ式陶钵3，釉陶壶，釉陶碗3，釉陶缸2，陶盆8，陶瓮2，陶腹片6等	四
H30	T4116	开口于②A层下，打破第③层、⑤C层生土	复原形状为椭圆形，发掘部分平面近似1/4椭圆形	已发掘部分长1.3、宽1.16、深0.41～0.53米	D型Ⅲ式瓷碗，A型Ⅲ式瓷碗，A型Ⅳ式釉陶瓮，瓷碗4，釉陶罐，釉陶缸，陶盆，板瓦	三

续表

编号	所在探方	层位关系	平面形状	尺寸	出土遗物	期别
H43	T4119	开口于②A层下，打破②B层、H44	复原形状为椭圆形，发掘部分平面近似1/4椭圆形	已发掘部分长径3、短径1.5、深0.44米	A型Ⅲ式瓷碗5，A型Ⅳ式瓷盏，Bc型Ⅲ式瓷盏，Ba型Ⅲ式瓷盏，B型Ⅵa式瓷盘3，Cb型Ⅰ式瓷盘，Ⅰ式釉陶碟，A型Ⅳ式釉陶执壶，瓷碗17，瓷执壶2，瓷圈状器，釉陶壶8，釉陶碗4，釉陶罐2，釉陶瓮，釉陶缸，硬陶盆6，陶刻槽盆2，陶钵，陶壶，陶器圈足	四
H44	T4119	开口于②B层下，打破生土，被H43打破	平面分布范围很大，整体形状不明，发掘部分平面形状为不规则形	已发掘部分长4、宽3.06、深0.72米	A型Ⅰ式瓷碗5，A型Ⅰb式釉陶执壶4，A型Ⅰ式陶钵，B型Ⅰ式陶钵2，A型Ⅰ式釉陶瓮，Ⅰ式带流陶盆，Ⅰa式釉陶带系瓶，瓷碗20，瓷壶2，硬陶刻槽盆，釉陶缸3，釉陶瓮，釉陶壶7，釉陶罐4，釉陶碗2，陶盆6，陶器腹片	一

后　　记

本报告是集体劳动与智慧的结晶。主编吴晓松，副主编洪刚。在整理过程中，湖北省文物考古研究所所长、湖北省博物馆馆长、研究员王红星博士给予了热情的指导与帮助。全文撰稿分工如下：

第一章、第四章由吴晓松执笔；第二章、第三章第三节由洪刚执笔；第三章第一节由刘瑜执笔；第三章第二节由刘松山执笔。

初稿完成后由吴晓松统稿、定稿，洪刚协助统稿、定稿。

中国科学技术大学科技史与科技考古系毛振伟、王洪敏、朱铁权、董俊卿，中国科学院研究生院科技史与科技考古系王昌燧，中国科学技术大学工程科学学院龚明等先生承担了唐宋瓷器标本的化学检测与研究工作。

黄义军博士就唐宋瓷器窑系的辨析问题给予了帮助。

器物底图主要由洪刚、刘瑜完成，部分器物底图由吴晓松、刘松山绘制；描图刘松山。器物照片主要由郝勤建拍摄，部分器物照片由洪刚补拍；田野照片由洪刚、刘松山拍摄。器物修复由鲍友桂完成。洪刚、刘瑜、孙建敏、曾早萍承担了出土遗物的统计、拓片的拓制、报告附表的填写等基础资料整理工作。器物号的整理与编排由洪刚、郑华完成。洪刚、刘松山、刘瑜分别完成了各自分工范围的线图的编排。图版的编排由洪刚、刘瑜完成。英文提要由张庆华翻译。洪刚、董志伟、陈小兵、吕建国、胡狄将部分文稿录入电脑并参与了文稿的核对。文稿的合成与核校由吴晓松、洪刚承担。

国家文物局、湖北省文物局对报告的出版给予了资助，湖北省文物局局长沈海宁同志在百忙中为本报告写序，黄冈市文化局对报告的编写给予了关心与支持，科学出版社的编辑为报告的出版付出了辛勤的劳动。在此，谨向支持和帮助过本报告出版的领导、专家和同志们表示衷心的感谢！

编　者

2006 年 10 月

Abstract

As an archaeological excavation report, this book is the coherent report of *Luozhou City and a Grave of the Han-dynasty*. The book *Luozhou City and a Grave of the Han-dynasty* embodies mainly the location of Luozhou City and some relating knowledge about a grave of the Han-dynasty in Qichun of Hubei Province during the period of the construction of railroads from Peking to Kowloon in 1993. And this book includes the excavating materials about the location of Luozhou City during the time of constructing the Qichun Country Grain Storage in 2001.

The Luozhou City located around the capital of Qichun County, the town of Caohe, is 2. 5 kilometers Northwest away from the capital and neighbored with Qishui River which is a tributary of Yangtze River. The railroad from Peking to Kowloon passes through the Luozhou City in the direction from the northwest to the southeast. The Liujie Highway passes through the southwest part of Luozhou City.

It is recorded that Qichun Country belonged to the Chu dynasty in the period of East Zhou dynasty, and it belonged to Nan Jun in the Qin dynasty. And it was controlled by the the Jiangxiang Jun of Jingzhou (a country) in the West Han dynasty. In the twenty-third year of Jianwú period of the East Han dynasty (about 47 A. D.), the county was cut to a prince's County. The country was eliminated but it was turned back to be a county. In the time of Three States and Two Jin dynasty, the eliminated rules to the country and state were different. In the North Qi Period of South-North dynasty, it was renamed as Luozhou City, and then was called Qizhou in North Zhou Period and kept the name in Sui and Tang dynasty. In the forth year of South Song dynasty (1263 A. D.), Yuan invaded the border of it. The soldiers used the artilleries in the Baiyun Mountain in Hexi to invade the Luozhou City. And the compromiser Wang Yi immigrated to the town of Qizhou (at the 25 kilometers southeast of Qichun). In Yuan dynasty, it was named the Qizhou Road. And here was an official government. In Ming dynasty (1367 A. D.), it became a state and all the including counties were subordinated to the Huangzhou City. Therefore, Qichun was set as a county from the West Han dynasty to the South Song dynasty. Its official government was located in the old city (Luozhou city now).

The Luozhou City which had been a state for more than 1300 years was an important center for the politic, economy and culture in the east of ancient Hubei Province.

In 2001, the location of Qichun County Grain Storage was decided in the northwest of Luozhou City. 37 researching holes, which were five-meter multiple five-meter large, were set up. All together it covered 928 square meters. The researching people found a batch of strata which was piled up from the top. In turn, it had five floors, the first floor, the second floor A, the second floor B, the third floor, the forth floor, the fifth floor A, the fifth floor B, the fifth floor C, the fifth floor D, and the fifth floor E. 68 relics were discovered. Among them there were 59 ash holes, 1 road relic and 8 water wells (only discovered 4 water wells of them).

The first floor was the surface soil, and there were the ancient cultural strata under it. The second floor A and B were piled up in the Song dynasty; while the third floor was piled up in the Five dynasty; the forth floor was piled up in Tang dynasty and the fifth floor A B C D E were all piled up in Han dynasty.

In the following, the unearthed relics will be introduced in the time turn:

(1) Relic discovery

—Relics of Warring States period:

Three ash holes; round, but not regular; the diameter is about 78 – 92 cm, depth 26 – 40 cm. In the ash holes it is filled with old broken pieces of pottery.

One water well, round pottery well ring was enchased in the soil hole. The dredged part of the well was 118 cm long, 114 cm wide and 130 cm deep.

—Relics of Han dynasty:

Twenty-three ash holes, whose forms were in round, irregular round, oval, irregular rectangle, and irregular strip channel. Their diameters were 100 – 400 cm, depths were 50 – 80 cm; and it is filled with old broken pieces of pottery.

Three water wells, round pottery well ring was enchased in the soil hole. The well's diameter was 60 – 168cm, and 530 – 618 cm deep.

—Relics of Sui and Tang dynasty:

Twenty-one ash holes, whose forms are in irregular round, irregular oval and irregular round rectangle. The diameter is 60 – 160cm, depth is 34 – 108cm. The ash holes are filled with archaic pottery who are in broken pieces; I road relic, the road façade is made by small stones, the width is 410 – 498 cm, thickness is 4 – 42 cm and the the whole digging area has a length of 7480 cm.

—Relics of the Song dynasty:

Twelve ash holes, whose forms are in irregular round, irregular oval, most of them has a big area, the normal length is 250 – 400cm., width 110 – 350 cm, the smaller is 140 – 180 cm long, 80 – 120 cm wide and 40 – 55 cm deep. The ash holes are filled with archaic pottery who are in broken pieces.

(2) Relic goods

There are many relic goods in the different area of the whole Luozhou City.

—Relics of Warring States period:

The unearthed relics were all earthen wares; *red pottery*, *grey sandstone pottery*, and the decorative design in the earthen wares were *shenwen*. The earthen wares included ge, pots, beans, the earthen bowls, basins and so on.

There were more relics of Han dynasty. They were all earthen wares, and most of them were *marl pottery*. The main decorative design was *shenwen*, the second was *xianwen* and *duiwen*; There are also small amount of plain pieces of pottery. The shape of the device was basin, pot, pan, the earthen bowl, ding, beau, tubular tile, tongwa, *banwa* and so on.

—Relics of Sui and Tang dynasty:

There were more relics of Sui and Tang dynasty. Most of them are celadonwares such as bowls, high full plates, pots, holding pots, guans and so on. In addition, there are glaze potterys, bowls, earthen bowls, basins, ears pot of argillaceous gray pottery, ears earthen bowls, basins, pots, etc. The celadonwares in Sui and Tang dynasty mainly were the Yuezhou kilns Hongzhou kilns, Changsha kilns and Yue kilns.

—Relics of Song dynasty:

The relics of Song dynasty were the Number-one, amount them, the chinaware as the overwhelming majority, smear is next, but also had certain quantity of soft earthen wares. The chinawares were the bowls, *zhan*, dishing plates, plates, cups, earth ere bowls, holding pots, pots and porcelain person, porcelain animal, porcelain weiqizi and so on. The chinaware kilns in Song dynasty took the Wuchang kilns which belonged to the Jingde zhen Kilns as focus, also had the Jingdezhen kiln, Jizhou kiln, Yaozhou kiln, Longquan kiln, Yue kiln, Jun kiln, Jiankiln and so on.

Through the arrangement and research for the discovered materials, we got the knowledge in the following aspects.

1. The exact Han dynasty earth layer in Luozhou City was found. And 8 water wells about Han dynasty in the scope of 1000 square meters. All these foundings indicated that there were

people and more in dynasty. Moreover, the proposal the capital of Qichun County was in Modern Luozhou City is stated in the report. Luozhou City and Chinese graves are new persuasive archaeological materials. We also found the cultural piling about the time of Warring States period. It expressed that before the Han dynasty, there were human activities and the cultural and human basis for developing the city.

2. The cultural assemblages of Sui and Tang dynasty covered the time of Sui dynasty, Tany Dynasty and Five dynasty. The rich celadon ware life utensils; the massive earthenware life tool all showed Luozhou City as the governing place of Qizhou County had enough cultural and physical foundation for developing. There was variety of kilns in celadon ware life utensils, which explained the prosperities of commodity trading industry of Qizhou City. The time of Sui, Tang and Five dynasty were the first prosperous periods in Luozhou City.

3. There were many cultural assemblages of Song dynasty. The various china wares, the different characters of kilns and a quantity of piling were all demonstrated that Luozhou City as a country had entered into the unprecedented prosperous stage.

4. Luozhou City had been a county from Han dynasty to South Song dynasty. And then it suffered the fights. It was eliminated and it undeveloped till the year of 1949 when the new China established. People were beginning to redevelop Caohe which was around Luozhou City, officially named as the capital if Qichun City. These changes expressed the governers between ancient time and today hold the different principles and standards about the abandoning and developing of city. That is to say, the ancient tended to use the convenience of water way to develop the city, while nowadays; people tend to make a good use of traffic developing in order to carry on the city development and the land traffic development in a larger scope together.

5. By analyzing the characters and time of cultural piling from Sui dynasty to Song dynasty in Luozhou City, it provided new information and materials to the archaeological culture and the chronological researching about the periods of Tang dynasty to Song dynasty in the middle area of Yangtze River. While analyzing the earthen wares from Tang to song, it provided new clues for researching the history of propagating the earth ware culture in the periods of Tang dynasty to Song dynasty in the middle area of Yangtze River.

1. 岳州窑A型Ⅱ式盏俯视（H55：13）

2. 岳州窑A型Ⅱ式盏侧视（H55：13）

隋唐瓷盏

1. 洪州窑Ⅰ式盂（G4②：10）

2. 越窑执壶（T4315③：6）

隋唐瓷盂、执壶

1. 湘阴窑四系壶（T4414 ④：12）

2. 岳州窑四系壶（H7：10）

3. 越窑E型Ⅰ式碗内支钉痕（H24 ③：1）

4. 岳州窑Aa型Ⅶ式碗（L1 ②：77）

5. 越窑E型Ⅰ式碗（H24 ③：1）

6. 越窑E型Ⅰ式碗（H24 ③：21）

隋唐瓷四系壶、碗

彩版四

1. 岳州窑 Ab 型 I 式碗（T4416 ④：13）

2. 岳州窑 Ab 型 II 式碗（H55：3）

3. 岳州窑 III 式高足盘（T4414 ④：6）

4. 湘阴窑 B 型 I 式碗（H47：2）

5. 洪州窑 Bb 型 I 式盏（T4416 ④：1）

6. 岳州窑 Aa 型 V 式碗（L1 ④：5）

隋唐瓷碗、盏、高足盘

1. 岳州窑 Ab 型Ⅱ式碗（H55：5）

2. 岳州窑 Ab 型Ⅱ式碗（H47：3）

3. 岳州窑 Ba 型Ⅰ式盏（T4518④：8）

4. 岳州窑 Ba 型Ⅲ式盏（H7：19）

5. 洪州窑异型碗（H7：11）

6. 岳州窑执壶（T3827③：26）

隋唐瓷碗、盏、执壶

1. 长沙窑狮形镇纸（L1②：36）

2. 长沙窑执壶（H2：10）

3. 越窑D型Ⅱ式碗（L1②：1）

4. 长沙窑紫褐彩花瓣瓷片（L1②：25）

5. 长沙窑饰绿、褐点彩的罐（G3①：1）

6. 长沙窑饰凤尾状花卉纹碗底（L1③：17）

隋唐瓷镇纸、执壶、碗、罐及瓷片

1. 景德镇窑枕（T3831 ② A：12）

2. 景德镇窑Ⅱ式钵（T3821 ② B：2）

3. 龙泉窑A型Ⅵ式碗（T3831 ② A：10）

宋代瓷枕、钵、碗

彩版八

1. 建窑Cb型Ⅰ式盏（H14：20）

2. 耀州窑盅（T3821②A：3）

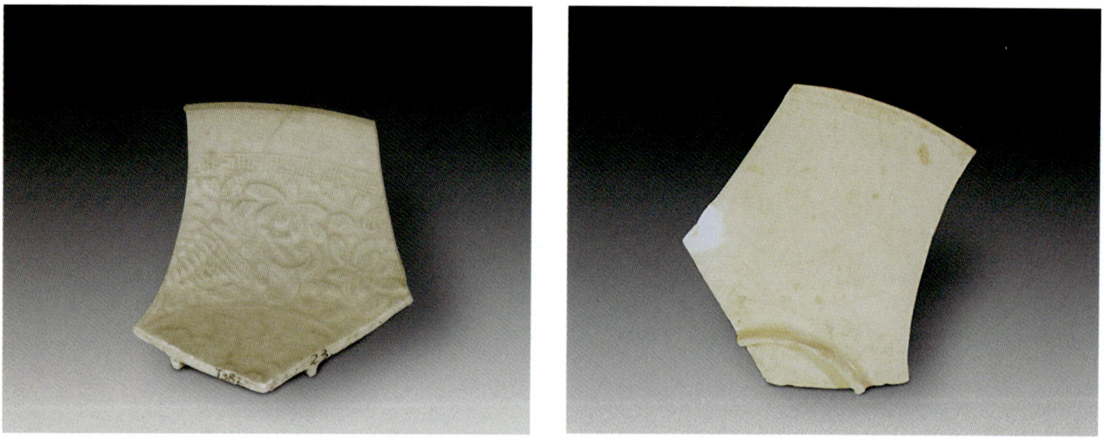

3. 定窑B型Ⅳb式盘（T3828②A：23）

宋代瓷盏、盅、盘

彩版九

1. 龙泉窑A型Ⅳ式（H22：2）

2. 武昌窑Bc型Ⅴ式（T4031②A：3）

3. 景德镇窑C型Ⅳ式（T3827②A：1）

4. 武昌窑D型Ⅱ式（T3916②B：6）

5. 武昌窑D型Ⅳ式（T3821②A：13）

宋代瓷碗

1. 景德镇窑A型Ⅵ式碗（T3831②A：8）

2. 武昌窑Bc型Ⅴ式碗（T3831②A：15）

3. 寿州窑C型Ⅱ式碗（T4215②B：11）

4. 景德镇窑Fb型Ⅱ式碗（G2①：24）

5. 景德镇窑Ab型Ⅲ式盘（H23：73）

6. 武昌窑D型Ⅰ式盘（H14：26）

唐宋瓷碗、盘

（图4为五代，余为宋代）

1. 建窑A型V式（H22：1）

2. 建窑A型Ⅲ式（H23：43）

3. 吉州窑Cc型Ⅱ式（T3821②A：17）

4. 吉州窑Cb型Ⅲ式（T3823②A：2）

5. 吉州窑Cb型Ⅲ式（T3820②A：20）

1. 耀州窑 Bb 型 I 式盏（T4231 ② A：13）

2. 建窑 Bc 型 II 式盏（H18：3）

3. 武昌窑 A 型 II 式盏（T4231 ② B：24）

4. 钧窑瓷片（T3717 ② B：75）

宋代瓷盏、瓷片

1. 景德镇窑罐（罗采：7）

2. 景德镇窑瓶（T3830 ② A：1）

3. 景德镇窑 Cb 型 I 式盘（罗采：27）

4. 龙泉窑异形盘（T3831 ② A：9）

宋代瓷罐、瓶、盘

1. 吉州窑瓷塑人（H18：43）

2. 景德镇窑瓷塑兽（T3830②A：9）

3. 瓷围棋子（T3916②B：3）

4. 小铜人（L1③：65）

5. 釉陶鸟首（T3828②A：1）

6. 吉州窑瓷片（T3827②A：3）

唐宋瓷器、釉陶器、铜器

（图4为唐代，余为宋代）

1. 磁州窑瓷瓶（T4231②A：1）

2. Ⅲ式釉陶刻槽钵（H22：6）

宋代瓷瓶、釉陶钵

1. A型Ⅰ式陶扑满（H23：1）

2. B型陶扑满（H18：15）

3. 陶砚（G3②：1）

4. 陶碾轮（T3826②B：8）
5. 石碾槽（T4215②B：6）

唐宋陶器、石器
（图3为唐代，余为宋代）

1. 罗州城第一重城北垣远景（由东北向西南）

2. 罗州城第二重城南垣中段（由东南向西北）

图版二

1. 罗州城第二重城东垣北段远景（由东南向西北）

2. 罗州城第二重城西垣南段远景（由西北向东南）

图版三

1. 罗州城遗址发掘前全景（由南向北）

2. 罗州城粮库发掘区西部探方发掘工作照（由南向北）

罗州城田野工作照

图版四

1. L1在T3821、T3822内的全景（由南向北）

2. L1西部排水沟G4（由西向东）

1. L1在T3717、T3817内的全景（由北向南）

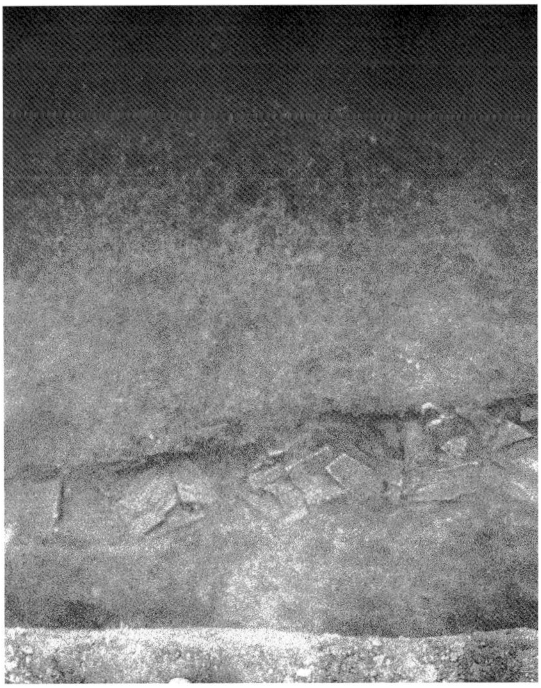

2. L1 ②层路体局部特写

3. L1西部排水沟G1内铺置的板瓦（由北向南）

唐代道路遗迹

图版六

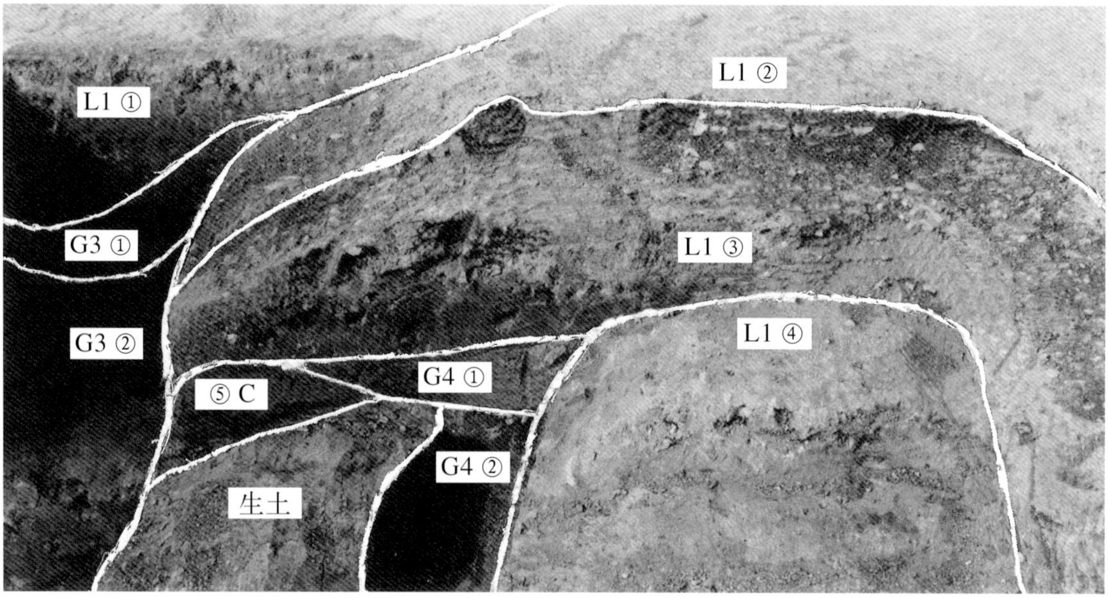

1. L1西部剖面照（在T3717部位，由南向北）

2. J2全景

3. J3内的木质井圈

汉唐道路、水井

（图1为隋唐时期，余为汉代）

1. Ⅱ式陶井圈（J2：01）

2. Ⅲ式陶井圈（J5：08）

汉代水井井圈

1. Ab型Ⅱ式瓮（H39：1）

2. Bc型Ⅰ式盆（J3④：3）

3. Aa型Ⅲ式盆（H53：1）

4. Ⅳ式甑（H33：1）

5. B型Ⅰ式盘（H20：11）

汉代陶盆、甑、瓮、盘

1. Ac 型Ⅰa式罐（J3③：11）

2. Ab 型Ⅳ式罐（T4518⑤B：10）

3. Ab 型Ⅲ式豆（T3518⑤C：5）

4. Ab 型Ⅳ式豆（H20：15）

5. Ⅱ式鼎（H53：10）

6. 网坠（T4116⑤C：8）

汉代陶罐、豆、鼎、网坠

图版一〇

1. Aa型Ⅰ式（H8：2）

2. Aa型Ⅱ式（H49：2）

3. Aa型Ⅲ式（H2：2）

4. Aa型Ⅲ式（H7：3）

5. Aa型Ⅳ式（L1④：13）

6. Ab型Ⅰ式（T3829④：1）

隋唐瓷碗

1. Ab型Ⅱ式（H55：5）

2. 异型碗（H7：11）

3. B型Ⅲ式（H2：1）

4. C型Ⅰ式（T4414④：2）

5. C型Ⅱ式（罗采：5）

6. C型Ⅲ式（H7：7）

隋唐瓷碗

图版一二

1. Fa型Ⅰ式（L1③：3）

2. Fa型Ⅱ式（H63：8）

3. Fa型Ⅱ式（H63：1）

4. Fa型Ⅲ式（G2①：2）

5. Fb型Ⅱ式（G2①：24）

6. Fb型Ⅴ式（T3822③：2）

隋唐瓷碗

1. E型Ⅰ式瓷碗（H24③：1）

2. E型Ⅲ式瓷碗（T4318③：4）

3. D型Ⅱ式瓷碗（H25：1）

4. A型Ⅰ式釉陶碗（L1③：28）

5. B型Ⅰ式釉陶碗（L1③：50）

6. 异型瓷碗（罗采：2）

隋唐釉陶、瓷碗

图版一四

1. Ⅰ式瓷高足盘（H49：1）

2. Ⅱ式瓷高足盘（T4517④：3）

3. Ⅲ式瓷高足盘（T4414④：6）

4. Ⅳ式瓷高足盘（罗采：3）

5. Ⅱ式釉陶盅（L1④：8）

6. 瓷四系壶（T4414④：12）

隋唐瓷高足盘、瓷四系壶、釉陶盅

1. Aa型Ⅰ式陶盆（H49：3）

2. Ab型Ⅰ式陶盆（H2：11）

3. Ba型Ⅰ式陶罐（T4414④：13）

4. Ba型Ⅱ式陶罐（H48：1）

5. C型Ⅰ式釉陶罐（L1③：39）

6. 瓷四系壶（H7：10）

隋唐陶器、釉陶器、瓷器

图版一六

1. A 型 I 式釉陶碟（(L1 ④ : 15)

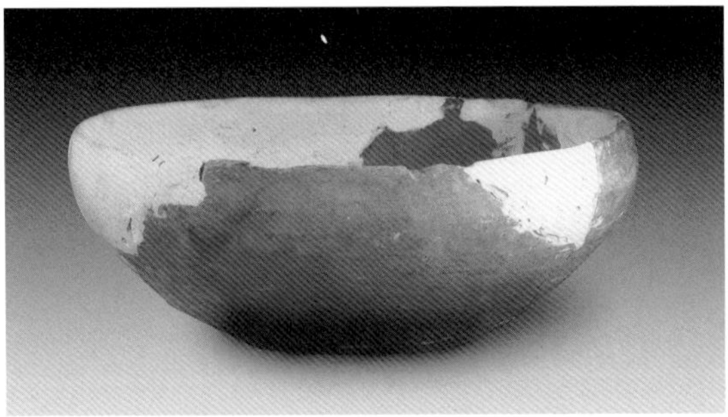

2. A 型 II 式釉陶碟（G3 ② : 25)

3. A 型 I 式瓷盏（H7 : 1)

4. VI式筒瓦（T3822 ③ : 6)

5. 硬陶砚（L1 ② : 27)

6. B 型 II 式陶盆（H7 : 22)

7. 硬陶插座（G4 ② : 13)

8. 陶钵（G4 ② : 11)

隋唐陶器、釉陶器、硬陶器、瓷器

1. A型Ⅱ式（T3820②B：30）

2. A型Ⅲ式（H43：4）

3. A型Ⅳ式（H22：2）

4. A型Ⅴ式（罗采：35）

5. A型Ⅵ式（T3831②A：8）

宋代瓷碗

1. Ba 型Ⅲ式（T3827 ② B：3）

2. Bb 型Ⅲ式（T4215 ② B：2）

3. Bc 型Ⅳ式（T3931 ② A：1）

4. Bc 型Ⅴ式（T4031 ② A：3）

5. C 型Ⅱ式（T4215 ② B：11）

6. C 型Ⅳ式（T3827 ② A：1）

宋代瓷碗

1. D型Ⅱ式碗（T3916②B：6）

2. D型Ⅳ式碗（T3821②A：13）

3. Ab型Ⅲ式盘（H23：73）

4. Ac型Ⅱ式盘（T4517②A：5）

5. Ac型Ⅲ式盘（罗采：1）

6. B型Ⅱ式盘（T3821②B：5）

宋代瓷碗、盘

图版二〇

1. B型Ⅲa式（T4215②B：3）

2. B型Ⅳb式（T3831②A：11）

3. Cb型Ⅰ式（罗采：27）

4. Ca型Ⅱ式（T3821②A：6）

5. D型Ⅰ式（H14：26）

6. D型Ⅱa式（T4031②A：16）

宋代瓷盘

1. A型Ⅱ式（T4231 ② B：24）

2. A型Ⅱ式（H23：15）

3. A型Ⅲ式（H18：66）

4. Bb型Ⅱ式（H18：46）

5. Cb型Ⅲ式（T3823 ② A：2）

6. Cb型Ⅲ式（T3828 ② A：5）

宋代瓷盏

图版二二

1. Cc型Ⅰ式盏（T3821②A：19）

2. D型Ⅱb式盘（T4031②A：1）

3. Ⅱ式钵（T3821②B：2）

4. Ⅴ式钵（T3821②A：16）

5. Ab型Ⅳ式碟（T3821②A：14）

6. 粉盒（T3820②A：8）

宋代瓷盏、盘、钵、碟、粉盒

1. C型Ⅴ式釉陶罐（T3821 ② A：20）

2. C型Ⅴ式釉陶罐（T4318 ② A：1）

3. Ba型Ⅱa式釉陶罐（H23：71）

4. Ⅱ式釉陶碟（T3826 ② A：2）

5. B型Ⅲ式釉陶无刻槽钵（H23：5）

6. Ⅳ式硬陶刻槽钵（T4131 ② A：6）

宋代釉陶罐、碟、钵及硬陶钵

图版二四

1. A 型Ⅱ式釉陶执壶（H23：6）

2. B 型Ⅲ式釉陶执壶（T3821 ② A：5）

3. Ⅰ式釉陶刻槽钵（T3916 ② B：2）

4. 瓷罐（罗采：7）

5. 硬陶罐（T3820 ② B：1）

6. 釉陶无耳壶（T3820 ② B：34）

宋代釉陶器、硬陶器、瓷器

1. Ⅰ式带流盆（H44：2）

2. Ⅱ式带流盆（H23：16）

3. Ab 型Ⅰ式无流盆（H4131 ② B：2）

4. Ab 型Ⅰ式无流盆（T4019 ② B：1）

5. Ab 型Ⅳ式无流盆（T3829 ② A：3）

6. Aa 型Ⅰ式无流盆（T4131 ② B：3）

宋代陶盆

图版 二六

1. 异型陶钵（T3821 ② A：2）

2. Aa 型Ⅴ式瓷器盖（T4318 ② A：3）

3. 铺地砖（T3826 ② B：6）

4. 陶球（T3823 ② B：20）

5. 陶球（T3819 ② A：2）

6、7. 陶球（T3618 ② B：9、T3821 ② A：15）

宋代陶钵、球、铺地砖及瓷器盖

1. 瓷瓶（T3830 ② A：1）

2. Ⅰ式釉陶小瓶（T3820 ② B：2）

3. Ⅱ式釉陶小瓶（T3820 ② A：4）

4. Ⅰ式釉陶韩瓶（H23：72）

宋代釉陶小瓶、韩瓶及瓷瓶

图版 二八

1. Ⅱ式釉陶杯（T3828 ② A：4）

2. Ⅲ式釉陶小瓶（T3828 ② A：10）

3. 釉陶人面（T3718 ② A：1）

4. 陶灯座（T4231 ② A：8）

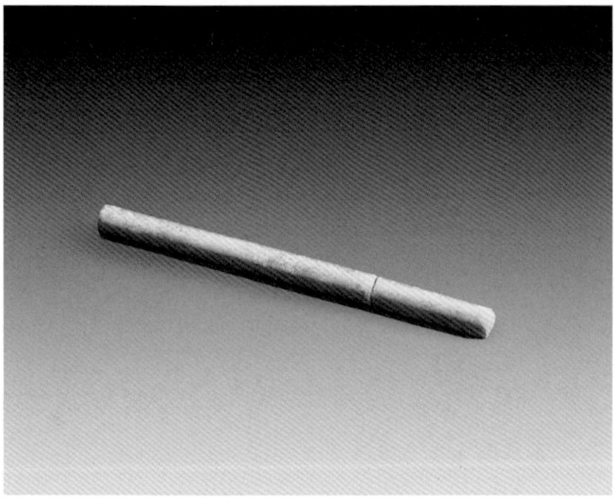

5. 玉笄（T3819 ② A：6）

6. 陶兽面构件（T4414 ② B：2）

宋代釉陶器、陶器、玉器